研究生教学用书

教育部研究生工作办公室推荐

俄罗斯当代语义学

СОВРЕМЕННАЯ СЕМАНТИКА В РОССИИ

张家骅　彭玉海　孙淑芳　李红儒　著

商务印书馆

2005年·北京

图书在版编目(CIP)数据

俄罗斯当代语义学/张家骅等著.—北京:商务印书馆,2005
ISBN 7-100-04298-4

I.俄… Ⅱ.张… Ⅲ.俄语—语义学—现代—研究生—教材 Ⅳ.H353

中国版本图书馆 CIP 数据核字(2004)第 105349 号

所有权利保留。
未经许可,不得以任何方式使用。

ÉLUÓSĪ DĀNGDÀI YǓYÌXUÉ
俄罗斯当代语义学
张家骅 彭玉海 孙淑芳 李红儒 著

商 务 印 书 馆 出 版
(北京王府井大街36号 邮政编码100710)
商 务 印 书 馆 发 行
北 京 民 族 印 刷 厂 印 刷
ISBN 7-100-04298-4/H·1074

2005年7月第1版　　开本 787×960　1/16
2005年7月北京第1次印刷　印张 37 3/4
定价:50.00元

教育部人文社会科学重点研究基地
黑龙江大学俄语语言文学研究中心　学术丛书

目 录

前言 ··· 1

第一编 词汇语义研究

第一章 指物意义与概念意义 ··································· 2
第一节 指物意义与概念意义的定义 ······················ 2
第二节 聚合与组合层面的指物意义与概念意义 ········ 14

第二章 组合意义 ·· 23
第一节 语义配价 ··· 23
第二节 语义配价与句法题元 ···························· 28
第三节 语义配价与词汇搭配 ···························· 35
第四节 词汇函数的概念 ································· 37
第五节 词汇函数与深层句法结构 ······················· 46
第六节 词汇函数与同义转换系统 ······················· 51
第七节 词汇函数理论的语言学价值 ···················· 59

第三章 词汇语义因素分析 ··································· 62
第一节 词汇语义因素的交际功能转换 ················· 62
第二节 预设与词汇语义因素分析 ······················· 80
第三节 词汇语义偏移 ···································· 86
第四节 词汇信息库 ······································· 98

第四章 莫斯科语义学派 ····································· 114
第一节 莫斯科语义学派概述 ···························· 114
第二节 Апресян/Wierzbicka 的语义元语言 ············ 131

第五章 俄汉词汇语义对比研究 ····························· 150
第一节 俄汉语动词的语义类别对比 ···················· 150
第二节 俄汉熟语范畴的对比研究 ······················· 167

第二编　句子的命题语义研究

第六章　命题意义中的题元 …………………………… 186
第一节　题元的概念 ………………………………… 186
第二节　主体题元 …………………………………… 196
第三节　客体题元 …………………………………… 208

第七章　命题意义中的述体 …………………………… 217
第一节　语义述体的分类原则 ……………………… 217
第二节　关系述体的语义描写 ……………………… 234
第三节　感情述体的语义描写 ……………………… 243
第四节　物理行为述体的语义描写 ………………… 266

第八章　命题结构的扩展与模式化 …………………… 277
第一节　命题结构的扩展 …………………………… 277
第二节　命题结构的模式化 ………………………… 295

第九章　命题的指称意义 ……………………………… 309
第一节　名词性短语的指称 ………………………… 309
第二节　命题语义的指称研究 ……………………… 326

第十章　句子的交际结构意义 ………………………… 338
第一节　句子的实际切分 …………………………… 338
第二节　实际切分与动词用体 ……………………… 352
第三节　实际切分与事实情态 ……………………… 367
第四节　俄语的主位与汉语的话题 ………………… 380

第三编　语句的语用意义研究

第十一章　命题态度 …………………………………… 394
第一节　关于语句意义的二元对立范畴 …………… 394
第二节　命题态度谓词的分类 ……………………… 410
第三节　感知命题态度谓词 ………………………… 413
第四节　意见命题态度谓词 ………………………… 423

第五节　对命题态度的思考……………………………… 436
第十二章　意向情态意义………………………………………… 438
　　第一节　俄语语用学……………………………………… 438
　　第二节　施为动词与施为句……………………………… 448
　　第三节　有关言语意向的概念…………………………… 464
　　第四节　有关言语行为的概念…………………………… 469
　　第五节　交际策略………………………………………… 476
　　第六节　取效行为与取效结果…………………………… 483
第十三章　言语行为类型………………………………………… 491
　　第一节　言语行为类型…………………………………… 491
　　第二节　祈使言语行为的亚类…………………………… 499
　　第三节　间接言语行为…………………………………… 512
第十四章　评价意义……………………………………………… 529
　　第一节　从语言学角度看评价意义……………………… 529
　　第二节　评价谓词与评价语句…………………………… 543
俄汉术语对照表…………………………………………………… 554
参考文献…………………………………………………………… 564

СОДЕРЖАНИЕ

ПРЕДИСЛОВИЕ 1

ЧАСТЬ I ИССЛЕДОВАНИЯ ПО ЛЕКСИЧЕСКОЙ СЕМАНТИКЕ

ГЛАВА 1 ДЕНОТАТИВНОЕ И СИГНИФИКАТИВНОЕ ЗНАЧЕНИЕ

1. ПОНЯТИЕ ДЕНОТАТИВНОГО И СИГНИФИКАТИВНОГО ЗНАЧЕНИЯ 2
2. ДЕНОТАТИВНОЕ И СИГНИФИКАТИВНОЕ ЗНАЧЕНИЕ В ПАРАДИГМАТИЧЕСКИХ И СИНТАГМАТИЧЕСКИХ ОТНОШЕНИЯХ 14

ГЛАВА 2 СИНТАГМАТИЧЕСКОЕ ЗНАЧЕНИЕ

1. СЕМАНТИЧЕСКИЕ ВАЛЕНТНОСТИ 23
2. СЕМАНТИЧЕСКИЕ ВАЛЕНТНОСТИ И СИНТАКСИЧЕСКИЕ АКТАНТЫ 28
3. СЕМАНТИЧЕСКАЯ ВАЛЕНТНОСТЬ И ЛЕКСИЧЕСКАЯ СОЧЕТАЕМОСТЬ 35
4. ПОНЯТИЕ ЛЕКСИЧЕСКОЙ ФУНКЦИИ 37
5. ЛЕКСИЧЕСКАЯ ФУНКЦИЯ И ГЛУБИННО – СИНТАКСИЧЕСКАЯ СТРУКТУРА 46
6. ЛЕКСИЧЕСКАЯ ФУНКЦИЯ И СИСТЕМА СИНОНИМИЧЕСКОГО ПЕРИФРАЗИРОВАНИЯ 51
7. ЛИНГВИСТИЧЕСКАЯ ЦЕННОСТЬ ТЕОРИИ ЛЕКСИЧЕСКОЙ ФУНКЦИИ 59

ГЛАВА 3 АНАЛИЗ ЛЕКСИКО – СЕМАНТИЧЕСКИХ КОМПОНЕНТОВ

1. ТРАНСФОРМАЦИЯ ЛЕКСИКО-СЕМАНТИЧЕСКИХ КОМПОНЕНТОВ ПО КОММУНИКАТИВНОЙ ФУНКЦИИ 62
2. ПРЕСУППОЗИЦИЯ И АНАЛИЗ ЛЕКСИКО – СЕМАНТИЧЕСКИХ КОМПОНЕНТОВ 80
3. ЛЕКСИКО – СЕМАНТИЧЕСКОЕ ОТКЛОНЕНИЕ 86
4. ЛЕКСИЧЕСКАЯ БАЗА ДАННЫХ 98

ГЛАВА 4   МОСКОВСКАЯ СЕМАНТИЧЕСКАЯ ШКОЛА

1. О МОСКОВСКОЙ СЕМАНТИЧЕСКОЙ ШКОЛЕ ·· 114
2. СЕМАНТИЧЕСКИЙ МЕТАЯЗЫК АПРЕСЯНА / ВЕЖБИЦКОЙ ················ 131

ГЛАВА 5   СОПОСТАВЛЕНИЕ РУССКОЙ ЛЕКСИЧЕСКОЙ СЕМАНТИКИ С КИТАЙСКОЙ

1. СЕМАНТИЧЕСКОЕ СОПОСТАВЛЕНИЕ РУССКО-КИТАЙСКИХ ГЛАГОЛОВ ········· 150
2. СОПОСТАВЛЕНИЕ РУССКО-КИТАЙСКОЙ ФРАЗЕОЛОГИИ ···················· 167

ЧАСТЬ II   ИССЛЕДОВАНИЯ ПО ПРОПОЗИЦИОНАЛЬНОЙ СЕМАНТИКЕ ПРЕДЛОЖЕНИЯ

ГЛАВА 6   АКТАНТЫ ПРОПОЗИЦИИ

1. ПОНЯТИЕ АКТАНТА ··· 186
2. СУБЪЕКТ ·· 196
3. ОБЪЕКТ ·· 208

ГЛАВА 7   ПРЕДИКАТЫ ПРОПОЗИЦИИ

1. ПРИНЦИПЫ КЛАССИФИКАЦИИ СЕМАНТИЧЕСКИХ ПРЕДИКАТОВ ············ 217
2. СЕМАНТИЧЕСКОЕ ОПИСАНИЕ РЕЛЯЦИОННЫХ ПРЕДИКАТОВ ··············· 234
3. СЕМАНТИЧЕСКОЕ ОПИСАНИЕ ЭМОТИВНЫХ ПРЕДИКАТОВ ···················· 243
4. СЕМАНТИЧЕСКОЕ ОПИСАНИЕ ПРЕДИКАТОВ ФИЗИЧЕСКОГО ДЕЙСТВИЯ ······· 266

ГЛАВА 8   РАСШИРЕНИЕ И МОДЕЛИРОВАНИЕ ПРОПОЗИЦИОНАЛЬНОЙ СТРУКТУРЫ

1. РАСШИРЕНИЕ ПРОПОЗИЦИОНАЛЬНОЙ СТРУКТУРЫ ·························· 277
2. МОДЕЛИРОВАНИЕ ПРОПОЗИЦИОНАЛЬНОЙ СТРУКТУРЫ ···················· 295

ГЛАВА 9   РЕФЕРЕНЦИАЛЬНОЕ ЗНАЧЕНИЕ ПРОПОЗИЦИИ

1. РЕФЕРЕНЦИЯ ИМЕННЫХ ГРУПП ·· 309
2. О РЕФЕРЕНЦИИ ПРОПОЗИЦИИ ·· 326

ГЛАВА 10   КОММУНИКАТИВНО-СТРУКТУРНОЕ ЗНАЧЕНИЕ ПРЕДЛОЖЕНИЯ

1. АКТУАЛЬНОЕ ЧЛЕНЕНИЕ ПРЕДЛОЖЕНИЯ ······································ 338
2. АКТУАЛЬНОЕ ЧЛЕНЕНИЕ И ВЫБОР ГЛАГОЛЬНОГО ВИДА ···················· 352
3. АКТУАЛЬНОЕ ЧЛЕНЕНИЕ И ФАКТИВНАЯ МОДАЛЬНОСТЬ ····················· 367

4. ТЕМА В РУССКОМ ЯЗЫКЕ И ТОПИК В КИТАЙСКОМ ·············· 380

ЧАСТЬ III ИССЛЕДОВАНИЯ ПО ПРАГМАТИЧЕСКОМУ ЗНАЧЕНИЮ ВЫСКАЗЫВАНИЯ

ГЛАВА 11 ПРОПОЗИЦИОНАЛЬНОЕ ОТНОШЕНИЕ
1. О ДИХОТОМИЧЕСКИХ КАТЕГОРИЯХ ОТНОСИТЕЛЬНО СМЫСЛА ВЫСКАЗЫВАНИЯ ·············· 394
2. КЛАССИФИКАЦИЯ ПРЕДИКАТОВ ПРОПОЗИЦИОНАЛЬНОГО ОТНОШЕНИЯ ·········· 410
3. ПРЕДИКАТЫ ПРОПОЗИЦИОНАЛЬНОГО ОТНОШЕНИЯ ВОСПРИЯТИЯ ··········· 413
4. ПРЕДИКАТЫ ПРОПОЗИЦИОНАЛЬНОГО ОТНОШЕНИЯ МНЕНИЯ ··········· 423
5. АВТОРСКОЕ ПОНИМАНИЕ ПРЕДИКАТОВ ПРОПОЗИЦИОНАЛЬНОГО ОТНОШЕНИЯ ·············· 436

ГЛАВА 12 ИЛЛОКУТИВНАЯ МОДАЛЬНОСТЬ
1. РУССКАЯ ПРАГМАТИКА ·············· 438
2. ПЕРФОРМАТИВНЫЕ ГЛАГОЛЫ И ПЕРФОРМАТИВНОЕ ВЫСКАЗЫВАНИЕ ·············· 448
3. ПОНЯТИЕ РЕЧЕВОЙ ИНТЕНЦИИ ·············· 464
4. ПОНЯТИЕ РЕЧЕВОГО АКТА ·············· 469
5. КОММУНИКАТИВНАЯ СТРАТЕГИЯ ·············· 476
6. ПЕРЛОКУТИВНЫЙ АКТ И ПЕРЛОКУТИВНЫЙ ЭФФЕКТ ·············· 483

ГЛАВА 13 ТИПЫ РЕЧЕВЫХ АКТОВ
1. ТИПЫ РЕЧЕВЫХ АКТОВ ·············· 491
2. ПОБУДИТЕЛЬНЫЕ РЕЧЕВЫЕ АКТЫ ·············· 499
3. КОСВЕННЫЙ РЕЧЕВОЙ АКТ ·············· 512

ГЛАВА 14 ОЦЕНОЧНОЕ ЗНАЧЕНИЕ
1. ОБ ОЦЕНОЧНОМ ЗНАЧЕНИИ С ТОЧКИ ЗРЕНИЯ ЛИНГВИСТИКИ ·············· 529
2. ОЦЕНОЧНЫЕ ПРЕДИКАТЫ И ВЫСКАЗЫВАНИЯ ·············· 543

СПИСОК РУССКО-КИТАЙСКИХ ТЕРМИНОВ ·············· 554
ЛИТЕРАТУРА ·············· 564

前　言

　　俄罗斯当代语义学是一个公认的成就斐然的语言学领域。

　　人类的自然语言,就其基本功能而言,乃是特定信息的编码和解码的工具。编码与解码都离不开语义学的深入研究。从20世纪60年代起,语义学愈来愈受到人们的关注,在语言学各门学科之间逐渐占据了理所当然的中心地位。所谓俄罗斯当代语义学,指的就是这个时期以来的俄罗斯(前苏联)的语义学。20世纪60年代,在俄罗斯语言学界发生了一个有着深远影响的事件:以莫斯科国立多列士外国语师范学院机器翻译实验室为中心,形成了一个语言学研究集体,这个集体以构建多层级的"意思⇔文本"转换模式为目标,对语言进行总合一体的形式化描写。后来,这个集体被称之为莫斯科语义学派。"意思⇔文本"模式模拟人的语言能力的两个重要方面:从"意思"到"文本"的编码能力和从"文本"到"意思"的解码能力。编码要解决的是,借助一系列规则,从数量众多的同义手段中筛选恰当手段以准确表达语义的问题;解码面对的则是,借助另外一系列规则,排除文本的多义性,筛选合适语义的问题。编码与解码任务都要求有一套特殊的、精确的意义语言,即所谓的语义元语言。编码过程就是把语义元语言翻译成自然语言的过程;而解码过程则是将自然语言翻译成语义元语言的过程。莫斯科语义学派很快就赢得了世界范围的声誉,"意思⇔文本"模式被应用于许多语言的描写之中。在某种程度上似乎可以说,真正意义的俄罗斯当代语义学,正是伴随着莫斯科语义学派的诞生而在俄罗斯语言学领域逐渐地轮廓分明起来。

　　语素是语言中最小的表义单位,从语素到篇章,语言的各个层次单位都有与形式对应的意义方面。本书的研究范围只限于词汇和句子两个基本层次的语义问题。其中的句子(语句)语义区分为客观性质的命题意义和主观性质的语用意义两编。限于篇幅和人力,构词语义和篇章语义暂未纳入视野。语法意义不是我们的描写重点,但根据莫斯科语义学派总合一体描写的原则,在若干章节中有所涉及。

弗雷格(G.Frege)在《意思与所指》一文中指出,符号就其本身而言,不仅可以从它与所指客体的关系角度来理解,而且可以从它与概念意义关系的角度来理解。符号的概念意义反映符号指向客体事物的方式。莫斯科语义学派的意义观着眼于符号指向客观事物、事件的方式。语言单位的意义属于人的精神世界,而不属于被语言描写的物质世界,它们是操母语者当作同义手段来使用的各种不同语句的共同内容,即众多同义转换语句的常体内容。如果这个常体内容使用元语言表达的话,那么,语言单位的意义就是这个单位被翻译成的另外一个相对扩展的,因而更加显性的元语言符号表达式。莫斯科语义学派的这种语义观与各种各样的逻辑语义学、形式语义学明显不同,后者的关注焦点不是弗雷格所谓的符号指向客体的方式,而是符号与所指客体之间的对应关系。

本书的"词汇语义研究"一编遵循的是莫斯科语义学派的意义观。

词汇语义学是一门形成时间不久的新兴学科,较之传统的词汇学有一系列重要的区别。首先,其研究对象是作为义项从内容与形式统一的词中分离出来的词汇语义单位,而不是内容与形式统一的、常常包含若干义项的词本身。因而,词与语素、短语的外部界线问题,在语音、形态方面的内部同一性问题,词与词之间的同音关系、形似关系以及固有词/外来词、全民词/方言词、积极词/消极词、语体通用词/语体专用词的词层划分等词汇学的传统问题,都不是词汇语义学的研究对象。其次,词汇语义学与词汇学虽然都关注词汇的内容层面,但关注的方式和角度不同。词汇学严格区分词汇意义和语法意义,对词汇意义层面进行孤立、静止的描写。而词汇语义学,一方面,在宏观上把词汇意义描写作为语言总合一体描写系统中的有机构件,使内部的词汇语义特征与外部的语法规则系统有机地相互协调,融为一体。这种描写方法不仅正确地反映了语言的客观事实,语法规则与词汇意义本来就是相互制约的;而且是文本的分析与综合的实际需要,总合一体描写是揭示词汇语义单位之间与词汇意义相关的各种因果联系的手段,这些因果联系就是文本编码、解码过程必需的规则系统。另一方面,词汇语义学较之词汇学,更加深入到词汇语义的微观世界中。词汇语义单位的结构,不仅包括概念意义、指物意义、聚合意义、组合意义、表情意义、联想意义、语法意义等侧面,而且可以进一步分割为若干义素。义素之间在交际地位上的关系常常不是简单的合取关系,而是陈说/预设、前景/背景等主次关系。词汇语义单位之间的差别可能只体现在义素扮演的交际角色不同上,而不是义素的内容和数量不同上。语义被置于言语的动态组合系列中时,其义素的交际结构较之在语言的静态聚合系统中,可能发生变异。特定的某一词汇语义因素常常被选择、凸显出来扮演主要的交际角色,其他方面则在交际功能上退居次要的地位。词汇语义单位的微观世界在聚合系统、组合层面上的义素结构与交际结构分析,由于缺少行之有效的研究手段而长期没有得到进展,语义元语言正是在这种情况下,成为词汇语义学的一种严谨、精确的科学手段。各种流派的当代语义学的一个共同特点是,都有各自专门的元语言体系作为精确描写语言意义,揭示词汇语义单位微观世界的研究工具。

交际功能既然是自然语言的基本功能,作为最小交际单位的句子当然应该占据语言研究的中心地位。各种不同的句法学理论一致认为,句子的意义可以分割为客观与主观两个性质不同的方面。句子的客观意义在语义学中称之为命题,命题内容的所谓客观性,一方面指它反映的是外部世界的客观现实片段;另一方面,也是更重要的方面,指它剥离于命题态度、意向情态、评价等主观意义之外的客观化了的性质。首先,命题不等于判断,没有真值意义,只在与肯定或否定的交际意图结合起来时,才获得相应的真或假的情态意义。按照弗雷格的观点,判断句作为符号单位,与词、短语相同,其内容也有意义与所指的区分。意义就是判断句的命题,所指则是命题获得的真、假值。逻辑语义学、形式语义学的关注对象,恰恰是逻辑演算式、自然语言句与对应外部世界片段的真值关系、真值条件。其次,命题不仅存在于表达肯定或否定情态意义的判断句中,而且存在于表达祈使、疑问、承诺、感谢等意向情态的各种非判断句中。命题是各种言语行为变体语句的常项,各种言语行为意图则是包装命题的主观语义变元。

命题反映客观现实片段只是相对而言。外部世界片段反映到句子中来要经过语言使用者主观意识的折射,在命题的构成过程中,说话人的因素就已经介入。"他卖给了我一套邮票"和"我买了他一套邮票"反映的是同一客观现实片段,但是因为说话人关注的着眼点不同而选择了配价结构不同的谓词。很难认为这两个谓词不同的句子包含着同一命题。

句子的主观意义在传统语法中称作情态性,情态性进一步又有主观与客观的区分。主观情态性表达说话人对句子内容的态度,客观情态性指由说话人确定的句子内容与外部事况的对应关系。这种对应关系有现实的和非现实的两种。非现实关系没有确定的时间定位,现实关系包括现在、过去和将来的时间意义因素。除了现实与非现实的对应关系外,句子内容与外部事况间还有可能、必然、应该一类关系。这类关系出现在被描写事况的发展前景客观地存在着不只一种选择的情况下,亦即句子内容或者至少在一个可能世界中现实(可能),在全部可能世界中都非现实(不可能),或者在全部可能世界中都现实(必然)等。句子内容与事况的这类关系也应纳入客观情态中。有人认为,客观情态性不属于句子的主观意义,而是客观命题内容的组成部分。这种观点正确与否,我们暂且不作断言,但有一点应该强调,那就是包含可能、应该等意义的语词手段,如俄语的 мочь, возможен(可能),должен(应该)等,既可以用来表达客观情态意义,又可以用来表达主观情态意义。以 мочь 为例,这个助动词既可用于表示事况自身的发展存在着不确定性,选择哪种发展前景取决于各种因素(Он мог завести семью, но упустил случай〔他曾经有可能建立家庭,但是错过了机会〕),又可用于表示说话人因自身缺少足够信息,难以确定事况现实与否(Он мог сейчас спать крепким сном〔他现在有可能睡得正香呢〕)。即使同意将客观情态性纳入命题内容之中,也应注意区分具有可能、应该等意义的语词表示客观情态意义与主观情态意义的不同情形,将后者从命题语义中分离出来。

句子的命题由述体核心和受其意义制约的数量不等的名项组成。命题结构中的名项区分为题元(论元)和状态元(情景语)两类。题元和配价是两个经常被混淆的概念。按照莫斯科语义学派的观点,语义配价主要是一个针对谓词语义单位而言的概念。谓词语义单位以情景为描写对象,其语义反映必需情景参与者的属性、相互关系以及与之相关的事件。必需情景参与者在相应谓词语义结构中对应的抽象语义参数叫做该谓词的语义配价。特定数量与类型的一组语义配价是相应谓词语义单位词汇意义的有机组成部分。谓词语义单位的深层语义配价在表层结构中一般通过句法题元体现出来。二者虽然有着密切的联系,但却是两个逻辑性质不同的概念。语义配价仿佛是钓竿上的同一个鱼钩,句法题元则是每次钓上来的不同的鱼。一方面,特定类型的语义配价通常都体现为特定类型的句法题元;另一方面,语义配价与句法题元之间没有必然的一一对应的关系。此外,还有语义题元和句法配价两个概念。语义题元与句法题元的区别在于句子描写的层面。在句子的语义结构层面上,用来填充谓词语义配价的语义片断称之为语义题元;在句子的形式结构层面上用来填充谓词语义配价的句法片断则称之为句法题元。同样,句法配价指谓词在句子的形式结构层面上能够联结的必需句法片断,而语义配价指的则是谓词在其词汇语义结构内部能够联结的、表示必需情景参与者的抽象语义参数。所谓几价谓词,是一个歧义概念。从语义配价着眼,几价谓词指的是在谓词的语义结构或释文中有几个必需的变项,它们缺一不可,剔除任何一项都会导致词汇意义的变更或破坏。至于这些配价是否必须在语篇中通过句法题元形式体现出来,怎样体现出来,则可能有各种各样的特殊情况。而从句法配价着眼,几价谓词指的当然就是使用该谓词构成的句子表层结构可能包含几个相关的句法题元了。在莫斯科语义学派"意思⇔文本"转换模式中,句法题元和语义配价的概念对于描写句法结构深层与表层的相互转换有着十分重要的意义。作为转换系统重要组成部分的《详解组合词典》,对每个谓词语义单位都要以表格形式给出语义配价的类别及其与句法题元形式的对应关系。这种表格称做词汇语义单位的支配模式,例如,агрессия (агрессия X-a против Y-a = X 国的军队通过发动军事行动非法闯入 Y 的领土)的支配模式(图见下页)。

包含命题意义成分的有单句、从句以及由句子派生而来的完全名物化和非完全名物化结构等。关于这些语言单位的命题成分是否具有指称属性,俄罗斯语言学界存在分歧意见。持否定意见的人依据弗雷格的观

1 = X—主体(闯入者)	2 = Y—客体(闯入对象)
1) 第2格名词 2) co стороны + 第2格名词 3) 关系形容词	против + 第2格名词

点认为,就独立的句子以及由意见谓词引导的从句而言,只可以说对于真与假的指称,而真与假属于心智领域,谈论句子的指称会将句子的真值这一核心范畴掩盖起来。本书倾向于肯定的意见,认为命题具有指称性质。命题的指称可以区分为事实预设命题的指称、事件中立命题的指称和事件肯定命题的指称。这些命题类型的指称属性主要通过构成命题单位的谓词的语义范畴、时体范畴、命题的客观情态范畴、说话人与受话人对于命题内容知悉关系等因素表示。命题的指称属性与名词性短语的指称属性有着整齐的对应关系,例如事实预设命题的指称属性与包含存在预设的名词性短语的定指属性对应,事件中立命题与出现在包含可能、希望、应该、必须等情态语境中的名词性短语的非事实所指属性对应,个别事件肯定命题的指称属性与有定名词性短语的指称属性对应等。

就指称对象的本体属性而言,从属命题可以区分为事实命题和事件命题两种。从属事实命题的语义焦点是连接判断主词与谓词,表达真值意义的逻辑系词,其指称对象因而只限于心智世界的真与假;而从属事件命题的语义焦点是谓词本身,谓词表示的概念意义特征属于主词表示的具体事物,因而其指称对象是外部世界的事件、过程。例如,意见命题态度谓词支配以逻辑系词为焦点的事实命题(我认为你是正确的),因而从属事实命题不能改写为完全名物化的形式(*我认为你的正确),而感知谓词支配以谓词本身为焦点的事件命题(我看见了校队在比赛),因而从属命题可以改写为完全名物化的形式(我看见了校队的比赛)。

一方面,具体的指称关系是在言语行为的过程中实现的;另一方面,指称的全部机制仍属于语言的聚合系统。命题的指称问题既可以在语句的层面上研究,又可以在句子的层面上研究。指称理论在句子层面研究命题及其构成部分用于各种指称类型的潜在功能,而在语句层面上研究的则是这些潜在机制实现的具体条件。

语句的实际切分结构,是根据不同交际情景的需要,将同一命题内容的相关部分,按照重要的程度,通过变换视角排列起来的不同结构。这种结构由对立的述位与主位组成,是句子语义的一个特殊方面,既不涉及命题内容本身,又不涉及说话人的言语意向。

所谓实际切分不改变命题内容,事实上也是相对的,这取决于命题在什么层次上定义。如果着眼于语句层面,将成素相同、指称不同的命题看作不同内容命题的话,那么这种说法就失之偏颇了。实际切分改变名项指称意义的情况是常常遇到的:Во дворе/собака(院子里有一条狗)与Собака/во дворе(狗在院子里)中的名词性短语собака,由于实际切分的角色不同,指称意义相互区别。在存在句中,充当述体的собака是无定的;而在空间描述句中,собака充当主位,所指的是交谈双方共同视野中的有定事物。语句的实际切分可区分为改变与保留名项指称意义的两种类型,后者如:Миша поехал/в Москву(米沙去莫斯科了)/В Москву поехал Миша(去莫斯科的是米沙)。有人将因交际结构变化而形成的诸语句叫做同一句子的交际聚合体,但严格意义上的句子的交际聚合体,应该排除因实际切分而改变名项指称意义的变体类型。

俄语是形态丰富的语言,与汉语不同,语法关系的主要表达手段不是词序,而是词的形态。俄语词序摆脱了语法功能的束缚,因而较之汉语拥有广阔得多的表达交际结构的自由空间。在很多情况下,调整语句的交际结构时,无须变更句子的语法结构,只调换相关词序就已达到目的。就这个意义而言,词序是俄语语句实际切分的主要表达手段。句子的几乎所有成分都可以移到句尾充当述位,这在汉语里往往是无法办到的事情。对于词序的自由空间相对广阔的斯拉夫语而言,"客观词序"、"自然焦点"的概念无疑是恰当的,因为几乎任何承担述位功能的成分都至少可以有两种选择:或者移至句尾,用中立的句尾重音表示;或者放在其他位置,用逻辑重音表示。而对于汉语则没有客观词序与主观词序的区分。客观词序、自然焦点是相对于主观词序、非自然焦点而言的,汉语句中用重音表达的非句尾焦点(他天天骂我)不是主观词序,因为它没有客观词序与之对立(*他骂我天天),因而也就无所谓"非自然焦点"。将自然焦点理论从斯拉夫语搬到汉语中来未必恰当,这忽略了一个重要事实:汉语的一个显著特点是,表达实际切分的手段主要不是词序,而是重音。

  作为符号体系来研究的自然语言划分为语义、语法和语用三个部分,C. Morris 的这一著名观点有着十分严重的缺陷。语义事实上不是游离于语法、语用之外,而是贯穿于词汇、语法、语用的始终。首先,人们早就发现,词汇和语法没有截然的界限。同样的意义,一种语言用词汇手段表达,另一种语言可能使用语法手段表达。其次,自然语言的特点在于,它不将语言外的世界与语言使用者的心理世界、社会环境区分开来。无法与语言使用人分割开来的不是语言中的个别单位,而是数量庞大的词汇、语法单位,甚至是整个语言体系。反映客观世界的真值语义仅仅是全部话语内容的十分有限的部分,而且就连这种语句也包含着说话人的肯定、报道等意向情态,因而不能将自然语言单位的意义简单归纳为符号与外部世界之间的关系。严格地说,自然语言不能用来客观地描写世界的本来面目。关于符号学的语义、语法、语用区分只适用于逻辑学、人工符号系统,对自然语言体系无效。合理的表述应该是,自然语言的意义区分为词汇、语法、语用三种类型。词汇意义与语法意义的区别体现在表达手段而不是语义性质上,而它们与语用意义的区别体现在意义的性质而不是表达手段上。

  语句的主观意义就是语用性质的意义,对于语句而言,基本的语用意义是它们的意向情态,即由 J. Austin 奠基的言语行为理论中所谓的语势(иллокутивная сила)。言语行为理论是用来研究语句语用意义的理想工具。J. Searle 将言语行为划分为命题行为、意向行为和取效行为三个层次,其中的命题行为就是组建语句客观意义结构的行为,由指称行为和述谓行为两个部分组成。构成命题内容的行为过程包括按照需要的视角调整命题交际结构的过程在内。同一命题行为构建的语句可以用在若干不同的意向行为中。言语行为意向可以通过言语意向动词显示,也可以借助语境等其他手段表达。能够用在施为句中做谓语的只是言语意向动词中的一部分,这部分言语意向动词叫做施为动词。

命题态度谓词是表示命题态度主体对从属命题广义主观意向的谓词。对具体类型的命题态度,甚至特定命题态度的深入研究是俄罗斯当代语义学的一个特点。命题态度的分类、命题态度与从属命题的相互作用、主体的命题态度与说话人命题态度的相互关系、依附命题态度谓词的否定语气词的辖域、命题态度与间接疑问句、各种命题态度谓词句的交际结构、从属命题的名物化、命题态度谓词的插入语化、从属命题中名词性短语的指称限制等一系列问题的研究,都取得了令人瞩目的成果。

取效行为使语句作用于受话人的思想、情感和行为,以唤起相应的反应。同一取效结果可以通过使用各种各样意义不同的语句来达到;反之,使用同一意义的语句可能导致完全不同的取效结果,这里的制约因素涉及受话人的知识结构、价值观念、性格特征等等。因此一般认为,取效行为与语句的内容层面没有必然的联系。俄罗斯语言学工作者在研究取效行为方面的一个显著成果是,他们发现,有些俄语言语意向动词的对应完成体属于取效行为动词。这类对偶体动词与两体都表示意向行为的对偶体动词明显不同,试比较 просить(请求)/попросить(请求)与 умолять(恳求)/умолить(恳求到),第一个动词的未完成体/完成体的语法关系是"活动/开始活动,活动一定时间,然后停止活动",因而只分别表示"说话以示请求"和"说出话来以示请求";第二个动词的未完成体/完成体的语法关系则是突变结果动词(конатив)的体的意义关系,不仅表示"说话以示恳求/说出话来以示恳求",其完成体的意义还包括"受话人满足了说话人愿望"的取效结果成分。

俄罗斯当代语义学是一个内容浩瀚的海洋。本书作者能力所及,只是其中的有限领域。呈献在读者面前的是一部研究性质的著作,所论未能全面,但力求深入。多数章节都贯穿着作者本人的研究心得,以综述为内容的只是个别的章节。书中的语料以俄语为主,例词、例句都附有汉语译文,有些章节尝试用俄罗斯当代语义学的理论和方法分析相关的汉语语言问题,目的在于方便我国语言学界了解俄罗斯当代语义学的成就。

本书各部分的作者分别是:

张家骅——第一编第一章至第五章、第二编第十章;

彭玉海——第二编第六章至第九章；

孙淑芳——第三编第十二章、第十三章；

李红儒——第三编第十一章。

笔者指导的博士研究生杨家胜、靳铭吉结合博士学位论文工作，分别撰写了第三编第十四章(杨家胜)和第二编第九章第一节、第十章第四节(靳铭吉)。

全书由张家骅最后修改、定稿，对部分章节进行了增删。

本书是教育部人文社会科学重点研究基地第二批重大项目成果(项目批准号为：2000ZDXM 740011)，得到教育部社政司、黑龙江省教育厅、黑龙江大学的资助，在此谨致谢忱。

张 家 骅
2003 年 5 月 12 日

第一编　词汇语义研究

第 一 章

指物意义与概念意义[①]

第一节 指物意义与概念意义的定义

1 术语 денотат/сигнификат 的多义性

就语言单位与现实关系的性质而言,语言的功能区分为两种:对于已有经验的称名功能和借助已知经验报道新知的交际功能。称名功能又叫做代表功能(репрезентативная функция)。潜势地存在于聚合系统中的称名符号履行的主要就是代表功能。语词的代表功能表现在代表(称谓)客观事物及(概括)其本质属性的两个方面,绝大多数事物名称在语言层面因而都同时具有指物意义(денотат, денотативное значение, денотатное значение)成分和概念意义(сигнификат, сигнификативное значение, сигнификатное значение)成分。

денотат 和 сигнификат 原本是逻辑学中的两个术语,它们的意思分别与 объем (понятия)([概念的]外延)和 содержание (понятия)([概念的]内涵)大体相当。这一对术语后来被引进到语言学中,用于描述语言符号、主要是语词的意义层面。由于语言意义领域自身的错综复杂性质,其中的很多相关问题至今众说纷纭,难以求得一致的意见。这种状况造成了准确理解和恰当翻译两个术语的困难。денотат/ сигнификат 以及与其意思近似、有构词联系的一系列术语,事实上已经背离术语应在本学科体系保持单义的原则。它们的含义因语言学家的理论体系不同而有所差异,有时甚至是很大的差异。即使是同一语言学家,在不同时期使用其中的

---

① 本章曾作为独立论文刊登于《外语研究》2002 年第 5 期。

同一对术语时,往往也因修正自己的观点而赋予它们以不同的意义。正如 Е. Падучева（1985：12）谈及 денотат 及其同根派生语词时所说的,由于这些术语的意义已经磨蚀,它们只有在被当作熟语性意义使用时才是可以接受的。сигнификат 及其同根派生语词的情况与此相同,它们的意义也只能在特定的语言学家及其理论体系的框架中来确定。

2 指物意义的各种不同阐释

名称的指物意义究竟是什么？归纳起来大体有以下几种不同的解释：1) 名称所指的事物；2) 名称与所指事物之间的关系；3) 名称语义本体的组成部分；4) 名称在言语组合层面的具体所指。

1) 名称的指物意义就是其所指的事物

G. Frege(弗雷格)在《意义与所指》一文中使用的德文术语 Bedeutung 被译作英语的 denotation（G. Frege 1952），俄语的 денотат（Г. Фреге 1997：354）。денотат₁ 在这里表示专有名称所指的那个语言外的客观事物。"我所谓的符号(或名称)指的是任何用来充当专有名称的称谓标记,符号的所指事物(денотат₁)是特定的一个东西(就'东西'这个词的广义而言),而不是概念或关系。"(Г. Фреге 1997：354) G. Frege 在文中打了一个比方,用来说明所指事物与概念、表象的区别：一个人用天文望远镜观察月亮,这时并列出现两个影像,一个形成在望远镜内部的透镜上,另一个形成在观察者的视网膜上。月亮本身相当于所指事物,透镜上的影像相当于具有客观性质的概念,而视网膜上的影像则相当于因人而异的表象。我们暂且不去理会所指事物与概念、表象的区别。G. Frege 通过这一比喻表明,他所谓的所指事物(денотат)乃是符号所指的一个特定的客观实体。在依循 G. Frege，A. Church 术语体系的现代逻辑学、符号学著作中,денотат₂(denotation₂) 用于表示专有名称或形式语言中的常项所指的一个事物以及普通名称或形式语言中的变项所指的一类事物,意思相当于传统逻辑学中的概念外延,与 смысл（G. Frege）或 концепт（A. Church）相对立。后者是符号用以表示所指事物的方式,即符号借以指向一个事物或同类事物的所含信息,相当于传统逻辑学的概念内涵。(С. Аверинцев

1989:158)

денотат 在逻辑学中表示的名称所指的外界事物或概念外延,被很多人认为就是名称的意义。"一个名字乃是一个简单的符号,它的意义是只能作为主词出现的东西。""一个名字……直接指一个个体,这个体就是它的意义,并且凭它自身而有这意义,与所有其他的字的意义无关。"(罗素 1999:163—164)"名字表示客体,客体是它的意义。在命题中名字代表客体。"(维特根斯坦 1992:30) G. Frege 的德文术语 Bedeutung 原本就是"意义"的意思,其俄语译名除 денотат 外,有很多著作用 значение. 前苏联出版的《哲学百科词典》(С. Аверинцев 1989:200)将语词所指事物叫做语词的事物意义(предметное значение)或外延意义(экстенсиональное значение),用以与语词的思想意义(смысловое значение)或内涵意义(интенсиональное значение)相对立。名称所指的外界事物实际上仍然是人对被反映事物的一种认识,属于意识领域,是名称意义的组成部分。它同客观本体是有区别的,后者属于存在领域。语词在表达虚假概念时,所指事物在现实世界并不存在,仅仅是意识领域的一种观念而已;在表达真实概念时,所指事物虽然存在于现实世界中,但与虚假概念的所指事物一样,也是意识领域的一种观念。

2) 名称的指物意义是名称与所指事物之间的关系

不管怎么说,"意义就是所指事物"的观点终归有混淆意识与存在之嫌,因而人们常常不是从符号所指外界事物的角度,而是从符号与所指外界事物的关系角度定义意义。符号学的奠基人之一 C. Morris 依据 Peirce 的思想,将符号学划分为结构学、语义学和语用学三个方面。语义学的研究对象就是符号与客观事物之间的关系。发端于 G. Frege 的语义三角通常被用来从关系角度解释意义:符号与所指事物的关系和符号与概念的关系都有充分的资格被称之为意义。(Ю. Степанов 1964:68)其中符号与所指事物的关系,或者以词汇符号连同其概念意义为一方,以所指外界事物为另一方的相互关系就被许多语言学著作定义为词汇符号的指物意义。

3) 名称的指物意义是名称语义本体的组成部分

有人认为,指物意义不仅仅是关系,而且更重要的是某种思维和语言本体。持这种观点的学者赋予 денотат 下面一些意思。

a)具体事物名称所表示的将单个事物或同类事物典型化了的表象。所谓表象指的是认识过程中的一个阶段的产物,在时间上这个阶段处于感觉、知觉后,概念、判断前。就其抽象化的程度而言,较之概念距离客观现实接近一步。(А. Уфимцева 1986:106)一方面,表象是客观事物形象的重现,在综合过去同一或同类事物的多次感知的基础上形成,有直觉性、形象性的特点,以具有区分性质的视觉、听觉、触觉等感性特征为内容;另一方面,表象又以词为标志,因而具有概括性。(杨清 1985:182)денотат 用于这一意义时与 денотативное значение(指物意义), предметная отнесенность(指物性)同义。绝大多数事物名词在语言层面都同时具有以相对具体的、感性的特征为内容的指物意义成分和以抽象的、本质的区别特征为内容的概念意义(сигнификативное значение, понятийная отнесенность)成分。(А. Уфимцева 1980:25—30)А. Уфимцева 以 bear(熊)这个词条的释义"体大、部分肉食、跖行、毛厚、四足行走的动物"(H. Fowler 1951)为例指出,其中的"肉食"、"跖行"、"四足"三个词系动物学专门术语,因而表示的是关于这类动物的科学分类概念。而"体大"、"毛厚"体现的则是关于熊的日常外部体征的表象。(А. Уфимцева 1986:113)将指物意义看做词汇语义中反映具体特征的表象部分,这种观点已为很多学者所接受。如 Ю. Степанов(1981a:50)说,词的指物意义和概念意义的相互关系最好用语义三角来加以阐释。以语音作为外部形式的词(如 петух)一方面通过意识与外界事物(现实世界的公鸡类)相联系,另一方面和"公鸡"的概念相联系。公鸡类是指物意义,关于"公鸡"的概念内涵为概念意义。但既然公鸡作为现实客体,在意识中当然不会以物质的形式,而只能以反映的形式存在,因而这个类别与概念意义一样体现为若干特征。不过指物意义只限于一组数量有限的,足够将客体区别出来的特征,而概念意义则囊括语言群体从该客体类别概括出来的全部特征。H. Арутюнова 虽然不把词汇意义中的表象成分称做指物意义,但却将其与概念成分区分开来,指出起指涉作用的主要是这一成分。"表示具体事物,首先是自然实际事物的普通名称的意义在说话人的意识和记忆中唤起的,一方面是具有概括性质的、形象生动的感性印象,另一方面则是有关相应实际事物类别的抽象信息。前者与科学知识水平无关,服务于名称的指涉目的。具体名称的指涉功能建立在事物形象(类别典型)的基础之上,而对于它们的述词的理解则要依靠抽象的信息。名称通过表象与所指类别(денотативный класс)相联系,通过概念与述词相联系。"(Н. Арутюнова 1979:333—374)

b)具体事物名称所表示的日常生活概念(бытовое понятие)或语言概念(языковое понятие)、朴素概念(наивное понятие)。Л. Щерба 就 прямая(直线)一词的意义指出,在几何学中,直线的科学概念应定义为两点之间的最短距离,而在日常生活中则完全是另外一回事:直线是既不往右,又不往左,既不向上,又不向下拐弯儿的一条线。后者就是 прямая 这个词的意义。这种概念如用词来表达,应区别于逻辑概念,称之为"日常生活概念"、"语言概念"。(Л. Щерба 1974:280) "水"的朴素概念是"供饮用或服务于其他目的的无色、透明的液体",其科学概念则为"分子由两个氢原子和一个氧原子构成的化学物质"。(Ю. Апресян 1995b:260) 在《语言百科词典》的 семантика 词条中,Ю. Степанов 以 Л. Щерба 对于 прямая 的词义分析为例指出,指物意义虽然与概念意义相同,也是由一组区别特征构成的同类事物在意识中的反映,但是它与概念意义常常不相吻合:对于 прямая 而言,"两点之间的最短距离"是这个词的概念意义,而"不向上、下、左、右拐弯儿的一条线"则是其指物意义。(В. Ярцева 1990:438) 这种将语词的日常生活概念看作指物意义的观点与 S. Kripke 的见解是一致的。他认为,满足名称实现指涉功能需要的特征成分应该与名称的释义本身区分开来。为了将名称与特定外界事物联系起来,说话人使用的是那些能够帮助受话人将其所指识别出来的特征。黄金的鉴定标准是这种元素的原子量,而不是用来识别名称指涉对象的外部特征或属性。水之为水,是因为它有特定的分子式,而不仅仅因为透明、无色、无味、解渴。所有外部性质,包括功能在内都与水相似的液体,由于化学成分不同而不能称做水。但是,客观事物的外部存在形式对于它们的语词同一性却是至关重要的。尽管冰、雪甚至蒸气有着与水相同的分子结构,但我们并不把它们叫作水。

c)概念意义中那部分在语句里用于将名称与外界具体事物证同的,数量有限的区别特征。(Ю.Степанов 1981a:51)指物意义的这种用法不同于a),后者表示的不是言语层面上,而是聚合体系中的语词的指物意义。

4)名称的指物意义是其在言语组合层面的具体所指

a) денотат₃ 常用于表示普通名称在言语中指涉的特定个体。与 денотат₁ 不同,这并不意味着所指个体在任何情况下都是惟一具有该名称短语概念属性的事物。脱离开特定的言语情景,这个名称短语不再是个别具体事物的符号,而成为具有概念属性的全部同类事物(денотат₂)的统称。денотат₃ 在意义上等同于 референт,可译做"指涉对象"。"普通名称的语义结构包括由同类现实事物的共同特征构成的某种概念和在言语中由指涉对象的属性构成的具体、个别的内容两个方面。"(H. Арутюнова 1976:326) денотат₂ 与概念意义的对立关系只限于语词意义的取向方面(指向事物/指向概念),而 денотат₃ 与概念意义的对立关系不仅限于语词的取向方面,而且还表现在语词的层面归属上(言语层面/语言层面)。所谓"意义就是所指"在这里主要的意思就是,名称的意义就是这个名称在言语中指涉的特定个体。

b)语词在实际言语中的称谓对象。对 денотат 持这种观点的学者认为,就功能而言,名称区分为语言层面的和言语层面的两种。语言名称潜势地存在于词汇聚合体系中,一经体现于组合系列里,便转化为言语名称。二者的区别在于称名对象的性质。语言名称的称谓对象是以语言外客体为基础的 сигнификат,即思维构架、概念;言语名称的称谓对象则首先是现实中的事物、特征、行为、情感,其次是人的意识产物,如概念、虚构客体等等。(В.Гак 1977:248—252)1990年前苏联出版的《语言百科词典》的相关词条体现了 В.Гак 的这一观点:"词汇意义在语言体系中定义为 сигнификат,在言语里则体现其 денотат 的方面。"(В.Ярцева 1990:262) денотат₄ 的这种用法一方面与 денотат₃ 相同,着眼点都是语词的言语运用层面;另一方面与 денотат₃ 有所区别,不仅限于具体名词指涉的现实事物,而且包括抽象名词、形容词、动词等称谓的概念、特征、行为等。Т.

Булыгина, С. Крылов 在他们撰写的《语言百科词典》的 сигнификат 词条中引述了 В. Гак 关于 сигнификат/денотат 的上述观点，但将其所谓的 денотат₄ 与 денотат₃（指涉对象）等同起来。这事实上从 В. Гак 所谓的言语名称的称谓对象（денотат₄）中排除了概念、特征、行为等，与 В. Гак 的观点因而已不相吻合。(В. Ярцева 1990:444)

3 概念意义的各种不同阐释

关于名称概念意义的意见分歧主要集中在两个问题上：1) 概念意义在内容上与概念内涵是什么对应关系？2) 概念意义是语词在词汇系统聚合层面上的意义成分还是言语组合系列中的意义成分？

1) 对于语词的概念意义与概念内涵的对应关系有以下几种不同的理解：

a) 概念的内涵就是其外延事物的一组区别特征，语词的概念意义在内容上相当于概念内涵，是在意识和语词中反映的同类事物的一组区别特征。（А. Уфимцева 1986:88）

词义的所谓区别特征，指一个词汇语义单位在进入由若干有某种共同特征的词汇语义单位构成的系统中时，用以与同一层次的其他单位相区别，并与之逐一构成对立关系的语义特征。以动词 идти, ехать, лететь, плыть 为例，它们因"人的空间位置移动"的共同语义成分而构成一个系统。其中的 идти 以"在地面上"(+1)/"不在地面上"(-1)、"借助交通工具"(+2)/"不借助交通工具"(-2) 的区别特征分别与 ехать, лететь, плыть 构成对立的关系：идти (+1, -2)/ехать (+1, +2)；лететь (-1, +2)；плыть (-1, -2)。概念意义的这种用法与 F. Saussure 的"所指"(valeur) 意义相同，俄语译作 означаемое 或 значимость。法语词 valeur 的字面意思是"价值"或"交换价值"。F. Saussure 之所以从亚当·斯密的政治经济学中借用"（商品的）交换价值"（与"商品的使用价值"相对立）这一术语，意在强调，一个词的"所指"是相对于其他相关词的"所指"来确定的，就像一种商品的交换价值通过另一种商品的交换价值来确定一样。

b) 概念的内涵是其外延事物的区别特征、整体特征和冗余特征的总和,概念意义在内容上相当于概念内涵,是在意识和语词中反映的同类事物的区别特征、整体特征和冗余特征的总和。区别特征只是从语词的概念意义中选取的、为识别所指事物必需的、最低限度的一组特征。就像商品除了交换价值之外还有使用价值一样,语词的概念意义除了区别特征之外还包括其他一些特征。如上所述,идти,ехать,лететь,плыть 4 个动词,在它们构成的系统中,有"在地面上"/"不在地面上"(1)和"借助交通工具"/"不借助交通工具"(2)两个区别特征。这两个特征以肯定/否定的对立方式(+1/−1,+2/−2)来表示系统成员的差别。而"人的空间位置移动"的特征则以肯定的形式为4个动词所共有,这是它们的组成系统,具有可比性的基础。为系统成员共有的非区别性特征通常称做超义素(архисема)(Л. Новиков 1982:117),也有人称之为整体特征(интегральный признак)。(А. Кузнецов 1986:26)当然,与区别特征一样,所谓超义素或整体特征,也是相对而言。从一个特定系统转入另外一个系统之后,词汇语义单位的整体特征可能转换为区别特征,例如相对于стоять 而言,идти 的"人的空间位置移动"的意义特征就不再是整体特征,而是与前者的"人的空间位置不移动"的意义特征构成对立关系的区别特征。通过与系统内部其他成员对比来确定共同特征、区别特征,这只是语词概念意义的一种定义方式。以字母排序的一般语言词典的释义与这种方式有所区别,常常包含一些不与其他系统成员构成对立关系的意义成分。如 прибыть(抵达)与 уйти(离去)两个动词的共同特征是"人的空间位置移动",区别特征是"±在目的地"。除掉这些意义成分之外,уйти 还有"步行"的成分,这一成分不与 прибыть 中的任何意义因素构成对立关系。后者对这一成分持中立的态度,抵达的方式可以步行,也可以驾车、坐船或乘飞机。就这一意义因素而言,уйти/прибыть 的关系不是 +/−的关系,而是 +/o 的关系。идти 的"(主体)用双腿迈步(移动空间位置)",плыть 的"(主体在水中或水面上)通过身体的特定动作(移动空间位置)"的意义成分(МАС[①]1981—1984),在系统中也不与其他成员构

[①] МАС——苏联科学院俄语研究所编《俄语词典》Ⅰ—Ⅳ卷(1981—1984),主编 А. Евгеньева。

成整齐的对立关系。这类语义特征被 Ю. Степанов 称之为整体特征（интегральный признак）。它们和俄语辅音音位|x|的清音特征、元音音位|a|的非圆唇特征等类似，没有区分功能，宜与后者一样，也称作冗余特征（избыточный признак）。(Русская грамматика 1980[①]：75)所谓冗余，是就特征在体系内部的区分功能而言，这并不意味着它们不重要。列举冗余特征对于描写单个语词的意义结构本身，是不可或缺的。

c) 概念意义相当于语词的科学概念内涵，与其对立的指物意义则相当于语词的语言概念内涵。(参见本章第6页 b)项)

d) 概念结构由语言概念内涵、科学概念内涵、现实外延和逻辑外延（компрегенсия）四个方面构成。概念意义相当于语词概念结构中的语言概念内涵。如上文所说，сигнификат(和 денотат)的多义性不仅体现在不同学者的著作中，而且还体现在同一学者的不同著作里。Ю. Степанов 在《语言百科词典》的 понятие 词条中，针对概念意义表述的观点就与 c)完全不同。他在这里认为，概念意义所包含的特征总和与科学概念内涵的特征总和可能不完全重合，因为前者是对事物和现象正确称名的手段，可以不必穷尽它们的所有本质属性，而后者则涉及事物与现象的本质问题。例如，俄语词 гриб(蘑菇)可释义为(a)不开花结果的植物，由肥厚的帽盖构成，大都有腿儿支撑；(b)低等孢子植物，无叶绿素，不开花结实，体肥厚，形状各异。释义(a)是 гриб 的概念意义，(b)则是这个词的科学概念内涵。(В. Ярцева 1990:384)不难看出，前者就是 Л. Щерба 所谓的日常生活概念或语言概念，与将 прямая 释义为"不向上、下、左、右拐弯儿的线"相同；后者则是科学概念，逻辑概念，和把 прямая 释义为"两点之间的最短距离"一样。在同一部《语言百科词典》семантика 词条中，Ю. Степанов 却将后者叫做语词的概念意义，前者称之为指物意义。

2) 对于概念意义的层面归属关系的不同意见是：

a) 绝大多数名称在语言系统的层面上都既具有概念意义成分，又具

[①] Русская грамматика 1980——苏联科学院俄语研究所编《俄语语法》Ⅰ—Ⅱ卷(1980)，简称《80年语法》。

有指物意义成分,差别只是哪种成分的比重较大而已。但是将名称置于特定的话语中时,受相应句法结构、交际结构、情景等因素的制约,实际体现的可能是其中的概念意义成分,也可能是指物意义成分。(А. Уфимцева 1986:130)

b)сигнификат 是名称在语言系统层面的意义,其称谓对象是以语言外客体为基础的思维架构。语言层面的名称与称谓对象之间的联系是该社会群体约定的,因而是稳固的,但并不都有理据:俄语为什么用 собака 表示"狗"的概念,这是无法论证的。сигнификат 和 денотат 的对立关系表现在,后者是该名称在实际言语中体现的意义,其称谓对象是现实事物或意识产物。(参见本章第 8 页 b)项)言语名称与称谓对象之间的联系是说话人即时确定的,因而是不稳固的,但却都有理据:为什么在言语中将特定动物称之为 собака,这是可以论证的。

c)有人认为,名称的概念意义和指物意义都应该置于话语中来观察。"当名称在语句中代表单个东西(一些东西)时,表达的是指物意义;相反,每当名称在语句中表达概念时,我们就说它具有概念意义。"(М. Никитин 1974:7—8)

4 我们对于指物意义和概念意义的理解

通过对比以上列举的有关语词概念意义和指物意义的各种不同观点,我们认为,似应对这两种意义作如下定义:

语词的概念意义在内容上相当于概念内涵,是在意识和语词中反映的同类事物的概括属性和本质属性;其指物意义则是以语词符号或语词符号及其概念意义为一方,能够被其所指的同类事物为另一方的相互关系。

语言概念和科学概念没有截然的界线。科学概念往往都是以语言概念为基础逐渐形成的;随着科学的发展和知识的普及,语言概念在不断向科学概念靠近。Л. Щерба 在 30 年代用 прямая 的词义说明语言概念与科学概念有所区别的例子拿到当今社会恐怕不得不做另外一种解释。由于几十年普及中等义务教育和扩大中等专业教育、高等教育,绝大多数人大概都会很自然地将"两点之间的最短距离"看作 прямая 的通常语言意义。(А. Кузнецов 1986:52—53) 正是由于这种原因，不同时代的同一语词可能具有相同的指物意义，不同的概念意义："鲸鱼"的词义就是一个典型的例子。被看作语词概念意义基础的内部形式（внутренняя форма）之所以常常被语言社会遗忘，失去与概念意义的联系，这恐怕也是重要的原因之一。词义中被看作指物意义成分的具体感性特征和概念意义成分的抽象特征并不是截然对立、相互排斥的。它们事实上彼此渗透，构成同一词汇单位语义的浑然整体。从同类事物概括出来的共同属性，既有人的五官直接感受得到的成分，也有经过对比、分析、推理得出的非直观成分。科学概念不可避免地包含事物的外部特征；语言概念也常常无法排斥事物的抽象特征。这两方面的例子在术语词典和语言词典里几乎俯拾皆是。人为地将二者分割为指物意义和概念意义必然顾此失彼。这是 Ю. Степанов 常常自相矛盾的主要原因。事实上，它们是组成同一概念意义的两个不可或缺的方面。

语词的概念意义不局限于区别特征。语义区别特征整齐对立的概念语词多集中在种属关系的顶端各层级，如：植物/动物、人/兽、草本/木本、乔木/灌木等。愈是靠近种属关系底层的语词，不与其他同层次系统成员构成整齐对立关系的独特属性愈多。处在分类终端的具体事物名称的语义结构中，占据主要地位的是不构成对立关系的非区别特征。

将意义等同于关系，这是符号学、语义学定义意义的一种普遍方式：指物意义是符号与所指事物的关系，概念意义是符号与其概念内涵的关系，语法意义是符号与符号的关系等等。不满足于"关系"一说的人认为，意义是某种思维的、语言的本体，应该到意识和语言单位自身中去寻找。对于概念意义来说，"关系"与"本体"并不矛盾。从功能角度着眼，概念意义是词汇符号与事物属性的意识反映之间的关系；从本体角度着眼，可以略去"关系"，直接将概念意义说成事物属性在意识中的反映。两种定义事实是一回事，因为"关系"和"反映"在这里表示的现象都同样属于人的精神领域。但是，对于指物意义，情况则有所不同。一方面，如上文所说，指物意义不宜到概念本体中去割取；另一方面将"指物意义是符号与所指事物的关系"中的"关系"省略，说成"指物意义就是所指事物"也不合适，因为二者完全是两回事：所指事物是客观存在，而不是意识本体。概念意义的取向是人的认识领域，可以用意识本体定义；指物意义的取向则是外部世界，因而应该以语言符号与所指事物的关系定义。关于语言符号的所指事物，有两种不同的理解：

a) 既是客观世界独立存在的具体事物本体，又是这些事物呈现的静止或动态的广义特征，包括性质、属性、状态、行为、过程、关系等；

b) 只限于客观世界独立存在的具体事物本体。

前一种理解与通常意义的概念外延相吻合，后一种理解相当于通常意义的指涉客体。我们倾向于第二种理解，认为事物与特征的本质不同。它们尽管都同样是客观存在，但存在的方式却有所区别。前者以具体的、空间的、独立的方式存在；后者的呈现方式则是抽象性质的，时间性质的，依附性质的。因而在定义中，我们没有像将概念意义与概念内涵等同起来那样，把指物意义和概念的外延等同起来，也没有把指物意义称做外延意义。

语词符号因概括的对象、方式、程度等因素不同，与所指事物之间的联系有3种情况：

a) 像传统语义理论认为的那样，要以概念意义中包含的事物本质属性为中介；

b) 以语词表达的具有感性特点的概括表象为中介；

c) 不像传统语义理论认为的那样，无需这些中介，是直接的联系。

第一种情况尤其明显地表现在以功能原则构成的人造事物名词、表人名词以及种属特征概括程度较高的自然事物名词上。例如，крышка（盖），зажигалка（打火机），открывалка（起子），поднос（托盘），преподаватель（教师），продавец（售货员）等通过反映事物特定功能的这个本质属性的意义成分与所指事物联系，服务于人的功能特征就是语言社会对于这些事物的人为分类标准。这一特征鲜明地表现在词的内部形式中。判断种属范畴关系底层的名词"蝙蝠"的客观所指未必须要借助"胎生"之类的概念特征，但是要搞清楚"哺乳动物"、"鸟"所指的客观对象是否包括蝙蝠,则"胎生"、"卵生"等概念意义特征的中介作用是不可或缺的。G. Frege, B. Russell 等认为,专有名称除了指物意义外,也有概念意义(смысл, концепт),其概念意义相当于一个或一组隐性摹状词(дескрипция),即属于所指个体的一个或一组隐性特征。专有名称借助这个或这组特征而指向外界个体。例如,专有名称"亚里士多德"对应的一组隐性摹状词是"柏拉图的学生"、"《形而上学》的作者"等,具有这些特征的人就是这个专有名称的所指个体。(Н. Арутюнова 1979:330) 第二种情况以具体自然物名词最为显著,如 камень(石头),облако(云彩),почва(土壤),осина(山杨),воробей(麻雀)等,它们所指事物的同类关系不是建立在人为标准的基础上,而是建立在自然标准的基础上。其特征具有弥散、多相、难于准确切分和穷尽列举的性质。什么才是这些东西的本质属性,在一定程度上几乎永远也说不清楚。这类语词所指的外界事物要凭借语词在人们心理上唤起的原型整体形象来认同。第三种情况,确切地说,持第三种观点的人认为,专有名称是"固定指称语"。它们与所指外界事物的联系和概念意义无关,是历史形成的因果沿袭链条。有定摹状词和具体自然物名称的指涉方式与专有名称类似。句子"《哈姆雷特》的作者并没有写《哈姆雷特》"之所以可接受,原因就在于摹状词"《哈姆雷特》的作者"可以理解为专有名称"莎士比亚"的替代语,其概念意义并没有参与指物意义的表达,因而它和谓语部分在语义上的矛盾就可以忽略不计了。由于人们对于某些自然事物本质属性在认识上的历史局限,语言词汇体系不可避免地包含一些反映错误观念的语词,但这丝毫都不影响人们正确使用它们的指物意义。"鲸"不是鱼,而是哺乳动物,这对于正确奉行斋戒固然十分重要,但是对于正确使用这个词的指物意义却没有任何妨碍。

第二节 聚合与组合层面的指物意义与概念意义

词汇意义和语法意义一样,既可以从语言体系的角度做静止、概括的描写,又可以从言语运用的角度做动态的、具体的描写。前者是聚合平面上的潜势意义,后者是组合系列中词汇语义单位的言语功能、实际意义。

1 聚合层面的指物意义与概念意义

在词汇的聚合体系中,词汇语义单位按照其语义结构中潜势存在的指物意义成分/概念意义成分的有/无、多/少和相应的逻辑、句法功能,可以区分为以下一些类别。

1) 只有指物意义成分,在句子中主要充当主词、主语的类别。

a)专有名词 原型专有名词只指向独一无二的客体,其指物意义不受具体交际条件的制约。

专有名词没有概念意义可以用下面的事实证明:以专有名词做主词的判断,不管选择什么意义的谓词,都只能与之构成综合判断,即真值要求助有关外部世界的信息来确定的判断,不能构成分析判断,即只通过分析逻辑项的意义关系来确定真值的判断,如:Павел молод(умен, красив, имеет семью, работает слесарем …)用同义的摹状词取代专有名词后,才可能变综合判断为分析判断:Этот отец семейства имеет семью.(Н. Арутюнова 1998:2)

b)代词指示语 其指物意义完全取决于具体交际条件。

2) 只有概念意义,在句子中主要充当谓词、谓语的类别。

a)动词和形容词 就表达的特征性质而言,这些词有具体和抽象之分,前者的特征是感性的,如拟声词 мяукать(咪咪叫),чирикать(唧唧喳喳叫),物理属性词 тонкий(薄的,细的),кислый(酸的)等,后者的特征是理性的,如 коллективизировать(集体化),реляционный(组合关系的);就特征载体而言,有的是事物性的:книга(ручка, ложка)упала(书[笔,匙子]掉在地上了),умный студент(мальчик)(聪明的大学生[男孩]),有的是概念性的:цены падают(物价在往下掉),умное правило(巧妙的规则);就与题元的意义关系而言,有的是严格选择或蕴涵后者的:(собака)лает([狗]吠),(человек)ест([人]吃饭),(животное)жрет([动物]吃食),карие(глаза)(褐色的[眼睛]),有的是相对自由的:хороший(好的),

плохой(坏的)，коричневый(褐色的)。语义具体、以事物为特征载体、和题元关系相对固定的动词、形容词往往被看做指物意义为主的词；反之则被认为是以概念意义为主的词。(А. Уфимцева 1986：160—169) 不难看出，这种区分只是就特征概念自身的相对抽象程度，在动词、形容词系统内部进行的，差别不过大同小异而已。这丝毫都不影响它们在语义性质方面的总体特点：动词和形容词都是以独立存在的具体事物或事件为说明对象，以它们的客观属性或对于它们的主观评价为意义内容的概念意义单位。其概念外延不是它们的指物意义。

b)科学概念术语和其他元语言抽象名词　前者如：валентность(价)，множество(集)，удельный вес(比重)，каузация(使役)等，它们唯一的功能是代表抽象的思维概念，用于释义。后者如：белизна(白色)(←белый)(白的)，честность(诚实)(←честный)(诚实的)，бег(跑)(←бегать)(跑)等，这类抽象名词与生产词概念意义相同，都表示特征、行为；语法意义不同，具有事物性的范畴特点。它们常常是逻辑复杂化句子的构造手段，因而具有元语言的性质。

c)性质名词　处在表人名词两个极端的分别是专有名词和性质名词(дурак〔傻瓜〕，наглец〔厚颜无耻的人〕，лгун〔撒谎的人〕，нахал〔无赖〕；осел〔蠢驴〕，медведь〔笨蛋〕)，专有名词只有指物意义成分，性质名词只有概念意义成分。二者之间的自然属性名词(мальчик〔男孩〕，женщина〔女人〕，старик〔老头〕)、关系名词(отец〔父亲〕，сестра〔姐妹〕，соавтор〔合著者〕，товарищ〔同志〕)和功能名词(переводчик〔翻译〕，ответчик〔被告〕，писатель〔作家〕，секретарь〔秘书〕)既有指物意义成分，又有概念意义成分。表人性质名词含有鲜明的主观评价色彩，意义的核心部分不是人的客观属性，而是说话者对人的主观态度。表达客观属性的形容词与表人性质名词连用时，丧失其物理特征意义，转而表达特征程度、特征级次，试比较：полный глупец(十足的笨蛋)/полный повар(胖厨师)。意义指向性质名词主观评价成分的形容词在功能上相当于说明形容词和动词的、表示特征程度的副词(полный глупец〔十足的笨蛋〕= очень глуп〔非常笨〕；абсолютный бездельник〔不折不扣的懒汉〕= абсолютно ничего не делать

〔不折不扣地什么都不干〕),不能置于性质名词后做谓语使用,试比较:"他是个大傻瓜"不能改写为"他这个傻瓜真大";但"这是场可怕的台风"却可以改写为"这场台风真可怕"。有些性质名词常常直接与副词连用: слишком начальник(过分官僚), очень скептик(太爱怀疑的人)。与一般功能名词不同,这类名词在通常情况下在句中只做谓语,试比较:Ты подлец!(你是个下流痞!)/? Подлец вошел и сел на место.(? 下流痞走进来,坐在位置上。)

  3) 既有指物意义成分,又有概念意义成分,在句子中既可以充当主词、主语,又可以充当谓词、谓语的类别。

  a)表示同类具体自然事物的名词 如上所述,这类名词的所指事物多处在种属关系的分类终端,它们的概念意义以直观、感性特征成分和非区别特征成分为主。其中很多词的意义仅限于对象物类别在心理上构成的概括的原型整体形象,难于切分为个别的特征成分。它们因而主要用于指物,起具体事物代表的作用。充当谓词、谓语时,其概念意义用于分类,而不是描述。主词、主语在这种情况下表示的一般是未经证同的事物,试比较:Это был волк(这是一只狼)/Она была актриса(她是演员)。前句的 это 是指示语(дейксис),代表直观语境中新引进的事物,волк 表示这一事物的恒常分类属性。系词 был 表达的是一般过去时意义(аорист),而不是概括事实意义,其汉语译文应为"这是一只狼",不应为"这曾经是一只狼"。后句的 она 是回指代词,表示叙述语境中业经证同的已知事物。актриса 属表人功能名词,在这里用于特征描述意义。была 既可以理解为一般过去时意义,句子表示主语事物的恒常特征,可译为"她是一个演员";又可理解为概括事实意义,句子表示主语事物已经失去了的属性,应译为"她曾经是一个演员"。表达自然界动、植物种属关系的上位词在句中充当分类谓词时,主词常常用回指代词:Это кит. Он млекопитающий.(这是鲸,哺乳动物。)

  b)表示同类具体人造物体的功能名词 人造物体多按功能原则称名。用功能原则称名的同类物体,其共同特征只限于人所用的服务属性,其他诸如形状、大小、材质、重量、颜色等自然属性可能很不相同,它们不是分类的依据。人造物体的功利属性决定了对应名词经常受评价形容词限定的可能性,试比较:прекрасная машина(非常好的汽车)/? прекрасное облако(? 非常好的云彩)。人造物体名词在言语中对于客体,甚至确定客体,使用的指称方式多是不确定的,如:Дай мне иголку(给我针);Где у тебя спички? (你的火柴呢?)在口语中常常用不确定程度更大的不定式短语取代:Чем писать захватила? (写字的东西拿了吗?)这类名词一方面是人造物体的唯一名称,因而与自然事物名词一样,主要用于指物;另一方面又以概念意义的特征单一性、与评价形容词组合的经常性以及指称方式的不确定性而与自然事物名词相区别。(Н. Арутюнова 1980:203—213)

c)表人名词　人与自然事物或人造物体不同,由于职业、职务、地位、财产、宗教、年龄、亲属关系等各方面的属性差别,同一个人可能与称名着眼点不同的许许多多名称相对应。表人名词的语义结构因而较之人造物体名词更加趋向于特征的单一化。这些名词表示的与其说是人,不如说是人的某种属性或特征。(А. Уфимцева 1986:117—118)它们不仅在句子中用来充当题元,体现指物意义,而且经常在描述句中充当谓语,表示主语事物的恒常特征,体现概念意义,功能与动词、形容词相当,试与分类句中充当谓语的人造物体功能名词(книга)比较:Он пловец(= плавает)(他是游泳运动员〔 = 游泳〕);Я старик(= стар)(我是老头〔 = 老了〕)/Это книга(= ?)(这是一本书〔 = ?〕)。

2　组合层面的指物意义与概念意义

在言语运用的组合层面上,词汇的指物意义和概念意义区分为两种情况:1) 正规体现;2) 非正规体现。

1) 词汇在言语层面正规体现的是它们在语言词汇系统中的潜在意义。指物意义和概念意义兼具的名词在言语中有3种意义正规体现的类型:

a)主要体现其中的指物意义,概念意义在这种情况下只起辅助的作用:

(1) Мне помогал жених Наташи (брат Павла, учитель твоего соседа, отец Сергея).帮助我的是娜塔莎的未婚夫(巴维尔的哥哥,你邻居的老师,谢尔盖的父亲)。

(2) Владелец этого особняка—ювелир Фужере.这幢别墅的主人是珠宝商弗热列。

句(1) 的 жених Наташи 和句(2) 的 владелец этого особняка 都主要用于指物意义,区别在于,前者属纯指涉用法,有定摹状词的称名方式,即其概念意义的功能只限于充当符号与所指事物的中介,对于语句的内容则无关紧要。在受话人知道括号中的其他名词短语与 жених Наташи 同指的条件下,可以相互替换而不致使语句内容发生实质性变化。后者属修饰用法,不能用其他同指的摹状词替换,因为其称名方式(概念意义)不仅是符号指向客观事物的中介,而且是语句内容的组成部分。

b)只体现其中的概念意义:

(3) Ювелир Фужере—владелец этого особняка.珠宝商弗热列是这幢别墅的主人。

例(3) 与(2) 表面上看来只是词序不同,但事实上由于词序变化,名词短语 владелец этого особняка 由在句(2) 中充当主位,用于指物意义,变为在句(3) 中充当述位,用于概念意义。名词短语用于指物意义的一个必需条件,是语句包括与之相关的存在预设。试用否定的方式来检验句(2) 和句(3)。

(4) Владельцем этого особняка не является ювелир Фужере.这幢别墅的主人不是珠宝商弗热列。

(5) Ювелир Фужере не является владельцем этого особняка.珠宝商弗热列不是这幢别墅的主人。

句(4) 表明例(2) 包含存在预设"这幢别墅有一个主人",因而句中充当主位的相关名词短语 владелец этого особняка 用于指物意义;相反,句(5) 则表明例(3) 不包含预设"这幢别墅有一个主人",因而句中充当述位的相关名词短语 владелец этого особняка 不用于指物意义,而用于概念意义。句子的意思相当于: Ювелир Фужере владеет этим особняком.(珠宝商弗热列拥有这幢别墅。)(Е. Падучева, Б. Успенский 1979:356) 名词短语用于概念意义时,处于交际中心地位的常常不是概念意义的全部特征成分,而是概念意义的个别特征成分,试比较:

(6) У тебя детей много? —Двое. —И у меня двое. Девочки. А у тебя? —Девочка и ... мальчик. (А. Калинин) 你孩子多吗? ——两个。——我也是两个,都是女孩儿。你呢? ——一个女孩儿,一个男孩儿。

(7) Кто этот человек? —Зоотехник из зверосовхоза. Совсем молодой. Еще мальчик. (Л. Савельев) 这个人是谁? ——国营养兽场的畜牧工作者,非常年轻,还是个孩子呢。

мальчик 处于交际中心地位的语义成分,在例(6)中是"男性",在例(7)中则是"年幼"。

c)指物意义和概念意义同时体现,二者没有主次之分:

(8) Жила-была раз в лесу белка. Была это белка весела и простодушна. 从前在树林里住着一只松鼠。这只松鼠活泼,天真。

(9) Один крестьянин захотел барина перехитрить. 有一个农夫打算戏弄一下东家。

例(8)中的第一个句子是存在句,其中的无定名词短语 белка 一方面体现指物意义,表示一个说话人知道、而受话人暂不知道的客体;另一方面体现概念意义,向受话人通报客体的类别特征。第二个句子是描述句,其中有定名词短语 эта белка 用来指涉受话人已经知道的客体,其概念意义的功能不再是向受话人通报客体的未知信息,而只是将指涉客体与符号连接起来的媒介。例(9)是存在句与描述句的缩合:Жил-был один крестьянин. Захотел этот крестьянин перехитрить барина. (从前有个农夫,这个农夫打算戏弄一下东家)。集存在句、分类句、描述句于一身。(Н. Арутюнова 1998:98—99)

2) 词汇在言语层面非正规体现的不是它们在语言词汇体系中的潜在意义。如上所述,动词和专有名词处在词汇符号系统的两端,前者只有概念意义,后者只有指物意义。但是在言语的特定条件下,情况却可能完全不同。

(10) Звонил Петр. 打电话的是彼得。

(11) Кто говорит с послом Испании? 谁在和西班牙大使说话？

句(10)是客体证同句,其交际结构受语境制约,实际切分与形式切分、语义切分不相一致。谓语动词 звонил 表示已给信息,充当主位。其语义功能与语境独立的通常主谓句中的动词谓语不同,不是赋予主语事物以受话人未知的特征,而是指向被证同的客体事物,在句中主要用于指物意义。其概念意义成分用来向受话人提供识别所指客体的特征依据。句子的意思相当于: Звонившим является Петр(打电话的是彼得)或 Тот, кто звонил,—это Петр(打电话的那个人是彼得)。例(11)也是客体证同句,相当于 Кто там говорящий с послом Испании?(和西班牙大使说话的人是谁?)句中的谓语动词与 звонил 一样,也主要用于指物意义。

专有名词在用 существовать(存在)作谓语的存在句中体现的不是通常的指物意义,而是特殊的概念意义。

(12) Гомер не существовал. 荷马是不存在的。

这类句子与一般的描述句不同。主词不指向客体,没有存在预设,谓词也不赋予主词事物以受话人未知的这样或那样的特征。专有名词 Гомер 在句中表示一组特征,如"古希腊的盲行吟歌手"、"著名史诗《伊利亚特》和《奥德赛》的作者"等。而谓词则用于肯定有一个特定客体与这组特征相一致。句子于是从专有名词的特殊概念意义出发,然后将其归结到特定的客观事物身上来。如果将 Гомер 在句中的功能理解为指物,那么句子势必包含预设:名字叫荷马的人存在。这与肯定句的谓词重复,与否定句的谓词矛盾。两个句子都变得难以理解。

具有行为、特征等概念意义的一些抽象名词可与语法从属词组成命题结构(любовь моего друга к Вере〔我的朋友对薇拉的爱〕),用于二级判断中充当主词。在这种情况下,谓词说明的不再是具体事物主词,抽象名词短语常常指向外界发生的一个已知事件(Мой друг любит Веру. Любовь моего друга к Вере глубока и бескорыстна〔我的朋友爱薇拉,我的朋友对薇拉的爱是深沉的、无私的〕),因而在某种意义上可以说,这类抽

象名词也体现了指物意义。但这是一种特殊类型的指物意义。(Н. Арутюнова 1976:205—206)

在词汇语义学领域谈论语言符号的指物意义和概念意义,应该将其局限在语言体系的聚合层面上。

第 二 章

组 合 意 义

第一节 语义配价[①]

词汇语义单位（Лексико-семантический вариант）[②]的组合意义（синтагматическое значение）成分指词汇语义单位的语义结构中包含的特定一组语义配价和词汇语义单位的语义搭配性能两个方面。

语义配价（семантическая валентность）主要是一个针对谓词（动词、形容词、部分名词等）语义单位而言的概念。在莫斯科语义学派"意思⇔文本"模式中，语义配价对于描写谓词语义、深层句法结构和句法结构深层与表层的相互转换有着十分重要的意义。谓词语义单位以情景为描写对象，其语义反映必需情景参与者的属性、相互关系以及与之相关的事件。必需情景参与者在相应谓词语义结构中对应的抽象语义参数（主体、客体、工具、手段等）叫做该谓词的语义配价。特定数量与类型的一组语义配价是相应谓词语义单位词汇意义的有机组成部分。

情景参与者（участник ситуации）是构成谓词语义单位所描写的世界片段的因素，在这里用于广义，指的不仅是物质个体，而且包括构成情景的时间、地点、行为方式和从属行为（选他做代表）等。情景参与者区分必需的和自由的两类。特定组合的必需情景参与者是特定情景的标志，它们构成特定情景的充分必要条件。例如，"租赁$_1$"情景的必需参与者是承租人、出租人、租赁物、租金和租赁期限。这些因素共同构成"租赁$_1$"的情

[①] 本章第一至三节曾作为独立论文刊登在《外语学刊》2003 年第 4 期上，题为《莫斯科语义学派的配价观》。

[②] 词用于特定的一个义项时，称做词汇语义单位。一个词有几个义项就是几个词汇语义单位。

景,缺少其中任何一项都会使情景发生变化:缺少租赁期限变成"买卖";缺少租金变成"借用";缺少租赁期限和租金变成"转交"等。自由情景参与者为各种情景普遍所有,不是情景的充分必要条件,例如,时间、地点、原因、目的、条件、行为方式等在多数情况下都只是情景的自由参与者。它们既可以被"租赁"的情景所容纳,又可以被"读"、"写"、"唱"、"跳"、"坐"、"立"等其他许许多多的行为、状态情景所容纳。特定情景不因剔除自由参与者而改变。

情景(ситуация)是一个歧义概念,可以用来表示:a)语言外的客观世界片段;b)特定语言单位反映的世界片段。用于 a) 义时,情景所指的世界片段没有语言使用者的主观意识介入,是客观的;但用于 b) 义时,所指世界片段的构成因素已按照交际需要做了人为的主次排列,因而是主观的。例如,就 a) 义而言,"租赁$_1$"(租用)/"租赁$_2$"(出租)反映的是同一客观情景,"承租人"与"出租人"没有在交际地位上分派主次角色。但是就b) 义而言,它们所代表的却是不同的情景:在"租赁$_1$"对应的情景中,"承租人"是情景主体,注意的焦点;而在"租赁$_2$"对应的情景里,情景主体,注意的焦点不是"承租人",而是"出租人"。本文的"情景"用于 b) 义,是针对特定谓词语义单位而言的概念。

必需情景参与者在相应谓词语义单位的元语言释义中与语义变项(抽象语义参数)对应,例如,"感谢"情景的必需参与者有主体、客体和原因,它们分别与 благодарен 释文中的变项 X,Y,Z 对应:Y 做了一件有利于X 的好事 Z;X 记得 Z,认为自己须用言语或好的举动补偿 Y。(Ю. Апресян 1974:107) 谓词"钉"的词典释义"用钉子、螺丝钉等把东西固定在一定的位置"(《现代汉语词典》2002:241) 中的"钉子、螺丝钉等"、"东西"和"一定的位置"也相当于语义变项,分别与情景"钉"的手段、对象和处所三个必需情景参与者对应。"遗孀"是关系名词,释文"某人死后,他的妻子称为某人的遗孀"(《现代汉语词典》2002:1486) 中包含语义变项"某人",这个变项表示对应的情景必需参与者,试比较:X 是某人的遗孀/*X 是遗孀。而"寡妇"则是性质名词,释文"死了丈夫的妇人"(《现代汉语词典》2002:458) 中不包含类似的语义变项,因为情景的构成没有相应的必需参与者:只说 X 是寡妇,不说*X 是某人的寡妇。因而谓词语义单位释文中的变项(抽象语义参数)就是该谓词语义单位的语义配价。不同语句在使用同一谓词语义单位时,用来将抽象语义参数具体显示的语词各不相同,但是同一谓词语义单位的配价数量和配价类别却不因具体句子而改变。

特定情景的必需参与者与自由参与者间没有截然的界线,二者只是标尺的两个端点。端点之间的标尺区域存在许多两可的现象,例如:a)洗衣机、搓板在一般情况下是构成情景"洗"的因素,但洗衣服也可以不必借助类似的工具;b)"写字"通常要使用笔墨,但在特殊情况下,如在雪地上用树枝写字时,笔墨就不再是必需的手段;c)"殴打"可凭借工具,但也可以徒手(试与"抽打"比较,后者只凭借工具);d)"爱"可能有缘故(她爱他勤劳朴实),也可能说不出缘故(слепая любовь)。这些过渡性质的情景参与者很难没有争议地划归必需的或自由的类别。有人说它们是随意性情景参与者〔如 a),b)〕,在谓词语义结构中扮演的角色(变项)可有可无,这种角色称之为随意性语义配价(факультативная семантическая валентность);另一些人则认为,既然它们〔如 c),d)〕被剔除后情景并不因此而改变,那么就理应归属自由情景参与者之列。这些情景参与者在谓词语义结构中扮演的不是必需的角色(变项),这类角色不是相应谓词语义单位的语义配价。

情景的参与者虽然数量很多,但是谓词语义单位的语义配价数却非常有限。大多数常用谓词语义单位的语义配价数都是从零价至 4 价不等。5—6 价的谓词语义单位是个别的现象(参见本书第 50 页)。各种语义描写模式因描写的目的和方式不同而使用类型和数量不尽相同的语义配价体系。Ю. Апресян(1997;2000)在《新编俄语同义词解析词典》中使用 16 个语义配价:①

(1) 主体(субъект)——包括行为发出者(他在跑,友军的支援)、活动

---

① Ю. Апресян 在他的《词汇语义学》中列举了 25 个配价:主体、逆主体、公众、客体、内容、信息受体、事物受体、中介、来源、处所、起点、终点、路线、手段、工具、方式、条件、理据、原因、结果、目的、方面、数量、期限和时间。(Ю. Апресян 1974:125—126)

从事者(他在经商)、状态经历者(他很忧伤)、特征持有者(她漂亮)等语义角色。

(2) 逆主体(контрагент)——在"买卖"、"租赁"、"借贷"等社会行为情景中与第一主体对应的另一反向积极主体。逆主体的积极行为虽然与第一主体行为有互逆性,但二者并不等同。谓词表示的只是第一主体发出的行为,逆主体行为则以蕴涵的方式存在于谓词的语义结构中,如"出租"的逆主体(出租给我)行为是隐性的"承租"。

(3) 对抗主体(антагонист)——逆主体的一种具体类型,指冲突情景中与第一主体对抗的逆主体,如:抵御敌军(进攻)。

(4) 第二主体(второй субъект)——对称谓词(结识、交谈、争论、战斗等)的第二语义配价。第二主体与第一主体发出的行为是等同的,用同一谓词以显性的方式表示,试比较:我在和他争论/他在和我争论。

(5) 客体(объект)——表示行为直接涉及的事物,区分为内部客体和外部客体。内部客体事物因行为结果而开始存在(挖坑),外部客体事物则原本就存在(挖土)。(画)"葫芦"既可是内部客体,也可是外部客体,但(照葫芦画)"瓢"则只能是内部客体。"娶"的内部客体是"妻"、"媳妇",外部客体是"某人"(娶某人为妻),而俄语的 жениться 只有外部客体 на ком(某人),内部客体包孕在动词的语义中。外部客体表达的事物因行为的作用可能发生位置(搬桌子)、状态(撕信)、性质(刷墙)等变化,也可能不发生变化(看书)。

(6) 内容(содержание)——表示信念、思想、知悉、言语等谓词涉及的具体信息究竟是什么:他认为(他想、他知道、他肯定)战争不可避免。

(7) 主题(тема)——信念、思想、知悉、言语等谓词涉及的主要内容。大多数具有"内容"配价的谓词同时兼有"主题"配价:关于德语(主题)我只知道名词有格的变化(内容)。

(8) 信息受体(адресат)——言语类谓词的语义配价,表示信息传递的对象:告诉他。

(9) 事物受体(получатель)——给予类谓词的语义配价,表示事物给予的对象:给他书。

(10) 处所(место)——处所谓词的第二语义配价:我国位于亚洲东南部;学校坐落在市郊;台上坐着主席团;他住平房;他在北京住;小刘在哪儿?

(11) 起点(начальная точка)——表示位移主体离去的地点:来自远方;从美国寄来。

(12) 终点(конечная точка)——表示位移主体到达的地点:抵达目的地;北京到了;送到机场;运出国境。

(13) 期限(срок)——表示行为结果或活动延续的时间数量:租20年;借到年底;休息几分钟;一年保修;短暂的假期。

(14) 工具(инструмент)——表示主体实施行为时借助的事物,该事物不因行为过程而减耗:用电脑排版;手针刺绣。

(15) 手段(средство)——表示主体实施行为时借助的事物,该事物因行为过程而减耗:油炸;水浇。带"手段"语义配价的谓词大多同时有"工具"配价:用钉子钉/用锤子钉;丝绣/机绣;用水浇/用喷壶浇。

(16) 公众(аудитория)——某些言语谓词或社会情感谓词的语义配价,表示宣示的群体对象:当众宣誓,公诸社会;向大家宣讲;在人前炫耀。公众是信息受体的一种具体类型。表示对主体自身的特征作出反应的情感谓词与表示对别人的特征作出反应的情感谓词不同,公众配价对于前者是必需的,对于后者是随意性的,试比较:кичиться своим умом перед всеми(在大家面前炫耀自己的聪明)/восхищаться умом друга(赞赏朋友的智慧)/хвалиться своей красотой перед подругами(在女伴儿们面前吹嘘自己漂亮)/восторгаться красотой природы(陶醉于山川的秀美)。属于社会情感谓词的只是前一种类型的谓词。

主体、逆主体、对抗主体、客体、内容、信息受体、事物受体等意义永远是相应谓词语义单位的语义配价;起点、终点、工具、手段等意义在大多数情况下是相应谓词语义单位的语义配价;而期限、地点等意义则只是部分谓词语义单位的语义配价,对于其他许多谓词语义单位而言,它们不是语义配价,只是表示情景自由参与者的意义因素。

第二节 语义配价与句法题元

谓词语义单位的深层语义配价在表层结构中一般通过句法题元（синтаксический актант）体现出来。二者虽然有着密切的联系，但却是两个逻辑性质不同的概念。如果说谓词的语义配价是谓词单位内部语义的固定性构成因素的话，那么，在特定句子中填充谓词语义配价的句法题元则是谓词语义单位外部的另外一个具体词汇单位。这些具体词汇单位因句子而不同，没有固定性。语义配价仿佛是钓竿上不变的鱼钩，句法题元则是每次钓上来的不同的鱼。（И. Богуславский 1985：11）

一方面，特定类型的语义配价通常都体现为特定类型的句法题元；另一方面语义配价与句法题元之间没有必然的一一对应的关系。如上所述，前者是一个针对谓词语义结构而言的概念。从语义配价着眼，所谓几价谓词，指的不是在使用该谓词语义单位的表层句子中有几个相关的句法题元，而是在谓词的语义结构或释文中有几个必需的变项，它们缺一不可，剔除任何一项都会导致词汇意义的变更或破坏。① 至于这些配价是否必须在语篇中通过句法题元形式体现出来，怎样体现出来，则可能有各种各样的特殊情况。

1) 有些谓词语义单位的有些语义配价必须以句法题元的形式在表层结构中体现出来，否则句子就无法理解，例如：пробыть（住若干时间）的期限和处所两个语义配价在句子中都必须有相应的成分表示，缺一不可：a) *Мы пробыли все лето；b) *Они пробыли в Москве. 句 a)缺少填充处所配价的题元，b)缺少填充期限配价的题元，两个句子因而都不成立。处所

---

① 配价和题元是两个经常被混淆的概念。笔者有意避开莫斯科语义学派的配价、题元理论中另外两个相关的概念：语义题元（семантический актант）和句法配价（синтаксическая валентность）。前者与句法题元的区别在于句子描写的层面，在句子的语义结构层面上，用来填充谓词语义配价的语义片段称之为语义题元；在句子的形式结构层面上用来填充谓词语义配价的句法片段则称之为句法题元。谓词在句子的形式结构层面上能够联结的必需句法片断，则称之为谓词的句法配价，从这个角度着眼的所谓几价谓词，指的当然就是使用该谓词构成的句子表层结构中，可能包含几个相关的句法题元。

和行为方式都是他动词"过"(度过)的语义配价,二者起码要有一项必须通过句法题元显示,只能说:我在乡下过的暑假,或者:我暑假过得很愉快,但不说:*我过了暑假。行为方式在没有状语体现时,要用定语替代:我过了一个愉快的暑假。"我不过生日","朝鲜人也过春节"等不包含处所或行为方式因素的句子之所以也可接受,是因为其中的"过"已将行为方式意义包孕其中,表示"以某种喜庆活动的方式过",已是"过"的另外一个派生义项了。

2) 有些谓词语义单位的有些语义配价不能够通过句法题元体现出来。

a)包含否定义素的词汇语义单位与对应的肯定词汇语义单位配价相同,如 молчать 用于 не отвечать на письма(不回信)(Д. Ушаков 1935:252) 义项时,与 отвечать(回信)一样,包含 на что, кому 等语义配价; промахнуться 用于 не попасть в цель(没击中目标)(МАС Ⅲ:501)义项时,与 попасть(击中)一样,包含 во что(в кого), из чего 等语义配价; неблагодарный 用于 не проявляющий благодарности за что-л.(不知感谢的)(МАС Ⅱ:421)义项时,与 благодарный(感谢的)一样,包含 за что 的语义配价。但是这些语义配价都不可能通过句法题元在表层结构中体现出来:可以说 Он отвечает мне на письма(他总给我回信);Он попал из двустволки в волка(他用双筒猎枪击中一只狼);Он благодарен за мою помощь(他感谢我的帮助),但是不能说* Он молчит мне на письма;* Он промахнулся из двустволки в волка;* Он неблагодарный за мою помощь. 词汇语义单位中的否定义素 не- 与句中的否定语气词 не 有类似的功能,都常常出现在反应话语中,用于否定刺激话语的预设,试比较问句(1)与答句(2):(1) На сколько лет(за сколько денег, у кого)ты арендовал этот участок?(这块地你租了几年?〔花多少钱租的?租谁的?〕)/(2) Я не арендовал(我没有租)。期限、租金等是 арендовать(租赁₁)的语义配价,体现这些配价的句法题元在句中充当述位,因而出现在句子中。谓词 арендовал 不承载主要信息,只是句义的语用预设。但当这个词用在否定句里充当述位的时候,这些配价因素显然不是否定的对象。"租赁"的行为本身尚且没有发生,哪里谈得上期限、租金等? 句(2) 否定的只是问句(1)中的预设。因此 на сколько лет, за сколько денег 等不出现在否定句中。

b) 有些谓词语义单位包含着"观察者"(наблюдатель)的语义配价,如"出现"的意思不仅仅是"显露出来"(《现代汉语词典》2002:185),而是"在观察者的视野中显露出来"。在通常的对话语境中,"观察者"常常就是说话人:出现——在说话人的视野中显露出来。但是这一语义因素只隐含在句子中,不能以句法题元的显性形式体现出来,例如句子"路上出现一个骑马的人"中虽然隐含着"说话的人"这个情景的观察者,却没有这一意义因素的句法位置。趋向动词"出来"的词典释义为"表示动作由里向外朝着说话的人"(《现代汉语词典》2002:182),其中的"里"和"朝着说话的人"分别表示动作的起点和方向,虽然都是"出来"的语义配价,但它们的性质不同。"说话人"是行为的观察者和参照者,不以句法题元形式体现在表层结构中:只说"从什么地方拿出东西来",但不说"朝什么方向拿出东西来"。

c) 有些谓词语义单位的某两项语义配价不能共现于表层结构中,例如,有些谓词语义单位虽然同时含有"客体"和"处所"两项语义配价,但是在用宾语形式体现了"处所"配价的表层结构中,"客体"配价就无法显性地表示出来。如"卸"的释文"把运输的东西从运输工具上搬下来"(《现代汉语词典》2002:1395) 虽同时包括"东西"和"工具"的变项,但是在卸火车/卸爬犁这种结构中没有表达"东西"的句法位置。有些谓词虽然同时含有"内部客体"和"外部客体"两项语义配价,但是在用宾语形式体现了"内部客体"的句子中,"外部客体"配价便无法显性地用句法题元表示出来。如句子"大家推举他为工会小组长"中的"他"、"为工会小组长"分别是"推举"的"外部客体"与"内部客体"配价的表层题元。但是在句子"大家推举了工会小组长"里,"内部客体"配价改用宾语题元表示,"外部客体"配价因而失去了显性的句法表达位置。

d) 表示职业活动者的名词与具体动作主体名词不同,其客体语义配价不与特指的个别事物相应,而与泛指的一般事物相应,因而常常不体现在表层结构中,试比较: спаситель девочки (救了小女孩儿命的人)/

*спасатель девочек(*女孩子救生员)。(В. Плунгян, Е. Рахилина 1998: 115)"作者"属具体动作主体名词,其客体语义配价通过句法题元体现出来:这部小说的作者;而"作家"则属于表示职业活动者的名词,不说:*这部小说的作家。

3) 词汇语义单位的有些语义配价在表层结构中可以不用相应的句法题元填充,但题元意义借助上下文或语境能够推导出来。试比较:你读过这本书吗?/读过。答句的主、客体题元意义借助问句而自明:我读过这本书。〈母亲对小儿〉爸爸回来了/〈女人对同事〉老公打来的电话/〈同事对同事〉大王去老丈人家了中的"爸爸"、"老公"和"老丈人"都是关系名词。它们的关系配价虽然没有在句子中用句法题元显示,但语境表明,相应的关系客体分别是受话人、说话人和行为主体:你爸爸、我老公、他老丈人。

4) 有些谓词语义单位的语义配价在句子中对特定的交际目的无关紧要,没有对应的具体情景参与者,因而无法也无须用句法题元表示,例如,уехать 的词典释义为"离开某地去某地",其配价结构包含"起点"和"终点"两项,意义相当于汉语的"离开"+"前往"。用于"离开"意义时(Петя уехал из Москвы〔别佳离开了莫斯科〕),"终点"配价对于交际无关紧要,没有对应的具体情景参与者。甚至说话人都可能无法说出"别佳"去了哪里。但用于"前往"意义时(Петя уехал на юг〔别佳去南方了〕),"起点"配价虽然在表层结构中无句法题元对应,但语境或上下文中却蕴涵着确定的"起点"参与项,说话人不应在问他"从哪里前往南方?"时回答:"我不知道"。

5) 谓词语义单位的有些语义配价,主要是主体和客体,在表层结构中,常常可用两个句法题元表示,这种现象被称作配价分裂(расщепление валентности)。试比较:(1)送给某人一本书/(2)给某人挠脊背。动词"送"有主体、客体和事物受体三项语义配价,而"挠"则只有主体和客体两项配价。"(给)某人"在(2) 中不表示事物受体,而表示受事整体,宾语"脊背"表示的则只是这个受事的承受动作的身体局部。主体和客体语义配价在表层结构中常常分裂为表示事物及其特征或整体及其局部的句法题元,例如:她体型好;肉跌价了;小男孩两腿发抖;他打我脑袋。类似的两项句法题元大都可以合并为一项而不改变句义:给某人挠脊背＝挠某人的脊背;她体型好＝她的体型好;肉跌价了.＝肉价跌了;小男孩两腿发抖＝小男孩的两腿发抖;他打我脑袋＝他打我的脑袋。这间接地证明它们是由同一语义配价分裂而来的。

运动动词的终点配价在表层结构中不仅可以用地点词体现(идти в поликлинику〔去医院〕),而且可以用表人名词(идти к врачу〔去医生那儿〕)、各种社会活动名词(идти на прием〔去看病〕)体现。虽然对 к врачу,на прием 和对 в поликлинику 一样,也可以用 куда?(去哪里?)提问,但它们事实上表示的并不是真正意义上的地点,而是地点的主人、特定地点的相关社会活动。这三种句法题元可以并列出现在同一个句子中:Он шел в поликлинику на прием к врачу,或两两同现:Он поехал в город на выставку(他去城里参观展览会);Я иду к профессору на консультацию(我去教授那里答疑),因而有人把它们看做是终点语义配价分裂的结果。同样的,находиться(位于),жить(住在),быть(在),поселиться(在……住下)等谓词的处所配价也相应地常常分裂为表示处所、处所主人、相应社会活动的句法题元:Он был в поликлинике у врача на приеме.

6)谓词的两个语义配价有时在表层结构中用同一个句法题元合并在一起体现。例如,表示"复制"意义的一些谓词,如画、译、拍摄、演奏等,同时有外部和内部两个语义客体配价。外部客体指原本,内部客体指摹本。外部客体与内部客体在交际上有时需要区分,有时不需要区分。在不必加以区分时,二者在表层结构中常常合二而一,用同一句法题元表示。这种现象与配价分裂相反,被称为配价合并(склеивание валентностей)。(Е. Муравенко 1998:72)试比较:

(1) a)她在演奏什么可怕的东西呀! b)她在演奏萧邦的作品。弹得确实不怎么样!

(2)她应邀在新年晚会上演奏了几支钢琴曲。

借助上下文不难看出,(1) a)的宾语指摹本,b)指原本。但例(2)不同于(1),其宾语将内、外两个客体配价合并起来,既指原本,又指摹本,交际上无须将二者辨别得泾渭分明。同样的道理,句子"瞧,她换衣服了!"中的宾语"衣服"指的既可能是旧衣服,也可能是新衣服。究竟指什么衣服,对于交际双方却无关紧要。

7) 某些情景参与者受制于情景的特殊性质,只能是特定类别的锁定事物。它们在相应谓词释义中的对应项与通常的语义配价不同,不是比较抽象的语义参数,而是相对具体的次范畴参数,例如,видеть(看见)的情景主体可以是任何属种的动物,客体可以是任何类别的东西,但其工具则只固定是主体的眼睛,целовать(吻)的工具只固定是主体的双唇,есть₁(吃)的客体固定是食物,считать₂(数 shǔ)的客体固定是数(shù),жениться(娶)的固定客体是女人等。这种类型的语义配价在俄语中不能未经具体化而仅仅以参数的类指意义显示在表层句子中:* Он женился на женщине;* Он поцеловал меня губами;* Больной уже ест еду. 它们用句法题元实现的条件是:a)有具体指称:Он женился на одной женщине(他娶了一个女人);b)将类指参数加以限定:肉眼看不见细菌、直钩钓鱼;c)用功能相同的替代手段:заарканить телефонным проводом(用电话线套马)。俄语中有很多由具体事物名词加构词词缀派生的动词,它们在深层结构中常常都镶嵌着由生产词义构成的固定语义配价,如 рыбачить(捕鱼)的客体只是鱼(рыба)(рыбачить = ловить рыбу),стеклить(镶玻璃)的客体只是玻璃(стекло)(стеклить = вставлять стекло),асфальтировать(铺沥青)的客体是沥青(асфальт)(асфальтировать = покрыть асфальтом)等等。类似的语义配价不能用表层句法题元表示:* рыбачить рыбу;* асфальтировать асфальтом;заарканить арканом(套马索)。固定语义配价未经具体化不能显示在表层结构中的规则,在对俄语有效的很多地方对汉语无效,试比较:Ребенок уже пишет и считает/孩子已经会写字、数数了;Хочется есть/想吃东西;Он только и знает, что пугает/他就知道吓唬人。

8) 在不改变谓词义项的情况下,同一语义配价可能用不同的句法题元体现,试比较:用这把钥匙(工具)打不开门/这把钥匙(工具)打不开门;我读过这本书(外部客体)/这本书(外部客体)我读过;同一句法题元也可能体现不同的语义配价,试比较:切面包(外部客体)/切面包片(内部客体);装货(外部客体)/装车(处所)。

9) 表层结构中的有些句法题元不与任何语义配价对应,例如:Он совершил прыжок = Он прыгнул;我做了调查=我调查了。

自由情景参与者在表层结构中的表达成分称做状态元(сирконстант)。状态元体现的情景参与者的所谓自由,事实上是相对的,这表现在:a)它们虽然适应范围较之必需情景参与者广泛,但最终还是要受到情景类别的限制。例如,只有自主行为才有目的因素,恒常持续状态不可能有时间因素等等。因而,自由情景参与者在同类谓词的语义结构中也客观地存在着与之呼应的语义成分,它们因而理应在相关类别谓词的释文中与必需情景参与者一样占有自己的变项位置。状态元,起码部分状态元,与句法题元一样,也是谓词语义结构中相应抽象语义参数的具体体现。例如,"慢慢"之所以能够用来说明"走"、"读"、"建"等,不能够用来说明"丢"、"明白"、"睡觉"等,是因为前者的语义结构中包含速度参数,后者没有这个参数;"低声"之所以能够用来说明"说"、"读"、"唱"等,不能够用来说明"看"、"写"、"知道"等,是因为前者的语义结构中包含声音的参数,后者没有这个参数。"速度"和"声音"理论上应该作为变项,分别纳入与"走"、"读"、"建"和"说"、"读"、"唱"相同的谓词类别的释义中("慢慢"和"低声"正是将深层变项转化为表层常项的成分:慢慢=速度慢;低声=声音低),不如此,便无法解释它们能够彼此相容的语义原因。b)在某些情况下,状态元体现的情景参与者对于特定情景也是不可或缺的,试对比:

(1) Ты по ошибке не подари Ивану эту книгу. 你可别错误地把这本书送给了伊万。(В. Храковский 1998:147) /(2)* Не подари Ивану эту книгу.

句(2)显然是错误的,因为подарить(赠送)是表示自主行为的完成体动词,而俄语自主行为完成体动词的命令式形式不能与否定语气词 не 连用。能够与 не 连用表示警告的只能是非自主行为完成体动词的命令式形式。但句(1)却是语义上合格的句子,合格的原因是状态元 по ошибке 给句子增添了"非自主"的必需因素,谓词的自主意义借此而抵消。正是由于上述原因,有人指出,将情景参与者是否必须作为谓词语义配价/非语义配价的区分标准欠妥当。应当将情景参与者在相关谓词语义结构中是否占据显著交际地位作为语义配价/非语义配价的衡量标准。以"处所"因素为例,对于"坐落"、"建(房)"等情景而言,事实上都是必需的情景参与者。排除这个因素,不仅"坐落"的情景不复存在,而且"建(房)"的情景也同样地不复存在。没有处所把房子建到哪里去? 然而,尽管如此,相同的"处所"因素,在谓词"坐落"的语义结构中占据着显著的交际地位(学校坐落在郊外),因而是这个谓词的语义配价,在表层结构中用句法题元体现;但在谓词"建"的语义结构中不占据显著的交际地位(他们在郊外建了一所学校),因而不是这个谓词的语义配价,在表层结构中用状态元体现。(М. Филипенко 1998:135) 同样的道理,对于"抢劫₁"(抢劫银行),处所因素占据显著的交际地位,因而是语义配价,其表层体现形式是句法题元;但是在"抢劫₂"(在银行里抢劫钞票)的语义中退居次要的交际地位,因而不再是语义配价,其表层体现形式不是句法题元,而是状态元。

第三节 语义配价与词汇搭配

如上所述,表层结构中的句法题元是谓词语义结构变项的具体体现。用来实现变项的题元词在词义上要受到谓词的制约,必须具有特定的语义属性。谓词对于题元词的语义限制就是该谓词的潜在的语义搭配性能(семантическая сочетаемость)。这种搭配性能常常被与谓词的配价等同起来,看做谓词的组合意义。(Л. Новиков 1982:94)

谓词语义单位对于题元词的制约不仅表现在语义方面,而且表现在语法、词汇等各个方面。Ю. Апресян(1974:61)将这些方面相应地称之为谓词的形态——句法搭配性能、词汇搭配性能等。一个词要用来充当某谓词语义单位的特定句法题元,必须属于特定的词类,充当特定的成分,使用特定的形式。谓词语义单位对于题元词的这类限制就是它们的形态——

句法搭配性能。谓词语义单位受言语习惯(узус)制约,不允许逻辑上符合语义要求的所有词自由地充当其句法题元,只允许严格挑选的特定一个或特定若干个词充当其题元,这种搭配性能叫做词汇搭配性能。谓词语义单位与这些可以列举的词组成的短语属于通常所谓的熟语性短语。

不应将语义搭配性能只局限在谓词语义单位、配价、题元的层面上。首先,谓词语义单位的语义搭配性能不仅体现在对于题元词的语义选择上,而且还体现在对于状态元词的语义选择上(如"走"对于"慢慢"的选择,"唱"对于"低声"的选择)。其次,具有语义搭配性能的不仅仅是谓词,名词对于修饰它们的形容词,形容词对于修饰它们的副词等同样有语义属性方面的限制,这也是它们的搭配性能。

从语义角度而言,两个词汇语义单位正确组合的条件是,它们除了各自的区别义素(S_1, S_2)之外,必须至少有一个共同的义素(S_3),以充当联系手段:$S_1S_3 + S_2S_3 = (S_1 + S_2) S_3$。"快乐的女人"之所以能搭配,是因为有"活物"这一共同义素将形容词与名词联系起来;"快乐的桌子"之所以不能搭配,是因为形容词和名词之间没有共同义素充当联系手段。因而词的语义搭配性能,实际上就是词的语义结构中用来与从属词搭配时充当联系手段的共同义素。就谓词语义单位与它们的句法题元之间而言,这种共同义素较之变项语义参数不同程度地相对具体,是后者多层级次范畴化的结果。常常用来充当联系手段的共同义素有物质性/非物质性、具体事物/抽象事物、动物性/非动物性、人/动物、长辈/晚辈、男性/女性等。例如,"养活"与"饲养"的语义结构中都包含"客体"语义配价,但前者的客体既可以指人,又可以指其他动物;而后者的客体只指其他动物。"扶养"和"供养"的语义结构中都包含"人"的客体配价,但是后者只指长辈或年长的人,前者只指晚辈。

主导词与从属词之间通过共同义素相互联系的现象和俄语中的形容词与名词在性、数、格上的语法一致关系相似,被 В. Гак(1998:284) 称之为语义一致关系(семантическое согласование)。词与词在搭配上的语义一致规律表现为以下三个方面。

1) 语义一致关系,即如上文所说,构成搭配关系的两个词至少有一个共同的义素成分,例如,在 птица летает(鸟飞);лиса бегает(狐狸跑);змея ползает(蛇爬行)几组搭配中,都各自有"特定运动方式"的共同义素。

2) 语义包容关系,即构成搭配关系的两个词的共同义素以属种关系体现出来,例如:Птица направляется к гнезду(鸟回窠);лиса направляется к норе(狐狸回洞);Змея направляется к гнезду(蛇回窠穴)。各句中谓词与主语的语义联系建立在"特定运动方式"/"概括运动方式"的语义关系基础上,后者包容前者。这是一种特殊的语义一致关系。

3) 语义的随位变化关系,即构成搭配关系的两个词的义素处于矛盾状态时,其中之一要通过改变自己与对方求得一致。改变的方式是:a)增加与对方相同的义素,如 дом(房子,家)原本无时间意义(*Дом затягивается),但在 После дома(ребенку трудно привыкать к интернату)(在家里生活一段时间以后[孩子很难适应寄宿学校的生活])的组合中,дом 因 после(以后)而获得相应的时间义素"在家里生活一段时间",借此与后者建立起语义一致关系;b)失去与对方不同的义素,如 идти(步行)原本包括"移动"和"徒步"两个义素(Человек идет[有一个人在走]),但在 Время идет (быстро)(时间过得[很快])的组合中,идет 失去了"徒步"的义素,借此与 время(时间)保持语义一致关系。(В.Гак 1998:283—285)

第四节　词汇函数的概念[①]

1　词汇函数

"词汇函数"(лексическая функция)是莫斯科语义学派"意思⇔文本"转换模式的核心概念,指一组词汇语义单位 $X(X_1, X_2 \cdots X_n)$ 与表达特定抽象语义类型 f 的另一组词汇语义单位 $Y(Y_1, Y_2 \cdots Y_n)$ 之间的对应关系:

[①] 本章第四至第七节曾作为独立论文刊登在《外语学刊》2002 年第 4 期上,题为《词汇函数的理论和应用》。

$Y = f(X)$。

f是词汇函数的名称项,代表特定的抽象语义类型,如:"同义"、"反义"、"极端特征"、"开始"、"使不存在"等等,用相应拉丁语词的缩略形式标记:Syn, Anti, Magn, Incep, Liqu 等。自变项 X 是被特定抽象语义类型说明的关键词汇语义单位(C_0),因变项 Y 针对 X 表达该抽象语义类型,是 X 的特定对应词汇语义单位,其具体语词的取舍因关键词汇语义单位而异。(И. Мельчук 1999:78)尽管词与词之间的具体语义关系纷繁复杂,但是它们之间的抽象语义关系类型却是可以列举的,已被揭示并加以研究的有 70 余种。这些抽象语义关系类型一方面类似语法意义,具有普遍性,特定抽象语义类型为数量众多的同类关键词汇语义单位所共有;另一方面和语法意义有别,表示这种特定意义类型的因变项词汇语义单位同样数量很多,没有统一的词汇手段。对应于不同关键词汇语义单位的只是其中一个或几个个别单位。(И. Кобозева 2000:147—148)

词汇的函数关系区分为聚合关系和组合关系。聚合词汇函数关系(Syn, Anti, Conv〈转换〉等)是同义取代关系。因变项词汇语义单位 Y 在特定上下文条件下可以同义取代自变项的关键词汇单位 C_0,前者是后者的替换词,例如:

(1) бояться(怕) = Conv (страшить [吓]) (Он не боится трудностей. [他不怕困难。] = Его не страшат трудности. [困难吓不倒他。])

проиграть 输 = Conv (выиграть [赢])(Он проиграл мне сто рублей. [他输给我 100 卢布。] = Я выиграл у него сто рублей. [我赢了他 100 卢布。])

обучать(教) = Conv (преподавать [讲授]) (Он обучает нас французскому языку. [他教我们法语。] = Он преподает нам французский язык. [他给我们讲授法语。])

例(1)所示的词汇函数关系是转换关系(конверсия),用因变项词汇语义单位取代 C_0 时,要相应调整句中情景参与词的句法题元关系,从而改变句子的结构。不引起句法结构变化的取代关系是比较个别的词汇函数关系,如 Syn 词汇函数中的有些因变词汇语义单位与 C_0 的配价和支配关系都相同,因而可以在不改变句法结构的情况下用前者取代后者:

第二章 组合意义 39

(2) бросаться(上) = Syn(ударять〔冲〕)(Вино ударяет в голову.〔酒冲头。〕= Вино бросается в голову.〔酒上头。〕)

молчание(静默) = Syn (тишина〔寂静〕)(Кругом царила тишина.〔周围寂静无声。〕= Кругом царило молчание.〔周围静默无声。〕)

组合词汇函数关系(S_1〈第一题元〉, Magn, Incep, Liqu, Son〈典型声响〉等)是熟语性固定搭配关系。自变项对于因变项是表达某种抽象词汇参数的特定伴随词,即在表达某抽象词汇参数时,特定的因变项只与特定的C_0搭配,不与其他C_0发生搭配关系:

(3) снимать(化解) = Liqu (противоречие〔矛盾〕); уничтожать(扫除) = Liqu (неграмотность〔文盲〕); подрывать(破坏) = Liqu(единство〔团结〕); расторгать〔解除〕= Liqu(договор〔契约〕)。

词汇函数 Liqu 的因变项虽然都表示"使消失"这一自变项 C_0 的共同词汇参数(使矛盾消失;使文盲消失;使团结消失等),但是由于自变项的关键词汇语义单位 C_0 不同,要选择不同的词汇语义单位表达:化解矛盾;扫除文盲;破坏团结等。

组合词汇函数因变项的取值有 3 种情况:a)只表达词汇参数,不包含 C_0 的意义成分,是特定 C_0 的伴随词,如:鲜美 = Bon〈好〉(味道)——味道 + 鲜美 = C_0 + Bon(C_0); b)既表达词汇参数,又包含 C_0 的意义成分,是对应与 C_0 的熔铸词:罪犯 = S_1〈主体题元〉(犯罪)——罪犯 = C_0 + S_1(C_0); c)伴随词和熔铸词:优秀;佳作 = Bon(作品)——优秀 + 作品 = Bon(C_0) + C_0;佳作 = Bon(C_0) + C_0。

S_0〈同义派生名词〉, A_0〈同义派生形容词〉, Adv_0〈同义派生副词〉, V_0〈同义派生动词〉, S_1〈主体题元〉, S_2〈客体题元〉, Sloc〈情景的典型场所〉等组合词汇函数体现:a) 形态构词关系,如:любовь(爱情) = S_0 (любить〔爱〕), защитник(捍卫者) = S_1 (защищать〔捍卫〕), напиток(饮料) = S_2 (пить〔饮〕), вход(入口) = Sloc (входить〔入〕); b)异根构词关系,如:мнение(意见) = S_0 (считать〔认为〕)(Я считаю …〔我认为……〕= Moe мнение …〔我的意见是……〕), доктор(大夫) = S_1 (лечить〔治疗〕), роль

（角色）= S_2(играть[扮演])，могила（坟墓）= Sloc(хоронить[埋葬])；c)语义构词关系，如：руководство$_2$（领导）$_2$ = S_1（руководство$_1$[领导$_1$]）= S_0(руководить[领导])，ассигнование$_2$（拨款$_2$）= S_2(ассигнование$_1$[拨款$_1$])= S_0(ассигновать[拨款])，подъем$_2$（上坡$_2$）= Sloc（подъем$_1$[上坡$_1$]）= S_0 подниматься[上坡]）。(Ю. Апресян 1995а：165)

2 标准词汇函数

词汇函数表示的抽象语义类型可能是简单的，只由一个基本抽象语义类型构成；也可能是复合的，由两种以上的基本抽象语义单位构成。例如，Anti 常常与 Magn, Bon, Real〈实现〉等结合起来，构成复合词汇函数关系：жидкие（稀稀拉拉）= Anti Magn (аплодисменты[掌声])，试比较：бурные(暴风雨般) = Magn (аплодисменты[掌声])；дурное（坏）= Anti Bon (влияние[影响])，试比较：благотворное（好）= Bon (влияние[影响])；обмануть(辜负) = Anti Real (доверие[信任])，试比较：оправдать (没辜负) = Real (доверие[信任])。

词汇函数关系有变值/常值、普遍/个别之分。变值组合词汇函数反映词汇语义单位之间的熟语性固定搭配关系；常值组合词汇函数反映的则是词汇搭配的自由关系。后者的因变项为常项，不因自变项而改变，如例(4)中词汇函数 Magn 的常值 сильный(强烈的)：

(4) сильный(大) = Magn (ветер[风])；сильный(大) = Magn (дождь[雨])；сильный(严) = Magn(мороз[寒])；сильный(巨) = Magn(боль[痛])；сильный(深刻) = Magn(впечатление[印象])。

常值词汇函数关系显然不是我们的兴趣所在。

普遍词汇函数关系，是数量众多的词群之间的抽象语义关系，以上提到的 Syn, Anti, Conv, Magn, S_1, Liqu, Bon, Real 等都是普遍词汇函数关系。个别词汇函数关系只体现在单个或几个词汇语义单位之间。如：черный用于表示"鲟鱼的"，只与 икра（鱼子）搭配，на корточках 表示"蹲式"只与 сидеть（坐）搭配，домашний 表示"囚禁于家中"只与 арест（拘捕）搭配，вслух 表示"出声地"只与 читать（读），говорить（说），думать（想）搭配，等等。这类词汇函数关系因为不具有概括性,在特定语言的深层句法结构和词汇转换系统中没有应用价值。但是它们在自然语言里比比皆是,是自然语言区别于形式语言的重要特征,对于语际翻译十分重要。在《详解组合词典》(И. Мельчук, А. Жолковский 1984)中,个别词汇函数关系附在普遍词汇函数栏目之后。它们的函数意义无须用抽象的拉丁语符号标记,直接用自然语言表示:домашний = 囚禁于家中的(арест)。

简单的、变值的、普遍性质的聚合词汇函数与组合词汇函数称做标准词汇函数。莫斯科语义学派"意思⇔文本"模式的词汇函数系统就是由标准词汇函数构成的。标准词汇函数系统应用于"意思⇔文本"模式的深层句法级次,它们的功能是:a)参与组成深层词汇体系;b)构建词汇转换规则。深层词汇区分为名词、动词和限定词(形容词、副词)三类,标准词汇函数也相应地可以区分为:动词性标准词汇函数,如 Liqu, Real;名词性标准词汇函数,如 S_0, S_1, S_2;限定性标准词汇函数,如 Magn, Bon。有些标准词汇函数没有确定的类别归属,如 Syn, Anti, Conv。

标准词汇函数所代表的抽象语义单位是剥离具体语言外壳的抽象概念,它们的存在及其广泛组合特征无疑具有跨语际的性质。但是这些抽象语义单位的表达方法却可能因语言而不同。有些抽象语义单位,可能在各种语言里都因关键词而使用不同的词汇语义单位表达;而另外一些抽象语义单位,却可能在一种语言里用变值方式表达,而在另外一种语言里以常值方式或有限的几个语词表达。总体而言,莫斯科语义学派提出的词汇函数系统具有跨语际的普遍性质。实际考察证明,这个体系适用于法语、英语、德语、匈牙利语、波兰语、阿拉伯语、波斯语、索马里语、日语等许多语言。(Ю. Апресян, Л. Цинман 1998:177)

3 词汇函数系统与汉语词汇搭配

将莫斯科语义学派"意思⇔文本"模式的词汇函数系统用于描写汉语词汇搭配规律时,有以下几种情况:

1) 大多数词汇函数关系与俄语一样,在汉语词汇体系中有广泛的体现。Syn, Anti, Conv 等常识性普遍词汇函数关系自然无须赘言,其他函数关系的汉语例证如：

a) 名词性词汇函数

S_1——主体题元：售货员 = S_1(卖)，医生/治疗，教师/教，罪犯/犯罪，战士/战斗，骗子/欺骗，职工/退休，军人/退役，事件/发生，教徒/朝圣，顾客/买。

S_2——客体题元：货 = S_2(卖)，患者/治疗，学生/教，课程/教授，敌人/战斗，受骗人/欺骗，礼品/赠送，赃物、赃款/追缴，机密/泄露，行李、货物/托运，遗产/继承。

S_3——第三题元：顾客 = S_3(卖)，知识、技能/教，学生/教授，观众/表演，听众/演奏、演唱，受害人/赔偿，上级/汇报，群众/宣传。

S_{loc}——情景的典型场所：商店 = S_{loc}(卖)，医院/治疗，学校/教，现场/犯罪，战场/战斗，前线/牺牲，工地/施工，住宅/居住，宾馆/下榻，舞台/表演。

S_{instr}——情景的典型工具：秤 = S_{instr}(卖)、武器/战斗，笔/写，喉咙/歌唱，目光/看，论据/论证，语言/沟通，枪/射击，粉笔/教书，嗓音/说话。

S_{mod}——情景的典型行为方式：字体 = S_{mod}(写)，态度/对待，作风/工作，腔调/说话，指法/演奏，手法/表现，方式/思维，步态/走路，角度/看问题。

b) 限定性词汇函数

Magn——极端特征，用来说明特定的事物、行为和特征：确凿 = Magn(证据)，深刻/印象，热烈、暴风雨般/掌声，严重/错误，坚定/信念，浓/茶，烈/酒；酣、熟/睡，重/病，严格/遵守，完全/同意，坚决/反对，无微不至/关怀；漆、炭/黑，雪/白。

Ver——符合规范的特征，用来说明特定的事物和行为：准 = Ver(钟表)，合身/衣服，工整/字迹，合格/质量，通顺/语言，纯正/味道，贴切/比喻；公正/裁判，正当/要求，平安/到达。

Bon——良好特征，用来说明特定的事物和行为：优秀 = Bon(成绩)，优美/姿态，优雅/举止，优越/条件，优惠/价格，鲜美/味道，秀丽/风光，姣好/容貌，婀娜/舞姿；出色/表演，漂亮/干(得)，便宜/买(得)，痛快/喝

(得)。

AntiVer,AntiBon——不正常,不好:快、慢 = AntiVer(钟表),肥、瘦/衣服,做作/表演,跑调/唱歌,蹩脚/比喻;粗俗 = AntiBon(举止),丑陋/相貌,拙劣/文笔。

c)动词性词汇函数

Oper——辅助动词函数,用来连接主语位置上的主体语义题元(Oper₁)、客体语义题元(Oper₂)和补语位置上的关键词;关键词是情景意义的表达者;主、客体语义题元指的是关键词情景的主、客体参加者(*Оказывать* = Oper₁〔помощь〕):进行/调查,作/斗争,实行/改革,提供/援助,有/影响,采取/行动,感觉/高兴,给予/回答;(пользоваться = Oper₂〔уважение〕):接受/调查,遭受/打击,遭遇/抵抗,享受/公费医疗,有/教训,受/排挤。

Func₀——事件、事物的典型进程;表达事件、事物的关键词做句子主语,不涉及其他情景参与者(*идет* = Func₀〔дождь〕:下/雨,刮/风,响/铃,流行/时装,生长/植物,行驶/交通工具,流逝/时间,旋转/地球,飘扬/旗帜,飞翔/鸟,流传/故事。)

Incep,Fin——开始,停止:起 = Incep(风),产生/矛盾,出现/问题,爆发/战争,起航/船,睡着/睡觉;息 = Fin(风),醒/睡觉,停/雨,过时/时装,散场/戏、电影,平息/风波,好/病,抛锚/船。

Incep 与 Fin 相当于 IncepFunc₀ 和 FinFunc₀,试比较:IncepFunc₀(风) = Incep + 刮 = 起,FinFunc₀(时装) = Fin + 流行 = 过时。它们常常与其他动词性词汇函数构成复合函数:IncepOper₁(作用) = 产生,FinOper₁(作用) = 丧失;IncepOper₂(建议) = 采纳,FinOper₂(支持) = 失去。

Caus,Liqu——使出现,使不存在;其施事不是情景(C₀)的直接参与者:(父母)培养 = Caus(子女)成长(情景"成长"的直接参与者是"子女",不是"父母"),劝说/同意,告诉/知道,解释/明白,教唆/犯罪,停₁(车)/(车)停₂;建/房,写/信;唤醒 = Liqu(睡觉),解/渴,化解/矛盾,破坏/团结,消除/隐患,取消/限制,破除/迷信,扰乱/治安,打消/念头。

如果 Caus,Liqu 的施事是情景的直接参与者,要使用函数符号 Caus₁,

Caus₂, Liqu₁, Liqu₂ 等,附着的阿拉伯数字依次表示主体题元、客体题元等, 如:自讨 = Caus₁(没趣),招惹 = Caus₂(麻烦),问 = Caus₃(口供),辞退 = Liqu₂(雇员)。

　　Fact, Real——实现,使实现,即 C₀ 语义中的"要求"成分实现(Fact)或使之实现(Real),如(使)人造物品的功用实现,(使)信息的真实性实现等;Fact 与 Real 的关系是转换关系(Ю. Апресян 1974:47;И. Мельчук,А. Жолковский 1984:87—88):应验 = Fact(猜疑),实现/理想,得逞/阴谋;盛/器皿,载/车,削/刀,砍/斧头,囚禁/监牢;偿还 = Real₁(债),讨 = Real₂(债),缴纳/税款,征收/税款,乘/车,花/钱,吃/药,听/音乐,坐/监牢。

　　Prepar——使就绪:沏、倒 = Prepar(茶),烫、斟/酒,上/表,加油/汽车,上膛/枪,磨/刀,削/铅笔,备鞍/马,扬/帆,充电/手机。

　　Degrad——变坏:酸 = Degrad(牛奶),馊/饭,掉链子/自行车,破/衣服,长毛/面包,倒闭/企业,滑坡/质量,崩溃/经济、体制,报废/车。

　　d)其他词汇函数
　　Son——典型声响:吱呀 = Son(门),嘀答/钟表,丁零/铃,潺潺/小溪,汩汩/河水,淅淅沥沥/小雨,唧唧喳喳/小鸟,叽叽嘎嘎/说笑,咩咩/羊,哞哞/牛,呦呦/鹿。

　　Gener——属概念,与 C₀ 的组合在意义上相当于 C₀:气 = Gener(氧)——氧+气=氧,车/吉普;酒/香槟,布/锦纶,树/海棠₁,果/海棠₂,花/牡丹,色/红,重量/轻,性格/急躁,物质/液体,组织/世贸,走/爬(爬着走)。

　　2)个别在俄语中相对少见的标准词汇函数,如 Labor, Func₁,₂ 等,在汉语里也不多见。Labor, Func₁,₂ 与 Oper 一样,属于辅助动词函数。

　　Labor 用来连接主语位置上的主体语义题元和直接补语位置上的客体语义题元(Labor₁₂,如 подвергнуть кого-что чему),或者相反,主语位置上的客体语义题元和直接补语位置上的主体语义题元(Labor₂₁,如 иметь кого-что кем-чем);C₀ 充当间接补语;主、客体语义题元指情景 C₀ 的主、客体参与者。汉语的处置动词"加以"(这些数字要加以核对)属于 Labor₁₂,"以……为"(以他为榜样)、"把……当"(把他当亲兄弟)属于 Labor₂₁。"予以"、"给予"不同于"加以"。"加以"的后面只接动词,不接具体名词,处置的对象为行为的直接受动者,多是事件、事物,而不是人,表达处置对象的名词因而可以在前面用"把"(把这些数字加以核对)。"予以"、"给予"的后面可以接具体事物名词(予以自新之路),处置对象多半是人,具体名词事物的承受者,表示处置对象的名词因而不能和"把"连用。

  $Func_{1,2}$用来连接主语位置上的关键名词和补语位置上的主体语义题元($Func_1$,如 исходить от кого-чего)或客体语义题元($Func_2$,如 постичь кого-что)。$Func_1/Oper_1$,$Func_2/Oper_2$ 之间是转换关系:$Func_1 = Conv(Oper_1)$——建议来自群众 = 群众提出建议;$Func_2 = Conv(Oper_2)$——批评针对领导 = 领导受到批评。汉语的 $Func_1$("来自"、"出自"、"折磨"等)和 $Func_2$("涉及"、"指向"、"针对"等)动词数量不多,而且熟语性不明显。

  3) 有些标准词汇函数的抽象语义,在汉语里以常值表达手段为主,如:$Caus(C_0)$ = 使,让,叫,试比较:Caus(садиться) = сажать/Caus(坐下) = 使坐下, вставать/ставить//站起来/使站起来, молодеть/молодить//显得年轻起来/使显得年轻起来, иметь власть/облечь властью//掌权/让掌权;$Able_1$〈客体题元的典型潜在特征〉(C_0) = 可 + C_0:爱/可爱,尊敬/可敬,恨/可恨,怀疑/可疑,可怜$_1$/可怜$_2$,信赖/可靠,珍视/可贵,读/可读,写/可写,去/可去,刊登/可刊登,借鉴/可借鉴。

  4) Perf,Sing 等标准词汇函数关系的熟语性特征,在汉语中体现得比俄语典型。Perf 表示行为达到内在界限,这种抽象语义在俄语中用持续—结果动词完成体的语法手段表达,没有熟语性的专门词汇表达手段。汉语的情况不同,一方面这种意义固然可以用"动词 + 了$_1$"的语法形式在特定的上下文条件下表达,另一方面,还可以用十分丰富的动结式、动趋式行为方式动词短语表达。这些短语中的补语成分是"达到内在界限"意义的熟语性专门词汇表达手段:完 = Perf(读),好,完,建,上/穿,下/摘,会/学,干净/洗,起来/站,碎/打,倒/推,着/接,中/猜,了(le)/吃。

  Sing 表示事物的数量单位和动作的次数单位:кочан(棵) = Sing(капуста〔大头菜〕);взгляд(目光) = Sing(смотреть〔看〕)。(И. Мельчук

1999：88）汉语名词区别于俄语的一个重要特点，是一般不与数词直接连用，在数词和名词之间要用一个量词。这个量词通常因名词而变化，与名词的搭配具有熟语性。俄语名词与数词连用时一般中间不加量词。正是因为两种语言的这种区别，Sing 函数关系在汉语词汇搭配中体现得远比俄语系统、广泛：匹＝Sing（马），头/牛，尾/鱼，管/笔，床/被，杆/秤，顿/骂，口/吃，脚/踢。

5) Dimun〈指小〉,Augm〈指大〉等个别俄语词汇函数关系（如：домик/дом, озерко/озеро; домина/дом, ручища/рука）(И.Мельчук, А.Жолковский 1984：82）在汉语词汇体系中没有体现。

第五节 词汇函数与深层句法结构

1 深层句法结构

莫斯科语义学派的"意思⇔文本"模式模拟人在使用语言进行交际的过程中从"意思"到"文本"的综合能力和从"文本"到"意思"的分析能力，以机器翻译为重要的服务目的，是一个多层次的语言自动转换系统。这个模式由语义、句法、词法、语音四个次第的基本层级构成，每个基本层级又进一步划分为深层与表层两个级次。① 八个级次都各自有特定的"意思"或"文本"的形式化语言描写手段。

从"意思"到"文本"的综合与从"文本"到"意思"的分析都不可能是一步到位的简单过程，因为自然语言在语素、词汇、句子等同层面或跨层面的单位之间，都十分普遍地存在着纵横交错的同义关系与同音关系。一方面，这些同义语言单位的各种排列组合方式可能在"意思"向"文本"的

---

① "意思⇔文本"模式的语义层级原本不区分深层与表层级次，Ю. Апресян（1995b：16）认为，与其他层级一样，语义层级也应划分深层与表层两个级次。表层级次以对象语义元语言释义，因而无法摆脱冗余的民族语义因素；深层级次形式语言的基本单位是比基本语义元素更小的语义夸克，它们不能用自然语言的词汇符号表示，描写的语义对象排除了冗余民族语义因素。

自动综合过程中,给同一元语言语义表达式造成许许多多的对应"文本"形式;另一方面,同一"文本"形式的句法、词法、词汇等层面也可能在从"文本"向"意思"的自动分析过程中遇到各种各样的同音异义现象。从数量浩繁的同义手段中筛选恰当的手段或排除"文本"的歧义以保留合适的"意思",都要求在"意思"与"文本"之间设置若干过渡的操作级次。

深层句法结构就是介于表层语义和表层句法之间的深层句法这一过渡级次的核心部分。语义层级元语言的主要词汇单位是基本语义元素(семантические примитивы),其语义容量小于自然语言的词汇语义单位;深层句法结构形式语言的词汇单位是概括语词单位,其语义容量与自然语言词汇语义单位则大体相当。在元语言语义表达式向深层句法结构过渡时,前者的基本语义元素通常要以"一组/一个"的方式转换为后者的概括语词单位。基本语义元素的组合方式不同,转换生成的概括词汇单位自然不同;基本语义元素的组合方式相同,转换生成的概括词汇单位也可能不同。因此,语义层级的同一个元语言句子表达式经常有许多语词不同,因而句子框架也不相同的深层句法结构与之对应。基本语义元素组合方式相同的各深层句法结构,可以借助标准"词汇函数"构成的规则直接或间接地相互转换;基本语义元素组合方式不同的各深层句法结构,无法借助这些规则相互转换,试比较:

(5) Все знают, что народ Германии борется с фашизмом. 大家都知道,德国人民正在和法西斯主义作斗争。

(6) Кто не знает, что в Германии народ не смирился с коричневой чумой? 谁不知道,在德国,人民没有屈服于褐衫党徒的瘟疫?

(7) Все знают, что идет борьба народа Германии с фашизмом. 大家都知道,德国人民和法西斯主义的斗争正在进行。

三个例句虽然意思相同,但(5)(6)之间与(5)(7)之间的关系显著不同。(5)(6)两句的深层句法结构无法用标准词汇函数转换体系一起来,因而分属不同类型的深层句法结构;(5)(7)两句的深层句法结构则可以用标准词汇函数转换体系一起来,它们因而属于相同类型的深层句法结构。按照词汇转换规则 $C_0 \Leftrightarrow Func_0S_0(C_0)$, бороться(斗争)⇔ идет борьба(斗争在进行)。(А. Жолковский, И. Мельчук 1969:11)

同类深层句法结构中共性最多、个性最少的一个称之为基本深层句法结构。基本深层句法结构是同类深层句法结构的代表,就像单数第一格、不定式形式是名词、动词各种语法形式的代表一样。

2 深层句法结构的形式语言

深层句法结构的形式语言是非线性的从属关系的树形图,其节点为概括语词符号,分支表示深层句法关系。

深层词汇系统是借助"词汇函数"体系等手段对自然语言词汇系统的概括和抽象。概括语词主要包括四类:a)自然语言词汇语义单位;b)熟语(идиомы);c)词汇函数;d)人造词。

全部自然语言词汇语义单位区分为独立的和依附的两大类。依附词汇语义单位是关键词汇语义单位的对应单位,与之构成特定的标准词汇函数关系。独立词汇语义单位不与其他词汇语义单位构成标准函数关系。深层句法结构使用的自然语言词汇语义单位只限于独立词汇语义单位。充当组合词汇函数因变项的词汇语义单位不出现在基本深层句法结构中,它们要用相应的词汇函数符号取代,例如:牛顶、马踢、狗咬、蜜蜂螫、蚊子叮、水淹、火烧等短语中的动词都表示"典型侵害行为"的抽象语义,是主体名词的共同语义参数,要用统一的词汇函数符号 Destr 取代;惊得目瞪口呆、吓得一身冷汗、恨得咬牙切齿、高兴得手舞足蹈、冷得浑身发抖、热得大汗淋漓、累得上气不接下气等短语中的补语成分都表示"身心状态的典型生理反应"这一抽象语义,是谓语成分的共同语义参数,要用统一的词汇函数符号 Sympt 取代(И. Мельчук, А. Жолковский 1984:88);ручей(小溪)/журчать(潺潺),часы(时钟)/тикать(嘀答),дверь(门)/скрипеть(吱呀),воробей(麻雀)/чирикать(唧唧喳喳)等词偶中的动词都表示相应名词事物的典型声响,是主体名词的共同语义参数,要用统一的 Son 取代,如此等等。使用组合词汇函数代替具体的因变项对应词汇语义单位,这是深层句法结构摆脱自然语言熟语性固定搭配,获得较之表层句法结构更大程度的概括性和抽象性,从而缩小语际词汇差异的重要手段。Syn, Conv, Anti 等聚合词汇函数的对应词由于可以与 C_0 相互同义替换，因而允许出现在深层句法结构中。应该注意的只是，遵循基本深层句法结构词汇总量应保持最小限度的原则，每个等价替换词群，如 включать, включение, входить, вхождение, содержать（包括）等，只允许选择其中的一个基本代表词（如 содержать）用于其中。

理想的变值词汇函数关系应该是自变项集与因变项集词汇语义单位的逐一映射关系，即自变项集的每个词汇语义单位在因变项集中都有不同的对应单位，反之亦然。但自然语言的实际词汇系统中很少存在这种整齐对称的关系。自变项集或因变项集中的个别词汇语义单位往往没有对应单位与之呼应。例如，一方面，намерение（意图）/намереваться（打算），возможность（可能）/мочь（能够），влияние/влиять（影响），переписка/переписываться（通信），уступка/уступать（让步）等词偶中的名词都是相应动词的同义句法派生词，与后者词汇意义相同，句法功能（词类归属）不同。但是另一方面，обыкновение（习惯），переговоры（谈判），преступление（犯罪），компромисс（妥协）等却没有语义相同的生产动词。自然语言的构词体系提示我们，根据这些名词，在深层词汇系统中可以符合逻辑地构拟潜在的关键动词 *обыкновенствовать（惯于），*переговариваться（谈判），*преступать（犯罪），*компромиссировать（妥协），双方结成和 намерение = S_0（намереваться）等相同的词汇函数关系 обыкновение = S_0(*обыкновенствовать)，переговоры = S_0(*переговариваться)，преступление = S_0(*преступать)，компромисс = S_0(*компромиссировать)。把类似的人造词汇语义单位引入基本深层句法结构，这给予建构在词汇函数体系之上的词汇转换规则以更加广泛的适应性。依据词汇转换规则 $C_0 \Leftrightarrow \text{Oper}_1 S_0(C_0)$，*обыкновенствовать（惯于）= иметь обыкновение（有……的习惯），就像 намереваться（打算）= иметь намерение（有……的意图），мочь（能够）= иметь возможность（有……可能）一样；*переговариваться（谈判）= вести переговоры（进行谈判），就像 переписываться = вести переписку（通信），беседовать（交谈）= вести беседу（进行交谈）一样；*компромиссировать

（妥协）= идти на компромисс（采取妥协办法），*преступать（犯罪）= идти на преступление（采取犯罪手段），就像 уступать（让步）= идти на уступки（采取让步办法），обманывать（欺骗）= идти на обман（采取欺骗手段）一样。

包括自然语言词汇语义单位、熟语、词汇函数和人造词在内的深层概括语词，都要附以必需的语义性词法范畴标志，如名词的数，动词的体、时、式等。形容词的性、数、格，名词的格等结构性词法标志不出现在深层句法结构中，只在深层词法结构里标示。

深层句法关系描述概括语词之间的六种抽象句法关系：四种与谓词语义配价大体相当的关系和广义限定关系（5）、并列关系（6）。这些句法关系用阿拉伯数字 1—6 编号。谓词的语义配价数因其词汇意义不同而从零价（моросит[下小雨]）至 4 价（покупать—кто(1)，что(2)，у кого(3)，за сколько(4)某人用若干钱买某人某物）不等，5—6 价的谓词是个别现象（командировать—кто，кого，откуда，куда，на какой срок，для чего[某人差遣某人从某地去某地做某事若干时间]）。在树形图中，深层句法关系用连接节点的箭头线附以阿拉伯数字编号表示，箭头指向从属的节点：Son $\xrightarrow{1}$ ручей（журчит ручей[小溪潺潺]），Liqu $\xrightarrow{2}$ заговор（разрушать заговор[粉碎阴谋]），Adv〈同义派生副词〉（несомненный）$\xleftarrow{5}$ дать（несомненно дать[一定给]）。深层句法关系与表层句法关系的不同之处在于，前者的关注对象是概括语词之间的抽象意义关系，这种关系具有跨语际的普遍性质；而后者关注的则主要是自然词汇语义单位之间的具体语法形式关系，这种关系是特定自然语言的个别特征。一方面，同一深层句法关系可以用若干不同的表层句法关系表示：Шаляпин исполняет роль（沙里亚宾在扮演一个角色），шаляпинское исполнение роли（沙里亚宾的角色扮演），исполнение роли Шаляпиным（沙里亚宾扮演角色）在深层句法结构中抽象意义关系相同：Шаляпин $\xleftarrow{1}$ исполнять $\xrightarrow{2}$ роль，但在表层句法结构中语法形式关系不同：Шаляпин исполняет 是述谓关系，шаляпинское исполнение 是一致关系，исполнение Шаляпиным 则是动名词—主体关系。

另一方面,同一表层句法关系可以表示不同的深层句法关系：Шаляпинское исполнение 和 блестящее исполнение(出色的表演)虽然表层句法关系都是一致关系,但深层中句法关系却不同：前者相当于 Шаляпин исполняет,是述谓关系,后者相当于 исполняет блестяще(表演得出色),是限定关系。

总之,深层句法结构较之元语言语义表达式具体,因为它已在词汇单位和语义句法结构两个方面获得了与自然语言基本对等的形式；较之表层句法结构抽象,因为它借助词汇函数等手段,抛弃了自然语言特有的词汇搭配特征和形式结构特征。可以说,深层句法结构体系事实上是概括、简化、缩略了的特定自然语言。不同自然语言在"意思⇔文本"转换模式的这一级次上最大限度地摆脱了语际差异,因而机器翻译,特别是非亲属语言之间的机器翻译,主要被定位在这个级次上。按照"意思⇔文本"模式,翻译的过程应该是：a)通过分析操作,将自然对象语从表层语音(文字)逐级次地转换为对象语基本深层句法结构；b)把对象语基本深层句法结构翻译成目的语基本深层句法结构；c)通过综合操作,将目的语基本深层句法结构逐级次地转换为自然目的语。在基本深层句法结构的级次上难以处理的文本片段,不得不求助于语义这一更深的层级。翻译而成的目的语基本深层句法结构仅仅只是毛坯,需进一步转换为数量尽可能多的同义深层句法结构,使这些结构通过表层句法等以下级次的加工与筛选,最终形成合格的自然目的语文本。这些操作过程尽管仍旧十分复杂,但由于是在同一语言的内部,而不是在语际之间进行,工作量因而大幅度地减少了。(А. Жолковский, И. Мельчук 1967：181—182)

第六节 词汇函数与同义转换系统

1 同义转换的原则

"意思⇔文本"模式遵循的一条重要原则是,在从深层语义向表层文本的综合过程中,要保证使每个元语言语义表达式转换为尽可能多的文本结构。提出这条原则不仅有对于"意思"的独特理解这一理论方面的原因(莫斯科语义学派认为,意思是操母语者当作同义手段来使用的各种不同语句的共同内容,即众多同义转换语句的常体内容①),而且有为机器翻译服务的应用方面的原因。自然语言区别于逻辑语言的一个重要特征是它们的非对称性,违背普遍规律的特殊情形几乎俯拾皆是。这种非对称现象分布在自然语言的各个层面,它们给机器翻译造成重重困难。构词层面如:чертить(линии на песке)([在沙子上]画线)没有派生的动名词,无法构成类似 оказывать $\xrightarrow{2}$ помощь(S_0[помочь])(给予帮助),делать $\xrightarrow{2}$ анализ(S_0[анализировать])(作分析)的短语:Oper $\xrightarrow{2}$ S_0(чертить);词法层面如:победить(战胜),убедить(说服)没有将来时第一人称单数形式,тухнуть(熄灭),гаснуть(熄灭)没有副动词形式,вернуться(回归)没有构词派生的未完成体等;句法层次如:возвращение(S_0[возвращаться])(回归),впадение(S_0[впадать])(注入),замедление (S_0[замедляться])(延缓),исчезновение(S_0[исчезать])(消失)等没有对应的 Oper,因而不能构成 Oper $\xrightarrow{2}$ S_0 的短语,убедительное доказательство(令人信服的证明)可以转换为 убедительно доказал(令人信服地证明),但是 убедительная победа(令人信服的胜利)却不能转换为 *убедительно победил(令人信服地战胜),Станок действовал(机床正常运转)可以转换为 Станок был в действии,但是 Станок хорошо действовал(机床运转良好)却不能说成 *Станок был в хорошем действии.

  给每个必要的词汇语义单位都设计回避障碍的方案,尽管工作量十分繁重,却未必不能实现。但是要为纷繁复杂的各种具体语句都事先设计综合方案,使它们能够克服在各个阶段先后可能遇到的各种困难,则几乎是难以实现的。(А. Жолковский, И. Мельчук 1967:178;Ю. Апресян 1974:335)"意思⇔文本"模式在各级次生成全部可能同义结构形式的原则为克服上述困难提供了有效的方法:不必正面为具体语句设

---

 ① 对于"意思"的这种理解最早由 А.Жолковский 等(1960) 提出。

计回避各阶段障碍的综合方案,而代之以从反面着眼的方式。当诸多同义结构的任何一项在综合过程中遇到障碍时,都随即将其放弃而转向其他同义结构,这样依次地进行下去,直至生成完全合格的文本为止。这就是为什么多得几乎达到天文数字的同义结构,在通过层层筛选之后所剩无几的原因。当然,即或遵循给出全部同义结构的原则,自然语言的所有非对称现象仍然必须指出,这是无法回避的工作。不同机器翻译方案的差别大多只是在克服非对称障碍的方法上面。

2 词汇转换规则

深层句法级次的同义转换,起始于基本深层句法结构,终端生成的是全部同类深层句法结构。这个转换系统由"词典"和"语法"两个方面组成。《详解组合词典》在"词汇函数"栏目中列举标题词汇语义单位全部可能的函数取值;"语法"部分包括词汇和句法两套规则。词汇转换规则通过各种词汇函数自变项(关键词)/因变项(对应词)、因变项/因变项之间的替代关系,列举同一意思的各种不同的词汇表达手段;句法转换规则服务于词汇规则,为变化了的词汇表达手段提供必需的深层结构的调整方案。只使用词汇规则或句法规则进行同义转换的情况虽然存在,例如:C_0 ⇔Syn(C_0)—Он занимается лингвистикой⇔Он изучает языкознание.(他研究语言学。)A $\xleftarrow{1}$ X $\xrightarrow{3}$ C⇔A $\xleftarrow{1}$ X $\xrightarrow{2}$ C $\xrightarrow{5}$ B—Мы(A) $\downarrow 2$ B проверяем(X) мотор(B) на прочность(C)⇔Мы(A) проверяем прочность(C) мотора(B).我们测试发动机的耐力,但是大多数情况下,在使用词汇规则进行转换时,必须相应地使用句法规则:C_0⇔C_0nv$_{21}$(C_0);A $\xleftarrow{1}$ X $\xrightarrow{2}$ B ⇔B $\xleftarrow{1}$ Y $\xrightarrow{2}$ A—Я(A) боюсь (C_0) последствий(B).(我害怕后果。)⇔ Меня(A) страшат(Conv$_{BA}$(C_0)) последствия(B).(后果使我害怕。)

词汇转换规则建构在标准词汇函数体系之上,区分为语义等值规则和语义蕴涵规则两大类。语义等值词汇规则的转换是双向的,既可自左向右,又可自右向左,转换不涉及语词内部的义素结构切分。语义蕴涵规则的转换是单向的,只能自左向右,例如:Perf(X)⇒Result⟨结果⟩(X)——Грузовик остановился（Perf〔останавливаться〕）.（卡车停了下来。）⇒Грузовик стоит（Result〔останавливаться〕）.（卡车停着。）这类转换涉及语词内部的义素结构切分,因为后件的意义全部囊括在前件之中,是前件意义的组成部分:остановиться（停下来）= начать стоять（开始停着）。（М. Гловинская 1982:77—86）

等值词汇转换规则的主要类别是:

1) 一个关键词汇语义单位与一个对应词汇语义单位相互转换的类别 $C_0 \Leftrightarrow f(C_0)$,与 C_0 等值的是:

a) 具有同义关系的词汇语义单位 $C_0 \Leftrightarrow Syn(C_0)$,如:

(8) От нас до вокзала недалеко（C_0）.从我们这儿到车站不远。⇔От нас до вокзала рукой подать（Syn〔C_0〕）.从我们这儿到车站没有几步路。

b) 具有转换关系的词汇语义单位 $C_0 \Leftrightarrow Conv(C_0)$,如:

(9) 使主体题元与客体题元调换位置:Сверстники опережают（C_0）его в учебе.同龄人在学习方面超过他。⇔Он отстает（$Conv^1(C_0)$）от сверстников в учебе.他在学习方面落后于同龄人。

(10) 使两个客体题元相互调换位置:Он сообщил（C_0）мне новости.他告知我一些消息。⇔Он информировал（$Conv_2$〔C_0〕）меня о новостях.他告知我一些消息。

(11) 使主体题元和第二客体题元调换位置 Я купил（C_0）у него компьютер.我买了他一台电脑。⇔Он продал（$Conv_3$〔C_0〕）мне компьютер.他卖给我一台电脑。

(12) 关系名词充当转换词:Петя——муж（C_0）Маши.别佳是玛莎的丈夫。⇔Маша——жена（$Conv_4$〔C_0〕）Пети.玛沙是别佳的妻子。

c) 具有反义关系的词汇语义单位 $C_0 \Leftrightarrow Anti(C_0)$,如:

(13) 绝对反义词汇语义单位:Он присутствовал（C_0）на собрании.他出席了会议。⇔Он не отсутствовал（$Anti_1$〔C_0〕）на собрании.他没有缺席

会议。

(14) 相对反义词汇语义单位:Он моложе（C_0）меня. 他比我年龄小。⇔Я старше（Anti$_2$〔C_0〕）его. 我比他年龄大。

2) 一个关键词汇语义单位与两个对应词汇语义单位相互转换的类别 C_0⇔$f_1(C_0)$←$f_2(C_0)$:

a) f_1 与 f_2 分别是对应系词(Copul)和对应题元名词或题元形容词(S;A),如:

(15) Он ловит рыбу（C_0）.他捕鱼(为生)。⇔Он работает（Copul（S$_1$〔C_0〕）рыбаком（S$_1$〔C_0〕).他是渔夫。

(16) Его все знали（C_0）.大家都知道他。⇔Он был（Copul〔A$_2$（C_0）〕）известным（A$_2$〔C_0〕).他有名。

b) f_1 与 f_2 分别是对应的同义派生名词(S_0)和题元关系辅助动词(Oper, Func, labor),如:

(17) Я радуюсь（C_0）.我高兴。⇔Я чувствую（Oper$_1$〔C_0〕）радость（S$_0$〔C_0〕).我感到高兴。

(18) Философы спорят（C_0）.哲学家们在争论。⇔Идет（Func$_0$〔S$_0$（C_0）〕）спор（S$_0$〔C_0〕）между философами.争论在哲学家之间进行。

(19) Тоскует（C_0）Иван.伊万很忧伤。⇔Иван а гложет（Func$_1$〔S$_0$（C_0）〕）тоска（S$_0$〔C_0〕).伊万很忧伤。

(20) Директор контролирует（C_0）качество продукции.厂长监督产品质量。⇔Директор держит（Labor$_{12}$〔S$_0$（C_0）〕）качество продукции под своим контролем（S$_0$〔C_0〕).厂长把产品质量置于自己的监督之下。

c) f_1 与 f_2 分别是对应的属概念词(Gener)和同义句法派生词(Der),如:

(21) радость（C_0）喜悦⇔радостное（Der〔C_0〕）чувство（Gener〔C_0〕）喜悦感。

3) 两个对应词汇语义单位相互转换的类别 $f_1(C_0)$⇔$f_2(C_0)$:

a) f_1 与 f_2 分别是不同的题元关系辅助动词,如:

(22) Предприятие оказывает (Oper₁[C₀]) мне поддержку (C₀).企业给予我支持。⇔Я получаю (Oper₂[C₀]) поддержку (C₀) от предприятия.我得到企业的支持。

(23) Две рукописи (C₀) восходят (Func₁[C₀]) к одному источнику.两份手稿同出一源。⇔Две рукописи (C₀) касаются (Func₂[C₀]) античной цивилизации.两份手稿都涉及古代文明。

(24) В любви он терпел (Oper₁[C₀]) неудачи (C₀).他经受过爱情的挫折。⇔В любви его постигали (Func₁[C₀]) неудачи (C₀).爱情的挫折打击过他。

(25) Убийца понесла (Oper₂[C₀]) кару (C₀).凶手遭到惩罚⇔Убийцу постигла (Func₂[C₀]) кара (C₀).凶手遭到惩罚。

b) f₁ 与 f₂ 分别是由题元辅助动词与时段函数动词(Incep, Fin)或役使函数动词(Caus, Liqu)构成的复合函数动词,如:

(26) Он проявил (Incep Oper₁[C₀]) интерес (C₀) к музыке.他对音乐感起兴趣来。⇔Музыка вызвала (Incep Oper₂[C₀]) у него интерес (C₀).音乐引起了他的兴趣。

(27) Мы прекратили (FinOper₁[C₀]) поддержку (C₀) соседней дивизии.我们终止了对邻师的支援。⇔Соседняя дивизия лишилась (FinOper₂[C₀]) нашей поддержки (C₀).邻师失去了我们的支援。

(28) Парламент привел (CausOper₁[C₀]) фашистов к власти (C₀) в стране.国会使法西斯分子掌握了国家政权。⇔Парламент отдал (CausOper₂[C₀]) страну под власть (C₀) фашистов.国会把国家置于法西斯政权之下。

(29) Мы освободили (LiquOper₁[C₀]) его от этого бремени (C₀).我们使他摆脱了这个重负。⇔Мы сняли (LiquFunc₁[C₀]) с него это бремя (C₀).我们卸下了他身上的这个重负。

4) 两对对应词汇语义单位相互转换的类别 f₁(C₀) →f₂(C₀) ⇔f₃(C₀) →f₄(C₀),如:

(30) Китай одержал （Oper₁〔S₀(C₀)〕）победу（S₀〔C₀〕）над Японией. 中国抗日获胜。⇔ Китай был （Copul〔S₀(C₀)〕）победителем（S₀〔C₀〕）Японии. 中国是日本的战胜国。

(31) Феодалы находились（Oper₂〔S₀(C₀)〕）под властью（S₀〔C₀〕）короля. 封建领主受国王统治。⇔ Феодалы были （Copul〔S₂(C₀)〕）подданными（S₂〔C₀〕）короля. 封建领主是国王的臣民。

需要说明的是：a) 我们选择 Ю. Апресян 等在英俄机器互译系统 ЭТАП₃ 中使用的基本词汇转换规则作为分类的对象，因为这些规则在俄语中具有普遍意义，由常见的词汇函数构成；其他适应范围狭窄的规则（如：Война(C₀) охватила Европу.〔战争席卷欧洲。〕⇔ Пожар（Figur⟨固定隐喻⟩〔C₀〕）войны（C₀）охватил Европу.〔战火席卷欧洲。〕）不包括在内（Ю. Апресян, Л. Цинман 1998：177—202）；b) 如上文所述，深层句法结构的形式语言是非线性的从属关系树形图，其节点的概括语词符号除了自然语言词汇语义单位，还包括词汇函数符号、人造词等。从深层句法结构到合格表层自然语句，还要经过向表层句法结构、深层词法结构、表层词法结构等一系列的转换和筛选的过程。这里的词汇转换规则用表层自然语言句举例只是为了醒目而已。c) ЭТАП₃ 的俄语基本词汇转换规则计 35 项，限于篇幅，各类中的具体规则只限于举例。

3 构建汉语词汇转换规则的问题

以"意思⇔文本"模式设计外汉翻译系统，势必涉及构建汉语词汇转换规则体系的问题。这套规则应与相应的句法规则配合，将基本汉语深层句法结构转换为数量尽可能多的同义深层结构形式。对比上述规则类型的俄语例句及其译文，不难看出，词汇转换规则体系与词汇函数体系一样，具有跨语际的性质。大多数俄语词汇转换规则都适用于汉语。不适用或适用、但有差异的情况是个别的，例如：

1) 在 сообщил мне новости/информировал меня о новостях 构成的转换关系中（见例(10)），调换的只是直接补语与间接补语的句法题元角色，новости/о новостях, мне/меня 虽然句法形式不同，但它们的"内容"

(содержание)、"受话人"(адресат)的语义题元角色却没有变化。这种只改变句法题元角色,不改变语义题元角色的转换关系在汉语中反映不出来,информировал, известил, уведомил, осведомил кого о чем 与 сообщил, рассказал кому что 译成汉语,都是"告知某人某事"的相同结构,因此汉语中不存在 $C_0 \Leftrightarrow Conv_{23}$ 的词汇转换规则。

2) 句子 Ивана гложет тоска; Убийцу постигла кара 中的 Ивана, убийцу 语法形式上是直接补语,语义关系上是状态主体(见例(19)(25))。它们的句法题元角色和语义题元角色不相吻合。(Русская грамматика 1980:125) 俄语中有许多类似 гложать, постичь 的动词,它们以 S_0 为主语,以 C_0 的主、客体语义题元为补语。这些 $Func_1, Func_2$ 动词在汉语里往往没有等价的词汇句法手段对应。诸如 Разобрал его голод (他饿极了); Пробрала его дрожь (他浑身打颤); Берет его скука (他很寂寞); Бьет его озноб (他冷得发抖); Застала его буря (他遭遇风暴); Захватил его дождь (他遇上了雨) 等译成汉语,多要改用表人的词作主语,将语义题元角色和句法题元角色统一起来。词汇转换规则 $C_0 \Leftrightarrow S_0(C_0) \leftarrow Func_1(S_0[C_0])$ 和 $Oper_2(C_0) \Leftrightarrow Func_2(C_0)$ 因而在汉语中的使用频率低于俄语。

3) 例(28)(29) 中的复合函数动词 привел, освободили 用综合的方式分别表达两组语义参数 $Caus/Oper_1, Liqu/Oper_1$: привел к власти = каузировал + иметь власть; освободили от бремени = каузировали + быть свободен от бремени, 汉语没有对应的综合动词,相关的语义参数要用分析的方式表示: привел = 使 + 掌握; освободили = 使 + 摆脱。由此而导致树形图节点的增加,深层句法结构因此发生变化。

4) 汉语较之俄语,是形态贫乏的语言。同义句法派生词与生产词在俄语中有不同词类的形式标志,但在汉语里没有形态差异,区别只表现在句法功能上。因此,在构拟汉语词汇转换规则时,$X = Der(Y)$ 的函数关系可以略去,X 的句法功能在规则式中已有箭头号附以阿拉伯数字表示(参见第63页):$C_0 \Leftrightarrow S_0(C_0) \leftarrow Oper_1(S_0[C_0])$(例(17))在汉语里体现为 $C_0 \Leftrightarrow C_0 \leftarrow Oper_1(C_0)$,如:斗争⇔作斗争,改革⇔实行改革,影响⇔有影响,$C_0 \Leftrightarrow$

Gener(C_0) →Der(C_0)(例(21))体现为 C_0⇔Gener(C_0) →C_0,如:氧⇔氧气,吉普⇔吉普车,爬⇔爬着走。

第七节 词汇函数理论的语言学价值

1) 为揭示词汇的系统性提供了新的研究视角。

传统的词汇学在涉及词汇语义的系统性问题时,都列举词汇语义单位在聚合层面上的同义、反义、转换、派生、属种等关系,在组合层面上的述谓—题元关系和语义一致关系。莫斯科语义学派将一种语言学界此前完全陌生的、新的词汇语义关系引入人们的视野。这种词汇语义关系就是词汇搭配方面的函数关系。由七十余种词汇函数构成的严谨体系对于描写词汇语义搭配关系有着十分重要的作用,这种作用可以与区别特征对于描写音位系统关系,语法范畴对于描写形态系统关系的重要作用相比拟。一方面,关键词在特定语义参数上与因变词的选择对应关系,和音位之间在某一区别特征上的对立关系,词的形态在某一语法范畴上的对立关系一样,都具有变值函数的特点,试比较:匹 = Sing(马)/|p'| = 送气(|p|)/одеться = 完成体(одеваться);另一方面,对应的关键词/因变词的不同词偶之间,和不同的音位对立偶、词形对立偶一样,都构成相同的比例关系,试比较:匹:马 = 头:牛 = 管:笔 = 脚:踢;浓:茶 = 烈:酒 = 确凿:证据 = 完全:同意/|p'|:|p| = |t'|:|t| = |k'|:|k| = |ts'|:|ts|/одеться:одеваться = написать:писать = взять:брать.

2) 丰富了熟语学的理论。

组合性熟语(фразеологическое сочетание)中的关键词用于自由意义,对应词的使用受关键词制约,是非自由的。非自由使用的对应词所表达的语义参数有具体与抽象之分,据此莫斯科语义学派首先将组合性熟语区分为以个别词汇函数关系为特点的和以普遍词汇函数关系为特点的两种类型。传统熟语学对于组合性熟语,重视的只是对应词的非自由性质,而且认为,对应词受关键词制约的是它们的词汇意义。(В. Виноградов 1977:157) 按照莫斯科语义学派的观点,只有具体词汇参数才是熟语性非自由意义。表达具体词汇参数的对应词,由于词汇意义方面的原因,只能被关键词锁定使用。而抽象词汇参数有广泛的搭配性能,表达抽象词汇参数的对应词受关键词制约的不是它们的意义,而是它们的用法。Н.Арутюнова(1980a:158—159)赞同这种观点,她以 круглый дурак(彻头彻尾的蠢货)/полный невежа(毫无教养的人)为例指出,круглый 和 полный 的词汇意义相同,都表示"充分特征"(相当于 Magn),可以用同一 абсолютный 替代:абсолютный дурак/абсолютный невежа,它们受 дурак,невежа 制约的不是词汇意义,而是词的用法。而 буланая(лошадь)则不然,不仅表示橘黄色,而且还兼有黑鬃、黑尾等语义成分,这种极其特殊的意义性质决定了 буланый 多只与表示马的名词连用。因而,所谓"熟语性制约意义",实际上包括的一方面是词的熟语性制约用法,另一方面才是适用领域受限制的词汇意义。其次,莫斯科语义学派把关注的重点放在具有普遍词汇函数关系的组合性熟语上,从而将许许多多以往被忽略的短语结构纳入了组合性熟语的涵盖范围。只有这类熟语结构的对应词有可能抽象为各种标准词汇函数,以充当深层句法结构的词汇语义单位。第三,莫斯科语义学派把观察组合性熟语的着眼点从对应词移到关键词上来,将对应词表达的抽象词汇参数进行了系统的语义分类,组合性熟语被分别纳入不同的词汇函数关系中,零散的短语因而构成语义类别分明的系统,熟语学由此开辟了新的研究领域。(В.Телия 1980:263)

3) 为编纂可供系统检索词汇搭配性能的《详解组合词典》奠定了理论基础。

《详解组合词典》用形式化的方法系统地描写从"意思"到"文本"的综合过程和从"文本"到"意思"的分析过程所需要的全部词汇信息,融详解、同义、熟语、构词、义类、搭配、句法等各种类型的词典为一体,是"意思⇔文本"模式的重要构件。这些信息的核心部分就是"词汇函数"。与通常的详解词典、搭配词典不同,在描写词汇搭配性能的"词汇函数"栏目里,《详解组合词典》不是消极地列举 X 可以和词汇语义单位 $Y_1, Y_2 \cdots Y_n$ 搭配,而是以 X 为关键词,用填写问卷表格的方式,列举表达所有可能的抽象语义参数 $Z_1, Z_2 \cdots Z_n$ 的词汇语义单位 $Y_1, Y_2 \cdots Y_n$。这是一种为综合过程服务的积极词典的编纂方法。在翻译、教学、语言习得的过程中，人们感到困惑的常常不是 X 能够和哪些词汇语义单位搭配，而是与 X 搭配的抽象词汇参数使用哪些特定词汇语义单位表达。借助《详解组合词典》的"词汇函数"栏目，类似的困惑可以迎刃而解，如：大（后方）→Magn（后方）→Magn（тыл）→глубокий（тыл）；портить（аппетит）→Liqu（аппетит）→Liqu（胃口）→倒（胃口）。

4) 更新了有关同义词汇语义单位的传统观念。

语言学著作涉及同义词汇语义单位时，都要指出它们的两点特征：a) 概念意义全部或大部分重合；b) 在一定的上下文中可以相互替代而不改变句子的意义。（Н. Шмелев 1977:194; М. Фомина 1983:78; В. Ярцева 1990:446）同义词汇语义单位的意义差别在特定上下文常常发生中和，因此能够相互替代，以避免言语的单调、重复，这往往被看做是同义关系的必备特征。（Н. Шанский 1972:53; Л. Новиков 1982:228—232）按照 Л. Жолковский, И. Мельчук 提出的"词汇函数"理论，可以相互替代并不是同义词汇语义单位的必备特征。表达特定词汇参数的对应词虽然因关键词而变换，搭配关系是非自由的，但对应词彼此间仍然是同义的关系。一方面，(思想)负担/(思想)包袱、(提高)水平/(提高)水准、(语言)交际/(语言)沟通、(买)大头菜/(买)卷心菜等固然是同义词汇语义单位；另一方面，合身(= Ver〔衣服〕)/贴切(= Ver〔比喻〕)、浓(= Magn〔茶〕)/烈(= Magn〔酒〕)、丑陋(= AntiBon〔相貌〕)/拙劣(= AntiBon〔文笔〕)、酸(= Degrad〔牛奶〕),/馊(= Degrad〔饭〕)等也是同义的词汇语义单位。

第 三 章

词汇语义因素分析

第一节　词汇语义因素的交际功能转换[①]

1　突出关注焦点的语言手段

突出交际的关注焦点可以采用各种不同的语言手段：a)以不同的词汇语义单位表示相同的客观情景；b)词汇语义因素的交际功能转换；c)语句的实际切分。

手段 a)存在于语言词汇的聚合体系中,属词汇手段。

词汇语义单位反映的世界片段是已经认知者解读了的客观世界片段,其情景参与因素往往已按照交际需要做了人为的主次排列。因而静态词汇语义单位的概念意义并不像通常所说的那样是纯粹客观的,其中包含着很大程度的人的主观因素。语言外的同一客观世界情景,常常可以用不同的词汇语义单位表示。例如："租赁$_1$"（租用：～了两间平房）/"租赁$_2$"（出租：这家公司向外～建筑机械）（《现代汉语词典》2002：1677）反映的虽是同一客观情景,但因关注焦点不同,表示的概念情景并不相同。就"租赁"的客观情景本身而言,情景的参与者"承租人"与"出租人"没有在交际地位上分派主次角色。但是在"租赁$_1$"表示的概念情景中,"承租人"不仅是情景的参与者,而且是情景的主体,说话人的注意焦点；在"租赁$_2$"表示的概念情景中,说话人的注意焦点从"承租人"转向"出租人"。汉语的"租赁$_1$"与"租赁$_2$"是同一词的两个不同义项,但在俄语里,它们要用不同的语词表示,租赁$_1$ = арендовать；租赁$_2$ = дать в аренду。

[①] 本节最初刊登在《外语学刊》2000 年第 4 期。

手段 c)体现在言语组合系列里,属于句法手段。

语句通常借助词序、语调、标记语词等突出交际的关注焦点——述位。述位可以通过凸显语句的任何句法成分确立。充当述位的单位,大多数情况下是作为句法成分的整个词汇语义单位或短语,主位与述位的界线就是相关词汇语义单位之间的界线,但有时也可能是词汇语义单位内部的部分义素。主位与述位的界线,在这种情况下从相关的特定词汇语义单位的义素之间穿过。

手段 b)界于 a) c)之间,属于词汇—句法手段,是本文的研究兴趣所在。

2 词汇语义因素交际功能转换的概念

词作为语义单位,一方面,大都由若干既相互关联,又彼此区别的义项组成,词用于某义项时被称做词汇语义单位;另一方面,就单个义项(词汇语义单位)而言,又是由若干属于不同类型的语义成分构成的多面体。词汇语义单位的结构包括概念意义、指物意义、聚合意义、组合意义、表情意义、联想意义、语法意义等侧面。每种意义侧面又可以进一步分割为若干义素。词汇语义单位的各种意义侧面及其义素统称为词汇语义因素。特定的某一词汇语义因素常常被选择、突显出来,扮演主要的交际角色,其他方面则在交际功能上退居次要的地位。试比较:

(1) Кто это человек? —Зоотехник из зверосовхоза. Совсем молодой. Еще *мальчик*. (Л.Савельев)这个人是谁?——国营养兽场的畜牧工作者,非常年轻,还是个孩子呢。

(2) У тебя детей много? —Двое.—И у меня двое. Девочки. А у тебя? —Девочка и ... *мальчик*. (А. Калинин)你孩子多吗?——两个。——我也是两个,都是女孩儿,你呢?——一个女孩儿,一个男孩儿。

мальчик 一词的概念意义起码包含 3 项基本因素:(a)人;(b)男性;(c)年幼,但在例(1)中承载主要交际功能的是因素(c),在例(2)中则是因素(b)。

我们知道,形式结构包括全句限定语部、主语部和谓语部的句子,其语境独立形式(контекстуально независимый вариант)通常以谓语部或"谓语部+主语部"充当述位。但是由于上下文条件的变化,任何其他句部或句部内的形式结构成分都可以置于句尾,或留在原位置加上逻辑重音,以充当述位,成为承载主要信息的核心交际成分,词汇单位各种语义成分因上下文而变换言语交际功能的特点,酷似句部在语句中的这种变换的实际切分功能,是语言单位共性的具体体现。

R. Langacker 在其认知语法体系中有关"积极域"(active zone)的阐释对我们颇有启发(E. Рахилина 1998:294—295):词汇单位语义结构中的积极域只在特定的上下文中产生,不存在于孤立的状态下,而且因上下文的不同,词汇单位语义结构中的任何方面都可能被激活而成为积极域,例如,名词 box(匣,箱)与介词 in(在……里面)搭配时,其积极域是词汇意义中与容器内部相关的部分,与 at(在……上面)搭配时,其积极域则变成词汇意义中的与容器表面相关的部分。这里所谓的积极域,类似于本文论述的词汇单位语义结构中被上下文突显出来的主要交际成分。

3 词汇语义因素交际功能转换的性质

词汇语义因素转换交际功能的结果,可能构成:a)不同的词;b)同一词的不同语法形式;c)同一词的不同义项;d)或同一义项的不同言语变体:

a) воровать(盗窃)与 красть(偷)的概念意义中都包含义素:a)犯罪;b)据为己有;c)用不让物主发现的方式,但它们突显的义素不同。在 воровать 的语义结构中,占据首要交际地位,处于前景的是义素 a),但在 красть 的语义结构里,占据首要交际地位,处于前景的则是 b),义素 a)退居背景地位。因此可以说 Кот украл мясо(猫偷了肉),但通常不说 ?Кот своровал мясо(?猫盗窃了肉)。(Ю. Степанов 1977:314—315)

b) 俄语动词 потопить(击沉)语义结构中的施事配价和受事配价,因转换交际地位而构成被动态语法形式:

(1) a. Немцы потопили крейсер. 德国人击沉了巡洋舰。/b. Крейсер был потоплен немцами. 巡洋舰被德国人击沉。

动词的被动态形式由自主行为动词构成,它们的施事配价多指人——积极行为情景的必需参与者。尽管施事配价常常可以不必在表层结构中以题元形式体现出来(Крейсер был потоплен〔巡洋舰被击沉〕),其存在仍然是不言而喻的。

c)俄语动词 намазать 的语义结构中的手段配价和处所配价,因转换交际地位而构成不同的义项:намазать₁——用某物(手段,间接补语)涂某物(处所,直接补语);~ хлеб маслом(用奶油涂面包);намазать₂——往某物(处所,间接补语)上涂某物(手段,间接补语);~ масло на хлеб(往面包上涂奶油)。(МАСⅡ 1982:370)

d)一般而言,动词完成体都包含"开始"的语义因素,其意义可以归纳为"某种状态开始",例如:сесть(坐下)是 сидеть(坐着)的状态开始,"关了(灯)"是"关着(灯)"的状态开始等。在具体言语组合系列里,动词完成体受交际意图制约,被突显出来成为注意焦点的,可能是其语法意义中的"开始"义素(2),也可能是随后显现的"状态"义素(3)。

(2)Она *умерла* вечером, и после этого всю ночь никто в квартире не спал.(А. Саломатов)她晚上死了,这以后宅里的人一夜都没睡。

(3)Мама теперь *умерла* вместе с отцом, а я один живу.(А. Платонов)如今妈妈和爸爸都去世了,我一个人过活。

умерла 在(2)中被突显出来的是"开始"义素,用于完成体具体事实意义的不定过去时变体;在(3)中被突显出来的是"状态"义素,用于完成体具体事实意义的结果存在变体(перфект)。

许多词汇语义因素的交际功能转换现象可以从预设/陈说理论的角度来加以解释。词汇语义单位被凸显出来,成为交际焦点的义素,常常就是词汇语义单位或语句的陈说、述位;退居背景地位的义素则是预设,主位。名词 мальчик 的(a)(b)两项语义因素为预设,(c)是陈说,Петя мальчик(别佳是个孩子)/Петя не мальчик(别佳不是孩子)都包含 Петя——человек мужского пола(别佳是个男性),但在例(2)中,预设(b)与陈说(c)调换了位置。учительница 的概念语义因素包括:(a)人;(b)女人;(c)在中、小学教书。其中的(a)(b)属预设,(c)是陈说。形容词

старая 在例(7)(第68页)中指向预设成分,在例(8)(第68页)中指向陈说成分。

完成体过程结果动词 успокоить 的(a)项语义成分是预设,(b)项为陈说(参见第76页),因为 Он успокоил меня 和 Он не успокоил меня 都包含 Он успокаивал меня 的成分。动词 успокоить 由取效言语行为意义派生意向言语行为意义的过程,就是(a)项语义成分由预设转换为陈说的过程。женщина 一词的联想意义是句(11)(第69页)的语义述位,陈说部分;但在词本身的语义结构中,却既非陈说,又不是预设。因为,一方面,用这个词作谓语的肯定句,如 Доктор—женщина(大夫是一个女人),在通常情况下,通报的显然主要是医生的性别特征,而不是她"感情用事"、"目光短浅"等;另一方面,在 Доктор не женщина 中,被否定的则不仅主要是该词的"女性特征"的陈说部分,而且连同其所有的联想意义特征。

但是,使用预设/陈说理论并不能解释全部词汇语义因素转换交际功能的现象。首先,作为关注焦点被突显出来的词汇语义因素与未被突显的语义因素之间的关系并不都是陈说/预设的关系。例如,名词 война 就其时间意义而言,包括开始、进行、结束3项义素,它们分别在与前置词 до,во время,после 的组合中突显出来;до войны(战争开始前),во время войны(战争进行时),после войны(战争结束后)。义素开始、进行、结束之间的关系只是简单的合取关系(在静态的词义结构中)或析取关系(在动态的短语结构间),而不是陈说/预设的层次关系(试比较 преподаватель〔教师〕的义素关系:男人〔预设〕/教书〔陈说〕)。其次,将特定词汇语义因素作为关注焦点凸显出现的目的,不仅是为了使之充当述位,还可能是为了使之充当话题。俄语及物动词构成被动态形式,将受事语义配价从客体位提升到主体位(例(1))的交际意图,就是要转换关注对象,使之成为陈述的对象——话题。

4 词汇语义单位不同语义侧面的交际功能转换

交际功能相互转换的因素可能是词汇语义单位的不同语义侧面,也可能是同一语义侧面的不同义素。词汇语义单位不同语义侧面交际功能转换的类型举例如下。

词汇的基本功能有两种：指物和表意。词用于指物时表示要说的客体是谁,是什么；用于表意时,指对要说的客体发表的意见,进行的描述。前者通常称为词的指物意义,后者称为概念意义。词汇单位的基本部分因而分为两大类：体词和谓词。体词在语句中主要作主语,话题,指向语言外的客观世界,是客观世界的事物在言语中的代号。谓词主要作谓语,以说话人为参照,表示从说话人角度通报的有关客观事物的主观信息,或者说话人对于该客观事物的看法、评价等。例如：

(1) Петя—болтун. 别佳是一个饶舌的人。

句中主语 Петя 是客观世界一个特定男人的名称,在这里用于指物意义。болтун 与 Петя 不同,其功能不是称谓客观世界的某个人,而是表达说话人对这个特定男人的意见,在句中被使用的是这个词的概念意义：(a)人,(b)男性,(c)话多,(d)不会保密。用"Петя"这个词回答的问题是"你指谁？"以 болтун 回答的问题则是"Петя 怎么样？"用于指物意义的词可以根据受话人的变化而作不同的选择,但并不改变语句的意义。例如,如果受话人是 Петя 的学生,可以说：

(2) Твой учитель—болтун. 你的老师是个饶舌的人。

如果受话人是 Петя 的子女,可以说：

(3) Ваш папа—болтун. 你的爸爸是个饶舌的人。

受话人是 Петя 的妻子,则可以说：

(4) Твой муж—болтун. 你丈夫是个饶舌的人。

这些体词不管如何变化,它们的客观所指都是同一个人,外延没有改变。但是用于概念意义的谓词的变化必须以概念意义相同为条件,只能局限在同义关系的范围之内：болтун(饶舌的人)—болтливый(多嘴多舌的人)—любит болтать(喜欢饶舌)等。

Петя 和 болтун 是名词类的两个极端。前者属专有名词,一般认为只有指物意义；后者主要用作谓词,因而通常只包括概念意义,不宜将其作为客观世界某个具体人的名称置于主语的位置,向受话人通报与其有关的信息和评价：*Болтун—отличник. 在这两类处于极端的名词之间分布着各种各样的名词，它们的词汇语义结构中既包括指物意义的成分，又包括概念意义的成分。在一些情况下，它们的指物意义成分占据主要的交际地位；在另外一些情况下，概念意义成分担负主要的交际功能：

(5) Петя—учитель. 别佳是个教师。

句中作谓语的 учитель 与句(2)不同，使用的主要不是指物意义，而是概念意义，回答"Петя 怎么样？"的问题，说话人用以通报有关 Петя 这个特定男人的信息：Он работает в школе(他在学校工作)；Он учит каким-то предметам(他在教几门课程)。这些信息恰恰是组成 учитель 一词的概念意义的一组区别特征。

(6) Петя уже папа. 别佳已经当爸爸了。

句中的 папа 也用于概念意义，在这里体现的主要是 папа 一词的"有子女"的区别特征。句子表示 У Пети есть уже дети(别佳已经有子女了)。

试比较(7)(8)和(9)(10)两组例句：

(7) В класс вошла старая, старая учительница. И ребята сразу перестали шуметь. 教室里走进来一个年纪很大很大的女教师，孩子们立刻停止了喧哗。

(8) Вы для нас самая старая учительница, Галина Ивановна. 加琳娜·伊万诺芙娜，您是我们教龄最长的老师了。

(9) На сцену вышла прекрасная артистка. 舞台上出现一个非常漂亮的女演员。

(10) Она прекрасная артистка. 她是一个优秀的演员。

同一形容词 старая，在句(7)中，由于被修饰的名词 учительница 在句中充当题元，主要用于指物意义，因而表示语言外那个女人的外表特征：年纪很大很大；而在(8)中，由于 учительница 在句中充当谓词，主要用于概念意义，因而表示 Галина Ивановна 的教龄：教书的时间长。但教龄长未必年纪大，Галина Ивановна 很可能仍然正当年。同样的道理，прекрасная 在句(9)里指语言外那个人的相貌：漂亮的女演员；但在句(10)中则是对话题人物 она 的演技的主观评价：优秀的演员。(Н. Арутюнова

1976:343—356)

俄语动词就其逻辑、句法功能而言,常常被看做只有概念意义,在句中主要充当谓词、谓语、述位。但是从实际切分的角度来看,当动词人称形式在句子中转而充当主位或主位的组成部分时,它们虽然仍旧在语法关系上保留谓语地位不变,但在逻辑关系上则由谓词转而变为主词。动词的人称形式在这种情况下不再用于概念意义,而是用于指物意义:

a) 在动词人称形式做主位,名词做述位的句子里,动词人称形式用于指称具体事物:Пришел Петя = Пришедший—Петя(来的人是别佳)。

b) 在状语成分做述位的句子里,以动词人称形式为核心的命题不再是独立的判断,而只是充当判断主词的事件名称,用于指称客观事件:Алеша полюбил Веру. *Он полюбил ее* с первого взгляда. = Алеша полюбил Веру. *Его любовь* возникла с первого взгляда.(阿辽沙爱上了薇拉,他对她一见钟情)。

作为固定指称语的专有名词与动词的情况相反,通常只有指物意义。就其逻辑、句法功能而言,在句中主要充当主词、主语、主位。一旦用在描述句中充当述词、谓语、述位,被突显出来的则往往是被指涉客体的区别特征,专有名词在这种情况下用于概念意义:Он Дон Кихот.(他是堂吉诃德。) = 他是像堂吉诃德那样的天真的空想家。

在涉及谈话人故意违反 H. Grice 会话合作原则中的数量准则,从而产生会话含义时,人们常常以同语反复结构为例:

(11) Женщина есть женщина.女人就是女人。

在正常情况下,言语行为参加者是以交谈对方遵守合作原则为前提来理解其话语的。既然对方在判断系词的两端重复同一词语,言之无物,那么他肯定别有寓意。H. Grice 的会话合作理论正确地揭示了类似语句寓意产生的语用机制。但是,寓意来自何处? 它们恰恰就是同语反复结构这一特定上下文条件从表语词语语义结构中选择、凸显出来的联想意义。(Ю. Апресян 1995b:166—168) 诸如"性格脆弱、感情用事、见识短浅、反复无常"等由特定社会加在女人身上的带有侮辱性质的特征。

所谓词汇单位的联想意义,指词汇单位语义结构的边缘部分。事物的非本质属性,是使用该语言的社会群体对于相关事物的评价。词语的联想意义不同于表情色彩,与概念意义核心的距离更远。表情色彩通常纳入词汇单位的释义中,如:лик(面容)——人的头前部,说话人对其持肯定态度;但联想意义一般不包含在词汇单位的释义中,如 мачеха(后娘)包含"凶狠、不公正、残忍"的附加语义色彩,但通常只释义为:父亲续娶的对原有子女而言的妻子,不宜在后面加上:被说话人认为是凶狠、不公正、残忍的。

以例(11)为代表的同语反复句式,诸如 Война есть война(战争就是战争);Закон есть закон(法律就是法律);Дети есть дети(孩子就是孩子);Однако планы вернуть людей на освобожденные территории Чечни так и остались планами (Из газет)(但是让人们返还解放了的车臣领土的计划最终仍旧还是计划)等,是突出词汇单位语义结构联想意义成分的常见手段。其他手段的例子如:

(12) Но вообще-то, если цыганка не обманет, то, значит, она и не цыганка. (А. Калинин)但是总体来说,若是茨冈女人不行骗,那她就不是茨冈女人了。

(13) Жена была в командировке, и он жил холостяком. (Ю. Апресян)妻子出差了,他在过单身汉生活。

(14) Он слишком начальник, чтобы приблизить к себе сотрудников. (Из газет)他官架子太大,令同事无法接近。

例(12)中 не 否定的显然不是茨冈民族归属,而是包含在俄语名词 цыганка 中的联想意义:欺诈、偷窃的习性。例(13)的五格名词 холостяком 用于比喻的意义成分也是该词的联想意义:随遇而安、无忧无虑、没有拘束等,类似汉语词组"快乐的单身汉"中"单身汉"的意义色彩。句(14)副词 слишком 的意思为"超过限度",按照句法组合的意义一致规则,通常与表示特征程度的形容词、副词、动词连用,而 начальник 是名词,概念意义不包括特征程度的因素,因而被 слишком 说明的只能是这个词的附加语义色彩:官架子。

И. Богуславский(1985:6—82) 将语言否定区分为中立否定和对比否

定。中立否定的对象是词汇语义单位概念意义中的陈说部分,对比否定突显出来的则既可以是概念意义中的预设因素(例(15)),又可以是词汇语义单位的联想意义(例(16))、表情意义(例(17)(18)(19))、语法意义(例(20)):

(15) К моему удивлению, я увидел перед собой не холостяка, а совсем юную девушку. (И. Богуславский)令人惊讶的是,我发现,在我面前的不是一个单身汉,而是一个妙龄姑娘。

(16) Не теща, а мать родная. (Ю. Апресян)不是丈母娘,而是亲娘。

(17) А у Ули глаза были большие, темно-карие, — не глаза, а очи. (Фадеев)邬丽娅长着一双深棕色的大眼睛,不是眼睛,而是明眸。

(18) Он не ел, а вкушал. (А. Чехов)他不是在进食,而是在享受。

(19) Не помер, а издох. (М. Горький)不是死了,是蹬腿儿了。

(20) Я здесь не живу, а жил. (Н. Арутюнова)我在这里不是住,而是住过。

所谓陈说,指和预设对立的一种语义因素,是语言单位包含的主要信息。常常用名词 холостяк 为例来说明二者的区别。这个词包括的概念义素是 a)人;b)男性;c)成年;d)未婚。其中的 a)、b)、c)是预设;d)是陈说,因为在 Он не холостяк(他不是单身汉)中,被否定的只是 d)。但是在例(15)的对比否定上下文里, холостяк 被突显出来加以否定的义素不是 d),而是 b)。在例(16)(17)(18)(19)(20)中,被对比否定分别突显出来的是俄语名词 теща 和 мать родная 的联想意义(不公正,狠毒;无私,爱抚), глаза, ел, помер 的中立表情色彩, очи, вкушал 的崇高色彩和 издох 的粗俗色彩, живу, жил 的现在时和过去时意义。(张家骅 2000b:78—79)

5 词汇语义单位同一语义侧面不同义素的交际功能转换

a)专有名词通常只有指物意义。有人认为,表人专有名词与表人的普通名词一样,其指物意义包括"肉体"与"精神"两个对立的方面。试比较:

(1) Адам лежит на кровати. 亚当躺在床上。

(2) Адам получил диплом о высшем образовании. 亚当领到了大学毕业文凭。

句(1)的谓词 лежит(躺)表示消极的物理状态,其主体理论上只是非生命的状态承受体:На полу лежит чемодан.(地板上平放着一口皮箱)。专有名词 Адам 虽表示有生命的人,但在这里的具体所指事实上只是排除"精神"因素的人的身体。句义因而可以描写为:Тело Адама лежит на кровати(亚当的身体躺在床上)。句(2)的谓词 получил(领到)表示事件,其施事通常是人而不是物,因而句义不能描写为:* Тело Адама получило диплом о высшем образовании.(* 亚当的身体领到了大学毕业文凭)。专有名词 Адам 在句中的所指既是人的身体,又是人的精神,而且,作为施事主要因素的是人的精神。(Ю.Степанов 1981:87—88)

动词 положить 可以表示:(a)卧放:~ раненого на носилки(将伤员卧放在担架上);(b)安置:~ больного в больницу(将病人安置在医院里)。两个义项的区别就在于,положить₁ 的意思相当于 каузировать лежать(使处于卧放状态),表人名词充当其客体题元时,所指只限于人的身体而不包括精神(раненого = тело раненого)。就这个意义而言,положить раненого на носилки 与 положить ковер на пол(把地毯铺到地板上)没有区别,其中的动物名词 раненого 和非动物名词 ковер 都一方面表示 каузировать 的使役对象,另一方面表示物理状态(лежать〔卧放〕)的消极受事。положить₂ 的意思则相当于 каузировать лечь(让躺下),其客体题元虽一方面仍旧同样表示 каузировать 的使役对象,但另一方面却不再表示物理状态的消极受事,而表示身体动作(лечь〔躺下〕)的积极施事。положить 在这种情况下的客体题元只能用表人名词充当,名词被突显出来的主要是指物意义中的"精神"因素。поставить,посадить 因为同样的原因区分为两个义项:(a)立放;置于坐的体态;(b)让站立;让坐下。用于(a)义时,既可以与表人名词连用,又可以与非表人名词连用;用于(b)义时只与表人名词连用。

b) 人造物体与自然物体不同,后者多按照形状、大小、颜色等特征称名(如苹果),而前者多按照功能属性称名(如 часы)。用功能原则称名的同类物体,其共同特征只限于为人所用的服务属性,如名词 часы 的称名对象只以"指示时间"为其共同属性,其他诸如形状、大小、颜色、材质、重量等自然属性可能很不相同,它们不是分类的依据。但人造物体名词的这种语义单一性不是绝对的,对很多人造物体名词而言,不管其功能语义因素多么重要,物理属性仍旧是概念意义不可或缺的意义因素,如无论如何,都不能把皮箱称做桌子,尽管它在许多情况下可以代行桌子的功能。概念意义中既包括功能属性成分,又包括物理属性成分的人造物体名词,用在谓词句法位置上时,突显出来的可能同时是功能义素和物理义素,也可能只是功能义素。试比较:служить столом(当桌子)与быть столом(是桌子),两个短语里的столом虽然都处于同样的谓词地位,同样用于概念意义而不是指物意义,但与служить搭配时,突显出来的只是其功能语义因素,如"用于写字"、"用于吃饭"等,而与быть搭配时显示的则不仅是功能语义成分,而且包括其他对于分类有价值的物理方面的区别特征成分,如"有腿"之类。可以说Ящик служит столом(木箱当桌子),但是不能说*Ящик это стол(木箱是桌子)。(Н. Арутюнова 1980:205)

c) 谓词常常因其语义配价转换交际地位而导致词汇意义的变化。特定数量的一组语义配价是相应谓词语义单位词汇意义的有机组成部分,通常被看做词汇语义单位的组合语义因素。配价一方面反映必需情景参与者在谓词的元语言释义中扮演何种角色,据此可以将配价区分为施事、受事、工具、手段等语义角色类型;另一方面通过句法题元属性体现必需情景参与者在交际结构中占据何种地位,据此而将配价纳入主体、客体、边缘、隐性等交际地位类型。配价的语义角色通常是指物性的,客观的;而它们的交际地位则具有语用的、主观的性质。确定语义配价交际地位的着眼点是它们在交际上被关注的程度,即它们的话题功能。就这个意义而言,"主体"(主语、形动词与副动词的逻辑主体以及否定句中的二格主体等)、"客体"(直接补语)是交际上最受关注的核心交际位,其他的间接格补语是交际上关注程度较差的边缘位,在表层结构中不显示的语义配价在交际上失去关注,它们占据的是隐性位,或称零位。在表层结构中通过状态元(сирконстант)体现的情景参与者在交际结构中只占有边缘地位。及物动词构成被动态形式(例(1))(第64页),是谓词语义配价转

换交际地位而发生语义变体的典型例证,其他的例子如:

(a) 原因因素从主体位退居边缘位,受事提升到主体位,及物动词因此而非使役化:

(3)a. Землетрясение разрушило дворец. 地震使宫殿倒塌。/b. Дворец разрушился от землетрясения. 宫殿因地震而倒塌。

非使役化动词由非自主行为动词构成,它们的原因因素多指事件——非自主行为情景的自由参与者。当原因因素不以状态元形式体现在表层结构中时,非自主行为就被当作无外力作用的自发事件来理解: Дворец разрушился. (宫殿倒塌了。)(Е. Падучева 1999:221)

(b) 施事从主体位退居零位,工具或手段由边缘位提升到主体位,试比较:

(4)a. Она режет бумагу ножницами. 她在用剪刀剪纸。/b. Ножницы не режут. 剪刀不好使。

(5)a. Она закончила письмо строчкой стихотворения. 她用一行诗做信的结尾。/b. Письмо заканчивала строчка стихотворения. 信的结尾是一行诗。

未完成体动词 режет 在(4)a 句中表示"用锐器把物品分成部分",对应的完成体是 разрезать;在(4) b 句中则表示"(锐器)的性能",用于这个义项时,резать 没有对应的完成体动词形式。(МАСⅢ 1983:697)例(5)a 中的 закончила 表示事件:"将……做完";(5)b 句 заканчивала 表示的则是"以……为结尾"的状态,也是单体未完成体动词。

(c) 手段配价从边缘位提升到客体位,处所配价从客体位退居边缘位:

(6)a. Вагон(处所)нагрузили углем(手段). 把煤装上车。/b. Уголь нагрузили в вагон. 往车皮里装煤。

语义配价结构类似 нагрузить(装)的俄语动词多属物理动词(彭玉海 2001b:154),如 налить(注,灌),заложить(堵),намазать(涂),заткнуть(塞)等。它们的特殊之处是:(a) 处所配价不像通常那样地占据边缘地位 (положить книгу на стол〔把书放在桌子上〕),而是非同一般地占据着客体地位；(b)施事的动作直接所及,不是处所配价,而是处于边缘地位的手段配价。(Е. Падучева, Р. Розина 1993：9)恐怕正是由于这些原因,该类动词的处所与手段配价的交际地位可以相互调换,从而构成同一词的不同义项。处所配价处于客体地位时,动词往往具有行为及于全部的意义因素。

(d)第二客体、处所等因素从边缘提升到客体位,受事从客体位退居零位,借以突显第二客体、处所等因素,构成新词,试比较：

(7) a. За телефонный разговор он заплатил 10 рублей.他打电话付了10卢布。/b. Телефонный разговор он оплатил.电话费他已经付了。

a 句 заплатить 与 b 句 оплатить 的词典释义都是"交钱支付"(отдать деньги в возмещение чего-л.)(МАС Ⅱ 1982：624, МАС Ⅰ 1981：557),它们的差别只限于第二客体(телефонный разговор)与受事(деньги)交际地位不同。例(8)的украсть与обокрасть的词义差别也只表现在处所(квартира)和受事(все ценное)的不同交际地位上：

(8) a. У меня в квартире украли все ценное.我家值钱的东西都给偷走了。/b. Мою квартиру обокрали.我家被盗了。

(e)亲属、家庭、社会关系语词 отец(父亲)、мать(母亲)、муж(丈夫)、ученик(徒弟)、шеф(上司)、научный руководитель(导师)等的语义结构中,都包含着关系配价的因素：отец Маши(玛莎的父亲)、мой ученик(我的徒弟)。一旦关系配价从显性交际地位退居零位,从词汇语义结构中消失,这些词就可能由关系名词变为功能名词,派生新的义项,试比较：

(9) a. Петр—отец Маши.彼得是玛莎的父亲。/b. Петр стал отцом.彼得当父亲了。

отец₁在(9) a 中充当关系谓词,表示 Петр 与 Маша 的父女关系,Маша 是关系情景的必须参与者；而 отец₂在(9) b 中充当的不是关系谓词,而是功能谓词,用于指出 Петр 已有子女的功能属性,句中不需要"关系"情景参与者。отец₁与 отец₂的词典释义分别是：(a)对其子女而言的男子；(b)有子女的男子。(МАС Ⅱ 1982：677)用于 a)义时,отец 被突显出来的是关系义素。关系意义通常没有级次、程度的差别,因而 отец₁不宜用评价语词限定：*Петр хороший отец Маши. 但用于(b)义时, отец 被突显出来的则是其功能义素。功能意义有级次、程度的差别,因而 отец₂ 可以用评价语限定:

(10) Петр хороший отец. 彼得是个好父亲。

正是由于上述原因,(9) a 句只能以知悉命题态度谓词导出: Я знаю, что Петр—отец Маши. (我知道彼得是玛莎的父亲),不能用意见命题态度谓词导出: Я считаю, что Петр—отец Маши (我认为彼得是玛莎的父亲);而(10)句却可以用意见命题态度谓词导出: Я считаю, что Петр—хороший отец (我认为彼得是一个好父亲)。(Н. Арутюнова 1980:249) 汉语名词"父亲"、"母亲"与俄语对等词一样,也有两个相关的义项,但辞书不加区分,只笼统地释义为"有子女的男子,是子女的父亲"、"有子女的女子,是子女的母亲"。(《现代汉语词典》2002:392,901) 事实上,这样的释义只适用于关系义项。它们的功能义项的释文应只限于"有子女的男(女)子",不包含"关系"配价。

6 动词 *успокоить* 的意向言语行为意义

完成体动词 успокоил 在例(1)中显示的体的语法意义与其通常的意义显著不同,值得我们注意:

(1) Ничего, мы и сами справимся, —*успокоил* Чургин. (М. Соколов) "没关系,我们自己也应付得了。"丘尔金安慰说。

М. Гловинская 将对偶体动词 успокаивать (努力使……平静)/успокоить (使……平静下来) 与 решать (研究)/решить (得以解决), внушать (劝说)/внушить (使……相信), ловить (捕捉)/поймать (捉到), добиваться (争取)/добиться (取得), уговаривать (劝说)/уговорить (说服), умолять (央求)/умолить (求得) 等划归同一语义类型。它们中的未完成体表示"主体以某种方式活动,目的是使情景 p 因此而开始存在"。完成体的语义由两个部分组成,一方面重复未完成体的意义:"主体以某种方式活动,目的是使情景 p 因此而开始存在",另一方面还包括"情景 p 因此而开始存在"。(М. Гловинская 1992:89—91) 就是说, 句子 Он не успокоил меня(他未能使我平静下来)的语义相当于 Он успокаивал меня, но не успокоил(他努力安慰我,但是却未能使我平静下来)。苏联科学院编的1980年版《俄语语法》将这类对偶体动词叫做 конативы(竭力尝试动词),(Русская грамматика 1980:43) 我们在《现代俄语体学》中称之为过程结果动词。(张家骅 1996:43) 它们的特点是,未完成体包含 пытаться(企图)的意义成分: Мать успокаивает детей(母亲在安慰孩子们) = Мать пытается успокоить детей(母亲在努力使孩子们平静下来)。对应的完成体动词的语义则蕴涵 удаться(得以)的成分: Мать успокоила детей(母亲使孩子们平静了下来) = Матери удалось успокоить детей(母亲得以使孩子们平静下来)。

但是,用在例(1)中的 успокоил 在语义上与完成体过程结果动词不相吻合,试与例(2)比较:

(2)Девушка остановилась, разбросив руки, как крылья, по коромыслу, успокоила вздрагивающие ведра.(Маркова)姑娘停下脚步,在扁担上展开像翅膀一样的双臂,稳住了抖动的水桶。

显然,句(2)中的 успокоила 在意义上确实相当于 удалось успокоить,可以用以取代。但是句(1)的 успокоил 却不能被其取代:*—Ничего, мы и сами справимся—удалось успокоить его Чургину. 造成两句 успокоить 之间意义差别的原因是,动词语义结构中承载主要交际信息的语义成分不同。如上所述,完成体动词 успокоить 属过程结果动词,其语义成分包括:(a)主体通过言语或行为努力使客体平静下来;(b)客体因此平静下来。例(2)中的 успокоила 以(b)为核心交际信息,(a)居次要地位,起背景作用;而在例(1)的 успокоил 的语义结构中,(a)从背景地位前移向主要地位,成为核心的交际信息。正因为如此,успокоил 在这一上下文里已相当于 попытался успокоить 的意义: Ничего, мы и сами справимся, — попытался успокоить Чургин.

那么句(1)的完成体动词 успокоил 与例(3)的未完成体动词 успокаивала 区别何在呢?

(3)Валя, тепло обняв за плечи мать, успокаивала ее, провожая до двери:—Ты не тревожься, мама. (Н. Островский)瓦丽娅温情地抱着母亲的双肩,一边送她到门口,一边安慰说:"妈妈,你不要惊慌。"

二者的体的意义对立关系已经不是对偶过程结果动词体的意义对立关系:пытаться успокоить(力求使……平静下来)/удаться успокоить(使……平静下来),而变为对偶意向言语行为动词(парные иллокутивные глаголы)的体的对立关系了:успокаивающе говорить(安慰说)/успокаивающе сказать(安慰说)。与 говорить/сказать(说), отвечать/ответить(回答), возражать/возразить(反驳), спрашивать/спросить(问), приглашать/пригласить(邀请)等对偶意向言语行为动词一样,其未完成体(例(3))表示"〈为使客体安静下来而〉说话";完成体(例(1))表示"〈为使客体安静下来而〉开始说话,说一段时间话,结束说话"。两体的意义关系不是"过程行为/结果行为"的对立关系,而是"过程行为/整体行为"的对立关系。如果 успокаивать/успокоить 用于过程结果类意义时,两体不能随意更换,否则句义会发生改变的话(Мать успокаивала детей ≠ Мать успокоила детей),那么用于意向言语行为类意义时,两体的更换就不至使句义发生实质的变化:Ничего, мы и сами справимся,—успокаивал Чургин; Валя, тепло обняв за плечи мать, успокоила ее, провожая до двери:—Ты не тревожься, мама. 未完成体动词 успокаивать 用于对偶意向言语行为动词的类别意义与用于对偶过程结果动词的类别意义没有明显的区别,但是,完成体动词 успокоить 的情况则不同。用于对偶意向言语行为动词类意义时, успокоить 与 успокаивать 一样,仍属意向言语行为动词;但是用于对偶过程结果类动词意义时, успокоить 已不再是意向行为动词,而属于取效言语行为动词(перлокутивный глагол)了。

动词 успокоил 在例(1)中改变语义结构中承载主要交际信息成分的用法不是个别作家的言语现象,请看其他作家的类似用例:

(4) Приехали мы в деревню на охоту по белым зайцам. С вечера ветер начался. Агафон Тимофеич успокоил:—Снега не будет. (М. Пришвин)我们来乡下猎白兔。傍晚,起风了。阿加丰·季莫菲依奇安慰说:"不会下雪的。"

(5) Неправда, папаша, поживешь еще, — *успокоил* Гаврилов. "不, 大叔, 你还能继续活下去。"加夫里洛夫安慰他说。

(6) Синцов *успокоил* его 〈юношу〉, что аппендицит — такая вещь, которой не прикажешь, когда ему быть и когда нет. (К. Симонов) 辛佐夫安慰他〈小伙子〉道: 阑尾炎这个东西不是你要有就有, 要没就没的。

(7) —Все по форме. Ты действительно грамотный, цыган. А шкуру сняли? Вы еще должны нам шкуру вернуть.

—Сняли и шкуру. Вернем. —*успокоил* его цыган. (А. Калинин) "一切都照规矩办。茨冈人, 你确实通情达理。皮剥了吗? 你还应该把皮交还给我们。"

"皮也剥了, 要交还的。"茨冈人安慰他说。

可见, успокоить 用于导出直接引语或间接引语时表达的意向言语行为意义 "安慰……说", 事实上已经成为该动词的独立义项。但是, 我们查寻了几乎所有重要的俄语详解词典, 均没有找到这一条义项。

因语义因素的交际功能转换由取效言语行为意义派生意向言语行为意义的完成体动词不仅是 успокоить:

(8) Будулай *заверил* ее: —Ты не бойся, это со мной больше не повторится. (А. Калинин) 布都拉依向她保证说: "你别怕, 这在我身上不会重复发生的。"

(9) Стой, ребята! —*остановил* старик.

А они уже и палки приготовили.

Погоди, ребята, —велит старик, —вот нашему председателю змей не приходилось убивать, пускай он поучится. (М. Пришвин)

"孩子们, 停下!"老人制止说。

可他们连棍棒都举起来了。

"孩子们, 等等。"老人吩咐道, "我们主席连蛇都没杀过, 让他学习学习吧!"

句中的完成体动词 заверил, остановил 都不表示相应的言语行为效果, 它们的意义只限于: "〈布都拉依向她〉保证说"; "〈老人〉制止〈他们〉说"。

第二节　预设与词汇语义因素分析

试对比以下两条区别比较明显的关于预设的定义：

(1) 预设是一种必须为真的句义成分，否则句子将被认为语义异常或与特定的上下文相抵牾。(Е. Падучева 1990：396)

(2) 预设是词汇语义单位(或其他语言单位)中不受否定作用的意义成分。(Ю. Апресян 2000：36)

定义(1)引自 Е. Падучева 为《语言百科词典》撰写的"预设"词条，是被语言学界普遍接受的预设观点。定义(2) 引自 Ю. Апресян 为《新编俄语同义词解释词典》撰写的《词典语言学术语体系》一文，代表着莫斯科语义学派服务于词汇释义的预设观。

两条定义的区别是：1) 定义(1)从语义学和语用学两个方面来阐释预设：所谓"语义异常"，指的是句子失去真值意义，即如果预设假，则句子既非真，亦非假("法国国王是秃头"和"法国国王不是秃头"同样不可接受)；"与上下文相抵牾"的意思就是在语用上违背言语行为的成功条件。定义(2) 只从语义学方面来阐释预设，关注的仅是预设不被否定的语义特点。2) 预设在(1) 中被看做句义成分，在(2) 中则被主要地看做词义的成分。

预设有语义和语用的分类或解释，人们对此早已耳熟能详。预设概念不仅可用于句义分析，而且可以用于词义分析，这也不是莫斯科语义学派的独家发明。在语言学著作涉及预设的章节中几乎随处都遇得到名词"单身汉"的经典例子：这个词包含"人"、"男性"、"成年"、"未婚"四项语义因素，他们的交际地位不同；在充当谓词时，"单身汉"报道的只是成年男人无妻子，而不是成年单身是男性；接受否定的标记成分仅限于"未婚"，其他三项语义因素是无标记成分，不被否定，只在名词用于指物意义时起作用(如婴儿不能叫做单身汉，女人、动物也不能用单身汉称谓)。(J. MaCawley 1968：298; Ch. Fillmore 1969：123; Н. Арутюнова 1973) 莫斯科语义学派的功绩主要在于，它不满足于词汇预设的个别举例，而是将这一概念逐个地运用到大量词汇语义单位的元语言具体词典释义当中,立体式地、令人信服地全面展现词汇语义单位意义结构的微观层次性和语言词汇体系的宏观系统性。

词汇语义单位按照有无预设成分可区分为:只有预设成分的、有预设成分的、没有预设成分的三种类型。属于第一类的多半是语气词和副词,如 даже(连),уже(已经),еще(还),тоже(也),опять(又)等:Ребенок уже уснул(小孩儿已经睡着了)= 小孩儿该睡着了 + 小孩儿睡着了;其中的"小孩儿该睡着了"与 уже 的词义对应,是预设成分;试与 Ребенок еще не уснул(小孩儿还没睡着)对比,被否定的只是"小孩儿睡着了","小孩儿该睡着了"仍然作为肯定的成分保留下来。① 在没有预设成分的词汇语义单位中,有许多是所谓的基本语义元素,即语义单纯到在避免循环论证的情况下,不能用该语言的其他语义单位诠释的单位,如俄语词 пространство(空间),время(时间),хороший(好的),хотеть(要),не(不)等。这些总数十分有限的词汇语义单位构成了作为莫斯科语义学派释义手段的元语言词汇体系的基本成分。介于一、三类之间的是为数众多的包含预设和陈说两种对立成分的词汇语义单位,二者的关系类似句子的主位与述位。预设成分相当于主位,是语词称名的出发点;陈说成分相当于述位,是概念意义的称名焦点。以种概念为例,其意义(сигнификат)是上位类概念词汇意义与该词的区别特征之和。上位类概念词意义就是种概念词的预设意义成分,区别特征是其意义中的陈说部分,例如:шедевр(杰作)=(1)исключительное по своим достоинствам(具有非同寻常价值的),(2)произведение искусства(艺术作品),成分(1)是陈说,(2)为预设。не шедевр 只是否定(1),并不否定(2)。汉语的种概念词大多是偏正式的合成词,有明显的构词特点。它们语义结构中的预设/陈说和词的结构语素有反向的对应关系。主导语素表达上位词的概念意义,是语义中的预设

---

① 带 уже 的句子改写为否定句时,要用表达同样预设意义的 еще 替换。только 与 даже 也是这种关系:Он весит только 50 кг.(他只有 50 千克重)=(1)Он весит 50 кг.(他 50 千克重)(陈说);(2)Это мало(这很轻)(预设)。——Он не весит даже 50кг.(他连 50 千克重都没有)= Он не весит 50кг.(他没有 50 千克重)(陈说)+(2)Это мало(这很轻)(预设)。

部分,从属语素表达区别特征,是语义中的陈说部分:少妇＝年轻的(陈说)已婚女子(预设),"不是少妇"在一般情况下只否定"年轻的",不否定"已婚女子";中学＝对青少年实施中等教育的(陈说)学校(预设);西服＝西洋式的(陈说)服装(预设);稿费＝图书、报刊等出版机构在发表著作、译稿、图画、照片等的时候付给作者的(陈说)报酬(预设)等。当然,预设部分所含语义常常不仅仅是偏正式合成词核心语素的语义,因为合成词的整体意义往往不等于构成该词的各语素意义的简单相加,词的义素与语素并不总是——对应的关系,如男人≠男性+人,而=男性+成年+人,其预设成分所含义素不仅是"人",而且包括增生的义素"成年"。作为构词标志的前缀多是俄语派生动词陈说语义的承载语素,而生产词部分的意义则属于预设:Он не дошел до института(他没有走到学校)并不否定 Он шел к институту(他往学校的方向走来着),-идти 承载 дойти 的预设成分。汉语述补式结果动词(说服、取得、议定、考取、赶上、读完、制服、战胜、找到、查清等)的补语语素多表示陈说,动词语素则多表示预设。"没有说服"不是"没有劝说",而是"劝说了,但对方却没有听从"。

许多动词语义单位的预设成分并不与特定的构词语素对应,例如помочь(帮助)可释义为:А помог В в С＝(1) В 努力做了 С;(2) А 也出了自己的力。其中的(1) 是预设,(2) 为陈说("А не помог В в С"的意思只是"А 没有出自己的力",而不是"В 没有努力做 С"),但(2)(1) 与 помочь 的构造因素 по-,-мочь 没有对应的关系。再如 раскаяться(悔恨)释义为:А раскаялся в В＝(1) А 知道 В 已发生;(2) В 是 А 的自主行为;(3) А 认为 В 不好;(4) А 开始处于不好的情感状态中。其中的(1)(2)(3)项均是раскаяться 语义结构中的预设部分,(4) 是陈说部分("А не раскаялся в В"只表示"А 没有开始处于不好的情感状态中",不表示"А 不知道 В 已经发生"、"В 不是 А 的自主行为"或"А 不认为 В 不好(＝А 认为 В 好)",但这两个部分与构词前缀 рас-和生产词 каяться 也没有意义上的对应关系。

将预设概念纳入词汇的元语言释义之中,这对于深入、全面地揭示语言词汇的系统性有十分重要的促进作用。词汇语义单位的相互关系不仅限于同义、反义、形似、转换等关系,而且还体现在相同义素的不同身份上。

词与词的意义差别有可能只是义素扮演的预设/陈说角色不同造成的,而不是义素的内容和数量不同造成的。试比较"畏惧"与"担心",两个词的意义结构都包含(1)(2)两条共同的语义因素:X 畏惧狼或 X 担心狼(出现) = (1) X 认为狼是可能出现的;(2) X 认为狼对他是不好的。但是它们在这两个词的意义结构中扮演的角色却有所区别。在"畏惧"的语义里,(1)充当预设,(2)才是陈说,称名的焦点。在"畏惧"前加否定词"不"(X 不畏惧狼),被否定的只是(2):X 不认为狼是对他不好的;(1)并没有被否定,X 仍旧认为狼是可能出现的。在"担心"的语义结构里,(1)(2)扮演的角色正好相反,(2)充当预设,(1)才是陈说。否定"担心"(X 不担心狼〔出现〕)时,被否定的是(1):X 不认为狼是可能(出现)的,而不是(2),X 仍然认为狼对他是不好的。

同一个词也可能通过变换词汇因素的预设/陈说身份而形成不同的义项或意味。例如,动词(X)指望(P)包括两个基本义素:(1)X 认为 P 是可能的;(2)X 认为 P 是好的。这两个义素在动词的语义结构中,既可以按照"(1)预设 + (2)陈说"的顺序组合,又可以按照"(2)预设 + (1)陈说"的顺序组合,因此而构成"指望"的不同意义。试比较:a)他指望着康复;b)他指望着这次北京之行。句 a)的"指望"以(2)为预设,(1)为陈说。如否定句 a):他不指望康复,被否定的只是(1):他不认为康复是可能的;(2)不受否定的影响,他仍然认为康复是好事情。b)句的"指望"可理解为以(1)为预设,(2)为陈说。否定句 b)(他不指望这次北京之行)被否定的是(2):他不认为这次北京之行能带来好的结果;不是(1),他并不认为这次北京之行是不可能的。

词义中的预设成分虽然较之陈说处于次要的、背景的地位,但对于特定词汇语义单位仍然是不可或缺的构成因素。特定预设因素的隐现往往是同一词的不同义项形成的原因。动词"怀疑"有两个义项:a)猜测某人做了坏事:我怀疑他剽窃;b)猜测:我怀疑他今天来不了。"怀疑"a)的释义包含两个主要的成分:(1) X 认为 P 是不好的;(2) X 认为 P 是可能的。

其中(1)是预设,(2)是陈说。"我不怀疑他剽窃"的意思只是,我不认为他剽窃是可能的,但"我认为剽窃是不好的"意见并没有因句子被否定而改变。b)的释义则只包含"X认为P是可能的",较之a)少了"X认为P是不好的"预设成分。正是由于这个原因,"怀疑"用于义项b)时,其后的小句宾语可以带中立的,甚至是肯定的评价意义:大家怀疑这件好事又是他做的。

一般认为,语词的预设成分不仅不被否定,而且不处于其他各种限定语词的辖域之内。不被否定只是预设不处于限定语辖域之内这一普遍语义特征的具体体现。试比较:c) Он справедливо обвиняет шефа в бюрократизме(他指控上司官僚主义指控得对);d) Он справедливо осуждает шефа за бюрократизм(他谴责上司官僚主义谴责得对)。例c,d中的谓语动词обвинять(指控)和осуждать(谴责)都包含(1)"A认为B有P";(2)"A认为P不好"两项语义因素。对обвинять而言,(2)是预设,(1)是陈说;而对于осуждать正好相反,(1)退居预设,(2)变为陈说。副词справедливо(对,正确地),只指向谓语动词语义结构中的陈说部分:句c) = A正确地认为B是官僚主义者;d) = A正确地认为官僚主义不好。值得注意的是,词义中的预设成分不受限定词管辖的特征只体现在语词充当谓语、用于概念意义的情况下。当名词用于指物意义,充当题元成分时,形容词定语指向的常常不是名词语义中的陈说部分,而是预设部分。试比较:e) Она молодая хозяйка(她才主管家务不久);f) Молодая хозяйка вошла в комнату(一个年轻的主妇走进屋来)。名词хозяйка(主妇)包括(1)"人";(2)"女性";(3)"主管家务"三项义素。其中(1)(2)两项是预设,第(3)项是陈说。在句e)中хозяйка充当谓语,用于概念意义,形容词молодая限定的只是该词的陈说部分。而在句f)中,хозяйка充当主语,用于指物意义,形容词молодая限定的则是хозяйка的(1)(2)两项预设。因此,句e)可以用于上了年纪的人,但不久前才放弃工作,开始主管家务的女人,句f)则不能这样使用。

语词被置于言语的动态组合系列中时,其义素的预设/陈说的组配方式较之在语言的静态聚合系统中，可能发生变异。例如，бабушка（〔外〕祖母）一词包含义素：(1) 人；(2) 女性；(3) 年长；(4) 有孙子或孙女。其中的(1)(2)(3) 是预设，(4) 是陈说：Я же бабушка（＝У меня внуки）；Хлопот полон рот（我已经当奶奶了，忙得不可开交）。但在 Она же бабушка，как можно не уступить ей место（她是老奶奶呀，怎么可以不让座呢）的上下文中，义素(3)(4) 调换了位置，(3) 成为交际的焦点，(4) 退居次要地位。"妈妈"有三个重要的义素：(1) 人；(2) 女性；(3) 有子女；(1)(2) 是预设，(3) 是陈说。"她不是妈妈"在通常的情况下只否定她有子女，不否定她是人、是女性。但是在句子"她是一个好妈妈"中，(3) 在"妈妈"的语义结构中退居预设的地位，取代(3) 占据词义陈说位置的是这个词的附加语义成分：按照社会规范对其子女履行血亲义务的表现。"好"的评价对象正是这种表现。"她不是一个好妈妈"的否定评价对象也只是这种表现。

И. Богуславский（1985：65）曾经以 К моему удивлению, я увидел перед собой не холостяка, а совсем юную девушку（令我惊讶的是，在我眼前出现的不是单身汉，而是一个小姑娘）为例指出，在对比否定句里，被否定的常常不是语词意义结构中的陈说部分（"未婚"）而是预设部分（"男性"、"成年"）。这种将观察角度锁定在语言的聚合层面上，固定不变地将语词的一些义素称做预设，另一些义素称做陈说的做法，我们认为未必合适。既然语词在言语组合系列里常常改变义素的预设/陈说的组配方式，那么未尝不可以改变观察角度，将"未婚"特征称做 холостяк 在例句中的言语预设，将"男性"和"成年"特征称做这个词在例句中的言语陈说。

最后需要指出的是，远非所有的人都认同词汇语义因素的预设与陈说的整齐对应关系。如 прилететь（飞抵）＝(1) 乘飞机，(2) 抵达；义素(2) 因为接受否定，固然仍旧可以被称之为陈说：не прилетел ≅ 没有抵达，但是处于称名背景地位的义素(1) 在动词被否定之后，既没有被否定，也没有肯定地保留下来。(1) 与(2) 在 прилететь 语义结构中的关系，不是预设/陈说的关系，而是非陈说/陈说的关系。

第三节 词汇语义偏移[①]

1 "标尺两极"规律

客观世界中偏离标准(норма)的现象制约着人们的认知活动,进而影响到自然语言的词汇、语法等各个层面。

自然界的存在以平衡为重要的条件。这些多半在无人类参与情况下形成的平衡条件、法则是自然标准。人类社会的正常运转也必须遵循一系列人为的法律、规范、准则,这些是社会标准。自然标准与必然模态对应,社会标准与应该模态对应。但是无论自然界还是人类社会的标准都在不断地遭到破坏。标准现象与偏离标准的异常现象之间的关系是统一和对立的关系。标准是相对的,而异常则是绝对的。

标准现象是异常现象赖以存在的背景(задний план),作为前景(передний план)的异常现象,以标准现象为衬托而分明地突显出来。人感知客观世界的首选目标,不是符合标准的正常现象,而是偏离标准的异常现象。"占据标尺两端的概念是人们的实践兴趣所在。"(Э. Сэпир 1985:47)表达这些概念的语言手段因而分布在自然语言的各个层次。

首先,将偏离标准的异常现象作为首选认知目标的心理规律("标尺两极"规律)制约着语言的词汇组成。反映异常现象的词汇在自然语言中的丰富程度足以使刑事法典的表述需求得到充分的满足(Н. Арутюнова 1998:83)。以特征标尺的两极为表达对象的形容词为例,它们的数量之多远远超过将标尺中心作为对象的形容词。说明名词 настроение(心情,心境)的积极与消极两端特征的诸如 хорошее(好)、отличное(非常好)、прекрасное(极好)、веселое(愉快)、приподнятое(兴奋)、бодрое(振作)、торжественное(昂扬)、рабочее(适宜工作的);плохое(不好)、подавленное(压抑)、мрачное(忧郁)、тяжелое(沉重)、унылое(沮丧)等等,不胜枚举,而

[①] 本节曾刊登在《中国俄语教学》2001年第4期,题为《标尺两极规律和词汇语义偏移》。

以标尺中心特征为对象的却仅限于 обычное(平常的)、среднее(不好不坏的)等十分有限的几个。在需要描写事物的标尺中心特征,亦即标准特征时,由于缺少现成的词汇手段,常常采取将标尺两端特征排除的方式,例如:В бричке сидел господин, не красавец, но и не дурной наружности, не слишком толст, не слишком тонок; нельзя сказать, чтобы стар, однако ж и не так, чтобы слишком молод. (Гоголь) (马车上坐着一位先生,外貌不英俊,但也不丑陋,不很胖,也不太瘦,不能说老,但也不十分年轻了。)(Н. Арутюнова 1998:82)

其次,"标尺两极"规律也体现在词法手段上。俄语性质形容词长短尾语法形式在语义上的对应关系常常是"标准"特征/"异常"特征的对立关系。Девочка больная(小女孩是个病人)与Девочка больна(小女孩在生病)的区别在于,对同一确指主体而言,长尾形容词在前句中表示恒常的、一般的属性;而短尾形容词在后句中则表示异常的、短暂的状态。(当然,Девочка больная 本身表达的也是一种偏离标准的异常现象,但是其参照的标准不是确指主体的历时属性,而是同类事物的共时属性:Девочки обычно здоровые〔女孩儿一般都是健康的〕)。同样,Туфли маленькие(这双鞋是小号的)与Туфли малы(для меня)(这双鞋〔我穿〕小)的区别也在于前者特征的恒常性与后者特征的异常性,但是后者的参照标准是价值标准。Комната мала 隐含说话人对于主体不符合价值标准的否定评价;Комната маленькая 不包含这种评价:Комната маленькая, зато уютная. (房间小,但很舒适。)

汉语形容词没有长短尾的形态标志,但是其中表示大小、高低、长短、肥瘦、宽窄等意义的词也有"标准"特征/"异常"特征的意义对立关系。两种不同的意义借助语句的交际切分加以区别。试比较:这个房间小/这个房间小。形容词"小"在后句中带加强重音,充当句子的对比焦点,表达房间不符合标准;前句重读"这个",使"这个房间"成为对比话题,表示"小"的特征是符合说话人的选择标准的:这个房间小,正合适。

句法手段中有很多专门或主要用来表达偏离标准的异常现象。如带对别连接词 но 的并列复合句 Еще не наступил вечер, но в воздухе уже почувствовалась сырость(夜晚还没有到来,但空气中已经感到潮湿了),句子蕴涵说话人心目中的自然标准:晚上空气中的潮气是要增多的。这个标准被说话人看做受话人不言而喻的信息,属语用预设。让步复合句也是表示异常情景的一种句法手段,В степи пасмурно, несмотря на то, что солнце поднялось(草原上阴沉沉的,尽管太阳已经升起来了)蕴涵语用预设:太阳升起时通常是晴朗的。以名词做谓语的对比否定句常用来表示主体偏离类别标准的异常特征,如:Она не теща, а мать родная.(她不是丈母娘,而是亲娘。)句中否定的不是 теща 的概念意义,而只是其联想意义(теща 在俄罗斯人心目中是与欠公正、不友善联系着的),因而语句主体仍没有超出 теща 的类别范围,只是不符合典型的类别特征而已。(Ю. Апресян 1995b:168)同样,Ты мне не дочь(сын, мать, отец, брат)(你不是我的女儿〔儿子、母亲、父亲、兄弟〕)在通常情况下并不否定受话人与说话人的血缘关系而将其列入另外的类别中,只表示受话人偏离了说话人心目中的亲属标准。(Н. Арутюнова 1980:170)

2 "标尺两极"规律与词汇语义偏移

"标尺两极"规律不仅制约着语言的词汇组成、词法手段和句法手段,而且还制约着词义派生的方式。

Ю. Апресян(1995b:64)指出,воля(意志),качество(质量),темперамент(气质)等词在语义上有两种基本的搭配类型:a)与表示程度的形容词或表示提高、降低程度的动词连用:сильная/слабая воля(坚强的/软弱的意志),высокое/низкое качество(高/低质量),бурный/вялый темперамент(激动的/萎靡的气质),качество повышается/понижается(质量提高/降低);b)不与这类形容词和动词连用:знак качества(质量标志),Ну и темперамент!(嚯,这才叫气质!)第二种类型较之第一种类型明显地增加了特征程度大的语义成分:воспитание воли(培养意志) = воспитание большой воли(培养坚强的意志)。就是说,第二种搭配中的参数词 воля 较之第一种搭配,词义明显地向标尺一端偏移,表示人的一种异乎寻常的心理品质。

向语义标尺两端偏移的词义常常因偏移的方向而带有积极的或消极的具体评价色彩,据此可以区分为:1) 向积极一端偏移的词义;2) 向消极一端偏移的词义;3) 呈对应关系的积极偏移词义/消极偏移词义。

1) 向积极一端偏移的词义,如:

（1）И я бы не прочь слыть общественником, это дает *положение* и авторитет.(В.Панова)(我并不反对当一个有名的社会活动家,既地位高,又有威信。)句中的 положение₂ 较之理据词义 положение₁（地位）增加了"高"的一层意思。

（2）Для экрана в первую очередь нужна *фигура*.(В.Авдеев)(当电影演员首要的是匀称的体型。)фигура₂ 的意义相当于 стройная（匀称的）+ фигура₁（体型）。

（3）Ну, видно, нет у вас ни чести, ни *сердца*！(К.Паустовский)(你显然既没有人格,又没有好心肠！)сердце₂ 在 нет сердца, человек с сердцем 等搭配中的意义都相当于 доброе + сердце₁. 试比较：каменное *сердце*₁（铁石心肠）。

（4）Госсекретарь США Мадлен Олбрайт заявила, что за Чечню Россия заплатит своей *репутацией*.(Из газет)(美国国务卿奥尔布莱特声称,要占领车臣,俄罗斯将以它的声誉作代价。)репутация₂ = хорошая репутация₁（声誉）,不同于 положительная ~ , плохая ~ 中的репутация₁（名声）。

（5）Мне этот фильм вообще не нравится, но вчера он мне как-то даже понравился. Видно попал под *настроение*.(Н.Арутюнова)(这个电影我原本是不爱看的,可是昨天不知怎么居然觉得很好看。显然是赶上心情好了。) настроение₂ = веселое настроение₁（愉快的心情）。

（6）Каждое первое представление с участием Ермоловой является в Москве *событием*.(Щепкина-Куперник)每次有叶尔莫洛娃担当角色的首演都是莫斯科的重大事件。

2) 向消极一端偏移的词义,如:

（7）Николай Артемьевич согласился 《не поднимать *историю*》. (Тургенев)(尼古拉·阿尔捷米耶维奇同意"不挑起事端"。) история₂ =

неприятная история₁(不愉快的事情)。

(8) У одних занимаю, другим даю. Этим—половину, тем—полностью, выхожу из *положения* с трудом. (В. Голякин)我东挪西借,今天还给这些人一半债,明天给那些人全还清,艰难地摆脱着困境。

3) 呈对应关系的积极偏移词义/消极偏移词义如:

(9) Я говорил вам, что нынче будет *погода*; надо торопиться, а то, пожалуй, она застанет нас на Крестовой. (Лермонтов)我跟你们说过,天气马上会变坏,要抓紧时间赶路,否则会在十字村站遭遇风暴。

(10) Дождь и холод—нет *погоды*! Выйти некуда—хоть брось! (И. Никитин)(又下雨,又冷,天气糟糕得很!无处可去,一筹莫展!)погода₁(天气)在(9)中向标尺的消极一端偏移,相当于 ненастная погода₁ 坏天气(погода₂),在(10)中向积极一端偏移,相当于 хорошая погода 好天气(погода₃)。

(11) Я хочу показать им, что и у меня есть *характер*. (Достоевский)我想让他们看一看,我也是个性格坚强的人。

(12) В его критическом положении она и не думала ему помогать, а только больше пинала, *характер* свой проявляла на полную мощь. (В. Голявкин)在他处境困难的时候,她连帮帮忙的想法都没有,只是越发地胡搅,拼命地耍性子。

例(11) 中的 характер₂(坚强的性格)与(12) 中的 характер₃(糟糕的性格)也是以同一生产词义(характер₁ 性格)为理据的两个偏移方向相反的词义。

多数偏移词义(如以上列举的)在词典中都不单列义项。苏联科学院编的四卷本《俄语词典》(МАС 1981—1984) 将它们作为意味(смысловой оттенок)处理,附在理据词义之后。单列义项的偏移词义为数不多,例如:

(13) Нынче солома под грудь человеку. Бог нам послал *урожай*. (Н. Некрасов)麦秆现在都齐胸深了,上帝赐给我们丰收了。

句中的 урожай₂ 不同于 средний ~ , низкий ~ 中的 урожай₁,增加了 высокий 的意义因素。

(14) Сам ловишь тут с утра до самой ночи, так дай и другим товарищам половить. Будь *человеком*! (К. Паустовский)你自己从早到晚在这里钓,也得让别人钓钓呀。要做个有道德的人!

(15) А когда у Сережи *нет температуры*, а на улице нет дождя, то можно гулять. Но такие совпадения бывают редко. Почти всегда есть дождь, или *температура* (В. Панова)当谢辽沙体温不高,外边也不下雨时,就可以出去玩玩,但是这种凑巧的情形很少。差不多总是要么下雨,要么发烧。

大量与上文例句性质相同的词义偏移现象在 МАС 中都不做任何标注:

(16) Все смотрели на вас, как вы ели суп. — Почему? — Потому что вы ели суп с *аппетитом*. (В. Голявкин)大家都在看你喝汤。——为什么?因为你喝得很有胃口。

(17) Не угодно ли вам присоединиться к хору? Душевно был рад, да *голосу* нет. (Тургенев)您不愿意加入合唱团吗?——我由衷地高兴,但可惜嗓音不好。

(18) Человек молодой, умный, живет в деревне, в глуши, *без денег*, без положения, *без будущего*. (А. Чехов)(他人年轻、聪明,但是住在偏僻的农村,没有钱,没有地位,没有前途。)句中 без денег, = без многих денег(没有很多钱), без будущего = без светлого будущего(没有光明的前途)。

(19) — Тогда я нагнусь. — А живот? — хохотал он. — Да, у меня был *живот*. Вернее, стал. Раньше не было. (В. Голявкин)——那我就弯下腰来。——肚子不碍事吗?——他哈哈笑起来。——是的,我有肚子了,确切地说,开始有起来。从前没有。

(20) Ну, попал ты, брат, в *ситуацию*! Слушай-ка, раз все смеются, и ты близко к сердцу не принимай. (Он же)(你老兄处境难堪了吧! 听我说,既然大家都当笑话,你就也不要往心里去。)ситуация$_2$ = неприятная ситуация$_1$(不愉快的处境)。

(21) От *давления* болит голова. (Н. Шведова)(因血压高而头疼。)

давление₂(高血压) = повышенное + давление₁(高+血压)

不同词典对同一偏移词义可能采取不同的处理方式。如 температура₂(体温高)在 MAC 中看做意味,但在 С.Ожегов、Н.Шведова 主编的《俄语详解词典》(С.Ожегов 1997)里却单列义项;человек₂(高尚的人)前者单列义项,后者却未加区分;давление₂(血压高)在 MAC 中不予区分,但 С.Ожегов 词典却单列义项。这种意见分歧表明,偏移词义的共性是主要的。至于哪些词义已进入语言的聚合系统,哪些仍然停留在言语的组合层面上,界线并不分明。区别因而是次要的。虽然 темперамент₂(热情)、воля₂(坚强的意志)、качество₂(高质量)的意义独立程度有所区别,在 MAC 中分别被看做义项、意味或不予区分,但 Ю.Апресян 却把它们纳入共同的类型,倾向于都作独立的义项处理。(Ю.Апресян 1995b:65)

词汇意义受认知规律影响向特征标尺两个极端偏移,这不是一种语言的个别现象,而是各种语言的普遍现象。在例(16)(18)(19)的汉语译文中,(有)胃口、(没)钱、(没)前途、(有)肚子等与俄语例句相应词义一样,也同样用于偏移义:好胃口、许多钱、远大的前途、大肚子。例(1)(2)译文中的地位高、匀称的体形也可以用有地位、有体形替换。

语义可能向标尺两端偏移的多是抽象的非事物名词,这些名词表达人的心理(сердце, характер, настроение, темперамент 等)、生理(давление, температура, фигура, живот 等)、社会(положение, деньги, ситуация, влияние 等)特征的总括概念,具有参数的性质。它们只是评价的标尺,而不是评价本身。发生偏移后增生的义素才一方面为评价提供具体的事实依据,另一方面蕴涵说话人的主观评价态度:体温高,因而不好;地位高,因而好。

偏移词义与理据词义的关系是下位与上位的种类关系。理据词义作为特征参数涵盖的范围大于偏移词义,前者的语义作为预设成分全部纳入后者之中。但偏移词义除去理据义素外,还增加了作为区别特征的具体评价义素,这才是派生词义的陈说部分。Нет температуры 否定的只是"高"这一区别特征,而不是"体温"这个特征标尺。

在语句的交际结构中,名词用于偏移意义时,一般充当述位(焦点)。

在这个位置上,受话人期待的通常是有关已知事物在特征方面的未知信息。与物理参数名词 цвет（色）, форма（形）, вкус（味）等因语义欠充分而不能充当谓词（Н. Арутюнова 1980а:163）的原因相同,以人的心理、生理、社会特征的总括概念为内容的名词不宜单独用作述位。一旦这些语词出现在述位的位置上,受话人势必依据 H. Grice 会话合作理论的量的准则寻找有关话题事物的特征方面的言外之意。"标尺两极"规律于是成为帮助受话人找到言外之意的主要向导。

在表达概括评价情态的句子格式中,语义可能向标尺极端偏移的不仅限于以上列举的非事物性特征参数名词,而且包括事物性名词,例如:

(22) Недавно я был в Болгарии, вот где *вино*! Прекрасное вино. (В. Голявкин) 不久前我到过保加利亚,那里的酒才叫酒呢! 美酒。

(23) Мой табак против твоего не *табак*! (А. Грин) 我的烟草和你的比不是烟草!

(24) Какой должна быть *квартира* для молодоженов? (Н. Арутюнова) 新婚夫妇的住宅应该是什么样的呢?

在类似结构的 вино, табак, квартира 的位置上,几乎可以填入任何事物性名词,诸如 книга（书）, стол（桌子）, школа（学校）, гора（山）, город（城市）, дерево（树）等。名词增生的语义成分常常只包含总括评价因素,而不包括作为评价依据的具体特征因素: вино = *прекрасное* вино; табак = *хороший* табак; квартира = *образцовая* квартира. 词义偏移的原因是,这些句子格式都蕴涵说话人理想的价值标准。这种标准在标尺上的位置常常不是中间,而是积极的一端。格式（22）表示事物符合这个价值标准,（23）表示不符合这个标准,（24）则表示事物的理想标准应该怎样（参见例（2））。汉语的"是块材料"、"不是生活"、"这嘴真叫个嘴"、"像个汉子"、"不够朋友"等语义偏移格式（邹韶华 1986:269）都属于这种表达概括评价情态的句子格式。这种名词偏移意义不属于词汇层面,而属于句法结构,是纯粹的组合系列中的言语意义,在词典中一般不体现出来。

3 波里安娜假说与词汇语义偏移

何以词汇语义偏移的方向多朝着价值标尺的肯定评价一端呢! H.

Арутюнова(1987:11—13)用心理学研究中的"波里安娜假说"(Pollyanna Hypothesis)来解释类似的问题。假说的内容是,人们的心理特征要求在交际过程中减少或排除不愉快的话题或报道。正是由于人们心理上的这一普遍特征,语言中以价值标尺积极一端为内容的词汇数量多,使用频率高。心理语言学实验表明,儿童对于肯定评价语词掌握较早,使用较频繁。正面评价概念是第一性的,占据基础地位;负面评价概念由肯定评价概念派生而来,是第二性的。很多负面评价概念在语言中没有专门的词表达,只能以正面评价词为基础,通过加否定语素构成新词来表达。试比较:светлый(亮)/тёмный(暗),ранний(早)/поздний(晚),горячий(热)/холодный(凉),但 точный(准确的)/неточный/(不准确的),прочный(结实的)/непрочный(不结实的),честный(诚实的)/нечестный(不诚实的),вкусный(好吃的)/невкусный(不好吃的)。由表示积极评价的形容词加否定语素构成消极评价形容词的现象十分普遍,但是由消极评价形容词加否定语素构成积极评价词的现象却相对少见,试比较:невесёлый(不高兴)/*негрустный(不忧伤),некрасивый(不漂亮)/*неуродливый(不丑),нечистый(不干净)/*негрязный(不脏),несытый(没吃饱)/*неголодный(没饿),нездоровый(不健康)/*небольной(没病)。具有互补对立(комплементарная противоположность)关系的反义词偶,义域中间没有过渡特征,非"生"即"死",非"真"即"假",词偶的一方加否定语素即构成另一方的同义手段:женатый(有妻子的)/холостой(单身汉) = неженатый(没有妻子的),живой(活的)/мёртвый(死的) = неживой(不是活的),зрячий(看得见的)/слепой(瞎的) = незрячий(看不见的)。(Л. Новиков 1982:245;Ю. Апресян 1995a:294)从逻辑上讲,同 неженатый 等于 холостой 一样,*нехолостой 也等于 женатый,但是俄语中却不构成 *нехолостой,*немёртвый,*неслепой.对于消极评价形容词的否定多用在说话人发觉期待与事实不相符合的时候:Песня, оказалось, не грустная.(这支歌曲原来并不忧伤。)这种情况下,не 与形容词的关系不是构词关系,而是句法关系。汉语表示具体评价的形容词与"不"、"没"虽无连写与分写的问题,但在重音上有所区别。试比较:这个杯子不干净。/这个杯子不脏。表示正面评价的"干净"加"不"在使用上一般可以不附加上文的条件,句重音落在句尾;负面评价词"脏"加"不"在使用上通常要附加上文的条件(如反驳对方),句重音落在"不"上。

对于价值意义不十分明显的特征,人们心理上的着眼点则首先是参数标尺上的强势一端。不论俄语还是汉语,概括物理参数名词之所以都由表达强势特征而不是弱势特征的词构成,正是上述道理(Т. Николаева 1985:92)。试比较: длинный(长)/короткий(短) → длина(长度)/ *коротчина(*短度), широкий(宽)/узкий(窄)→ширина(宽度)/*ужина(*窄度), глубокий(深)/мелкий(浅) → глубина(深度), высокий(高)/низкий(低)→высота(高度), толстый(厚)/тонкий(薄)→толщина(厚度)等等。在要了解距离、速度、年龄、分量等时,人们首选的是从强势角度着眼的问题:多远? 多快? 多大? 多重? 弱势问题多近? 多慢? 多小? 多轻? 或者根本不用,或者在意义上和强势问题有别,不是问距离远近、速度快慢、年龄长幼、重量大小,而是要确切地知道,近到什么程度,慢到什么程度等等。"近"、"慢"等在问句中是语用预设。与首选价值标尺肯定评价一端的情形相同,首选参数标尺强势一端的心理特征也表现在用语素 не-构成形容词上: неширокий(不宽)/* неузкий(不窄), неглубокий(不深)/* немелкий(不浅), негромкий(声音不大)/* нетихий(声音不小), нетвёрдый(不硬)/* немягкий(不软), недлинный(不长)/* некороткий(不短)。

词汇语义多向特征标尺积极、强势一端偏移的规律,也体现在名词、动词构成形容词的过程中。从我们收集到的材料来看,以名词、动词为生产词的派生形容词,语义偏移的方向绝大多数都朝向积极、强势的一端。向标尺消极、弱势方向偏移的意义十分罕见。由名词派生形容词过程中出现的积极偏移意义,从与生产词相应意义的关系角度可以区分为四种类型:

1) 派生词将生产词的偏移意义 a)和理据意义 b)都作为独立的义项保留下来,例如:

сердечный—a)好心肠的 (←сердце₂ 好心肠): *сердечная* женщина (好

心肠的女人）；b) 内心的（←сердце₁ 内心）：сердечное чувство（内心的感情）。урожайный—a) урожайная земля（产量高的土地）；b) урожайная ведомость（产量报表）。денежный—a) денежный человек（有很多钱〔= 有钱〕的人）；b) денежная единица（货币单位）。волевой—a) волевой человек（意志坚强的〔= 有意志的〕人）；b) волевой импульс（意志冲动）。

2) 派生词只保留生产词的偏移意义，失去了生产词的理据意义，例如：

темпераментный—a) 热情洋溢的（← темперамент₂ 热情）：темпераментная речь（热情洋溢的讲话）；b) Ø（←темперамент 气质）。качественный—a) 高质量（= 有质量）的：качественные товары（有质量的商品）；b) Øсильный 力气大（= 有力气）的：сильный удар（有力的一击）。погожий—a) 天气好的：погожая осень（晴朗的秋天）；b) Ø（←погода 天气）；c) Ø（←погода₃ 坏天气）。

3) 派生词除了保留与生产词对应的意义(a)外，还增加了后者没有的偏移义项(b)，如：

рыбный—a) 鱼的（← рыба 鱼）：рыбная мука（鱼粉）；b) 鱼多的：рыбное озеро（多鱼的湖）。хлебный—a) 谷物的：хлебный амбар（谷仓）；b) хлебный год（丰年）。объемный—a) 容量的：объемный анализ（容量分析）；b) 容量大（= 有容量）的：объемная чаша（容量大的碗）。моральный—a) 道德的：моральные принципы（道德原则）；b) 道德高尚（= 有道德）的：моральный человек（有高尚道德的人）。

4) 派生词只有偏移意义。这一偏移意义以生产词义为理据，但不为生产词所具有，如：

звучный——a) 声音大（≠有声音）的：звучный голос（洪亮的噪音）；b) Ø（←звук 声音）。сочный——多汁（≠有汁）的：сочное яблоко（多汁的苹果）。вкусный——味道好（= 有味道）的：вкусное блюдо（有味道的菜）；веский——分量重（= 有分量）的：веские металлы（重金属）；светлый——明亮（≠有亮的）等等。

试比较汉语中没有偏移义的名词"运气₁"——命运，~不佳；/偏移义

形容词"运气$_2$"——幸运,你真~,中了头等奖。(《现代汉语词典》2002年增补版)

由动词派生的语义向积极方向偏移的形容词如:содержательный(有丰富内容(=有内容)的),вместительный(容量大〔=有容量〕的),чувствительный(感觉锐敏〔≠有感觉〕的),выразительный(表达得鲜明生动的),воспитанный(有良好教养〔=有教养〕的),затратный(花费很大的)。

以上列举的形容词的偏移意义与 объемистый(容量大的),высочайший(最高的),дороговатый(有点儿贵的)等形容词不同。后者的偏移意义以构词后缀-ист-,-айш-(-ейш-),-ова-为明确标志,对上下文依赖较小,可以类推;前者没有特定的构词标志,对上下文依赖较大,不能类推。

4 几点结论

综上所述,似可以做出以下结论:

1) 有些名词的词汇语义,由于受到人在认知方面的"标尺两极"规律和"波里安娜假说"的影响,可能向标尺的极端偏移,增加新的具有区分功能的义素,由表达类概念转而表达种概念。与隐喻和借代一样,这也是词义派生的一种方式。名词的偏移语义常常通过构词的途径反映到形容词上来。

2) 名词偏移意义分两类:a)抽象的非事物名词的偏移意义;b)事物名词的偏移意义。前一种受上下文语义的制约较小,容易形成独立的义项或意味而在词典中固定下来;后一种依赖于表达概括评价情态的句子格式,不容易形成独立的义项或意味,一般在词典中不反映出来。

3) 词汇语义偏移在俄语和汉语里都存在,这是一种跨语言的普遍现象。

4) 受语言使用者的认知、语用等因素的制约,自然语言的世界图景与客观现实的世界图景不是重合,而是错合的关系,二者之间有较大的差异。

第四节 词汇信息库

1 "词汇信息库"的概念

在语言学理论的研究和应用领域,为了探寻一条语言规律,验证一则语言假设,解释一种语言现象,常常遇到必须根据某一项或某一组语义、语法特征对全部词汇进行分类的问题。但是通过手工操作方式,逐一地从浩如烟海的词典中摘录、收集谈何容易! 人们往往只能望洋兴叹而已。计算机的出现和发展,为语言学研究开辟了广阔的天地。它的空前信息存贮量和操作速度,使得许多无法穷尽的领域变得可以穷尽,手工检索分类词表的时代应该一去不复返了。

全俄科学技术信息研究所编制的"词汇信息库"正是一项将语言研究与计算机运用结合起来的尝试。"词汇信息库"由"俄语动词"、"事物名称"两个基本部分组成。收词依据 А. Зализняк 编纂的《俄法教学词典》(莫斯科,1972 年)。"事物名称"部分有词条一万左右;《俄语动词》部分计 4000 条。

"词汇信息库"依据的基本思想,是词汇语义单位的表层语法特征可以从深层语义特征中推导出来。解释部分用特定的对象语元语言,按照统一、固定的参数和格式,列举语义、配价、种类、搭配等方面的特征,把通过计算机操作迅速检索各种所需语义、语法类别词表作为词条编写的原则。使用者不仅可以从中获取事前输入的各种信息,而且可以推导各种补充信息。例如,具有某共同形式特征的词汇语义单位是否都有相应的共同语义成分? 反之,具有某共同语义成分的词汇语义单位是否都相应地有共同的形式特征? 对于类似问题的肯定回答可以为语言学增添新的内容;回答如果是否定的,将为语言研究确立新的课题。因而"词汇信息库"与以往的词典不同,体现了词汇与语法的密切联系,既是一部词典,又同时是一套语法规则鉴定系统。记载的不仅是每个词汇语义单位的特征,而且是这些词所归属的每个类别的语义特征和语法特征。"词汇信息库"的读者对象主要是从事词典编纂、语法研究的语文工作者,其次是语言教学工作者。

本节拟依据有关文献资料以及"词汇信息库"课题组主要成员 Е. Падучева 的口述,扼要评介"事物名称"和"俄语动词"两个部分的内容和语言理论框架。

2 "事物名称"

"事物名称"的词条解释部分包括属于语法和语义两方面的十个栏目(Г. Кустова, Е. Падучева, Е. Рахилина 1993:18—20):

1) 变格法与重音聚合体;
2) 性属;
3) 动物性/非动物性范畴;
4) 度量地位特征;
5) 度量相关词汇语义单位;
6) 类别;
7) 述语;
8) 配价限制1;
9) 配价限制2;
10) 配价限制3。

前三个栏目提供的是征引自 А. Зализняк《俄语语法词典》的词法信息。2、3 两个栏目的词法特征与句法组合相关,第1栏目则是纯词法特征。词汇按照变格法、重音聚合体分类和词汇的语义特征并不相关,对于"词汇信息库"的语义—句法宗旨不是必需的内容。

度量地位特征指词汇语义单位表示某相关事物的局部或整体、集合或成分的语义特征;表示"某相关事物"的词汇语义单位则称做度量相关词汇语义单位。例如:ветка(树枝)的度量地位特征是"局部",其度量相关词汇语义单位是 дерево(树),порошок(粉)的度量地位特征是"集合",其度量相关词汇语义单位是 частица(微粒),капля(滴)的度量地位特征是"成分",度量相关词汇语义单位是 жидкость(液体)。

俄语表达局部与整体关系可使用带前置词 y 的结构:ножки y стула(椅子腿儿),пуговицы y пальто(大衣纽扣)。不允许用这种结构来表达成分与集体的关系:*капля y жидкости,*чашка y сервиза.但是,整体二格结构却对上述两种关系不加区分,既可以说 ножки стула,пуговицы пальто,又可以说 капли жидкости(液滴),чашки сервиза(一套茶具中的杯子)。由于"词汇信息库"中凡是表达事物局部的词汇语义单位在度量地位栏目中贯彻始终地都有所标记,能够使用整体二格形式的事物名称也都一一指出,这就使我们有可能判断,是否所有表达局部的事物名称都能够用于和整体二格名词搭配,试比较 ножки стула(椅子腿儿),ручка двери(门把手),但是不能说*нос лица(*脸鼻子)。

类别栏目是事物名称释义的重要部分,词义类别划分在语义学研究中的重要程度不亚于语法学中的词类划分。"词汇信息库"将事物名称从语义的角度分为物质、工具、容器、建筑、机关、动物、人、植物等类别。这一类别体系具有多层级的特点,表示事物名称的类种关系。低层级词汇语义单位的释义包罗高层次诸词汇语义单位的语义特点,如:особняк(公馆)←дом(房子)←постройка(修盖物)←сооружение(构建物)。在计算机上检索时,особняк 不仅属于 дом 类,而且还依次归入 постройка,сооружение 类。系统的种类标注为全面研究具有这种语义联系的词汇语义单位的语义—句法特点提供了方便。例如,我们知道,在叙述话语的链式结构句组中,可以在后续句的主位位置上使用类概念语词回指起始句的种概念语词:Вдалеке мы увидели волка. Зверь стоял совершенно неподвижно, прислушиваясь к чему-то.(我们看见远处有只狼,[野兽]一动不动地站在那儿倾听着什么。)但是,并非所有类概念语词都有这种句法功能,如不能说:Она налила мне чай.*Напиток был удивительно душистым.(她给我斟了一杯茶,*饮料香得出奇。)Мы зашли в лавку.*В магазине было совсем темно.(我们走进小铺。*商店里漆黑。)"词汇信息库"可以迅速显示数量庞大的事物名称的类种关系,为研究类概念语词的回指功能(анафорическая функция)提供了便捷的条件。(Р.Розина 1994:

61—78)

述语栏目指出与标题词汇语义单位语义相关的述语,这一述语是词汇语义单位释义的核心,通常表示词汇语义单位事物的功能,例如:дом(房子)—жить(в)(居住〔在……里〕),стул(椅子)—сидеть(на)(坐〔在……上面〕),бокал(高脚杯)—пить(из)(喝〔从……里〕),капуста(大头菜)—есть(吃)等。有些词汇语义单位表示的事物不具有功能性特征,语义相关述语在这种情况下表示事物自身的性质,而不是人使用该事物的方式特征,如:жидкость(液体)—течь(流),ветер(风)—дуть(吹)等。有的词汇语义单位同时具有两种类型的相关述语,如:погреб(地窖)—a)хранить(贮藏);b)вырыть(挖),хранить(продукты)(贮藏〔食物〕)属功能特征;вырыть(вырытый под домом)(挖〔在房子下挖的〕)属性质特征。"词汇信息库"一般只选择对释义比较重要的列入述语栏目,另一述语则列入"注释"中。(И. Красильщик, Е. Рахилина 1992:24—31)

有时,词汇语义单位的相关述语有补充语义分类的作用,例如:пар(蒸气)和зола(灰烬)在类别栏目中分属газ(气体)和сыпучее(散粒体),但是相关述语都是быть результатом(结果),因而又从另外的角度同归一类,都表示某过程产生的结果,类似的词汇语义单位如:копоть(烟黑),дыра(洞),ожог(烧伤),след(脚印)等。再如:скрепы(夹子),опоры(支座),завязки(带子)与топор(斧子),нож(刀),молот(锤子)等显然都属工具类,但是,它们的相关述语却明显地有所区别,分属静态和动态两种类型。试比较 скрепы—скреплять(固结),опоры—поддерживать(支撑),завязки—соединять(连接)与 топор—рубить(砍),нож—резать(切),молот—бить(敲打)。在语义题元系统中,前者常常充当手段(средство),后者则用作"工具"(инструмент)。又如,虽然 предъявитель(出示者),освободитель(解放者),выдумщик(好幻想的人),точильщик(磨工)等在类别栏目中都属"行为者"类,但是,由于它们的相关述语在时、体意义上有所区别,因而分别归入带有具体过程(предъявитель—тот, кто в данный момент *предъяляет* что-л.〔在此刻出示某物者〕),结果存在(освободитель—тот, кто *освободил* кого-л.〔使某人得以解救者〕),性质说明(выдумщик——тот, кому свойственно выдумывать〔富有幻想的人〕),职业取向(точильщик——тот, в чьи функции входит точить что-л.〔以磨为业的人〕)等意义色彩的行为者种类。(Е. Рахилина 1994:107—113)

第8、9、10栏目是相关述语的三个基本配价限制栏目:主体配价限制栏目,客体配价限制栏目和时间、地点或工具配价限制栏目。这三个栏目描写词汇语义单位的比类种关系更复杂的语义关系。所谓配价限制,指词汇语义单位相关述语基本题元词的语义类别限制,例如:клетка(笼子)——类别:сооружение(构建物);述语:содержать(豢养);配价限制1:человек(人);配价限制2:животное(动物);配价限制3:=(表示该配价的词与类别栏目的词同指)。

第6至10共五个栏目贯穿组成"词汇信息库"事物名称部分的统一释义模式:клетка——сооружение, в котором человек содержит животного(笼子——人〈在其中〉豢养动物的建筑物)。

等号 = 的功用在 буксир 的释义中表现得尤其明显:буксир(拖船)——类别:судно(船);述语:перемещать(使……移动);配价限制1:=配价限制2:судно(船)。类别栏目中的 судно 不与配价限制2的意义同指。拖船移动的不是自身,而是另外一艘船。有些配价位的填充词不受语义类别限制,相应限制栏目统一标注为 A,例如:краска(涂料)——类别:вязкое(黏性物);述语:красить(涂);配价限制1:человек(人);配价限制2:A。即:вязкое, чтобы красить все, что красится(用来涂一切可着色物的黏性物)。

配价限制可以作为区别特征起到补充语义分类的作用,例如:берлога 与 нора 的类别特征(углубление 洞穴)和述语特征(жить 栖身)都相同,区别在于配价限制1的特征:берлога 是熊的栖身洞穴,нора 是一般野兽的栖身洞穴。

相关述语及其配价框架是制约词汇语义单位表层句法搭配特点的语义基础,例如:строитель(建设者)在词组 строитель города(城市建设者)中之所以支配 города,是因为相关述语 строить(建设)有主体和客体两个配价的缘故。主体配价(кто строит〔谁建设〕)由词组中的 строитель 自身填充,余下的客体配价(строить *что*〔建设什么〕)则是города客体二格形式的语义根据。"词汇信息库"事物名称部分的述语和配价限制等栏目的系统信息,可供进行多方面的语言研究工作,例如,可以全面比较各种名词词汇语义单位相关述语的配价框架类型在名词词汇语义单位表层句法搭配方面的系统反映,以便总结普遍的规则,寻求例外情形的语义解释:为什么可以说 водитель автобуса(汽车司机),但却不能说*ямщик тройки. 可以说 преподаватель русского языка(俄语教师)(试比较 преподавать русский язык〔教俄语〕),但却不能说*инспектор фабрики(试比较 инспектировать фабрику〔视察工厂〕)。

3 "俄语动词"

"俄语动词"的词汇语义单位词条解释部分主要包括 4 个栏目:(Г. Кустова,Е. Падучева 1994:96—105)

1) 词法特征;
2) 配价;
3) 分类范畴;
4) 释义。

与"事物名称"部分一样,词法特征栏目的信息转引自《俄语语法词典》。

配价表示动词过程参与者(人和事物)。与动词过程的状态元(сирконстант)不同,配价是动词过程的必需参与因素,直接由动词的词汇意义决定,是动词词义的组成部分。例如,арендовать(租赁)过程的必需参与者是施事(тот,кто арендует〔承租人〕)、受事(то,что арендуют〔被租赁的东西〕)、逆施事(或逆主体)(контрагент)(тот,у кого арендуют〔租赁人〕)、次受事(或第二客体)(то,за что арендуют〔租赁费〕)和期限(то,на сколько арендуют〔租赁期〕)。至于 арендовать 的原因(~ из-за чего)、时间(~ когда)、地点(~ где)、目的(~ для чего)等疏状说明成分则不是动词过程的必需参与因素,决定这些成分因素的不是动词 арендовать 的个别词汇意义,而是它所属的行为动词类别的共同语法功能(可以被疏状成

分说明)。(Ю. Апресян 1995а:120—121)

"词汇信息库"的动词部分从三个方面来描述配价的特征:a)交际地位特征;b)语义角色特征;c)题元词的语义类别特征。交际地位分为核心、边缘和隐性三种。核心交际地位包括主体(субъект)和客体(объект),即通常所谓的主语和直接补语。主体和客体之外的交际位叫做边缘位。隐性位不能通过从属于动词的名词性成分表达,如动词 показаться(出现)必有一观察者,但是这个成分在句子 На дороге показался всадник(路上出现一个骑者)中没有显性的表达手段。语义角色又称做深层格(глубинный падеж),语义价(семантическая валентность),反映情境参与因素,如:施事(агенс)、受事(пациенс)、处所(место)、工具(инструмент)、手段(средство)、逆施事(контрагент)、结果(результат)等等。填充配价的题元词的语义类别和"事物名称"类别栏目的分类相同。

从三个不同的角度描写配价有助于揭示词汇语义单位的区别所在(Ю. Апресян 1995а:30—31)。例如:

1)配价的交际地位结构相同的动词,由于语义角色结构不同而区分为不同的词汇语义单位。试比较 полоть₁ сорняки(锄草)与 полоть₂ грядки(锄地)中的 сорняки 和 грядки,它们句法特征相同,都是客体;但是语义角色不同,前者是受事,后者属处所。因此 полоть₁ 的意义是"为了整理田地而清除……"полоть₂ 的意义则是"通过清除杂草的方式整理……"类似的一词多义现象如:обмести паутину(打扫蛛网)—обмести полку(打扫书架),сосать молоко(吸乳)—сосать грудь(吸乳房),стричь волосы(剪发)—стричь голову(剪头),выбить пыль(拍打灰尘)—выбить ковер(拍打地毯)。再来比较 пробить₁ стену(凿墙)与 пробить₂ дыру(凿洞)的 стену 和 дыру,它们一方面在交际地位上都是客体,另一方面在语义角色上前者是受事,后者是结果,因而,пробить₁ 的意义为"为了形成孔洞而凿通……";пробить₂ 的意义则是"通过凿通的方式而形成……"类似的一词多义现象如:варить картофель(煮马铃薯)—варить суп(煮汤),рубить дерево(砍木)—рубить избу(建木房),копать землю(挖地)—копать яму(挖坑),вышить подушку(绣枕头)—вышить узор(绣花),резать хлеб(切面包)—

резать куски(切块儿)。

2) 配价的交际地位和语义角色结构都相同的动词,由于题元词的语义类别不同而区分为不同的义项,试比较:входить в комиссию(是委员会的成员)与входить в чемодан(装得进皮箱),其中的 комиссию 和 чемодан 就语义角色、交际地位而言,都是处所、边缘位,但就语义类别而言,则前者属于"集合",后者属于"容器"。因而 входить 区分为不同的义项:входить₁——是……成员;входить₂——装得下。назначить хвойные ванны(开针叶浴处方)与 назначить место встречи(确定会晤地点)中的 хвойные ванны、место встречи 虽都是语义受事、交际客体,但它们的语义类别明显不同,назначить 因而区分为:назначить₁——确定;назначить₂——开处方。再来比较 закрыть₁ дверь(关门)与 закрыть₂ комнату(关房间),其中的 дверь 和 комнату 都是客体、受事,但是就度量地位特征而言,前者是局部,后者为整体。закрыть₁ 表示"为了避免有人进入而关上……";закрыть₂ 表示"通过关上门的方式避免有人进入……"类似的多义词如:застегнуть молнию(扣拉锁)—застегнуть куртку(扣上衣),зашить рукав(缝衣袖)—зашить рубашку(缝衬衣),настроить струну(调弦)—настроить гитару(调吉他)。

3) 语义角色结构相同的动词由于配价的交际地位特征不同而区分为不同的义项,例如,загрузить₁ картошку в машину(将马铃薯载入汽车)与 загрузить₂ машину картошкой(将汽车载满马铃薯)的语义角色组成都是"施事+受事+方位",但是,这些语义角色的句法位置分布却有所区别,试比较:

загрузить₁ картошку в машину	客体——受事(马铃薯)
主体——施事(人)	边缘位——处所位(车)
загрузить₂ машину картошкой	客体——处所位(车)
主体——施事(人)	边缘位——受事(马铃薯)

对于一般动词而言,受事通常处于句法客体的核心交际位置;而处所

词则处于边缘位(见 загрузить₁)。如果二者互换位置(见 загрузить₂),动词往往增添"行为及于全部"的意义因素:загрузить₁ 的意义是"将(马铃薯)载入(汽车)",而 загрузить₂ 的意义则是"将(汽车)载满(马铃薯)"。(Е.Падучева,Р.Розина 1993:5—16;Р.Розина 1994:56—66)类似的一词多义现象如:налить воды в бак(将水注入桶中)—налить бак водой(将桶注满水),заложить кирпич в дымоходы(将砖塞入烟道)—заложить дымоходы кирпичом(用砖塞上烟道),намазать повидло на хлеб(把果酱涂在面包上)—намазать хлеб повидлом(用果酱涂满面包)。

  动词由于配价的交际地位结构、语义角色结构或题元词语义类别的变化而派生新义,这是存在于各种语言词汇体系中的普遍现象。但是,由于民族文化差异等各种原因,不同语言对应词的这种换喻派生现象并不都是完全相同的。例如:俄语既可以说 рубить дерево,топить печь,又可以说 рубить избу,топить квартиру,但是汉语只说"砍木"、"生炉子",不说 *"砍木房"、*"生住宅",应说"砍木造房"、"生火给住宅供热"。"词汇信息库"无疑在这方面为语言对比研究提供了方便。

  动词分类范畴亦即动词的语义类别,是动词的核心语义特征。

  一方面,动词按照各自的共同语义成分结合为各种语义场,如存在动词、领属动词、物理活动动词、心智活动动词、情感动词、意愿动词、声响动词、知悉动词、意见动词等等。同一动词的不同词汇语义单位有可能分属于不同的语义场类别,例如:выбрать₁(незрелые ягоды и выкинуть)(挑出〔没成熟的浆果扔掉〕)属物理活动动词;выбрать₂(председателем Иванова)(选伊万诺夫为主席)属社会活动动词;выбрать₃(для прогулки тихую улицу)(挑选寂静的街道散步)属心智活动动词。特定语义场的动词往往有特定的语义配价作为标志,如通告动词有信息受体的配价标志,创造动词有结果(内部客体)的配价标志,运动动词有"媒介"(среда)的配价标志(плыть по реке〔顺流航行〕)等。

  另一方面,按照行为在时间中的运动特征和分布特征,动词区分为各种体性语义类别。动词的体性类别特征不仅决定着动词能否组成体的对应词偶,何种语义类型的对应词偶,包含体的哪些具体语法意义,而且还往往是动词义项之间的重要区别特征。"词汇信息库"的"俄语动词"部分依据 Z. Vendler 的动词分类范畴体系,进行了局部的调整,将俄语动词归纳为 8 种基本分类范畴。(Е. Падучева 1996:103—151) Vendler 的动词分类是状态(state)、活动(activity)、持续—结果(accomplishment)、单纯结果(achievement)4 种。(邓守信"accomplishment"译作"完结","achievement"译作"达成";陈平——"结束","成就"。①)"俄语动词"按照"自主"/"非自主"特征把活动、持续—结果、单纯结果 3 类动词各一分为二,状态动词则被进一步划分为超越时间度量的和呈现在时间范围之内的两种。

1) 恒常属性和恒常关系动词,如 весить(重……),стоить(值……);впадать(流入),располагаться(坐落),соседствовать(比邻),зависеть(取决),содержать(包含)等。这类动词多是单体未完成体动词,只有恒常持续意义,表达超越时间度量的恒常事物属性以及静止事物或事实之间的空间、领属、包容、等同、类似等恒常关系。这类动词的过去时形式在对话(而不是叙述话语)中,和通常的动词不同,不表示情景的时间定位于过去(试比较:Пакет содержал ценные документы ≠ 包里原来曾装着珍贵的文件——Иван спал = 伊万睡过觉了),只表示情景主体(пакет)在说话时刻已不复存在(如遗失)。(Е. Падучева 1996:103—151)

2) 状态动词,包括常时状态动词和即时状态动词。前者如:гордиться(骄傲),любить(热爱),презирать(蔑视);знать(知道),считать(认为),помнить(记得);后者如:беспокоиться(不安),радоваться(高兴),болеть(生病),знобить(发冷),присутствовать(出席)等。这类动词也多是单体未完成体动词,其中的常时状态动词只有恒常持续意义,即时状态动词可以表达具体过程意义(Его знобит〔他发冷〕)和无限次数意义(Человека знобит при повышении температуры〔人体温升高时发冷〕)。

3) 活动动词,如:беседовать(交谈),плакать(哭),шуметь(喧闹),искать(寻找),наблюдать(观看),гулять(散步)等,表达的活动一方面有自

---

① 陈平,《论现代汉语时间系统的三元结构》,《中国语文》,1988 年第 6 期。邓守信,《汉语动词的时间结构》,《第一届国际汉语教学讨论会论文集》,北京语言学院出版社。

主主体,进行活动是有目的的,因而可以与表达时间阶段的助动词 начать (开始),продолжать(继续),кончить(结束)等连用,可以构成有限行为方式动词 побеседовать(交谈交谈),поискать(找一找)。另一方面,主体的这类活动的目的没有极限点,不以界限的形式体现出来(如 гулять 的目的是获得满足),因而没有完成体动词与之对应。

4) 无界限过程动词,如:кипеть(沸腾),дрожать(抖动),грохотать(轰鸣),плыть(漂流)等。这类动词与活动动词一方面相同,表达的都是动态的,但没有极限点的行为,因而没有对应的完成体动词形式;另一方面不同,其主体多为非活物,无目的可言。无界限过程动词的主体常常是动态过程的原因和趋动源,例如:Ветер дует(刮风);Лампа коптит(灯冒黑烟),有时过程的原因不与主体重合,通过疏状说明成分表达:Флаг развевается на ветру(旗帜迎风招展)。

5) 一般行为动词,如:построить/строить(修建),переписать/переписывать(誊写),поймать/ловить(捕捉),вспоминать/вспомнить(回忆)等,表达有极限点的活动,包含主体有目的活动(a)和达到目的(极限点)(b)两个意义成分,因而组成体的主要对应词偶类型:在未完成体的语义结构中,b 是蕴涵成分(импликация),a 是陈说成分(ассерция),体现为典型的具体过程意义;完成体的陈说成分为 b,a 则可能隐没或退居预设(пресуппозиция)地位。

6) 界限过程动词,如:растаять/таять(融化),высохнуть/высыхать(变干),созреть/созревать(成熟)等。这类动词一方面与一般行为动词相同,表达有极限点的过程,因而组成体的对应词偶;另一方面与无界限过程动词相同,主体是非自主的,无目的可言,常常是动态过程的原因,与语义受事有时相重合:Вешние воды заливают луга(春水流入草地)。вешние воды 既是 заливают 的动力源,又是承受移动过程的受事。

7) 自主单纯结果动词,如:найти/находить(找到),прийти/приходить(来到),понять/понимать(明白)等。这类动词的特点在于,语义结构中不包含"主体有目的的活动"这一意义成分。对于 найти,прийти,понять 等的"达到目的"的意义成分而言,"活动"意义具有异质的性质,要通过

искать(寻找)，идти(走)，размышлять(思考)等另外一些动词表达。对应的未完成体动词因而没有具体过程意义，只表示重复(Как ты поздно *приходишь*，Люся〔你回来得太晚，柳霞〕)、结果状态(Тебя *вызывает* начальник какой-то из района. Приказал, чтобы ты явилась в *контору*〔区里的一个什么领导叫你，命令你去办公室〕)或拟定行为(Цыганский табор покидаю я〔我将离开茨冈营地〕)，分别归属于相应的次分类范畴。

8) 非自主单纯结果动词，如：простудиться/простужаться(感冒)，встретить/встречать на улице(遇上)，уронить/ронять(碰掉)，залить/заливать(溅脏)，сломать/ломать(损坏)等。这类动词的释义中可能包含活动主体因造成无意损失而承担责任的成分，在否定结构里往往包含"非自主行为可能发生"的预设。未完成体动词也不表示具体过程意义。

动词的体性分类范畴属性不仅是动词能否进入体的对应词偶，包含哪些具体语法意义的决定因素，而且在很大程度上制约着动词的句法搭配特点。例如，恒常属性和恒常关系动词跨越时间度量的意义性质，决定它们通常不与各种类型的时间状语连用(*Сейчас Волга впадает в Каспийское море*〔伏尔加河在流入里海〕)，常时状态动词没有具体时间定位的意义特点，因而只与抽象时间状语连用(Вначале четвертого курса она уже владела английским языком〔在四年级初她已掌握英语〕)，活动动词与一般行为动词虽然都有具体时间定位意义，因而可以与具体时间状语连用，但是状语的意义类型和表达方式却往往有所区别(написал за два часа〔用两个小时写好〕/спал два часа〔睡两个小时〕)。

同一动词的不同词汇语义单位或不同言语用法分属不同体性语义类别的例子如：падать/упасть₁(не падай〔不要卧倒〕)属自主的一般行为动词；падать/упасть₂(не упади〔别跌倒了〕)则属非自主的界限过程动词；спускаться₁(дорога спускается к морю〔道路向海面倾斜〕)属状态动词，спускаться₂(спускаться по лестнице〔下楼梯〕)则属一般行为动词。

配价的语义角色/交际地位组配(диатеза)、题元词的语义类别、动词的语义场类别和体性语义类别，这四个方面是同一动词不同词汇语义单位彼此区别的主要参数。

"俄语动词"释义栏目是词汇语义单位项解释部分的中心,由排列有序的一组在结构上各自独立的元语言句组成。每个句子都对应地表述一项语义成分,这些语义成分分属于活动、结果、使役、过程、界限、原状态、新状态、前置等准栏目,是词汇语义单位在这些参数方面的具体特征。"俄语动词"与 Ю. Апресян 的"词汇释义类型"(лексикографический тип)的思想相近,释义不求穷尽,只选择有分类作用的共性语义成分,个别词的个性区别特征不涉及。各种分类范畴动词都有自己统一的释义结构,由规定的若干准栏目参数组成。例如,一般行为动词的释义必须包括"活动"和"结果"两项参数;消极结果动词必须包括"原状态"和"新状态"。分类范畴动词的释义中除了规定参数外,还常常包括选择参数,这些参数特征是动词分类范畴内部次范畴的区别特征,为一些动词所有,另一些所无。例如:"使役"参数只出现在 уронить(碰掉)、сломать(弄坏)等动词的释义中,不参与 выздороветь(恢复健康)、заснуть(睡着)等的释义,从而将消极结果动词区分为使役的与非使役的两类。

"俄语动词"的释义参数还区分为基本的和具体的两类。基本参数栏目只包含由参数名称构成的谓词和相关的主目,例如:"主体活动"、"客体(或主体)经历过程"、"客体(或主体)处于状态中"等等。后者则揭示参数的具体内容,如"结果"参数可具体化为:"客体移动位置"(продвинуть стол через дверь〔把桌子挪到门那边〕)、"客体变形"(разрезать сукно〔剪呢子〕)、"客体处于功能状态"(выстирать рубашку〔洗衬衣〕)、"客体不存在"(порвать записку〔撕掉字条〕)等。动词由此可以区分为相应的语义类别。

这种多层级的释义方法旨在方便搜索词的各种义类,清楚显示类别间的语义对应关系。试比较一般行为动词下列次范畴在"过程"选择参数及其具体特征方面的对应关系:a)结果积累动词,客体经历与主体活动同步的过程,如:строить дом(建房)、мыть кастрюлю(洗煎锅);b)努力尝试动词,客体不经历与主体活动同步的过程,如 ловить бабочку(捕捉蝴蝶)、решать задачу 解题;c)瞬息结果动词,客体经历瞬息过程或主体活动不同步的过程,如 убить(杀)、бросить камень(投石)。对动词体具体语法意义组成和句法搭配产生影响的不仅是动词的分类范畴特征,而且包括动词在释义中的选择参数和具体参数层次上的特征。未完成体结果积累动词具有典型的具体过程意义,未完成体努力尝试动词在表达具体过程意义时,有明显的主体企图达到目的的色彩,未完成体瞬息结果动词则不用于具体过程意义。未完成体结果积累动词和瞬息结果动词可以用于结果概括事实意义,表达过去曾经达到结果的行为(Однажды в этом лесу я находил рыжики[有一次在这片林子里我采到过松蘑];Старик вошел в комнату, кивнул на цветы:—Сам собирал или может ... детишки?[老人进屋,向着花点了一下头说:"你自己采的还是孩子们采的?"])而未完成体努力尝试动词不能用来表达这种意义。完成体结果积累动词可以和表示结果出现程度、结果出现过程的副词连用(написал письмо наполовину[写了一半信];дом построили полностью[房子全部建完了]),但是完成体努力尝试动词和瞬息结果动词不能和这类副词连用(*наполовину поймал[*捕捉到一半];*полностью пришел[*他全部来了])。(Ю. Маслов 1984:59—65)

"俄语动词"释义栏目的另一个重要特点是,除了提供语义信息外,还对各项次栏目语义成分的交际地位做了标注。词义和表述一样,从语用的角度可以切分为交际上比较重要的成分,即通常所谓的新给成分和不太重要的成分,即通常所谓的已给成分。词义结构中的交际中心成分是陈说,交际次要成分通常为预设。因而陈说是词义中接受否定的成分,预设则不受否定的影响,例如:句子 Я не дочитал эту книгу(我没读完这本书)否定的只是"行为完结",但是"读了书"的事实并未被否定。所以,动词 дочитать(读完)的陈说,中心交际成分是"行为完结",即构词前缀 до-表达的意义成分;预设,受话人不言而喻的、已给的成分是"读了书",即根词表达的意义成分。(С. Иванова, К. Казенин 1993:98—103)同样的道理,Я не уговорил его(我没说服他)的陈说是结果,预设是劝说的活动。词与词的意义差别常常不表现在词义结构的组成上,而表现在意义成分的切分上,例如,осуждать(指责)和обвинять(责怪)都包含"指出客体实施了某行为"(a)和"主体对客体该行为做否定评价"(b)两个意义成分,但是对 осуждать 而言,b 是陈说,a 为预设;而对于 обвинять,a 为陈说,b 则

是预设。(Л. Карттунен 1985:303—332)

除了预设之外,词义中的次要交际成分还有蕴涵、背景(фон)和推涵(импликатура),"俄语动词"使用的蕴涵概念依据 L. Karttunen 的定义:当说话人肯定 P 时,必认为 Q,(否定 P 时,必不认为 Q)则 P 蕴含 Q。例如:Джону удалось поцеловать Мэри(约翰达到了吻玛丽的目的)蕴含 Джон поцеловал Мэри(约翰吻了玛丽)。这种语义蕴含概念与逻辑蕴含有所区别,后者还要增加一个条件:如非 Q,则非 P。但是 Джон не поцеловал Мэри(约翰没吻玛丽)并不意味着 Джону не удалось(约翰没达到目的)。(Е. Падучева 1985:61—62)

背景与推涵是边缘的次要交际成分,分别类似于预设和蕴涵,但稳定程度不如后者,与中心交际成分的距离更大一些。与背景和推涵相对应的现实片断虽然已经不是动词情景的直接组成部分,但是与动词情景关系密切,因而在释义上往往应该涉及。"俄语动词"将背景和预设纳入前置栏目,推涵和蕴涵归入结果栏目。常见的背景特征是背景活动。以 Иван разбил чашку(伊万打了茶杯)为例,主体在事件发生时进行某种活动是必要的条件,如,走路或端杯子不慎碰倒掉在地上。尽管主体的具体活动内容与разбить(打)的词义无关,但是造成无意后果的活动本身却应是动词释义的组成部分。这种"主体活动"成分的交际地位对于 разбить 而言,就是"俄语动词"所谓的背景。从交际成分的角度着眼,语义配价"逆施事"恰恰是背景施事,即未占据句法主体位置的施事,如:Я получил от него письмо.(我收到他〈寄来的〉一封信。)

推涵只是动词情景可能的、或然的蕴涵成分,如动词 отрезать(切下)的"主体或另外某人受益"的意义成分,разбить 的"主体或另外某人受损"的意义成分都是推涵成分。动词释义包括推涵有助于从语义上解释句子结构中某些比较次要的成分,如 Петя разбил мою любимую чашку(别佳把我心爱的杯子打了)中的 мою(我的)表示受损主体,Петя отрезал себе кусок торта(别佳给自己切了一块蛋糕)中的 себе 表示受益主体等。

"词汇信息库"的主要建构者虽不属于莫斯科语义学派,但不难看出,他们的理论基础与元语言体系和以 И. Мельчук, А. Жолковский, Ю.

Апресян 为代表的莫斯科语义学派的语言总合一体描写体系十分相近。信息库力求全方位地、系统而又完备地描写词汇体系,具体、直观地展现语言词汇结构的高度系统性,令人信服地显示词汇深层语义特征和表层语法特征的密切制约关系。借助计算机自动化技术性能为多层次的、纵横交错的各种复杂词汇分类提供的可能性,"词汇信息库"必将成为语言研究和语言实验的卓有成效的现代化工具。

第 四 章

莫斯科语义学派

第一节 莫斯科语义学派概述[①]

1 莫斯科语义学派

近几十年来在前苏联、俄罗斯语言学界活跃着一批属于莫斯科语义学派，由 Ю. Апресян 院士为代表的学者。他们的理论系统建立在 А. Жолковский, И. Мельчук 等人 20 世纪 60 年代提出的"意思⇔文本"模式（А. Жолковский 等 1964, 1965, 1967, 1969; И. Мельчук 1974）的基础上。这个学派继承 Л. Щерба, В. Виноградов 等本国语言学家的有益思想，吸收 J. Katz, G. Lakoff, Ch. Fillmore 等西方语言学家的相关成就，借鉴波兰语义学派 A. Wierzbicka(1996, 1999), A. Boguslavski 等人的研究方法，在语言学的宏观领域和微观领域，包括理论语义学、词典学和机器翻译等各个方面，独树一帜，有着一系列重要的、革命性的建树，产生了十分广泛、深远的影响。以 Ю. Апресян 为首的莫斯科语义学派和以 Н. Арутюнова 为首的语言逻辑分析学派，在某种程度上，可以说代表着俄罗斯语义学发展的一个崭新的历史阶段。

人类的语言，就其基本功能而言，乃是交际的工具，即特定信息的编码和解码的手段。编码与解码都离不开语义学的深入研究，因而近年来，随着语言学向宏观和微观两个方面的发展，语义学在语言学领域的各门学科中愈来愈明显地占据着中心的位置。"意思⇔文本"模式以服务于机器翻译为目的，模拟人的语言能力的两个重要方面：从"文本"到"意思"的

[①] 本节作为独立论文最初刊登在《外语研究》2001 年第 4 期上，题为《莫斯科语义学派》。

分析能力和从"意思"到"文本"的综合能力。分析过程面对的，是借助一系列规则排除文本的多义性，筛选合适语义的问题；综合过程要解决的，则是借助另外一系列规则，从数量众多的同义手段中筛选恰当手段以准确表达语义的问题。人的语言能力还表现在使用不同形式手段表达同一思想和识别不同形式手段的语义同一性方面。"意思⇔文本"模式的上述模拟任务要求有一套特殊的、直观的意义语言，即所谓的元语言。每一个思想在使用这种语言表述时，只应有唯一的外部形式。分析过程就是将自然语言翻译成意义语言的过程；而综合则是把意义语言翻译成自然语言的过程。在"意思⇔文本"模式理论基础上发展起来的莫斯科语义学派因而不仅仅满足于一般地描写语言意义，而且力求解释词汇单位与其他各层次语言单位、语句和语句之间的各种语义关系，从而达到构拟世界的整体语言图景的最终目的。

本节拟就以下五个方面评述莫斯科语义学派：

1) 语言的总合一体描写；
2) 词汇单位的系统描写；
3) 以对象语为基础的元语言描写工具；
4) 多层次语义结构观；
5) 将意义相互作用规则纳入描写对象。

2 语言的总合一体描写

对于莫斯科语义学派的"意思⇔文本"模式而言，所谓总合一体描写，指的是：

1) 在描写特定自然语言时，将其语法与词汇两个不同层面的意义使用相同的形式化语言统一起来，形式化的词汇意义描写与语法意义描写构成总合一体描写的两个不可分割的部分；

2) 将词汇的释义内容与语法的规则系统有机地相互协调，融为一体。

根据语言总合一体描写理论的原则，词典的释义要进行结构性的调整。其内容除词汇意义外，应囊括与词汇单位语义相互制约的诸如词汇、句法、搭配、交际结构角色等全部的语义、形式特征以及相关的同义词、近义词、反义词、转换词、派生词等等。传统的语义学不具备这种总合一体描写的性质。

将语法与词汇两个不同层面总合一体描写正确地反映了语言的客观事实。一方面，人们早就发现，词汇和语法没有截然的界限。同样的意义，一种语言使用词汇手段表达，另外一种语言可能使用语法手段表达。即使在同一种语言里，相同的意义成分常常也既可以通过语法手段表达，也可以通过词汇手段表达。例如，同样的"能够"意义，在俄语中不仅可以使用形容词的构词后缀-м/-ем表达：переводимый（可译的），而且可以使用情态动词 может 表达：который может быть переведен（能够被翻译的）；переводимый = который может быть переведен. 在汉语里，"能够"的意义也同样有词汇和语法（以在动补式短语中嵌入"得、不"为标记的可能体）两种不同层面的表达手段，试比较：这类词是不能翻译的。/这类词是翻译不了的。另一方面，语法规则与词汇意义本来就是相互制约的。这种制约关系表现在：

a) 词汇单位的许多概括语义特征决定着它们在语法方面的具体意义类型(a)、交际结构中的角色地位(b)、词序(c)、支配关系(d)等：

(a) увидеть（看见），услышать（听见），понять（懂得），поверить（相信），удивиться（惊讶）等动词表达"心理状态"，这一语义特征决定了它们的完成体具体语法意义不同于 добиться（达到），уговорить（说服），догнать（赶上），поступить（考取）等积极行为动词，不是行为达到结果，而是状态开始出现：понял（懂了）= "начал быть в состоянии понимания"（开始处于懂的状态）。

(b) отвыкнуть（抛弃习惯），отучиться（忘掉）等动词的释义为 начать не иметь привычку или умение（开始不具有习惯或技能），这种"内部否定"的语义特征决定它们在语句的交际结构中，与通常的否定句 не（不、没有）之后的成分一样，主要充当述位，承载逻辑重音。

(c) подуть（刮），пойти（下），сверкнуть（闪），ударить（打），произойти（发生）等动词都有"出现，发生"的共同意义，与 ветер（风），дождь（雨），

молния(闪电),гром(雷),авария(事故)等名词搭配时,常与之构成不可分割的语义整体。这种意义特点决定它们多位于主语之前,和主语构成在交际结构上不可切分的句子:Пошел дождь(下雨了);Произошла авария(发生事故了)。(Русская грамматика 1980:195—196)

(d)считать(认为),думать(想),полагать(以为)等动词的"意见"(мнение)语义特征决定语句的信息焦点不是谓词本身,而是表达意见内容的从属命题。从属命题的内容因而必须充分、翔实,不能用指代性质的间接问题句形式表达:*Я полагаю, когда он приехал.(*我认为他何时来了)。与此相反,знать(知道),помнить(记得)等谓词的"知悉"(знание)语义特征决定语句的信息焦点一般不是从属命题,而是谓词本身。说话人认为受话人已知的从属命题因而可以使用指代性间接问题句模糊地表达:Я знаю, когда он приехал.(我知道他什么时候来的。)(И. Шатуновский 1996:254—257)

b)词汇义项的体现常常取决于词汇单位特定的具体语法意义类型(a)、词法形式(b)、句法结构(c)、交际角色(d)等因素:

(a)видеть(看见)可以表示"观赏(艺术表演)",但这个义项只在该动词用于未完成体概括事实意义时方能体现出来:Этот фильм я уже видел.(这个电影我已经看过了。)汉语译文中"过"是句中谓语动词概括事实意义的间接标志。用于具体过程意义的 видеть 不能表示这个义项:*Когда я вошел, он видел телевизор.同义的 смотреть(看)则不受这一限制,这一动词的"观赏"义项既体现在概括事实意义中:Этот фильм я уже смотрел(这个电影我已经看过了);又体现在具体过程意义中:Когда я вошел, он смотрел телевизор.(我进去时,他正在看电视呢。)

(b)плох 表示"病情危重"(Бабушка плоха стала〔奶奶病危了〕),хорош 表示"漂亮"(А я и в слезах хороша〔我就是哭的时候也漂亮〕)都只限于形容词的短尾形式。

(c)系词 быть(是)在双部句中表达"认同"(идентификация)意义时,表语只用第一格形式,быть 的性、数与表语一致,试比较:Это был Егор(这是叶戈尔)/*Это было Егором.在五格名词做表语的句子里,быть 不表示"认同",而用于分类意义或描述意义:Его сын был первоклассником(他儿子是一年级学生);Это было радостью(这是一件令人高兴的事)。(Е.Падучева 1985:468)

(d)настоящий 的诸多义项中有两个值得注意:(1) 具有该类事物全部特征,包括主要特征在内的,即"真正";(2) 具有该类事物许多特征,但没有其主要特征的,即"简直是"。两个义项的区别条件是:(1) 充当句子的交际焦点,带逻辑重音:Его сын—настоящий артист.(他儿子是一个真正的演员。)(2) 不充当句子的交际焦点,没有逻辑重音:Его сын—настоящий артист.(他儿子简直是个演员。)(Ю.Апресян 1999:47)

总之,总合一体描写的原则旨在揭示语言单位之间的和语义相关的各种因果联系,这些规则有的是一组语言单位共有的,有的是个别语言单位独有的。通过总合一体描写揭示这些规则是文本的分析与综合所必需的。

3 词汇单位的系统描写

与总合一体描写原则直接关联的是语言单位的系统描写原则。所谓系统描写,指的是将语言单位作为一个或若干个彼此交错的词典释义类别(лексикографические типы)的成员,以这些词典释义类别为背景来加以描写,即用相同的模式来描写那些属于同一词典释义类别的若干词汇单位的共同属性。系统描写的最终任务是揭示整体语言词汇的系统性。

语言对于世界的概括方式本身就是系统的,有规律可循的,这是语言单位系统化描写的客观依据。例如,情感过程在语言图景中规律性地体现在以下几个方面:

a)对于特定外界事件直接或间接的身心感受:злиться(恼怒)与возмущаться(气愤)的区别在于,前者表达的情感源于对特定外界情况的直接生理感受,主体既可以是人,也可以是其他动物(Собака злится, когда ее гладят против шерсти〔戗毛摩挲时,狗是要恼怒的〕);后者表达的情感则可源于间接的信息,不必与外界情况直接面对,因而主体只能是人(*Собака возмущается)。

b) 对于该事件的理性评价:高兴、得意、期盼等肯定情感是在主体认为外界事件符合主观意愿时而产生的;忧伤、仇恨、愤怒等否定情感则是在主体认为外界事件不符合主观意愿时产生的。

c) 由于上述原因而产生的肯定的、好的或否定的、坏的心理状态。情感状态不同于思想,可以体验,但不能言传,因而 Ю. Апресян 建议使用比喻的方法加以描述:情欲——类似发烧的感觉,恐惧——类似寒冷的感觉,怜悯——类似疼痛的感觉。

d) 延续或终止外界事件的愿望。引起积极情感的外界因素是人们希望延续存在的,反之则是人们希望终止存在的。

e) 情感外部体征:恐惧时面色苍白,羞愧时满脸通红,愤怒时咬牙切齿,等等。

语言图景对于情感过程的上述规律性概括为情感语词的系统化语义描写提供了划一的方案:

厌恶——"一种不愉快的、类似十分不好的味道或气味感,这种感觉是我们在感知某客体,将其认为是极端令人不快的东西,希望终止与其接触时出现的。这种感觉的外部体征是厌恶者的面部不由自主地显示出痛苦的神情。"

害怕——"一种不愉快的、类似寒冷的感觉。这种感觉是人或其他动物在感知某客体,将其认为是对自身危险的东西,希望不与其接触时出现的。这种感觉的外部体征,是人的脸色苍白、心跳加速、失声、逃遁感。"(Ю. Апресян 1955b:367)

系统描写的核心概念是词汇的词典释义类别。一组词如果具有一个或若干个共同属性,这些属性由于制约着语句或语句片段的生成或理解而必须用统一的模式在词典中加以描写,那么这组词就叫做词汇的词典释义类别。(Ю. Апресян 1955b:690) 每种语言的词汇体系都可以区分出一系列大小不等的词典释义类别。词汇的词典释义类别不同于词汇的语义场、语义群等传统语义学概念之处是:

1) 语义场、语义群的划分只依据共同的语义特征,而词典释义类别的划分标准既可能是词汇的某些共同的语义特征,如状态动词、常时状态动词、即时状态动词、心理状态动词、情感动词、知悉动词、意见动词等词典释义类别,也可能是词汇在构词、词法、句法、搭配、语用、语调等某个方面体现出来的共同属性,如未完成体定向运动动词 идти(走),ехать(利用交通工具来、去),лететь(飞行);不定向运动动词 ходить(走),ездить(利用交通工具来、去),летать(飞行);空间位置动词 висеть(挂着)、лежать(躺着)、сидеть(坐着)、стоять(立着)等,虽无共同的语义特征,但都可与表达具体行为过程的动词构成在体、时、式、人称、性和数形式上一致的句法结构;ходит ворчит(边走边唠),лежит думает(躺着想),сидела шила(坐着缝),стою и плачу(站着哭),идешь да смотришь(一边走一边看)等,并据此而聚合为相应的词典释义类别。

2)词汇的词典释义类别是莫斯科语义学派语言总合一体描写理论框架中的专门概念。词构成词典释义类别的共同属性只限于那些制约着广义语法规则,包括生成和理解句子所必需的词汇、句法、搭配、交际结构、语义、语用等语言规则的属性,如状态动词的语义属性决定它们不具有积极过程意义,不能用 делать 照应:可以说 Что ты делал вчера вечером? ——Думал о тебе(你昨天晚上干什么来着? ——想你的事情来着),但不能说 *Сердился на тебя(生你气来着)。而词汇的诸如"热带植物"、"淡水鱼"、"电子器械"之类的语义场、语义群则不与任何语法规则相干。决定 знать,помнить 等动词构成词典释义类别的是它们的"知悉"这一共同语义因素,而不是"预设传递"(транзитивность)之类的共同语义因素(当 A 知道 B 知道 P 时,A 知道 P),因为前者与这类动词的一系列句法特点、搭配特点密切相关,除上面提到的可支配间接问句之外,再如用代词替换其从属命题时要用 это,而不用 так,试比较:Я знаю, что он приехал ⊃ Я это знаю/Я считал, что он приехал ⊃ Я так считал;而后者只与逻辑相关,与语言规则无关。

3)和语义场、语义群不同,词汇在各种词典释义类别中的关系是错综重叠的关系,而不是严格的层次关系。同一词汇单位依据自身的不同属性可能隶属于不同的词典释义类别。如动词 выйти(出来,出去),就其"位移"意义而言,属于运动动词的释义类别;就其构词标志而言,属于

"вы + 运动动词"的释义类别,而就其生产词而言,则属于"前缀 + идти"的释义类别。

仅仅将词典释义类别的共性特征作为词汇的描写对象显然是不够的。莫斯科语义学派语言单位的系统描写原则要求在列举词汇单位的共性特征的同时,充分揭示它们的个别特征。每种词典释义类别都有一个典范词,其释义充分显示类别的共性特征。其他词的释义可逐字依照典范词建构,直至发生冲突为止。冲突的部分就是词的个别特征。

4 以对象语为基础的元语言

莫斯科语义学派总合、系统描写语言意义的工具,是以对象语为基础的元语言。这种为理论语义学服务的元语言由语义单纯、数量尽可能少的对象词汇和句法手段构成。词和句法手段与语义单位逐一对应,排除任何同义、多义现象。即一项意义单位只用一个语言单位表达,一个语言单位只表达一项意义。对象语的复杂意义单位借助元语言转换为由数量相对有限的简单语义成分构成的释义,以直观显示其在语义体系中、线性语句里与其他意义单位的各种复杂的聚合关系和组合关系。元语言的基本词汇单位(又称语义公因数)包括述语名称、事物名称、逻辑连接词和事物变项名称,它们组成各种简单结构关系的句子用于释义,以此与传统语义学理论中的义素(сема)概念相区别。后者将义素等同于音位的区别特征,认为它们之间只有并列的关系。

莫斯科语义学派将句子的语义结构区分为表层与深层两种,表层为民族语义层次,深层为跨民族的普遍语义层次。(Ю. Апресян 1995b: 10)自然语言的语义具有民族的特点,句子某些语义因素的强制性表达就是民族特点的一种具体表现。例如,就语法意义而言,俄语动词的体范畴意义、名词的数范畴意义属于强制表达的意义。即或是在这些意义无关紧要的上下文里,也无法回避体与数的抉择。词汇意义也有类似的情况。汉语"妈妈走了"译成俄语只能在下列方案中选择: Мама ушла/уехала/уплыла/улетела,但每种方案较之原文都增加了"交通方式"的羡余意义因素,或步行,或使用车、马等交通工具,或坐船,或乘飞机。这类挥之不去的意义因素反映在自然语言的表层语义结构中。深层语义结构保留的只是构成语句报道内容的必需意义成分。莫斯科语义学派元语言系统的描写对象是对象语的表层语义结构,因而这种语言不是跨语种的普遍的人工语言,而是通过特定方式缩略、调整了的对象语,其词汇、形态、结构都取自对象语。至于建构跨语种的类似国际音标性质的普遍人工语言,就目前的语言学状况而言,恐怕还是十分遥远的事情。

　　元语言的词汇不仅是表达基本语义成分的,数量因而十分有限的基本语义元素单位,而且包括语义略微复杂的过渡词汇单位两类。(Ю. Апресян 1995а:70—77) 语义十分复杂的词汇单位不能参与释义,因而被排斥在元语言的词汇系统之外。语义元素单位不能再继续分解,否则,将出现循环论证,如:声音——"被听觉感知的现象"/听觉——"感知声音的能力",即用"听觉"解释"声音",用"声音"解释"听觉"。① 过渡词汇单位经过一个步骤或若干步骤即可分解为几个语义元素单位。根据莫斯科语义学派的原则,将复杂的词汇意义分解为基本元素单位不是一步到位,而是从复杂到简单一步步分阶段进行的。每个阶段的释义都应该由语义容量尽可能大的模块组成。这样的释义较之一步到位的释义透明度高,在心理上易于接受。因而过渡词汇单位是释义的各个中间阶段所必需的。以 обещать(许诺)的释义为例:X 许诺 Y 做 P = "X 知道或者认为 Y 或者某个第三者对 P 有兴趣(预设);他对 Y 说要做 P,尽管有可能的困难(陈说);X 这样说,是因为想让别人相信他,他懂得,如果他不做 P,别人就会停止相信他(意图)"。释文中的语义元素单位是"认为"、"知道"、"说"、"做",须要进一步解释的过渡词汇单位是"有兴趣"、"尽管"、"困难"、"相信"和"懂得"。这些词汇单位的下一阶段释文是"对 B 有兴趣 = "A 认为 B 对他是好的,希望 B 将存在";P 尽管 R = "通常是,如果存在 R,P 就不可能发生;在该情景中,P 发生了,或者将要发生";P 对 A 是困难的 = "当 A 做 P 时,他必须用超过标准许多的努力";X 相信 Y = "X 认为 Y 说真实的话;X 这样认为的唯一原因是 X 的意见:Y 不可能对他说不真实的话";

---

① 关于基本语义元素单位能否继续分解的问题,学界有不同的意见,详见本章第二节。

X 懂得 P = "X 知道 P；这一知识的来源是对于同类情景通常属性的知识"。至此，释文中的绝大部分词都已是语义元素单位了，待进一步分解的只有"发生"和"必须"。如果追求一步到位，将"有兴趣"、"尽管"、"困难"、"相信"、"懂得"、"发生"、"必须"等过渡词汇单位的释文都代入"许诺"的释文之中，那么，结果尽管十分精确，但将冗长得令人摸不着头脑了。

包括使用同义语词、指示实物、比喻等手段在内的各种传统的元语言手段，其任务仅限于揭示未知语言单位表达的意义。与此不同的，是莫斯科语义学派的元语言体系的任务不仅仅是揭示语言单位的意义，而且最重要是直观地显示词汇、语法等单位的各种聚合关系(1)(2)和组合关系(3)：

1) 试比较 просить(请求)/требовать(要求)的释文：

X *просит* Y -а, чтобы Y сделал Р(X 请求 Y 做 P) = (a)X 想要 P 发生；(b)X 认为 Y 可能做 P；(c)X 不认为 Y 应该做 P；(d)X 对 Y 说他想要 Y 做 P；(e)X 这样说是因为想要 P 发生。

X *требует* от Y -а, чтобы Y сделал Р(X 要求 Y 做 P) = (a)X 想要 Y 做 p；(b)X 认为 Y 应该做 P；(c)X 对 У 说他想要 У 做 P；(d)X 这样说是因为他认为 У 应该做 P。

显然, просить 与 требовать 的主要区别，是前者的主体不认为客体应该做他（主体）说的事情；而后者的主体认为客体应该做他（主体）说的事情。(Ю. Апресян 1999：44, 48)

2) 俄语未完成体动词现在时和完成体动词将来时都有潜能意义(потенциальное значение)，通常视作同义语法手段(М, Шелякин 1983：63)。二者的区别所在通过元语言释文清楚地显示出来：

a) Он *поднимает* 200 килограмм(他举得起 200 千克) = "X 能做 P(举起 200 千克)；说话人肯定这一点，是因为他知道 X 过去做过。"

b) Он *поднимет* 200 килограмм(他举得起 200 千克) = "X 能做 P(举起 200 千克)；说话人肯定这一点，是因为他通过与 X 接触形成了这样的意见。"

对比释文可以发现，未完成体和完成体潜能意义的差异就在于，前者包含"知悉"的语义成分,而后者包含"意见"成分。我们知道,"知悉"只有获取的途径,没有形成的原因:可以说"你从哪儿知道的这件事?"但不能说"你为什么知道这件事?"相反"意见"只有形成的原因而无获取的途径:可以说"你为什么这样认为?"但不能说"你从哪儿这样认为?"正是由于这个缘故,针对(a)(b)的反应话语各不相同:Он поднимает 200 килограмм.(他举得起200千克。)—Откуда ты это знаешь? (你这是从哪儿知道的?)/Он поднимет 200 килограмм.(他举得起200千克。)—Почему ты так думаешь? (你为什么这样认为?)(Ю. Апресян 1999:48)

3) 词组 хорошая рецензия(一篇好评语)可以表示:a)给予成果以肯定的评价(Он написал хорошую рецензию, но эта книга заслуживает лучшей〔他写了一篇好评语,但是这本书更好的评语也当之无愧〕);b)给予评语写作本身以肯定的评价(Он написал очень хорошую рецензию: теперь всем будет ясно, что эта книга никуда не годится〔他写了一篇非常好的评语,现在大家都会清楚,这本书一无是处〕)。歧义产生的原因透过рецензия 的释文清楚地显示出来:рецензия Y-a на Z(Y 对 Z 的评语)="Y 写的对科技或文学语篇 Z 的书面分析,在其中 Y 给予 Z 以评价"。形容词 хороший 说明的对象可以是 рецензия 的语义结构中的"评价",这时词组 хорошая рецензия 用于意义 a)中;也可以是语义结构中的"写",这时词组用于意义 b)。(Ю. Апресян 1995b:475)

5 语言单位的多层次意义结构

语言单位的意义结构具有多维的性质,其构成因素之间的关系常常不是简单的合取关系。试比较动词 поймать(捉到)与бояться(害怕)的肯定形式和否定形式的释文:

X поймал Y-a(X 捉到了 Y)="(a)X 以某种方式活动,目的是使自己因这一活动而开始有 Y;(b)X 使自己因这一活动而开始有了 Y。"

X не поймал Y-a(X 没捉到 Y)="(a)X 以某种方式活动,目的是使自己因这一活动而开始有 Y;(b)X 没有使自己因这一活动而开始有 Y。"(М. Гловинская 1982:89)

X бoится P(X 怕 P) = (a)X 认为 P 是可能的;(b)X 认为 P 对他是不好的。

X не бoится P(X 不怕 P) = (a)X 不认为 P 是可能的;或者(b)X 不认为 P 对他是不好的。

显然,尽管 поймать 与 бояться 的语义都由两个部分构成,但是这两个部分之间的关系却不相同。бояться 的(a)(b)两个部分是逻辑上的合取关系,因而否定语气词 не 既可能作用于成分(a),又可能作用于成分(b)。не(a)和 не(b)之间是析取的关系。但是 поймать 的(a)(b)两个意义因素不是简单的合取关系,而是预设(a)与陈说(b)的关系。

同样的(a)(b)两个语义成分,由于它们扮演的预设与陈说的角色不同而常常构成两个不同的词汇语义单位。这两个单位可能是同一词的两个不同义项,也可能是两个不同的词。动词 надеяться 的语义结构中主要有两个成分:(a)X 认为 P 是好的;(b)X 认为 P 是可能的。但是在下面两个句子里,(a)(b)两个成分的交际角色却不相同:

(1) Я надеюсь на успех. 我对成功抱有期望。

(2) Я надеюсь на эту встречу. 我对这次会见抱有期望。

在句(1) 中语义成分(b)充当陈说,(a)是预设,句子的意思是"我认为成功是可能的"。句(2) 里的两个语义成分调换了位置,(a)转而充当陈说,(b)退居预设的地位,句子的意思是"我认为这次会见将有好的结果"。(a)(b)两个语义成分的交际功能转换可以通过对句子(1)(2) 的否定来证实:

(3) Я не надеюсь на успех. 我对成功不抱期望。

(4) Я не надеюсь на эту встречу. 我对这次会见不抱期望。

两个句子的否定对象显然不同。句(3) 否定的成分是(b):X 不认为 P 是可能的,因而(b)是陈说,句(3) 的语义焦点;成分(a)并没有被否定,是句子的预设部分(X 仍然认为 P 是好的)。句(4) 的情况则不同,(a)是被否定的语义成分:X 不认为 P 会带来好的结果;至于成分(b),则作为预设退居背景的地位,不是否定的语义对象。(А. Зализняк 1992:96)

除了陈说、预设之外,语言单位的意义结构中还可能包括情态域

(модальные рамки)、观察域(рамки наблюдения)和意图(мотивировка)，其中的情态域和观察域是两个比较重要的部分。

莫斯科语义学派将固定在语言单位上的、规约化的各种语用意义纳入情态域中。这类语用意义反映说话人对于 a)客观现实、b)报道内容、c)受话人的态度。

说话人对于语言单位反映的现实片段可能就其时间、方位、性质、数量等方面作出态度不同的评价。试比较：

(5) Он купил всего три чашки. 他才买了三只茶杯。

(6) Он купил целых три чашки. 他整整买了三只茶杯。

两个语句摄取的是同一客观现实片段，区别仅在于说话人的数量评价：(5) 他买了三只茶杯，这远远少于说话人的预料；(6) 他买了三只茶杯，这远远多于说话人的预料。(И. Мельчук 1974a:55)

说话人对于语言单位可能就其内容的确切程度作出态度不同的评价(7)，也可能通过特定的标记语词表明语句的言语行为意图(8)：

(7) При переброске айсбергов к берегам Африки возникает, конечно, немало проблем. 将一座座冰山向非洲海岸搬运当然会产生不少问题。

(8) В комнате холодно, правда? 房间里很冷，是吗？

在例(7)中，说话人借助 конечно(当然)预防性地排除受话人对于长途搬运冰山的潜在疑虑，对语句内容的可靠程度作了肯定的评价。конечно P = "你不要认为我认为不是 P"。句(8)的 правда(确实)标志一种特殊的言语行为类型——征求对于自己的意见的确认，这个句子可释义为："(a)说话人认为房间里冷；(b)说话人认为受话人有同样的意见；(c)说话人想要受话人确认他有同样的意见。"

俄语中有为数众多的词汇、语法等手段用于表示说话人与受话人在社会、年龄、亲疏程度等各方面的相对地位。例如，俄语具体事物名词后缀-ок,-ик,-чик;-к-,-очк-等有指小的构词意义：картинка = маленькая картина(小画儿)。有时，除指小外，这类后缀兼表示说话人对于所指客体的肯定情感。但当生产词为物质名词时(молочко〔牛奶〕, водичка〔水〕)，类似的后缀与指小意义已不相干，常常被说话人用来转而表达对于受话人的肯定情感,借以缩短与受话人的距离:Взвесьте мне колбаски.(请给我称一点儿香肠。)="请给我称一点儿香肠+我对您是有好感的。"

语言单位意义结构中的观察域属于指示(дейксис)性质的意义成分,表示观察者相对于情景事物的空间位置。观察者是一种隐性句法题元,不能通过从属于动词的名词性成分表达,但却是词汇单位不可或缺的释义成分。试比较前置词 перед(在……前面)在(9)(10) 中的意义差别:

(9) *Перед* зеркалом стоял столик.(镜子前面放着一张桌子。)="桌子位于镜子通常被使用的一侧。"

(10) *Перед* пнем стоял огромный боровик.(树墩的前面长着一棵大牛肝菌。)="牛肝菌位于树墩和观察者之间。"

句(9) 的 зеркало(镜子)是人造物品,有正反面,перед 与之搭配时的意义中不包含观察域成分。句(10) 的 пень(树墩)是自然物体,没有正反面之分,перед 与其搭配时的意义中不可或缺地包含着观察者的相对位置的成分。

Иван вышел из комнаты 既可译作"伊万从房间里走出来",也可译作"伊万从房间里走出去",选择哪一方案取决于观察者在室外还是室内。因而俄语 выйти из чего-н. 的语义结构中不含有观察域成分,而汉语"出来"、"出去"的语义结构中却包含着这一成分。

动词 показываться(出现)、видне ться(看得见)、белеть(呈现白色)、темнеть(呈现黑色)等的一个重要使用特点,是不与表示说话人的语词搭配。На дороге показался отряд всадников(路上出现一队骑者)是正常的语句,因为包含着观察者的隐性题元。而 На дороге показался я(路上出现了我)出自说话者口中却不正常,因为,"я"不可能既是观察者,又是被观察者。除非这一场景的观察者是另外一个人:Иван сказал, что я показался на дороге совершенно неожиданно.(伊万说,我在路上出现得十分突然。)

6 意义相互作用规则

我们知道,语音在连贯语流中受相邻语音条件的作用而可能发生各种各样的随位变化。词汇单位的情况与此类似。它们在组合系列里由于彼此相互影响,在语义上也可能发生这样或那样的变化。这种词汇语义在语句中因相互作用而发生变化的现象是有规律可循的,应予以充分的研究和描写。意义相互作用规则按性质主要区分为变异规则和辖域规则。

当谓词的特定语义配价可以同时用几种形式填充时,其中的某些形式会给词义带来一定程度的变化。这种现象是语义变异规则的主要描述对象。例如,поцарапать(划破)、порезать(割破)、уколоть(扎伤)等动词的工具配价有两种填充方式:名词第五格;前置词 о + 名词第四格。使用第五格形式的名词时,动词表达的行为可能是自主的(11)或非自主的(12);但在使用"前置词 о + 名词第四格"时,动词表达的行为只是非自主的(13):

(11) Кошка поцарапала ему лицо когтями. 猫用爪划破了他的脸。

(12) Осторожнее, ты мне поцарапаешь иголкой палец. 小心,你会用针划破我的手指的。

(13) Я поцарапал себе палец о стекло. 我把手指碰在玻璃上划破了。

例(13)动词的非自主行为意义不是"前置词 о + 第四格名词"的意义,因为这种形式也可以用在表达自主行为的结构中(почесать спину о забор 在栅栏上搔脊背);而是"前置词 о + 第四格名词"与 поцарапать、порезать、уколоть 等一类动词相互影响造成的。

否定语气词 не 与"状态动词(вмещать〔容纳〕、стоить〔值〕、весить〔重〕、составлять〔计〕等)+ 数量补语"连用时,受其影响,只表示"不足"意义:Пальто не стоит 50 рублей(大衣不值50卢布)。抽象的特征参数名词、形容词和动词(вкус〔味道〕、воля〔意志〕、объемный〔容量的〕、оценить〔评价〕等)用于表达评价意义的述位中,在没有程度形容词、副词修饰的情况下,可能增加特征程度的语义因素:нет фигуры(没有体型) = нет стройной фигуры(没有漂亮的体型)。这些现象也都属于语义变异规则的描写对象。

词汇单位的语义辖域在多数情况下只能是与其在句法上直接联系的词。但有时语义辖域和句法辖域可能不一致或不完全一致,这体现在以下几方面：

1) 词汇单位的语义辖域不是与其在句法上直接联系的词，而是以这个词为语法主导的整个句法片段。例如，副词 постепенно（渐渐）在句子 Он постепенно стал отцом семерых детей（他渐渐成了七个孩子的父亲）中语法上从属于 стал（成为），但语义上说明 стал отцом семерых детей（成了七个孩子的父亲），因为正是这一整体句法结构，而不是 стал 或 стал отцом（成为父亲）才具有"结果逐渐积聚形成"的意义，试比较：* Он постепенно стал отцом（* 他渐渐成了父亲）。（М. Гловинская 1982：27—28）

2) 词汇单位的语义辖域不是以句法上与其直接联系的词为语法主导的整个句法片段，而是这个句法片段的一部分，例如，否定语气词 не 在句子 Он не остался ужинать, чтобы вернуться домой засветло（他没有留下来吃晚饭，为的是天黑前赶回家去）中的语义辖域只限于 остался ужинать（留下来吃晚饭），不包括 чтобы вернуться домой засветло（为的是天黑前赶回家去），尽管在句法关系上依附主导动词 остался（留下来）的不仅是 ужинать（吃晚饭），而且还包括 чтобы вернуться домой засветло.（И. Богуславский 1985：14）

3) 词汇单位的语义辖域是与其句法上不直接联系的词，如否定词 не 在句子 Он не бежал быстро（他没有跑得很快）中的语义辖域不是与其在句法上直接联系的词 бежать（跑），而是在句法上与其不直接联系的，从属于 бежал 的 быстро（很快）。句义相当于 Он бежал не быстро（他跑得没有很快）。"只"在句子"小男孩只吃了一个西瓜"中的语义辖域不是"吃了"，而是"一个西瓜"，意义相当于"小男孩吃了只一个西瓜"。就是说，汉语允许副词"只"越过动词在语义上限制从属的名词，但俄语的 только（只）必须在句法上直接置于语义辖域词前，可以说 Мальчик съел только один арбуз（小男孩吃了只一个西瓜），但不能按照汉语的词序把这句话说成 * Мальчик только съел один арбуз.

4) 词汇单位的语义辖域不是与之在句法上直接联系的整个词，而是这个词语义结构中的某个组成部分。试比较 тонкая книга（一本薄书）/

глубокая книга(一本深刻的书)，тонкая(薄)指向 книга(书)的形式，而 глубокая(深刻)指向的则是内容。(Е.Рахилина 2000:56) хорошая(好)与 сестра(姐,妹)搭配时,评价的对象只限于 сестра 按照社会规范对其同辈履行血亲义务的表现,即该词的联想意义,而不是同辈之间血亲的程度,即该词的概念意义。词汇单位的语义辖域,在很多情况下,对于很多相关词而言,只是它们的语义结构中的陈说部分。以动词 спросить(问)为例,其语义结构包括五个部分:X спросил Y-a о Р(X 问 Y 有关 P 的事) = "(a)X 不知道 P;(b)X 要知道 P;(c)X 认为 Y 知道 P;(d)X 说了某些话,目的是使 Y 向他说出 P;(e)X 这样说是因为要知道 P。"其中的(a)(b)(c)属预设,(d)为陈说,(e)则是意图。因为如果否定 спросил,被否定的只是(d),而不是(a)(b)(c)。用于限定 спросил 的副词,只有指向成分(d)的在语义上才是正确的,试比较:

(14) Он *тихо* спросил, с кем разговариваю. 他低声问我在和谁交谈。

(15) * Он *совсем*（完全）спросил, с кем я разговариваю.

(16) * Он *очень*（非常）спросил, с кем я разговариваю.

(17) * Он *всегда*（一直）спросил, с кем я разговариваю.

句(14)正确,因为副词 тихо 语义指向陈说(d),可以与(d)的语法核心词 сказал 组成意义正确的搭配:тихо сказал(低声说)。句(15)(16)(17)不正确,因为其中的副词 совсем, очень, всегда 不能和 сказал 组成意义正确的搭配,尽管它们在语义上完全有资格分别和预设成分(a)(b)(c)中的语法核心词组合:совсем не знал(完全不知道);очень хотел знать(非常想要知道);всегда считал(一直认为)。(Ю.Апресян 1999:48)

莫斯科语义学派的成就是多方面的。他们拟构的分析与综合的语言能力模式在法俄、英俄科技文本自动翻译系统中得到成功的应用(Ю. Апресян, И. Богуславский, Л. Иомдин 1985:20—39);一批以总合、系统描写为原则的新型词典相继问世(И. Мельчук, А. Жолковский 1984;Ю. Апресян 1997);上个世纪就已经提出的"世界语言图景"正在通过这个学派的切实工作而有希望系统、清晰地逐渐展现出来;语言学的许多传统概念,诸如同义性、同音性、熟语性等,在这个学派的研究系统中都在经历着深刻的变化(Ю. Апресян 1995a：114—118)。

　　莫斯科语义学派区别于传统语义学的特征当然不限于本文列举的几个方面。如上所述,这个学派的理论基础是"意思⇔文本"模式。而这一模式从产生的那一天起,就和语言信息的计算机处理密不可分。因而这个学派将语言的从词素到句型的全部意义单位都纳入统一描写的对象,着眼点在于揭示这些单位的非语义属性的语义根源。限于篇幅,本章无法详细涉及这些方面的问题。

第二节　Апресян/Wierzbicka 的语义元语言[①]

1　元语言的概念

　　以 Ю. Апресян 为代表的莫斯科语义学派和以 A. Wierzbicka 为代表的波兰学派在当今的理论语义学研究领域享有很高的声誉。它们虽然是各自独立发展起来的两个语义学流派,但在理论建构和研究方法上有许多相通之处。本章拟通过对比的方式,梳理两个学派在语义元语言理论与实践方面的异同特征。很多对比内容涉及当代理论语义学研究的紧迫问题。

　　莫斯科语义学派对于元语言的语义描写对象和词汇、句法构成的观点经历了一个变化的过程。前期元语言体系的语义描写对象没有层级区分,词汇系统包含各种人工符号,句法结构采用网状图示。后期将语义描写对象区分为深层和表层两种结构。深层语义结构描写以跨语际义素为单位,描写工具应是类似国际音标般精确的人工元语言,这种普遍元语言的构拟尚需时日。表层语义结构的描写单位不排除民族语义的结构因素,描写工具使用以对象语为基础的元语言。这种语义语言由对象语(俄语)的基本词汇和句法构成,是莫斯科语义学派近年来研究俄语语义广泛使用的科学工具。本文涉及的以 Ю. Апресян 为代表的莫斯科语义学派

[①] 本节内容曾作为独立论文在《中国俄语教学》2002 年第 4 期和 2003 年第 1 期上连载。

的语义元语言,就是这种对象语元语言。

"元语言"这一术语最初用于数学、逻辑学领域,指研究对象理论的属性时使用的形式化语言。这种形式化语言由句法和语义两个部分组成。句法部分描述对象理论的自身结构、演绎手段;语义部分则以形式化体系的各种解读方式为研究对象。(С. Аверинцев 等 1998:356,358)逻辑语义学提出应该区分以谈论语言外事物为内容的对象语与以谈论语言符号自身为内容的元语言,它们是语言的两个不同层级。混淆对象语和元语言是构成语义悖论的一个原因。著名的"说谎者"悖论就是典型的例子:语句"我在说假话"一度被认为没有真值,因为它一方面真,如果"我"说的话确实与语言外的事实不符,另一方面假,既然"我"承认自己说假话。而事实上,作为对象语语句,"我在说假话"的意义如果与语言外的事实(如"我"说"雪是黑的")相符则是真的,如不相符(如"我"说"雪是白的"),则是假的。但作为元语言语句,"我在说假话"只是对象语语句"雪是黑的"的诠释,不应将其与对象语句等同起来,认为既然"雪是黑的"是假的,那么"我在说假话"也是假的。

"对象语"、"元语言"概念和所谓的"语义阶"概念密切相关。语言外的客观事物及其属性、关系等自身不构成语言符号,属于零阶;称谓零阶事物的符号构成对象语,即一阶语言;以一阶语言符号为解读对象的语言是元语言,即二阶语言。(Л. Новиков 1982:21; Н. Котелова 1974:56)

元语言远非仅仅局限于科学领域,而是现实地存在于人们的日常言语交际中。元语言活动是人们言语实践活动的组成部分,每当需要向受话人解释他不明白的语言符号或检查他是否使用同一语言符号时,言语的指向就从表述的客观内容转到语言符号自身,从而实施其元语言的功能。与日常言语交际活动使用的元语言不同,当代理论语义学广泛使用的元语言以系统消除自然语言语义的隐性特征、揭示语言单位之间的错综语义关系、服务于模拟人的语言能力为目的,是由语言学家使用紧缩的对象语或人工语言建构的语义语言体系。当代语义学虽然流派纷呈,但大都致力于将语义描写作为关键组成部分纳入模拟人的语言能力的形式化操作系统之中。这个系统应能够根据指定语义建构正确的自然语句或从所给自然语句提取正确语义。各种流派的当代语义学的一个共同特点是，都有自己专门的元语言体系作为精确描写语言意义的研究工具。隐性的语言单位意义借助元语言符号而获得显性的体现，编码与解码过程中涉及的文本与意思的转换关系借助元语言符号直观地体现为文本与语义符号式之间的转换关系。难以捕捉的东西因而变得可以捕捉。语言外在形态结构方面的研究，随着形式化、模式化等方法的运用以及着眼点从消极的分类向积极的生成转换变化，已经十分深入，取得了令人瞩目的成就。语言学在这个领域的严谨、精确程度已逼近自然科学。但是语言意义体系的结构特点、形式体系与意义体系的对应关系等问题却因缺少行之有效的研究手段而长期没有得到足够的重视。语义元语言正是在这种情况下应运而生，成为研究语义领域的一种严谨、精确的科学手段。建构行之有效的语义语言成为当代理论语义学的核心问题。

　　元语言释义的理论依据是当代语义学对于语言意义的特殊理解。从逻辑学、符号学的角度着眼，语言单位的意义是语言符号与语言外现实的对应关系，由此而判断语句的真值意义。从认知的角度着眼，语言单位的意义是语言符号与概念之间的关系，前者为能指，后者是所指。从当代语义学语义描写的角度着眼，语言符号的意义则是这个符号被翻译成的另外一个相对扩展的、因而更加显性的符号表达式，如：爷爷＝父亲的父亲；单身汉＝未婚男子。同义转换不仅是语义研究的重要手段，而且是人掌握某种语言的重要标志。（Р.Якобсон 1985：362—363）运用于语义研究的元语言转换一般应遵循化未知为已知、变模糊为清晰、由繁而简的顺序。用于释义的词汇语义单位较之被诠释的词汇语义单位应该相对简单，一个词汇语义单位的释文因而要由起码两个以上的其他语义单位构成。语言单位的释义过程就是一个不断将单位意义相对复杂的语义表达式解读为单位意义相对简单的表达式的过程，直至无法继续解读为止。所有词汇语义单位都可以经过若干步骤分解为基本语义元素单位。语义诠释的这种定向要求是避免循环论证的必要条件，否则元语言释义就会丧失其解释力。

2 Апресян/Wierzbicka 语义元语言的共同特征

1) 是缩略、划一的对象语形式

他们的元语言都建构在对象语的基础之上,是缩略、划一的对象语形式。元语言的词汇、句法结构均取自对象语,是对象语中实际存在的、语义最简单或相对简单的词汇、句法单位,其数量和类型因而是有限的。一个词或句法手段只表达一项意义单位;相同的意义要用相同的词或句法手段表达。这种以对象语为基础的语义元语言的特点是,自身易于理解,无须进一步解读。它们不同于建构在谓词演算逻辑式基础上的人工元语言。后者的词汇体系主要由抽象的逻辑符号(如真值联结词合取∧,析取∨,蕴涵⊃,否定⌐,全称量词∀,存在量词∃,个体变元 x,y,z……命题变元 p,q,r……等)、缩略词(如 Мельчук 用缩略拉丁语词表示词汇函数:Magn〔magnus 大的〕——极大,极强｛жгучая,тяжелая,назубок...｝= Magn〔брюнетка, рана, знать ...〕)、人造词(каузировать——役使)以及部分目的语词组成,句法手段或借自逻辑语言,或采用表达语义从属关系的树形图、网状图。乔姆斯基的生成语法、各种各样的形式语义学、И. Мельчук 的"意思⇔文本"模式、Ю. Апресян 的深层语义结构以及 Е. Падучева 的句法语义理论等使用的或拟使用的都是类似性质的语义元语言。以对象语的词汇、句法子集建构的语义元语言也不同于传统的语义区别特征理论使用的元语言,后者以列举语词的义素为特点,各项义素之间多没有特定的结构关系,句法地位平等:жеребец(牡马)= лошадь(马)+ самец(雄性)= самец(雄性)+ лошадь(马),无语法类别的区分。有些义素带有人为的性质,因而背离由繁至简的原则:я(我)= + говорящий(说话人), – слушающий(受话人);родители(双亲)= отец(父)+ мать(母)+ собирательность(集合);если(如果)= импликация(蕴涵)。人工的形式语言和区别特征语言自身都有再解读的问题。Wierzhicka 反对借用逻辑学、数学算子或人为的义素诠释自然语言,认为这无异于通过未知的、隐晦的语义式来解读已知的、明晰的自然语言单位。逻辑符号、逻辑式的结构关系以及人为的义素成分必须事先赋予特定的意义,它们的理解最终还是要依赖于自然语言。语义学如果不能借助简单自明的语言单位来解释复杂模糊的语言单位,那么它就会面对自己的理论与应用任务而显得苍白无力。(А.Вежбицкая 1999:30)建构在对象语基础上的元语言的另外一个特征是,因为有与对象语相同的句法结构,一般可以代入自然语言的文本之中,如用 становиться меньше 取代 Расстояние между бегунами постепенно сокращалось(赛跑者之间的距离渐渐缩短)中的 сокращалось→Расстояние между бегунами постепенно становилось меньше. (сокращаться 缩短 = становиться меньше 变小),而人工的形式语言和区别特征语言不具备这一特征:Пришли Мишины родители(米沙的双亲来了)—*Пришли Мишины отец + мать + собирательность.

2) 以对象语基本语义元素单位为基础

所谓基本语义元素单位(семантический примитив),指的是只用于组合起来诠释其他语言单位,而自身不能够进一步被解读的词汇语义单位。这些单位就像算术中的公因数,是构成自然语言全部词汇语义的基本单位。全部词汇语义单位都可以通过它们来加以分解。对象语词汇语义单位的数量尽管十分庞大,但是作为它们的共同语义公因数,语义元素单位的数量却是十分有限的。任何自然语言都有一定数量的概念单位是无须经过其他概念单位的解读而为人们直接理解、本身自明的,如果所有的概念都需要由其他概念的组合来解读,势必陷入循环论证的怪圈。表达这部分基本概念的词汇单位就构成了 Апресян 和 Wierzbicka 的语义元语言的词汇基础。"如果没有什么本身自明的事物,那么任何事物在任何时候都是不可能被理解的。因为那些可以通过其他事物被理解的事物,只是在其他那些事物能够被理解的程度上可以理解,如此等等。就是说,只有当我们将某事物分解为若干部分,并且每个部分都本身自明的时候,我们才可以说理解了该事物。"(Вежбицкая 1999:14)

鉴别语义元素单位有三个标准。a)重复出现在大量词汇语义单位的释文中。b)只能被循环论证,如只能用 слух(听觉)解读 звук(声音):звук = 听觉感知的现象,用 звук 解读 слух:слух = 感知声音的能力;那么从 звук 与 слух 中选择哪个词充当语义元素单位呢? 有资格被首选的应该

是 звук,因为它的所指更加具体,更加接近现实。(Апресян 1974:75) с)已有的解读方案都不恰当,如 много(多)不能诠释为 больше, чем ожидалось(比预料的量大),因为可以说 Народу пришло много, но меньше, чем я ожидал(人来得很多,但比我预料的少);也不能像莫斯科语义学派那样使用"标准"(норма)概念来加以诠释,因为很难想象语句 Много людей осталось без крова(很多人无家可归)表达的事件有什么可以参照的数量标准。一般详解词典的释义元语言虽然也取自对象语,但它们的读者对象是人,不同于 Апресян,Wierzbicka 以模拟人的语言能力为目的的语义元语言释文,没有以简释繁、避免循环论证、采用句子或词的组合形式等限制条件,允许释文中将语义相对复杂的或同义的语词作为读者已知的语词使用,因而尽管语义元素单位在详解词典里有对应的释文,如:знать(知道)= иметь сведения о ком-чем-н.(有关于某人、某物的信息);говорить(说)= словесно выражать мысли(用言语表达思想);считать(认为)= полагать(以为)(С.Ожегов,Ю.Шведова 1997),但这并不足以用来否定它们具有不可解读的特征。

3) 以抽象词汇语义单位为释义对象

首先,Апресян,Wierzbicka 从词典学、语言文化对比等角度着眼,将词汇语义单位作为语义描写的主要对象。这不同于生成语言学的形式语言,后者描写的不是词汇层面的语言意义,而是句子层面通过语法手段表达的意义,诸如代词的所指、照应,量词的辖域,名词的题元角色功能等。其次,Апресян,Wierzbicka 的元语言主要以抽象的词汇语义单位作为释义的对象,包括用做狭义述谓的动词、形容词、抽象名词,以及用做广义述谓的连接词、前置词、量词、语气词等。Апресян(1997,2000)主编的《新编俄语同义词解释词典》一、二两卷的绝大部分标题词都属于这些类别。与抽象词汇语义单位不同,事物性名词主要用于指物,充当题元,语义特点集中表现在词汇系统的聚合层面上,可以通过与上位词、下位词、同位词的对比以确定事物的形状、颜色、大小、结构、功能、用法等区别特征的方法加以描写,无须将它们置入用句子形式表达的典型情景中诠释,如"车"与上位语词对比,有"运输工具"的意义成分,与下位语词(火车、汽车、马车、人力车)对比,有"各种动力"的意义成分,与同位语词(飞机、轮船、太空船)对比,有"陆路"的意义成分。正是因为这个原因,事物性名词成为经典区别特征理论的理想描写对象。许多处在分类终端的动物、植物、昆虫、人造物品等具体事物名称的语义结构中,占据主要地位的是不与同位词汇单位构成对立关系的非区别特征,它们很难借助词汇量有限的元语言或区别特征语言获得充分的描写。这些词的理想释义方法是图示。(В. Ярцева 1990:234)

　　动词、形容词等抽象词汇语义单位则主要用于传达事物的特征或关系,与客观世界的现象、事件、情景对应。其语义结构集中体现在词汇系统的组合层面上,它们的意义由自身的概念语义和反映情景参与者的配价语义两个方面组成。(А. Уфимцева 1986:139) 主体的行为、目的、状态、性质,客体的状态、性质,对象、工具、手段、地点、时间等的性质,都是谓词语义的有机构成。其释文因而离不开用句子或词组构建的典型情景。例如,репутация(名声)在一般俄语详解词典里通过мнение(意见)定义: репутация = создавшееся общее мнение о достоинствах и недостатках кого-чего-л.(对于某人、某物的优缺点形成的普遍意见),被看做мнение的一种表现形式。但事实上二者不是同义关系,而是转换关系(конверсия)。① 将它们置入题元框架中,区别会立刻显示出来: репутация А среди Х-ов(А在Х中的名声)/мнение Х-ов об А(Х对于А的意见)。(Ю. Апресян 1974:94) благодарен(感谢)与неблагодарный(忘恩负义)的意义差别类似未完成体动词的具体过程意义(Вы говори́те//по-ру́сски?〔你说的是俄语吗?〕)与性质说明意义(Вы//говори́те по-русски?〔您会说俄语吗?〕),这一差别体现在它们的不同题元框架里: Х благодарен Y-у за Z/Х неблагодарный. благодарен通常用在具体、一次的语境里,要确定指出感谢的对象(Y-у)和事由(Z)。неблагодарный表示抽象于具体情景之外的惯常性质,因而无须,也不可能指出Х忘恩负义的具体对象(Y-у)和事

---

① 《现代汉语词典》(2002年增补版)通过"评价"定义"名声"。这两个词的语义关系和俄语的репутация/мнение一样,也是转换关系。

由(Z)。(Апресян 1995a:53)连接词、前置词、语气词等用于表示事物、情景或句法单位之间的各种关系,以及说话人对语句内容、客观现实或受话人的各种主观评价态度。它们更加应该与相关因素构成典型情景来充当释义的对象。

4) 词汇、语法、语用意义总和一体描写

作为符号体系来研究的自然语言划分为语义、语法和语用三个部分,C. Morris 的这一著名观点有着十分严重的缺陷。语义事实上不是游离于语法、语用之外,而是贯穿于词汇、语法、语用的始终。首先,人们早就发现,词汇和语法没有截然的界限。同样的意义,一种语言用词汇手段表达,另一种语言可能使用语法手段表达,二者是可以互译的。没有什么特殊的语法意义,有的仅仅是具有语法强制性的特殊的语言符号。其次,自然语言的特点在于,它不将语言外的世界与语言使用者的心理世界、社会环境区分开来。无法与语言使用人分割开来的不是语言中的个别单位,而是数量庞大的词汇、语法单位,甚至是整个语言体系。反映客观世界的真值语义仅仅是全部话语内容的十分有限的部分,因而不能将自然语言单位的意义简单地归结为符号与外部世界之间的关系。严格地说,自然语言不能用来客观地描写世界的本来面目。关于符号学的语义、语法、语用区分只适用于逻辑学、人工符号系统,对自然语言体系无效。合理的表述应该是,自然语言的意义区分为词汇、语法和语用三种类型。词汇意义与语法意义的区别体现在表达手段而不是语义性质上,而它们与语用意义的区别体现在意义的性质而不是表达手段上。(Вежбицкая 1996:5—7;Падучева 1996:222—223)基于以上观点,Wierzbicka 与 Апресян 都使用与描写词汇意义相同的元语言来解读语言单位的语法意义和语用意义,从而将三者统一在同一的语义符号系列里。

通常,语法意义描写采用的语言与词汇意义描写不同,是一套抽象的特征标记,如关于数范畴的"单一性"(единичность)、不可分割性(неделимость)、成对性(парность)、可分割多数(раздельное множество)、集合多数(множественность),关于体范畴的"结果性"(результативность)、"潜能性"(потенциальность)、"持续性"(длительность)、惯常性

(узуальность)等。类似的特征标记突显了语法意义与词汇意义在抽象程度上的内容差别。而使用总合一体的语义语言诠释语法意义,则将二者符合实际地统一起来。试比较俄语语法结构"否定词+自主完成体动词不定式(+第三格名词或代名词)"(Не догнать тебе бешеной тройки 你无法追赶得上疯狂奔驰的三套车)的两种不同释义方法:某行为的不可实现性;某人不能认为:"如果我想做成这件事,就能够做得成";他做不成这件事。(Вежбицкая 1996:60)

Wierzbicka, Апресян 将语言单位的语势(иллокутивная сила)(a)、评价态度(b)、观察者的位置(c)等语用意义因素纳入元语言释文的"情态域"中:

(a)S есть P (S 是 P) = 我想让你认为 S 是 P。

(b)Только X(只是 X)(如:Он только майор〔他只是少校〕) = X,(他是少校,)说话人认为这还不够。

(c)X находится за Y-ом(Y ≠ 人造物)(X 位于 Y 的后边) = Y 位于 X 和观察者之间。

И. Богуславский(1985:77—78) 建议以"То, что X, есть Y"(X 是 Y)为结构框架来实现用对象语元语言解读句子实际切分语义的设想,例如:Приехал//Петя ≙ Тот, кто приехал, есть Петя(来的人是别佳);Петя//приехал ≙ То, что сделал Петя, есть приехал(别佳做的事是来了);Петя приехал//домой ≙ То, куда приехал Петя, есть домой(别佳来的地方是家)。处在 Y 位置上的成分(Петя, приехал, домой)为述位,X 位置上的(приехал, Петя, приехал Петя)是主位。

3 Апресян/Wierzbicka 语义元语言的不同特征

1) 解读的语言对象不同

Апресян 认为,对象语语义元语言可能的解读对象仅限于特定的民族语。而 Wierzbicka 则强调,她的对象语元语言体系具有泛语际的性质,可以任何民族语为语义描写的对象。

如前所述,Апресян 的语义元语言观,有一个发展变化的历程。前期

的观点与 Мельчук 接近,反映在莫斯科语义学派模拟人的语言能力的"意思⇔文本"架构中。在这个意思与文本双向转换的多层级模式系统里,语音、词法、句法三个层级都进一步划分为深层与表层的准层级,惟独语义层级没有进一步划分。模式的构拟者认为,他们的元语言基本语义原子(семантический атом)具有跨民族的性质,可用于描写人类的各种自然语言。尽管分析获得的各种语言的基本语义原子可能不相吻合,但是将它们进一步切分,使之相互吻合,归结为统一的普遍语义原子体系是可能的。(И. Мельчук 1999:58) 80 年代以后,Апресян 逐渐地意识到,《意思⇔文本》模式的语义部分也应该与语音、词汇、句法一样,区分为表层和深层两个准层级。表层级的描写对象是语言单位包括强制性表达的冗余民族义素在内的全部语义成分;深层级的描写对象则是语言单位舍弃了冗余民族义素的普遍语义部分。将原本统一的语义层级一分为二的原因有两个:a)自然语言的有些语法、词汇意义因素虽然对于交际无关紧要,但在表达上具有强制性,无法摆脱。语法方面的例子如俄语名词的数范畴意义,试比较:У вас есть дети? /你有孩子吗? 其中 дети 的复数意义就是交际上冗余的意义成分。词汇方面的例子如汉语名词"哥哥"/"弟弟"、"姐姐"/"妹妹"、"叔"/"伯"相对于 брат, сестра, дядя 的"年龄大"/"年龄小"的意义成分,试比较:Приехал брат/哥哥(或弟弟)来了,其中"哥哥"(或"弟弟")的"年龄比自己大"("年龄比自己小")的意义成分是较之原文多余出来,但是无法摆脱的意义成分。b)莫斯科语义学派早期为《意思⇔文本》模式语义层级设计的语义元语言只能用来描写包括冗余民族义素在内的语言意义,因为其中的语义元素单位并不都具有跨语际的性质。描写舍弃冗余民族义素的普遍语言意义需要跨语际语义语言,这种语言的最终建构就目前的语言研究水平而言,还是比较遥远的事情。

  Wierzbicka 则认为,首先,解读自然语言需要一套数量有限、不能也无须进一步解读的词汇、句法的语义元素单位,揭示这套语义元素单位的夙愿虽然通过哲学思辨的途径未能实现,但是借助语言的研究,它们最终是可以系统地被发现的。其次,通过对各种自然语言研究而获得的语义元素单位是彼此吻合、可以互译的,因而具有普遍性的特征。以个别对象语面目显示的语义元素单位集不过是人类共同的基本概念与概念结构模式集的具体体现形式而已。基本的概念与概念的基本结构模式是人与生俱有的,儿童的语言习得过程研究证实了这一观点。通过与世界接触,幼儿在开始学习语言之前就已经掌握了某些基本概念,他们习得语言的过程,不仅是消极理解符号意义的过程,而且是积极寻找已知意义的未知表达手段的过程。基本概念与基本概念结构模式的普遍性质是跨文化交际的前提。不管各民族的语言世界图景有多么悬殊的差异,但由于它们都建构在同一基本语义元素单位基础之上,因而彼此总是能够相互理解的。民族文化思维的差异只表现在这些单位的各种不同组合方式上。很难设想,在语际之间甚至连基本语义和基本语义结构模式都没有同一性的情况下,不同文化群体之间怎样建立相互沟通的渠道。(Вежбицкая 1999:16—28)正是以这样的理论思考为基础,Wierzbicka 及其支持者 30 余年孜孜以求,对英、法、日、汉以及澳、亚、非、美等各大洲各种语系的许多民族语言进行了广泛调查,系统验证。他们建构的语义元语言因而较之莫斯科语义学派的对象语元语言确实具有跨语际的普遍性质,这一性质通过 Wierzbicka 用以解读关键语词,卓有成效地揭示语际文化差异得到了实践证实。

2) 对语义元素单位的认识不同

不可分解性指对象语元语言的基本词汇元素单位在语义上各自独立,彼此间不存在交叉重合的共同语义成分,因而不能再进一步分解。这是 Wierzbicka 早期元语言理论构拟中的一个核心观点。后来她对这个观点修正道:基本语义元素单位是一个体系,区分为不同的类别,同类之间势必有共同的类别属性,如"评价"类的 good, bad 的相同搭配属性,"心理述谓"类的 know (about), want, feel, think (about) 的共同状态属性, I, you, there, now 的共同指示属性等。但是这些都是基本语义元素单位的非结构性属性,它们不同于语言意义单位的结构性成分,不能借此否认基本语义元素单位不可分解的性质。(А.Вежбицкая 1999:35—36)

莫斯科语义学派认为,不可分解性与不可解读性是词汇语义单位的两种不同属性。按照能否被两个以上的基本语义元素单位诠释,词汇语义单位区分为可解读的与不可解读的两类。可解读的词汇语义单位顾名思义,当然都不是基本语义元素单位。它们的元语言释文可能是指示性质的,如:红色＝像血那样的颜色;人＝与你和我一样的生命体;也可能是同义转换性质的,如:обучать X-a Y-y(教 X Y)＝按特定计划使 X 知道或会 Y。指示性质的释文仅仅是展示所指事物或特征的手段,只有同义转换释文包含的词汇语义单位才与被释单位的语义成分分别对应。(И. Шатуновский 1996:11—13) 不可解读的词汇语义单位除语义特殊性明显的外,都用于语义元语言充当基本语义元素单位。语义单位不可解读并不等于不可分解。同时具有这两种属性的词汇语义单位应该是十分个别的情况,绝大多数不可解读的词汇语义单位都不是浑然一体,而是由更加细小的因素构成的。

例如,公认为基本语义元素单位的 хотеть(想要),一方面具有不可解读的性质,在俄语中找不到语义更加简单的词汇语义单位来构成合格的释文;另一方面又不能用来诠释同义的词汇语义单位 хотеться,因为,像 хотеться 一样,хотеть 的自身结构中除了与前者交叉重合的语义部分外,还包含若干独特的意义因素。它们的重合部分可以象征地用 чистое желание(单纯的愿望)表示。在重合意义因素占据主导地位的上下文里,二者可以相互替换,试比较:Мне хотелось пойти в товарищи к Колосову.(我真想成为卡拉索夫的同志。)/Я хотел пойти в товарищи к Колосову.(我想要成为卡拉索夫的同志)。但除了这一共同语义成分外,хотеть 与 хотеться 还分别包含 действенность воли субъекта(受主体意志制约,自主性)与 стихийность(本能的,自发的,非自主的)的意义因素。在区别意义因素占据主要地位的上下文中,二者不能相互替换。试比较:Он хотел(*ему хотелось) застрелить ее,а потом себя.(他想要〔打算〕先开枪打死她,然后打死自己。)/Смерть хочется(*я хочу) есть.(想吃东西想〔饿〕得要命。)(Т. Певнева 1997:111—120) 此外,хотеть 用于过去时常常表示从属命题行为付诸实施,但却未能如愿:Вот, хотел перевернуть лодку(你瞧,我本想把这船翻转过来),这也说明该动词意义结构中确实存在"受主体意志支配"的因素。хотеться 不包含这种意义因素,因而在例句中不能与之替换。(И. Шатуновский 1996:305)чистое желание, действенность воли субъекта 和 стихийность 都只是 хотеть/хотеться 的意义因素的象征性描写标记,而不是真正意义上的元语言解读,因为首先,чистый,действенность,стихийность 的语义结构并不比 хотеть/хотеться 简单,自身尚须解读,其次 желание 蕴涵"强烈"、"迫切"的色彩,而这恰恰是 хотеть/хотеться 不包含的意义因素。(Апресян 1995b:479)

再如连接词 если(if, would;如果),虽然 Wierzbicka,Апресян 都将其视作基本语义元素单位,但事实上仍然可以进一步分解:

Если P, то Q ≅ (1)说话人不知道被描写时刻的情景是什么样;(2)说话人认为此刻的情景可能是 P,可能是非 P;(3)说话人假设情景是 P;(4)说话人假设事件向着情景 Q 出现的方向发展,而且:(a)情景 P 是情景 Q 的条件;(b)情景 P 是情景 Q 的原因;(c)情景 P 和情景 Q 之间有某种深层联系。

情景 P 与 Q 的(a)种关系如:Меня отпустят гулять(Q), если я сделаю все уроки(P).(如果我把功课都做完,就放我出去玩。)если 用于这种情况时,意义相当于 условие(条件):Меня отпустят гулять при одном условии: я сделаю все уроки.(放我出去玩的条件是,我把功课都做完)。情景 P 与 Q 的(b)种关系如:Если они не достали билетов на автобус(P), им придется ехать поездом(Q)(如果他们没有弄到票,就只好乘火车走了)。если 用于这种情况时,意义相当于 причина(原因),пототу что(因为):Отсутствие билетов на автобус—причина того, что им придется ехать поездом 或 Им придется ехать поездом, потому что они не достали билеты на автобус.(他们没有弄到票是只好乘火车走的原因。)情景 P 与 Q 的(c)种关系如:Если пойдем в поход (P), обязательно возьмем с собой гитару (Q).(如果我们去旅行,就一定要带着吉他。)если 用于这种情况时的意义既非条件,亦非原因,而是一种用对象语现成词汇语义单位无法言喻的情景关系。这种关系只能用象征性的标记"某种深层联系"表示。(Е. Урысон 2001:45—65)以上对于 если 的意义分解一方面是必要的,因为这是揭示它与 условие,при условии,причина,потому что 之间语义差别的手段,另一方

面,这里的分解不是元语言解读,因为(c)是不能言喻的意义成分。Апресян(1994:27—40)将不能言喻的,从基本词汇语义元素单位进一步分解出来的语义单位称做语义夸克(семантические кварки)。有的基本词汇语义元素单位(如хотеть)只能进一步分解为语义夸克,有的(如если)则可以进一步分解为基本词汇语义元素单位(如если释文中的знать〔知道〕,считать〔认为〕,быть возможным〔可能〕等)+语义夸克。

语义夸克不仅是普遍元语言的必需单位,而且是民族语描写的必需单位。仅仅依靠基本词汇语义元素单位的元语言不足以揭示类似хотеть/хотеться,если/условие,причина的语义差别。Wierzbicka对此持相反的意见:"假如有人断言,在不同的词汇语义单位中存在着不能用任何语言单位表达的某种共同意义,我只能重复维特根斯坦的话:对于不能说的东西应该缄默。"(Вежбицкая 1996:299—300)

3) 词汇系统的构成不同

Апресян语义元语言的词汇组成以基本词汇元素单位为基础,包括基本词汇元素单位和语义构成略复杂的过渡词汇单位两种类型。因而其元语言的词汇数量虽然较之对象语少许多成,但仍可以千万计。依据莫斯科语义学派的释义要求,词汇语义单位的解读要透明度高,避免繁冗,不必一步直达元素单位底层,而要遵循类似直接成分分析的方式,使释文由语义容量尽可能大的模块构成。数量庞大的过渡词汇单位正是这种性质的语义模块。试比较:сжигать А(烧掉 А) = уничтожать А жгя(用烧的方式毁掉);уничтожать(毁掉) = каузировать перестать существовать(使停止存在);перестать(停止) = начать не(开始不);жечь(烧) = каузировать гореть(使燃);гореть(燃) = выделяя огонь, изменяться под воздействием огня(产生火焰,在火焰的作用下发生变化);изменяться(变化) = становиться иным(成为另外的样子)。如果不按照直接成分分析的方式,而是将过渡词汇单位 уничтожать(毁掉),перестать(停止),жечь(烧),гореть(燃),изменяться(变化)等的释文都一股脑儿地代入 сжигать 的释文中,那么结果势必冗长、烦琐得令人窒息:сжигать А = каузировать А начать не существовать, каузируя А выделять огонь и становиться иным(通

过使 A 产生火焰并且在火焰的作用下成为另外一个样子的方式,使 A 开始不存在)。(Апресян 1969:14)

Wierzbicka 语义元语言的词汇组成只限于有普遍性的基本词汇元素单位,不包括过渡词汇单位。有的基本词汇元素单位,如 exist(存在)并非在所有的语言里都有对等词,不具有普遍性,因而被 Wierzbicka 排除在元语言词汇系统之外,代之以 there is(有)。Wierzbicka 曾经严格地规定,只有当基本词汇元素单位在其他全部语言中都有独立的词汇语义单位对应时,才可以说它们具有普遍性。后来她修正了这一观点,认为具有普遍性特征的基本词汇元素单位不仅可以表现为独立的词,而且可以表现为词素或词组。如 if(would)在突厥语、爱斯基摩—阿留申语、通古斯—满洲语中就没有独立的对等词,句际条件联系通过动词的各种语法形式表达,类似俄语的 Будь ты похитрей, давно ходил бы в начальниках(你若是再圆滑一点儿,早就当上领导了)。(Урысон 2001:60—61) Wierzbicka 元语言释文的词汇单位严格限制在被研究确认的普遍词汇元素单位的范围之内,只在个别的情况下,为了避免解读的重点被冗赘的释文所淹没,才不得已使用语义结构较复杂的过渡性词汇语义单位。如波兰语词 rodzina(家)释文中的"父亲"、"母亲"、"孩子"等:rodzina(X-a)(X 的家) = 许多人;这些人是一个整体,因为这些人的每一个都是母亲、父亲、妻子、丈夫或他们中某个人的孩子;X 是这个整体的一部分;X 的父亲和母亲是这个整体的一部分;其他的人也是这个整体的一部分。① (А. Вежбицкая 2001:168)

Wierzbicka 的元语言普遍词汇元素单位系统在数十年的研究过程中不断地有所调整,她于 1999 年亲自拟定了普遍词汇元素单位系统的俄语方案,这个方案由 15 类 58 个词汇语义单位组成(A. Wierzbicka 1999):1) 事物符号:я(我), ты(你), кто-то(某人), что-то(某物), люди(人们), тело

---

① Wierzbicka 使用 rodzina(家)与英语名词 family(家)的元语言释文(X's family = 不多一些人;这些人是一个整体,因为这些人的每一个都是母亲、父亲、妻子、丈夫或他们中某个人的孩子;X 是这个整体的一部分;X 的子女是这个整体的一部分),对比这两个词的民族文化语义差异:a) rodzina 不仅包括夫妇、子女,而且包括父母、祖父母、叔、伯、舅、姑、婶、姨、堂表兄弟、姐妹等,而 family 则一般只包括夫妇和子女;b) 前者侧重指长辈,而后者侧重指子女,如:We want to have a family = 我们想要子女。

（身体）；2) 限定符号：этот（这个），тот же（同一个），другой（另一个）；3) 数量符号：один（一），два（二），некоторые（有些），все（全部）；4) 特征：хороший（好的），плохой（坏的），большой（大的），маленький（小的）；5) 心理述谓：думать（认为），знать（知道），хотеть（想要），чувствовать（感觉），видеть（看见），слышать（听见）；6) 言语：сказать（说），слово（话），правда（真）；7) 行为、事件与运动：делать（做），случаться（发生），двигаться（运动）；8) 存在与具有：есть/существовать（存在），есть/иметь（有）；9) 生与死：жить（活），умереть（死）；10) 逻辑概念：нет（没有），может быть（可能），может（能），потому что（因为），если（如果）；11) 时间：когда（当……时），теперь（现在），после（以后），до（以前），долго（很久），коротко（很短），некоторое время（若干时间）；12) 地点：где（在……地方），здесь（在这里），над（在……上），под（在……下），далеко（远），близко（近），сторона（……边），внутри（里面）；13) 加强：очень（很），больше（更）；14) 类别与部分：род（种），часть（部分）；15) 相似：как（так как）（像）。①

4) 语义解读的目的不同

莫斯科语义学派致力于弥合理论语义学与词典学之间历史形成的鸿沟，将二者融为一体。这个学派的对象语元语言不仅是理论语义学的研究工具，而且是新型词典的词义描写工具。元语言解读的一个重要任务，是为新型词典编纂服务，直观、系统地显示词汇语义单位在同义、反义、近义、转换、组配等方面的聚合关系与组合关系：②

1) 试对比 давать（给）/сообщать（通知）与 терять（丢）/забывать（忘记）两组俄语动词的释文：

X дает Y-у Z（X 给 Y Z）= X 使 Y 有 Z（Z = 物质客体）。/X сообщает Y-у Z（X 通知 Y Z）= X 使 Y 有 Z（Z = 信息）。

---

① как 与 так как 是同一语义元素的两个不同词汇变体（аллолекса），出现在不同的句法位置上。

② 参看 Апресян 主编的《新编俄语同义词解释词典》(Новый объяснительный словарь синонимов русского языка. М., 1997, 2000) 第 1, 2 两卷、《英俄同义词典》(Англо-русский синонимический словарь. М., 1979) 和 Мельчук 与 А. Жолковский 的《俄语组合详解词典》(Толково-комбинаторный словарь русского языка. Wien, 1984)。

X теряет Z(X 丢掉 Z) = X 非故意地停止有 Z(Z = 物质客体)。/X забывает Z(X 忘掉 Z) = X 非故意地停止有 Z(Z = 信息)。

几个动词的解读用同一释文贯穿相同的语义因素,从而直观地显示了在聚合层面上 a) давать 与 сообщать, терять 与 забывать 的准同义关系; b) давать 与 терять, сообщать 与 забывать 的准反义关系; c) давать/сообщать 与 терять/забывать(以及 найти〔物质客体〕/вспомнить〔信息〕)等词偶的语义类同关系。(И. Мельчук 1999:75)

2) 俄语副词 напрасно(多余)用于表示否定评价意义时,其评价主体在组合层面上与句中的述谓主体有重合与分离的两种情况。将(1) Напрасно я отказался(我多余拒绝)由直接引语转换为间接引语时,不能只改变句中的人称代词;(2) Напрасно он отказался(他多余拒绝),而要用 жалеть(后悔)取代 напрасно;(3) Он жалеет, что отказался(他后悔拒绝),因为:

X напрасно P (X 多余 P) = (a)(预设) X 做了 P;(b)(陈说)说话人认为 P 不好或 R 比 P 好, X 曾可以做 R 而不做 P。

X жалеет о P-е(X 后悔 P) = (a)(预设)X 知道 P 已发生, P 是 X 的自主行为;(b)(陈说)X 认为 P 不好或 R 比 P 好。

元语言释文显示, напрасно 与 жалеть 虽然都表示否定评价,但评价主体却不相同。前者的主体是说话人,后者是述谓主体 X。句(1) 的评价主体(说话人)与述谓主体"я"重合,但句(2) 的评价主体(说话人)却与述谓主体"он"相分离,因而(1) ≠ (2)。保留评价主体与述谓主体一致关系的手段是,在间接引语中用 жалеть 替换 напрасно:(3)。(А. Зализняк 1992:119, 155)

Wierzbicka 以她的普遍元语言为工具,从关键语词和语法范畴入手,进行了大量卓有成效的民族语言文化的对比工作。她对 Sapir-Whorf 关于跨民族语言世界图景体系不具有可比性的假说做了修正:民族性概念不管多么复杂,都可以使用普遍语义元素单位的各种组合结构加以解读,因而它们的语际对比是可以操作的。语言的民族性不仅表现在它们反映的特殊的自然生存条件以及衣食住行、婚嫁丧葬等的风俗、习惯方面,而且还表现在它们反映的民族性格特征方面。没有人奇怪爱斯基摩语关于雪、阿拉伯语关于骆驼、汉语关于水稻有各种各样的表达手段，但不同民族语言之间在使役、施/受事、情感等范畴方面的概念差异则令人惊讶。这种差异的原因不存于客观世界，而应该到民族性格特征中去寻找。例如，Wierzbicka 指出，俄罗斯民族情感外露，易于冲动，英国人情感收敛，崇尚理性。这种性格差异明显地投射在英俄语情感意义谓词的表达手段上。英语情感意义谓词的表达手段较之俄语明显地少，而且主要手段不是动词，类似 worry（不安），grieve（悲痛），rejoice（欣喜），pain（痛苦）的不及物情感动词仅有屈指可数的几个；而是形容词或分词，如：Mary was sad, glad, afraid, angry, happy, pleased, worried, disgusted（玛丽很忧伤,高兴,害怕,生气,快乐,愉快,不安,恼怒）。俄语与英语不同，情感意义谓词数量庞大，除了众多的心理状态谓语副词和相应的句式（Ему скучно, стыдно, грустно, жалко〔他感到寂寞,羞愧,忧愁,可怜〕）外，还有十分丰富的情感动词，其中很多无法译成英语动词，如：тосковать（忧郁），скучать（寂寞），грустить（悲伤），волноваться（激动），беспокоиться（不安），огорчаться（伤心），хандрить（苦闷），унывать（丧气），гордиться（骄傲），ужасаться（恐怖），стыдиться（羞愧），любоваться（欣赏），восхищаться（赞叹），ликовать（兴高采烈），злиться（发怒），гневаться（恼怒），тревожиться（惊恐），возмущаться（愤怒），негодовать（愤懑），томиться（苦恼），нервничать（着急）等等。

总体而言，形容词、形动词、分词、谓语副词等用于表达消极、被动、恒常、潜在的情感状态，而动词则用于表达积极、主动、具体、显性的情感过程。这种概念意义上的差别体现在不同的形式特点上。英语情感动词可以构成进行时，而"to be ＋形容词或分词"则多不能，试比较：She was worrying /＊She was being worried. 俄语情感动词与思维过程动词一样，客体配价（содержание）用 о чем 表示，而对应的形容词、谓语副词不支配 о чем, 试比较：Не грусти обо мне.（不要因想念我而忧伤。）/＊Я грустен о тебе;＊Мне грустно о тебе. 两种情感表达手段的元语言释义分别是：

(1) X worried (rejoiced, grieved), X беспокоился (радовался, горевал) =

(a) X 在想着什么;(b)因此 X 体验着某种情感;(c)X 想了若干时间;(d) X 在想着这件事的时候,体验着这种情感。

(2) X was worried(...), X был обеспокоен(...) = (a) X 在想着什么; (b)因此 X 体验着某种情感。

释文(1)表明:情感体验源于思想((a)(b));"想"是一个持续的具体行为过程(c);"体验情感"与"想这件事"是同时进行的具体行为过程。释文(2)与(1)的(a)(b)相同,也表示情感体验源于思想,但是缺少(c)(d)两项成分。这表明,分词、形动词(包括形容词和谓语副词)表达情感体验时,情感状态不与具体思想过程共现,可能产生在思想之后,或时断时续。正是由于这种主动/被动、积极/消极、具体/恒常、显性/隐性、过程/状态的意义差别,指着熟睡的人可以说:He is worried; Он рад,但不能说:He is worrying;Он радуется.(А.Вежбицкая 1996:38—47)

Wierzhicka 通过对比类似的一些客观存在的语言现象,令人信服地得出民族性格差异的结论。

第 五 章

俄汉词汇语义对比研究

第一节 俄汉语动词的语义类别对比

1 对比的角度和目的

动词可以从不同角度划分为性质不同的语义类别,如从与态范畴相关的角度把俄语动词划分为及物动词和不及物动词,以运动的单向/非单向对立为语义参照划分俄语运动动词,从元语言释文的变项着眼划分出一价、二价、三价等动词。本章的对比研究内容是俄汉两种语言的动词从体范畴角度进行的词汇意义分类。

体范畴以行为在时间中的延伸特征或分布特征为语义内容,在表达手段上有广义、狭义两种解释。广义体范畴指体的功能语义范畴(аспектуальность),范畴语义表达在有语法体的语言里,以体的语法形式为主,包括词汇、构词、句法等各种语言层次的手段。狭义体范畴指体的语法范畴(грамматическая категория вида),即由表达体的不同语法意义的语法形式列构成的对立系统。本章"体范畴"(包括"时范畴"和"序范畴")用于广义;在需要的地方,以"语义体范畴"和"语法体范畴"来区别广义和狭义。

体范畴俄汉对比的前提是划分体与时、序的界线,以便准确地把握研究对象。体、时、序三个范畴都与时间意义相关,它们的区别参数是语言意义,而不是形式手段。因为,首先,俄汉语是属于不同语系的非亲属语言,没有系统的对应形式可言;其次,即使在同一语言中,体、时、序的意义与表达手段也往往不是各自对应,而是犬牙交错的。

体范畴从说话人的角度反映行为(动作、状态、关系等)在时间中的延伸特征或分布特征。任何行为都有一定的时间跨度,这里的"时间"局限在行为自身内部,与行为在外部时轴上的定位无关。因而体范畴不是指示范畴,没有以说话时刻为参照表达行为发生时段(过去、现在或将来)的功能。

说话人根据交际需要选取的表述视角可能是行为的延伸性或非延伸性(即整体性)。在表达行为的延伸特征时,行为的主体伴随着行为在内部时间中的延伸过程;将行为作为整体事实表述时,主体被置于行为的延伸时间之外。具有延伸特征的动词行为可能是无内在界限的静止状态或动态过程,也可能是朝向内在界限发展的动态过程。行为作为整体事实在时间中的分布特征包括一次/多次、有限次/无限次、开始/终止等。延伸行为在内部时间中也有无限延伸/有限延伸、开始/终止等分布方式的区别(Санкции ООН *доживают* последние дни〔联合国的制裁行将就木〕)。(А. Пешковский 1956:95)有限延伸的行为一般被看做具有整体性特征的行为。

时范畴(темпоральность)表示行为或情景相对于言语时刻或另外一个时刻的时间定位。这里的"时间"和体范畴的内部时间不同,指的是行为或情景在外部时轴上的相对位置,因而时范畴属于指示范畴。俄语时范畴意义的核心表达手段是时的语法形式,词汇(вчера〔昨天〕, теперь〔现在〕)、构词(говаривал〔说过〕)、句法(Ночь тиха〔夜晚寂静〕)等因素也参与表达时意义。汉语没有语法时范畴,时的语言意义主要借助时间语词(昨天、现在、下个月)表示。有些动词在自身语义中包含时间意义,如句子"我以为你不来;我不知道你来了"中的"以为、不知道"包含过去时意义,试比较俄语译文: Я *думал*, что ты не придешь; Я *не знал*, что ты приехал.

在俄语中,体的语法范畴不仅显示在时间形式的陈述式中,而且体现在没有时间标记的不定式、假定式、命令式中,语法体和语法时因而是各自独立的范畴。汉语的情况则不同,体的语法意义大多和时间意义纠缠在一起,无法将它们分割开来。例如,"动词+了"、"动词+过"的语法形式,不仅一方面表达整体行为和概括事实意义,而且另一方面表达过去时意义。

俄语未完成体过去时有两种不同的时间意义:叙述过去时意义和概括事实过去时意义。叙述过去时的行为观察时刻先于说话时刻,与行为发生时间同步,行为观察者身临其境,例如:Маленький будильник *показывал* первый час ночи.(小闹钟指着半夜零点)。概括事实过去时的行为观察时刻与说话时间吻合,行为观察者置身事外:Пшеницу-то нашу, весеннюю, углядели. Помнишь ли, *показывал* тебе.(我们春耕用的小麦被发现了,记得吗?我给你看过。)汉语"动词+过"的时间意义只相当于俄语的概括事实过去时意义,叙述过去时意义在汉语里借助广义上下文体现,没有专门的语法、词汇表达手段。

序范畴(таксис)表示处在同一时间领域的行为与行为之间的先后、次第、同时等各种时间关系,这种时间关系不以说话时刻为参照。(А. Бондарко 1984:70—75)所谓同一时间领域,指若干行为都同时发生在相对于共同参照时刻的过去、现在或将来。如果一个行为发生在参照时刻前,另一行为发生在这个参照行为后,那么,它们之间的先后关系不是序范畴关系。序概念与相对时间概念不完全等同。a)序范畴涉及若干行为,反映它们之间的相互关系;而相对时间只针对一个行为而言。例如,在句子 Он *чувствовал*, что *краснеет*(他感觉到脸红了)中,*краснеет* 以 *чувствовал* 为参照,属相对现在时;*чувствовал* 与 *краснеет* 的时间形式虽然不同,但却处在同一时间领域中,二者间的序范畴关系是同时关系。b)若干用动词过去时表达的行为,就说话时刻而言,没有相对时间的问题,但是,因为它们处在同一时间领域,彼此间却有同时性的序范畴关系:Мы *сидели* лицом к лицу, колени наши *соприкасались*(Ч. Айтматов).(我们面对面坐着,膝盖触着膝盖。)

在没有语法序范畴的语言里,动词体形式的各种组合是表达序意义的主要手段。俄语动词体的重要作用不仅显示在表达独立序(независимый таксис)意义时,而且还显示在表达依附序(зависимый таксис)意义时,试比较:*Войдя* в кабинет, Рябинин оглянулся.(走进办公室后,列阿比宁回头看了一眼。)/*Входя* в кабинет, Рябинин оглянулся.

(在进办公室的时候,列阿比宁回头看了一眼。)

汉语"动词+了"、"动词+着"、"动词+过"的形式可用于表示次要行为,与另外一个主要行为动词连缀起来体现依附序意义,功能相当于俄语副动词,例如:他点着头说;我下了课打电话;你吃过饭再去。"了"、"过"在这种情况下失去相对于说话时刻的独立时间意义(过去时),与"着"在表达序范畴意义上形成对立关系:"动词+了,过+动词"表示行为先后发生;"动词+着+动词"表示行为同时共现。与俄语不同的是,汉语参与表达序范畴意义的,不仅是带"了、着、过"的动词体形式,而且包括不带"了、着、过"的动词的词汇意义:我到莫斯科给你打电话;昂首远望;起身开门;他锁上房门,脱下衣服,钻进被窝里。

动词的词汇意义、行为方式(способ действия)和语法体范畴是构成语义体范畴的三个重要方面。本章对比俄汉语动词词汇意义分类的目的在于用具体语言材料说明,不同语言的动词词汇意义在参与表达体范畴意义方面的共性与个性。因而,语法意义不应被作为分类的依据。对于汉语而言,这不会构成困难,因为汉语的语法体范畴是词变范畴,完成体(读了)、持续体(读着)、经验体(读过)、短时体(读读)等用同一动词的不同语法形式表示,分类时去掉体标志就可以了。俄语的语法体范畴属于构词范畴,对应的完成体与未完成体不是同一动词的两种语法形式,而是构词上相互区别的两个动词。因此,对俄语动词进行词汇意义分类的首要问题是,如何处理对偶体动词。将它们作为整体单位纳入共同的类别中,还是分别把完成体和未完成体纳入不同的类别?我们不同意 Е. Падучева 将体的语法意义作为二级标准来划分动词语义次类别的方法,如将 найти 划入瞬息结果动词类,находить 划归重复动词类。(Е. Падучева 1996:105—110)既然对偶体动词被一致认为是词汇意义相同、语法意义不同的动词,那么在以词汇意义为标准分类时,就不应将二者分割开来。

我们以俄语体学的动词传统语义分类为基础,参考 Z. Vendler 的英语动词四分法(states〔状态动词〕,activities〔活动动词〕,accomplishments〔持续—结果动词〕,achievements〔专门结果动词〕),构建俄汉语动词词汇意义的分类对比框架。

2 无界限动词

无界限动词表达不受内在界限限制的行为。行为的内在界限(行为结果)指客观行为自身固有的界限,通常被理解为一个极限点,行为在不可避免地达到这个极限点后穷尽自己,停止下来。无界限动词表达的客观行为没有这种极限点,就其本身的客观性质而言,在理论上是可以无限延长的。延伸行为的不同时间片段具有同质的特征。无界限动词包括状态动词和活动动词。

1) 状态动词

即静态无界限动词,由恒常属性和恒常关系动词、常时状态和即时状态动词组成。

a)恒常属性和恒常关系动词

表示事物或现象超越时间度量和具体情景的恒常属性以及它们之间的领属、包容、等同、类似、称名等恒常逻辑关系,俄语动词如:весить(重……),стоить(值……),содержать(包括),отличаться от(区别于……),состоять из(由……组成),характеризоваться(以……为特点);汉语如:符合、等于、好像、具有、缺乏、属、姓。

语义的抽象性质决定这类动词不能与表达持续时段、具体时刻、重复次数、地点方位等意义的词语连用,不能说*Кожа много лет состоит из двух слоев;*Человек в эту минуту относится к классу млекопитающих;*他姓五年王;*他好几次属龙。俄语恒常属性和恒常关系动词大都是单体未完成体动词,汉语这类动词一般不能加"了、着、过"或通过重叠手段构成体的语法形式,不能与"在"连用表达具体过程意义。

该类俄语动词用过去时表达概括事实意义时,动词的过去时形式和通常情况不同,不意味着情景整体的时间定位于过去(Иван спал〔伊万曾睡觉〕),只表示行为主体不存在于说话时刻:Пакет содержал ценные документы 的意思不是卷宗里曾经有过一些珍贵的文件,而是遗失的卷宗里有一些珍贵的文件。试比较 A. Wierzbicka 的例句 Джон был канадец(约翰是加拿大人),其中的过去时只意味 Джон 说话时刻已不在人世,不

表示 Джон 此刻不再是加拿大人了。(Е.Падучева 1996:136)

有一类表达静止事物恒常空间状态的动词,其抽象的程度较小,因为状态的呈现既是恒常的,又是说话时刻可以具体感知的,它们因而可以用在具体语境中,带表达地点方位的语词:Вдали поднимается высокая гора (远方高耸一座大山)。俄语恒常空间状态动词有很多是对偶体动词,未完成体表示状态持续,完成体表示状态出现:По хребту *проходит* граница с польской Силезией.(与波兰西列基亚的边界横贯山脊。)/Через десять дней вы увидите, что здесь *пройдет* железная дорога.(再过十天你们就会看见这里有一条铁路通过)。我们将这类对偶体动词称之为状态结果动词。在词典中被作为单体状态动词处理的未完成体动词,很多事实上有用于状态出现意义的完成体对应,并与之构成"状态/状态出现"关系的体对偶(подниматься〔高耸〕/подняться,спускаться〔垂下〕/спуститься,уходить〔通往〕/уйти 等)。(张家骅 1991)有些一般结果动词,在以静止事物名词作主语时,可用未完成体表达恒常空间状态,完成体表达状态出现,试比较:Вход в пещеру заваливали камни.(洞穴的入口堆着乱石。)/Вход в пещеру завалили камни.(洞穴的入口堆上了乱石。)这些动词兼属状态结果动词。

状态结果动词的完成体除用于具体事实意义,表示状态出现外,还可以用于结果存在意义,表示由过去行为结果造成的现实状态。这种结果存在意义涉及恒常空间状态时,实际上是比喻义:给予非生命体以虚拟的行为,把主体的空间形态描写成这一行为造成的结果,从而给表述着上一层形象、生动的修辞色彩。两体都主要用来表示静止事物恒常空间状态的状态结果动词,已经词汇语义化的不仅是未完成体的恒常持续意义,而且包括完成体的结果存在意义。后者不仅在一些词典中被列为独立的义项,而且将其与未完成体的意义等同起来,如:Залечь(处在)—быть расположенным; то же что залегать(坐落;与залегать 同); Пройти(穿过)—то же что проходить: Туннель прошел (проходит, идет) через главный хребет.(与 проходить 同:隧道穿过〔проходит, идет〕主峰。)(Д. Ушаков 1935—1939)

表示静止事物恒常空间状态的汉语动词,如"耸立、分布、延伸、埋藏、绵延、悬垂、环绕"等,区别于其他恒常属性和恒常关系动词的语法特征是,能够加"着"构成持续体形式:天安门广场上,耸立着一座人民英雄纪念碑。值得注意的是,在汉语的文学语体中,有些本来表示达到内部界限的动态单纯结果动词(大多为述补式),如"穿过、插入、露出、垂下、堵死"等,常常被用来形象地描写静止事物的恒常空间状态,以赋予非生命体假想的动作(国境线穿过村庄;山峰插入云霄;别墅从绿树丛中露出;峡谷被一堆乱石堵死;一枝红杏出墙来),其语义特征和修辞效果酷似俄语状态结果动词用结果存在意义表达恒常空间状态。试比较:迎面垂下一座悬崖。/Перед нами нависла скала. 这些动词的语法特征也类似于俄语完成体状态结果动词,虽然用来表示恒常静止状态,但却仍然保留着汉语单纯结果动词的语法特征:不能加"着"构成持续体表示行为过程,但是可以加"了"构成完成体表达行为结果。与静止事物名词搭配时,"穿过"等动词与俄语完成体状态结果动词一样,不仅可以用来表达非生命体的空间状态,而且可以表示运动着的人对于静态客观事物的动态感受。(Чжан Цзяхуа 1986:69—73)试比较:Впереди вдруг поднялись зубчатые стены замка. /远处突然出现一座城堡的垛口呈起伏状的高墙。

b)常时状态动词和即时状态动词

前者表示时间跨度较大的状态,多用于恒常持续意义,如描述心理态度与状态的俄语动词:любить(爱),обожать(崇拜),презирать(蔑视),уважать(尊敬),сочувствовать(同情),страдать(痛苦),знать(知道),помнить(记得),полагать(认为);相应的汉语动词如"尊重、敬重、快乐、同情、崇拜、自豪、蔑视、仇恨"等。这些动词,一方面不同于恒常属性和恒常关系动词,可以和持续时段语词连用:Пять лет я любил эту девушку(这个姑娘我爱了五年);几年来我一直崇拜你;另一方面有别于即时状态动词,不与具体时刻语词搭配,可以说 В эту минуту она его ненавидела(此刻她恨他),但不说* В эту минуту она его любила(*此刻她爱他),因为ненавидеть既表达常时状态意义,又表达即时状态意义,而любить只用于常时状态意义。句子"他现在很快乐"与句子"他现在很高兴"不同,前句的"现在"相对于"过去"而言,是持续时段,可指时间长久的近几年,近几个月;后句的"现在"则是"此刻"的意思,指具体的说话时刻。这种意义差别是句子谓词语义类别不同造成的,"快乐"属常时状态谓词,而"高兴"是即时状态谓词。

俄语常时状态动词多是单体未完成体动词。汉语的这类动词通常不能加"着"构成持续体,但可以加"了"和持续时段语词表示状态的有限时间持续:我尊敬你尊敬了半辈子。

即时状态动词表达呈现在特定具体时段中的状态,常用于具体过程意义。俄语这类动词包括描述空间状态与处所的单体未完成体动词(сидеть〔坐着〕,стоять〔站着〕,лежать〔躺着〕,висеть〔挂着〕,торчать〔直立着〕,виться〔打着卷〕,пребывать〔逗留〕,держать〔拿着〕)和用于状态结果意义的对偶体一般结果动词(поддерживать/поддержать〔扶住〕,протягивать/протянуть〔伸出〕,опираться/опереться〔支撑〕,высовываться/высунуться〔伸出头〕,наклоняться/наклониться〔弯下腰〕)、表达心理状态的对偶体状态结果动词(обижаться/обидеться〔生气〕,возмущаться/возмутиться〔恼怒〕,смущаться/смутиться〔发窘〕,раскаиваться/раскаяться〔后悔〕,радоваться/обрадоваться〔高兴〕);许多施为动词(перформативы)也属于状态结果动词,它们的未完成体现在时第三人称可用来构成类施为句(квазиперформативы),由言语主体在受话人不知道言语行为内容的情况下,代替言语行为主体向受话人转致谢意、邀请、建议等,表示持续心理状态。用于这种情景的未完成体动词常常可以用完成体过去时取代,试比较:Директор просит/попросил вас срочно оформить документ.(经理请您尽快办好文件。)

汉语及时状态动词包括:

(a)描述心理状态的动词,如:高兴、惊讶、生气、害怕、满意、失望、放心、不安。这些动词可以加"了",但由于词汇语义不包含内部界限的因素,表示的不是行为达到结果,而是状态开始出现,与相应的俄语状态结果动词类似,试比较:Она возмущается./她在生气。—Она возмутилась./她生气了。这些汉语动词通常不加"着"构成持续体,但可用在"动词+了

+时段短语"结构中描述状态持续意义:高兴了半天。

(b)施事空间状态动词,如:坐、站、躺、蹲、跪、靠、支、扶,对应的俄语动词是对偶体一般结果动词。这些动词可以加"着"或用在"动词+了+时段短语"的结构中表示无限或有限状态持续:站着/站了整整一个小时。

(c)受事空间状态动词,如:关、开、停、挂、钉、插、盖、堆,对应的俄语动词是对偶体一般结果动词。这些动词常加"着"构成持续体做谓语,主语用受事名词充当,表示的是由行为造成的结果状态,试比较:关了门/门关着,相当于俄语短尾被动形动词谓语句:门关着。/Дверь(была) закрыта.用在"动词+了+时段短语"中体现状态有限持续:图书馆开了三天(Библиотека три дня была открыта)。"图书馆开了三天了"与"图书馆开了三天"不同,既可理解为"开馆的状态已经持续三天了"(Библиотека открыта уже три дня),又可理解为"开馆一事发生在三天之前"(Уже три дня как библиотеку открыли)。存在句"墙上挂着一幅画"/"墙上挂了一幅画"意义基本相同,因为句中的持续体"挂着"和完成体"挂了"都用于结果存在意义。

(d)施受事空间状态动词,如:关、开、举、拿、伸、仰、围、指、低、弯,这些词通常都要与"着"共现,表示的也是由动态行为造成的静止结果状态,试比较:关上门/关着门,举起手/举着手,低下头/低着头。用在"动词+了+时段短语"的结构中可以有两种解释:静止结果状态或动态行为过程,试比较:他关了半天门,不知在房间里做什么。/他关了半天门,就是关不上。歧义产生的原因是,谓语动词"关"兼属状态动词与渐变结果动词两类。汉语施受事空间状态动词的类别特点与俄语对偶体渐变结果动词状态结果用法相似:山岩堵着峡谷的入口。/Скала закрывает вход в долину.区别在于主体的表达方法,汉语多用活物名词,俄语则以非动物名词较常见。

2)活动动词

即动态无界限动词,反映自主或非自主的动态行为过程,区分为:

a)受语言外部因素制约的活动动词,表示的活动过程在客观世界中原本就没有内部界限,俄语动词如:гулять, разговаривать, следить, наблюдать, действовать, плясать, ходить, бегать; плакать, смеяться, дуть, дрожать, дымиться, моросить;汉语动词如:散步、聊天、跳舞、跑步;哭、笑、颤抖、冒烟、刮风、下雨。受语言外部因素制约的活动动词有自主动词,也有非自主动词。

b)受语言内部因素制约的活动动词,表示的活动过程在客观世界中原本有内部界限,但是达到界限的意义因素不包含在动词的语义结构中,如 искать(寻找),ждать(等候),бороться(斗争),гадать(猜);等待、猜测、劝说、追赶、寻找。试比较 искать 与 разыскивать,它们的意义尽管都是"寻找",但是 разыскивать 可用于表示"寻找"的活动达到内部界限(找到)(Собака разыскивает трость, подходит с ней к хозяину и его калоши нюхает.〔狗找到手杖,衔着手杖来到主人跟前,嗅他的靴子〕),而 искать 却不能用来替代句中的 разыскивать(*Собака ищет трость, подходит с ней к хозяину и его калоши нюхает);"等待"、"劝说"等汉语活动动词的情况类似,它们不同于"脱、关、贴"等一般结果动词,后者的语义结构中包含达到内部界限的意义因素,因而既可以加"着"构成持续体表示活动过程,又可以加"了"构成完成体表示达到内部界限:脱着衣服/脱了衣服。但是,"我劝说了他"却不等于"我说服了他"。受语言内部因素制约的活动动词都是自主活动动词。

根据所指行为过程时间跨度的大小,活动动词像状态动词一样,也可以区分为即时和常时两种:

a)即时活动动词描述定位于具体时段的特定动态过程,常用于具体过程意义,可以和表达持续时段、即时时刻、重复次数的语词连用。上文列举的活动动词都是即时活动动词。

b)常时活动动词反映时间跨度较大、脱离具体情景的动态行为过程,多用于恒常持续意义,可以和表达持续时段的语词连用,但不与即时时刻、重复次数语词搭配。属于这类动词的有表示职业活动、社会活动的词 преподавать, воевать, учиться, жить, воровать, питаться;教书、当兵、狩猎、务农、经商、流浪、学习;包含对主体否定评价的习性动词: эксплуатировать, безобразничать, волочиться, бесчинствовать, важничать; 剥削、钻营、搜刮、受贿、拖沓、酗酒。

俄语活动动词大多是单体未完成体动词,即时活动动词一般可以加前缀 по-、за-构成有限持续行为方式和开始行为方式动词:поморосить(下一阵小雨),заплакать(哭起来)。有完成体动词与其构成语法对应关系的活动动词为数很少,如:заниматься(从事)/заняться(开始从事),двигаться(行进)/двинуться(开始行进),возглавлять(领导)/возглавить(开始领导),обнимать(抱着)/обнять(抱住),прислушиваться(倾听)/прислушаться(倾听起来)等,它们的未完成体/完成体的语法意义关系是行为/行为出现的关系,试比较:Санька некоторое время *прислушивался* к шуму дождя, потом спрыгнул с крыльца.(А.Андреев)(山卡倾听了一会儿雨声,然后跳下门廊。)/Он с неудовольствием приподнялся на локоть и *прислушался*(стал прислушиваться).(В.Короленко)(他不满意地用一只胳臂肘支起身子,注意地听起来。)

汉语的自主即时活动动词加"了"表示预料行为兑现了。预料行为指说话人希望发生,事前知道应该发生,或者可能发生的行为:我跑步了。非自主即时活动动词和职业活动动词加"了"表示活动开始:哭了;当兵了。这些动词用在"动词+了+时段短语"的结构中,都表示活动有限持续(聊天聊了一小时;哭了半天;流浪了十年)或重复(聊天聊了一学期;哭了一辈子)。即时活动动词可以加"着"构成持续体;常时活动动词与常时状态动词一样,一般不与"着"同现。自主活动动词,尤其是即时自主活动动词,可以通过重叠方式构成短时体,表达受时间界限限制的有意图的活动:学习学习、散散步、等一等。个别非自主活动动词可以重叠并因此获得目的意义:你哭哭吧!

3 界限动词

界限动词表示有内在界限的自主活动或非自主活动,区分为持续结果动词和单纯结果动词两类。外在界限(时间界限)动词,如 посидеть(坐一会儿),простоять(站若干时间),кивнуть(点一下头);"辩论起来,点一下头,读下去"等,不包括在我们的语义分类范围之内。这类动词应该在

"行为方式动词"部分研究。

1) 持续—结果动词

该类动词反映由延伸的过程和达到极限点两个部分构成的行为。自主持续—结果动词包含的这两个意义部分分别是"主体有目的的活动"和"达到目的"。

俄语这类动词组成为数众多、意义关系典型的体的对偶,其中的未完成体动词表示持续过程,完成体表示达到自主的或非自主的结果。持续结果动词由渐变结果动词和突变结果动词组成。

a)渐变结果动词

表达的行为在达到结果之前,包含逐渐积累起来的部分结果因素,行为客体经历与主体共时的运动过程,持续行为的不同时间片段具有异质的特征,如俄语动词 построить/строить(建)、написать/писать(写)、сшить/шить(缝)、переписать/переписывать(誊写)、проверить/проверять(检查);汉语动词"关、开、吃、脱、写、读、盖、摘、贴、挂"等。

这类动词在否定句中充当谓语时,如无特殊的上下文,被否定的不是行为结果,而是行为本身,试比较:Письмо я уже написал(信我已经写完了)/Простите, письмо я не написал(请原谅,信我没有写);你的书我读了/你的书我没有读。

俄语未完成体渐变结果动词主要用来表达行为过程:Смотри, он устанавливает аннтену.(你看,他在安天线呢。)用于概括事实意义时,所指行为客观上通常是曾经达到结果的:Окно я открывал.(这扇窗户我打开过。)汉语渐变结果动词也相应地可以通过加"着"构成持续体或与"在"、"呢"搭配等方式表达过程意义:吃着饭、在脱衣服;加"过"构成经验体:这篇文章我看过("看"在这里也是客观上曾经达到结果的行为)。有些自主渐变结果动词由于包含"目的"义素,因而与自主活动动词一样,可以通过重叠方式构成短时体(读读、帮帮、参观参观)表达整体行为。短时体的功能类似俄语完成体动词,试比较:我想看看这个电影。/Я хочу посмотреть(? смотреть)этот фильм.—我不想看(? 看看)这个电影。/Я не хочу смотреть(? посмотреть)этот фильм.你为什么不想看看这个电影呢？/Почему ты не хочешь *посмотреть*（？смотреть）этот фильм?

汉语渐变结果动词的数量少于俄语,因为很多汉语动词,达到结果的意义不通过加"了"构成完成体表示,而要通过构成动趋式、动结式结果短语动词的方式表示,如"拾起来、拔出来、爬进去、跳过去、坐下来、解释明白"等等。可以用来构成这种短语动词的补足语素的数量如此之多,仅其中的趋向语素就有20多组,(吕叔湘1981:10)以致很难把它们和"了"等同起来,看做完成体的语法标志。我们倾向于把这些语素看做专门结果行为方式动词的构词标志。

b) 突变结果动词

表达的行为与自主渐变结果动词一方面相同,包括"主体有目的活动"(未完成体)和"达到目的"(完成体)两个部分;另一方面,行为在达到结果之前,不包含逐渐积累起来的部分结果因素,行为受事不经历与主体共时的运动过程,持续行为过程的不同时间片段没有明显的异质特征,行为结果是以飞跃的方式呈现的,如:уговорить(说服)/уговаривать(劝说),дождаться(等到)/дожидаться(等待),добиться(取得)/добиваться(争取),настоять(坚持成功)/настаивать(坚持)。

俄语未完成体突变结果动词用在一次行为语境中有"为达到目的而竭力"的意义因素(уговаривал ≅ пытался уговорить),未完成体自主渐变结果动词不包含这种因素(читал ≠ пытался прочитать);完成体较之渐变结果动词则相应地增加了一层"如愿以偿"的色彩,试比较:(не) уговорил ее.([没]说服了她。) = (не) удалось уговорить ее.(说服她的事[没]办到[了])/(не) написал письмо.([没]写[了]信。) ≠ (не) удалось написать письмо.([没]写成[了]信。)

完成体突变结果动词的语义结构不仅包含"达到目的"的成分(a),而且包含"主体有目的活动"的成分(b),二者的区别表现在交际地位上:(b)是预设,(a)为陈说。动词加 не 后,被否定的只是(a),不包括(b),уговорил 与 не уговорил 都包含 уговаривал 的意义成分。渐变结果动词不具有这一特征,在通常的情况下,не написал 不蕴涵 писал。

未完成体突变结果动词用于概括事实意义时,一般不指客观上达到结果的行为,试比较:Ты сдавал английский язык?(你考过英语了吗?)/Ты писал маме?(你给妈妈写过信了吗?)过程结果动词 сдавал 在这里用于非结果概括事实意义;渐变结果动词 писал 用于结果概括事实意义。

汉语里有与俄语在语法特点上对应的渐变结果动词,但不存在对应的突变结果动词。因为,可以说"关、脱、吃"等动词是通过同一词的不同语法形式来显示过程/结果对立意义的,但是很难说表达过程的"劝说、争取"等与表达结果的"说服、取得"等也是同一词的不同语法形式。事实上,后者是在体范畴语义上有对立关系的各自独立的动词。恐怕正是由于上述原因,词典中的俄语一般结果动词常常可以不区分完成体和未完成体,采用同一汉语动词释义,而完成体和未完成体突变结果动词则往往必须分别用不同的汉语动词诠释,笼而统之会造成误解。试比较《俄汉详解大词典》(黑龙江大学辞书研究所 1998)的两个词条:подытожить/подытоживать(及物)总计,结算。~ расходы(结算支出);Доярка видимо подытоживала, сколько литров дала вечерняя дойка.(女挤奶员显然在结算晚上的挤奶量。)—подыскать/подыскивать(及物)寻找(适当的,合适的人或物)。~ работу(寻找合适的工作),~ квартиру(寻找合适的住房)。подытожить/подытоживать 属渐变结果动词,用"总计,结算"释义可以(在结算,结算着/结算了),但是 подыскать/подыскивать 是突变结果动词,其意义分别是"寻得,找到(适当的)/寻找(适当的)",笼统地释义为"寻找"不妥当。

不应认为上述体范畴语义上有过程/结果对立关系的不同汉语动词和俄语一样,也是语法对偶动词,因而可以一并纳入过程结果动词类。因为,仅仅在意义上具有过程/结果关系的俄语未完成体动词和完成体动词还不足以构成对偶体动词。判断对偶体俄语动词的标准是:a)词汇释义相同,因而行为方式动词与生产词(закричать/кричать)不构成体对偶;b)未完成体历史现在时与完成体一般过去时构成同义关系,如 Он пишет записку и выходит на улицу(他写了一个便条,然后就出去了) = Он написал записку и вышел на улицу(他写了一个便条,然后就出去了);c)完成体构成法对偶体动词可以用未完成体构成法对偶体释义

(благодарить/поблагодарить（〔感谢〕）—выражать благодарность/выразить благодарность〔表达谢意〕）；d)未完成体无限次数用法表达与完成体具体事实用法相同的达到结果或状态出现的意义。（Ю. Караулов 1997：65）汉语的"劝说/说服、争取/取得"等没有上述特点，过程/结果意义因而是它们各自的词汇意义，而不是语法意义，语义分类时应分别对待，将前者纳入活动类，后者划归单纯结果类。

3) 单纯结果动词

这类动词选取的体范畴特征仅限于行为达到结果，所指的语言外行为包括：a)非自主行为，这类行为不是线状的，而是点状的，达到行为结果前不存在主体有目的活动的线状持续过程，意外结果不是逐渐达到的，而是偶然发生的，因而无过程可言；b)自主行为，结果达到之前客观上存在主体有目的活动的线状持续过程，如 найти（找到）之前的 искать（寻找），прийти（来到）之前的 идти（走），但是，这种过程意义被排除在单纯结果动词的语义结构之外，要用另外的动词符号表达。与此相应，单纯结果动词区分为：a)非自主单纯结果动词，如俄语动词 разбить/разбивать（случайно）（偶然打破），получить/получать от кого（收到），встретить/встречать на улице（遇上），汉语动词如"牺牲、爆炸、醒、丢、跌跤"；b)自主结果动词，俄语动词如 прийти/приходить（来），найти/находить（找到），汉语动词如"完成、抛弃、实现、穿上、捕获、猜中、说服"。

俄语单纯结果动词除少量单体完成体动词，如 рухнуть（倒塌），хлынуть（涌出），очнуться（恢复知觉），скончаться（逝世）等外，大多是对偶体动词，但是它们的未完成体与渐变结果动词、突变结果动词不同，不用来描述具体过程，主要表达无限次数意义。如 Как ты поздно приходишь, Люся（А. Андреев）（柳霞，你回来得很晚。）意思不是今天一次回来晚，而是经常这样晚。汉语单纯结果动词不能加"着"构成持续体表示具体行为过程，但是可以用"了"进一步加强结果意义的表达。有些汉语单纯结果动词可以加"着"构成持续体或与"在"连用，但表示的也不是一次行为的具体过程，而是同类事件重复发生：手榴弹一颗接一颗地爆炸着；战士们在流血、牺牲，而你却无动于衷！试比较英语单纯结果动词构成进行时形式表达重复行为的现象：I *am finding* more and more mistakes in your paper.（我在你的论文中发现愈来愈多的错误。）

　　非自主单纯结果动词的形成原因来自语言外部，因而这类汉语动词与俄语动词在数量与概念内容上大体相应，区别只表现在个别词的类别归属上，如汉语的"死"不加"着"构成持续体*"死着"，一般不与"在"搭配表示具体过程，属于单纯结果动词；但是俄语 умереть（死）却有对应未完成体 умирать 表示消极过程，不属于单纯结果动词。自主单纯结果动词的情况则不同，形成原因来自语言内部，汉、俄语在这方面的差别因而很大。汉语自主单纯结果动词的数量远远超过俄语，原因在于，汉语完成体的语法形式"动词+了"的功能与俄语完成体动词的功能不尽相同，虽然也可以用来表示行为达到结果，但覆盖面较小。很多俄语完成体动词表达的行为结果意义不能用汉语"动词+了"的语法形式表达，而要借助动趋式、动结式短语动词的词汇手段，这些短语动词都具有单纯结果动词的性质。如上文所述，几乎全部俄语突变结果动词对偶体的语义对立关系都不是汉语"动词+着"（"在+动词"）/"动词+了"的对立关系。俄语渐变结果动词对偶体之间的语法关系尽管总体而言类似汉语"动词+着"（"在+动词"）/"动词+了"的对立关系，如：закрывал/закрыл——在关/关了，снимал/снял——脱着/脱了，但是其中很多完成体的语法意义在汉语里也要使用述补式短语动词的词汇手段表示，如：поднять/举起来，лечь/躺下，выйти/走出去等，或者除了"动词+了"的语法表达手段外，还有同义的述补式短语动词的词汇表达手段：приготовил/做了，做好；написал/写了，写完；запер/锁了，锁上。

　　"捕获、猜中、取得、说服"等动结式单纯结果动词不同于"站起来、躺下、走出去、穿上"等动趋式单纯结果动词，前者和俄语完成体突变结果动词的语义结构相同，包含生产词表达的"主体有目的活动"（a）和构词标志表达的"达到目的"（b）两个部分。（a）是预设，从属的交际成分；（b）是陈说，主要的交际成分。词重音多落在充当构词标志的补足语素上。"捕获/没有捕获"都包括"捕"的意义因素。后者的语义结构类似俄语完成体渐变结果动词，"没站起来"在通常的上下文中不表示"站了，但是没有起来"。词重音落在生产词上：站起来，穿上。

4 几点结论

通过俄、汉语动词词汇语义的分类对比可以发现，在参与表达体范畴意义的途径方面，两种非亲属语言动词词汇意义的类别属性有以下的共同之处：

1) 是构成体的语法形式的先决条件。例如，在俄语中，界限性是动词构成对偶体的关键因素；汉语的恒常属性和恒常关系动词一般不能加"了、着、过"或通过重叠方式构成体的语法形式，受事与施事空间状态动词不加"过"构成经验体，单纯结果动词一般不能加"着"构成持续体。

2) 是制约体的具体语法意义类型的重要因素。如俄语对偶恒常空间状态动词的完成体常用于结果存在意义，未完成体过程结果动词的概括事实用法只表达非结果意义，未完成体单纯结果动词主要用于无限次数意义，不用来体现具体过程。汉语完成体标志"了"与心理状态动词、非自主即时活动动词和很多职业活动动词结合用于状态开始出现意义，和自主即时活动动词共现表示预料行为兑现。持续体标志"着"与施事空间状态动词结合用于一般持续状态意义，和受事、施事空间状态动词结合描述持续结果状态，与渐变结果动词结合表示具体动态过程等。

3) 左右着行为方式动词的构成。如俄语有限行为方式动词主要以活动动词为生产词，побеспокоиться, посидеть 等的生产词虽然是状态动词，但有目的活动的派生意义十分明显。带前缀"за-"表达"开始＋持续"的行为方式动词也多以活动动词为生产词（зазвонил телефон = начал звонить и звонит）。汉语带语素"起来"的开始行为方式动词（短语）的生产词既可以是活动动词，也可以是一般结果动词：趴到桌上哭起来；大家动手搬起来。述补式专门结果行为方式短语动词的生产词以受语言内部因素制约的活动动词和渐变结果动词为主（追赶上、洗干净）。

俄汉语动词词汇语义在表达体范畴意义方面的显著区别是，俄语体范畴意义不可或缺的表达手段是体的语法形式，动词词汇意义的类别属性仅限于通过语法体或动词行为方式间接参与；汉语的情况则不同，动词词汇语义在很多情况下是体范畴语义的惟一表达手段。下列俄语例句中完成体动词命令式、不定式、将来时形式表达的体的语法意义在汉语译文中要使用专门结果行为方式短语动词，而不是动词体的语法形式表达：Встаньте/请站起来；Прошу выяснить причину/请你把原因了解清楚；Сейчас сниму его со стены/我现在就从墙上把它摘下来。

第二节 俄汉熟语范畴的对比研究

1 俄汉熟语概念对比

作为语言学术语的俄语单词 фразеологизм 通常被我国俄语工作者译作"成语"。比较中俄文两个概念的内涵和外延，我们认为二者不是对等词，译名欠妥当。

首先让我们来讨论一下现代汉语"成语"这一概念的意义。下面是一些常见的辞书和教材对于"成语"的解释：

1) 成语是人们长期以来习用的、简洁精辟的定型词组或短句。汉语的成语大多由四字组成，一般都有出处。(《现代汉语词典》2002年增补版)

2) 成语是熟语的一种，是习用的固定的词组。在汉语中多数由四个字组成。(《辞海》1779)

3) 成语是熟语的一种，是一种定型性较强的、书面语色彩较浓的固定组合。汉语的成语大都由四字组成，而且很注意音节和谐以及声调平仄的配合。(王今铮等 1984)

4) 成语是一种相沿习用的特殊固定词组。以"四字格"为基本格式……书面色彩浓。(黄伯荣等 1983)

把这些说法归纳起来，可以看出汉语成语具有三个基本特征：

1) 是固定短语(熟语)之下的一个分类；
2) 以四字格式为主；
3) 具有书面语的语体属性。

和其他语种的词汇学一样,现代汉语词汇学专辟一章论述语言中固定短语这样一种特殊的词汇。这一章在熟语的总标题下,同等地并列着成语、惯用语、歇后语、谚语、格言等类别。成语不同于其他熟语类别的区别特征,就是它的四字格式和书面语语体属性。在某种程度上,书面语属性对于成语比四字格式更加重要。非四字格的成语为数虽然寥寥,毕竟存在,如"莫须有"、"迅雷不及掩耳"等划归成语,通常没有异议。但是要在各种成语词典里去查找俚俗语词却是十分困难的。"阿谀逢承"与"溜须拍马"同样是四字格式,结构与意义也大体相当,但不论《汉语成语小词典》(北京大学中文系 1955 级语言班编)还是《汉语成语词典》(甘肃师范大学中文系编),都只收了前者而放弃了后者,原因就在于文语色彩是成语的必备特征。"点头哈腰"、"鸡头鱼刺"、"摇头晃脑"、"跑腿学舌"、"磕头作揖"等在结构格式上无异于成语,但是因为它们和"溜须拍马"一样带有明显的口语、俚语色彩而被辞书和民族语言心理排斥在成语之外。

个别人广义地理解成语,例如毛泽东在他的著作中写道:

"任何一个人都要人支持。一个好汉也要三个帮,一个篱笆也要三个桩。荷花虽好也要绿叶扶持。这是中国的成语。中国还有一句成语,三个臭皮匠,合成一个诸葛亮。"

我们认为,作者在这里赋予成语的是个别的词汇意义,而不是术语的概念意义。讨论成语概念的内涵和外延这样一个纯粹语言学问题的时候,不宜以此作为根据。

再来考查 фразеологизм 的特征和范围。

前苏联语言学界,自 В. Виноградов 起始,习惯于按照组成词在意义上结合的不同程度来对固定短语进行分类。从这个角度通常把俄语固定短语区分为四种:

1) 融合性。这类固定短语的组成词在意义上已完全融为一体,短语的整体意义与各组成词的意义没有任何联系,短语意义形成的内部形式(внутренняя форма)难于辨认,例如:собаку съел(в чем-нибудь)(内行),была не была(豁出来了),точить лясы(闲扯),как пить дать(准会)等。

2) 接合性。这类固定短语的整体意义虽然不等于各组成词意义的总合，但它是原型自由短语意义的引申，因而内部形式易于辨认，例如：строить воздушные замки（幻想），стреляный воробей（老练的人），открыть карты（摊牌），набивать карман（填满腰包，发横财）等。

3) 组合性。这类固定短语的意义相当于组成词意义的总和，因而不具有整体性的特点。组合性固定短语的一个重要标志，是它们的组成词之一用于非自由意义，即特定的词只有在特定的一个或有限几个短语中才显示出特定的义项，或者特定的词只能出现在与另外一个用于自由意义的伴随词构成的短语中。前者如：крутой кипяток（开水），белые стихи（无韵诗），крутой 和 белый 用于 сильно горячий（十分热），без рифм（没有韵脚）义项时只分别与 кипяток, стихи 搭配，后者如 закадычный друг（挚友），скоропостижная смерть（猝死），друг, смерть 用于自由意义，搭配范围十分广阔，закадычный 与 скоропостижный 则不然，它们只分别与 друг, смерть 相依为命。

4) 一般性。固定短语的意义不具有整体性的特点，短语的组成词全用于自由意义，例如：высшее учебное заведение（高等学校），партийный билет（党证）等。

这四种类型，哪些是 фразеологизм，哪些不是，历来众说纷纭。比较典型的、有代表性的观点有两种。

第一种是以 1968 年莫斯科苏联百科全书出版社出版的《Фразеологический словарь русского языка》《俄语熟语词典》主编 А. И. Молотков 为代表的观点。持这种观点的人只把具有意义整体性的第一、二两类固定短语称之为 фразеологизм。这种狭义的 фразеологизм 与俄语固定短语的关系是部分与整体的关系。就这个意义而言，俄语的 фразеологизм 似乎与汉语的成语差不多，因为成语也是汉语固定短语中的一种。但细致观察起来，我们发现，二者的差别是很悬殊的。

首先，俄语的融合性固定短语与接合性固定短语，正如上文所述，是按照组成词意义结合的程度区分出来的。而汉语成语的区别特征却完全是另外一回事。我们不敢苟同某些学者的意见，认为成语具有"意义的整体性"，"整体化"，"成语的意义不是字面意义简单的组合，而是一个统一的整体,和字面意义保持着相对独立性",“实际含义必须透过字面意义去进一步深入理解"(武占坤 1983:103;黄伯荣等 1983:264)。事实上,从组成词意义结合程度的角度来看,成语中混杂着上面谈及的所有类型,例如：

1) 融合性：逃之夭夭、首鼠两端、开门见山、终南捷径、一衣带水、一枕黄粱等。

2) 接合性：石沉大海、鸡毛蒜皮、落井下石、沧海一粟、凤毛麟角、画蛇添足等。

3) 组合性：姗姗来迟、落落大方、侃侃而谈、赫赫有名、纨袴子弟、蝇头小利等。

4) 一般性：是非混淆、何罪之有、总而言之、德才兼备、岂有此理、不言而喻等。

在现代汉语固定短语的各种类别中,惟一把组成词意义结合程度作为一个标准因素来加以区分的类别是惯用语,请看吕冀平等(1987)为惯用语下的定义："惯用语是具备下列特点的词组:1) 构成成员相对稳定,结构形式相对固定;2) 词组的整体意义不是每个词的字面意义的相加;3) 具有明显的口语色彩;4) 具有一定的修辞作用。"不过,此文的意义标准较之俄语的"意义整体性"标准宽,"露水夫妻、黄毛丫头、小道消息"之类的组合性短语也都被划归了惯用语。尽管如此,至少可以断言,现代汉语惯用语中的大部分成员具有意义整体性的特征,例如：

1) 具有融合性特征的惯用语：不管三七二十一、成气候、打马虎眼、装蒜、耳根子软、二五眼、二百五等等。

2) 具有接合性特征的惯用语：吹喇叭、磨豆腐、空头支票、放在心上、掏腰包、打开话匣子、脚不沾地、戳脊梁骨、不是东西等。

其次,狭义的俄语 фразеологизм 与汉语成语的悬殊差别还表现在语体属性方面。在谈及融合性与接合性 фразеологизм 的语体属性时,苏联语言学家几乎异口同声地指出了它们的口语色彩,这里仅举一位："现代俄语的大部分 фразеологизм 都是具有民间口语性质的固定短语。它们大量地出现在文学作品中。"(Д. Шмелев, 1977:289) 笔者曾就莫斯科《教育》出版社 1980 年版 В.П.Жуков 主编的《Школьный фразеологический словарь русского языка》(《学生俄语熟语词典》)作过统计,全书共收 фразеологизм1961 条,全部是具有意义整体性的固定短语。其中有"口语"、"俗语"、"俚语"、"亲昵"等标记的 1084 条,占词条总数的 57%。有"文语"、"高雅"等标记的共 75 条,占词条总数的 0.4%。其余的大部分是没有标记的中立语体。具有民间口语属性的融合性固定短语,接合性固定短语生动活泼,富有表现力,包含各种各样的感情色彩,因而大量用于文学作品的人物对话中。仅以本文举出的 собаку съел, была не была, точить лясы, как пить дать, строить воздушные замки, стреляный воробей, открыть карты, набивать карман 等几个短语为例,在 А. Молотков 主编的《Фразеологический словарь》中,这些短语的释义之后共计引用了 45 个例句,其中直接引语或仿直接引语 36 条,作者语 9 条。狭义俄语 фразеологизмы 多具有口语色彩因而常用于对话之中的这一特征使它们与汉语成语迥然不同,而与汉语固定短语的另一类别——惯用语十分相似。"惯用语与成语有一定的相似性,但是,惯用语口语色彩浓,成语书面色彩浓"(黄伯荣等 1983:269)。狭义俄语 фразеологизм 与惯用语近、距成语远的另外一个表现,是后者的结构定型性比较强,构成成分之间结合得十分紧密,不允许插入其他成分,破坏整齐对称、声调铿锵的四字格式,而前二者的结构成分之间的联系往往比较松散,中间常常可以插入其他成分,动宾结构的短语尤其是这样:

Мариловский и Зоя любили уходить на кладбище ... Здесь они сидели, мечтали и *строили свои воздушные замки*. (Мамин-Сибиряк)马里洛夫斯基和卓娅喜欢到墓地去……他们坐在那里,沉湎于幻想之中,建造着自己的空中楼阁。

Они нас же обкрадывали, *свои плутовские карманы набивали*, дома себе строили, да именья покупали! (Лесков)他们在窃取我们的钱财,填充自己的骗子腰包,建造住房,购买庄园!

碰钉子——碰了一个大钉子。

戳脊梁骨——让别人戳你的脊梁骨怎么办?

总而言之,狭义俄语 фразеологизм 与汉语成语除了都是固定短语之下的一个分类之外,就整体而言,没有任何共同之处。就类别特点而言,狭义俄语 фразеологизм 近似汉语惯用语,就成员而言,狭义俄语 фразеологизм 相当于除掉"露水夫妻"、"小道消息"等组合性短语之外的大部分汉语惯用语和具有融合性和接合性特征的那一部分汉语成语。因此把狭义 фразеологизм 译作"成语"是不恰当的。

第二种观点以 Н. М. Шанский 为代表。持这种观点的人把 фразеологизм 和固定短语看做同义语。他们认为:1) 具有意义整体性的融合性、接合性固定短语与不具有意义整体性特征的组合性、一般性固定短语都是 фразеологизмы;2) 与特定的词、自由短语构成同义关系,但较词、自由短语富有表现力和情感色彩的固定短语,如 водить за нос(牵着鼻子走)—обманывать(欺骗), поставить в тупик(使走进死胡同)—озадачить(使窘困);тянуть лямку(拉纤)—делать тяжелую неприятную работу(做繁重、讨厌的工作)等是 фразеологизмы,没有同义的单个词相对应的复合事物名称、术语也是 фразеологизмы,如:融合性复合事物名称——Анютины глазки(蝴蝶花), антонов огонь(坏疽);接合性复合事物名称——морская капуста(海带);цветная капуста(菜花);组合性复合事物名称——слепая карта(暗设地图), фрикативный согласный(擦音);一般性复合事物名称——политическая экономия(政治经济学), восклицательный знак(惊叹号)等;3) 功能相当于词、意义上表达概念的固定短语是 фразеологизм,功能相当于句子,意义上表达判断的固定短语,如谚语(Куй железо, пока горячо〔趁热打铁〕)、名言(В человеке должно быть все прекрасно: и лицо, и одежда, и душа, и мысли〔容貌、衣着、心灵、思想,人的一切都应该是美好的〕)等也是 фразеологизм.

这种作广义理解的 фразеологизм 既然是俄语各种固定短语求同存异的共同名称,那么把它与作为汉语固定短语类别之一的成语等同起来就是不符合情理的。与广义俄语 фразеологизм 对等的汉语术语不是"成语",而是"熟语"。请看一些常见的辞书和教材对于"熟语"的解释:

1) 熟语是语言中固定的词组或句子。使用时一般不能任意改变其

组织,且要以其整体来理解语义。包括成语、谚语、格言、惯用语、歇后语等。(《辞海》1999)

2) 词汇当中,除了许多独立运用的词以外,还有一些现成的词组,为一般人所经常使用的,也作为语言的建筑材料和词汇的组成部分,这些总称熟语。熟语的范围相当广,包括惯用语、成语、歇后语、谚语、格言等。(黄伯荣等 1983)

鉴于上述种种理由,我们认为俄语 фразеологизм 不论作广义解释还是狭义解释,都应改译为"熟语"。广义 фразеологизм 与"熟语"几乎完全对等,天衣无缝;狭义 фразеологизм 的外延虽小于"熟语",但毕竟与"熟语"的主要成员——惯用语和成语有大部分与部分的对应关系。

与 фразеологизм 相关的术语,也应作相应的变动,如:

фразеологическая единица——熟语;

фразеология——熟语,熟语学;

фразеологизация——熟语化;

фразеологический словарь——熟语词典。

有人可能会提出异议:名无固宜,既然已经叫开了,并且大家都约定俗成地赋予了"成语"以俄语"熟语"这样的新义,还有什么必要加以纠正呢? 我们的回答是:完全有纠正的必要。因为常常有人在谈及俄语"熟语"而使用"成语"这个译名的时候,有意无意地将其用汉语"成语"的概念来替换,从而把这两个不同层次、不同特征的词汇单位等同起来,以致由此产生错误的认识。这样的例子很多,只举其中之一:

"成语是固定词组的一种,是熟语的主要部分。成语的意义和结构都很完整,是一个不可分割的统一体。在逻辑上成语一般表示概念,在语法上成语起句子成分的作用。所以,无论从意义上或是功能上看,成语都相当于语言里的词。每一种语言都有各式各样的成语。例如,汉语'千篇一律'、'万古长青',英语 by leaps and bounds(突飞猛进),break a fly on the wheel(小题大做),俄语 ни ответа ни привета(杳无音信),из огня да в полымя(每况愈下)、положить в долгий ящик(束之高阁)。"(张永言 1982)

这种由于译名的不恰当而把俄语熟语与汉语"成语"当作同一层次、同一性质的词汇单位并列起来的做法还见于俄汉熟语词典的释义方面。很多带有鲜明的口语乃至俗语色彩的俄语熟语被对译成散发着浓重书卷气的四字成语,每每有牵强附会之感,例如:

мелко плавать(斗筲之器),петь лазеря(怨天尤人),по усам текло, да в рот не попало(失之交臂),придержать язык(缄口不言),лыка не вяжет(酩酊大醉)(《俄汉成语辞典》1959);для примера(以儆效尤),бабьи сказки(无稽之谈),глотать слюнки(馋涎欲滴、垂涎三尺),как снег на голову(猝不及防)(《俄汉成语词典》1981)。

这些俄语熟语的口语、俗语属性使得它们活跃于无拘无束、平易自然的日常口语之中。而"斗筲之器"之类板起面孔的四字成语却是与轻松活泼的语体相抵牾的。请看例句:

(1)—Гляди, как матушка любила отца твоего, бывало *сердце* мое от зависти *рвется*. 你瞧,妈妈多么爱你爹! 有时候我嫉妒得心都要碎了。

(2)—Ты, Маркуша, *придерживай язык*. Я те врать не позволю! 马尔古夏,你给我住嘴,不许你胡说八道!

(3)—Вязанки хворосту не даст утащить; в какую бы ни было пору, хоть в самую полночь, нагрянет, *как снег на голову*, и ты не думай сопротивляться, силен, дескать, ловок ... 一小把柴火他也不会让你偷去的;不论在什么时候,即使是半夜,他会冷不防出现在你面前,你也甭打算抵抗——据说,他力气大,身体很灵巧……

俄语例句是地地道道的口语语体,除了熟语 сердце рвется(на части), придерживай язык, как снег на голову 之外, матушка, бывало, те, утащить, дескать 等词汇因素也都表明了这一点。汉语译文成功地转达了原文的口语色彩。恐怕没有任何一个以汉语为母语的人会同意用"寸心欲碎"、"缄口不言"、"猝不及防"去替换译文中的"心都要碎了"、"住嘴"、"冷不防"。

更有甚者,在勉强用四字成语去对译俄语熟语时,常常因词害意,如将 ни рыба ни мясо 译做"非驴非马",将 одного поля ягоды 译做"一丘之貉"就是这样(《俄汉成语词典》1981)。А.И.Молотков 主编的《俄语熟语词典》对这两条熟语的释义分别是"没有突出之处的,普通的,平庸的人";"彼此相像,一般指在性质、特征、地位方面"。例如:Средний человек, как вы назвали, ненадежен ... но ведь надо же войти и в его положение. Он ни мужик, ни барин, *ни рыба ни мясо*; прошлое у него горькое, в настоящем у него только 25 рублей в месяц.(Чехов)(一个普普通通的人,就像你说的那样,一个靠不住的人……但是也应该为他设身处地地想一想。他既不是庄稼汉,也不是老爷,中不溜儿。过去很苦,现在每个月的薪水只有25卢布);Вы, мадам, зря острите. Кому-кому, а вам ирония в мой адрес не к лицу. Мы—*одного поля ягода*, оба любим устроиться получше(Д.Павлова)(夫人,您多余说那些俏皮话,别人倒还罢了,您挖苦我是不合适的。我们两个是半斤八两,都愿意安顿得好一些)。用"非驴非马"、"一丘之貉"取代"中不溜儿"、"半斤八两"显然歪曲了原意。

最后应该申明,早在20世纪五六十年代就已经有人提议将 фразеологизм 译作"熟语"。请参阅科学出版社1961年版中国科学院语言研究所与北大中文系语言学教研室编的《俄汉、汉俄对照语言学名词》及《俄文教学》1956年第1期《俄语词汇学绪论》一文的有关部分。

2 惯用语的划界问题[①]

如上节所述,狭义俄语 фразеологизм 与现代汉语惯用语在组成词意义结合程度、结构定型程度、语体属性等方面,十分相近。本节尝试参照俄语熟语学理论为现代汉语惯用语划界,以澄清有关惯用语的一些模糊认识。

1)关于名称

词汇研究的对象是词以及一些特殊词组和一些当作词组使用的特殊句子,这些可以统称为词汇单位。"特殊词组"指:a)词组的主要成员不是

---

① 本节是吕冀平、戴昭铭和张家骅合著论文《惯用语的划界和释义问题》的一部分,原载《中国语文》1987年第6期(二百期纪念刊)。

自由搭配的,而是相对定型的、相互制约的,尽管这种定型和制约并非绝对化。比如"背黑锅",既不说"扛黑锅",也不说"背白锅";"泼冷水"可以说"浇冷水",但不说"洒冷水"或"泼热水"。b)这个相对定型的词组在语言运用中多次重复出现,而且不仅为一人所独用。《汉语惯用语词典》(施宝义、姜林森、潘玉江编,简称《汉惯》)把"吃西瓜"列入惯用语,释义为"比喻被地雷炸了",出自《林海雪原》。但这只是临时取譬,或在特定的时期、特定的区域内有这种说法,并未被人们当作一个词汇单位来使用。而同样结构的"吃黑枣"则不然,它的"被枪杀"的意义至少见于老舍、丁玲、孔厥、袁静多人的作品。像"吃西瓜"这样的词组不属于词汇研究的对象,当然也不是词汇单位。所谓词汇单位,除了词之外,多数研究者给了它们一个总的名称,叫做熟语。熟语包括成语、俗语、谚语、歇后语,还有一个就是现在要讨论的惯用语。惯用语这个名称,就我们视野所及,大概始见于1962年。在此之前,1951年吕叔湘、朱德熙使用过"习惯语",不过指的是"好不热闹"、"他的北京话比我好"一类逻辑上有矛盾而语言上仍属正确的说法,并不一定指词汇单位。1958年周祖谟提出了"习用语"这个名称,明确地把它同成语分开,专指"碰钉子、拉后腿、露马脚、吃不消"这类词汇单位。1962年胡裕树主编的《现代汉语》首先使用了"惯用语",并把它同成语、歇后语、谚语、格言等并列,归在熟语这个总名之下,肯定了惯用语在整个词汇系统中的地位。从此这个名称就逐渐为多数文章和专著所采用。当然也并非完全一致,有广泛影响的《现代汉语八百词》用"习用语",A Grammar of Spoken Chinese 的吕译本有时用"惯用短语",《中学教学语法系统提要(试用)》用"习惯语"或"习惯用语"。关于名称,假如最初要我们考虑,那我们将选择"习用语",因为斤斤计较起来,"惯用"在一般情况下多少带点贬义。但是,名无固宜,约定俗成谓之宜,既然已经叫开,就没有必要另立新名了。

2) 关于定义

要确定惯用语有哪些区别于其他词汇单位的特点,方便的办法是先用英语的 idiom 和俄语的 идиома 进行一下比较。下面是一些常见的词典对 idiom, идиома 的解释:

(1) idiom 是连串之词表示整体意义而不表各词单个意义者。(《牛津现代高级英语词典》,转引自陈文伯《英语成语与汉语成语》)

(2) idiom 是……一种习惯说法,或者语法上特殊,或者具有一种不能由构成成员各自的意义相加而得出的意义。(《新韦伯斯特大学词典》,1977)

(3) Идиома 是具有整体意义的句子或词的组合,功能相当于词。其整体意义不等于组成词意义简单相加,不能分解为各组成词的通常意义成分……不能逐词翻译成另外一种语言。(《俄语百科词典》,1979)

(4) 个别语言特有的、不可切分的短语,其意义与组成词意义不相吻合。(苏联科学院《俄语词典》第一卷,1981)

把这些说法归纳起来,可以看出 idiom(идиома)有四个特征:

(1) 它是一组词,而不是一个词。

(2) 它是一种习惯说法,因此它的组成成员比较稳定,结构相对定型。

(3) 它的意义不是组成成员各自意义的相加,而是新形成的整体意义。

(4) 因此在译成其他语言时,它一般不能逐词地进行对译。

有人把 idiom(идиома)译成汉语的成语。如果拿上面的四项特征来衡量,"胸有成竹、朝三暮四、非驴非马"等等当然没有问题。不过这类成语只是许多人心目中的成语的一部分,而另外的数量很大的一部分如"能言善辩、少见多怪、时不我待"等等却只能居于 idiom(идиома)之外,因为它们不符合 3)、4) 两项要求。其他如俗语、谚语、格言之类,如果我们采取有些语言学家的看法,把它们列入 proverb,不属 idiom(идиома)范围之内,那么我们就会想到,汉语中还有另一大类,倒是几乎同 idiom(идиома)的四项特征完全相符,如"坐车、抬轿子、如意算盘、赶鸭子上架"等等,这就是惯用语。《现代高级英汉双解词典》(香港,1970) 在 idiom 条下意译释文 succession of words whose meaning must be learnt as a whole 为"成语;惯用语"。不管译者心目中的惯用语所指为何,这里单把 idiom 同成语和惯用语联系在一起,跟我们准备划定的惯用语的性质和范围是很接近的。

不过我们并不认为"idiom(идиома) = 成语 + 惯用语"。全面地考虑了汉语词汇单位的状况之后,我们觉得可以用下图来表示惯用语同 idiom (идиома)和成语三者之间的关系和范围:

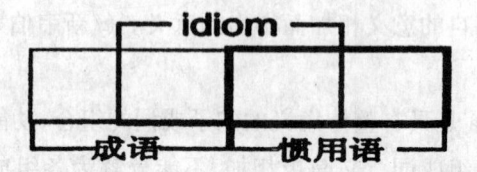

```
         ┌──── idiom ────┐
    ┌────┼───────┬───────┼────┐
    │    │       │       │    │
    │ 成语│       │  惯用语 │    │
    └────┴───────┴───────┴────┘
```

汉语的成语和惯用语互不包容,而成语、惯用语同 idiom(идиома)之间则是你中有我,我中有你,只是汉语的成语有一大部分不属于 idiom (идиома),而惯用语仅有一小部分居于 idiom(идиома)之外。现在,我们可以用下面的表述来确定惯用语的内涵和外延:"惯用语是具备下列特点的词组——a)构成成员相对稳定,结构形式相对固定;b)词组的整体意义不是每个词的字面意义的相加;c)具有明显的口语色彩;d)具有一定的修辞作用。"下面我们打算用这个粗疏的定义尝试如何把惯用语同与其有关联的词汇单位区别开来。

3) 惯用语和词

惯用语不应该只是一个词。理由很简单,如果是一个词,就不必再另给它一个名称叫惯用语。它有字面以外的意义,词典里加上一个义项也就解决了。从辞书编纂的宏观角度看,不同性质的词典分工明确,有百利而无一弊。否则互相重复,不仅对人力物力是极大的浪费,还常常会给使用者带来不必要的麻烦。

有些合成词,惯用语定义中的四个特点都具备,例如"花大姐"(即"二十八星瓢虫")、"老头儿乐"(一种靴子)、"打破碗花花"(一种植物),但它们都只是事物的名称。解释它们的,应该是一般词典,而不是惯用语词典。同样,《汉惯》收的"马拉松、乌托邦、木乃伊"等等,《惯用语例释》(徐宗才、应俊玲编著,简称《例释》)收的"门外汉、寄生虫、狗腿子"等等,尽管有时有的是引申意义,但这些引申意义一般词典里都能注出(这六个词《现代汉语词典》里就注释得很清楚),因此不应该列入惯用语。《汉惯》还收进"诸葛亮、智多星"一类专用名词,却不知为什么不收"曹操、黑旋风",

而不论从典型性上还是从知名度上衡量,他们都在伯仲之间。其实,此例一开,历史上的和文学作品中的知名度高而且具有借喻作用的典型人物,如包公、秦桧、林妹妹、俾斯麦、堂吉诃德等等就必须一视同仁,全都收入。但这样的人物何止千万,惯用语词典是收不完的。至于"红人儿、关系户、叫花子"(《汉惯》)、"顶呱呱、关系学、恶作剧"(《例释》)这类连引申意义也没有的词,就更不必收入惯用语。另外,《关于惯用语词典的收词问题》(张宗华,《辞书研究》1985年第5期,简称《收词》)认为可算入惯用语的"黑不溜秋、酸不溜丢"一类,属于形容词的"生动形式",也以不收为宜。

上面这些情况划界的难度不大,只要同意把词排除在惯用语之外,那它们就明显地不属于惯用语。问题在于那些是词或词组难以划断的单位。《收词》认为"必须有三字以上才能构成惯用语",根据是"两个单音词构成的固定的词组是不存在的,因为它们已基本上成了合成词"。这话说得太专断。从理论上说,只要承认现代汉语还有单音节词,就必须承认有双音节的词组("固定"与否不能绝对化),因而也就不能排除双音节的。事实上《现代汉语》里就收了一些它认为大于词的双音节"习用语",如"帮忙、照说、真是"等。只是双音节的词汇单位处理起来确实有些困难,例如:

(1) 伸手、放羊、坐车、磨牙、张嘴、下台
(2) 吹牛、拍马、装蒜、买账、砸锅、筛糠

(1) 组两个词的结合在意义上有两种情况:1) 字面意义相加,2) 由比喻而转成一个整体意义。(2) 组则几乎总是只有2) 而没有1)。怎么处理?有人主张属于1) 的是词组,属于2) 的是词,大概不会有多少人同意,因为按照意义是否单一来划分词和词组是不够科学的。我们总不好说"伸手把书接过来"的"伸手"是词组,"从不向国家伸手"同一个"伸手"就成了词,应该说都是词组,只要它们能扩展。那么,当它们属于2) 时,就是惯用语。不过(2) 组由于总是属于2),所以让人感到两个词结合甚紧,成为不可分割的一个词。但它们毕竟是可扩展的,如"不买他的账"。如果说"吹牛皮、拍马屁"是惯用语,而"吹牛、拍马"却只是一个词,总不如当作同类词汇单位更自然,更容易让人接受。

4) 惯用语和句子

惯用语也不应该是一个句子。这里所说的句子指的是一个言语单位,不管它是不是一个主谓结构。像"你好!""再见!""对不起!"都是一个句子,虽然从语言角度分析,有的只能是一个词。《词汇学研究》(王德春著,简称《词汇》)认为它们是惯用语,理由是"一些常用的应酬用语、招呼用语和口头用语日益固定化。人们把这些用语当作现成的材料来使用,一般都是脱口而出,不必临时组织"。怎样才算"固定化"?如何判断是"脱口而出"还是"临时组织"?看来很难划界。按照《词汇》所提的标准,下边这些就应无例外地列为惯用语:

请坐!谢谢!留步!慢走!欢迎欢迎!

恭喜恭喜!好好休息!多多关照!

哪里?(打电话)身体好吗?(等于"别来无恙")

这样"脱口而出"的话不在少数,惯用语收录进去是没有什么意义的。

有些词汇单位是由具有主谓关系的几个词构成的,但它们独立成句的可能性却并不相同。试比较:

(1) 火烧眉毛　　　　　　(5) 此地无银三百两

(2) 大鱼吃小鱼　　　　　(6) 一条道儿跑到黑

(3) 脚踩两只船　　　　　(7) 天下乌鸦一般黑

(4) 一块石头落了地　　　(8) 众人拾柴火焰高

从(1)到(6)的这些词汇单位对语言环境都有很大的依赖性,或者需要主语,或者需要其他句子成分,必须要有相应的词语才能独立成句。(7)和(8)则不然,它们本身就是用来说明一种情况的,因此在实际的言语中常常被引用来加强说话的力量,而很少被当成一个句子成分。据此(1)至(6)一类可纳入惯用语,(7)和(8)一类可划为句子,归入熟语中去。至于"树叶落下来都怕砸破了脑袋"一类,不过是一种带有夸张的描写,除了"树叶"和"脑袋"之外,其他成员都不够稳定,因此不像是有相对固定形式的词汇单位,也就没有必要算是惯用语。

5) 惯用语和自由词组

排除了词和句子之后,惯用语的最本质的特点就在于它是一个不能

直接由字面上获得其整体意义、各成员之间有稳定联系的固定词组,而不是一个临时搭配的、可随意变换其成员的自由词组。请看:

$$\begin{matrix} 抬 & & 轿子 \\ 搬 & & 桌子 \end{matrix}$$

就一般意义说,这四个词可以搭配成四个词组。可只有"抬"和"轿子"之间有稳定的联系,有字面以外的整体意义。其他三个词组只是临时搭配,都没有稳定的联系。前者是固定词组,后者是自由词组。单就"固定"说,"皑皑的白雪、潺潺的流水、袅袅的炊烟"比"抬轿子"更具典型性,因为它们两个词之间的联系几乎是惟一的、不可变换的,比如"皑皑的"只跟"白雪"搭配,连"白云"都不行。但它们也绝不是惯用语,因为除了"固定"之外没有任何特点跟惯用语相符。

还有一类词组,如"露水夫妻、黄毛丫头、小道消息"等等,意义不能完全由字面去获得,"露水夫妻"是指"两性间短暂的、非正式结合的一对儿","黄毛丫头"是指"未成年的、不谙世事的女孩子"。不过它们又跟"抬轿子"一类不同,"抬轿子"的整体意义浑然不可分,而"露水+夫妻=短暂+一对儿","黄毛+丫头=年幼+女孩",字面意义和实际意义是相对应的、可分析的。正因为这类词组的意义不是单一的整体,有些语言里并不把它们归入 idiom,俄语就不算它是 идиома。但是就汉语的情况来看,我们认为收入惯用语对分析词汇单位更为有利。

区分固定词组和自由词组,一个重要的依据是看这个词组中的主要成员是不是必须相互伴随。"抬轿子"如果是表示"吹捧、效劳"的固定词组,那它们就一定要相互伴随,任何一个词单独同别的词搭配都将失去这个特定的意义。"露水夫妻"也是如此,"露水"本身并不表示"短暂",只有出现在"夫妻"之前,这种非字面的特定意义才会产生。假如这种特定意义由于使用频繁逐渐趋向固定,从而可以不依赖伴随词的时候,整个词组也就由固定词组逐渐变为自由词组。比如"看家本事"看起来跟"露水夫妻"一样,但是我们还常说"看家的活计、看家的武艺"等等,"看家"的这个特定意义已经固定化,不一定在"本事"之前才出现,《现代汉语词典》就已经把它列为"看家"的这个词的第二个义项。那么"看家本事"就是一个自由词组,不在惯用语之列。

区分固定词组和自由词组的另一个依据是看这个词组是不是具有一定的修辞作用。可以说,惯用语不仅表"意",而且表"情"。比如"一袋烟工夫"只是估量时间有"抽一袋烟"那么久,别无其他;而"眨眼工夫"则不仅估量时间是"眨眼"的一瞬,更主要的是极言其短,这就同主观感情联系起来。同样,"碗口粗"只是状物,而"芝麻大"则不仅状物,而且表达了极言其小的心情。前者是自由词组,后者才是惯用语。

6) 惯用语和成语

有一些固定词组,如"满城风雨、取瑟而歌、胸有成竹、沆瀣一气",它们是固定词组,又具有非字面的整体意义,而且还有明显的修辞作用,看来应该列入惯用语。可是从现代汉语自身的特点考虑,有充分的根据把它们划为另一大类,即成语。一是历史方面的原因,几千年来我们积累了那么多的表现力极强的文言典故;二是语言方面的原因,汉语音节元音性强,结构整齐,易于对称,方块字又突出了这个特点,所以存在着大量的由四个字组成的固定词组。汉语词汇中的这个形式方面的特点不容忽视,否则将不能准确地反映出本身的特色。《词汇学和词典学研究》(刘叔新著,简称《研究》)认为"凡表意具有双层性的单位,无论只用口语或书面语,也无论具有悠久的历史或只产生于现代,都是成语",因而把(1)"杯弓蛇影、有的放矢、芒刺在背、越俎代庖"归入成语,而又把(2)"从容不迫、不胜枚举、弥天大谎、从善如流"归入惯用语。在我们看来,"双层性"固然是一个重要的标准,但如果把它当成惟一的标准,而不考虑汉语的特色和人们的语言心理,恐怕难以行得通。(1) 和(2) 两组都是人们心理上认为相同的"四字格",现在《研究》将(1) 组和"穿小鞋、摸门钉、碰一鼻子灰"列为同类,而将(2) 组和"知识青年、鞍钢宪法、四个现代化"列为同类,就"双层性"这个标准来说,倒也划得大刀阔斧,干脆利落。不过,说"有的放矢"跟"从善如流"属两类,而跟"碰一鼻子灰"反属一类,总让人感到难以通过。《惯用语》(马国凡、高歌东著)把"狼狈为奸"归入成语,把意义基本相同的"穿连裆裤"归入惯用语,是从音节结构形式上划分的(狼狈/为奸,穿/连裆裤)。这当然可以算一条根据,但两者的不同在更大程度上应该是取决于两者在文雅和俚俗上的区别,可惜此书只字未提。人们之所以忽略了"有的放矢"和"从善如流"在"双层性"上的不同而把它们看做一类,又忽略了"有的放矢"和"碰一鼻子灰"在"双层性"上的相同而把它们看做两类,其原因就在于前两个文雅、整齐,文言色彩重;而后一个俚俗、参差,口语色彩浓。"阿谀逢承"就是"溜须拍马",但不论《汉语成语小词典》(北京大学中文系 1955 级语言班编)还是《汉语成语词典》(甘肃师范大学中文系编),都只收了前者而放弃了后者,想来绝非偶然。

惯用语和古语、方言词汇研究不能不考虑时代和区域的因素,惯用语自然也会涉及这个问题。

现代汉语惯用语词典应该以解释现代白话文著作中的相关词语为其主要宗旨,因此在选目、释义等方面都要以现代白话文著作和活在现代汉语口语中的词语为对象。像《汉惯》所收的"没掂三、管城子、细柳营、八斗才、肉吊窗、人中龙、阿堵物"等等,或出于古代的经史,或出于古代的诗文、词曲和通俗文学作品。其中有些在今天确已成为"化石"(如"没掂三"),有些在古代可称为惯用语,但今天已凝成一个词(如"阿堵物"),都应当由相应的词典去处理,不必列入惯用语。

惯用语大多来自口语,这就比一般书面语更容易带上方言色彩。事实上许多惯用语来自方言,如"敲竹杠、拆烂污"来自吴语区方言,"拣洋捞、拉饥荒"来自东北方言。处理方言中的惯用语跟处理方言词同样困难。一方面,既然惯用语是汉民族共同词汇单位中非常活跃的一大类,就不能不考虑它的通行性和规范性,因而排除过于偏僻土俗的;另一方面,一些本来地方色彩浓重的土俗惯用语却有可能随着文学作品的流传和群众交往的扩大而传播开来,因而成为民族共同语的词汇单位。这就要求我们在收集、整理、编纂惯用语辞书时采取审慎的态度,既要观察它现时通行的程度,又要考虑它未来发展的可能性。对于流行在不同方言区的惯用语,取舍的宽严似应有所不同。北方方言区的可稍宽,因为它是普通话的基础方言,传播面要广一些;其他方言区的可稍严,理由不必多说。这个意见如果可取,那么有些具有方言性质的惯用语尽管不止一次出现在名家笔下,或有影响的文学作品中,却又为时间和事实证明很难推广,那就不必收录。比如《汉惯》所收的"吃白相饭"见于鲁迅作品,"吃排头"见于茅盾作品,"听壁脚"见于周立波作品,至今未见推广开来,因此就没有必要把它们当作普通话的惯用语。

第二编　句子的命题语义研究

第 六 章

命题意义中的题元

第一节 题元的概念

句子命题意义同句子的称名或纯语义相关,表达语句的事实性内容,包括现实的或可能的各种事况,构成语句意思的核心意义部分或常体语义部分。它是语句各种主观意义或操作成分的基础,离开它,其他层次的信息成分将不再有任何实际意义。由此不难看出句子命题意义在整个句子意义研究中的重要作用。

对句子命题意义的研究有不同的方法和角度,可以从总体上把它当作一个黏合结构来研究,也可以从组成要素入手分别展开研究,这样便于更深入、全面地去认识和描写命题意义结构本身,使我们可以清楚地观察和分析句子命题意义组织。因而在这里我们将采用后一种方法对句子命题意义进行研究,然后从整体上对命题意义构造作一些相关分析。进一步讲,"述体是命题意义结构体的核心,而题元是其组合体义素(语义组配价值)的具体表现者。"(Л.Васильев 1981:28)我们首先对命题意义中的题元进行描述。

1 对题元的不同理解

题元在句子客观命题意义的建构和分析中有着至关重要的意义,同时它也是有关句子语义研究方法论上的一个关键。对于题元的理解,一些学者从"词汇—概念结构"观出发,将题元视做动词的词汇蕴涵或词汇预设。R.Jackendoff(1990)即认为题元角色是由词汇概念结构赋予的某个结构位置,或者说题元结构就是词汇概念结构存在的具体表现。而植根于蒙塔古"模型论"语义学框架的"丛集(cluster)概念"论则将题元理解为动词对其某个论元的蕴涵。在谓词逻辑中,G. Helbig(1982)主张通过谓词、主目、逻辑价等来观照题元,并将题元看成逻辑语义价。按照 W. Cook(1989)的见解,概念特征是由各种细微的语义概念所构成的延续性语义混沌体,题元则是对其进行梳理与切割的结果,这同 D. Dowty(1991)将构拟题元的原型蕴涵当作界线模糊的连续体有相通之处。综观以上各家之言,他们虽然并未把题元当成理论上的概念准确定义,但其实质都不同程度地表明了题元是语义层面的概念——参与事件或情景结构的角色。但共同的不足在于,一方面他们大都(G. Helbig 除外)纯粹从语义出发,脱离开语法形式谈论题元,另一方面他们都超越了动词的语义,空泛地讨论并力图找出普遍具有什么样的深层语义格,其结果是很可能陷入早年对语义特征的理性主义研究把现代语言学一度拖入的困境。而在配价语法前辈 L. Tesniere 看来,题元确乎只是句法范畴的一个个关系项,"是某种名词或某种方式的事或物,它可以用极简单的名称或消极的方式来参与过程"(Л. Теньер 1988:42)。当初他提出"价"(valency)的概念,其目的在于说明一个动词短语能提供多少句法空位,可以支配多少个名词或副词词组——前者构成"题元"(actant),后者构成"状态元"(circonstant)。从理论上讲,"状态元"的量是无限的,并且只能是句子的附加成分;但"题元"却不能超过三个:主语、宾语$_1$ 和宾语$_2$。

  应该看到,L. Tesniere 开创性的研究给语言学理论带来了不少有益的思考,不过用现今的眼光作一番审视,其题元"句法观"暴露出明显的弱点,这集中反映在它对一些题元现象难以给出合理而全面的解释。例如,находиться *там*（位于那里）；вести себя *хорошо*（表现得好）；*Мне* нравится фильм（我喜欢这部电影）；Рука *мастера* не поднимается на *сироту*（师傅不想打这个孤儿）；*Его* отказ вынудил её уехать（他的拒绝迫使她离开）；*Дома* его ждут（家里在等他）；*В 6 лет* уже учатся плавать（六岁就已经开始学游泳）；Сообщили *домой*（告知家里）；воспринимать его *как героя*（把他当成英雄）中的斜体部分都是 L. Tesniere 的题元理论所无法处理的:一方面它不能给予这些成分"题元"的身份,另一方面又缺乏适当的机制来排除这些事实上为动词配价结构所必须的语义要素（哪怕是通过"词组规则"将这些要素下放到词组中去处理)。至于像无需形式外现的语义配价——由"语义守恒律"[①]控制着的隐含角色在 L. Tesniere 的理论中同样无所适从。

2 我们对于题元的理解

我们一方面主张从语义出发研究题元(语义题元),即题元本质上是一个语义范畴[②],但另一方面坚持必须同时联系其语法表达形式,从句法角度察看主体、客体等题元关系(句法题元)。J. Gruber(1965)与 C. Fillmore(1968)在提出并讨论题元角色时就已经注意到须借助表层的语法关系了解述体同角色之间的语义关系以及这种语义关系对表层形式的影响。G. Helbig(1982)也采用了以深层语义关系和表层句法关系作了既相区别又相联系的描写。此外,需要强调的是,题元研究中必须联系着命题语义来做分析,绝不能游离中心述体抽象地谈论题元角色。换句话讲,必须在句子命题意义中研究题元。我们将"题元"界定为为了充分揭示命题语义所必须的主、客体及情景要素(ситуант),即体现谓词配价的语义关系项。顺便指出,主、客体对多数行为谓词来讲是主要的,情景要素(以下简称"情景元",相当于前面提到过的状态元)是次要的,也可以说,命题语义结构的第一层级中是排斥情景元的。因此,情景元并不是始发意义上的行为特征要素,但由于语言的一大特征是能通过转喻将非动作的东西当成动作,情景元对于诸如"存在、态度、表现"等命题语义类型来讲却往往是必需的。

---

① 动词原有的语义分析中应有的语义配价可能采取非典型的论元位(转移到别的词形上)或者根本没有表层物质显示,但它绝不会从深层结构中消失——意即"语义守恒"(R. Jackendoff 1990,袁毓林 1994)。配价表层缺位分必须的与可有的两种,这里所谈的是前一种,而后一种直接称"兼容共现语"(совместимые компоненты)提供了依据。

② 关于题元的语义性质可提供以下要点:动词述体指派角色的特性纯粹是语义上的,题元关系表达的是人们对命题所反映事件(情景)的概念化的认识,指的是谓词特征同事件参与者或参与事件的角色之间的关系;情景角色并不会因其论元选择的变化而相应改变:Jonny melted the ice(受事)— The ice(受事) melted. 而从述体分类范畴的证据来看,述体的区分首先是基于题元语义性能的不同,而不是其表层形态—句法操作上的差异。

题元本质上是语义性质的,而在句子语义层次上对题元的定位又可以分为三个层次:概括题元、角色题元与变元。因而题元范畴实际上是一个复杂的层级系统,但一般论述大多对此避而不谈,将题元、角色、变元等放到一起作比照并加以系统化描述的也不多见,而有关"题元层级关系"学者们谈得也较少。

首先,我们将题元纳入"概括题元"(общий актант)层——最高级别的题元抽象层次,它是存在于非语义类型化句子当中的语义项,因而实际上是一个"集"的概念。进一步讲,当语义结构涉及一些具体的述体时,述体特征的变化强迫题元具体化为相应语义角色或角色题元(ролевой актант)。反言之,角色题元的价值在于显示概括题元相对于具体类的述体语义关系所负载的语义功能。向前推展,语义角色进而又对应于"变元"(переменная величина)。所谓变元是指满足了述体语义特征对角色的语义规定性的个体体词,即体现角色题元语义功能的实体。说得形象些,变元实质上是角色题元的"射指"。这样,孤立的动词句中无所谓变元,而相应于语义类型化的述体来讲,可能与其直接关联的变元又不可胜数。不难发现,概括题元与角色题元的语义内容和概念特征并无二样,只有抽象与具体之别,"类"与"种"之分。西方学者们对角色题元谈论较多,而对概括题元则谈得较少。在有关题元的分析标准和分析格局方面,我们认为应该把关注的焦点放在概括题元上,只在必要的时候才对角色题元作细致的刻画。这一方法论上的选取是由深层语义格的本质表现所决定的。

目前语义研究中对题元角色的认识还不太统一,学者们对其名目、内容、理解、划界及归属诸方面都存在着严重的分歧:数量不同、意义含混、标准各异。Ю. Апресян(1974)给定 25 个语义题元,В. Богданов(1977)区分 14 个,G. Helbig(1984)列出 26 个,R. Longacer(1976)的题元角色是 10 个,R. Jackendoff(1990)有 5 个,Ch. Fillmore(1971)则为 9 个(事实上 Ch. Fillmore 几篇文章中的角色数目前后都不尽一致)。在题元角色的名称和内涵上专家们也是各执己见,即便在共性较大的"施事"及"受事"等上面也并非尽人一凳,其内涵和外延都有争议——D. Dowty(1991)与 W. Cook

(1989)对二者的不同理解便是一证。事实上,如果说施事是主观上发起动作的人,那么谁是施事往往是个程度问题,双方均可能有"自主性"和"施事性"。同样,贸易往来中双方均可能采取积极主动的态度,又都可以消极被动。由于缺乏总括性的指导思想,有的学者用事件中的参与成分来归纳题元角色,有的则以视角(перспектива)为根据来设置题元角色,得出的结论自然不同。

我们认为,这种见仁见智的局面究其成因是因为在对题元角色本质的认识上产生了偏差。语义特征脱胎于人类对外部世界的认知,是认知结果的一种积淀与转化,也是对客观现实的一种自然划分,因而它不像句法、形态、音位编码系统那样质、量恒定,界线分明,故而难以对其作离散性的特征分解。客观地讲,角色因具体述体语义内涵之别而各异,可谓举不胜举,但不少人却力图以有限的若干角色来概括无穷的语义关系,这无疑是徒劳的。何况脱离开具体命题的语义谈论角色的设定与区分,其可靠性本身就值得怀疑。而走另一个极端,对每个命题的题元角色作逐一标注,实质上等于词典描写——丧失了抽象概括性也就无科学价值可言,显然也不可取。因此,科学的态度是,将其视作一个开放的序列,不求穷尽,当某一语义功能在若干语义结构中的复现率达到特定程度时,才有必要把它提升为题元角色。另外,也可以在不同的述体语义次范畴里设立一些区分性能较强的语义角色,只要能借以有针对性地描写该次范畴内部的句子语义模式,事实上就已足够了。

现在看来,《80年语法》对语义角色的回避是有其专门考虑的。N. Chomsky 的特殊处理应该说也是明智的,他虽然将 Q 角色列入普遍语法的原则系统,但与此同时他并不在 Q 角色的名目与区分上做文章,而着重分析有 Q 角色的位置和无 Q 角色的位置在句法方面所表现出来的不同。其他生成语法学家对题元角色量的规定及每个角色如何定义也大都避而不谈。E. Williams(1981)表示,"事实上,具体的角色数目与名称并不重要",她将这些角色统称为"论旨(题元)关系"(thematic relation)。R. Jackendoff(1990)、J. Grimshaw(1990)等都不再视题元角色为初始概念,主张通过其他更为切实可行的概念原则派生并解析同题元角色相关的现象。N.Chomsky(1992)与 D.Dowty(1991)则拒绝沿用题元角色来标示每个论元的做法。

对以上动向下结论似乎为时过早,但它们的确能说明一些问题,同时也印证了作"概括题元"描写的现实性与必要性。"概括题元"适用于句子语义结构粗线条的勾勒,但题元结构的功能范畴一般能纳入其中。由于这些语义功能范畴同它实际上是个变体与常体的关系,后者随具体动作性质的不同而表现为相应的角色,因此,具体操作时谈得了角色题元时就谈角色题元,谈不了时就谈主体、客体等概括题元,这种处理的益处在于它能摆脱语义角色分析中时常遇到的困扰,避免一些近乎哲学思辨的纠缠,如句子 Камень заваливал вход в пещеру(石头堵住了洞穴入口)中的"камень"是行事(executive)、施事、受事还是客事(external)?

就我们掌握的材料来看,"概括题元"的说法可以在 Н. Шведова(1980,即《80 年语法》)、Н. Арутюнова(1976)、Л. Богданова(1990)、Г. Золотова(1973,1982)、Е. Падучева(1974,1996)及 D. Dowty(1991)、J. Grimshaw(1990)与 E.Williams(1981)等中寻到理论根据。五位前苏联语言学家都从不同角度切入主体、客体语义范畴并就其作了相应刻画。而 D. Dowty(1991)则提出了"原型施事"(proto-agent)与"原型受事"(proto-patient)两个概念。他认为,应该从"论元选择"这一角度理解题元角色的性能。为此,他只提取由动词语义规定的、并为主语或宾语所共有的语义特征,而后据此概括出题元角色同论元选择的关系,最终得出"原型施事"与"原型受事"。从抽象的高度分析,二者各自均由一组"原型蕴涵"特征(前者的"自主、感知、使役性、位移、独立性"等,后者的"变化、累积、它控、静态性、附庸性"等)构成,而通常所谓的题元角色即是原型蕴涵不同组合的结果。同样,J. Grimshaw(1990)及 E. Williams(1981)的"域外论元"(external argument)与域内论元(internal argument)理论也从一个侧面体现了"概括题元"的价值。概略而言,若将述体视作一个范围,主体(施事)则处在述体短语之外,故称"域外论元",它通过主述关系同述体以及其他论元发生关联;而客体则位于述体短语之内,故名"域内论元"。二者分别由整个述体短语与主导述体指派不同的角色:Mary(域外)loaded the hay(域内)onto *the truck*（域内）。

最后，题元以"论元"或"主目"（аргумент）方式体现于语句中，这是从句法操作角度观察题元关系的直接产物。上文论及的三个层次概称为"语义层"，而该层次则是"物质形式层"。相对于角色题元，变元是一个可能的变量，论元将这一潜能变为现实的具体词形——"句素"。这样，题元是角色和变元的升华，而角色、变元、论元则是题元语义、句法性能的延伸和扩散。

由于主体、客体与情景元都潜在地表示相应的角色，因此有一个必然的推论，那就是它们都有可能成为"超题元"（архиактант）。这同词汇、形态、句法操作的互动性有直接联系，也是题元的描写中顾及其形态—句法功能的必然结果。所谓"超题元"是借用了莫斯科音位学派提出的"超音位"（архифонема）概念内核，表示处于某论元位置的题元在形式、语义因素的交互作用下获得两个（以上）难以截然分开的角色，体现为模糊性的语义范畴。例如，*В шоферах*（主体，时间）узнаешь людей по-настоящему（当司机就能真正了解人）；ездить *по гостям*（客体，目的，方向）（去各处做客）；*В школе*（主体、处所）нужны новые кадры（学校需要新的人才）；восхищаться *его героизмом*（客体，原因）（为他的英雄行为赞叹）；хлопотать *о квартире*（客体，目的）（张罗房子）。需要表明的是，这样的"超题元"是Ch. Fillmore的格理论所不能容忍的，也是R. Jackendoff的"词汇概念结构"所排斥的。R. Jackendoff(1990)认为，尽管词义也有不确定的部分，但题元角色被赋予的结构位置是定性的，因此只能是离散的、明晰的。此外，"超题元"在N. Chomsky的理论体系中也没有相应的位置。按照乔氏的"管约原理"，论元与题元角色间受"论旨原则"的制约，后者规定每一论元只能充任一个角色，亦即述体概不能同时指派给论元位两个角色。当然，这种一一对应关系有一个长处，它能使述体在深层、表层结构与逻辑式中拥有固定不变的论元和角色。但语料似乎支持相反的观点，至少可以肯定的是，自然语言并不具备抑制和排除产生这种模糊语义范畴的机制。《80年语法》提供的分析即能很好地表明这一点。Ю. Апресян(1974)也确认该现象并称其为"综合角色"（синкретизм），Н. Арват(1976)

则指出了该类语义成分的"必然性",Gruber(1965)的题元论同样考证了这一事实。D.Dowty(1991)的"丛集概念"显示,题元角色的一大特点是"非离散性",这使得它同"超题元"结下了不解之缘。

西方"格关系"学者大都抛开了语义结构来谈论角色,故此对题元结构中题元角色必有性及其判别依据向来不予关注。须知述体在语义上蕴涵的角色可能很多,但真正出现在述体语义次范畴中,并句法化于述体短语节点之下的只能是动词语义结构的核心要素,换言之,在语义模式这一操作系统中只能容纳为揭示命题语义内涵所必须的题元成分。有关"必须性"的确认 G.Helbig(1984),Ю.Апресян(1967,1974),袁毓林(1994)等都曾建议使用负面形式的"删略法",其要旨是某一成分的缺省导致语句语义不足或不当时,该成分即为必需。可事实并不尽然,这一规则可能遇到反例:语义上处于次要地位的情景元有时必须有表层外现(Дети провели вечер у нас/весело〔孩子们在我们家/愉快地度过了晚上〕),抑或一些必需的语义要素却无须甚至不能有形式显现(*Мне пахнет мясом（我闻到肉味）;*Ты тише едешь,дальше будешь）。因此,我们打算通过正面的形式关系对题元加以限制。这样的标准太松或太严都有缺陷,过于宽泛将流于任意性,大大削弱述体的转换能力,收得太紧很可能将一些语义上必需的要素排斥于题元结构之外,落入传统题元论的窠臼。本书主张以语法上的"强联系"作为鉴别题元必有性的准则,它指"体现述体语义结构所须的语义角色上升(表层线性化)为论元时同主导动词形成的句法联系方式"。值得一提的是,这里的"强联系"并不囿于一般意义上的"强支配联系",在我们的特殊处理下,它涵盖三个层次的语法联系内容:

第一,述语性联系与支配联系。它主要体现主、客体或"超题元"同述体的语法联系性质,是题元结构中始发意义上的联系形式。这里应予以特别说明的是该类联系内部的主体位名词词组。一方面因为它本身就包含弱支配联系;另一方面更为重要的是,其中的被支配成分实质上充任的是整个命题语义结构的客体或主体。当表示客体时谓词题元使命题升级为二阶逻辑结构,而整个词组表示人的属性或行为:Исполнение Улановой восхищает зрителей（乌兰诺娃的表演让观众陶醉);Поведение ученика расстроило её(学生的表现让她失望)。表示主体时,词组的中心语为具体名词,而整个词组则具"部分—整体"限定意义关系:Язык мальчика не поворачивается называть его дядей(小孩怎么都张不了口叫他叔叔);Рука мастера не поднимается на сироту(师傅舍不得打这个孤儿)。

第二,自由依附联系(包括全句限定语)。该类联系并非初始关系上的"强联系"。它所对应的句构成分虽不占据主语、补语位,而是以"情景句素"(Г. Золотова 1988)的身份同句子整体发生关联,但深层语义上它们却明显表示主体、客体或其"超题元":Ему мыслится этот процесс иначе(他对这一过程的思考不一样);В дирекции с ним не согласились(管理处不同意他的意见);Восемнадцати лет брали на войну(18岁就招募去战场)。其语义必需性通过句式转换便不难发现。

第三,纯依附联系。该类联系方式所对应的主要是"情景元"语义因素,具有信息补足功能,意义上对命题述体是强制性的,直接进入命题语义结构。它在表示存在(空间)、时间、态度、方式等语义类命题中表现尤为突出。

1)空间类:находиться(очутиться, обитать)неподалеку(в лесу)(位于不远处〔栖息在森林里〕)。Е. Падучева(1996)通过动词"жить(住),путешествовать(旅行)"说明这类述体中的"处所"语是必有语义题元。Ю. Апресян(1974)对此也曾有专门的描述。Г. Золотова 的解释则显得有些难以自圆其说,她一方面将其视作可有性扩展语,另一方面又称之为"由两个实词表达的一个句素"与"开放型语义词"。(Г. Золотова 1973:48, 315)

2)时间类。当然,脱离开具体动词命题语义的分析,正如空间语一样,时间语一般也是次要的情景因素,但就一些特定的动词命题而言,它又是要求强制出现的语义题元:приурочить свадьбу к празднику(把婚礼安排在节日);Проезд длится 12 часов(车程12小时);родиться(начаться, кончиться)в 6 часов(生于〔开始,结束于〕6点钟)。

3)态度/方式类。这类动词命题语义上相当虚化,必须借助副词或格依附词形显现的"方式(态度)"语义成分方能得到充分揭示：относиться (обращаться) хорошо (с уважением)(很好地〔怀着敬意地〕对待)；вести себя (держаться) нескромно (с достоинством)(表现不谦虚〔有自尊〕)。

此外,纯依附联系尚能反映客体同述体的联系：Деньги уже послали домой (钱已寄回家)；В семью уже сообщили о случившемся(家里已得知发生的事情)；воспринимать его как героя (把他视为英雄)。Г. Золотова (1982)将 как N_4 看做信源化(авторизация)成分。这里我们把它视为具有强联系的信息补足语,它同一般意义上的客体有所不同,双"域内论元"之间有"种"与"属"的语义关系。最后顺便指出,句法主语位名词词组中也有"强依附联系"存在：Ее слезы льются ручьем(她的眼泪流成了小溪)；Их отказ вынудил ее уехать(他的拒绝使她不得不离去)。此时词组中的非一致限定语是句子语义结构的主体题元,而中心语则为"换喻"功能成分——以部分或行为(属性)替代整体(人)。当词组内部是"纯领属"意义关系时则不存在类似的主体切分：Его книга потерялась(他的书丢了)；王冕死了父亲(按——"王冕"为"王冕的父亲"中"父亲"后移的语迹)；南来的风送走了寒意。

3 小结

总之,句子语义研究从根本上讲是离不开"题元"这一基本概念的。语义题元源于深层结构的概念意义,句法题元作为语义依存关系的间接映射,并不局限于主谓、述补关系所蕴含的体词性成分。进入语义述体结构的必有题元只能是构筑语义内涵的"语法强联系"要素,这意味着凡是表示主、客体的语义成分都必须顾及；虽未表示主、客体,但却具有信息补足功能的要素也须加以考虑。这样的主张强调了语义内容同客观形式标准的结合,可操作性强,凭借它可以澄清目前题元研究中存在的一些有争执的现象,发现一些解决问题的新线索。在题元的层次定位上,"概括题元"同"角色题元"本质上是同一的,但却有着各自的价值。由于语义角色原则上是不可胜数的,因此封闭的"角色清单"或逐词的角色描写同样不可取。而"概括题元"的处理保障了句子语义结构分析的可行度,同时又避免了一些无谓的纠缠,这无疑是明智的。

第二节 主体题元

1 主体的概念

语言语义内容同现实的关联首先要通过句子的主体来实现。而述体表现的行为、关系、特征等意义须有主体的帮助才能同世界对应。二者组构的情景、事件内容是一种"事实性内容",对人类思想的直接切分,句子情态变体和交际变体的语义常项,相关于 Ch. Bally(1955)所称的陈述(диктум),因而述谓主体又称"陈述主体"。一般的语法著述把主体定义为"句子述语特征的载体","待述谓化成素"(предицируемый элемент),"行为的发出者或状态的体现者",这种见解很大程度上受动词中心论或 L. Tesniere"行动元"思想的影响,没有把主体或者不着意把主体放在情景建构和句子语义结构模式化的理论高度上来看待。而我们对语义主体的理解恰恰在乎它的情景建构功能和同客观现实相联系、反映客观事件的功能,它表示的是特征所针对的或类型化情景说明的对象,同句子生成和话语产生的实际心理过程密切相关。从这一意义上讲,语义主体是句子的基本属性之一,有较强的外延张力,它对句子的解释能力甚至强于受形态特征限制的结构成分"主语"。显然,进入句子语义构造后,主体可以表现为行为的发出者,也可表现为状态的体现者,这主要取决于对其进行说明的述体(情景内容的主要表现者)的语义性质和特征。但与此同时不能像《80年语法》等那样把语义主体的这种功能表现(行为发出者、状态体现者)反过来说成是主体的定义,因为一个概念的功能用法特征跟概念本身是两回事。事实上,《80年语法》的主体定位应是对主体的一种侧向理解和功能性解释,并不能肯定主体在句子语义建构中的本体作用。另外,Г. Золотова 主张以"主体"这一术语取代传统语法中的"主语"(Г. Золотова 1998),她眼里的这个主体实际上是集形式、语义、功能于一体的"句素"意义上的,是现成的句构成分,因而 Г. Золотова 认为主体就是句子模式的主要结构成分。由于思维模式与逻辑语义操作皆始于"对象",于是人们对句子信息的推测往往藉由主体,主体也就成为句子信息量的前提,对人的思维取向有一种定向标示功能。难怪有人断言,"主体是动词述体的立法者(законодатель)"(Е.Глейбман 1983;И.Гальперин 1974)。下面就语义主体中一些亟待澄清和解决的问题展开讨论。

语言学中的主体定位较之哲学上曾一度广泛研究的"认识上的主体"定位,看来要复杂得多。在俄语界,即便广泛使用的 Н.Шведова 的主体定义(Н.Шведова〔1977〕,Н.Шведова〔1980〕)也并非无懈可击。Н.Шведова 的理论模式中,主体乃"行为、状态、关系或属性的来源"(Н.Шведова 1977),"述语特征的载体(类似于 Г.Золотова(1982)等所称的'待述谓化成素'——引者注):行为的发出者或状态的体现者"(《80 年语法》)。两相比较,似乎看不出有什么质的不同(不过外延有所变化,见下文论述),但其内涵和外延两方面却都有待商榷。内涵方面,由于主体参与反映的是类型化的客观事况,属逻辑语义范畴,必然打上认识论的烙印,但与此同时认知操作(指语言信息在大脑关系网络中的激活过程)只能选取客观现实原貌的一个方面作为语义常项。当面对"行为"、"状态"同在或可能同在的情形时,却不能认为显示行为和状态的谓词特征同时指向主体,因为行为和状态代表的是两个并无同构倾向的视点,在认知分析层面上二者不可能是同一种现象。但 Н.Шведова 的主体概念在这一点上恰恰没有操作上的可行性,往往无法明确断定句子中的主体。也许有人认为可借助 Н.Шведова 所谓的"模糊语义范畴"来化解这一不足,但这种尝试无异于在主体蕴义与主体的功能用法特征之间画等号,显然失当。俄语中既可能表现行为意义,又可能显示状态倾向的动词述体(包括"隐喻"用法述体)不胜枚举:Берег размыло водой(水流冲击河岸);Командира ударило молнией(闪电击中了指挥员);Лодку унесло течением(激流冲走了小船);Сашу захватила гроза(萨沙碰上了雷雨);Меня мучит голод(我很饿);Мне попало от отца(我挨父亲剋了)。Н.Шведова 的主体内涵对引例中的主体都无所适从。另外,值得进一步加以探讨的是,诚如 Н.Шведова 所言,句子语义结构的确可表示一种"关系"事实内容,如"因果、空间、类属"等由人的思维、意识加工并认同的客观信息,不过其中的主体却非 Н. Шведова 所说的"关系来源",而是"关系"的参与因素,二者不能混为一谈。因为"来源"只能是单向的,而"关系"却总是双方面的。从外延上讲,Н. Шведова 在《80年语法》中的主体定位无视其前论(Н. Шведова 1977)所肯定的"关系、属性主体",这一做法同样值得推敲。因为关系、属性不能归至"行为"名目下,更不能诿之于"状态"范畴。这将直接导致语言中大量存在的相关描写句的语义主体无所适从,不能不说是其定义外延上的局限和瑕疵。

由此可见,在"主体"定位上一仍其旧似乎并不明智。为了克服上述种种弊端,抓住更为本质的东西,我们将主体界定为:命题语义结构中的题元成分,表示客观事件特征所针对或类型化情景所说明的对象。正因为语义主体表示"被说明对象",所以,虽其名项无须移位操作即可改变它在结构体中的句法位,同时保持受动词指派的题元关系不变,但主体仍拥有常规性的句首位。明白这一点,就可以从理论上断定为什么在句子 Руку ранило осколком(手被弹片击伤);Сашу захватила гроза(萨沙碰上了雷雨)中,руку(手)、Сашу(萨沙)是主体句素,而不是如 Фр. Данеш, О. Сиротинина 等那样从"指物主体"(денотативный субъект)观出发,认定这里"行为的真正发出者是主体"(В. Белошапкова и др. 1984; О. Сиротинина 1980)。事实上,这里的 осколок(弹片), гроза(雷雨)根本不能成为认知语义上的谈论对象。相应地,我们完全有理由说 Тракториста послали учиться(派拖拉机手去学习)类句子中的现实行为者(不定主体)不是情景语义主体, тракторист(拖拉机手)才是情景信息思想反映的对象。再者,句子 Сестру отличает скромность(姐姐的特点是谦虚);Учителю присущ педантизм(老师的特点是学究气)中只能析出句首位的属性特征主体,而属性(скромность[谦虚],педантизм[学究气])本身绝不会是客观信息报道所关心的话题。同理, В комиссию входит 12 ученых(委员会由12个学者组成); Бассейн вмещает 1000 кубометров(游泳池盛1000立方米)型句子的深层结构只表示 12 ученых(12个学者)是委员会的构成状况特征, 1000 кубометров(1000立方)是 бассейн(泳池)的容量特征。断然

不会是 комиссия(委员会)，бассейн(游泳池)反过来分别说明 12 ученых，1000 кубометров.否则将会带来逻辑上的混乱。

最后，同述谓主体内涵相关，顺带谈一下主体的指称问题。所谓指称，指语词在语句中表达各种实体的能力。语句中的主体一定要由指物(денотация)转化为指称(референция)。而句子中的主体却没有实指或特指的问题，原则上它只牵涉指物这一问题。作为谓词特征描写的对象，语义主体的指称是由体词概念意义中生发出来的。例如，Студент читает(学生在读书)中 студент 的概念意义所覆盖的一个个体(一个在大学学习的人)或同类个体(类指)即构成其指物功能。而语句 Студент пришёл на лекцию(学生去上课了)中的 студент 则是概念所覆盖的特指，但 Студент ходит на лекцию(学生要上课)或 Студент должен аккуратно посещать лекции(学生应认真去上课)中的 студент 却多半表示类指。

2 关于抽象名词主体

"句子语义结构(指述体特征意义——引者注)总表现出朝具体概念指向的倾向，主体一般同具体概念相关。"(Н. Арутюнова 1972:221)因而有关语义主体的研究一般强调"表示主体的主目应是事物，且有时还强调是个体事物"(华劭 1998)，亦即用于外延意义，须带有实体性。具体名词或无概念意义却有明确所指的专有名词、代名词、指示代词等宜于充任语义主体。反之，抽象名词(包括不定式，狭义上的抽象名词以及保留了过程意义的事件"完全名物化"〔полная номинализация〕语词)，由于概念意义单一，又无具体对应所指，因而常被排斥于主体语词之外。但在我们看来，断然否定"抽象主体"的存在及其合理性似有失公允。

Г. Золотова(1973,1982)一开始否认抽象主体，后来 Г. Золотова(1998)却接纳了它，但对自己观念的更替未作任何说明。Н. Арутюнова(1976,1988,1998)、Ю. Апресян(1995)，Е. Падучева(1996)等所主张的"谓词题元"、"命题题元"都表明了该类主体的存在，只是未能提出相应的理据。《80 年语法》的态度则不偏不倚，把抽象主体描述为"抽象理念中的行为或过程性状态"。以下我们分"事件名物化形式"(包括不定式结构形式)与狭义抽象名词主体两方面就此作一剖析。

占据主体位的事件名物化语词原则上对应于句义,表命题事件,虽不能像具体名词那样通过语义外延覆盖实体事物,但它同样具有"指称功能"和"认同功能"(Н. Арутюнова 1998;1976),这种特殊的"事物性"呈现方式可视作"事件指称"或"命题指称"。(Н. Арутюнова 1998)它所牵涉的问题本质上可归结为"二阶逻辑"问题——以动作、事件、属性等作为对象的判断,原子命题随之由"一阶"升级为"二阶",而以命题句子的名物化形式作为题元这一事实本身并无碍于语义主体功能的实现。这样,我们不能一概而论地讲抽象名词不能充当句子的主体,而应联系着述体的性质来进行分析:抽象名词不能在一般描述性的一阶谓词句(如纯动作句)中作主体,而只能与二阶逻辑述体搭配充当主体。事实上,原子命题的二阶逻辑化在具体名词的情况下也可能发生,只是有赖特定的逻辑句法条件。句子 Редок для ребят свободный отец(对孩子们来讲很少有闲下来的父亲)语义上意味 Отец редко бывает свободен для занятия с детьми(当父亲的没有时间陪孩子玩)。具体名词(主体)отец(父亲)之所以能同表示时间(逻辑)频率的语词 редко(稀少)连用,恰在于修饰语 свободный(有空的)使其获得了命题意义,整个句子继而跨级为"二阶逻辑句":Отец свободен = Незанятость(свободность)отца(父亲没事情)或 То, что отец свободен, случается редко(父亲空闲的情况很少)。类似的如:редкие гости(稀罕的客人)= Посещение гостей редко(客人很少光顾)。

另一方面,狭义上的抽象名词——表示事物物理参数(вес〔重量〕,форма〔形式〕,рост〔高矮〕)、人的心理内涵(совесть〔良心〕,рассудок〔判断〕,чувство〔感情〕)及逻辑概念(признак〔特征〕,число〔数〕,причина〔原因〕)等词之所以能充任主体,是因其由表"义"转而表"物"。从认识论和本体论讲,主体是思想的主位,是激发言语活动的刺激因素(стимулятор),它可能来自第一信号系统的视觉、听觉、嗅觉等,也可能导源于第二信号系统的语词或者语词所表示的概念内容。我们知道,第一信号系统的刺激物皆为实体,因它本身即为以具体事物作为刺激信号而组构的短时联系系统,而第二信号系统的刺激因素为抽象概念语词以及在功能上接近于名词的其他语词,它们之所以也可视作指物性的对象,是因为在人的思维和认识活动中它们是确有所指的。虽然客观现实中并无相应的类同于第一信号系统的实体,但抽象的属性、概念对于人的思想是一个存在着的东西,本体上就是人抽象思维的积淀,是从无数具体的、能为感觉器官所确定的实体中抽象概括出来的,继而成为思维所及的对象(物象化、实体化)。当然这种抽象实体是不能个体化的,因为原本就没有这样的个体事物存在,使用这类词的思维操作也不能逾越抽象概括范畴。好在对于思想的主位而言,重要的只是能单独成为思想能动操作的实体(即对象)。当然,述语化的抽象名词实际上已获得情态和时间范畴,不再是抽象的关于特征或属性等的概念,而表示具体的特征、属性,具有非指物性,不能单独成为思维操作的对象。

这样,抽象名词主体一方面涉及逻辑级阶的变化,另一方面其特殊的"事物性"呈现方式有别于具体主体,但原则上都是基于思维对象的考虑将抽象名词本体化。如果一味因袭相沿已久的观点,全然否定抽象名词的语义主体功能,那么语义结构将不再具有普遍的句子结构属性,而仅为一部分表述所拥有。这同我们对句子的理解相左。因为"句子结构是在两个层面交互作用下形成的,其中的一个层面反映句子同客观世界的联系,另一个层面反映句子同思维的联系"(Г. Золотова 1982:24)。须知语言是思维的工具,同时也反映着思维的特点。如上所述,人类思维不仅能区分实体与其属性,而且还能对属性进行独立的思考,这是一个离散的复杂特征的整合过程,同时也是属性的实体化过程。语言中大量存在表性质、运动、事件、现象等的名词也绝非偶然,而形容词、形动词、动词以及其他语词的名词化,抽象名词的复数形式用法乃至动名词的事物名词化(питье〔饮料〕,печенье〔饼干〕,удобрение〔化肥〕,заварка〔茶水〕等)都反映了这一实体化过程。Н. Арутюнова 就此曾做过看来有些折中的描述:"主体在句中完成两种交际任务,其一是面向语言外部现实,其二是面向述体。主体在句子语义中的双向功能(бифункциональность)决定了对占据该逻辑句法位但表示指代物特殊属性的描述性语言单位(即抽象名词——引者注)之双重解释。这些描写性单位既可视为具有事物意义,与指示言语对象的功能相关,又可解释为具有描述意义。"(Н. Арутюнова 1976:125)其实,若要将分析推进一步,则我们还可以在具体名词的抽象化解读(谓词化用法)或"概念意义化"(сигнификатизация)中找到反证:Он путешествовал морем (他在海上旅行)(表性质、方式);превратить церковь в мечеть (把教堂变成清真寺)(表功能特征);воображать себя Наполеоном(把自己想像成拿破仑)(属性);приехать как ревизор (作为一个检查员来)(身份特征);любить тебя любовью брата (用一个兄长的爱来爱你)(方式,属性;若 брата 被表个体化的形容词、物主代词等限定时,句子本身将语义失常:*Люблю тебя любовью брата Пети/вашего брата)。而 корень(根),линия(线)等事物名词用于引申义时,干脆进入了抽象名词之列。

3 主体同述体、句子类型的关系

有关主体同述体的关系理论上主要有两种观点,一是"动词中心论",二是反过来认为主体是述体的"立法者",其实两种观点只是各有侧重,代表着不同的研究视点,本体上两个语义范畴应统一起来描写。(有关这方面的论述可以参见易绵竹(1999)的语法理论及其实用模式)这里我们不妨通过主体题元来反观述体语义性能,集中谈谈语义主体同物理动词述体、感情动词述体、关系动词述体等搭配时的不同表现,并顺带就主体的相应语义角色做一些必要的分析。

语义相容性规定与物理动词述体搭配的一般只是具体名词主体。正如抽象客体同物理动词述体的结合会引发述体动词的抽象化解读一样(принимать меры〔采取措施〕;打假;抓革命)(彭玉海 2000b),当主体位上出现抽象主体时,述体动词必定随之用于转义(隐喻化)。广义上的物理述体动词如 говорить(说),свидетельствовать(证明),доказывать(证实),убеждать(使信服),указывать(表明,指明)等通常只跟表人主体名词搭配,一旦出现抽象主体,动词述体即转化为抽象的"信源化动词"(авторизующие глаголы):Факты свидетельствуют /говорят/убеждают, что...(事实证明〔说明,使我们相信〕……)表示"施动—配动"类语义关系的物理动词述体句(Мы встретились с ним〔我们遇见了他〕;Я купил у него магнитофон〔我从他那儿买了一台录音机〕)中,两个必有语义配价很难说谁是主体,谁是客体。因为情景过程中一方的存在大都以另一方的存在为前提,要么谈不上谁积极主动(встретились),要么二者中谁都可以积极主动,谁又都可能消极被动(купил)。另外,命题事件的完全名物化形式加上限定语后可具体化(утренняя прогулка〔早间散步〕,вчерашняя заварка〔昨天的茶水〕),当其表示行为结果时,可最终演化为具体名词,从而获得充任物理动词述体语义主体的资格:коллекция(一套),собрание(全集),объявление(布告),заявление(申请书),вход(入口处),варенье(果酱),соленье(小咸菜),украшение(装饰品),питье(饮料),заварка(茶水)等。至于主体的语义细化(角色题元)要放到动词情景框架中具体分析。有目的的意志活动中主体表现为"施事",在非自主的消极活动动词句中的主体被指派的角色是"受事"(Солдат умер)。非自主的"听觉、视觉、嗅觉"物理动词的语义主体充当的是"感事"——与特殊的相关客体"对事"语义角色(видеть человека〔看见某人〕,поехать в город〔进城〕,споткнуться о порог〔绊着门槛〕)相对立。(彭玉海 2000b)

　　就感情动词述体而言,充当语义主体的只能是表人或其他高级动物的语词,因经历情感变化的只能是人或动物,这或许是感情主体同物理动作主体最为本质的区别。感情主体可进一步具体化为"受感者"、"情感状态体验者"、"感情反应体验者"以及"情感关系体验者"。其中"感情反应"的"受感者"主体往往占据客体位,而占据主体位的实质上是感情反应的"诱因"、"刺激素"或"施感者"(индуктор)——感情反应所针对的客体(Быстрая езда испугала девушку〔急速行驶让姑娘害怕起来〕↔Девушка испугалась быстрой езды〔姑娘对急速行驶害怕起来〕; Сын рассердил мать〔儿子让母亲生气了〕↔Мать рассердилась на сына〔母亲生起儿子的气来〕)。正如 Н. Арутюнова 所言,"表原因的词在同表心理作用的动词连用时,经常出现在主体位上。"(Н. Арутюнова 1976:254)。关系动词述体(преобладать〔占优势〕,относиться〔属于〕,иметь〔拥有〕,зависеть〔依赖于〕等)在范畴意义上一定是同类事物、现象、事件的空间、社会、逻辑等关联,其左、右翼位须保持语义性质的同一,或者同为具体事物,或者同为抽象事件。由于这里情景意义极度淡化,主体这一被说明的对象很难深入到语义角色层。

现在我们再分析几种典型句子类型中是否存在语义主体。由于"描述句"中的语义主体是普遍认同的,我们只谈俄语"存在句、认同句、命名句"中是否有语义主体这一问题,而该问题的解决主要需弄清两个方面的问题:一是这三类俄语句子是否有普遍性质的语义结构;二是三类句子中的相关体词(терм)能否成为描写或说明的对象。对两个问题的回答若是肯定的,就能证明语义主体的存在,从而确认语义主体对这些句子类型的解释能力。主体属于世界,"主体主要的纯语义功能是证同话语谈论的现实事物"(В. Ярцева 1990:498),句子的语义只有通过主体才能同客观现实世界发生联系,没有主体,述体成素的意义不仅不能同客观现实相关联,也不能超出抽象概念范围本身。正是语义主体的这种导向作用很大程度上规定了它在句子语义结构中存在的必然性[1]。因而这里的两个问题实际上可简化为前面一个问题,即证明三类句子中语义结构的普遍性质。

先避开"存在、认同、称名句"的逻辑功能不谈,单就它们都是一种句子结构来讲,便可管窥其语义结构的合理存在:"拥有语义结构是句子成为一个合格交际单位的重要条件"(Н. Арутюнова 1979);句子是一种形式和内容的辩证统一体,而不是抽象的语言符号,而句子句法结构只要同语义发生关联,就不可能脱离它所反映的内容。语义理论的解释能力是建立在语言系统的高度上的,这三类句子原则上应该是句法语义理论的解释对象。不过,我们还是主要想从篇章逻辑—句法功能[2] 出发对该问题作更深入的分析。

对事物进行描述的方式尽管多种多样,但在将描述指向任何事物时,

---

[1] 主体语义特征(概念意义)不仅规定了述体中相应特征的出现,而且还限制了与自身不相干甚至矛盾的语义特征进入述体。

[2] 这三类句子固然是语篇功能分解的结果,但从句子结构和语义类型对它们作分析只不过是换了分析层面,即抛开其言语动态因素,只看它们属于语言静态系统的东西。二者并不矛盾,只是方法论上各取所需。

都必须经历一个与人的认识过程相符合的描述准备过程。首先,从语篇描写、语义表象生成的方式和过程方面讲,我们要描述一个事物(一些事物或一类事物),首先必须以这个事物的存在为前提条件,确认有个事物的句子就是存在句,表示这个被确认存在的事物的语义成分便是语义主体。因而这类句子的语义结构是独特的,所反映的情景也是独立的:"有一个主体(存在)"(〔У меня〕 есть N₁;〔В лесу〕 водится〔существует〕N₁;〔Тут〕стоит N₁)。值得一提的是,虽然该类"存在句"在交际上没法切分出主位,句子的交际目的在于报道作为统一整体的现象,句子包含的所有信息作为一个不可分解的新给部分出现,即在交际报道之先,没有一个、甚至无须产生情景主位的独立过程。但语义结构层面的分析却恰恰是要确定出情景语义描写的对象,因而有主体。另外,"存在"语义可以在描写句中以"存在预设"的方式体现出来:Утка плыла по реке(有一只鸭子在水上游)= На реке была утка(河里有一只鸭子)+ Утка плыла(这只鸭子在游)。这样,描述句从认知角度看,包含两个不同的认知行为:肯定存在;进行描述。Н. Арутюнова, Е. Ширяев 扩大了存在句的范围:У него кишат солдаты(他那里挤满了战士);На козлах качался кучер(车夫颠簸在羊群中);У входа дремлет швейцар(守门人在门口打瞌睡)。这种加上了主体全句限定语的存在句是以存在的事物(说得准确些,是"存在"这一情景)作为对存在的拥有者或环境(处所)的一种描写,而整个句子的句法—语义结构不能像一般的句子那样区分,实际上是存在句句法—语义结构的一种层次式扩散。如果非得区分它的被说明的"主体"和描写性述语,则充当主体的,毋宁说是存在的环境或拥有者,这显然同我们的整个讨论不是一回事。

其次,由于我们是使用自然语言进行描述,就必须给这个存在的主体以一定的语言表达形式,才能使描述得以进行下去。而这个表达形式必然是有意义的语言单位——存在的"是什么样的事物(主体)",使继后的描述有了更进一步的针对对象,并把存在句的主体同交际背景中已知的事物联系到一起,起到"证同"的作用,相关语言表达形式的"证同句"提法由此而来:Тот в очках—наш преподаватель(那位戴眼镜的是我们老师);

Приехавший—мой брат(来的人是我弟弟);Этот мужчина—Андрей(这个男子是安德烈)。事实上,证同句的语义描写功能还可在它与"分类句"(предложение классификации)的相关性和相近性当中得到支持。归类和认同都在于帮助确认描述对象,不同的是归类是使用"类名"(类概念)来限定事物,而认同是用定指个体的固定名称来落实事物。正因如此本书不专门谈分类句,何况当我们用自然语言表达"有一个主体"这一情景时,主体就已经同时被归类了[①]。也就是说,描写"有一个主体"的存在句永远是同分类句相结合而出现的:Да что вы! Есть очень богатые люди.(说得不对! 有那种很富裕的人。)

至于"命名句",实际上是"证同句"语篇功能的延续。因命名句只是为了语篇表述的方便给既定事物起个名,它的个体化功能和连贯话语功能在证同句中已有雏形,但比后者更为显著、单一化(当然,当"证同"本身就用专有名词时,它便重合在证同句中,不必再用"命名句")。因而只要证同句有普遍性质的语义结构,命名句自然就能独立表示语义情景:"是一个名为什么的主体",被命名的对象也就是这类句子的语义主体。这里需要把纯粹的命名句同陈述事件的描述句(Он называет своего сына Петей[他把自己儿子叫别佳])以及施为句(Называю вас по-русски Петей[我给你起个俄语名字叫别佳])相区别开来。

我们还可以从另一角度把三种句子类型中的主体放到句子语义描写(семантическое представление)中作一观察。在句子语义的解释性描写中区分意念句(путативное предложение)与叙实句(фактивное предложение)。其中意念句是描写人的经验世界、主观认识或意念系统(包括普遍意念与个别意念)的句子,它的语义描写由两个部分整合而成:确认被描写对象和描写本身。所谓描写对象的确认,指的就是在生成话语结构之前,用表达特定概念的体词对业已存在的描写对象进行命名(以命名的方式指出存在的对象),并将其从同类事物中分离出来。进而言之,"存在"的信息

[①] "证同"一般应该在"归类"的基础上进行(Был врач(有一个医生)→Этот врач— Иван(这个医生是伊万),但 *Был этот врач,*Есть Иван)。

虽然先于对确定事物的描述,但在用语言手段表现出的存在句中,必须同时给出两个信息:特定的个体和个体的类别名称(该个体具有的类别特征):Есть один волк(有一只狼) = Есть одно животное(有一个动物) + Оно волк(它是狼)。两项信息任缺一项均不能使继后的描述有确定的对象:* Есть одно животное, этот волк...(存在句中没有给出被描述对象的名称);* Есть волк, этот волк...(存在句中没有给出特定的个体)。因而,意念句语义描写结构中,恰当的语义主体是必不可少的。而叙实句描写外部客观世界,它由分解一个关于情景的初始思想而形成,叙实句的"NP—VP"结构只是反映出人为了描述情景而对这个情景进行分解所形成的关于情景的意思结构,而不是为描述某一对象而按照这一结构生成话语。即是说,叙实句中在对情景的描写之前没有一个产生情景主体的独立过程,叙实句对事物的描写就意味着事物的存在,而且命名和描写可以是同一过程。因此,叙实句中语义主体的功能也是显而易见的。

如此看来,较诸逻辑判断中的主词,在语言语义这一层面上,语义结构、语义主体具有更广泛的解释力,可以说是一种普遍的语言属性。语义结构可以有不同的构成方法,有不同的类型,但最终都要涉及句子的语义怎样同客观世界联系,而且人们在使用句子表达这种联系时,都清楚这种联系所包含的情景结构和语义描写(它们在句子语义形成的最初阶段就已定型)——这些都表明句子的语义结构是单一、固定的,具有可操作性。进一步讲,句子的语义结构之所以可以从任何一个随机的句子当中分析并提取出来,从构成上讲就是因为凡是进入句子的语词都带上了语义的结构性标记,这一点也使我们很难否认包括上述三类句子在内的句子体词的主体功能。我们很难想像这三类句子中的相关名词项除了是情景描述的对象还能是什么,而语义结构如同句子的句法结构一样,对句子中的每个语义成分同整个结构的关系以及结构体内部所有成素的地位和相互关系都应该作出科学的解释。但不能不看到,"存在句、认同句、命名句"毕竟是为"纯描写(句)"服务的,它们的语义描写功能和情景性显然比不上后者,它们的内部各成素间在意义上的相互制约较松散,所描写的是静态、稳定的属性状态关系,情景动态因素淡化①。而纯描写句描写的多是即时性的动态的情景,容易受时、空因素变化的影响,常传递新给信息;也正是因为这样,描写句是展现客观现实最为主要的语言表达方式,也是我们增进对事物新的理解的最为典型的手段——从而同逻辑上的判断最为接近,并有严格的同逻辑判断一致的结构,即句子语义主体同逻辑判断的主体、实际切分的主位、语义描写中的思想主位原则上应该是统一的。例如,句子 Холод сменил жару(冷代替了热),在逻辑上完全可以说成 Жару сменил холод(热被冷代替),原语义客体 жару(热)随之成为判断的主词,而原语义主体 холод(冷)则变成谓词构造。与此同时,жару 同样也成了语义关系上的主体——左右翼位体词所表示的若为同一层次上性质相同的实体时,可以对调,并且都可以成为句子语义的主体(其他如 День сменил ночь〔白天替换黑夜〕;Дети окружили деда〔孩子们围着祖父〕等)。

第三节 客体题元

言语模式是句法限制和语义选择的产物,是基本词汇类别占据其语义—句法空位所构成的结构单元。相关理论演绎使得"NP—VP"短语结构及"SVO"或"SOV"等构造的条分缕析占去 20 世纪语言研究的许多篇幅。涉及话语生成机制的"长语义成分"(длинный семантический компонент)(Ю. Степанов 1981:178,204,205,250,341 等)与命题组织、类型化情景、语义情景的描写聚焦于"纵轴"与"横轴"两个维面,试图在聚合系统中选取材料,在组合关系中确定模式。而句子语义模式化的理论构想无疑又强化了业已形成的语言学思潮,主体与述体成为学术界十分重视的两个范畴。正如 Н. Арутюнова(1976:378)所言,"主体属于世界,而述体是对世界的思考",正是后者对前者的"选择限制"达成了"思维范畴

---

① 句子语义结构比句子结构模式语义更为具体,很大程度上是因为词汇语义因素的积极影响。可这种影响在三类句子语义中的表现并不十分明显,直接导致三种句子语义结构的类型较为单一,这也构成它们同纯描写句的区别。后者受词汇语义因素的影响较大,其语义类型极为丰富。

与客观现实某种程度的结合"及"世界和人的联系的确立"。借助"主词—谓词"思维模式来解读逻辑语义,对客体范畴的缄默只是论证策略使然(正如"NP—VP"本身即涵纳客体"NP"),"主体—述体"构造只不过是"主体—述体—客体"构造的变异。如果说动词述体在于展现概念意义,实现其表义功能,那么客体在指称作用上与主体没有区别。因而客体在"事况"描写中的重要性不言而喻。

客体表示的是述体概念意义中包含的,行为、状态、关系所指向(涉及)的事物。较之主体范畴,语言文献中的客体论述相对单薄,有别于主体的特征还没有完全揭示,不少问题仍然悬而未决。这里打算就以下几方面做一梳理:客体题元的语义次范畴化;客体同动词述体分类范畴的关系;客体同主体的关系。

1 客体题元的语义次范畴化

客观地讲,角色因具体动词语义而各异,可谓举不胜举。这里我们打算只立足概括的谓词框架,就客体题元的语义次范畴特征进行描写。其对象虽不在于严格意义上的"角色",但却能使我们在不必考察一个个动词具体语义的同时又不失一定程度的具体化,因而是述体类别描写的一个重要方法。这样的语义次范畴包括:抽象客体/具体客体;"对事"客体;内部客体/外部客体;可运作客体/不可运作客体;可分离客体/不可分离客体;超题元客体等。这里只就前两个次范畴作集中分析,其他次范畴的分析可参阅后文。

所谓"具体客体"即具有实体性质的事物(人、物)客体,由具体名词充任。而"抽象客体"是表属性、事件、现象等过程或非过程的特征的客体,由抽象名词以及动词不定式表达。但抽象客体实际上也是"或多或少实物化的"(H. Арутюнова 1976,1998),动名词的事件意义最强,实体意义最弱,何况人类思维的一大特征是能对属性进行独立思考,并能将抽象的东西作"物象化"操作。

不容忽视的是,客体的抽象性同主体的抽象性之间存在悬殊的差异,不能等同起来。首先,抽象主体在句子语义结构中所代表的总是"命题事件"("紧缩命题","完全名物化"),使一级逻辑命题升级为二级逻辑命题——量化的对象由个体词变成了谓词(命题)。而"抽象客体"很多情况下(主要指在物理动词情景中)不能像抽象主体那样同时实现"指物"和"概念"两种意义,不涉及命题事件,因为"命题"除了"特征"要素,一定还要有叙述对象,而在"具体主体—述体—抽象客体"组织中,抽象客体不太可能排挤掉具体主体,成为说明、描写的对象,即动词述体一般不会撇开具体主体,做反向操作——这也是相关结构中要么抽象名词具体化解读,要么动词述体需抽象化分析的原因。与此相关,动词词义可能相当虚化(*принимать* меры/позу〔采取措施/采取姿势〕, взять отпуск〔请假〕, *дарить* улыбку〔给一个微笑〕),或者动词同客体在意义上难解难分,共同说明主体(*поднять* шум〔挑起喧哗〕⊃ *зашуметь*〔喧闹〕, бросить вызов〔发出挑战〕⊃ *вызвать*〔挑战〕),只有在实际切分中语义重心发生变化时,抽象客体才能转化为描写对象。

在句子理解中,抽象客体与具体客体的区分有着重要的意义,借助这一区分可以消除句法多义与一词多义带来的困扰: погрузиться *в воду*(钻入水中)/погрузиться *в воспоминание*(陷入回忆); взять *ложку*(拿起勺)/взять *власть*(夺取政权)。当物理动词客体位上出现抽象名词时,一种情况是抽象客体须具体化: проглотить *гадости*(忍气吞声); говорить *глупости*(讲蠢话)。这里值得注意的是,该类结构中的抽象客体词仍体现了概念意义和指物意义两个方面,但有主次。当该客体代表的事物在眼前时,概念意义居次要地位甚或不起作用。反之,概念意义则起主导作用,发挥它同现象的对应功能(这也是抽象名词的主要功能),因为东西不在场,需要通过意义去找实物。另一种情况是动词须抽象化: дарить ему *дружбу*(赠与他友谊); проглотить *обиду*(咽下委屈);搬弄是非;吃官司;打假;抓革命。二者必居其一。

一般而言,具体客体若非外部客体即为内部客体,但也有可能游离于二者间,既非外部客体,也非内部客体,这便是"对事"——参与情景或被纳入情景,却不会因主体行为而发生相应变化的客体,Н. Арутюнова 将这种不表任何变化的客体称之为"特殊的客体"(Н. Арутюнова 1998:307)。

G. Helbig(1984)只在"心理动词"句中涉及了这一类客体,因而冠名为"心理过程所指对象"。但事实上,该客体的表现范围要广得多:слушать музыку（听音乐）；видеть тигра（看见老虎）；ехать в город（进城）；прыгать(через) барьер（跳过栅栏）；грузить вагон（装车）；стричь голову（理头）；ненавидеть тетку（恨姑姑）；уважать ученого（尊敬学者）；любить ветерана（картину）（爱老战士〔画〕）。

2 客体同句子语义结构类型的关系

《80年语法》坚持认为,句子语义结构由"主体—述体—客体"三要素构成,这较之脱离语法层面,超越动词语义,空泛地讨论并力图找出普遍的深层语义格的做法,当然要成功、可取一些。但它却止步于抽象层次,未能深入到具体述体类别作进一步挖掘。而深入挖掘的必要在于,随着述语特征的变化,主、客体范畴也会相应改变。只有把客体题元同述体分类范畴本身统一起来研究,在述体语义范畴中观察客体题元,才能真正触及语言的本质。

语义相容性决定着具体客体在物理行为命题语义中最为活跃,而抽象客体则往往为这类命题所排斥；即便占位,也须将其解读为具体客体,或将动词作抽象化处理。大部分物理行为动词可同内部、外部客体连用,或者同两种客体均能搭配(有关这两类客体参见后文)：сверлить дырку（钻一个洞）（内客）/доску（钻木板）（外客）；варить суп（煮汤）（内客）/есть суп（喝汤）（外客）；лепить соты（筑蜂房）（内客）/разрушить соты（破坏蜂房）（外客）。"创建、制作"类动词述体须同内部客体组合,而"加工、感知、运动"动词述体则只能同外部客体连用。在物理使役动词中,动词述体表两个情景,包括"主体事件"和"客体事件"(Н. Арутюнова 1976),只要求外部客体:Мать кормит ребенка кашей(母亲喂孩子粥)；ломать/гнуть прут（折断〔弄弯〕树条）；обелить стену（粉刷墙）；гноить сено（使干草霉烂）；поить лошадей（饮马）；толкать мяч（踢球）。伴有领属地位变化的"给予"类动词和"转递"动词(二者可统称为"递送"类动词〔程琪龙1997〕)也只组配外部客体:дать книгу другу(给朋友书)；посылать деньги сыну(寄钱给儿子)。再如 отправить（邮），отдать（还），сдать（交给），передать（转交），продать（卖）等。另外，"给予"类动词述体还可带由不定式表示的可能的、潜在的、尚未得到落实的外部客体：подать ей ужинать (пить)（给她摆上晚饭〔水〕）；принести ему обедать（给他送来午饭）；дать ему закурить (поесть, читать)（给他烟抽〔东西吃, 书读〕）。应该看到，当这种不定式客体得到落实，表实体时，它同具体（外部）客体间已毫无区别。而当该抽象客体无法转为实指，则主导动词必须抽象化，进而表示诸如允许等情态意义（дать ему читать〔让他读书〕）。当行为只有惟一工具或者动词语义本身就包含了工具义素（即工具意义缩合到动词中）时，也只能搭配外部客体：пилить лес（锯木材）；постелить постель（铺床铺）；мотыжить свеклу（铲甜菜）；лопáтить землю（撮土）。其他如 пинать（踹），грызть（啃），целовать（吻），вощи́ть（涂蜡），крахмалить（浆洗），утюжить（熨）等。像"复制、描摹"类动词一般也只要求外部客体：копировать документы（复印文件）；записывать звук (концерт)（录下声音〔音乐会〕）；фотографировать группу людей（照几个人的相）(但* ~ снимок〔相片〕)；изображать сцену войны（描绘战争场面）(但* ~ картину〔~画〕)。"对事"客体在物理动词内仅限于运动动词(поехать в Москву〔去莫斯科〕；пересекать границу〔跨过边界〕；покидать берег〔离岸〕)，感知动词(нюхать нашатырный спирт〔嗅氯化氨水〕；наблюдать восход солнца〔观赏日出〕；видеть учителя〔看见老师〕)。此外，"可运动/不可运动客体"，"可分离/不可分离客体"及"客体—工具/手段"等题元语义次范畴都跟物理行为动词诸次范畴相协调。

抽象客体在感情语义述体句，尤其是感情反应与感情关系语义述体(感情状态动词是一价动词，谈不上客体)句中表现异常活跃，而且如果说物理动词要求抽象客体具体化，那么感情动词则要求具体客体抽象化。由于整个感情动词语义结构不是语义主体引起客体的变化，而是客体反过来引起主体的变化（即所谓的"客体事件"）(Н. Арутюнова 1976, 1998)，该客体也须进一步具体化为"客体—诱因"和"客体—原因"，因而它只能表现为"抽象客体"：Он докучал ей своей любезностью（客体—诱因）(他的殷勤好客让她厌烦);Я люблю его (за) скромность (客体—原因)(我喜欢他的谦虚)。即便句中没有抽象名词,相关句素也应解读为表属性、事件的抽象客体:Сын рассердил мать ⊃ Грубость/Поступок сына рассердила/-л мать(儿子的粗鲁〔行为〕让母亲生气)。按 Н. Арутюнова (1976)的理解,"сын"在此只是"替罪羊",因为只有人才能是归咎者并为事情负责,而直接诱发某情感的事实上是"人"做的事或其属性:Она завидует ему (她嫉妒他) ⊃ Она завидует его таланту (她嫉妒他的才能)。显然,这里的抽象客体有别于物理动词述体所要求的抽象客体,它可以改变感情动词句的命题性质,使其演变为二阶逻辑命题。另外,感情动词客体还同时是"对事"客体,这在"事物客体"句中表现得十分明显:Нож (Тупость ножа) рассердил(-а) меня(刀〔刀钝〕让我生气);Книга (Юмор книги) пленяет читателей(书〔书中的幽默感〕让读者陶醉)。仅当要表达一定目的的有意识动作时例外:Я хочу удивить его(我想让他惊讶);Я пытался разозлить его(我试图激怒他)。不过此时的语义主、客体同语法主、客体大体已合而为一了。如将物理动词客体的"不可分离性"投射于感情动词,便不难发现,代替"部分—整体"(гладить ему волосы〔抚摸他头发〕)语义关系的是事物同其行为(属性)间的关系(Его приход обрадовал мать〔他的到来让母亲高兴〕);Я люблю его характер〔我喜欢他的性格〕)。虽然深层结构中二者是一回事,不可分割,但思维及社会因素往往要求二者分离开来,各自表达。因此该客体题元分裂为表层形式上的二价(裂价),获得各自的论元位,感情事件的描述因之显得具体、明晰、有针对性:Он обрадовал мать своим приходом;Я люблю его за характер。

"使令"言语动词(экзерситивы)一般要求客体不定式做抽象客体,表客体关系的不定式以强依附联系从属于述语动词:запрещать организовать оркестр (禁止组织乐队);рекомендовать ему отдохнуть (建议他休息);заставить его выпить (使他喝)(其他如советовать〔建议〕,уговорить〔说服〕,позволить〔允许〕,принудить〔逼迫〕等)。按 Ю. Степанов (1981)的观点,这里存在两个句子鱼鳞般的并合。不过客体不定式在此代表的可能是潜在的、尚未实现的行为,极可能是一个没有真值意义的"自由命题"(неутверждаемая пропозиция)(Е.Падучева 1996:232),而一旦主命题附上说话人的命题意向并获得真值后,这类动词中的有些成员即成为同"事实情态"相关的一类"蕴涵动词"(包含对另一动作〔从属命题〕的态度评价,另一动作成为它的内容):заставил выпить(使喝)⊃ выпил(喝了);не заставил выпить(没迫使喝)⊃ не выпил(没喝)。

另外,关系动词中客体的表现较为特殊。这类动词中客体单一,只涉及具体/抽象客体层次,而很难深入到语义角色层次。理性思维活动动词只能跟"抽象客体"名词搭配。

3　客体同主体的关系

虽然主体和客体在语义上或许并无关联,因为它们之间的语义协调在句中是通过动词述体的语义中介来实现的,即二者的相互影响必须求助于述体词,主体很难对客体直接做出某种语言选择或要求,但二者其他方面的相关表现却值得一谈。

E.Williams(1981)的"域内—域外论元"论与N.Chomsky的短语结构语法等默认主体比客体高一个层次,但事实上主体同客体同处于动词述体深层结构的第一级阶,二者在一起对立于述体,均为始发意义上的行为特征要素。当然并不排除客体可能同动词述体结为一个特征整体,共同面向主体(принимать походку〔走某种步态〕;приобретать актуальность〔获得现实性〕;пылать любовью〔充满爱〕;поднять ссоры〔挑起争吵〕等)。此时,客体信息补足功能突显,而语义建构功能淡化,的确不如主体看得清晰。另一方面,语句中或者从"非分解语义结构"(郝斌 2002)上讲,主体与客体在指称作用上并无两样("实体行为"情景中尤其显著)。以下我们着力分析一下主、客体在"抽象"属性等方面的差异。

抽象主体在句子语义结构中可以代表命题事件,使一阶逻辑命题升级为二阶逻辑命题——量化对象由个体变成了名物化的事件命题。而抽象客体如前所述,一般不能像抽象主体那样同时实现指物与概念两种意义,不涉及命题事件。这直接要求物理动词述体相关结构中的抽象名词解读为具体名词(отпустить *шутки и смешки* 〔说取笑和嘲弄的话〕；разогнать *демонстрацию* 〔驱散游行者〕；сказать *остроты* 〔说俏皮话〕；нести к своим очагам *домашнюю пригодность* 〔把用得着的东西搬回家〕)，或者动词述体要作抽象化分析(проглотить *обиду* 〔咽下委屈〕；питать *ненависть* 〔充满仇恨〕)。只当实际切分带来语义变化，产生新的意思结构时，抽象客体才可能成为说明的对象：Андрей разгадал *их плутни* (安德烈猜中了他们的伎俩)—*Их плутни* разгадал Андрей(他们的伎俩被安德烈猜中)；Он читает *романтику* с интересом(他津津有味地读浪漫主义作品)—*Романтику* он читает с интересом(浪漫主义作品他读得津津有味)。

在"抽象"属性的处理上主体、客体也存在差异。如果说抽象主体在语义解读中均须物象化理解的话，那么抽象客体可能却无需这样的实体化操作，甚至具体客体反而需要命题化解读：一些"感知"动词述体可能恰恰要求抽象客体，构成一个"内嵌句"：слышать *Шаляпина* (听沙里亚宾) = слышать *пение Шаляпина* (听沙里亚宾唱歌)/как поет Шаляпин(听沙里亚宾唱歌)；наблюдать *восход солнца/игры детей/ее волнение* (观赏日出〔看孩子们玩耍，看她激动的样子〕)。感情反应动词述体与感情关系动词述体(参见后文)也同样要求抽象客体来建构情景语义。感情反应动词述体中的"(抽象)客体—诱因"由于在时间意义上确有话题化的倾向(E. Williams 1981)，加上主体位的形态—句法作用，似乎已由一阶原子命题进入了二阶逻辑范畴，因而显得有些特殊。另外，像以已经发生或正在发生的事件为预设的"事实谓词"(如 помнить〔记得〕，свидетельствовать〔证明〕，знать〔知道〕，сознавать〔意识到〕，раскаяться〔后悔〕等)可以要求以间接问题、说明从句方式表现出来的抽象客体。

逻辑原则和人类思维特性决定了在客观事况的描述中只能有一个被说明的对象，因而句子中的语义主体一般是单一的。像句子 *У солдат* конь устал(战士们的马累了)；*У бабушки* внук уже ходит в школу(奶奶的孙子已经上学)；*Мне* ногам холодно(我脚冷)中的"情景主体"即能恰如其分地印证这一点。而客体由于是"域内论元"，是动词的直接结构要素，可以是多位的。非单一的多客体间可能还会有"整体—部分"，"领事—属事"等语义关系。多客体的参与,加上丰富的格形式意义的帮助,能使动词语义情景的刻画和描写更为准确细致、生动形象：царапать себе за ухом задней лапой(〈狗〉用后腿挠自己耳朵后边)；зацепить лодку багром за корму(用钩杆把船尾钩住)；простреливать ему шапку(用子弹打穿他头上的帽子)；принести письмо за конец(拿着信角送来信)；вытянуть гвоздь за шапку(把住钉帽拔钉子)；точить грифель о точилку(在刀石上磨石笔)；целовать бабушку в лоб(吻奶奶的额头)等。

就语义角色来看,客体要比主体丰富得多。这自然同述体本身的语义范畴化不无关联。但更为主要的是由于充当被说明对象的主体毕竟是"域外论元",较诸客体,它同动词在语义上的协调关系(选择限制)多少要松散些,其语义细化较为整齐划一,类化性较强。而客体正所谓"域内论元",动作结果的体现者,其语义表现由动词概念意义直接规定,因而语义角色十分丰富。这在 H. Арутюнова(1976)有关"不同语义次范畴的动词有语义上的不同'形式客体'(формальный объект)与之呼应"的论述中便得一见。

作为语义范畴,客体题元影响着命题语义构造的方方面面,涉及一系列细致入微的语义—句法现象。正是通过一个个类似范畴的剖析,我们才可以从部分到整体地一步步逼近语言的本质。以上提供的分析显示,我们可以通过客体题元的表现来反观动词语义次范畴,预测动词述体类型。每一类动词述体的题元数目和题元语义功能是固定不变的,客体类型、论元选择、角色功能的区分特征都有助于立足客体范畴反过来决定前面应该是什么样的动词述体。

第 七 章

命题意义中的述体

第一节 语义述体的分类原则

1 关于动词述体

首先需要说明的是,可以充当命题意义述体的语词很多,动词、形容词、名词、代词、副词等都在其中,但本书要谈的命题意义述体主要是动词充当的述体,即动词述体(глагольные предикаты)。这是因为姑且抛开动词中心论不讲,换一个角度来看,动词的语义只有在命题句子中充当述体才能得到实现,也就是说,动词的使命和价值在于担负起建构命题语义的任务。原本动词的意义就决定于许多因素,不是跟事物世界的对应,而是跟关系、行为和状态相对应,对同自己组合的事物名词的范畴语义以及主体和客体之间的意义关系都有依赖。这种有条件地把动词当作述体等价物的主张同 Н. Арутюнова(1976, 1988)"动词的语义只有在句子中才能得到充分揭示,必须在句子中研究动词的语义"的思想是相吻合的。而"动词在命题构造中充当经典的述体时,动词语义已经不单是一种词汇语义,因为它显然包含了一个句子的雏形"。(С. Кацнельсон 1972:8)这里的动词述体显然是主体背景下的述体,述体可以放到两个层次的结合点研究:一方面述体代表一定的词汇语义结构;另一方面在命题语义中同主体密切相关,须要结合着主体来研究它。(郝斌 2002:180)我们再从一个独特的角度来分析一下动词只有在命题句子中充当述体,其语义才能得到实现的情况,以说明我们为什么只集中谈动词述体。这一独特的分析角度是动词"对峙语义"(энантиосемичная семантика)在命题句子中的落实问题。即动词的相互对立的语义在升级为述体以后自然而然地显现出来。

这样的对义"动词—述体"有三大类型：

第一类：对义性表现在行为的结果方面。

1) 行为达到结果/行为结果取消：

Он *отконопатил*（堵缝）лодку.（把船上的缝隙堵上。）—Сегодня у меня *отконопатили*（启封）окно, так что я целый день почти пользовался чистым воздухом.（В. Кюхельбекр）（今天我把窗户启封了，所以几乎整天都呼吸到了新鲜空气。）；Та же комната...была к тому же *разгорожена*（隔成）на двое ситцевою занавеской.（Ф. Достоевский）（那间房间被印花帘隔成了两半。）——Двор *разгородили*（拆掉），амбара не было и в помине и всё хозяйство являло мерзостный вид разрухи.（М. Шолохов）（院子的围堵被拆掉，谷仓影儿都没了，整个庄园是一片让人生厌的破败景象）。类似的动词述体还有：разверстать（拼版/拆版），расшить（拆开/绣上）等。

2) 达成结果/没有结果：

А ты собирай эти штучки и тащи их домой. Принесешь, ребятишек *обделишь*（使……有），радость им дашь.（М. Горький）（你把这些东西收起来带回家去吧。带回家分给孩子们，让他们高兴高兴。）—Столоначальник делит доходы с просителей, а я посмирнее, так *обделяет*（少给）（≈лишать N_2）.（А. Островский）（科长分发从申请者手中搞到的收入，我比较老实，所以给得少。）Павел Демиров *отказал*（遗赠）большие деньги на строительство университетов в Киеве.（В. Чивилихин）（巴维尔遗赠很多钱给基辅修建大学。）—Стоило у него попросить, хотя бы на минуточку, что-н. из его личного инструмента, как лицо становилось твердым, злым и он резко и всегда непреклонно *отказывал*（不给）.（В. Кожевнико）（一旦有人向他借工具，哪怕是借一会儿，他脸色立刻就变得很难看，坚决不给。）

3) 连接到一起/分开：

двоить нитки（把两股线拧成一股）—*двоить* кожи（把皮剖为双层）；Отец *пластовал* дерн.（父亲一层一层地铺草皮。）—Егерь *пластовал*（分成若干层）убитого медведя.（Л. Леонов）（猎人把打死的熊的皮分割开。）

第七章　命题意义中的述体　219

4)创造性的结果/破坏性的结果：

Разбивают（建）новые сады на освоенных землях.（在新开发的地上建新的花园。）—Пугачев велел *разбить*（打破）бочки вина.（А.Пушкин）（普加乔夫命令打破酒桶。）

Вывели（培育出）новую породу скота.（培育出新的牲口种群。）—Хотите, я вам в один день всех мышей и тараканов *выведу*（消灭）из хаты.（А.Куприн）（你如果愿意，在一天中我可以消灭掉农舍里的所有老鼠、蟑螂。）

5)得到正面的结果/得到负面的结果：

Тебя народ *честит*（尊敬）и обожает, во всех устах твоя хвала.（В.Жукотский）（人们都尊敬你，崇拜你，大家都说你的好话。）—Уж ругала, она ругала, уж *честила*（辱骂）она всех.（Н.Грибачев）（她不停地骂，辱骂所有人。）

第二类：对义性表现在行为进展的时间特点方面。

1)行为开始/行为结束（或达到结果）：

Снаружи опять *завеяло*（开始吹起来）.（В.Чивилинин）（外面风又吹了起来。）—И вьюга след *завеет*（淹埋住）мой.（М.Лермонтов）（暴风雪将埋没我的脚印。）

2)行为的开始/负面结果的形成：

Заговорили（开始说）люди, очнулись от оцепенения лошади.（В.Арсеньев）（人们又开始说起话来，马匹也苏醒过来。）—Наконец гость утомил и *заговорил*（把……说疲倦了）всех.（С.Аксаков）（终于客人把大家都说倦了。）

第三类：对义性表现在行为的特点上。

1)行为的自主性/行为的非自主性：

Он постоянно *прослушивал*（从头到尾听）в алтаре.（Тургенев）.（他总在教堂里听布道。）—Нефес стоит над ними и дышит осторожно и медленно, чтобы не *прослушать*（听漏）ответа.（П.Павленко）（涅费斯站在他们上方，小心地、轻轻地呼吸着，生怕听漏答复。）

2)离开客体运动/朝客体运动：

Господа, я должен буду приказать *вывести*（带走）нарушителя тишины. (М. Салтыков-Щедрин)（先生们,我不得不命令把喧闹者赶走。）— Дорога *вывела*（带到）нас на шоссе. (М. Шолохов)（这条路把我们带向公路。）

3)围绕着客体的运动/在客体旁边的运动：

Старик нетерпеливо крякает и пожимаясь от едкой сырости; *обходит*（围着……走）локомотив. (А. Чехов)（老头不住地发着满意的喉音,因浓重的潮气而缩着脖子,围着机车走。）— Идти было трудно, густые, часто колючие кусты разрослись густо, и трудно было *обходить*（绕过）их. (В. Гаршин)（行走很艰难,荆棘丛生,很难绕过这些灌木丛。）

4)进入/经过：

Он *пробежал*（进入）в глубину комнаты (А. Толстой)（他跑进房间深处）— Мальчишка в одной рубашонке *пробегал мимо*（从旁边跑）нее и проговаривал все одно и то же (А. Толстой)（只穿着一件衬衣的小男孩从她身边跑过来,跑过去,不断地说着同样的话）; Возвращался в лес, вынимал спрятанные грибы, осмотрительно *проносил*（拿进,拿入）их в свое жилище (М. Вовчок)（回到林中,拿出藏好的蘑菇,小心地把它们送入住处）— Мимо нас не спеша прошла кошка и *пронесла*（从……身边带着走过去）куда-то другого котенка. (Г. Успенский)（一只猫叼着一只小猫,慢吞吞地走过我们身边。）

5)对义性表现在情景参与者交际地位的变换上：

Он с трудом *взял*（借入）деньги в долг (他好不容易借到钱) — Если вы можете 5 тысяч рублей мне *взять*（借出）, так я поеду (你若借给我5000卢布,我就走); Матрена *одолжила*（借入）бумазею и надела юбку из нее (В. Полевой)（玛特列娜借来绒布做成一条裙子）— Я вам могу *одолжить*（借出）тысячу рублей, сказал он, догнав Сергея. (А. Чехов)（他追上谢尔盖说道,我可以借给你1000卢布。）

6)对义性表现在行为的强烈度/非强烈度方面：

А вы полнеете! —Это я не полнею, а распух. Меня пчелы *покусали* (咬得很厉害).(А.Чехов)(你在发胖！—我不是胖,是肿了,我被蜜蜂叮得很厉害。)—Одинцова *покусала*（咬一咬）угол носового платка.(И.Тургенев)(奥金卓娃轻轻咬了咬手帕的一角。)

以上这些动词对义词义的实现从一个方面表现了动词跟述体以及句子之间的典型联系。在诸述体类型中,动词述体具有代表性,这使得对于它们的描写和分析在语义述体的描写和分析中具有突出的意义。

2 语义述体的分类

"述体是一种特殊的语义实在(семантические сущности),它的范畴化是对客观存在现象的概括"。(Ю.Степанов 1980:312,323)述语结构可以描写各种情景事件。述体的语义分类是个多层级、多维度的问题,是基础性的语言分类之一,对命题语义实质的认识至关重要。应该在述体特征的共性(如本体认知内容跟语言意义的同一)基础上指出要划分的述体类别处于何种关系之中,在何种特征上相互对立。这是一个十分复杂,而且众说纷纭的问题,因为它同语义分析的深度、概括的角度、研究的出发点、目的等都有关,而且述体类别的划分往往依赖于主体等的特点和总体上的句子结构特点,因而有时不得不同时顾及语言材料的分析,"把语义—情景要素跟句法结合起来"(Т.Алисова 1971:32;G.Lakoff 1968:165)。这在很大程度上造成述体分类在逻辑上有许多不同的模式。在语言学文献中,至今还没有普遍认同的基于述体区分性意义要素的准确数量的述体语义分类。(О.Селиверстова 1982:7)

有关述体的语义分类研究历来谈论较多的是"动作、过程、状态"概括层面的划分,但这种"纯语义的划分"(Ю.Степанов 1981:354)"只是对动词最高层次的抽象"(邓守信 1983:7)。它在亚里士多德的"终位(telic)(конечные/целевые)"/"非终位(atelic)(неконечные/нецелевые)"及与此相关的"运动动词"、"实施动词(глагол осуществления)"分类(Т.Булыгина 1982)之中已初见端倪。而现代语言研究近几十年来针对该问题的论说也可谓著述颇丰,经典性的如 W. Chafe(1970)、Z. Vendler(1967)、G. Leech

(1975)、А. Щерба(1974)、Ю. Степанов(1980,1981)、Е. Падучева(1996)等。由于这种划类依据的是不同结构语言所共有的"情景指称"(Н. Арутюнова 1976),"其语义实质的范畴化是对客观现实的抽象"(Ю. Степанов 1981:312)或"认知心理抽象"(J. Millex 1970),因此其总括性与类聚能力较强,利于形成有关语言整体的宏观统一认识。但与此同时不能不看到,这一概括分类本身争议犹存,对其中各类的变异与分化更是众说纷纭。这一点在学者们对"行为、过程、状态"本身的见解中即可略见一斑。W. Chafe(1970)由于"过程"的干扰,将"状态"区分为"相对"与"绝对",而且还在三者之外分出"过程—行为"(J. Lyons 也有类似看法:"相应于过程的行为是'activity',相应于事件的行为是'action'"〔J. Lyons 1977:483〕)、"次状态"(state-ambient)及"次行为"(act-ambient),表明抽象的语义划分并不如设定和想像的那么简单。另外,在"过程"与"状态"的区别上同样不无困惑。Ю. Степанов 就曾指出,"要在像区分动物、植物、人、事物那么客观的基础上区分出状态和过程几乎是不可能的。"(Ю. Степанов 1981:115)直至 20 世纪 90 年代 Е. Падучева 仍有这样的感慨(Е. Падучева 1996:142)。而 Ю. Степанов(1980)、Ю. Апресян(1974)、邓守信(1983:147)则干脆将"过程"等同于"状态",认为"过程基本上可视作是状态的一种转化"(事实上 W. Chafe〔1970〕也表现出这一折衷的倾向,J. Lyons 则从二者"均不导向任何变化的同质性〔гомогенность〕",这一角度指出了它们的相近性〔J. Lyons 1977:707〕)。果真如此的话,那么动词在最抽象的层次上可以是"行为与状态这一普遍对立"(Ю. Степанов 1980)。然而,来自 Л. Щерба 的观点又使这一断言打了折扣:"状态有可能同行为交织在一起,有时须通过行为来理解状态。"(Л. Щерба 1974:90)例如,须通过行为来理解句子 Больной *лежит* на кровати(病人躺在床上)、Ягода *краснеется* в траве(浆果在草丛中泛着红光)中述体表示的状态(Л. Щерба 1974:91)而且在一些意义特征上,行为、过程、状态是没法分开的,例如,三者都可以有时段性(фазовость),都可以有自己的时间定位(О. Селиверстова 1982:105)。由此可见,即便抛开形式上的可操作性这一语言因素不考虑,要对述体进行严格的概括语义分类仍是一个没解决的问题。

现在我们对几位学者具有代表性的述体分类进行评述。

牛津学派著名哲学家 Z. Vendler 的述体划分主要考虑的是语义因素，他在其论著(1967)中运用各种语言的材料，分析了既有哲学兴趣、又同人的"活动"(而且主要是同人的活动)相关的动词述体。不过他的研究初衷并不是要将自己的分类同诸如"行为、过程、事件"(G. Leech，A. Бондарко 的概括分类即分别是"事件、状态"与"事件、过程"[G. Leech 1975；《80年语法》])等语言学分类联系到一起。他所关注的是述语构造类型、词汇分类以及这种词汇单位最为基本的用法。其分类范畴粗看起来似超越了动词的范畴语义，但其抽象概括性较诸后者事实上并无质的不同：其据以划类的述体意义内容是"述体对象同时间段的对应性"——"动词的使用很大程度上决定于时间语义思想在动词语义中是以何种方式贯彻的"。(Z. Vendler 1967:97)

Z. Vendler 的分类标准有四个：有无界限；述体对象占据时间段(отрезок времени)还是时间轴上的一点；能否持续；同质性与异质性。这些标准对其后的许多研究者都产生了理论上的启迪作用。整个动词在他那里相应划分为四类：活动(activity)、过程—结果(accomplishment)、单纯结果(achievement)与状态(state)(Z. Vendler 1967:103)。显然，这在一定程度上与 W. Chafe(1970)等的分类思想相区别，主要表现是，其中既兼顾了语义标准，也渗透了形式标准。具体而言，有无界限(Z. Vendler 的研究本身并不立意考察语言学的"体范畴")这一要点将活动与过程—结果动词区分开；行为占据的是时段还是时点——据此把单纯结果类动词同其他三类对立起来；根据能否有持续(continuous)用法把活动、过程—结果动词同后两类动词区分开；状态动词与活动、过程—结果动词的对立则依赖于客观情景的不同。Z. Vendler 较早把"过程"与"静态/非静态性"联系起来。他通过述体 know 与 run 说明了英语中的静态述体与非静态述体，而且指出，过程性、行为包含在非静态性述体中，非过程的状态等包含在静态述体语义中。后来的 B. Comrie(1976:49)也有相似看法："静态情景是指这样的状态，它将持续到会改变它的另一个状态的出现。"反映在俄语中,非过程特征动词不能构成带 по-,про-的时间行为方式动词。而 А. Шахматов(1941:474)就曾注意到了形态特征对动词语义的描写功能。表示过程的 плавал(游)在一定条件下可以等于 поплавал(游一会儿),但非过程的 тонул(在沉没)不等于 потонул(沉没了),Дождь капал(落着雨点),可等于 Дождь покапал(и прошел)(雨下了一会儿〔就过去了〕),但 Костер от ветра гас(篝火被风吹得要熄灭了)不表示 Костер погас(篝火熄灭了)。他对状态的限制有两点:占据时间段,而非时间点;在时间中持续,但不是变化和发展。

俄语述体分类有一个明显的共性:对各种时—体的动词述体形式所固有的属性作了可观的研究,但对动词述体义类特征的研究则欠深入,主要注意力放在了能解释体的对应性的语义特征上(如"界限性"〔Н. Авилова 1976 所关心的〕、"非普遍性"〔нетривиальность〕〔Ю. Апресян 1978 所关心的〕等)。Л. Щерба 的动词述体分类是"行为、状态、性质",其中每一类都有自己的形式手段。但他并未对三类述体特征下定义,认为这是可以凭直觉判断的。他的"行为"包含了"过程",是一个较为宽泛的概念。有趣的是,在 Л. Щерба 看来,"状态"分词汇语义上与形态意义上的两种,他常用术语"состояние в виде действия"(通过行为表示的状态)以示其"状态"包含的两层含义:从词汇语义上讲是状态,而从形态意义上讲又是行为,所有动词首先应该表示的是行为。(А. Пешковский 1956:78)当然,这两种意义有时相互吻合,而更多的时候却彼此分离。但 Л. Щерба 的状态述体内有语义不一的现象,其状态述体范畴并不是全表示状态。而且他的"状态"与"性质"也没有严格的区分,一般当作状态的 печален(忧伤)被他当作性质。另外,Л. Щерба 对动词类别的形式区分也仅限于"形态形式"上的一些不同,并未能深入到句法层面的探讨。进入20世纪90年代,Е. Падучева 的动词述体分类研究则显得更为细致、全面,这集中体现在动词的语义分析及相关的一些形式特征两方面。

Е. Падучева 对那种不同类别动词体的对偶成分之间的各种语义相关性以及单体的语义相关动词之间的对应性质十分感兴趣,试图立足 Z. Vendler(1967),E. Millex(1970)的基本观点并利用 А. Зализняк(1972)的动词材料,从动词时间范畴和体范畴语义入手研究俄语动词述体的分类范畴系统。因为她深信,动词"分类范畴(таксономические категории)预示着动词进入特定语义类的偶体词;分类范畴本质上预示该动词可能有的一系列时、体语法意义要素。动词体对立之语义及组合性能是由动词词汇语义所决定的,这至少对于界限对偶体型动词来讲是恰当的"。(Е. Падучева 1996:90)其分类范畴同 W.Chafe(1970)等的"情景指称"观大同小异:行为(有目的地活动并达到结果)、过程、状态、事变指狭义上的"非自主结果",往往可能含有"背景施事"(фоновый каузатор),如 лишиться(失却),разрушиться(被破坏),столкнуться(撞上)等。但她在基本上维持 W.Chafe(1970)这一区分的同时,还在进一步次范畴情景分类中顾及了一些较为具体的语言意义因素。据她认为,"一类动词代表一类情景",而动词情景的分析须以专门的元语言特征作为标准和依据,这包括"时间定位性;动态/静态性;可控性或意向性;可观察性(наблюдаемость)"(她提出的"可观察性"要素是对于语法、语义及组合都极有价值的一个参数。例如,"观察到的情景同动词的具体持续意义〔актуально-длительное значение〕用法直接相关"〔Г.Золотова 1973:346〕)。

这样,她将动词情景区分为八个类型:a)静态的恒常属性、关系;b)呈现在时间范围内的状态;c)活动动词;d)一般行为动词;e)自主结果动词;f)无界限过程动词;g)界限过程动词;h)非自主结果动词。[①] 正如她自己所注意到的那样,这一分类只是对 Z.Vendler"四分法"的具体化,但无疑更有针对性,也更符合俄语动词的特点。为了使其在语法形式上得到客观确认,Е.Падучева 还引进了相关的一些句法上下文或句法标记,如时间、地点、目的语等语法验证形式手段,而她特别注重时间语的动词类别区分性能,因为"动词在时间上下文中的表现是决定着动词其他诸多性能的最为重要的语义性能"。(Е.Падучева 1996:131)

值得一提的是,与动词体的语义相关,Е.Падучева 的动词述体分类范畴中分析了体的"普遍意义"(тривиальное значение)与"非普遍意义"

---

① 关于 Е.Падучева 的动词分类范畴参见本书第一编第五章第四节。

(нетривиальное значение)动词。前者的对偶体动词表现行为"一次"与"多次"的对立(многократная пара),后者的对偶体动词则表现相关过程(活动)某一阶段(即体现为时段的过程)的状态转变,即未完成体与完成体形式有各自的常体意义。进而言之,一般行为与界限过程动词("过程—结果"类动词)不单有次数这一对偶体动词的普遍意义,而且还有过程与结果、持续与界限以及结果存在与结果这样一些对立关系。而常常表示"突变"情景的单纯结果类动词,其未完成体形式除了显现为所有体偶均具备的普遍意义之外,既不能表示行为过程意义,也不能表示持续意义(континуальное значение)(包括"即时持续意义")。因而被称做"残缺动词"(дефектный глагол)——当然其中还包括许多未完成体化的动词(вторичная имперфективация)(съедать[吃]、прочитывать[读]、вызубривать[背诵]、выбивать[拍打]等)。这两类动词的划分有益于从多方面去认识和掌握动词,具有词汇及语法语义两方面的认识价值。

T. Булыгина(1982),O. Селиверстова(1982)就述体的语义类别也有专论,但二者所言本质上似乎仍未超越概括层面的动词分类。T. Булыгина的层级分类法依据的主要是有无时间定位这一普遍分类特征,O. Селиверстова则主要依据的是有无时段性这一特征。O. Селиверстова用了大量篇幅对行为、过程、状态概念及相关的一些动词作出分析和比较,但并未得出具有说服力的结论。她认为,用来区分述体类别的基础的语义特征并没有得到明确界定,因而她着重研究了作为分类依据的那些特征。有关动词分类模式的标准她作出三个规定:述体指物在时间轴上的表现情况(变化/不变化);实现动词指称的阶段性(фазовость);主体在实现述体指物中的作用性质。而具体的动词语义类仍不外乎是行为、过程、状态及性质等动词。她认为阶段性在其中的区分能力最强,借助它可以将前三类动词与后面的动词区分开(不过,稍作分析便不难发现,前三类阶段性动词的进一步细分又会伴随非阶段性动词出现),另外,她显然受Z. Vendler(1967)思想的影响,通过"静态(不变化)性"可把状态动词与行为、过程动词相区别:状态是持续,但不是在时间轴上推演和发展,且状态主体是消极的。正是基于此,她不赞同传统上把 сидеть(坐),лежать

(躺),стоять(站)类动词看成消极动词抑或"表示空间方位关系的非实义的'特殊类型辅助词'"(В.Гак 1971;Г.Золотова 1973:42—43):Он стоит все тверже и тверже (他站得越来越稳);Я так устала, что лежу просто с наслаждением (我如此累,就像享受一样地躺在那里)。

下面我们从一些具体方面展开 О.Селиверстова 的述体语义分类思想。其实,О.Селиверстова 的述体分类中一个核心的概念是"静态性—动态性"。(这也是 Н.Арутюнова〔1988〕等主张的"情景—事件"的重要参数。)静态性特征是不随时间而变化、无需外力的特征。这一特性是确定状态述体的主要根据。这同 Vendler(1967)的状态特征相近:状态占据的是时间轴上的片段,而非时点;状态持续,但不发生变化,不会在时间中发展。而与其对立的动态性则随时间相应变化,需外力的支持,这同行为、过程相对应,因而静态性/动态性把状态与行为、过程区分开来。

О.Селиверстова 进一步还给状态述体定了六条标准,进行细化。a)状态在所对应的任何时段都存在:Все утро он был раздражен(他生了一早晨的气);b)状态对应的是时间段,而非时间点:Он взволнован(他感到紧张),Стул сломан(椅子坏了);c)状态是在时间中持续,而不是发生变化;d)状态主体不仅没有施事性(неагентивен),而且是受事主体(страдательный субъект);e)状态述体指向状态主体;f)状态不能抽象于时段之外,表示的是临时属性。

这里重要的是状态主体的受事性(страдательность)。如像 лететь(飞),упасть(摔倒),таять(融化),умереть(死)等动词述体都属于受动述体(страдательный предикат),其主体不是实现述体指物的能量来源,而是外力的承受者或 W.Chafe(1970)所说的"受事"(пациенс),因而可以同 должен 情态词组合,而不能跟 мочь 组合。与此相关的还有非受动述体(нестрадательный предикат),其主体虽也不是"施事者"(деятель),但却是"能量源"。该类述体的指物的实现由主体规定着,因而可以用 мочь 表示一种实现行为的能力或趋向。

此外,当状态失去时间段内的定位性以及在该时段中的连续持续特征时,会转变为"性质",成为主体的内在要素,按 О.Селиверстова 的话来讲,就是"性质"述体基于"静态性"特征进入状态述体系统。而且性质述体跟表示主体潜能、能力、属性的"性能"述体相近①,只是性能表示在时段内断续延续。她在对动态性特征的行为、过程的分析中区分了同质与非同质的动态情景,这跟 B. Comrie(1976)根据发展中的行为/时间段落性质是否同一来区分情景类型的做法类似。进而 O. Селиверстова 又把动态情景作"完成"(завершение)与"事变"(происшествие)的切分:前者有事前的准备过程;相应的目的性、意志可控性。而后者则没有。这样,她的述体分类自然而然地涉及了与动态/静态性相关的"主体可控/不可控"特征(如 B. Korponay〔1977〕等就指出表示受人的意志控制的情景属性的述体为动态述体,反之为静态述体)。进一步讲,可控的动态情景中的行为与过程又根据主体的施事与非施事性(агентивность/неагентивность)得到区分:行为由施事实施,而过程是非施事性的,即有可能是外在的力量决定着过程的存在。最终 O. Селиверстова 划分出了八大类语义述体:行为述体、过程述体、状态述体、性质述体或集中于事物中的一系列性质意义述体(Степанов〔1980〕指出,性质述体早在亚里士多德那里就有了)、空间述体、潜在意义述体、"类"或"联系"意义述体(предикаты класса или связи)(她的这类述体包含了 Z. Vendler 等人的状态述体)、结果与事实意义述体。结合她对分类特征的分析便不难发现,后四类语义述体其实主要是前四类述体的分化,因而其价值和意义取决于前四类述体的研究状况。

  Т. Булыгина 的动词述体概括分类显得较为纷繁。她明确指出,划定终极的述体语义类别并不是最紧要的,也不是太现实的,重要的是弄清动词分类的原则和依据。她提出了一个同 O. Селиверстова 见解相近的观点,那就是时间定位性在俄语动词划分中具有首要意义。关于动词语义类别的分类标准,Т. Булыгина 所执行的大致还是时、体意义与概括情景语义特征,因此同 O. Селиверстова,E. Падучева 分类模式有些雷同:在时间定位的基础上进一步考察情景的可控性、持续性与主体的施事性等

---

① Z. Vendler,W. Chafe 都把性能述体纳入状态述体当中,而 Л. Щерба 的状态述体则排除性能述体,而且他主张要严格区分这两种述体。

语义特征。

　　总括而言,Т. Булыгина 提供的动词分类描写表明了以下特征的表义系统性(системная значимость)与语法(时、体)实质:a)有无时间关联性(超时性/常时性/即时性);b)静态/动态性;c) ± 持续性;d)时间前景(временная перспектива)——对过程而言的 ± 前景性(± перспективность)和对事件而言的 ± 准备性(± подготовленность предшествующим процессом);e) ± 可控性。我们以为,较之 О. Селиверстова,Т. Булыгина 所指出的这些区分性特征对动词划类要显得全面可行一些,并且更有针对性。Т. Булыгина 述体的语义分类中同样涉及了时间定位性,但她同时尽量区分述体的义类性能特征及同时、体范畴意义相关的一些派生语义。她明确表示自己的分类能帮助弄清动词语义同时、体范畴语义是如何相关联的,因而其分析多少跟 Е. Падучева 的述体分类有相通之处。例如,найти(找到)的"点状行为"(точечное событие)或"达成"(достижение)与"逐渐实现"(постепенное осуществление)是相交叉的,含有后一语义成素的动词述体一般才能构成体的对偶,而且可以有时间定位或时间前景。不过同时她也明确表示,这种述体主要还是 писать(写),обедать(吃午饭),бриться(刮脸),тонуть(沉下),красить(染),переплывать(游过、横渡)等,而且这一点可以通过同时段助动词的结合关系中表现出来。Т. Булыгина 述体分类同 Е. Падучева,О. Селиверстова 分类的相近之处还体现在"可控/非可控性"、"主体的施事/非施事性"等方面。

　　Т. Булыгина 有关状态及状态述体的认识值得一提,在她看来,状态较特殊的有两个方面:a)状态主体的非主动性;b)时间上的不确定伸延性。主体的属性使状态同行为、过程相区别,而时间上的特点使它跟行为和通常属性相对立,但又使其同临时、短暂的特征(而不是事物固有的经常属性)有相近的地方。状态述体的共性是:描写的是特定事物在一定时间段中同特征、现象的联系,它直接处于时间轴上,占据时间轴上的特定段(Все утро он был грустен〔整个早上他都很阴郁〕;Целый год мать беспокоится за сына〔母亲整年都为儿子担心〕),但是持续,而非进行。她的这一认识同 J. Lyons(1977:707)指出的状态同过程相似这一看法相吻合,后者认为,状态与过程均在时间中持续,但状态在整个时段内都是同质的。

T. Булыгина 还把状态述体当作"现象"述体(предикаты явления)的一个亚类,进而借助现象类使状态述体对立于性质或性能述体。例如,Рыба *дышит* жабрами(鱼用鳃呼吸);Вода *кипит* при температуре 100℃(水 100℃沸腾);Железо *тонет* в воде(铁会沉入水中)。这里述体表示的都不是状态,而是主体的性质、性能,甚至可以是两种性能、两个述体(命题)间的联系。如:Быть рыбой *значит* дышать жабрами(是鱼就意味要用鳃呼吸)。正如 курить, играть, есть 等常用的述体在一定上下文中都表示人的习性、性质、性能,而不是现象或状态。G. Lakoff(1976)把这种述体看成"限定述体"(атрибутивные предикаты)(Птица летает〔鸟儿会飞〕),述体的对象是一类行为的概括(常兼容 вообще-то〔总体上〕),相关于时间段,但并不直接对应于某一时点(在每一个具体时刻进行的是个别行为),说话人可以在某人没有抽烟的时候说 Он курит(他抽烟),而且具有真值性,即落实在每一时点上都为真。这些都是 T. Булыгина 所称的不同于状态述体的性质述体的语义特性,所以也被称为类述体(предикаты класса)(但根据 O. Селиверстова〔1982〕的看法,虽然这两种述体所表现的都抽象于直接的时间流转,但在存在的时段特性上却有不同)。最后提一句,性质述体跟状态述体有一点还是相似的,即均表示静态特征。

纵观诸位语言学家的述体语义分类研究,虽不乏一些精彩而透彻的分析与见解,但最终都只是停留在抽象的语言层次,这种概括分类模式的不足之处是,它难以真正实质性地触及述体语义的形式机制。语言原本就是形式化的,因为只有在获得语言反映的前提下,概念结构才能清晰并得以确定下来。也正是因为这个原因,对那种非本质性的,即在语言形式中没有相应反映的语义内容我们不予考虑。述体分类如果无法深入到语言结构中,在语言学上是毫无意义的。Ю. Степанов 说得好,"纯语义的角度作动词述体的分类无异于将动词同特征及相关现实的名称混为一谈。"

(Ю. Степанов 1981:115)他甚至指出,动词语义的客观形式反映连同具体语言结构的不同与动词的普遍分类(универсальная классификация)是联系在一起的。(Ю. Степанов 1981:116—118)Ю. Апресян(1995:223)则明确表示,"动词语义划分既需要完整的语义理论作后盾,也需句法平面的形式区分为其标准"。R. Jackendoff(1990),G. Helbig(1982,1984)的动词分类原则都曾尝试在语义角色同句法题元之间寻找规律性的对应关系。Н. Арутюнова甚至认为"即使广义上的过程性也需要通过动词词汇语义和体的形式表现出来"(Н. Арутюнова 1988:202)。诚然,上文谈及的 Е. Падучева,Т. Булыгина 等也认识到了述体分类作为重要的语言分类之一需要同其语言意义对接,而且也作了一些尝试,但事实上如前所述,她们并未能真正做到这一点。其有限的形式内容无非就是时、体方面及方式、程度、目的、原因等语法检测手段,远无法满足彻底的形式研究的要求。此外,动词概括层次分类的一个弱点是,原则上它不是在句子中通过命题结构的分析来实现并得到求证,("真正的动词分类是不能脱离句子的"〔Ю. Степанов 1981:116〕,"动词分类应同组合层面的静词分类结合起来"〔Н. Арутюнова 1974:165〕)而是单一而孤立地通过动词本身,仅运用"语法检测语"察看句子。

基于这些因素,我们以为句子语义研究宜于选择涉及具体词汇语义的述体分类范畴作为对象物。如果说述体的语义系统是由两个或两个以上相互交叉的体系构成,那么要找出区分性的特征就只有深入各自的细类当中,而不能囿于概括分类。换句话讲,如果说概括层面的述体分类是对整个述体系统的横向切分,那么语义细类的划分则是其纵向切面。这样,句子语义分析迫使行为、状态、过程具体分化为纯词汇语义范畴也是自然而合乎逻辑的,我们绝不能笼统地谈动词等述体的句法语义功能,而必须根据所选择的语义特征将动词述体分化为若干类别,不同的类别有着各自不同的功能。汉语界赵元任(1979)、王士元(1964)、邓守信(1983)就已试着根据动词特征同名词关系的不同组配格式进一步把动词述体概括分类细分为具体语义类别。

针对句子语义研究进行的具体层次的述体语义类别划分,用 H. Арутюнова 的话来讲,属于"动词句子的'意义观'"(H. Арутюнова 1974: 165)。述体语义内容包罗万象,而"传统语义学并未能就语言述体语义分类的一般标准作出界定"(Ю. Апресян 1967:16),因而该层次上"通行的分类模式很难达成"(Ю. Степанов 1980),"动词述体语义分类比描写语义(学)(дескриптивная семантика)更不稳定"(H. Арутюнова 1980)。20世纪70年代初,Т. Алисова 对当时的相关文献作了分析和总结,发现"语言论述中暂时还没有普遍认同的以动词述体区分性义素的精确数量为基础的动词语义分类"(Т. Алисова 1971)。稍晚 H. Авилова 也表示了类似看法:"不存在关于俄语动词述体语义面面俱到的划分"(H. Авилова 1976:10)。此外,А. Кибрик(1980),Демьянков(1980)也都持相同观点[①]。Ю. Фоменко 在俄语多价动词(многоместные глаголы)语义类别分析中涉及了7531个"三价"动词[②],并将这些动词区分为108个语义细类(Ю. Фоменко 1984)。可以认为他的分类只是为了分类本身,并没有太大的实际价值。与此类似,Г. Золотова(1988)为了在动词组合中分析名词句素而不经意地罗列了196个述体义小类,这同样不可取。而 В. Богданов(1977)在动词14类语义配价的基础上再划分出42种动词述体语义表达式或"述语性语义段"(предикативная семантическая синтагма),也流于零散琐细而且缺乏针对性。比较而言,И. Мельчук(1984),Г. Золотова(1982),《80年语法》,Л. Васильев(1981)等的动词述体分类要恰当一些,他们都谈到了体力行为、运动、社会、言语、思维、感知、心理活动、感情等词的类别是:机械物理行为、心理行为、社会活动、社会关系与人际关系行为、评价。Т. Алисова(1971)把俄语动词述体分为物理行为、生理行为、感情行为以及

[①] 事实上,任何分类都不可能是惟一可行而无可挑剔的。因为分类及其原则往往是依研究目的与任务而定的,何况分类本身可能不是最终目的,通过分类发现问题,分析问题,最终能解决一些问题,从而积部分为整体地一步步接近语言本体似更有实际意义。

[②] 但其"第三价"极不可靠,因为他对必用价与任选价不加区分,将必有的客体同很可能是任选的工具、方式、程度等语义要素等量齐观——当然我们并不是否认这类语义要素在特定类动词中的必有性,问题是 Ю. Фоменко 的许多用例都超出了"必有性"这一范畴。

同社会关系行为有交叉的理性活动(интеллектуальный глагол)四大类别。汉语界林杏光等(1994)、李临定(1990)、孟琮(1987)较为接近地将汉语动词划分为"所为、所感、各种关系"三个具体类别。

3 小结

应该看到,正如任何一种语言中的述体研究都不太可能穷极所有的述体单位一样,要在统辖于特定研究目的之下的有限篇幅中涉猎全部语义类别,无论是从理论上还是实际操作上都有一定难度。因而量的多寡并不是最为主要的因素,只要通过对具有代表性的述体的研究,抓住了问题的本质,解决了实质性的理论问题即能实现"积部分为整体地去认识和把握语言系统"(华劭 1998)这一研究目标①。譬如,选择命题态度述体②、关系意义述体、物理动词述体及感情动词述体作素材即较为切合语义研究的理论要求。因为它们无论是从语义内容还是形式特征来讲都较为丰富,而且在语言的整个述体系统中也极为典型。通过对它们所作的深入、全面的研究,俄语句子语义结构无疑能获得充分的揭示。关于这几类述体在整个述体范畴里的地位,可以在 Н. Арутюнова 所提供的相关分析中得到进一步印证。她从话语结构的角度把动词述体粗略地划分为两大具体层次语义类别:人的外部活动动词(机械行为意义动词述体)与人的内部活动动词述体(包括思维、感情等心理动词述体)(Н. Арутюнова 1976)。"物理动词是可见层次的代表,是一种描写性或实现认知的动词,说明或描摹现实世界,而感情动词是非可见层次的代表,是表示内在感受的非认知性动词(断言感情动词的非认知性不太严密。Н. Арутюнова 自己在后来也指出了它的认知意义成分),同人的内部世界打交道。"(Н. Арутюнова 1988:43; А. Бондарко 1983; Ю. Князев 1989)

---

① "与其泛而不精,毋宁精而不泛",这也是 N. Chomsky 所倡导的语法研究的一贯原则。这样,形式化描写原则上是一个开放序列,而且其他语义类别动词也可以根据相同的方法论进行操作,并反过来使整合描写模式本身不断得到修正、补充和完善。

② 关于命题态度述体研究参见本书"语句的语用意义"部分的第一章。

第二节　关系述体的语义描写

1　关系述体的概念

客观世界是一种关系的世界,人与人、事件与事件、事物与事物都处于一种关系当中,这些关系可区分为有意识与无意识的。有意识的一般是暂时的、却也较固定的人际关系(如 Он руководит нами〔他领导我们〕),而无意识的一般具有泛时性质(如平行、高低、交叉、重叠、上下、左右等相互关系),或至少有较长时间跨度(如 Тропинка пересекает поле〔小路穿过田野〕)。有意识的人际关系如相对稳定的上下级、主仆、师生、师徒、医生与病人等人际社会关系,甚至还有临时约定俗成或规约性的、有确定时间定位的关系(如买—卖、演员—观众、乘务员—旅客、输—赢双方的临时角色关系),换一个场合这种人际关系可能就不存在了。当然也有可能这一关系对于其中的一方来说具有固定的特点,如售货员(与顾客),乘务员(与旅客),演员(与观众),解说员(与参观者),导游(与游客),雇主(与雇员)等。反映在语言命题语义构造中,就是有大量表示关系意义的述体(предикаты реляционного значения)存在。

本书要谈的主要是表示事件与事件、属性与属性之间关系的述体。这一方面是方法论上的侧重,另一方面更主要的还是因为人与人、事物与事物之间的关系本质上是事件、属性之间关系的外部表现方式,人与人、事物与事物间的关系在深层次上所蕴涵的其实最终都是事件、属性之间的联系。正如 Н. Арутюнова(1988:149)指出,人与人的关系是由事件方面的东西决定的,如人的性格、品质、言词、风度、举止、行为、思想、思维方式、观点、职业、喜好、社会地位等。另外,语言语义描写中的关系比较特殊,它既非行为,也不是状态,而是介乎于两者之间;它跟物理、心理、认知、评价意义交织在一起,因而物理、感情、心理方面的东西可能影响着我们对关系的判断,并导致关系语义述体可能既跟物理行为述体搭边,又同感情语义述体接近。例如,любить(爱)可能是社会的、心理的,严格地讲,如果其行为还只停留在单方面(如:主体一方)本身,则只是心理—情感行为。如果是双方协同地共同参与时,才演变成一种人际社会关系。不过,这种关系也可以宽泛地看做是个人人际关系(межличное отношение)。类似的还有 уважать(尊敬),ненавидеть(恨),надеяться(希望)等动词述体。还有像 Я бил его(我打他),一般的理解是物理行为,Отец упрекал сына(父亲责备儿子)一般的理解是言语行为情景,但从人的社会属性方面看,由于双方同样是情景的参加者,因而处在一种人际社会关系之中。而像"我分析角色"、"我解剖尸体"、"我画山水画"、"我看电影"等,由于客体不以平等的身份参与情景事件,并且根本不可能了解这一行为本身,因而是不可能构成关系的。当然,这种认识是基于含态度、评价成分在内的人与人之间的社会关系。而其他方面的关系,如空间、逻辑等关系,跟人的社会性有明显的区别,这些关系的基本点是同类性质事物的协同参与或者事件、属性的事理上的关联。在语言语义视角上的各种关系中,两事件间的关系包含的主要是时间制约关系;人与人之间包含的是社会关系(感情的和理性的);两个事物间的关系包含的是空间关系;人和事件或人同事物之间的关系包含评价(理性思考)关系;而事物同人的关系包含各种自然力作用关系。

2 关系述体的特征

关系述体最核心的语义特征是相互关联的事物、事件之间在语义性质上的共同性或者可比性,这是事件相互比较、关联的基础、根据。例如,时间跟空间,亦即事件跟事物之间不会有相同的语义特征,不会有相应的述体来反映它们的语义关系。在生成句子的时候需要使两个关系项能有最低限度的交叉,如时间跟事件,空间跟事物,否则会产生有逻辑错误的命题:*Собака умнее красного цвета(*狗比红色更聪明);*Верста длиннее часа(*一俄里比一小时长);*Этот человек весел как хрупкость(*这个人像脆肠一样愉快)。二是事件之间一定要有因果、条件等逻辑关系,例如:Вопросы проистекают из незнания языка(问题源于不懂语言);Раннее вставание *является* необходимым условием сохранения здоровья(早起是保持健康的必需条件);Засуха *значит/означает* недород/голод/закупки хлеба(干旱意味歉收/饥饿/要进购粮食)。这几句话表面上的评价意义实际上包含了一种逻辑关系:不懂语言引发(产生)一些问题;早起制约着身体健康;干旱会造成歉收(带来饥荒)。拿后一句话来说,是就干旱这一现象同另一现象或同人的关系来讲的,否则没有必要作出这样的评价。后一句子可转换为:Засуха может стать причиной недорода(干旱可能成为歉收的原因);Если бывает засуха, то возможен недород(如果干旱,则可能歉收);Засуха ведет к недороду(干旱导致歉收)。这样,事件之间的逻辑关系就变得清楚了。又如:Держать собаку *значит* хлопоты.(养狗意味一大堆麻烦事。)—— Держать собаку *причиняет* много хлопот.(养狗会带来许多麻烦事)。

关系意义动词述体主要包括事件关系意义述体(предикаты межсобытийного значения),它指出两个事件之间的逻辑关系。其题元主要是表示命题事件的抽象名词,但由于人参与事件并造成事件,因而可以用表人名词代替,不过这一替换会形成述体语义上的摇摆:或者接近人际关系述体,或者像是强调人在另外一个事件中的作用的述体。我们不妨用помочь(帮助)这一述体作一简要分析:*Его советы* помогли мне *добиться успеха*.(他的建议帮助我取得了成就。)(表事件间关系)——*Его советы* помогли *мне*.(他的建议帮助了我。)(事件之间关系,但强调了人在主体所做事情中的作用)——Он помог мне добиться успеха.(他帮助我取得了成就。)(强调人在客体事件中发挥的作用)——Он помог мне.(他帮助了我。)(人际关系述体)

这种关系意义述体下分为表示推断或逻辑结论等的述体:приходить к выводу(得出结论),заключить(总结),устанавливать(查明),обосновать(提出根据,说明理由)(表人主体);противоречить(与……相矛盾),значить(意味),способствовать(促进),препятствовать(阻止),преобладать(占优势),превосходствовать(胜过)等(主体只能是事件、属性名词)。其

主体—抽象名词可以用表人名词替换，但客体① 位上只能用命题名词，如 вывод（结果），положение（观点），заключение（结论），мнение（意见）等。而其中一些述体如 подтверждать（确定），доказать（证实），свидетельствовать（证明），говорить（о чем）（说明），показывать（指出），опровергать（推翻），ставить под сомнение（怀疑）等，主体位由于抽象名词与表人名词的替换，在语义上可能产生摇摆：一方面人的理性活动及其结果跟人本身是分开的：Он показал *своими опытами*（他通过实验来表明）⊃ *Его опыты* показали（他的实验表明）。另一方面理论推断又肯定有信源化的特点：Это доказало ⊃ Он доказал；Она доказала *своими поступками* необоснованность этих подозрений.（她用自己的行为证明了这些怀疑站不住脚。）（主体的目的性被突出，相应地 доказала 行为主体的施事意义〔агентивное значение〕明显）—— *Ее поступки* доказали необоснованность этих подозрений.（她的行为证明了怀疑站不住脚。）（"事件间的客观逻辑关系"被突出，相应地 доказали 更像表事件之间纯粹关系的系词。）因而，可以讲 Она *всеми силами* старается доказать свою правоту（她尽力证明自己正确），但不能讲*Все ее силы* стараются доказать свою правоту（*她的所有力量都在证明自己的正确）。

另外，关系语义述体有几点比较特殊。一是关系的确定者（在逻辑关系中表现为信源化主体）往往可以不出现，成为观察者（наблюдатель），例如 показать（表明），оправдать（证明正确），убедить（让人信服），указать（指出），поставить под сомнение（怀疑），опровергнуть（否定），отрицать（否认），ограничить（限制），дополнить（补充），исчерпать（解决），подтвердить（确认）等。试比较：Мы опровергли（опровергаем）их утверждение следующим доводом.（我们用下列论据推翻〔了〕他们的见解。）/ Следующий довод опроверг/опровергает их утверждение.（下列论点推翻〔了〕他们的看法。）

---

① 需要加以解释的是，在关系述体相关的题元中，相对于主体的客体其实并不是严格意义上的，因为这里没有"针对……做出……"的语义方式。这里最根本的是由一种关系关联起来的性质相同的事物、事件，它们只是联系在一个命题中的一对语义相关项。本书用"客体"这一表述，一是为了保持术语的前后统一，二是为了行文方便。其不同希望读者注意。

("观察者"隐没)

　　二是一些关系述体中所包含的"心智行为"(ментальный акт)结果建立起两事物(事件)之间的固定关系,这样的关系语义(及其述体)中说话人主体或信源主体的评价、态度是较明显的。例如：вскрыть(揭示)，выяснить(弄清)，свести(得结论)，дополнить(补充)，сравнить(比较)，обосновать(论证)，сформулировать(陈述)，ограничить(限制)，определить(确定)，объяснить(解释)，причислить(算作)，зачислить(列入)，исключить(排除)，включить(纳入)，различить(区分)，отличить(区别)，отождествить(证同)，уподобить(比作)，противопоставить(对立)，исчерпать(解决)，подтвердить(确认)，утвердить(肯定)，оправдать(证明正确)，обнаружить(发现)等述体。这些关系语义述体的完成体过去时大致相当于其未完成体现在时形式。

　　三是事件—属性关系语义述体与人际间关系语义述体之间可能存在过渡的现象。这主要是因为题元使用中的"换喻"造成的。在事件关系句子中可以用表人名词替换抽象事件名词,而人际关系句子中可以反过来用抽象事件名词代替表人名词,由此形成一种表面上的复杂化、中立化。拿事件间关系语义述体来说,用非事件主体(несобытийный субъект)来代替事件名词主体,形成"定位于人的事件关系"(H. Арутюнова 1998)：Я опровергаю, что(我否定)；Он пришел к выводу, что(他得出结论)；Я утверждаю, что(我肯定)；Я доказал, что(我证明了)；Он предпочел смерть позору(他认为与其受辱毋宁一死)。其实,这只是"我"发现了"后面的两个事件之间的某种关系",是"我"通过逻辑推断、联想等促成了这种关系的显示,并确定、证明了这种关系的存在(像 предпочитать 事件当中人的作用很明显)。而像 означать(意味)，обусловливать(制约着)，причинять(致使)等纯事件关系语义述体却不能有这种突出"人"的作用和地位的用法。应当看到,这里头的深层语义原因是：语言是以人为中心的(эгоцентризм),语言使用者习惯于在情景事件中找出人的影子,从而用"人"的因素来代替事件本身的逻辑意义关系,这在一些感情事件情景中用人际关系替代事件逻辑关系是正常现象,以突出事件的"归咎者"

(виновник)或"肇事者"(индуктор)。例如：Грубость сына рассердила родителей(儿子的粗鲁让家长生气)→ Сын рассердил родителей своей грубостью(儿子因自己的粗鲁使母亲生气); Ложь Андрея опечалила нас всех(安德烈的谎言让我们所有人忧伤)→ Андрей опечалил нас всех ложью(安德烈用谎言刺伤了我们)。

第四是人际关系语义述体中主体与客体(关系情景的参与者)主动、积极性及其对述体语义的影响问题。如果客体的有意识、有目的、积极性在语言表达上有反映时，动词会变成相互关系述体。与此相关，Я беседую с начальником(我跟主任交谈)中是"我"个人主动，N_5(начальник)是非主动的。而 Мы беседум с ним(我跟他交谈)中则是"我"和"他"双方都主动。在"беседовать(交谈)"类动词中，主、客体双方无论是否都主动积极，他们做的是同一件事，是同质的行为或同一行为，并且二者的易位不会导致动词述体的更替或变化。这类动词述体还有бороться(争斗)，воевать(打仗)，соперничать(竞争)等。与此对立的是"买—卖"类动词述体，其中买卖双方虽从不同角度配合，共同完成这一行为，但从主、客体各自看，这是两种不同性质的行为[1]——两个不同质的行为构成一个动作情景[2]。主、客体易位导致动词述体本身的变化：甲买乙的东西↔乙卖给甲东西，情景类名或背景的性质相应有些不同。这里有个主要(积极主动)与次要者的问题，买方是次要者，卖方是主要者，因为首先有人"卖"，才会有人"买"，在此作为卖方的"主体发挥着决定作用"(Т. Булыгина 1982:212)。进一步说，由于 беседовать 类动词述体中的二者完成的是相同行为，他们只是主体和客体的关系。描写时将谁放在第一位，那是因为二者的角色不一样，但二者只是"是否主动"的关系，而没有"主动和配动"的关系。如同"整队集合"一样，就整个队伍而言，"同质"的个体(甲、乙、丙、丁)在前、在后(或左、右)只是次序的不同，可能只是为了"突出"谁，才将谁放在第一位，因而是主观因素问题。而"买—卖"则不然：谁是主动者

---

[1] 有趣的是，含该语义要素的 торговать(做买卖)又是"同质"行为。
[2] беседовать(交谈)可以在心里同自己、同"主人公"、同想像中的"某个人"进行，但"买—卖"绝不能独自进行。

显然只能由客观因素决定。我们还可以从另外一个角度来理解积极、主动性因素的关系语义述体:具有这一特征的关系语义"输—赢","买—卖"等,随情景进展会出现所有权的转移:输—赢关系情景中会伴随优胜权或实物由甲方转移到或归到乙方,买—卖关系情景中东西会由卖方转移到买方。

3 对事件间逻辑关系述体的分析

下面我们主要分析一下表达事件之间因果意义等逻辑关系的述体。

表达客观行为因果关系的词汇单位结合成了一个语义场,其核心是这样一些动词:вести(иметь последствием, влечь за собой)—привести(导致,引发),влечь—повлечь(招致),вызывать—вызвать(引起),вытекать(根据……而来),выходить(由此),доводить(быть причиной)—довести(导致),мотивировать объяснять, приводить причины (доводы)(是……的原因),исходить(быть следствием)(从……产生),обусловливать(служить причиной)(制约着),обусловливаться(иметь причиной)(受……制约),определять(иметь причиной)(根据……确定),определять(служить причиной чего)—определить(决定着),определяться(受……决定),основывать(найти причину)(以……为根据),основываться(иметь своей причиной,основой)(以……为根据),порождать(служить причиной появления чего-л.)(导致……的出现),предопределять(注定),предполагать(иметь своим условием, предпосылкой)(以……为前提),предрешать(иметь своим условием,предпосылкой)(预先解决),предрешать(являться причиной чего-л.)(注定),приводить(служить причиной, поводом)(使得出[结论]),причинять(служить причиной чего-л.)(成为……的原因),производить(вызывать, служить причиной)(使发生),проистекать(иметь причиной своего возникновения)(起源于……),следовать(являться следствием)(随……而发生),сопровождаться(влечь за собой как следствие)(伴随……发生),способствовать(являться причиной)(促成)等。

这类动词述体的题元特殊,既不是纯粹意义上的主体,也不是客体,这与其特殊的语义结构有关系。第一题元表示原因,第二题元表示结果。这些关系事件的参与者不具备事物性,而以性能、行为、状态为特征。因为因果关系只能在现象、原因、事件,而不是在事物之间得到确定。使役主体的共同名称是"原因",后者可附着上其他补充语义特征,进一步具体化为第一原因(初始原因)、根据(某种行为的合理的原因)、成因(起决定作用的原因)、前提、理由等。第二题元是情景的客体—结果(从原因中导引出的全部事件内容)。

这里的因果关系述体又可分为两类:第一类,从原因到结果——是对原因结果关系情景的直接称名。第二类,从结果到原因——对相关情景的间接称名。这两组动词述体之间存在细微的不同。

第一组最普遍的语义是(быть причиной)(是……的原因)或(иметь следствием)(导致……)。只含该语义的述体是:обусловливать(制约着),определять(决定着)。其他述体掺杂有一些区分性语义特征:a) порождать(导致),вызвать(引发),повлечь(招致)含有"导致产生"的语义成分;b) предопределять(预先确定),предрешать(预先决定)含有"事先"这一语义成分,后者兼有一定的情态成分,对结果作出肯定或否定的评价;c) сопровождаться(伴随着)表示产生直接后果;d) доводить(导致……后果),вести(导致……)的结果被看做肯定或否定的结果;e) причинять(引起……发生)表示不愉快的原因;f) приводить(导致)表示直接导致某种后果;g) послужить(成为……)常跟уроком(教训)等名词连用,具有熟语的性质。

第二组述体(表示从结果到原因)又细分为两种语义小类:一是解释基本原因:объясняться(原因是),определяться(决定于),основываться(以……为根据);二是因为某种现象的作用而产生后果,在此"原因"被看做积极、能动的,而不是解释的对象。这类动词述体有:следовать(因……而起),повлечь(招致于……),проистекать(产生于……),выходить(因为……)等。它们在使用中有如下一些题元特性或句法分布特性:Радость *произвела* в нем сильное потрясение(高兴使他震动)中"他受到震动(震惊)"是"高兴的结果";在 Ваше несчастье *послужит* нам уроком(你们的不幸将是我们的教训)中,нам 意示 Мы рассматриваем его как урок(我们视它为教训)。使用 собой, за собой 不由动词述体决定,不会补充新的信息。例如:Планомерный труд обусловливал (*собой*) успех дела(有计划的工作使事业成功);Это влечет (*за собой*) определенное последствие(这件事情引起一定的不良后果)。第一组述体的"结果"意义在句法搭配上,除了用 N₄,还可用 к N₃:Ложь *к добру* не ведет(谎言不会导致好的结果);用 до N₂:Насмешки брата довели сестру *до слез*(弟弟的讥笑使妹妹哭了);用 N₅:Болезнь сопровождалась *осложнением*(疾病伴有并发症)。第二组动词述体句中,原因可以用的句法表达形式有 из N₂: *Из этого* следует важный вывод(由此得出一个重要结论);Эти разногласия проистекали *из нежелания* понять друг друга(这些分歧源于不愿相互理解);N₅ 形式:Психология общества определяется *его экономикой*(社会心理决定于其经济发展);Его горе объясняется *одной печалью*(他的痛苦是因为忧伤);за N₅:*За этим событием* повлеклись благодательные последствия(这些事件形成良好的结果);на N₆:Эта неприятность основывается *на недоразумении*(这场不愉快起源于误会)。

其中作为题元的抽象名词还可以有自己的语义填充:*Впуск газа в камеру* сопровождается взрывом.(给内胎充气〔过度〕会导致爆裂)。

属于关系意义述体的还有"性质—逻辑"述体(качественно-логические предикаты),主要语义要素是"使役"意义,而且多体现在感情反应述体中,例如:Его назойливость *раздражает* мать.(他的纠缠让母亲生气)。另外还有"人际关系"述体(предикаты межличностных отношений, интерперсонального значения),其语义核心是"主观性"、"社会性"、"关系稳定性",多体现在感情态度述体中,如 Я *люблю/уважаю* родителей(我爱〔我尊敬〕父母)。相关论述参见本书"感情动词述体"部分。其他还有表示"种属"关系述体(являться, считаться, представлять собой 等)、比较关系述体(приравниваться〔比作〕, превосходствовать〔胜过〕, превосходить, преобладать〔优越于〕, походить〔像〕, напоминать〔像〕等)、协调关系述体

(согласоваться〔与……协调〕, соответствовать〔与……相适应〕等)、包含(组成)关系述体(относиться〔属于〕, состоять из чего〔由……组成〕, содержать〔包含〕, включать〔含有〕, принадлежать〔隶属〕, составлять〔组成〕, входить〔构成〕等)、解释关系述体(заключаться в чем〔在于……〕, состоять в чем〔在于……〕等)、依赖关系述体(зависеть〔取决于〕, определяться〔受……决定〕等)、特性关系(характеризоваться〔以……为特性〕, отличаться〔特点是……〕等)。由于这些关系意义述体语义比较单一，因而不作专门分析。

第三节 感情述体的语义描写

1 感情述体的概念与类型

语言研究同人类心理现实有着千丝万缕的联系，而心理现实的重要范畴之一便是称之为感情或感情行为的东西。对感情行为、感情动词述体的多向考察可上溯至古希腊亚里士多德时代。17世纪时 Т.Гоббс 就曾撰文从一些重要的心理范畴出发对当时所谓的"表一般感情的述体"作过专论(Н. Арутюнова 1988:16)。时至今日，俄语界 Н. Арутюнова, Ю. Апресян, Ю. Степанов, Л. Иорданская, Е. Падучева, А. Зализняк, Г. Золотова, Л. Богданова, Л. Васильев, О. Селиверстова 等学者都曾或多或少涉及过感情动词述体的语义分析，但往往流于零散的浅析，未作集中而系统化的深入阐发，因此他们对这一理论课题的探讨还不能说十分全面、深刻。

Л. Васильев(1981:75—122)把俄语感情动词述体划分为"感情状态"动词述体、"感情体验"动词述体及"感情态度(关系)"动词述体三个亚类，但对三者的界说极其含糊，带有明显的循环论证。这里我们不妨对此作一简要分析和介绍。首先，Л. Васильев 对感情状态动词述体的定义是："感情状态是感情体验的基础。感情状态动词述体有别于感情体验动词述体的要点在于前者首先着意表现的是感情状态，而将在此基础上所体验的感受隐藏起来。"这一定位性的理论表述空洞而让人不得要领，其症结在于两个不同理论概念的交叉论证,何况对"感情体验"还是未作交待的,由此根本无法抓住"感情状态"本身的内涵。往下他对"感情体验"动词述体的定义也同样令人难以苟同。据称,"感情体验动词述体所强调的不是感情状态,而是感情体验这样一个过程。"(同上:109)这给我们一个假象,似乎"感情状态"跟"感情体验"是一回事,只是各自强调有所不同而已。让人更为困惑不解的是,他紧接着又借助"感情体验"来论证"感情态度"动词述体:"它一定是主体因为对某一客体的态度(认识)、看法及评价所产生的感情体验。"(同上:120)Л. Васильев 甚至在另一地方通过"感情状态"来确定"感情态度",他这样写道,"感情态度也可以表示其状态,只是首先强调的是主、客体间的关系"(同上:110),绕个来回三者事实上谁也没有得到说明。一言以蔽之,Л. Васильев 有关感情动词述体的概念体系还不成熟,可以说基本上未能切中问题要害,自然难以成为进一步形式操作的出发点或依据。"只有观念才是论证的形式"(Ю. Степанов 1981:24),没有牢靠的概念定位自然无从展开深入的研究。而无独有偶,《80年语法》,Г. Золотова(1988),Л. Богданова(1998)涉及了不少感情动词述体,尤其是后者还对感情动词述体的题元形式(форма актантов)同其语义性能的关系作了专论。但三者很大的不当便在于对感情动词述体这一范畴本身没有明晰的概念,把一般的心理(甚至生理)动词述体、纯理性动词述体及许多只有转喻时方可表达感情的其他语义类动词述体,如петушиться(摆出公鸡打斗的架势),краснеть(发红),надеяться(希望),ценить(看重),интересоваться(对……感兴趣),переживать(体验),стонать(呻吟),рыдать(大哭),болеть(疼痛),вздыхать(叹气),заискивать(巴结),хвастаться(自吹),чураться(躲避),дрожать(发抖),буянить(胡闹)等等,也囫囵地纳入感情动词述体体系,甚至未作任何区分与说明。而在感情动词述体的次范畴化方面也流于无关宏旨的轻描淡写而未作任何专门的界定和分析,它们所称的感情状态与感情关系等概念相互交叉混同,谈不上言之成理,持之有据(见《80年语法》,Г. Золотова 1988,Л. Богданова 1998:5—243)。这样,我们必须对俄语感情动词述体的语义次范畴作出自己明确的界定,并对与其语义次范畴化直接相关的"类义特征"详加剖析,这也是本节立意着重讨论并力图加以解决的语义理论问题。

所须表明的是,本书将大体沿用 Л.Васильев(1981)所提出的三分法(其理由见下文),与此同时对第二类动词述体(即"感情体验"动词述体)作了自己不同的处理,将其界定为"感情反应"动词述体(глагол эмоциональной реакции),以求突出该类动词述体的语义重心和区分性特征。之所以在认清其种种失当乃至弊端的情形下仍采纳该"三分法",主要是因为客观上讲,"感情状态、反应及态度"基本上能反映并涵盖人类感情生活现实,以上提及的诸学者所分析和关注的焦点都不同程度地集中于上述三方面内容。当然,本书只是采用了形式称谓上雷同于 Л.Васильев 的提法,而将赋予它们特定的意义内涵——与 Л.Васильев 的见解存有质的区别的概念内容。①

我们对俄语感情动词述体的语义次分类将在分类参数部分细致入微的分析与刻画当中进行。在此之前,我们不妨首先就三类动词述体的一般区分作一概要性的介绍,以便于带着总体上的认识深入到进一步的条分缕析之中。

首先,"感情状态"动词述体(简称"感①")所表示的是感情主体因为某种确定或不确定的理由自发地、非积极地产生的一种感情体验。这样的感情具有确定的时间定位,没有感情指向,且往往通过主体外在的物(生)理动作表现出来。

其次,"感情反应"动词述体(下称感②)所表示的是感情主体受自身或他人行为、举止这一确定的外界诱因的直接刺激而不由自主产生的一种感情反应(关于针对自身或他人行为所产生的感情反应参见 Л.Богданова 1998:22—25)。这样的感情行为有确切时间定位,须有感情指向,且往往会通过主体外在的物(生)理动作自然流露出来。

最后,"感情态度"动词述体(下称感③)所表示的是感情主体基于长期积淀的感情经验所形成的有关感情客体(对事)的感情评价,并主动积

---

① 例如,Л.Васильев(1981)的"感情态度"动词述体包括"对异性的内心倾慕(склонность)"、"对某人的眷恋(привязанность)"及"对事物的爱好(вкус)"这样一些内容,而这在我们看来并无实际意义,不能反映这类动词述体的真正语义实质。

极地经历的一种感情变化。客体及其客观具有的特有属性同时也是主体情感所赖以产生并存在下去的确定的原因。这样的感情关系是稳定的,需通过异质的、带有一定社会性的具体行为活动(而非生理动作)表现出来,有固定的感情指向,但无确切时间定位,也不具备"即时性"。

不难发现,三类感情动词同"原因"皆有关联,但各有不同:广义上的原因在感①中具体化为"理由",在感②中表现为"诱因",感③中才是狭义上真正的原因。我们认为,感①的"理由"可能是客观的,也可能是主观、潜在性的,甚至是想当然的,无中生有的,连感情主体自己也莫名其妙。因此这样的理由可能是不确定的。而感③的原因是客体身上客观存在的某一特性,只能是客观而确定不移的,这同感①的理由形成强烈反差。Н. Арутюнова(1988:58)这样分析道,"相同的一些理由可以成为不同评价的依据,而相同的一些原因却不能导致相异的结果。前者(指理由——引者)由人控制,并可掺入随意的成分,而后者则由宇宙间不可动摇的规则所左右。"客观的原因当然可以是主观行为的理由,但主观认定的理由并不一定是事件发生的客观原因。产生感情的理由可能是主观的,一样的日落却可能引起人们不同的情感即缘于此。所以,理由和所产生的感情之间并无必然的因果关系,因人、因时而异。当然,由于心理习惯的原因,两者之间也可能建立起常规性联系,从而对当事者来说具有因果关系。此外,感②的诱因是当场直接触发感情反应的情景、事件,对于特定的感情而言应是确定的、客观的。因而它同感③原因既相区别,又有一些类同(指客观性)。

2 各种感情述体的区分特征

现在我们着手对三类感情动词述体诸语义区分性特征(义类特征)展开综合考察,力图在对此所作的多维解析与透视中得出自己的结论。

1)自发性(самопроизвольность, спонтанность)

该语义标记用于感情动词述体的区分,同行为的"±意识性"、"±可控性"均有关联,"自发"即"不由自主",表示某种感情的出现不以人的意志或意志活动为转移。而与其相关的则是行为的自主、积极性。在这一点上,感①、感②对立于感③。感①、感②均不是主体自己主动地去感受什么,而是下意识中被动地表现出某种感情,是一种不自觉的消极行为;感③则是主体有意识、积极地去经历或尝试某种情感,如:Она огорчалась(她伤心)(感①)—Он ошеломил нас своим поступком(他的行为使我们十分惊讶)(感②)—Мы почитаем старших(我们尊敬长者)(感③)。О. Селиверстова(1982)指出,любить(喜欢)型动词述体的主体虽是"非纯施事"(неагентивный субъект,这同Ю. Апресян所认为的"其意志活动多少可能还会混杂一定的'自发'成分"[Ю. Апресян 1995:370]相似),但却不会是"受动主体"(страдательный субъект):Он старался любить тетку(他努力去喜欢姑姑),但*Он старался радоваться(*他努力高兴)(Т. Булыгина 1982)。Ю. Апресян在谈及人类感情世界模式时曾把不同种类的感情粗分为高级动物均有的自发(直接)情感(стихийная эмоция)与含主观积极性的文明情感(окультуренные эмоции,这是从人与其他动物情感的高/低级对立这一意义上讲的,同人类感情的高雅[爱、景仰等]和低俗[仇恨、忌妒、报复等]无关——引者)两大类(Ю. Апресян 1995:370),这同感①、感②与感③的对立是不谋而合的。但不能不看到,Ю. Апресян在一些具体用例的分析中却有值得商榷的地方,据他理解,бояться простуды(怕伤风)、радоваться приезду сына(高兴儿子的到来)、досадовать на его слова(抱怨他说的话)中动词述体表示的是主体非自发的经过认知评价之后产生的感情状态(Ю. Апресян 1974:121)。而事实上这些动词述体句子所表现的恰恰是"非自主"情景,绝不可能是主观控制的情感。Л. Васильев也承认,与上述动词述体同类的нравиться包含了"消极性"与"非自觉性"义素(Л. Васильев 1981:109)。在这一问题上,Н. Арутюнова的观点也表现出一些偏误。她虽然认为"感情状态是一种自发的感情事件,不取决于人或不能完全取决于能料想或尽力促成事件发生的人的意志"(Н. Арутюнова 1988:173),"感情状态是人对外界事件的自发感应"(Н. Арутюнова 1980:237,1976:149),但另一方面,她又认为感情状态是主体的情感态式(эмотивный модус)。(Н. Арутюнова 1988:129—130)实际上感①、感②的"自发性"可以通过其形态表现加以观察和验证:一方面,"不可料想"性(ужас[害怕],страх[惧怕],удивление[惊奇]等感情绝不能是感情主体可以预料的,只有радость[高兴]这一情绪一定程度上可能同期盼相吻合)决定着它们均不用将来时形式(А. Зализняк 1983):* Завтра я буду сердиться на его слова(* 明天我将生他说的话的气)。我们之所以能见到 Если ты откажешься, это всех огорчит (如果你拒绝,会伤大家的心)(Н. Арутюнова 1988:158)型用例,是因为这里掺入了"观察者"或"评价"主体(Е. Падучева 1996:149)因素。至于像 Они нас пугают, да мы не из пугливых, не испугаемся (М. Лермонтов)(他们吓唬我们,但我们不是胆小鬼,不会害怕),在此是用于表达专门的言语目的。另一方面,二者一般不能有命令式形式:* Беспокойтесь обо мне!(* 担心我!)* Радуйся!(* 高兴吧!)* Сердись!(* 生气吧!)(当然,感①、感②能用于否定形式的命令式须当别论)。此外,感②类似 Восхищайте нас по-прежнему(同以往一样让我们陶醉); Смущай ее своим вопросом(拿问题来为难他)的用法表示的是"施感者"("индуктор",即感情客体)的有意识性,"自主性"在此是对主语(即客体)的要求,而不是宾语(即感情主体)的蕴涵(马庆株 1992)。概言之,主体所经历的感情依旧是"自发性"的。

　　据此,"下意识的油然而生"决定了句子 Я радуюсь/боюсь(我高兴/害怕)与 Я радуюсь его приходу/боюсь собаки(我高兴他的到来/害怕狗)中动词述体分别为感①和感②。而从"可控性"讲,二者却有细微不同。感①有时可能因为"否定"因素的介入而显得较难说清:不能说* Я нарочно радуюсь(我故意高兴),但却能说 Я нарочно не радуюсь(我有意不高兴)。这里,нарочно 表明情景的"可控性"(Н. Арутюнова 1976:156, Т. Булыгина 1982),不能说* Беспокойтесь обо мне/Радуйся(* 为我操心吧/高兴吧),却能说 Не беспокойтесь/Не радуйся(别担心/别高兴)。不过,由于总体上状态是不可控或至少非全然由主体控制的(Z. Vendler 1967:106, Е. Падучева 1996:144),感情状态原则上很难例外。比较而言,感②的"不可控"性则易于辨识,尽管"他的到来"(见上例句)引发的相应感情反应可能并未为人觉察。此外,虽同有自发性,感①同感②自发感情的起因还不尽一致:前者是主体内在因素滋生了某种情绪,而后者则是外部条件直接作用的结果。句子 Все радовались от счастья(大家都因幸福而感到高兴)中动词述体也属感①而非感②,这正如句子 Я грустил от дождливой погоды/по семье(我因下雨天/因想家而忧郁)一样,其中的 от N_2 或 по N_3 词形所表示的意义要素并未排除"无意识性"与"非可控性",它恰恰强调了感情状态的自发性。此外,之所以该句素未能使动词述体进入感②,还因为就句子命题功能(Т. Ломтев 1976, Ю. Степанов 1981)而言,它本身是一个任选题元,并未获得"必有价"的性质。同样,Н. Арутюнова(1988)一方面指出要以同感情状态相关的原因(按——事实上应是理由,但 Н. Арутюнова〔1976, 1980, 1988〕等对此未作严格区分)来论证状态的合理性,另一方面强调了其"情景语"的性质。至于 Все радовались от счастья(所有人都因幸福而感到高兴)与 Я радовался его приходу(我高兴他的到来)中动词述体感①与感②的区别同内在感觉与外部条件有联系(见下文),而这似又同辅题元 от N_2 与客体 N_3 间的语义区别相关:счастье(幸福)(包括 радость〔高兴〕, скорбь〔痛苦〕等)已逐渐事物化或物象化,表示已经凝固化的感情,是主体的内心感受,它更多的是根据或理由,并不直接作用于感情状态及其载体。而 приход 类动名词表现主体的一种外在作为,代表一个动态的事件、情景(Н. Арутюнова 1976,从逻辑的角度将类似于本书感②的动词述体归入表示"事件同人"的关系类动词述体),这种二阶逻辑关系使动词述体同诱因间建立起了语义上的强联系(即后者的出现带有强制性)。试比较: Я радовался его приходу ↔ Его приход обрадовал меня(我高兴他的到来↔他的到来让我高兴)。不难发现,内在因素与外部因素在 радоваться 的区分中还涉及动词述体语义的两个界面:命题与命题态度。这样,其感①句只是对感情作客观描写的命题,而其感②句则成了命题态度动词述体的语势(иллокутивная сила):"我高兴的是,他来了。"

相形之下,主动积极的感情态度是"认知链"(Н. Арутюнова 1988:112)上的"心智活动"产物(王静等 1996),爱、恨、喜欢、嫌恶、讨厌、尊敬、同情等都是认知、评价后形成的一种主观感受(邓守信 1983,王静等 1996, Н. Арутюнова 1976, 1988),其自主性显而易见: Любить же Лизу я не перестал вовсе, а напротив, любил еще более (Ф. Достоевский)(我根本没停止爱莉莎,反而更爱她了)。О. Селиверстова(1982)看到,любить 类动词述体代表的是一种灵魂深处的力量,具有意志因素: Как она умела любить① (她很会爱); Ты должен любить ее, она столько для тебя сделала (你应该爱她,她为你做了那么多)。但 * Ты не должен радоваться их приходу(你不应高兴他们的到来; * Тебе не надо грустить[你不应当忧伤])。诚然,有人对"爱"、"恨"等是否可以理性控制提出过质疑,并将其同"第六感"相提并论,例如 Любил ли я ее, я тогда еще не мог понять (решить, осознать)(я тогда еще сам не знал)(那时我是不是爱她,自己也搞不清楚[那时我本人也不知道])(Н. Арутюнова 1988:127),Е. Тодорова(1982)曾表示"仇恨可能是毫无理由,难以控制的"。但我们认为这种认识应归生活逻辑范畴,而从理论上讲,爱、恨的产生并不是纯属"偶然",很大程度上应该是可以控制的,可由主体自身加以调节,而且自始至终都需要意志活动的积极参与。也正因此,Т. Булыгина(1982),О. Селиверстова(1982),Е. Падучева(1996)认为这类动词述体的主体在整个情景中有决定作用,是决定性主体。Н. Арутюнова 的一句话同样耐人寻味:"人们将自己内心世界中的人首先划分为'敌'与'友','爱'在对象中找好的一面,'恨'则在对方找否定的一面"(Н. Арутюнова 1988:226)。正是基于感③的"可控性"与"自主性",相同的感情关系可表现为:由不同的人针对同一人和物或同一人针对不同的人和物,也可能是相同的人和物在不同的感情主体身上引起不同的感情态度。可以这样讲,如果情感跟理性相对立,那么这一对立于感③并不十分明显,更不能绝对化,而在感①与感②中恰恰有典型的反映。

2)对外界刺激的情感反应(эмоциональная реакция на внешний мир)

17 世纪时 B. Spinoza 在评价意义的研究中曾大量涉及了对外界刺激的情感反应问题(Н. Арутюнова 1988:21)。它表明主体的某种感情是因

---

① 注意: Он умеет нравиться(他很会讨人喜欢), В своих 37 лет она еще хочет нравиться(她已 37 岁了,还想讨别人的欢心)(Т. Николаева 1985:91),表示的是"施感者"的意向性。

为外界因素的直接驱动和刺激并对其作出反应之后形成的。感①表示自我的情绪体验与感应，不是外界反应的结果。而感②是对客体所做事情的一种反应而引发的(Ю. Апресян 1995:121)，反映的是感情主体同客体之间的刺激和感应关系，且"外界刺激"与"感应"是两个具有因果关系的情景，它们是同步展开的，即主体经历与客体行为同步演化的过程。也可以说，外界事物的行为在主体内心深处激起回荡，打破了主体原有的"心理—感情"平衡。因此，感②是定位于具体情景条件的心理行为事件，这在生气(раздражаться)、赞叹(восхищаться)、害怕(страшиться)类动词述体中体现得尤为明显，当然，引发直接感情反应的外界刺激因素可能是由现实情景转化而来的事实。感③由于掺杂了"评价"因素(这在不含人为倾向的 уважать 类动词述体中便不难发现："'尊敬'是认识和评价的结果"〔Н. Арутюнова 1982:117〕)，应是一种感情认知的积淀与升华，因而原则上它不是偶然的感情刺激—反应所能解释的。如果一定要说感③同"反应"有关，那它只能是若干次反应后形成的一种理性感情定位，是一种"间接、固定、深层次"的反应(类似观点参阅 Е. Падучева 1996：137—138)。感②同感①的区别集中体现在有无表示刺激的语义标记上，但由于动词述体配价结构存有扩展的可能，因此仅从形式上作判断还会碰到一些困难。如果明确感②所指主要是眼下现实行为所引发(Сын рассердил мать грубостью〔儿子的粗鲁让母亲生气〕)，而感①在于反应事件及其理由(Она тоскует по матери〔她思念母亲〕)，问题即可得以简化。由此并能比较容易地处理 наводить(使产生)，настраивать(使处于某种心情)等参助词构成的感情分析型表达式可能引起的误会：由 Он грустит от неудачи(他因失败伤心)转换而来的句子 Неудача наводит на него грусть(失败让他伤心)；Природа настраивает нас на веселый лад/располагает нас к веселому ладу(大自然让我们快活起来)中，似乎主体的感情是事物或事实积极刺激的结果，事实上这里是先有了内在的感情，再联想到了相关的理由，而且该理由可能还不是惟一的，并不是事物即时的行为直接触发了某种感情(скучать/грустить по отсутствующим〔思念不在场的人〕〔Н. Арутюнова 1976:115〕)。

感②中当施感者或诱因占据句首主体位时,更能突出其"刺激—反应"性:Собака испугала меня(狗吓住了我);Его поступок поразил меня(他的行为使我惊讶)。并且"行为—结果"的性质通过转换变得显豁:Я испугался собаки(我怕狗);Я поразился его поступку(我对他的行为吃惊)。这里的 Я(我)多少仍保留了受事的意义,因为并不是 Я 主动去做什么,而是后面的"事物—事件"直接触发了其感情反应。在这一点上它同感情状态主体一样都处于"消极、被动"的地位,具有"被迫"做出某种反应的性质。Т.Булыгина(1982),О.Селиверстова(1982),А.Елисеева(1982)等干脆把它归并于"受事"语义范畴。显然,从"施感事件"或"时态层次"(aspectual hierarchy〔J.Grimshaw 1990〕)这一角度看,该认识自有其道理,而从"情感体验"或"论旨层次"(themantic hierarchy)作分析,Я 在此无疑很大程度上又超越了受事。

3)指向性(направленность эмоционального воздействия)

指感情行为须指向对方,是主体在同他事物的关联之中所产生的。由于感①只涉及主体自身,无"指向"可言(状态总是回指自己的主体〔себянаправленность〕〔Л.Шкарбан 1982〕,状态最大的特征是没有客体〔Степанов 1981:298〕)。句子 Я тоскую(скучаю) по друзьям(我想念朋友们)中的 по N₃ 在《80年语法》等看来是表示客体,但我们以为它只表示主体感情状态的理由,这一点在将不在场的人用 без N₂ 表现时便不难识别。因而感①同感②、感③形成对照。在后二者之间,感③指向明确并且具有常规性(邓守信 1983:164),因为其语义结构本身就是"一种感情关系将主、客体联系在一起",感②的感情指向则往往采取一种"倒装"的特殊形式,感情所指对象占据句首主体位,而经历感情变化的现实主体则处于动词述体右翼位,即如前述,它一方面是"感事"(экспериенцер,〔В.Ярцева 1990:356〕),另一方面又是感情刺激的客体:Картина боя устрашила их(战争景象吓住了他们);Постоянная придирка хозяйки гневила нас всех(女主人老挑刺激怒了我们);Красота озера очаровала туристов(湖光景色使游客们陶醉)等。

感①论其实质是感情外现,其语义优控成分的自足性较强,反映在配价结构上它是一价动词述体。这与它所表示的自发性语义以及表理由的情景元的任选性均有直接关联。感①情景可能确有一定的理由（不过 Т. Булыгина〔1982〕指出，"感情状态可能没有由来，难以找出原由: Поэтам бывает грустно без причины〔诗人总无故忧伤〕"），但后者完全可以没有表层外现，绝对不能像感②中的"诱因"那样成为刺激感情的真正原因并进而占据句法主语位。与此同时，"理由"这一情景因素即便为表人名词充任，其"人"也定然不明究竟，因为他不可能知道主体的自发感情与己有关，更不会有目的或有意地去刺激主体，而如前所述，这在感②却是可能的: Я стремился осчастливить их（М. Лермонтов）（我尽力使他们感到幸福）。Л. Васильев(1981)在区分感情状态与感情体验时虽然指出了后者对感情客体的强制性，但并未突出前者"理由"的"非必有性"。造成感情状态或同其相关的原因，借助上下文的依托，在句子范围内不必用词语形式显示: И наконец все шесть вожжей и кнут переходят в мои руки, и я совершенно счастлив（最终六根缰绳和鞭子都到了我的手上，我感到很幸福）。(Ю. Степанов 1981: 330) 又如, Если первый опыт не удастся, не смущайтесь（第一次实验若没成功，别难为情）; В ту минуту он жалел, что остался дома（Н. Ильина）（在那一刻他后悔留在了家里）; Трудно обижаться, когда все бьют по лицу（所有人都打你脸的时候，很难去抱怨谁）。(Е. Падучева 1996: 95—96)

4) 时间定位性（временная локализованность）

时间定位性指感情的临时性质与即时反应。具有该特征者是对感情事件的描述，反之则是一个代表感情倾向的事实[①]。这样，描写呈现于具体时间框架下的感情表现之感①、感②，有着特定的时间定位（Т. Булыгина 1982, Е. Вольф 1982, Л. Шкарбан 1982, Е. Тодорова 1982），感③虽是一种积极主动的行为，但从其在时间轴上的展开方面审视，是一种不同时间里长期沉积下来的感情经验，而近乎表示附着于人的一种社会"性

[①] 事件是情景的客观记载（客观反映和描述范畴），而事实是人对客观事件的主观记载（主观认识范畴），同一事件可被评价为不同的事实。事件是由地（客观）至天（主观），而事实是由天至地，二者相互接近但又若即若离。(Е. Арутюнова 1988)

能",是"内化"于人的一种感情认识和态度,显然不具"一时"性或"当下"性。有关该类动词述体抽象层次的归属问题虽争议犹存——有称之为"性能述体"的(Т. Булыгина 1982, О. Селиверстова 1982),有称之为"联系述体"(предикат связи)的(А. Елисеева 1982, Э. Бенвенист 1974, Л. Шкарбан 1982),也有称之为"性质动词述体"(Ю. Маслов 1948, 赵元任 1979)的。Л. Лухт(1982)指出,"这是固定的性质,但却是一种积极性的特征,是通过意志行为指出体现性质的行为",当然还有包括本书在内的称其为"态度动词述体"的(采用"态度"一词者还包括 И. Мельчук〔1984, 1995〕, Ю. Степанов〔1981〕, Н. Арутюнова〔1976, 1988〕, Е. Падучева〔1996〕, Т. Богданова〔1998〕等),但凡此种种无不表明感③的长时性或抽象时间特征。

本质上讲,爱、恨、嫉妒类人类情感很难因时光而磨蚀并为别的感情所取代(Т. Булыгина 1982, О. Селиверстова 1982):* разненавидеть(不再恨),* раззавидовать(不再羡慕),即便有разлюбить(不再喜欢),也并不排斥还有重新爱上的可能①。试比较: Теперь он тоскует по родине(他现在思念故土); И скучно, и грустно, и некому подать руку *в минуту невзгоды*(М. Лермонтов)(在困顿时刻无人分担,十分忧伤); Она *мгновенно* обижается, но так же *мгновенно* и полностью забывает обиду(Ю. Трифонов)(她一下子委屈起来,但一下子又全然忘了委屈)(感①); Меня восхищала прелесть пейзажа(美丽风景让我陶醉)(感②); Я *вообще-то* презираю такого человека(我瞧不起这样的人)(感③)。句子 Теперь я люблю ее(我现在爱她)如若语义正常的话,只能是在这样一个意义上: Раньше я не любил ее.(以前我不爱她。)与此相关, Раньше я любил ее(过去爱过她)也只意味 Я теперь не люблю ее(现在不爱她)。类似句子多见于表示对比关系的上下文情景当中,如: Раньше я презирал его, *а теперь* глубоко уважаю.(以前我瞧不起他,但现在很尊敬他。)

---

① 而感①、感②,如"愁、生气、惊吓、担心"等,在或长或短的一定时间后,一般都会逐渐消散,抑或被别的情绪所取代。

Т. Ломтев 在其句法分类学的命题功能研究中,为了证明该功能在以非必须成分扩展模式前后的同一性,曾有这样一个引例:Некий ненавидел некоего вчера.(某个人昨天仇恨某人。)(Т. Ломтев 1976:147)尽管其研究的角度不同,但单从语义上看,感③ненавидеть(仇恨)同 вчера(昨天)的组合是值得推敲的,因为就这一动词述体而言,几乎不能将 вчера 切分为哪怕是两个时间段,而连续的行为时段显然是具体的一次("连续不断的一个时段对应于状态"〔G. Leech 1975:117〕),我们至多可以讲"昨天某人做了什么事情,这一事情表现了他对另一人的仇恨"。进而言之,句子*Я каждый день/часто/редко/иногда любил ее(*我每天〔经常,很少,有时〕爱她);Мой брат иной раз/обычно/все время/всегда ненавидит лицемерие(*我弟弟有时〔一般,总是〕憎恨虚伪);Я по субботам уважаю его(*我每逢周六尊敬他)同样也是语义异常的,不能说*Он вставал в 6 часов, шел на прогулку, увлекался греблей, любил сына и вел его в музей(*他早上六点起床后去散步,划船,爱孩子,把他送到博物馆)(Т. Булыгина 1980)。因为感③的感情取向并不等同于其"规律(常规)性"或"习惯性",故此不能有表示频率或周期性意义的时间副语。而归根结底感③的"非时间定位性"及相应的"时间语"表现皆因"其所指不是在时间中建立的"(О. Селиверстова 1982),并不直接同时间段对应,而是同在时间中延展的事件或诸事件相对应。也正是从这一意义上讲,不可能在一瞬间产生沉淀于灵魂深处的感情态度,但却可能在一刹那经历各种不同的即时性的情感体验。

感②的一次性或情景定位性较为直接地表现于其特殊的"结果性"或"行为—结果"语义特征上。感②使役动词述体,尤其是负面意义的 обижать(使委屈), огорчать(使忧伤), гневить(使生气), злить(激怒), раздражать(使气愤), пугать(使惊吓), удивлять(使吃惊)等,它们不同于客观行为动词述体,即便是未完成体形式的语法意义中也涵纳"结果意义"成分(这雷同于 М. Гловинская〔1982〕所称的"直接效果动词述体"):Его отказ огорчает меня. ≈ Меня огорчил его отказ.(他的拒绝让我伤心。)(Е. Падучева 1996:158)凭借"结果性"这一意义关系能较为明显地把握并处理其时间上的运作情况。不过这同动词述体特定的分布性能有关,并非任何句法分布均具结果意义。当占据"N_1"位的是"事件—抽象"名词时,该类动词述体的未完成体显现出"结果性"(эффектность):* Её пение очаровывало слушателей, да не очаровал.(* 她的歌让观众陶醉,但没陶醉得了。)当主体为表人名词,是有意而为时,其未完成体形式则不含结果要素,此间该意义的表现需假以完成体形式:Она очень волновалась, но нам удалось ее *успокоить* (她很不安,我们让她平静了下来);Она очаровывала нового заведующего всеми силами и в конце концов, действительно *очаровала* его(她全力要诱惑主任,而且最终确实迷惑住了他)。

比较而言,感①一般是没有内在界限的,Л. Щерба(1974)曾通过动词述体 радоваться(高兴)、веселиться(作乐)等的剖析表明了这一特性。因此,其一次性更多体现为具体过程以及持续性等。此外,表现感②一次性的结果意义同其必需的"诱因"及相应的感情反应是相通的,因为具体的感情刺激必然伴随相应时、体语义框架下的行为。惟其如此,感②使役动词述体("N_1"位为"抽象—事件"名词时包括未完成体形式)才获得了动词述体的"结果存在意义"用法,既可表示一次行为,也可表示作为其结果多次复现的行为。句组 Такая мысль ужасает учителя(这一想法让老师惊讶)/Ответственность страшит его(责任吓住了他);Это поведение злит отца(这一表现激怒了父亲)/Дурные слова удивляют меня(粗话让我惊讶)中的左句,由于表"定指"的指示词的存在,其结果是"一次"性,较为直观,而右句多少给人以泛时性的感觉,从而接近感③。这即关涉感②的多次行为性——单一情景的若干次重复,抛开量化的因素,实质是泛指一切,这也是感②同质行为性质的集中表现,类同于非单向运动动词的范畴语义。而这在感①也可能发生:Я часто/по вечерам грущу(我经常/每逢晚上忧伤),"一个行为可以实现多次,表现为不同的方式,其中的每一种方式都对应于一个不可切分的时间段。"(Н. Арутюнова 1988:135,着重号为引者所加)对这种"多次复现"可作如下理解:只要有定位于确切时间的相同或相似的条件,都会刺激主体相应感情反应,引发相应结果:Пакости сына огорчают мать.(儿子的那些骂人话让母亲伤心。) = Каждый раз, когда сын говорит пакости, мать огорчается.(每当儿子说粗话母亲都伤心。)再如:В детстве и отрочестве разговоры о таких вещах меня раздражали.(Л. Толстой)(童年和少年时有关这种事的话题会让我气愤。)

"一次性"还可以通过其变异方式表现出来,那就是"表里感情一致性",即说话时主体正经历他所表达或表现出来的那种感情。这一对立上感①与感②皆为标记性成分,感③则是无标记成分。高兴的时候我们绝不会说 Я грущу/печалюсь(专门的"语用目的"须当别论)。同样,感②的客观情景性规定着它必须反映主体即时的真情实感(восхищение〔陶醉〕直接寓于人的感觉本身当中〔Н. Арутюнова 1988:24〕):Я заметила, что она была сердитая. Я спросила: Почему вы сердитесь.(А. Пушкин)(我发现她生气,就问道:您为什么生气。)另如,Сын рассердил мать грубыми словами(儿子的无礼的话让母亲生气)——此情此景下 мать 大概不会感到"欣慰"或"高兴"。但这种"表里不一"的现象在感③却是极有可能的。感③是主体基于对客体的某种态度而主动表现出来的一种积极感情变化,这在排除它"即时性"感情表现的同时,也提供了其主体在特定情景之中感情"反常表现"的可能,而这种或然性反过来却并不能改变感情的稳定性:说 Я люблю книгу(我喜欢读书)时,主体可能对某特定的书并无好感,而句子的内容在主、客体的感情关系方面只表明前者对"书"的一般认识。试比较:Я вообще люблю книгу, но сейчас от усталости надоело читать.(我喜欢读书,但现在太累,不想读)。总体上本来喜欢,但现下却可能说讨厌(Н. Арутюнова 1988:97)。同样,Я горжусь братом и его успехами(我为弟弟以及他的成就感到自豪)中说话时主体可能并未真正经历相应感情,但这并不妨碍他对客体的总体评价,主体也正是因为意识到了这种定性的态度,即便在"不满"的情形下也可能作相同表述。此外,上下文也能为我们提供这一方面的例证:Вообще-то я люблю ее, но сейчас я ее просто ненавижу (Вообще-то я даже влюблена в него, но сегодня я его просто ненавижу)(我总体喜欢她,但现在恨她〔我差不多喜欢上他了,但今天却恨他〕);Мать рассердилась на сына, хотя она любит его(母亲虽然喜欢儿子,但现在生起他的气来); *Вообще* не люблю этого гостя,хотя *сегодня* он обрадовал меня хорошей вестью(我总体上不喜欢这个客人,虽然今天他带来的好消息让我高兴)。

5)异质/同质行为性(гетерогенность/гомогенность действий)

前面提到,感①、感②都可以表示相同(集合)行为的多次重复进行——此乃行为的同质性(гомогенность),而与其对立的即是行为的异质性(гетерогенность),后一性能只为感③所具备。"异质行为"是指这样一个行为集合:从中切分出的每一个要素都各不相同,且都不能单独代表这一抽象行为集,因为它们之间并非简单的部分(个别情景)同整体(概括而成的"加合")的关系,而是现象同内涵的关系——"其所指是对不同类行为和过程作综合性提取的结果"(А. Елисеева 1982)。以感③动词述体 любить 为例,一方面它不表示一次行为或一个情景,也不表示同一感情行为的若干次重复,另一方面更为重要的是,它可能是这样一些不同质的行为集合:交谈、漫步、看电影、送鲜花、约会、相思、拥抱等,不一而足,但单就其中某一个动作还谈不上就是"爱",或者既是"爱"又不(完全)等于"爱"。"爱"可以被具体化为这些事件,但本质上又超越了这些行为。因此我们说,感③异质行为动词述体不能从意义上分解为表示若干行为的动词述体的意义。何况,我们至多只能列举若干 любить 的活动或行为,但其累加并不能穷尽"爱"的内涵。同样,Т. Булыгина(1982),О. Селиверстова(1982)分别通过 любить живопись(喜欢写生画)与Я люблю бабушку(我喜欢奶奶)就 любить 的"异质性"作了深入浅出的分析,表明了类似本书的观点。

如果纯粹从行为意义上讲,感③异质行为动词具有"不可量化性"(неквантифицируемость),而纯从"性质"方面看,它具有"无阶段"(нефазовость)性甚或恒常性特征,不表示直接在时间轴上延续的行为,对于时间轴上的任何一点都是真实的,但又不直接对应于任何具体的一点(Л. Лухт 1982, Е. Тодорова 1982)。因此,我们对 Т. Булыгина(1982),Л. Шкарбан(1982),Селиверстова(1982)等将感③异质行为动词类归至"性能述体"的做法不能不有所保留,即便是有条件地称之为性能述体。因为性能虽是一种恒常属性,但只有在发挥功能的过程中才能表现出来,有些近似于同质的习惯、能力,性能主体具有消极、被动性,性能的呈现是不以人的意志为转移的,这些都使得它同性质之间有一段距离,不能画等号。事实上,由语义决定的形态—句法表现也能反映出二者的不同:性能动词述体能同 раньше(过去)类时间语连用,性质动词述体则不行;性能动词述体不能同"心力"语(всем сердцем〔全心〕,всеми силами〔全力〕,с нежностью〔温柔地〕,со страстью〔强烈地〕,всей душой〔全身心地〕等)共现,而性质动词述体却能与其正常组合:Она всем сердцем любит его.(用整个心来喜欢他。)

值得注意的是,如将感③异质行为动词述体与异质性物理动词述体(如 руководить〔领导〕,управлять〔控制〕等〔详见后文〕)加以比较便会发现,二者在基本内涵同一的同时各自还存有一些个性:首先,управлять 型动词述体的不同成员基本上都是"行为",而 любить(喜欢)类动词述体概括的成员除了"行为"之外,有些可归于"过程",有些则难于划归;其次,управлять 型动词述体的主体有明确的施事性,即完全受人的意志控制,而 любить 类动词述体的主体虽不是受事,却不能是纯施事主体,它们介乎施事与受事之间,即如前所述,主动积极的感情态度一定程度上是可以控制并由主体自身加以调节的,多少含有一些非意志控制成分;最后,управлять 类动词述体反映的是等级性社会关系,而 любить 类动词述体所表现的则是平等的人际感情关系。

6) 使役性(каузативность)

说得宽泛些,三类感情动词述体都同使役化过程有关,但却体现各一。惟其在三类动词述体中的表现有着特殊的限制和不同,故仍不失为区分性的类别特征。使役一定表示两个情景间的因果关系,即原因意义均含使役成分(Г.Сильницкий 1973,Г.Сильницкий,А.Наделкова 1974)。三者中,感①使役性显然要以"理由意义等于原因意义"这一论点的成立为其前提(二者的差异见后文),即便成立,但由于该理由所含的情景性特征不太明显,加之它可能未表示或无法表示出来,因而,感①的使役性表现不是十分突出。感③由于其行为性质的抽象、概括特点,加之其客体

(对事)代表着一种凝固化的静态情景,使役性也不具典型性。事实上,如果从 Е. Гордон, А. Чудинов 更为严格的动词述体"使役观"看,表促成行为的实现或状态、特征、性质发生变化的及物动词述体(Е. Гордон, А. Чудинов 1989),感①的确谈不上使役性,感③的使役性也同样值得怀疑。因为感③语义情景中是主体自己由衷、积极地去经历和感受某种情感,而不是来自对方的有意触发。感①、感③的这一共性在语言层面集中体现为:它们的(准)使役化不是通过动词述体本身来完成,而是须借助使役述体(каузативный предикат)加上分析型句式方能实现:Я грущу от дождливой погоды.(下雨天我感到阴郁。)↔Дождливая погода настраивает меня на грусть(感①);Я люблю его.(我喜欢他。)↔Он внушает мне любовь(感③)。相形之下,体现"感情刺激"与"感情反应"间关系的感②的使役性则不言自喻:受感者的感情反应是使役情景的一个方面;而"刺激"则代表着"使役事件"核心及其"实施者"(该情景中还包括"客体—诱因"〔В. Богданов 1977〕)。Н. Арутюнова(1976,1980)认为整个感②及物动词述体表示的是客体事件,即述语特征是说明感情主体的,因此动词述体必须具有使役意义。当述语特征说明客体状况的时候,表示的是"被使役事件"(каузируемое событие)。不过她称其为"下意识使役"(непроизвольная каузация)似有待商榷,因如前所述,绝不能排除施感者有意而为的可能性。此外,感②这一特性还能在其独立的使役建构中得到说明:它的使役化过程只须在自身内部作转换:Он обиделся на тебя за твои слова.(他因你说的话而生你的气。)↔Твои слова обидели его.(你的话让他委屈。)↔Ты обидел его своими словами.(你用你说的话委屈了他。)使役性在感②中的典型性尚可在 Nowell-Smith 等人的动词述体研究中得到印证:他们极为重视感情动词述体的使役性,所提出的"激发情感"类动词述体一般是及物型感②(Н. Арутюнова 1980:238)。基于上述因素,下文着重谈感②的使役性。

　　形态结构上感②可粗略地分为带-ся 的反身动词述体与及物动词述体。前者表示主体的感情是针对客体的,主语与感情主体如同在感①与感③中一样,是相互吻合的。后者表示外在因素引起主体的相应感情反应,强调感情来源于客观刺激,有被动受使役性质,句法与语义主体相互分离,而且受感者与施感者的"错位"构成一种"倒装"的语义关系:感情主体以"N_4"形式占据补语句法位,而客体却以"N_1"形式占据主语位。鉴于两类形态构造的动词述体句之间有着转换的潜在可能性,我们集中分析及物类①。该类动词述体中施感者是受感者感情针对的对象,它作为句法主体可称做使役主体(каузирующий субъект),而经历感情刺激者(感事)则是"受使主体"(каузируемый субъект)。从动词述体深层结构上看,这里有意识的感情使役者事实上并不是刺激感情的真正诱因,真正的诱因应是人的属性或其行为,或者是某一事件:Это зрелище очаровало меня(这一景致让我陶醉);Его поступок обрадовал всех(他的行为让大家开心)(诱因)/Сын раздражал отца(儿子让父亲生气);Сын нисколько не обидел меня(儿子没让我委屈)(施感者)。按 Н. Арутюнова(1976)的著名观点,"人"在此替代命题(субститут пропозиции),只是一个"替罪羊",因为只有"人"才能为行为负责,事件不可能成为归咎者。因此该类动词述体第一性的句子应是"诱因"主体句即"称名—宾格"句,从找"替罪羊"或突出人的施感意识及事件的使役性作考虑时方作此"换喻",以使役者占据主体句首位(即表人名词在此并无专一的句法位,它在 N_1 位的出现具有随机性)。不过此时具体名词表示的使役者仍应解读为抽象的事件,且往往通过"A_5"诱因位对句子加以扩展。

须要指出,感②"诱因"固然重要,但它最终须在受感者的情感反应上体现出来,因此动词述体的语义特征主要是指派给感情主体的。句子 Мать обрадовала мальчика(母亲让儿子高兴),甚至 Это известие обрадовало мальчика(这一消息让小孩高兴)之中,逻辑语义蕴涵一般只能是"Мальчик радостный"(孩子高兴),这种"语义倒装"即是前面提及的"客体事件"。这种"客体事件"可从句法主语位上表人名词与事件名词的交替当中加以验证:当两类名词的替换只能出现在"N_1"位上时,这表明

---

① Л. Васильев(1971)表示,感情使役动词包含被使役的主体与被使役状态的变化。他细分了 12 类这样的动词。

"N₄"的语义性能已由动词述体作出了规定,因而我们能够断定句子所描写的是客体事件:*Жена встревожила меня*(妻子让我担心)↔ *Болезнь жены встревожила меня*(妻子的病让我担心);*Уланова восхищает зрителей*(乌兰诺娃让观众陶醉)↔ *Искусство Улановой восхищает зрителей*(乌兰诺娃的表演艺术让观众陶醉)。

7) 作为感情朕兆的生理行为 (физическое симптоматическое проявление эмоции)[①]

该语义参数是指人的内部感情状况之外在生理动作表征,即内在感情的外化或物化性的描写。人类感情是非可见层次的"个体心理现实与无法衡量的一种评价值"(Н. Арутюнова 1988:4),而且变化多端,很难有衡量其真伪或客观性的物理度量及真值参数,对它可求解释但难以验证(Н. Арутюнова 1988:58),故此往往需从外部生理反应加以察看(Е. Вольф 1982)。这对感①、感②几乎具有强制性,即感情状态与反应大都要在其载体的生理行为表现中留下痕迹,中等程度或中立性质的 радость(高兴),удивление(惊讶),восхищение(赞叹),злость(气恼)可能没有物理行为外现,但对应的强烈感情 ликование(狂欢),изумление(惊诧),восторг(狂热),бешенство(狂怒)的外在显露却是必然的(Ю. Апресян 1995:372)。这在隐喻性动词述体 петушиться(公鸡打仗的架势),дрожать(发抖),оцепенить(使木然),вспыхивать(炽烈)等用法中便不难发现,而在其句法派生名词同隐喻物理描写句的正常兼容共现上面更有清晰的反映: покусывать губы *от волнения*(不安得咬嘴唇);оцепенить ее *страхом*(把她吓得发呆);вспыхивать *гневом/от гнева*(怒火中烧);топнуть ногой *в гневе*(气得跺脚);ломать руки *от отчаяния*(失望得直搓手);хлопать в ладоши *от радости*(高兴得鼓掌);хлопать глазами *от ужаса*(害怕得眨巴眼睛);сдвинуть брови *с грустью*(愁得直皱眉)。(В. Богданов 1977)感

---

① Ch. Fillmore 的框型语义(фреймовая семантика)认为应从五个方面描写感情动词述体,其中一项便是"情感的外在表现"(身体的物理反应、动作、面部表情甚至言语),其他四方面为:情感原因、主体认知评价、主体体验的感觉类型、伴随感情的欲望。(Ю. Апресян 1995:370, 457, 460)

①与感②的外现行为同其感情要素的联系直接而明了，Ю. Апресян (1995:460)干脆称之为感情的"理据形象"，他专门研究了表示颜色呈现的动词述体用于转喻，表现内在感情这一现象："亮色"表现积极情感(Глаза светятся от радости〔高兴得眼睛发亮〕; Глаза светят радостью/В глазах светилась радость〔眼睛里闪耀着高兴的光芒〕)，"暗色"表示负面感情(Глаза потемнели от гнева〔眼睛因愤怒而发黑〕; Лицо мрачнело несчастьем〔因不幸脸色阴晦〕/Взор мрачнел от несчастья〔因不幸目中无神〕)。有关人类感情的生理动作外现，Арутюнова(1976, 1988)不乏独到的见解与分析。在她看来，常可用液体事物形象来传达激烈的或和缓的否定感情(выпить горькую чашку до дна〔喝满满一杯苦酒〕; Разъедающая злоба кипела в моем сердце〔А. Герцен〕〔仇恨在心中沸腾〕; Хотела б смертная тоска излиться воплем и слезами〔В. Боратынский〕〔忧伤想通过泪水倾泻出来〕)，用火的形象(пожар〔火〕, пламя〔火焰〕, огонь〔火〕)表现程度强烈的情感(如 восторг〔狂喜〕, восхищение〔叹服〕, гнев〔愤怒〕, злоба〔仇恨〕, ярость〔狂怒〕等)。Л. Иорданская(1972)几乎肯定了生理动作表现感①、感②的规约性质，她通过身体各器官的生理活动对此作过大量描写，这里不妨引述一二：表吃惊——У него волосы встали дыбом(头发立起来)/Глаза на лоб полезли(眼珠都吊到了额上)/У него разинул рот(大张着口); 表恐惧——У него язык отнялся(舌头都不打转了)/ноги приросли к земле(双腿长在地上)/зуб на зуб не попадает(上牙不挨下牙); 表愤怒——Он брызжет слюной(唾沫四溅)/Пена выступает на его губах(满唇白沫); 表痛苦——Лицо окаменело/застыло/почернело(脸色呆滞/脸冰凉/阴暗)。顺带指出，Л. Иорданская 的这项研究内容作为词汇函数"Sympt"直接纳入了 И. Мельчук 主编的《意思⇔文本》模式词典(И. Мельчук 1984)。① 此外，А. Пешковский(1956), А. Зализняк, Е. Падучева (1982), Е. Падучева(1996), Г. Золотова(1973), С. Цейтлин(1976), В. Богданов(1977), М. Алиева(1989)等都论及了相关问题。这些受心理因

---

① 关于"词汇函数"参见本书第一编第二章。

素制约的生理变化有大小之分,表现上也有强弱之别,但表达式传达的信息功能并无两样,均描写感情主体的一种心理感受和反应。当然,类似用例在汉语中也俯拾即是:扬眉吐气,高兴得直翻筋斗,激动得热泪盈眶(感激涕零),悲痛得潸然泪下,气得七窍生烟,忙得焦头烂额,吓得浑身发抖,毛骨耸然,垂头丧气,愁眉紧锁(不展)。顺带指出,感情活动的类似生理表征都自然蕴涵着"观察者"这一要素。(Ю. Апресян 1995, Е. Падучева 1996)

相比之下,表示带有理性评价成分的深层次感情的感③,在自然的生理动作外现方面受到严格的限制,与生理行为事件没有直接、必然的联系。如果说感①、感②可能表现的"激动、悲伤"等需看得见的身体举止外现,即这种物理行为真要做出来的话,那么感③蕴含的感情成分则极可能深埋心底而并不溢于言表(如"默默地爱"),因而很难说感③具有可观察性(Е. Падучева 1996)这一特征。Ю. Апресян 曾经指出,любовь 类程度一般,故可以没有外在的显露(Ю. Апресян 1995:372)。我们认为,这主要不是因为程度的强弱,而是因为"爱"等是发自人心灵深处的一种主观积极体味,是思量、评价基础上的情感倾向。也正因为如此,感情态度的载体只能是人,而感情状态与感情反应主体还可能是人之外的其他动物。(Ю. Апресян 1995:370)但与此同时不能不看到,ненависть(恨)、любовь(爱)等仍然有可能通过身体器官的活动表现出来:Его лицо исказилось ненавистью(от ненависти)(他的脸因仇恨而扭曲了);Глаза блестят/светят/горят ненавистью/любовью (от ненависти/от любви)(双眼因恨〔因爱〕发光)。(Ю. Апресян 1967, 1974, 1995)值得一提的是,须将感③的生理行为外现同其"异质行为"表现区别开来,即是说,不能因为感③一定要通过不同类别的行为反映出来而认为它须外现为生理行为。前者是一个抽象概括的行为集合,而后者是一种即时性生理动作,是以身体器官的相应活动显示出的具体事件或过程;前者是有意识的或有理性铺垫的举止,而后者则是下意识的自然流露;前者可分解为社会行为乃至心智行为,而后者是只涉及主体自身某一部位的动作性感情写照。这样看来,感③一般情况下是不会有生理表征的。

3 小结

从以上有关俄语感情动词述体的语义分析和描写中可以看出,感②所具备的正面区分性语义特征最多,感③最少,而感①则介于二者之间。这表明感③动词述体的语义条件限制是最为严格的。

现在我们联系上述内容,就感③的 нравиться（喜欢）与 любить（爱）作一概要的对比分析。虽然有人主张二者有相通的一面(Я люблю музыку〔我爱音乐〕↔Мне нравится музыка〔我喜欢音乐〕)(Ю. Степанов 1981,Л. Васильев 1981)但事实上它们各自的语义底蕴却截然不同。二者最大的差异体现在时间定位上。нравиться(简称"A")表示的感情缘于感官印象或感性认识(一次性的现象〔Ю. Апресян 1995:380〕),是即时的一种触发或好感,是一个"感觉—行为"(Ю. Апресян 1974,Л. Васильев 1981),它是将事物当作一个实体来"喜欢",这可能是功能为一次性的东西或单一的客体。试看 T. Булыгина(1982)中经典性的句子：Мне нравится (понравилась) ее сегодняшняя прическа.（我喜欢〔上〕她今天的发型）。相应地,"A"具有确切时间定位,其行为可能只延续短暂的时间,甚至只是一小会儿：Маша научилась готовить, чтобы понравиться Пете（玛莎学会了做饭,好让别佳喜欢上她）；Мне не нравится, что мальчик любит азартные игры（Ф. Достоевский）(我不喜欢孩子迷上了赌博)；Мне нравится сам процесс катания на велосипеде（*Мне нравится сам процесс обладания собственным велосипедом)（我喜欢骑自行车的过程〔*我喜欢拥有自行车的过程〕)。

反之,любить(简称"B")表现的是一种深层次的情感,是喜欢对方的本质和内涵,它植根于对感情客体的多次观察、认识和评价,绝不是一时一事的感情冲动和反应(惟其如此,我们认为 Васильев〔1981〕等把它也视作"感觉—行为"是有失公允的),几乎内化为一个人的属性。因此它所表示的行为没有确切时间定位,不能说*Я люблю（полюбил）ее сегодняшнюю прическу(*我爱她今天的发型)。此外,"B"还包含了一个语义蕴涵关系：将来还会继续爱对方。其他方面,"A"是自发的对外界反应,是消极的、被引发的感觉行为,不必以客观的经验为前提,具有物(生)理外现,"B"许多情况下以长期的感情经验作为前提(经历了"经验—倾向—行为"流程,是一种积极的感情历程。如果说愿望是将感情倾向或感情评价付诸行为的动因的话,那么在 любить 中该愿望是积极主动的,而 нравиться 却不含这一行为动因〔Н.Арутюнова 1988:92〕),极可能没有物理行为外现;"A"是一次具体的行为或单一行为多次重复的"同质行为","B"则代表着异质行为的集合,它一方面须通过不同种类的行为表现出来,但另一方面我们又很难在客观现实中具体地指出这个异质行为,因而各个具体行为动词都不能从意义上取代它,各意义的加合也不能穷尽其内涵。

第四节　物理行为述体的语义描写

物理行为述体是语言系统中数量最为可观、语义信息承载最为驳杂的一类述体。严格意义上讲,物理述体应该是表示人、物的外在活动或机械行为的述体,"是可见层次的代表,是一种描写性或表示认知过程的述体,说明或描摹现实世界。"(Н.Арутюнова 1988:43)不过,本书所要研究的对象物一定程度上突破了这一范围,不局限于一般意义上表示机械行为的述体,它包括了反映事物(含人、物、自然力)自身活动(物理、生理、感知、言语及含有体力因素的其他一些相关活动)以及事物之间相互作用这样一些现实情景的述体,容纳着"人—物"、"物—人"、"人—人"、"物—物"等逻辑语义关系。这样的"物理行为"内涵规定着归属其中的动作所反映的都是"耗力"(затрата энергии)的情景事件。所谓"耗力"是指述体情景在正常情形下须克服、排除某种阻力,即"只有在不断有新的动力源供给的条件下方能持续"。(B.Comrie 1976:49)与此相关,积极的动态情景的出现既可能缘于活物,也可能缘于非活物,甚至可能源于自然力。

述体的语义系统是抽象概括层次的横向切分同具体层次的纵向切分所交织成的一个界面,因此在物理动词述体词汇细义模式之上以更高层次的义类特征加以总括,一方面可以避免动词述体分类零散,杜绝就词论词,同时也便于从整体上洞察物理动词述体的语义特性及语义建构。我们主张的次范畴模式在一定程度上参考了 Z. Vendler(1967),W. Chafe (1970),Ю. Маслов(1948),И. Мельчук(1984),Н. Арутюнова(1988),Е. Падучева(1996)及 Е. Вольф(1982)等的分类思想,在博采众长的基础上构筑一个较为符合句子语义描写目的的述体次范畴化系统。具体而言,我们尝试从三个参数着手,把俄语物理述体分为既有一定概括性又相对具体的语义范畴。确定这种分类参数的一般性原则在于,它必须同兼容共现语形式特征相联系。换言之,语义参数所规定着的述体分类一定要通过兼容共现语的典型区别或相互对立得以显现,述体分类的价值应有句法上的反映。这三个分类参数是:"过程性"(процессность);"意志活动性"(волевая деятельность);"集合"或"次数"性(собирательность или кратность)。下面我们就这些次范畴标准作具体阐释,并由此建构相关述体的语义分类系统。

a)"过程性"的核心思想是"延伸(持续)性"(длительность),其他要点一般还应包含"断续性"(прерывность)与"无限反复性"。即是说,情景既能中断,也能恢复("恢复"不等于"重复","重复"是次数概念)。由于无过程性也就无界限可言,因此它是构成动词界限体词偶的一个重要因素,在整个物理动词述体系统中凝聚力大,涵盖面也较广。依据过程性这一语义参数,物理动词述体分为过程性动词述体与非过程性动词述体两大语义类别,二者在兼容形式特征上的对立表现为:能否同 давно, долго, много лет 类持续时间语词搭配及是否能同 сейчас 类时间语词同现,是否有"即时持续"用法。

b)具有"意志活动性"或"自主性"的情景动作主体有"意向",但不一定有"专门的目的"。因为目的是主观直接作用于客观的重要环节,一般在"积极改造性"的动作行为中方能表现出来。例如,在 видеть, сидеть, стоять 等情景中,主体是意志主体(целеполагающий субъект),行为也是有意向的行为,但并没有固定的目的性(Н. Арутюнова〔1988:217〕曾根据"±目的性"将人的行为划分为七种类型)。当然无可否认的是,意向性与目的性是相互贯通的(Ю. Степанов 1981:163, J. Lyons 1977, B. Korponay

1977)。借助意志活动性这一语义分类参数可将过程性与非过程性物理述体各自一分为二:"自主"述体表现的情景可示之为"X начал(开始)V₀"或"X инициировал(引发)V₀"(尤指意志活动有目的时);非自主述体情景则是"V₀ началось(开始)"。两类述体在兼容共现语方面的对立主要表现为能否同目的语共存。

c)根据"集合性"或"次数性"① 区分出两大次类述体:(a)过程性多元集合动作述体或非过程性单一动作的多次性意义述体;(b)过程性非多元集合动作述体或非过程性单一动作的一次意义述体。其中过程性集合述体的无界限行为活动由一系列同类或非同类的单个动作集合而成,没有一次与多次的对立,因而应为未完成体单体动词述体;而非集合述体则突出反映了界限性述体的次数意义特征,而且其次数意义同体的语法语义融为一体,未完成体表示行为的多次意义,完成体表现行为特征的一次意义,进而构成典型的"普遍性体词偶"(тривиальная видовая пара)及非普遍意义的"界限体词偶"(предельная пара)。本着次数性这一范畴化特征,第二层次的过程性意志活动述体与过程性非意志活动述体都各自下分为"集合"类和"非集合"类,而非过程性意志活动述体与非过程性非意志活动述体则各自划分为"瞬时—多次"类与"瞬时——次"类。

总体而言,该分类特征反映在兼容共现语上的对立是,能否同次数语词 многократно(多次),дважды(两次)等或频率语词 иной раз(偶尔),редко(很少),часто(经常),подолгу(长时),всегда(总是)等并存。非常重要的是,在该层级中分出来的述体是物理述体的核心组成部分,以上各层级的诸参数最终也将在此得到落实与集中展示:过程性←自主性←次数性。因此必须对这一层级的动词述体分类范畴详加剖析。

1)过程性集合类述体

该类述体均无多次可言或者根本谈不上次数意义。根据集合性多元动作或集合性动作是否性质同一,它们具体表现为同质述体类与异质述

---

① 严格意义上应予以区分的两个概念:"次数"和"集合"。前者是某一动作作为整体在不同时间里重复。后者指单一复杂动作由若干部分组成。

体类。二者在兼容方面的对立表现为,同质集合类述体能有确切时间定位语与其同现,而异质行为集合类述体则不允许这样的时间语与之共现。另外,前者能同频率语自由组合,而后者往往排斥类似组合,即便可能,频率语的辖域也会由述体转移到主体身上;前者不排斥即时用法,后者则不然。两类述体各自的意义特征可概述如下:

首先,同质动作集合述体实质上就是多元相同动作述体(предикат многоактного способа однородных действий),即便在同一时间(甚至"即时"),动词述体情景也可能由几个动作构成(Собака качает хвостом〔狗摇尾巴〕)。如果述体用于不同时间重复,则表示每次都是多元集合动作(При встрече со мной собака виляет хвостом〔见到我时狗就向我摇尾巴〕)。它们只注重行为本身,主体动作的意向或目的不以界限方式体现出来。如若将其所对应的行为过程切分出来加以分析,则它的每个时段相互雷同,均为相同的动作,其开始与终结都不意味过程的变化,动作不会导向质的改变或新状态的出现。正是在这一意义上,该类述体所代表的是"没有前景的活动"(бесперспективная деятельность)(Т. Булыгина 1982, О. Селиверстова 1982),即无一定结果界限的动作。这类述体包括许多非单向运动动词。

其次,异质行为集合述体(предикат разнородных деятельностей)即多元非同一动作述体。该类述体在过程的无界限、无质变、无前景方面同上一类述体(这类述体的过程性只体现在可持续特征上,不能有即时性、无限次数性。因而严格说起来,其过程性是有条件的)。而与之区别的地方主要在于,从动作的构成上讲,异质述体的集合由若干不同性质或不同类别的情景事件综合而成,"表示对不同质的行为和过程(而不是具体的某一情景)的概括"(А. Елисеева 1982, Л. Шкарбан 1982),正因为如此,Z. Vendler, О. Селиверстова, Е. Вольф 等称之为"总体状态"动词,而 G. Lakoff (1976)则基于是对主体职业取向等的总括,把它们命名为"属性动词"(атрибутивный глагол)。但重要的是,虽然该类动词述体的所指可以具体表现为若干不同行为的集合——离散的复杂特征集,但并不等于这些异质行为的简单相加,"对应于一个个'类成员'(члены класса),但又不雷同于这些成员所表示的内容"(Т. Булыгина 1982),而且事实上相关行为的罗列和相加也很难穷尽所指的内涵。因为它们不表示直接在时间轴上延续的行为,对于时间轴上的任何一点都是真实的,但又不对应于任何具体的一点。以 руководить(领导)为例,我们很难从意义上把它分解为表示若干行为的述体意义。我们至多能列举一些同"领导"这一集合行为可能有关的活动,如开会、作报告、下达指示、布置工作、检查评比等,但单就某一行为还不能讲就是"领导",我们甚至无法在客观现实中实实在在地指出"领导"这一行为究竟是什么。当一个干部正在主持召开会议时,不能说"他正在领导"——这也是其不能有即时现在时用法的缘由。试比较:Он сейчас проводит собрание. (他现在正在主持召开会议。)/* Он сейчас руководит. (*他现在正在领导。)

异质行为集合述体一个重要而典型的语义模式是"从事某类活动",Е. Падучева(1996)所谈及的"从事动词"(глагол занятия)与"举止动词"(глагол поведения),其中不少即属于异质行为集合述体。汉语中的"阿谀奉承、举止潇洒、为虎作伥、风流倜傥"等也应归于此。

须强调的是,同为集合类述体的同质与异质次类均排斥多次或根本谈不上次数这一问题,即均无一次与多次的对立,这也正是其在物理述体分类范畴第三层级中与非集合类述体相区别的一个要点。所谓一次/多次关系是动词体词偶之间的一种普遍意义关系。按照 Ю. Маслов(1948), Ю. Апресян(1995), Е. Падучева(1996), А. Шмелев(1989)的见解,具有这种次数意义的完成体与未完成体动词构成动词的普遍性体词偶,而如前所述,无论同质还是异质集合述体均无界限可言,不能表示受界限限制的一次整体性行为,两者在任何情况下均为非单一的多元动作[①],无从产生能够显示次数性的体对偶。说得具体些,同质述体至多只表示"多元"意义上的"多次"——反复进行、一次进行乃至即时进行均为多次意义,一个举动的出现一般就意味着其他同质动作特征的潜在。这样,无限

[①] 同质的 шуметь(喧哗)、гулять(散步)、махать(挥手)、кивать(点头)等,异质的 руководить(领导)、врачевать(当医生)等均谈不上做完或完成什么,什么时候停下来都算完,无趋势、结果可言。

次数意义与多元意义合而为一,分不清是多元还是多次——如此构成特殊的多次关系(正因如此能同 многократно 正常兼容)。但与此同时却不能表示一次界限性的行为,由其派生的"-ну"动词之一次意义并非其词汇语义内涵所规定,后者是作为改变动词原有意义的新义素出现并存在的。一次体动词本身进而构成不同的词项,不应视其为体词偶的成员。(遗憾的是,绝大部分详解词典都将二者混为一谈,连 В. Виноградов〔1947〕, Ю. Маслов〔1948〕也视之为体词偶,但《80 年语法》则摒弃了这一观点。)就异质行为集合述体而言,它同次数意义更是相去甚远,既谈不上一次,更无缘于多次,作为一系列异质行为的抽象概括,它只表示总体上的固定状态,是主体在超长过程里拥有的行为特征。

顺便指出,意志活动与非意志活动动词当中的集合类原则上都存在同质与异质的区分,不过在非意志活动集合动词述体内却难以找出异质型物理述体。

2)过程性非集合类述体

这是集中体现了次数意义关系的一类述体,而且其一次/多次的语义同动词体的意义是相辅相成的,构成典型的普遍性体词偶类,另外还具有界限性、结果存在这样一些非普遍性意义。该大类述体参照"行为结果的表现情况"和"是否有分离性目的"(дискретная цель,指所做的事情与所要达到的目的不能同一,完成特定的行为才能达到规定的目的〔Е. Падучева 1996:143〕)区分为 3 个亚类:"过程—渐变结果"类;"过程—突变结果"类及"过程—直接结果"类(分别简称为"渐成结果"类、"突变结果"类与"直接结果"类)。显然,三者都经历过程变化,但结果的表现方式却迥然不同。另外,前两类具有分离性目的,而后一类则具非分离性目的——特定的目的无须做专门的别的事情即可实现,行为过程本身就体现了其目的;前两类动词述体中客体的变异(从无到有,从有到无、位移、变形等)这一特征有明显的反映,而后一类中表现得不是十分突出,且无规律可言。

3 类述体在兼容共现上的区别特征应分两种情况予以描述。首先,在自主动词述体中,可用目的语将渐变结果、突变结果动词同直接结果动词区别开:后者由于行为目的、结果已蕴涵于过程本身,故此一般不与目的语词连用。至于前二者,相互间可以通过表结果出现程度的语词加以区分:渐变结果动词能正常地同程度语词 наполовину(到一半),полностью(完全),частично(部分地),до дна(到底)等连用,而突变结果动词述体则一般不能有类似用法。这里须指出的是,由于同样经历了过程向结果的转化,二者在时间语词方面可能具有一些共性,它们可能出现在相同的句法上下文中。例如,都可以说 долго строил(ел),и наконец построил(съел)(建〔吃〕了很久,终于建〔吃〕完了)(渐变结果)——долго ловил(доставал, решал), и наконец поймал(достал, решил)(抓〔拿,解〕了很久,终于抓到〔拿到,解出来〕)(突变结果)。不过其他语义特征又规定了二者不同的上下文:不能说 долго строил(ел),но ничего не построил(съел)(建〔吃〕了很久,但最终没建〔吃〕完),与此同时却完全可以说 долго ловил(доставал, решал),но ничего не поймал(достал, решил)(抓〔拿,解〕了很久,但什么也没抓到〔没拿到,没解出〕)。其次,在非自主动词中,程度语词 полностью(完全),наполовину(到一半)等使渐变结果动词同突变结果、直接结果动词对立起来,后二者之间可利用频率语词 редко, иногда, часто, подолгу 等进行判别,突变结果动词一般不同这类语词共现,过程结果却往往能与之同现。下面不妨对非集合类动词述体的三个次范畴作一粗线条勾勒。

首先,渐变结果类动词述体一个典型的语义要素是行为过程的每个阶段都有所不同,都意味着行为结果的渐次累积,当量变达到过程转化的临界点时,结果以"新(累积)状态"的方式表现出来,而且这种新状态的到来在自主动词述体中完全是由主体的意向事前确定的。这里过程的转化主要从经历与主体活动同步变化的客体之中得到解释,这集中表现为客体的形成、产生、变形、位移、消灭等内容,也可以理解为达到行为主体所规定的目的或主体行为达到内在界限。该类动词述体中很大部分的未完成体在语义上派生于完成体[1],表示行为过程或多次意义,而完成体则表

---

[1] 动词体词偶中总有一个在语义上是初始的,另一个是派生的。(E. Падучева 1996:107)

示积极行为过程的整体性和一次受界限限制的行为,因而它们是俄语对应体词偶的稳定来源,是极为重要的一类动词述体。(A. Wierzbicka 1980:199)

其次,突变结果类述体有别于上一类述体的关键在于,过程的质变或新状态出现是突发性的,陡然的,与在前过程的准备没有必然的联系,即在前过程很可能并未能为结果的瞬间达成起到量的积累这一铺垫作用。因此,该类动词完成体所表现的是不可控或至少不是全然可控的结果(虽然这一结果也是主体预先所设定的),而未完成体也只表明行为达到结果的一种趋势。相应地,可能有的行为客体一般不会经历与主体活动同步的变化,如 ловить бабочку(捉蝴蝶)等。

第三,直接结果类动词的语义内涵是,动作本身一旦进行,就意味着动作的完成,即行为本身就有结果(过程自然结果),过程与界限胶着在一起,很难截然分开。在自主类动词中,它明显地表现为动作进行的本身便等于或接近自觉行为的目的及其实现——没有分离性目的(хвалил ≅ похвалил, обещал ≅ пообещал)。因而该类述体非常接近 Ю. Маслов (1948:314)及 М. Гловинская(1982:131)所称的"直接效果动词"(глагол непосредственного эффекта)(*касается, но не коснулся[*触及了,但没碰到])。另外,在自主类直接结果动词中,过程的转化由主体的意志决定,这一点上它们与渐变结果述体是相通的。正是由于该类述体过程本身就是结果,一方面使得它们本应没有即时性用法,如一般不说 Он сейчас целует(обнимает) Машу; Он сейчас обещает,虽然可以说 Вот он целует (обнимает, обещает)(瞧,他在吻[拥抱,许诺]呢)。另一方面使得体的对立并不体现在有无结果上,未完成体强调完成体动作带来的状态眼下存在,表示行为的多次,并具有再现和生动描写的功能。(В. Виноградов 1947:559)而完成体则注重行为动作的完结。因此: Он обещает(许诺)⊃ Он пообещал(已许诺); Он хвалил(表扬)⊃Он похвалил(已表扬); Он целует Машу(吻玛莎)⊃Он поцеловал Машу(吻了玛莎)。(Е. Падучева 1996:35,116;1985:61—62)顺带指出,直接结果动词还可能包含"尝试"类动词 пытаться(尝试), стараться(努力), пробовать(试着)等: *пытался, но еще не попытался. (Е. Падучева 1996:35)同样也不能说*обнимал（целовал），но не обнял（поцеловал）.该类动词述体在兼容方面的特点是,可以与持续、频率语词搭配,一般不与即时、目的语词搭配。

2)非过程性瞬时行为语义类动词述体

所谓瞬时行为是指不能想像为过程或难于切分为时间段的超短行为或点状行为,几乎无法指出具体某一时刻代表了其结果的达成,很难有行为的同步观察者。该大类动词述体不能同持续、即时语词共存。着眼于次数这一分类参数,可将该类述体划分为"瞬时—多次"与"瞬时——次"两个次类。它们在兼容共现语上的对立表现为:前一类动词述体能同次数语及频率语搭配,而后一类动词述体则不能。

瞬时—多次语义类述体所反映的情景一方面没有具体的过程,是瞬间的变化,另一方面这种瞬时结果行为又可以多次出现。其语义结构一般不包含主体有目的的活动这一意义成素,这是它同过程类突变结果述体最重要的差异。此类述体的过程意义须通过逻辑语义上相关的其他行为述体体现出来,也就是说,短时的点状行为以通过别的动词所表示的在前过程、行为为其前提,是不表过程或持续性的残缺动词(Ю. Апресян 1995,Е. Падучева 1996)。该类述体的未完成体只表示多次意义①,不表示过程意义,这与直接结果述体相同。而且正因无过程意义,其未完成体是从形态意义上讲的,而不是从语义上讲的,例如,выиграть（赢）,принести（拿来）,найти（找到）,прилететь（飞来）,прийти（到达）等。尚须说明的是,这类述体一般都是意志活动性质的,很少是非意志活动的。另外,Austin所提出的"准施为"动词(экзерситивы,Е. Падучева〔1996:110,115,227〕)有不少可以类归于此。因为J. Austin指出的这类述体所表现的情景,恰恰是须要主体做出多于言语施为活动的短时行为。这样的述体如:издавать（указ）(发布〔命令〕),отнимать（участок）(剥夺〔土地〕),увольнять(解雇),распускать（парламент）(解散〔国会〕),назначать(任

---

① 它们所表现的次数同集合性多元同质动作动词的次数虽然同样可以"无限制",但仍有质的不同:所代表的动作每次均有结果,而后者却不可能——主体根本没想到是否有结果。

命），награждать(嘉奖)等。显而易见的是，这部分较为特殊的述体所蕴含的"新状态"，完全是由行为主体的意志所控制着的，这一点上类同于前述的意志活动性渐变结果类述体。

瞬时——次类述体所表示的行为一方面几乎不占据时间，或者至少很难有同步的观察者，转瞬即逝；另一方面只能是一次性的。前一点体现了它同上类述体的共性，后一点则构成同前类述体的相异之处。在形态特征上，该类述体皆为单体动词，区分为：

a)不带构词后缀"-ну"的单体完成体动词。这类动词数量有限，语义也较零散，一般表示非自主的行为——事件或事变，例如，рýхнуть(倒塌)，очуметь(发愣)，очувствоваться(清醒过来)，очунеть(恢复知觉)，очухаться(恢复知觉)，очутиться(出现)，очнуться(醒来)等。

b)带构词后缀"-ну"的单体完成体动词。这类动词基本上是由表示若干同类动作的非界限性活动动词——集合性多元动作动词派生而来(因为只有多元动作才能切分出单个的动作，表示一次意义(Е. Падучева 1996：118—119)，但正如前述，二者本身并非体对偶)，显示瞬间的单一动作(единичный акт)。动作可以是有意志趋使的，如：боднуть(舐一下)，брызнуть(喷一下)，вильнуть(摇一下)，дернуть(扯一下)，качнуть(摇一下)，клюнуть(啄一下)等，也可表示非意志活动，如描写自然力作用的：блеснуть(闪烁一下)，вспыхнуть(猛然发力)，колыхнуть(拂动一下)，мелькнуть(闪一下光)，порхнуть(飞舞)，сверкнуть(闪光)等，表现人的自然生理活动的：вздрогнуть(哆嗦一下)，глотнуть(吞咽一口)，зевнуть(打一个哈欠)，икнуть(打一下嗝)，лягнуть(蹬一下)，мигнуть(眨巴一下)，содрогнуться(战栗)等。

综上所述，十三类物理行为述体中有九类属于过程性动词述体，约占四分之三，而属于非过程性述体者有四类，占四分之一强。九类过程性述体又大致一分为二，表意志活动者占五类，非意志活动者占四类。这些数据表明了语言同人的世界的密切关系(Н. Арутюнова 1998)，即语言是从人的角度来观察世界的产物，因而对人能觉察到的过程行为区分得非常详细，而对较难于把握的非过程行为却区分得较为粗略。另一方面，表示人的意志活动的述体在数量上多于非意志活动述体，表明地球上主要是人类自觉地(具有目的性地)作用于外界事物，从而对世界施加自己的影响。这从一个侧面反映了语言的本质。本书得出的研究结论可为述体语义次范畴化的整体性操作模式提供一个一般性的原则。

第 八 章

命题结构的扩展与模式化

第一节 命题结构的扩展

1 基本与非基本的命题结构

命题结构的扩展首先碰到的问题是要把基本命题意义结构同非基本的命题意义结构相区分,而这实际上牵涉的是区别命题意义结构中的题元与非题元或必需语义成分与非必需语义成分的问题。下文的分析将围绕构成命题意义核心的述体来展开。我们认为,题元或必需语义成分为深层结构所先设,在命题意义结构中的出现具有强制性。而非题元或非必需语义成分则不然,一般不涉及命题基本意义结构,其出现与否多半带有言语性质,很大程度上可归结于语言表层选择的问题。换言之,命题意义结构包含的是谓词概念意义必不可少的语义成素,其他的非核心关联语义因素可统称为"非必需语义成分",即"扩展语"。

但与此同时不能不看到,要真正十分到位地区分命题的必需语义成分与非必需语义成分并不是一件容易的事。(Л. Теньер 1988:271)人们在这一问题上的争论由来已久,但至今似并未达成共识。较具代表性的主要有两种观点,一是《80年语法》提出的以包含强支配与信息补足关系在内的"强联系"为标准,但这一标准执行起来每每遇到困难。它所体现的无外乎是为深层结构必需的语义配价上升或表层线性化为题元时,同主导动词形成的句法联系方式。显然,这一形式规则最终须到深层语义中寻找依据,因此在一些光凭语义认知或语义直觉难以明确判断的情形下,仍显得束手无策。例如,如何确定 белить стену известью(用石灰刷墙)与мазать хлеб маслом(用黄油抹面包)中的强、弱支配之分?Ю.

Апресян(Ю. Апресян 1974:155)把二者的区分确定为"强支配"同"弱支配"的对立,但一般认为,这两种支配关系的区分本身并不总是泾渭分明。Ю. Апресян 还将强支配同熟语性(идиоматичность)相提并论(同上:121),力图通过后者找出更有力度的证据,但事实上他并未能达到这一目的,因为熟语性不过是个约定俗成的问题,同语义、句法实质无必然联系。另一种观点是 G. Helbig(1984), Ю. Апресян(1967,1974), Н. Арутюнова(1988)等提出的负面形式的"删除法"。但这一规则极可能有不少反例。一个极端的例子便是,当动词述体带上评价性或者否定性等成分时,其表示客体的必需语义要素完全可以省去:лучше не говорить(есть, отвечать, давать)(最好别说[吃,回答,给])(Арутюнова 1988:272,281—282)。不仅如此,语义上非必需的因素往往却必须有表层外现:Вера не отвечала ему (на любовь) взаимностью(维拉没对他[的爱]作出回应)(Арутюнова 1976:66);Мы весело провели каникулы в деревне(我们在乡下愉快地度过了暑假)。一些必需的语义要素忌讳形式显现:* Мне пахнет мясом;* Я показался в лесу;* Ты тише едешь, дальше будешь。

当然,我们在这里指出的主要是 G. Helbing 等所倡导的"删除法"的不足,并不意味着对它的全盘否定。客观地说,这比"强支配"原则较为可取,因为它抓住了一些可操作的实实在在的东西:句子在语法结构上受到破坏,在语义上成为病句,一般是易于把握和觉察的。问题在于可能出现的上述例外该如何处理。我们觉得,可以加上一个条件作为限制,那就是这种"删除法"不能用于有"隐性题元"的情形,后者由"语义守恒律"控制,而那种非必需但又须表层外现的语义成分则由言语规则(习惯)控制。这样,在动词题元的确定上本节虽略有补正,而原则上奉行的仍是"删除法"这一主张。

2 命题结构非必需的扩展成分

命题非必需的扩展性意义因素在性质上是不是单一的呢?答案是否定的。在我们看来,可以把它区分为性质迥异的"可选"及"任意"的两种。前者带有一定程度的必要性,属于动词次范畴,包含在述体的语义结构当中或者说是述体的结构性语义成分。但重要的是,与此同时,它们又可以省略或删除,并不影响句子的语义结构,其扩展性、非必需性、可选性正是从这一意义上讲的。相反,任意成分即是谈论较多的"情景语"、"辅题元"、"自由说明语"或"边缘性题元",它们不是行为过程的必需参加因素,决定这类成分因素的不是动词的个别词汇语义,而是它所属的动词类别的共同语法功能。(Ю. Апресян 1974:120)因此,任意成分不受动词的支配,属于动词的非必需因素,且理论上在句中的数量不受限制。不过,二者的区别却是长期困扰人们的一个难题。这是因为二者同为命题结构的可有性成分,其删略都不致影响句子的合格度,很难从语句表层结构的操作中获得区分性标准。G.Helbig(1969,1984)曾主张利用"还原法"加以甄别。据他分析,可选成分(他所谓的"可选补足语")是动词的一个结构性成素,不能变成句子,而任意成分(他所称的"说明语")不是动词短语的直接成分,即不属于动词的次范畴,源于句子,因而一般可以还原为状语句——有关全句内容甚至超乎全句的说明句。但这有些不够严谨,因为一些自由说明语不能还原为句子并表示单独的命题:критиковать ее в (за) глаза (当面〔背地〕批评她); Они обедали в 12 часов (他们在 12 点吃午饭); Он бежит быстро (他跑得快); Сын вернулся поездом (儿子坐火车回来)。而一些可选成分却能改写成句,表示一个命题(如хвалить 〔уважать〕 его за храбрость (夸奖〔尊敬〕他勇敢)。由此看来,二者的严格区分须作进一步推敲。

为了从根本上解决这一问题,我们尝试采用"隐涵测试法"来区别可选成分与任意成分:有同样包含非必需成分的句子 A 与 B,当句 B 删除了这样的成分后同样能蕴涵或者从中推导出含有这种成分的句 A(即句 B 蕴涵了句 A 的全部语义信息)时,则该非必需成分为"可选成分";反之,句 B 如并不蕴涵句 A 中的这一非必需成分时,则该成分为任意成分。由此推论,"隐涵测试法"实际上可理解为动词原有语义要素的"可找回原则",它的提出同配价的性质是一致的,因为句 B 的隐涵成分是无形的,它与价载体的联系本质上是语义性质的,例如:

(1) a. Учитель хвалил его за усердие в глаза. 老师当面表扬他勤奋。

b. Учитель хвалил его _____.

句 a 中的 за усердие(原因〔理据〕)语义因素为句 b 所自然蕴涵，因此是可选成分；而 в глаза 表示行为的方式，不是句 b 所能推导出来的，因此为任意成分。

(2)a. Он ответил *мне* на вопрос *с уверенностью*. 他很自信地回答了我的问题。

b. Он ответил _____ на вопрос _____.

句 a 中的 мне 不仅是信息获得者，更主要的是情景的逆主体，因此是句 b 的语义蕴涵因素，为可选成分；但 a 中的 с уверенностью 则不然，为任意成分。

(3)a. Сын пишет *мне по воскресеньям*. 儿子每逢周日都给我写信。

b. Сын пишет _____.

句 a 中的 мне 在句 b 中有蕴涵①，因此为可选成分；而 по воскресеньям 在句 b 中没有蕴涵，故为说明语。

(4)a. Выходка Пети *всегда* нас смешила, но *сейчас* не рассмешила никого. 别佳怪异的举动总让我们发笑，但现在却没法让我们中的任何人笑起来。

b. Выходка Пети _____ нас смешила, но _____ не рассмешила никого.

从语言系统静态的语义结构上看，句 a 中的 всегда(总是)与 сейчас(现在)都不是句 b 中所蕴涵的语义因素，因而同为说明语。

(5)a. Для ясности нужно иллюстрировать вопрос *примерами*. 为了说清楚问题须要举例。

b. _____ нужно иллюстрировать вопрос _____.

句 a 中的 примерами(例子)能从句 b 中直接推导出来，故为可选成

---

① 按照 W. Chafe(1970)及邓守信(1983)的理解，"写、唱、哭"类"非有向动词"不同于"买、卖"类"有向动词"。"写东西"不一定要写给某人，即并不暗含"受益者"(benefactive)这一语义成分。如果这一观点成立，则这里的"мне"也应看成"任意成分"。不过"受体"(адресат)成了"自由说明语"总有些牵强。

分;而 для ясности(说明白)却非句 b 所自然蕴涵,故为任意成分。

(7)a.他去年在上海买了一件大衣。
　　b.他_____买了一件大衣。

句 a 中的"去年"与"在上海"都不是句 b 所蕴涵的语义因素,因而均为任选成分。

3　命题结构的扩展与兼容共现理论

在解决了确定命题扩展语的标准以及扩展语内部的层次格局这一问题后,我们再来讨论命题意义扩展中的其他问题。

命题意义结构的扩展涉及的另一个核心问题是述体动词的兼容共现性这一理论问题。因为兼容共现语可以通过命题意义结构的扩展有效地描写命题语义并较严格地区分命题语义次范畴。题元在命题意义结构中的重要地位自不待言,而非题元在句子语义分析当中的作用也不可轻视。如前所述,命题意义核心结构只能表现基本的语义内容,而要完整地表达思想,就须要丰富、充实句子语义信息,相应地就要求采取各种方法对命题结构进行扩充。兼容共现性(совместимость)即由此应运而生。所谓兼容共现性是根据结构和表达之需,在语义一致规则的基础上,用上面区分出来的可选性或任意性语义因素对动词命题结构进行扩展时所形成的特殊语言关系。根据这一性质,能够进入命题语义扩充结构者即为该动词所允许的兼容共现语(совместимые компоненты)。作为一种"临时增价",兼容共现语代表着动词述体潜在或可能的搭配性能,它们主要是动词核心结构之外的成素,极小部分是动词配价所对应的句构成分,即大致包括动词述体的可选性语义成分和任意性语义成分。例如,взять ложку рукой(用手拿勺)на вечернем отделении учиться английскому языку(在夜校学英语);весело гулять(愉快地散步);идти на солнце(去晒太阳);греть руки у костра(在篝火旁烤手)。显然,在表层结构中是否出现或应该体现哪些兼容共现成分是语言选择的事情。

这种特殊的关系形式对于动词述体深层结构本身可能无关紧要,但在区分动词命题结构、同一动词述体构成的不同语义结构时,考察动词述体能否同某一(类)语义成分兼容共现则极有价值。动词同情景语的组合有别于其同题元的组合,这种组合通常认为在词汇语义上不受限制,但显然不是任意的。(Е. Падучева 1996:126)而正是这一非任意性使得这种组合在形式上不失为命题意义描写中一种可靠的、操作性较强的手段。动词配价分析至多只能说明述体能同什么搭配,需要什么样的搭配。但进一步如果我们明白某一动词述体或某一类动词述体不能兼容某一词汇语义单位,这比单从正面认识该词汇语义单位能否或是否必须进入动词述体已有的配价结构更有意义,它无疑增加了一种对动词述体作反向语义分析的手段。例如,物理行为命题意义总体上可以允许同目的语、地点语、结果语等兼容共现,但感情动词句子、关系动词句子则很难与之同现,试比较:Они запасли хлеб на зиму *для себя в погребе*(他们把自己过冬的粮食储存在地窖里)/*Мы любим родину *для себя* в городе(*我们为了自己在城里喜欢祖国)/* Рельсы пересекают площадь *для всех* около универмага(*铁轨为了大家在大商场附近穿过广场);* Она овдовела/*для себя* в Шанхае(*她为自己在上海成了寡妇)。各类动词命题内部的语义次范畴化也可以借用该手段进行相应的操作。比如,物理行为内部的非意志活动命题句就不可能用目的语、工具语、方式语等进行扩展:*Пес дрожит *для себя по-новому* (*小狗为自己用新方式发抖),* Камень упал *охотно для того, чтобы ударить собаку*(*石头为了击中狗乐意地掉下来)。感情状态与感情反应命题句能够兼容表确切时间定位的状语,而感情关系命题句却只能与泛时性或抽象时间状语兼容共现。实际上,凭借这一语义关系成分区分命题语义的用例屡见不鲜:Они выпустили 100 снарядов *по окопам*(他们向战壕发射了100颗炮弹)/Они выпустили 100 снарядов *на конвейере*(他们在生产线上生产了100颗炮弹);Он моргнул *мне* (他向我眨眼示意)/Он моргнул *от света* (他被光照射得眨眼);греть руки *у костра* (在篝火旁烤手)/греть кофе *на костре* (在篝火上加热咖啡)。这些命题结构的语义差别借助兼容共现语尽显无遗。概括起来,一方面从正面形式的兼容共现上讲,不同命题及其次类的兼容共现成分的种类是相互区别的;另一方面,从负面的兼容共现来看,特定命题不能同某种语义因素共存,这使得它同别的命题区分开来。惟其如此,我们说这种可能的语义搭配关系同形态特征一样,也是表现句子语义、扩展句子语义以及区分不同命题意义的有效方式。

不论正面还是负面形式的命题意义兼容语都同题元语义次范畴密切相关,就是说,兼容共现并非孤立存在,而是同其他手段协同作用的,题元的不同语义次范畴性质往往决定其兼容性能相应地有所区别。这是对传统的命题意义分析所提供的一种新的理解。例如,句子 *Отец* содержал семью(父亲养家)可兼容方式、手段语义因素 своим трудом(以自己的劳动),而与此同时 *Письмо* содержало намек(信含暗示)却不能,因为前句中主体题元是表人名词,而后句主体则是由事物名词充任。同样,命题句 *Пастух* гонит овец(牧人赶羊群);*Мальчик* ест(孩子吃东西)可分别兼容 на водопой/пить воду(去喝水)与 с аппетитом/ложкой, до отвала(津津有味/用勺,吃饱),而与其对立的命题句 *Ветер* гонит облака(风吹着云);*Ржавчина* ест железо/*Меня* ела тоска(锈蚀铁/忧愁折磨我)却不能作类似兼容,其原因也在于此。至于 взять *ложку*(拿勺);потерять *кошелек*(丢钱包)可分别兼容 рукой(用手);на улице(在街上),而 взять *власть*(夺权);потерять *надежду*(*терпение*)(丧失希望〔耐心〕)却不能,则归因于前者的客体题元在语义次范畴性质上是具体名词,而后者占据客体语义配价位的是抽象名词。

此外,正面形式的兼容共现语还为扩大和丰富命题句的转换能力提供了条件。一方面,一些可选语义成分兼容语在充实并区分句子语义的同时,给句子的转换增加了新的积极因素,而且更为重要的是,在此基础上构成的转换形式又反过来成为进一步鉴别命题意义异同的积极手段。例如:взять ложку *рукой*(用手拿勺)↔взять ложку *в руку*(把勺拿到手中);нарезать помидоров *мелкими кусочками*(把西红柿切成小块)↔нарезать помидоров *на мелкие кусочки*;заложить *дымоход кирпичом*(用砖头堵烟囱)↔заложить *кирпич в дымоход*(将砖塞入烟道)。

兼容是扩充和区分命题意义的手段,而在此基础上进行层级式的再兼容同样不失为一种行之有效的分析命题语义的方式。从语法联系的实质上讲,不同的兼容词形对于动词述体可能是同等成分(достать книги с полки, из ящика и из-за шкафа〔从书架上、抽屉里、柜子中取书〕),可能是非同等的并列从属成分(соподчиненные компоненты):Пес дрожит на ветру от холода под дождем.(小狗风吹,雨淋,冷得发抖。)同等成分型兼容共现语中语义角色的重复性,说明它们在句法层面上是同一种东西的语义变体,占据着相同的句法位。而在并列从属型兼容语中,不同语义角色的共现性质,充分表明其在表层关系上并不是同一种成分的语义变体,占据的是不同的句法位置,因此本质上是从不同语义角度对命题语义结构的扩展。

同等与并列从属两种形式的再兼容对于命题意义来说,在理论上都是一个开放序列,语义不同的命题构造(类别)总可以在这个序列中找出一些实质性差异。以 ловить рыбу на червяка(用蚯蚓钓鱼)为例,其中的 на червяка(用蚯蚓)表示"诱饵"。这里有趣的是,将 на что 改用 N_5 (червяком)行不行?工具不能用 на N_4 表示,但与此同时却能用 на N_4 形式在 N_5 的基础上再兼容:ловить рыбу удочкой на червяка(用蚯蚓和竿子钓鱼),尽管工具与手段语义格一般是不共现于同一动词构造中的,当二者采用相同的形态手段时尤其如此:*пробить стену молотком гвоздями(用锤子和钉子钉墙);*натереть пол щеткой воском(用刷子和蜡打地板)。在不同语义类别的动词命题之间,物理行为命题再兼容的常常是表时间、地点、方式、方向、工具、手段等的语义因素:Он валится со стула навзничь в грязь на землю(他从椅子上仰面摔到泥地上);Он бьет лошадь кнутом по спине(他用鞭子抽马背);сидеть у огня в кресле за столом(坐在桌后沙发上烤火),варить уху из налимов с молоком(用奶煮鱼汤);Собака чешет себе за ухом задней лапой(狗用后爪挠耳朵背后);клевать его в спину клювом(啄他后背)。而感情动词命题所能再兼容的一般只能是原因、程度、时间语,而且时间同原因不能同现于感情动词命题结构中:*Я всегда уважаю его за его талант(*我总尊敬他的天才);*Вчера он сердил ее своим поступком(*昨日他用自己的行为让我生气)。奖惩类动词命题再兼容的则多为原因与方式因素:поощрять их за усердие

第八章 命题结构的扩展与模式化 285

похвальным отзывом（写称赞的评语勉励他们的勤奋）；награждать солдата *по заслугам орденом*（按功绩奖给士兵勋章）；судить его *за кражу товарищеским судом*（对他的偷盗行为给以同志式的审判）；преследовать человека *за убеждения судебным порядком*（用司法程序对人的信仰提起诉讼），但与此同时感情动词命题和物理动词命题却不能有这样的再兼容模式：* *любить его за скромность сердцем*（*вниманием*，*улыбкой*）(*〔用微笑、关心〕来全心爱他的谦虚）；知道并掌握了再兼容的这些原则,在实际运用它们来丰富句子信息内容、传达较为复杂的思想时,就能自觉避免可能出现的一些错误。

　　为了进一步加深对命题意义扩展这一问题的认识,不妨将兼容共现语置于相关研究平面作一横向比照。在我们看来,兼容共现这一理念是描写并区分命题语义类别的独特手段,原则上同 Е. Падучева(1996),Т. Булыгина（1982）,О. Селиверстова（1982）等人的"语法检测"(грамматический тест)思想有相通之处。这集中表现在她们采用的检测语一般都是命题基本语义结构之外的时间、空间、目的、方式等情景语。在这一点上,И. Мельчук(1984),Ю. Степанов(1981),华劭(1979)的主张大体相同。Н. Арутюнова(1988:205)也曾表示,这样的"合取"与"选择"（析取）原则首先应体现在"时、空、状况"等同人类活动密切相关的因素上面。不过Ю. Апресян 提出的兼容共现概念事实上同本书的见解相距甚远。

　　Ю. Апресян 对兼容共现的理解实际上同于"语义共现性"(семантическая взаимовстречаемость),只不过他是将分别与同一动词搭配的若干句子中的成分合并于一个句子中,从而讨论它们的相互兼容性。试看其定义："如果相关于动词中心位 V 有两个句子 P_i 与 P_j,并且在这两个句子中存在与 V 相关联的词形 M_i 与 M_j,当第三个含 V 述语的句子 P_k 同时包含 M_i 与 M_j 的词形集合时,那么句子 P_i 与 P_j 基于 V 是相互兼容的,同时 M_i 与 M_j 也兼容。"(Ю. Апресян1967:52)显然,这里动词体现的是同一词汇语义单位,但 Ю. Апресян 指的不是动词述体对题元的兼容能力,而是题元或句子之间的相互适应（同时进入一个句子）。因而该定义的实质是能够叠合(наложение)成一个句子的原若干句子中的同类(指主体、客体、情景语的分类)语义因素相互间的相容性。这同本书由动词述体出发观察其对非必需语义因素的兼容能力的观点有分歧。不难发现，抛开动词述体来分析或者力求得出语义成分(词形)的共现性或协调性这一结论，如果是以研究动词为宗旨的话，似乎并没有什么真正的价值，而且显得有些貌合神离。正因如此，通览 Ю. Апресян (1967, 1974, 1995) 的相关论述，都是在零零星星的同一动词的语义区分上做文章，而并未能深入系统地将该理论贯彻到动词命题语义构造类别的形式描写这一至关重要的课题之中。这一点从 Ю. Апресян 的以下几个例子中便不难发现：

Отец пошел на работу
Мать пошла за продуктами $\Big\}$ ⇒ Отец и мать пошла на работу и за продуктами;

父亲去上班
母亲去买食品 $\Big\}$ ⇒ 父亲和母亲各自去上班和买食品；

гордиться $\Big\{$ братом
его успехами ⇒ гордиться братом и его успехами;

为 $\Big\{$ 弟弟骄傲
他的成绩骄傲 ⇒ 为弟弟及他取得的成绩骄傲；

стыдиться $\Big\{$ соседей
бедности ⇒ стыдиться бедности перед соседями;

在邻居面前
因贫穷 $\Big\}$ 害羞 ⇒ 在邻居面前因贫穷感到害羞；

жаловаться $\Big\{$ отцу
на сына ⇒ жаловаться отцу на сына;

向父亲抱怨
抱怨儿子 $\Big\}$ ⇒ 向父亲抱怨儿子；

погрузиться $\Big\{$ в воду
в воспоминание ⇒ *погрузиться в воду и воспоминание;

钻到水中
陷入回忆 $\Big\}$ ⇒ *钻到水和回忆中；

第八章 命题结构的扩展与模式化 287

поддержать ее $\begin{cases} \textit{за талию} \\ \textit{советом} \end{cases} \Rightarrow {}^*$ поддержать ее *за талию и советом*.

扶着她的腰
给她劝告 $\Rightarrow {}^*$ 扶着她的腰并给她劝告。

另外，Ю. Апресян 定义的缺陷还表现在不分主体、客体等题元因素与状态元因素（这在以上例子中看得十分清楚），这实际上无异于将命题基本结构与非基本结构、必需语义成分与可选、任意语义成分相提并论，混为一谈，同时也有悖于他自己的研究初衷。正因为 Ю. Апресян 的兼容共现操作既可以在核心的述语结构或语义结构之内进行，也可以在其外进行，既可能涉及必需成分，也可涉及非必需成分，这直接导致了其兼容原则主要适用于同一动词不同词汇语义单位的区分，而无法针对不同的动词命题语义类别。在 Ю. Апресян 所举的下列例子中，他所称的兼容语均为客体题元，所发挥的作用都仅仅是区分动词词汇语义单位：

закрывать *ребенка*
закрывать *границу* $\Rightarrow {}^*$ закрывать *ребенка и границу*;

关孩子
关国境线 $\Rightarrow {}^*$ 关孩子和国境线；

бояться *собаки*
бояться *за брата* $\Rightarrow {}^*$ бояться *собаки（и）за брата*;

怕狗
担心弟弟 $\Rightarrow {}^*$ 怕狗并替弟弟担心；

болеть *тифом*
болеть *сердцем о ком-н.* $\Rightarrow {}^*$ болеть *тифом и сердцем о ком*;

害伤寒病
心疼谁 $\Rightarrow {}^*$ 害伤寒病并心疼谁；

принимать $\begin{cases} \textit{посла} \\ \textit{лекарство} \\ \textit{меры} \end{cases} \Rightarrow {}^*$ принимать *посла, лекарства и меры*.

接见大使
服药 ⟹ *接见大使、服药并采取措施。
采取措施

由此看来,必须坚持在主体、客体等题元之外研究命题意义结构的扩展以及它们的兼容性质——包括可选性与任意性语义成分,并将分析的焦点放在任意性的情景因素身上,而且还必须立足动词述体分析它对这些非必需语义成分的兼容能力,而不是脱离动词述体谈论这些语义因素相互之间的共现性。只有这样处理,才能把兼容共现性纳入命题语义描写系统,进而将其用作一类命题意义的有效区分性手段和扩充手段,而不仅限于一个个动词的零散语义描写。

以下通过表示"感情"的命题意义结构中兼容共现语的专门分析,具体讨论兼容共现理论的应用。

总体而言,表示感情状态、感情反应及感情关系的三种命题意义结构,都可以用程度和原因的兼容共现语进行扩展,其中程度兼容共现语在三类命题意义中的运用几乎没有什么差别:*Очень* тосковали ребята после смерти матери, особенно скучал Сережа, увидит материнскую шаль на гвоздике и расплачется(母亲死后孩子们十分忧伤,尤其是谢廖沙,一看见挂着的母亲用过的披肩,就开始哭);Они веселились *до упаду*(他们乐不可支);В душе я *глубоко* раскаивался, что так написал(我内心深深地懊悔那样写了);*Немного* взгрустнулось ему(他突然地有些忧伤);Отец раздражается *все больше и больше*(父亲越来越气)(以上为感①);Он *несколько* смутился этими словами(他为这些话有点不好意思);Она *бурно* радовалась его приезду(她十分高兴他的来到);Слова Петра возмутили меня *до глубины души*(彼得的话让我十分恼火)(以上为感②);Он любит жену *всем сердцем*(*без ума*)(他全身心爱妻子);Я ненавижу ее *все сильнее*(我对她的憎恨一天天加深)(以上为感③)。而三者均可能涉及的正面形式的原因兼容语在诸次类命题语义的扩展中却有细微不同:广义上的原因在感①中具体化为理由,在感②中表现为诱因,感③中才是狭义上真正的原因。我们认为,感①的理由可能是客观的,也可能是主观的,潜在性的,甚至是想当然的,无中生有的,连感情主体自己也觉得莫名其妙。因此这样的理由可能是不确定的。而感③的原因是客体身上客观存在的某一特性,只能是确定不移的,这同感①的理由形成强烈反差。H. Арутюнова(1988:58)分析道,相同的一些理由(мотивы)可以成为不同评价的依据,而相同的一些原因却不能导致相异的结果。前者由人控制,并可掺入随意的成分,而后者则由宇宙间不可动摇的规则所左右。客观的原因当然可以是主观行为的理由,但主观认定的理由并不一定是事件发生的客观原因。产生感情的理由可能是主观的,一样的日落却可能引起人们不同的情感就缘于此。所以,理由和所产生的感情之间并无必然的因果关系,因人、因时而异。当然,由于心理习惯的原因,两者之间也可能建立起规律性联系,从而对当事者来说具有因果关系。此外,感②诱因是当场直接触发感情反应的情景、事件,对于特定的感情而言应是确定的、客观的。因而它同感③原因既相区别,又有一些类同(指"客观性")。三者负面兼容共现上的相似性在于,它们一概不能同目的语和处所语相兼容。首先,自身内部的感情状态与不由自主的外界感情反应均谈不上目的性这一问题:

*Для чего
{
ты радуешься(взволновался, тосковал, беспокоился)?
(你为了什么目的高兴〔激动,忧愁,着急〕?)(感①)
ты рассердился на лорнéт(восхищаешь меня)?
(你为了什么目的生夹鼻眼镜的气〔让我陶醉〕?)(感②)
}

而感③表示的是发自肺腑的固定的感情体验,自然排斥人为的、规定着行为界限的分离性目的(Е. Падучева 1996:143)。另外,自觉行为的分离性目的应促成某种可以预见的结果,而感③的诸如爱、恨、尊敬、嫉妒等,显然不是某一目的所预期的结果,不会是"为了……而爱上,为了……而尊敬起来,为了……而恨(嫉妒)起来"。这就是我们不能说*Зачем ты его уважаешь(любишь)? Для чего ты презираешь их? 的原因。其次,就感情命题语义本质而言,不含地点义素,或者说感情作为一种社会化的行为,同处所并没有根本性的联系,因而不能用处所兼容语来扩展:* Он грустит *в гостиной*（感①）;* Она беспокоила мать *на кухне*（感②）;* *В лазаре́те* сестры сострадали раненым воинам(感③)。在这一点上,感情命题同"智力"命题及 овдоветь（守寡）, осиротеть（成为孤儿）类表示人的社会状况或社会地位变化命题相似:把其中的空间语理解为时间(包括确指和抽象的时间)语时,句子可解读为语义正常的表述: *Когда* был в коридоре, я понял все(*В коридоре* я понял все)（当我来到走廊上的时候,明白了一切）。同理, *Когда* жила в Шанхае, она овдовела（她是住在上海的时候成了寡妇的）; *Когда* работали в лазарете, сестры сострадали раненым воинам（在医院工作时护士们为伤员们心痛）。接下来就三类感情命题语义在兼容扩展方面的表现分别予以描述。

感①在主体题元外可以兼容表示理由的情景语,以进行扩展,通过表明同感情状态相关的理由来论证感情状态是自然的。(Н. Арутюнова 1988:129)形态构造上,感①的理由兼容共现语可有 от N_2, из-за N_2, без N_2, по N_3, за N_4, N_5, с N_5, в N_6, о N_6 等形式,回答（от）чего, по какому поводу 类问题。比如: Ты чего беленишься-то? —От ее назойливости（你为什么这么气恼？——因为她的任性）; Он может раздражаться по всякому поводу（他可能因为任何事情大怒）; Она тешится мечтой（她沉湎于幻想）; Он даже развеселился с моим приходом（他因我的到来而十分高兴）; Он раскаялся в своих поступках（他后悔自己的行为）; Я огорчился от их скандальных историй（我因他们那些丢脸的事而伤心起来）; Мы радуемся за вас（我们为您高兴）, Они горевали из-за тяжелой утраты（他们因巨大损失而痛苦）。但感①主体位为"换喻"名词时,一般不再允许理由语义位的兼容扩展:* Сердце радуется *от счастья*;* Душа грустит *из-за провала*。

值得注意的是,感①命题意义可能有的理由意义兼容语还有一些更为具体的特征。例如, злиться（发怒）的理由只能是主体自己直接感知或觉察到的事情,而возмущаться（生气）则还可能是从别人那儿得知的有关事情。此外,感情状态的理由同状态本身在时间上也有一定的联系。конфузиться(局促不安),мучиться(痛苦),стесняться(腼腆),смущаться(难为情),удивиться(惊讶)等情感与其理由基本上是共时的,而与стыдиться(羞于),раскаяться(后悔),огорчаться(伤心)等相关的理由则可能是很久以前的,至少是说话之前的既成事实。

其他方面,感①还能同比较语 как N₁ 共现(А.Пешковский 1956:77, Г.Золотова 1973:233),这使得它同感②与感③形成对照:Он радуется как ребенок(他高兴得像个孩子);Парень разозлился как лев(小伙子怒得像一头狮子),但 *Отец рассердился на ее молчание как петух——*Я люблю его как сумасшедшая.但这种情况下感①不能再兼容原本可以兼容的理由语义成分。

此外,感①能同表示确切时间、持续时间及规律性时间状语兼容共现。例如:Сначала он был печален, и потом развеселился(他刚开始忧郁,然后快乐起来);И скучаю, и грущу и некому пожаловаться в минуту душевной невзгоды(在心灵痛楚时无人分担,感到忧伤);Папа особенно веселился с тех пор, как Володя поступил в университет(Л.Толстой)(自瓦洛佳考上大学后,爸爸特别快乐)(以上为确切时间语);Весь день(Весь вечер,Все утро) она радовалась (раздражалась, тосковала, веселилась)(她整天[整晚,整个早上]都高兴[生气,忧愁,快乐]);Он долго сердился(他生了很久的气)(以上为"持续"语);Она по вечерам тоскует по матери(她每逢晚上就思念母亲);Неуверенные люди обычно сожалеют о только что совершенном поступке(缺少信心的人一般都会为刚做的事后悔);Каждый день он мучится из-за ничего(他每天都无缘无故地感到痛苦);Мужчина всегда(постоянно) сердится(这个男人总是[经常]生气)(以上为频率语)。

感②命题语义结构用兼容共现语扩展分两种情况。其一是,当动词述体为非使役形式时,一般不再兼容原因语,因为此时的客体作为超题元,除了表示感情所指向的事物,还同时指出了引起感情的事物(事件),即诱发主体情感反应的诱因。例外的情况多出现在表示发怒的语义中,其客体与兼容语往往都为表人名词：Отец гневается на учителя из-за сына（父亲因儿子的事生老师的气）；Она рассердилась на меня из-за тебя（她因你而生我的气）；Он обиделся на тебя за твои слова（他因你说的话生你的气）；Учитель злится（негодует，сердится）на них за опоздание（за то，что они опоздали）（老师因他们迟到而生他们的气）。感②命题结构能同表确切时间及多次规律性重复意义的状语连用，但不能像感①那样同"持续"性时间语共现：Вчера в это время я наслаждался пьесой（昨天这个时候我正陶醉于歌剧）；Я всегда радовался приходу гостей，но на этот раз не обрадовался（а жаловался）（我总高兴客人的来访，但这次不高兴〔而是抱怨〕）。其二是，当述体为使役形式时，若客体为表人名词，往往可以兼容 N_5 原因位，后者从"题元裂变"角度看，如前所述，又可视作是从 N_1 客体当中分裂出来的一个因素：Его неожиданный вопрос ошеломил товарищей（他突然发问让同学们大为惊讶）↔ Он ошеломил товарищей неожиданным вопросом；Их подозрение позорило ее（他们的怀疑侮辱了她）↔ Они позорили ее своим подозрением。而当"N_1"位是无领属关系的事件名词时，一般不能再作类似兼容：Быстрая езда пугала девушку（车子疾驰让姑娘害怕）；Темнота страшит ее（黑暗使她害怕）；Болезнь тревожит его（病情让她担心）；Рассказы упоили нас（故事让我们陶醉）；Мой выбор осчастливил отца（我的选择让父亲感到幸福）。但偶有例外：Улыбка эта поразила его своим добродушием（Б. Пастернак）（笑容中的善良使他惊讶）。须要指出的是，当诱因来自主体自身（动词述体一般是"害羞，窘迫"类）时，N_5 词形相应变异为 за N_4：Мать стыдила меня за трусость（лень）（母亲使我为自己的胆小〔懒惰〕而感到羞耻）；Учитель стеснил его за зазнайство（老师使他为自己的自高自大感到不好意思）。

感③除了可正常地同 за N_4 等形式的原因语兼容外，还能用特殊的、为感①、感②所没有的下列程度语词，如 всем сердцем（全心全意地），всей душой（衷心地），искренно（真诚地），всеми силами души（全身心地），без ума（狂热地），беззаветно（忘我地），со страстью（强烈地）等进行扩展：C какой нежностью она любила свою мать(她多么温柔地爱着母亲啊);Она страшно его ненавидела(她痛恨他)。с N_5 表示的情绪一定要同动词述体的语义相吻合,若表示的是同步情感时则显得牵强:* Он любил ее с горечью(他痛苦地爱她);* Он любил ее с удовольствием(他满意地爱她)。此外,有别于感①、感②,感③还可以兼容方式语:лицемерно жалеть(伪善地怜悯);любить безответно(单恋);любить свыше(高傲地爱着);любить по-старому(用传统方式来爱);полюбить с первого взгляда(一见钟情)。感③在兼容共现方面最为显著的一个特点体现于时间状语上,这是由该类述体特殊的语义所决定的。由于感③表示的感情行为具有不可量化性,所描述的不是主体参与的具体事件或过程,而是抽象的异质行为集合,不表示直接在时间轴上延续的行为,对于时间轴上的任何一点都是真实的,但又不对应于任何具体的一点,没有确切的时间定位,因而只能同表示超长时段意义、泛时意义、不确定时间意义的抽象状语连用:Когда-то(В те годы) мы очень уважали его(某个时候〔那些年里〕我们很尊敬他);Вечно он ненавидит успевающих товарищей(他总是恨成绩好的同学);Неужели она будет все время любить стариков(她未必会总是爱老头子);Я буду всегда любить ее(我将永远爱她);Пять лет я любил эту девушку и пять лет она меня не любила(我爱这个姑娘爱了5年,而她5年来一直没爱过我);Все три года я ненавидела его(我3年来一直都恨他);* Сегодня Таня любит Сережу;* Брат вчера ненавидел лицемерие;* Сейчас он презирает Катю.

另外,在连贯话语或表示对比的上下文中,感③可兼容定指时间的状语:Мне двух любить нельзя。Теперь люблю тебя(我不能同时爱两个人,现在我爱的是你);Раньше я презираю его,а теперь глубоко уважаю(以前我看不起他,而现在很尊敬他);Я всегда (все время) тебя любил, и сейчас—особенно(我一直爱着你,而现在更加爱你);Я определенно чувствовал:сейчас опять ненавижу ее. Впрочем,почему сейчас? Я ненавидел ее все время(我确实感觉到,现在又憎恨起她来。话又说回来,为什么是

现在呢？我一直都在憎恨她）。有时甚至是在单独的一个句子之中，感③也可能兼容时间状语：В данный момент она действительно любит его(此刻她确实爱他）；В эту минуту она его уважала(此刻她是尊敬他的）；Сейчас опять ненавижу ее(现在我又恨起她来）。但这种特殊情形同感③超越时间度量的性质并不矛盾，因为如上所述，句中所言事实上只是二者间的一种感情关系，即这种固定的感情关系当下是存在的，眼下呈现出的这种关系性质只是所有其他一系列行为、过程的一个典型象征，这正如可以说 В эту минуту он действительно управлял страной(这一刻他的确在统治国家）一样。当然，感③不能像感①、感②那样同表示惯常的时间意义状语连用：*Я каждый день（по субботам, подолгу, снова, часто, регулярно, вечерами, иногда, редко）люблю ее；*Мой брат иногда ненавидит лицемерие；*Он обычно（постоянно, часто）любит живопись（Т. Булыгина 1982, А. Елисеева 1982）。有时，表频率意义的时间语词可能被要求命题客体的 любить 等兼容，不过此时类似的时间状语和作用域实际上已由动词述体转移到了感情主体身上，表示名词的量化。按照 Т. Булыгина (1982：48)等的理解，此时的 часто（经常），всегда（总是），иногда（有时）类状语本身已不能作时间或频率意义解读：Женщины часто не любит говорить о возрасте(女人常常不喜欢谈年龄）≈ Многие женщины не любят говорить о возрасте(许多妇女不喜欢谈年龄）；Подростки иногда любят читать детективы(少年常常爱读侦探小说）≈ Некоторые подростки любят читать детективы(一些少年爱读侦探小说）。而表即时感情状态的感①句却不存在类似时间量词辖域的转移情况：Неуверенные люди обычно сожалеют о только что совершенном поступке(没信心的人一般会后悔刚做完的事情）≠ Многие неуверенные люди сожалеют о только что совершенном поступке(许多缺少信心的人会后悔刚做过的事）。（Е. Падучева 1996：139)最后须指出的是，感③不能同表次数的时间意义状语共现：*Студенты（дважды, много раз, многократно）уважали（любили）профессора．

第二节 命题结构的模式化

1 命题结构模式化的基本原则

本书在处理命题结构模式化问题上的基本原则是：高度的概括性、抽象性与较强的适用性和可操作性相结合；以区分句子题元的语义次范畴特征为途径。

首先，我们这里谈的命题结构模式化是通过一套封闭的符号，把句子语义抽象到模式的程度，构拟生成句子、理解句子的一个简单易行的规则系统。它在一定语义类型的句子范围内应具有相当的概括能力，可运用于许多句子语义的生成和理解过程中，因而这样的语义模式对于自然语言信息的自动化处理、提高语言实践能力都有一定的价值。

其次，要从总体把握，在考虑句子述体语义特征的前提下进行题元关系项的语义填充，不能脱离开述体语义特征孤立地作词汇填充，而且词汇填充一定要以反映客观现实中的逻辑—事理关系为依据。只有这样，命题意义模式的解释力才可能经得起推敲。

我们着重讨论模式化中的题元语义次范畴问题。众所周知，题元不单能体现语义，而且还能区分语义，"如同动词配价数量一样，配价性质的任何变化都能说明其词汇意义的改变"。(В. Ярцева 1990:81)

语义次范畴是一种过滤机制，它能帮助我们掌握语义的限制情况并生成语法正确、语义正常的句子，是实现"语义一致"和题元语义功能的基础条件。简单地分析动词命题有几个题元还不够，必须通过语义范畴对命题组合特点进行详尽描述，因为仅凭包含的题元数目还不足以充分保障句子语义的正确性及揭示句子语义的差异。当同一动词句的不同语义在题元数目、形式中无法得到证实时，就常须查看题元语义次范畴特征。例如，Сестру отличает *скромность*（姐姐谦虚）/Сестру отличает *учитель*（老师表扬姐姐）；Вопрос приобрел *актуальность*（问题变得迫切起来）/Он приобрел *книгу*（他弄到一本书）两组例句的不同语义即缘于不同的语义次范畴。左句在时间度量关系上,是一种抽象的概念,表示恒常的属性或静态的性质状况,行为方式无须体现;而右句则允许情景的时间定位并有特定的行为方式与之对应。此外,不同类型的命题语义的题元次范畴也不相同。在汉语界,相关内容是放在"述语语义分布"的名目下进行分析的(朱德熙 1982,1985)。其具体做法是指出述语的语义选择限制,如"昂扬"的主语必须是抽象名词;而"傲慢"的主语却只能是表人名词。进而利用区别性特征来标识每个述语的选择限制,如(±抽象)、(±生物)、(±人)、(±复数)等。本着这一指导思想,朱德熙还按照名词和量词的关系将名词分为五类:专有名词、抽象名词、集合名词、可数名词与不可数名词。他运用次范畴指数就汉语对 NP 的 N(X)结构(X 表自变量〔人或物〕)的歧义规律性作了深入的分析。重要的是,题元语义次范畴的分析深化了我们对句子语义正确性的认识,在句子语义模式化中有着举足轻重的作用。

需要指出的是,题元次范畴的范围远远超出了(±活物)、(±人)的限制,应在更为广阔的背景下观察命题语义性能的深层次差异。正如 Б. Абрамов(1969:11)所谈到的那样,句子潜在语义环境的分析如果仅限于把名词分为表人(антропонимы)与非表人(неантропонимы)两类,所反映的还只是句子可能的最为基本的语义环境形式。李锡胤进而认为,把主体名词单单区分为人、动物、物件、抽象名词等未免过于简化,必须进一步次范畴化。(李锡胤 1997)在综合考察、去芜存精的前提下,我们提出这样一些针对性较强的题元次范畴:活物/非活物;具体/抽象名词;内部/外部客体;客体可运作/不可运作性;客体的工具/手段性质;客体的可分离/不可分离性。当然,题元语义次范畴本身不止这些,不过,"穷尽一切而绝对正确的组合过滤系统理论上是不可能的,但这并不妨碍其实用价值本身。"(Н. Арутюнова 1974:337)下面我们转入题元次范畴类型的具体分析。

a)活物(包括人和动物)/非活物名词

要排除语义异常,十分重要的是须将名词区分为表人(活物)和非表人(非活物)名词。(Н. Арутюнова 1976:121)该次范畴特征能够将命题态度、感情(心理)动词命题同物理动词命题、关系动词命题等明显区分开来,因为正常情况下前二者的主体必须是由表人(或活物)的名词充任(范畴(±人)蕴含(±活物性),许多情况下(±活物)同(±人)是相重合的),而后二者相关语义位还可以是非活物名词。相应地,物理动词内部能够借助这一语义特征作细类划分,因为只有人和动物才具备真正意义上的"行为"所必须的"意志"。另外,同一动词的不同词汇语义单位也可以在这一特征上找到形式鉴别的依据。例如：*Мужчины* пересекли₁ площадь (男人们穿过广场)/*Рельсы* пересекают₂ площадь(铁轨穿越广场); *Лошадь* подходит₁ к ручью(马走到溪边)/*Горы* подходят₂ к морю(山靠近海)。Ю.Степанов(1981:260,262,285)还将(±活物〔人〕)的区分同动词主、客体题元的判别联系起来,他认为,由于活物实体具有积极性,能成为述体行为的趋动源,首先应考虑为主体。反之,非活物实体没有这一特性,一般首先应考虑为客体。

b)抽象名词/具体名词

二者的区别特征各不相同：具体事物名词的区别特征包括可计数性(счетность)、众多性(массовидность)、同质性;抽象名词的区别特征有事件的静态性/动态性,级次性/非级次性(градуированность/неградуированность),极限性/非极限性(кульминативность/некульминативысть),结果性/非结果性,同质/异质等;事实的衡量标准是真/假,肯定/否定等逻辑特征。(参阅 H.Арутюнова 1988:103)可以认为,句子语义研究如若忽略了这一次范畴特征,取得实质性进展几乎不太可能。这一典型语义性质在句子不同语义类别及同一语义类别内部的亚类区分中都具有极为重要的作用。从初始意义上讲,物理行为句子主、客体位(尤其是客体位)原则上应该是具体事物名词。当其客体位上出现抽象名词时,要么抽象名词应事物化,要么述体本身须抽象化,二者必居其一。

相形之下,感情行为述体的语义主体是经历某种心理活动的实体活物,因此一般只能由具体名词表示,但其语义客体或"原因—客体"位却可以正常地由抽象名词占据,即或客体位出现的是具体事物名词或表人名词,也应解读为同人、物相关的行为、属性。顺便指出,关系意义句子在这一问题上的表现也显得非同寻常。由于其范畴意义一定是同类事物、现象的逻辑关联,因此述体左、右翼的题元或者同为具体名词,或者同为事件名词:*Латвия граничит с Эстонией*(拉托维亚与爱沙尼亚接壤);*Засуха ведет к неурожаю*(干旱导致歉收);*Моя карьера зависит от него*(我的仕途取决于他)。否则语义异常或者在理解上应作相应的调整。命题态度型句子的主体只能是表人具体名词,而其客体只能是表事件的抽象名词及各种从属句。

c)内部客体与外部客体

作为句子语义结构的基本语义要素之一,客体范畴是一个重要而内涵丰富的题元。在动词同客体的组合中,可以通过指出客体事物(或事件)来确定句子在语义组合上的限制情况。中世纪的逻辑学家和经院哲学家们就曾断言客体决定行为,足见其在语言语义组织中的重要性。我们在此要作分析的内部/外部客体题元次范畴性质,将同样从一个侧面反映客体要素在命题语义中的独特性能。

所谓内部客体,表示的是行为开始时没有的,与行为的行进或完结同步出现的新事物,而外部客体则表示行为开始时业已存在的事物。内部客体的参与形成世界的新状态或新情景——表现为行为结果状态的出现和延续。而外部客体则是改变原有的情景格局,使直接接受行为的事物变形、消失、位移或发生部分变化。从二者的定义上可以看出,它们对其左翼的述体乃至主体性质都有一定的规定性和预测性,即一定是积极的、有意识的行为,相应的动作主体只能是人或其他动物。也正因如此,二者间"从无到有"与"原本已有"的对立类似于"结果"与"受事"的对立。

非常重要的是,不同语义类别的命题在同内部客体/外部客体方面的表现存在明显差异。命题态度句语义中不可能出现内部与外部客体,而大部分物理行为命题句可以接纳内部或外部客体,或者能同时容纳这两种客体。感情命题句所要求的则既非内部客体,也非外部客体,而是一种特殊的、不会因主体行为而发生相应变化的客体。汉语界称之为"对事"。顺便指出,像感知动词述体(*видеть*〔看见〕,*слушать*〔听到〕等)、带兼含方向、处所意义的客体的动词述体(*ехать в город*〔进城〕,*прыгать в телегу*

〔跳到马车上〕, пересечь границу〔跨过国境〕, прыгать〔через〕барьер〔跳越障碍物〕, стричь голову〔剃头〕, грузить вагон〔装车〕)等,其客体具有相同的性质。此外,在表示物理行为的命题内部的进一步次范畴化中,内部/外部客体的区分同样非常必要。例如,"成就"或"建立"语义类述体只能要求内部客体,而"运动"、"感知"类别及"破坏"、"消灭"等次类只要求外部客体。"制作"、"加工"类述体往往又可以允许两类客体同现,其中内部客体代表成品,而外部客体表示原材料(готовить обед из дичи〔用野味做饭〕)或行为操作的对象。带前缀 вы- 的一类动词尤为典型:выварить соль из морской воды(用海水煮盐);вышить платье из материи(把布料做成连衣裙);вырезать куклу из дерева(用木头刻洋娃娃);выстричь кружок на голове(在头上理出一个小圈);вышить цветы на подушке(在枕头上绣花)。后三例中行为对象兼含处所意义。另外很有意思的是,句子 Я вырезал/прорезал дверь/дыру/щель 中,若以 дверь(门)为客体,命题的意思是"破坏、改变",体现外部客体:(在门上打孔);而以 дыру/щель(洞/孔)为客体时,体现的则是内部客体(打洞/打孔)。把(про-)глодать мясо с кости(从骨头上啃肉)说成(про-)глодать кость(啃骨头)时,述体由本来要求外部客体转变为要求内部客体(啃完肉以后才是骨头),并由此改变了"部分"和"整体"的语义关系。(类似的表物理动作述体还有"刮下、拆下、剥下"等语义类。)

d) 客体(工具)的"可运作/不可运作"性质(манипулируемость/дисманипулируемость)

该题元次范畴特征多见于带双客体的物理行为动词述体中,表示行为工具(客体)是运动,还是静止这一语义性质。例如,разбить яйцо ложкой/о камень(用汤匙砸鸡蛋/在石头上砸鸡蛋);вытирать руки полотенцем/о полотенце(用毛巾擦手/在毛巾上擦手);чесать голову чистым гребнем/о забор(用干净梳子梳头/在栅栏上蹭头)。这里的"N_5"表可运作客体,"о N_4"表不可运作客体。显然,感情动词、关系动词等语义类别述体不涉及该语义性质。此外,这一范畴特征在物理动词述体的亚类区分中也有一定功用,须移动间接客体方能完成的体力行为动

词述体只能采用 N_5 词形表运作之意：шить иглой（用针缝）；стегаться веником（用条帚抽打）；грести одним веслом（划单桨）；рубить топором（用斧头砍）；мазать маслом（抹黄油）；чинить грифель ножиком（用刀削石笔）。而行为的进行以主体或直接客体的移动为前提者则只用"о N_4"表示不可运作：ушибаться головой о притолоку（头碰到门楣）；спотыкаться о порог（绊到门坎上）；разорвать юбку о гвоздь（在钉子上把裙子挂破）；точить коньки о камень（在石头上磨冰刀）。

e) 客体的工具与手段性质

"工具"和"手段"都涉及行为的"自主性"与主体的"有意识性"（устремлённость）。但工具是行为事件的动因或物理力（Апресян 1974：25），在动作完结后虽有耗损但仍留存下来的事物，多依附于行为主体（писать портрет кистью〔用油笔作画〕；есть вилкой〔用叉子吃饭〕；стереть рисунок резинкой〔用橡皮擦去图〕）。而手段则是随动作的完结而渗透、附着或者转移到直接客体上的事物（наполнить бак водой〔给桶盛满水〕；белить стену известью〔用石灰刷墙〕；клеить марку клеем〔用胶水粘邮票〕；забить щели паклей〔用麻屑塞缝〕）。即工具在用完后就收回，下次可照用，跟做出来的东西（成品）相脱离；而手段在使用后必然要转移或溶入成品中，成为它的组成部分。另外，工具可能同"方式"取得相似的语义性质：在一定情况下可以转化为方式（如 на поезде/автобусе/самолете〔坐火车/汽车/飞机〕）。客体为内部客体时，手段的好坏一般影响的是成品的结果，但工具的好坏影响的是行为的过程，这跟下象棋相反，下象棋重要的是下法（工具），而不是制做象棋子的手段。行为中手段的更换意味着事物性质的不同，而工具的更换影响结果形成之后事物的功能或使用效力。

f) 客体的"可分离性/不可分离性"（отчуждаемость/неотчуждаемость）

严格意义上的不可分离性是指活物整体同其身体器官或部位间不可分割的关系，反之则是可分离性。该特征主要体现在三题元型物理行为动词述体中：брить ему бороду（刮他的胡子）；дергать ему зуб（拔他的牙）；поддержать ее под локоть（扶着他腋下）；поднести письмо за конец（握着信角送上信);поднять стол за ножку(握住一条腿儿举起桌子);целовать ее в лоб(吻她额头);бить его по спине(打他的背)。引例中真正接受行为的着力点(面)是表"部分"的间接客体,或者说表整体的直接客体所承受的行为在某一部位上得以实现,整个情景的描写由此变得准确而具体。这里"整体—部分"不可分离的属性产生于双客体之间。当然,该属性也可能出现在主体与客体之间——这多半是表示"转(摇)动、摇晃、动弹"语义类的物理行为命题,而且从形式上看,述体的客体题元一般采用 N_5:качать головой(摇头);вращать глазами(转悠眼珠);вертеть хвостом(摇尾巴);крутить носом(挤鼻子);кивнуть головой(点一下头)。若用 N_4 时,主、客体间的纯领属关系反而淡化,与此同时可分离的纯客体意识却得到了加强:вертеть трость(转动手杖),крутить кран(拧动阀门)。

综上所述,对题元次范畴意义特征的研究使我们在不必考察一个个命题具体语义的同时又不失一定程度的具体化。在句子语义描写中,次范畴区分得越多就越成功,命题的分类将益发细致,句子语义模式化分析也会更为准确。而这一点是以往的相关研究重视得不够的。应该说,该操作步骤对准确细致地传达思想大有裨益,因为对组合关系及句子语义研究的深度总是以聚合分类的具体细致为前提,而对作为述语特征的主要表达者——动词等的分类本身就是一种聚合层面上的工作。进而言之,该聚合体系的准确、具体化无疑又会反过来促进句子语义的研究。

2 句子意义模式化描写

下面我们就转入句子的语义模式化描写,其中将要用到的缩略符号和代码有:

С(主体)　　　　П(述体)　　　　О(客体)
к(具体名词)　　a(抽象名词)　　н(表人名词)
п(事物名词)　　м(空间名词)①　к'(逆主体)
в(内部客体)　　в'(领事)　　　　п'(属事)

---

① 包括"往……"、"在……"、"从……"等意义。

с(方式)　　　　　а'(对象)　　　　　п″(原因)
ж(动物)　　　　　ц(整体)　　　　　ч(部分)
д(静体)　　　　　м'(手段)　　　　　и(工具)
/(或者)　　　　　//(个别情形下可以这样)

我们可以根据上述基本原则,把各种命题态度句的语义结构用语义模式抽象概括为一个大的类别:$C_н ПО_а$。即"知识"命题语义和"意见"命题语义拥有相同的语义模式。该模式表明,其主体由表人名词充当,客体用表示事件、属性的语词或者用说明从句、间接问题从句充当。当词项填入的是"知识"句语义述体,则该模式生成的是各种"知识"语义结构类型;当词项填入的是"意见"语义述体,则该语义模式生成的是各种"意见"句语义结构类型。

"感情"句的语义结构类型可以抽象概括为三个语义模式。须作说明的是,正因为这是对所有感情情景句的语义结构的一种概括,所以在名称上跟本章第一节讨论的三大类表感情的命题语义结构相同。应该说,这只是描写方法上的巧合,各自侧重的角度是不一样的。这三个语义模式分别是:

1) $C_н ПО_{к/а}$——适用于各种感情关系(态度)类语义结构。词项填充方面,述体是相应的感情关系(态度)语义类型,主体是人,客体是具体名词表示的人、事物或者抽象的事件、属性。例如:

Отец симпатизировал революционному движению. 父亲同情革命运动。

Эти книги её завлекли. 这些书把她迷住了。

2) $C_н //_ж ПО_а$——适用于各种感情反应类语义结构。词项填充方面,述体应该是感情反应语义类型,主体的题元次范畴特征是"人",个别情况下是"动物",客体的题元次范畴特征为"事件、属性",即便表层上有表人或事物的语词,也要作"事件"或"属性"的抽象理解。例如:

Его возмутила беспечность сына. 儿子满不在乎的态度使他很气愤。

Моя собака спугнула фазана. 我的狗吓跑了一只野鸡。

3) $C_н//_ж П$——适用于各种感情状态类语义结构。词项填充方面,述体是表示感情状态的语义类型,主体题元的语义次范畴一般是"人",个别情形下可为"动物"。例如:

Мать успокоилась. 母亲安下心来。

关系命题语义结构的抽象语义模式则要多一些。

$C_нПО_н$——两个语义项均由表人名词充当,表示人与人之间的各种关系,包括亲属、结识、交谈等命题语义。例如:

Наталья приходится Ивану невесткой. 娜塔利亚是伊万的嫂子。

Дядя усыновил сироту. 叔叔把这个孤儿收养为义子。

$C_пПО_п$——两个关系语义项都为事物名词,表示两个事物之间的各种关系,包括相似、所属、触及、接壤等命题语义及事物间各种空间关系等。运用这一模式时,只要满足了词项插入要求和题元限制的要求,即能综合成所需要的正确句子。例如:

Вершина горы напоминает колпак. 山峰像个尖顶帽子。

Поле примыкает к лесу. 田地挨着树林。

$C_аПО_а$——这个语义模式概括性较强,因为它的两个关系项都由抽象名词充当。该模式表示事件、属性相互之间的各种逻辑关系,包括因果、条件等事理关系。事理关系在关系命题语义中具有代表性,在句子中具体化为因果、矛盾、协调、制约、比较、促成、依赖、相似、等同、引发等关系语义结构次类。例如:

Разногласия проистекли из нежелания понять друг друга. 分歧导源于不愿相互理解。

Их поступок не отвечает общим интересам. 他们的行为不符合大家的共同利益。

$C_нПО_а$——两个关系项分别由表人名词与抽象事件、属性名词充当,显示的是人和事件、属性之间的语义关系,包括支配、管理、领导、拥有等命题语义结构次类。例如:

Этот певец обладает хорошим голосом. 这个歌手有一副好嗓门。

Мальчик выделяется храбростью. 这个小孩很勇敢。

$C_п ПO_a$——两个关系项分别由事物名词与事件、属性名词充当，表示的是事物与事件之间的语义关系。该模式概括性较小，只适用于表达用途关系的语义结构。例如：

Материал пригодится строительству. 这种材料适用于建筑。

Дом планируется к аптеке. 这座房子打算拿来开药房。

$C_п ПO_м$——两个关系项分别由事物名词与方位、处所名词充当，表示的是事物的空间关系，包括事物的处所、事物的空间走向等命题语义结构。例如：

Пра выпадала в Оку. 普拉河注入奥卡河。

Дорога ведет в деревню. 这条路通向村子。

$C_н ПO_к · O_{а/п}$——关系项分别由表人名词、表人的逆主体与抽象名词或事物名词充当，表达的是人与人之间的事件关系，主要概括的是"输/赢"等语义结构。例如：

Петр проиграл Ивану первую партию. 彼得第一局输给了伊万。

$C_н ПO_п · O_в$ 或 $C_в · ПO_н O_п$——语义关系项分别为表人名词主体、表人的领事客体(对象)及表事物的属事，传达的是"买/卖"类关系命题语义。具体的"买"和"卖"语义情景会带来模式中角色的重新分布，即 $C_н$ 与 $O_в$ 的交换。例如：

Петр продал ему квартиру. 彼得卖给他房子。

$C_н ПO_н O_a$——语义关系项分别为表人名词主体、表人名词客体与不定式表示的行为事件，体现的是禁止、允许、命令、要求、迫使等命题语义。例如：

Командир приказал солдатам наступать. 指挥员命令士兵立刻发动进攻。

Наши войска вынуждают противника оставить позицию. 我军迫使敌方放弃阵地。

$C_н ПO_н O_{п/а}$——语义关系项分别为表人名词主体、表人名词客体对

象及事物或抽象名词客体,体现的主要是赏赐、供给等命题语义。例如:

Они снабжают детей одеждой и продовольствием.他们供应孩子们衣物和食品。

Генерал наградил бойца орденом.将军奖给战士勋章。

$С_нПО_нO_{а/с}$——语义关系项分别为表人名词主体、表人名词客体与抽象名词表示的"手段"(事件),体现的主要是威胁类命题语义关系。例如:

Он грозит нам пистолетом(войной).他用手枪(战争)来威胁我们。

Они угрожают нам разрывом.他们以断绝关系来威胁我们。

$С_нПО_{а'}O_{н/а}$——语义关系项分别为表人名词主体、"对象"客体与表人或表事件、属性的名词客体,表达的主要是"埋怨"类人际关系命题语义。例如:

Он доносил царю на Гетмана.他向沙皇告密,出卖格特曼将军。

Петрова плакается начальнику на судьбу (несправедливость)彼得洛娃向主任抱怨命运(不公正)。

$С_нПО_нO_п$——语义关系项分别为表人名词主体、表人名词客体及表"原因"的事件、属性项,体现的是表扬、奖励、惩罚等命题语义。例如:

Командир наградил солдата за геройство.指挥员奖赏了战士的英雄行为。

Он наказал виновного по заслугам.他给予有过错的人以应得的惩处。

$С_нПО_нO_м$——语义关系项分别为表人名词主体、表人名词客体及方位、处所项,表达的是驱逐、撤职等人际事件关系命题语义。例如:

Директор снял его с работы.厂长解除了他的工作。

$С_нПО_{п/а}O_н$——语义关系项分别为表人名词主体、客体及名词事物或抽象名词事件、属性,所体现的主要是交换、交流等命题语义。例如:

Петр меняется местом с товарищем.彼得跟同学换位置。

Студенты обменяются впечатлениями друг с другом.同学们相互交换心得体会。

$С_{п/н}ПО_пO_м$——语义关系项分别由表事物(国别、企业)或者表人的名词、事物（产品）名词以及方位名词充当,表达的是进口/出口等命题语义。例如：

Япония вывозит такие товары в Корею. 日本向韩国出口这样的商品。

物理行为命题结构的语义模式最多,涉及的述体语义范畴和题元的语义次范畴限制都相对要复杂一些。

$C_нПO_ж$——该语义模式涉及的语义关系项为表人名词主体和动物名词客体,表达的命题语义包括感知、活动、抓捕、喂养、惩治等。例如：

Он видел слона. 他看见过大象。

Охотник заполевал шесть русаков. 猎人捕到六只灰兔。

$C_{н/ж}ПO_п$——语义关系项为表人或动物名词主体、事物名词客体,表达的是破坏、移动、获取、丧失等命题语义结构。示例：

Секретарь утерял бумаги. 秘书丢失了文件。

Мальчики разрушили птичьи гнезда. 孩子们捅坏了鸟巢。

$C_нПO_{п/д}$——题元语义次范畴特征是表人的主体与静态事物的客体,表现的命题语义是碰撞、触及等。例如：

Петя треснулся о притолоку. 别佳（头）撞上了门楣。

$C_{ж/ц}ПO_ч$——题元次范畴特征为,主体是人或动物的整体,而客体是前者的部分（如肢体）,表达人或动物局部的活动。例如：

Лошадь прядает ушами. 马转动竖起的耳朵。

$C_нПO_в$——题元次范畴特征是表人名词主体与内部客体,表达的是修建、做成等命题语义结构。例如：

Крестьяне выкапывют колодец. 农民在凿井。

$C_нПO_м$——题元次范畴特征分别是表人名词主体与方位、处所客体的,表示占据空间位置。例如：

Она легла к окну. 她躺到窗跟前。

$C_пП$——题元次范畴特征是主体的事物性,表达的命题语义是事物的自然变化等。例如：

Лужи (Белье) высохли (-ло). 水洼（衣服）干了。

第八章 命题结构的扩展与模式化

Хлеб заплесневел. 面包发霉了。

С_нПО_пО_м ——题元次范畴特征分别是主体的表人性质与客体的事物性质与方位性质,表示的命题语义包括提取、租赁、抛弃、去除等,概括性较强。例如:

Родители сняли квартиру у них. 父母在他们那儿租了一套房子。

С_нПО_аО_м ——题元限制与上一模式不同之处在于客体的抽象事件特性,表现的命题语义是领受、获取、组建(组织、机构)。例如:

Петров воспринимал приемы (технику) от своего учителя. 彼得诺夫从老师那里学得方法(技巧)。

Мы образовали комиссию из 20 ученых. 我们组成了一个包括20位学者的评委会。

С_нПО_ж/цО_ч ——题元次范畴特征分别是表人名词主体、客体的整体及局部。表达的命题语义有爱抚、触摸等。例如:

Бабушка гладит мальчика по волосам. 奶奶抚摸小孩的头发。

С_нПО_аО_п ——题元次范畴特征分别是表人主体、表对象的客体及表事物的客体,表达的命题语义是给予。例如:

Автор отдал монографию рецензенту. 作者把著作交给评论者。

С_нПО_к/цО_ч ——题元次范畴特征是表人主体、表示人、动物、事物的客体整体以及客体局部。体现触及着力点的行为语义,例如:

Мастер дергает гвоздь за шапку. 师傅把住钉帽拔钉子。

С_нПО_мО_м' ——题元次范畴特征是表人主体、表处所的客体和表手段的客体,表达的命题语义是有目的地填塞等。例如:

Рыбаки забивали щель паклей. 渔民们用油麻填塞缝隙。

Мама набивает подушку пухом. 妈妈给枕头填上羽绒。

С_нПО_пО_м' ——题元次范畴特征为表人的主体、表事物的客体和表手段的客体,表达的命题语义是铺设、铺就等。例如:

Они выложили бассейн мрамором. 他们给游泳池铺上了大理石。

С_нПО_жО_и ——题元次范畴特征为表人的主体、表动物的客体以及表

工具的客体,表现的命题语义是用器物击打。例如:

Охотник бьет зайца из ружья. 猎人用猎枪射击兔子。

$C_{н/ц}ПО_чO_м$——题元次范畴特征为表人整体主体、表人局部客体以及表方向的客体,表示的命题语义是有目的的身体活动,例如:

Маша направила взгляд на море. 玛莎把目光投向海面。

$C_нПО_{п'}O_{в'}$——题元次范畴特征为表人的主体、表属事的客体及表领事的客体,命题语义是收取(征收)等,例如:

Он собирает взносы с членов профсоюза. 他向工会会员收会费。

$C_нПО_вO_{м'}$——题元次范畴特征是表人主体、内部客体和表手段的客体,命题语义为制做、改制等,例如:

Портной шьет брюки из поношенного пальто. 裁缝把旧大衣改做成裤子。

以上提供的句子命题语义模式带有举例的性质,不仅是对语义结构的概括,而且是对语义结构的描写。语义模式化必须密切联系述体的词项填充和题元的语义次范畴限制来进行,脱离开这些就既谈不上模式的抽象概括性与实际操作性,也将谈不上模式语义的可解释性,生成的句子极可能语义异常。我们注意到,以前虽有不少人谈到过句子语义的模式化问题,但一般都对此持否定的态度,认为句子语义模式化是不可能的,其原因在很大程度上就是因为没有注意或者没有充分利用上述两方面的作用和价值。需要申明的是,本书的句子语义模式纯粹采用公式化描写方法,涉及的对象物,得出的模式结论,都是语义方面的,因而是对句子语义本身的模式化,而不是对句子的结构模式进行语义化处理。模式化是对一般规律的概括,个别例外是可以不予理会的,要知道即便被看做是标准的、抽象化程度较高的语法化模式也允许有例外。例外并不能否定模式的有效性。与此相关,我们提出的句子语义模式的解释能力、抽象程度及实用范围都不尽相同,这都应属正常。

第 九 章

命题的指称意义

第一节 名词性短语的指称

指称(референция)问题研究的是语句或语句的组成部分与现实世界中的事物、事件、情景、事态的对应关系问题。我们可以从两个方面来研究指称:命题的指称及语句中名词性短语(именная группа)的指称。本节涉及的主要是语句中具有事物意义的名词性短语的指称。

关于名词性短语的指称,俄罗斯学者,如 Н. Арутюнова,Е. Падучева,М. Кронгауз,С. Крылов 等都曾给予过极大的关注,尤其是 Е. Падучева,她提出指物地位(денотативный статус)这一概念,用以描述名词性短语所具有的潜在的指称功能。国内俄语界研究指称的主要有华劭、李勤等。华劭从逻辑、语用等各方面对名词性短语指称进行了充分的描述,而李勤研究的主要是有定/无定范畴的语言手段及言语功能。本节将从另一种角度,即主要围绕不同指称类型名词性短语的句法、词汇语义及语用特点对指称进行分析,目的是提供对名词性短语指称类型的判断方法。

1 名词性短语的指称类型

在《大百科词典——语言学卷》(В. Ярцева 1998:411)中 Н. Арутюнова 指出,指称由三个基本因素确定:句法、逻辑—语义、语用。根据句法功能可以区分出名词性短语的指称性用法和非指称性用法。在题元的位置上,即主语和补语的位置上,可以出现名词性短语的各种指称类型,而在谓词位置上,名词性短语是没有实体所指的,它指的不是现实的事物,而是相应事物的性质。与逻辑—语义因素相关的名词性短语的指称特点是:1)指称集合中的一个成员;2)指称集合中的某个部分;3)指称具有一定特点的子集合;4)指称整个集合;5)指称集合中的任一代表;6)不指称任何事物集合。在语用方面,根据交际双方的背景知识,指称可以分为所指事物只有说话人知道的引进性指称(интродуктивная референция),如Есть у меня один приятель(我有一个朋友),听说双方都知道的认同性指称(идентифицирующая референция),如 Этот ребенок никого не слушается(这个孩子谁的话都不听),以及听说双方背景知识不包含的不定指称(неопределенная референция),如 Петр женился на какой-то студентке(彼得娶了个〈我不认识的〉大学生)。受语用因素影响的名词性短语多半是有具体指称的,即指称的是固定事物、个体事物。

在以上描述中,Н. Арутюнова 虽然没有对名词性短语的指称进行具体的划分,但却从总体上指出了制约指称分类的主要因素,这些因素恰恰是学者对名词性短语的指称进行分类的重要依据。下面来看一下 Е. Падучева(1985:87—96)对名词性短语指称类型的划分。

名词性短语首先被划分为体词性用法(субстантивное употребление)和谓词性用法(предикатное употребление)。在体词性用法中,名词性短语指称的是语言外的事物,如:

(1) *Врач* пришел только к вечеру. 医生只是在傍晚才来。

(2) Надо найти какого-нибудь *врача*. 应该找个医生。

(3) *Врач* должен внимательно выслушать больного. 医生应该认真听诊患者。

在谓词性用法中,名词性短语不与事物对应,而是表示事物的性质或特征,如例(4):

(4) Иван *врач*. 伊万是医生。

名词性短语的体词性用法又可以分为有具体所指和没有具体所指两大类。有具体所指或叫做实指名词性短语(референтные именные группы)指称的是个体化了的事物或被视为一个统一体的事物集合;没有具体所指或叫做非实指名词性短语(нереферентные именные группы)指称的不是个体化了的、固定的事物。有具体所指的名词性短语可继续分为有定和不定两种。有定名词性短语(определенные именные группы)所指的是说

话人和听话人都知道的个体化事物,如:

(5) Он прочел *эту книгу*. 他看完这本书了。

不定名词性短语(неопределенные именные группы)所指的是说话人认为听话人不知道的事物,其中又包括弱不定、强不定和纯不定三种。

弱不定名词性短语(слабоопределенные именные группы)所指的是说话人知道,但认为听话人不知道的事物,如:

(6) Он хочет тебе *кое-что* сказать. 他有话要和你说。

强不定名词性短语(именные группы, неопределенные для говорящего)指的是连说话人也不知道的事物,如:

(7) Он читает *какой-то учебник*. 他正在看一本教科书〈是什么教科书我不知道〉。

纯不定名词性短语(собственно неопределенные именные группы)指的是不强调说话人是否知道的事物,如:

(8) Иван подрался с *милиционером*. 伊万同一个警察打了一架。

没有具体所指的名词性短语分为四种:泛指、类指、限定性所指和存在所指。

泛指名词性短语(универсальные именные группы)所指的是无限集合中的任一个体,如:

(9) *Все дети* любят мороженое. 所有的孩子都喜欢吃冰激凌。

类指名词性短语(родовые именные группы)所指的不是无限集合中的任一个体,而只是其中的典型代表,如:

(10) *Книга*—друг человека. 书是人的朋友。

限定性所指名词性短语(атрибутивные именные группы)指说话人知道名词性短语所指的事物是固定、专一的,但却不能指出具体的事物是什么,是谁,如当我们知道 Смит 被杀,但不知道凶手是谁时,例(11)中的 убийца Смита 便是限定性所指。

(11) *Убийца Смита* сумасшедший. 杀斯密特的凶手简直是个疯子。

句中的 убийца Смита 之所以称做限定性所指,是因为它的概念意义是对所指人的特征描述,与谓语有意义协调关系。用其他一些名词性短语,如 он(他)、мой друг(我的朋友)、ваш учитель(您的老师)等取代 убийца Смита,这种意义协调关系就会丧失。

存在所指名词性短语(экзистенциальные именные группы)指某集合中的事物,但该事物却没有从集合中被分离出来。存在所指又被 Е. Падучева 分为不具体所指、分布性所指和一般存在所指三类。

不具体所指名词性短语(неконкретные именные группы)所指的是可能的、假定的、将来的、希望的、需要一定条件才能实现的事物,常出现在包含 может(能)、хочет(想)、должен(应该)、необходимо(必须)等情态语词以及动词命令式、将来时、疑问、否定的上下文中,如:

(12) В аудитории нет ни одного *студента*. 教室里一个学生都没有。

分布性所指名词性短语(дистрибутивные именные группы)的所指表示若干参与者分布在同类事件的不同个别中,如:

(13) Каждый ученик получил *некоторое задание*. 每个学生都接受了各自的一道练习题。

一般存在所指名词性短语(общеэкзистенциальные именные группы)指向带有一定特征,但又无法具体化的一些事物,这些事物是无限集合中的某个部分,如:

(14) Некоторые люди не заботятся ни о славе, ни о бедствиях отечества.(Пушкин)有些人对祖国的荣辱、灾祸不闻不问。

我们把 Е. Падучева 对体词性用法名词性短语指称类型的划分用图表示如下:

实指(有具体指称)				非实指(没有具体指称)						
有定	不定			泛指	类指	限定性所指	存在所指		
^	弱不定	强不定	纯不定	^	^	^	不具体所指	分布性所指	一般存在所指

对比上面图表与前文中 Н. Арутюнова 对指称的分析,我们可以发现,Е. Падучева 对名词性短语指称的认识基本上与 Н. Арутюнова 是一致的。体词性用法和谓词性用法的划分依据就是名词性短语的句法位置。

有定、弱不定、强不定的划分分别与 Н. Арутюнова 指出的认同性指称、引进性指称和不确定指称相对应。Е. Падучева 所划分出的泛指、类指、存在所指、限定性所指也分别与 Н. Арутюнова 根据逻辑—语义划分出的"指称整个集合"、"指称集合中的任一代表"、"指称集合中的某部分"、"指称具有一定特点的子集合"基本对应。不过 Е. Падучева 的划分要比 Н. Арутюнова 更细致、更详尽，这使我们可以更好地把握不同指称之间的细微差别。

我们基本上赞同两位学者对名词性短语指称类型的划分和描述。不过，还想在此基础上做些补充：

1) 两位学者对有定、不定的划分都是以听说双方，主要是听话人，对名词性短语所指事物是否知道为依据，但她们都没对"知道"做出解释。举个简单的例子，一个陌生人走进办公室询问主任在不在，秘书告诉他主任不在。主任回来后，秘书说"刚才有个人来找您"，这个句子如果用俄语表达，应该说成 Только что к вам приходил кто-то（刚才有人找您），句中的 кто-то 属强不定，所指是听说双方都不知道的事物。但事实上，与未见过来者的主任相比，秘书至少知道来了一个什么样的人，知道他的外表，他的身高，他的穿着等外部特征，而听话人"主任"对"来的人"才是真正的一无所知。可见，在该情景中，所谓的"不知道"包含了听说双方对名词性短语所指称的事物不了解，不熟悉，不认识的意思。这样，"不知道"一词在此处用得就不很确切。这也许是因为俄语 знать 一词本身就有"知道"和"了解，认识"这两种意思，所以在理解"有定"、"不定"时，我们不应该只强调"知道"的意义，而忽视"了解，认识"的意义。

2) 理论上我们可以根据逻辑—语义及语用等制约因素对句中名词性短语进行清晰的分类，但面对具体语句中的名词性短语时，我们还是经常分不清楚其究竟是哪种指称类型，尤其是分不清存在所指名词性短语和不定名词性短语，如 Он хочет жениться на какой-то иностранке 和 Он хочет жениться на какой-нибудь иностранке，有人认为两种都是不定，只不过不确定的程度不一样。但事实上，前者为由语用因素决定的强不定，即说话人也无法确定的，而后者则是由逻辑—语义因素决定的、Е.

Падучева 所划分出的存在所指中的不具体所指。因为是不具体所指,所以它也是不能被确定的。这样,我们认为有必要对这两种不定加以区分,华劭(1995:1)也表达过类似的观点,他指出存在两种不定,一种是由泛指、存在所指但没有固定所指造成的不定(如:每条狗/有些狗喜欢啃骨头),一种是由说话人意图及在语境中形成的语用不定(如:有位老师要送你一枝笔)。这样的区分使我们可以分层次地来研究指称问题,而这正是很多对有定/不定进行研究的人所没有意识到的,他们往往把逻辑上的不定与语用上的不定混在一起,如把 какой-нибудь 和 какой-то、кое-какой 等都放在语用层次进行分析,使原本就很繁杂的指称问题变得更加难以梳理。

3) 限定性所指虽然被列入由逻辑—语义因素决定的不具体有所指的指称类型下,但事实上我们认为这种不确定并不是由逻辑因素造成的,而是由语用因素造成的。还是以 Убийца Смита сумасшедший 为例,当该句出现在说话人知道 Смит 被杀,但凶手暂时未抓到的情形中时,убийца Смита 的指称类型是限定性所指,表示凶手存在且惟一,但说话人却不能指出具体是谁。也就是说,名词性短语所指称的对象不能被说话人或听话人确定,而不是不能从逻辑语义上被确定,这与 Кто-то вам звонил 中 кто-то 所指的人客观存在且惟一,但说话人却不能确定究竟谁是一样的。因此,我们认为限定性所指应该被列入有具体所指的指称类型下面。恐怕正是由于这个原因,在有冠词的语言中,限定性名词短语通常要加上定冠词。

4) 我们认为存在所指下的"不具体所指"这一术语用得不是很确切。"不具体所指"概括性太强:存在所指可以是不具体所指、存在所指下的一般存在所指和分布性所指,也可以是不具体所指。而事实上,这里所说的"不具体所指"只是指那些当下不能被肯定、不能被具体化的事物,它们往往处于疑问、祈使、否定、将来、可能、条件、愿望、目的、准备等等上下文中,因此我们建议将其称为"非现实性所指",这似乎可以概括上面所列举的各种情况。

这样,在分析两位学者对指称类型的观点的基础上,结合自己的认

识,我们对名词性短语的指称做如下分类:

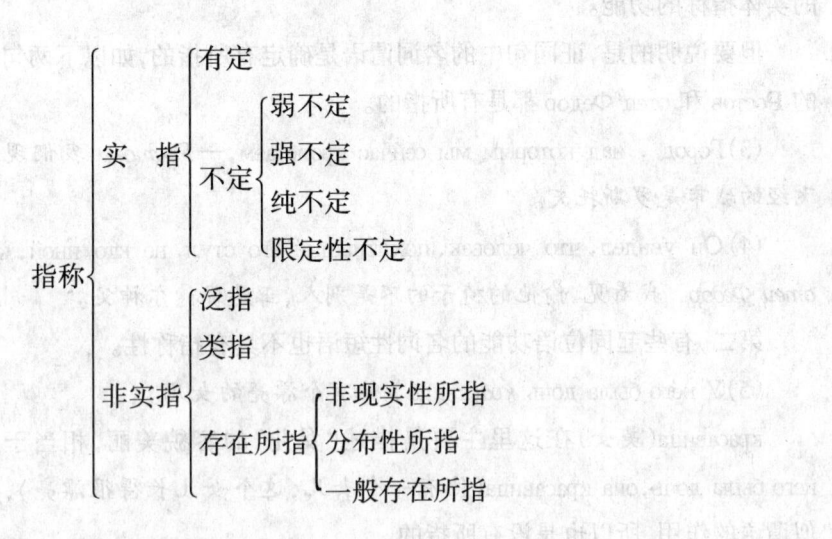

```
              ┌ 有定
         ┌实指┤       ┌ 弱不定
         │    │       │ 强不定
         │    └ 不定 ─┤
         │            │ 纯不定
指称 ─ ─ ┤            └ 限定性不定
         │    ┌ 泛指
         │    │ 类指
         └非实指┤          ┌ 非现实性所指
              │ 存在所指 ─┤ 分布性所指
              │          └ 一般存在所指
```

2 不同指称类型的句法、词汇—语义特点

虽然我们总体上了解了指称的分类,但在具体的语句中,还是常常很难正确判断语句中名词性短语的指称类型。在这一小节中我们将给出不同指称类型在句法或词汇—语义方面所具有的特点,以便帮助对名词性短语的指称类型做出更准确的判断。

1)不具有实体指称性的名词性短语

为了判断某一名词性短语具有何种指称类型,首先要排除那些名词性短语不具有实体指称性的情况。我们对该种情况做了如下总结:

第一,作谓词的名词性短语不具有实体指称性。

在前文中已经讲过,谓词位置上的名词没有实体指称性,它指的不是现实事物,而是相应的特征。看下面的例句:

(1) Пётр—*писатель*. 彼得是位作家。

(2) Мужчины все *петухи*. 男人都是好斗的公鸡。

句中的 Пётр 是专有名词,显然是有定指的, мужчины все 是泛指的,但 писатель, петухи 是没有实体所指的,因为它们在句中是谓词,用来描述主体的行为或性质,名词在这里行使的是表达特征的功能,而不是它们的实体指称的功能。

但要说明的是,证同句中的名词谓语是确定有所指的,如以下两句中的 Ростов 和 отец Федор 都是有所指的。

(3) Город, над которым мы сейчас пролетаем, — Ростов. 我们现在飞经的城市是罗斯托夫。

(4) Он увидел, что человек, похитивший его стул, не кто иной, как отец Федор. 我看见,偷他的椅子的不是别人,正是费德尔神父。

第二,有些起同位语功能的名词性短语也不具有指称性。

(5) У него была дочь красавица. 他有个漂亮的女儿。

красавица(美女)在这里主要是描述"女儿"的容貌美丽,相当于 У него была дочь, она красавица(他有一个女儿,这个女儿长得很漂亮),类似谓语的作用,所以也是没有所指的。

第三,名词性短语还可能因自身的语义而失去实体指称地位,如有些名词的词汇—语义决定了它们在中立的上下文中只能在句中做谓词,因而不能具有实体指称意义。这主要是一些表评价或形象比喻的实体名词性短语,如 балбес, болтун, молодец, ангел, обжора, негодяй, кошмар, лжец, умница, дрянь, махина, хороший муж, отличный парень, настоящий мужчина,试比较下列例句:

(6) Во время туристической поездки один мужчина подходит к переводчику. 在旅途中,有一个男人走到翻译跟前。

(7) Чем не жених: красавец, умница. 人家哪不配做未婚夫:人长得帅,又聪明。

(8) * Умница подходит ко мне. 聪明人走到我跟前。

句(6)中标出的词不能用 настоящий мужчина 替代;在没有特定上下文的情况下也不能说(8)。

汉语中类似的名词,如"草包、饭桶、废物、笨蛋、混蛋、败家子、糊涂虫、机灵鬼"等在中立的上下文里,也受这方面的语义限制而失去实体指称性质。不过,在某些情况下,比如,在这类词前有指示词或上文已经出

现这类词的情况下,就有可能在句中获得实体指称地位。看例句:

(9) Все говорят, что Ира умница. Ну давайте посмотрим, как поступит наша *умница* в таком случае.都说伊拉是个聪明人,我们倒要看看,咱们这个聪明人遇到这种情况会怎么做。

(10)我的老婆——这个十年前就从丙纶厂下了岗的倒霉蛋——气喘吁吁地跑了过来。(莫言)

此外,当这些词用于普遍判断时,也可获得泛指意义,如:

(11)窝囊废到什么时候都不行,找个这样的丈夫真是八辈子倒了霉。

(12)真的勇士敢于直面惨淡的人生,敢于正视淋漓的鲜血。(鲁迅)

第四,有些动词要求其支配的题元中有一个名词是没有指称的,即该名词处于谓词性用法,如:

(13)Он превратил нашу церковь в *мечеть*. 他把我们的教堂变成了清真寺。

(14)Он всегда подозревал в себе *недоучку*. 他总怀疑自己是个一知半解的人。

其中的 мечеть, недоучку 不可以用 эту мечеть, эту недоучку 替换,因为动词 превратить, подозревать 要求其第二个客体题元是谓词性用法,而带有指示代词 эту 的名词性短语不可能具有谓词性用法。

属这类的还有动词 служить (чем-либо), использовать в качестве (чего-либо), применять в качестве (чего-либо), выполнять функцию (чего-либо)。

排除了名词性短语的非实体指称用法后,我们尝试给出判断各指称类型的依据。

2)泛指名词性短语

第一,泛指名词性短语前一般不宜或不能省去有全称量化作用的代词,如 всякий, все, любой, каждый(熟语性用法除外,如 Конец венчает дело〔事竟功成〕;Тот, кто сеет ветер, пожнет бурю〔兴风者必遭暴风之灾〕):

(1)*Все журналисты* любят сенсации. 所有的记者都喜欢爆炸性新

闻。

(2) *Все кабели*, связывающие эти компьютеры с внешним миром, должны быть отсоединены. 所有这些将计算机与外部世界连接在一起的电缆都应该断开。

(3) *Всякий человек* по-своему прекрасен. 任何一个人都有自己美丽的一面。

(4) *Каждый пионер* должен быть честным. 每一个少先队员都应该诚实。

(5) *Любой недостаток* можно устранить. 任何缺点都可以改掉。

但需要指出的是，在 всякий, все, любой, каждый 这四个词中，只有 всякий 后面的名词永远是泛指的，其他三个词的情况要稍复杂些，这主要是因为带有这三个词的名词性短语不仅可以表示无限的、抽象的集合，也可表示具体的、有限的集合，如：

(6) *Все дети* любят мороженое. 所有的孩子都喜欢冰激凌。

(7) *Все мои дети* играют на рояле. 我所有的孩子都会弹钢琴。

все дети 是 дети 外延的无限的、抽象的集合，все мои дети 是 дети 有限的、具体的集合，很显然后者不是泛指的，而是定指的，是可以一一列举的，而前者却不能。若想验证命题(6)的真假，不能凭经验，而只能借助演绎。换句话说，只有当 все, любой, каждый 这三个词后面的名词性短语所指的是外延无限开放的集合时，它们才是泛指性的标记。

第二，具有泛指地位的名词性短语，在没有补充上下文的条件下，如果要用做主语，就要求其谓语动词是表示恒定的事物属性或状态的词，否则便不符合一般逻辑，如：

(8) *Всякий человек* знает этот дом. 所有的人都知道这栋房子。

(9) *Всякий человек идет в этот дом. 所有的人都走向这栋房子。

(10) *Всякий человек сидит. 所有的人都坐着。

знает 在表示恒定的事物属性或状态的意义上与 идет, сидит 构成对立，знает 说明的是事物的恒常属性，而 идет, сидит 说明的是事物的阶段性的、即时的特征，"所有的人"是不可能同时具备某一即时特征的。这也证明了泛指主体往往是人根据经验或者对客观事物的认识而形成的,主体行为是没有具体时间定位的行为。

此外,有限持续行为方式动词,如 побегать, полетать, погулять, почитать, посидеть 及表示一次(一下)或轻微短暂的行为方式动词,如 прыгнуть, мигнуть, кольнуть 要求其主语不能是泛指的。

3) 类指名词性短语

类指与泛指不同,它不使用任何有量词功能的限定代词,只能通过零位量词表示。与泛指的另一个区别在于类指是不排斥例外的,也就是说,虽然我们说"孩子喜欢冰激凌",但事实上可以存在例外情况,如"有的孩子就不喜欢冰激凌",但泛指却不允许出现这种例外。类指名词性短语所指称的事物是其所在集合的原型(прототип),但它的特征并不一定为集合中其他每个成员都具备。以下特征可帮助我们判断名词性短语是否类指。

a) 表示种属关系:

(1) По строению и расположению своих органов *человек* относится к классу млекопитающих. 根据器官构造及分布特点,人属于哺乳动物。

(2) Этот вид *дуба* распространен вблизи морского побережья и отличается крупными плодоносящими деревьями. 这种橡树分布在海岸附近,特点是高大、结果实。

b) 句中未完成体动词表示潜能意义,如:

(3) *Птица* летает. 鸟会飞。

(4) *Рыба* плавает. 鱼会游。

c) 某些形容词及形容词短尾如 частый, обычный, широко распространенный, дефицитный, модный, редок (редка, редко, редки), вреден (вредна, вредно, вредны), полезен (полезна, полезно, полезны) 等做谓语时,主语一般为类指名词性短语:

(5) *Миниюбка* у них модная. 他们那儿流行超短裙。

(6) *Квалифицированные рабочие* дефицитные. 技术工人紧缺。

(7) Такие *шедевры* редки в истории. 这样的杰作历史少有。

(8) *Такие вина* вредны для моей печени. 这类葡萄酒伤我的肝。

一些具有超时间意义的存在动词,如 жить, расти, обитать, водиться, вымирать,常常或只与具有类指意义的主语搭配,如:

(9) В море водятся *рыбы* всевозможных пород. 在海里栖息着各种各样的鱼。

(10) В пустыне растет *чертополох*. 在沙漠里生长着飞廉。

d) 有些动词的客体只能是类指名词性短语,如 любить (мороженое), (有关感情动词客体的相关论述参阅彭玉海 [2001b: 81, 255—257]) знать (математику), разбираться (в винах),试比较例句:

(11) Мне нравится *сегодняшний закат*. 我喜欢今天的落日。

(12) Мне нравится *эта сказка*. 我喜欢这个童话。

(13) *Я люблю *сегодняшний закат*. 我爱今天的落日。

(14) *Я люблю *твой учебник*. 我爱你那本教科书。

动词 любить 与 нравиться 要求客体名词性短语具有不同的指称:与 нравиться 搭配的可以是有具体所指的名词性短语,而与 любить 搭配的则只能是类指名词性短语。这一点常常是以俄语为第二语言的人体会不到的,所以很多学生会认为除了接格关系不同,两者在与名词搭配使用时没有什么差别。这主要是因为在汉语中,两个词都可译为"喜欢",例(13)(14)的错误是经常出现的。

e) 通常认为,形容词长短尾的区别主要在于长尾表示特征的长久,而短尾表示特征的短暂,但有些形容词的长短尾的区别却在于说明具有该特征的主体是实指还是类指,如:

(15) *Наша дочка* капризная. 我们的女儿很任性。

(16) *Красавица* капризна. 美女是很任性的。

句(15)中的 наша дочка 很明显是实指中的有定指,而句(16)中的 красавица 却是类指的,表示"美女"集合中的一个典型代表。

f) 处于描述二格的名词性短语通常是类指的,如:

(17) Я вас люблю любовью *брата*. 我对你的爱是兄弟般的。

(18) *Я вас люблю любовью *вашего брата* (*брата Маши*). *我对你

的爱是你的哥哥(玛莎的哥哥)般的。

句(17)中的 брата 是描述性的,没有具体指称,不能用 вашего брата 或 брата Маши 替代。

4)存在所指名词性短语

首先来看一下分布性所指。分布性所指名词性短语出现在以下三种情况:

a)同一动作在不同时间内由不同的主体完成,如:

(1)Иногда *кто-нибудь* из нас его навещает. 有时我们中的某个人会去看他。

b)同一动作在不同时间内变换不同的客体,如:

(2)Графиня Лидия Ивановна давно уже перестала быть влюбленою в мужа, но никогда не перестала быть влюбленою в *кого-нибудь*. 丽基娅·伊万诺夫娜伯爵夫人早已不再爱自己的丈夫,但她却从来没有停止过爱别的什么人。

c)执行相同动作的每一个主体都有自身的客体,尽管这些客体是同名同类的,如:

(3)Каждый ученик получил *некоторое задание*. 每个学生都接受了各自的一道练习题。

分布性所指名词性短语通常不能用人称代词在下文中与之照应,如不能说(4):

(4)*Иногда кто-нибудь из нас ее навещает, *он* приносит ей интересную книгу.* 有时,我们当中的某个人会去看她,他会给她带去有趣的书。

这样,表示多次—分布—相互行为方式的动词往往要求其主体或客体用分布性所指的名词性短语充当,如:

(5)Дамы пересылались *записками*. (Достоевский)女士们彼此之间常常交换短笺。

下面我们来分析非现实所指名词性短语。如上文所述,非现实性所指名词性短语多数处于疑问、祈使、否定、将来、可能、条件、愿望、目的、准备等等上下文中，句中常常伴有 может，хотеть，должен，необходимо，стремиться，думать，считать 等语词，如：

(6) Ты, кажется, хотел *что-нибудь* спросить? 你好像想问点儿什么？

(7) Теперь у него должен появиться *двойник*—живой и весьма даже шустрый. 现在他那儿应该出现一个和他一模一样的人——很活泼的，甚至是很敏捷的一个人。

非现实所指名词性短语一般不出现在完成体过去时动词充当谓词的句子中，因为动作、事件的一次性和时间确定性常常说明，其参与者也是特定的，不管交际双方是否清楚他或(它)究竟是谁(或是什么)，如：

(8) Он ищет *новую секретаршу*. 他正在找一个新的女秘书。

(9) Он нашел *новую секретаршу*. 他找到了一个新的女秘书。

前者为非现实所指，而后者则为实指。

不定代词 какой-нибудь，кто-нибудь，что-нибудь 等常常是分布性所指(例(1)(2))与非现实所指(例(6))的一个重要标志。

5) 有定名词性短语

很多词汇手段都可以表明名词性短语是有定指的，如指示代词 этот (эта, это, эти)，тот (та, то, те) 等。语用上的有定经常是由上下文或语境提示的。这里我们只谈当没有明显的词汇标记时，应如何判断名词性短语的有定性。

a) 当先行词(антецедент)是有定的专有名词或摹状词(дескрипция)时，第三人称回指代词用于有定指称意义：

(1) Декарт 20 лет жил в Нидерландах. Умер он в Швеции. 笛卡儿在荷兰生活了20年，他死在瑞典。

(2) Моя собака не любит рыбу, она предпочитает мясо. 我的狗不喜欢吃鱼，它更喜欢吃肉。

应该注意的是，远非所有情况下的第三人称回指代词都用于有定意义。第三人称回指代词的指称性质是由它们的先行词的指称性质决定的，而先行词并不只限于有定的专有名词或摹状词，请看例句：

(3)Всякая собака лает,когда *она* довольна.任何一条狗,在它满意的时候,都要汪汪地叫。

(4)У дедушки была собака.Он *ее* любил.爷爷有一条狗,他很喜欢它。

(5)Найди какого-нибудь слесаря и приведи *его* к нам.你找个钳工,把他领到我们这里来。

句中标出的第三人称代词分别与表示泛指(句(3)的 всякая собака)、弱不定指(句(4)的 собака)和非现实所指(句(5)的 какого-нибудь слесаря)的先行词同指(кореферентность),因而都不具有定指的性质。(Е. Падучева 1985:154—155)

b)有些谓词,如表示时间阶段的 продолжаться(继续)、прекратиться(终止),表示评价意义的形容词 короток(-а,-о,-и)(太短)、мал(-а,-о,-ы)(太小),表示定位于特定时间的具体状态谓词 пьян(醉了)、в раздражении(发怒)等,由于词汇语义方面的原因,不论位于句尾还是句首,只用于充当述位。与这些谓词搭配的主语多是定指的:

(6)Продолжается конференция.学术会议仍在继续进行。/*Продолжается какая-то конференция.

(7)Рубаха ему узка в груди.这件衬衫的胸围他穿着太窄。

(8)Молодые люди пьяны.年轻人都醉了。

c)证同句中与主体呼应的述体名项用于定指,表示受话人已知的实体事物,否则就无法达到证同的交际目的:

(9)Твой научный руководитель был отец моего друга.你的指导教师是我朋友的父亲。

d)与个体特征形容词搭配的名词常用于有定指称,而与非个体特征形容词搭配的名词则常常是类指的,试比较:

(10)Надень зеленое платье.你穿那件绿色的连衣裙。/Надень нарядное платье.你穿漂亮一点的连衣裙。

显然 зеленое платье 指的是受话人知道的特定的一件连衣裙,而 нарядное платье 的所指则不是一件,而是一类。究竟哪一件才是该类的典型代表,恐怕还要费一番思量。名词性短语充当述体时,如被个体特征形容词限定,则获得定指,使整个句子由描写句变为证同句(例(11));反之,如被非个体特征形容词限定,则使证同句转化为描写句(例(12)):

(11)Саша был тот прелестный *голубоглазый мальш*.萨沙就是那个可爱的蓝眼睛的小男孩。

(12)Саша был *прелестный мальш*.萨沙是一个可爱的小男孩。

e)与 находиться, располагаться 连用的名词性短语是有定或实指的,如:

(1)За дверкой позади рабочего стола находился *личный туалет*.在门旁的办公桌后有一个个人洗手间。

f)有些描述当下呈现特征的名词,在句中总是有定或实指的,如всадник(骑在马上的人),незнакомец(陌生的人),роженица(临盆的产妇),собеседник(与之交谈的人)。这些名词性短语指的是当下呈现某种特征的人,这些特征不具有恒常性,因此通常不在句中做谓语,而是做主语,它们总是有定的。但这一点在汉语中体现得不明显,这主要是因为汉语和俄语不同,汉语"陌生人"译成俄语,可以是 незнакомец,又可以是 незнакомый(человек),所以俄语学习者在不了解俄汉语在这方面的差异时,便很容易用错语词,译错句子,如"我和他不认识"正确的译法之一是 Он мне незнакомый,但却被有的学生误译成 * Он мне незнакомец。

6)不定名词性短语

动词复数与单数的对立、句首与句末的对立常常是判断名词性短语有定与不定的标记。分别举例如下:

(1)В составе финишировавшей группы было два голландца.决赛中有两名荷兰人。

(2)В составе финишировавшей группы были два голландца.决赛中有那两名荷兰人。

句(1)中用系词 быть 的单数,表明"两个荷兰人"是前文中未曾交代过的,而句(2)用 быть 的复数则表明"两个荷兰人"是听话人在前文中已经知道的。有定与不定的对立由系词的单复数形式表达。需要指出的是,当系词的数形式用来表示有定/不定对立时,句中的主语一般都是数量名词短语。

(3)Ночь. Нянька Варька, девочка лет тринадцати, качает колыбель... Колыбель жалобно скрипит. 夜里,小保姆瓦丽娅,一个十三岁左右的小姑娘,摇着摇篮……摇篮痛苦地吱吱作响。

同样一个名词 колыбель,用在前一句中,是不定的,而在后一句中则是有定的,造成这种指称差异的是名词在句中所占据的交际位置——句末和句首。词序(实际切分)常常是判断名词性短语指称类型的一个辅助标记。

俄语不定代词 кое-какой, кое-кто, кое-что, один, некоторые 等具有弱不定的指称功能,即它们可以表示或参与表示说话人知道、但预计受话人不知道的个体化了的事物。这类不定代词都具有引进功能(интродуктивная функция),为下文对该个体化事物的详述做好铺垫:

(13)Я тебе кое-что принес. Смотри, какая дыня. 我给你带来了一样东西。瞧,多好的一个甜瓜。

(14)Однажды ко мне подошел один мальчик. 一天,有个小男孩儿来到我的跟前。

不定代词 один, некоторые 在指称功能上具有多义的性质,试比较:

(15)Жил у нас один мальчик. 我们这儿曾经住着一个小男孩。/ *Жил у нас один из мальчиков.

(16)Некоторые мальчики были в джинсах. 有些小男孩儿穿着牛仔裤。

(17)Некоторые растения на ночь закрывают свои листья. 有些植物在夜里将叶片合拢起来。

例(15)的 один мальчик 用于弱不定指称,因而可以出现在存在句中,один из мальчиков 中的 мальчиков 表示上文涉及的有定集合,因而不能出现在存在语句中,句(16)(17)中的 некоторые мальчики 与 некоторые растения 因谓词的语义与形式差别而分别属于弱不定与一般存在所指的名词性短语类型。

俄语不定代词 какой-то, кто-то, что-то 等则具有弱不定的指称特点，它们用来表示确定了但并不为说话人知道的客观事物。说话人不知道的客观事物具体表现为：a) 外表特征不清晰的事物(例(18))、回忆不起来的事物(例(19))、不相识的人(例(20))、无法证同的事物(例(21))：

(18) Всадник держит что-то белое на седле. 骑者在鞍子上擎着一个白色的东西。

(19) Что-то я тебе хотел сказать. 我想告诉你一件什么事儿来着。

(20) Меня разбудил какой-то старик. 有个〈我不认识的〉老头儿叫醒了我。

(21) Эти события имеют какую-то связь. 这几个事件之间有某种联系。

第二节 命题语义的指称研究

1 命题语义指称的理论根据

句子的命题负载语句的概念信息，是语句情态操作及各种命题态度操作的常项，各种操作性的语义成分都通过命题语义传达，诸如情态、语用等信息，由此人们可以把命题划分为同现实世界相对应的部分以及跟由说话人的知识、推测、情感、意图等主观因素构成的世界相对应的部分。近些年的语义研究中，人们关注较多的是后一类命题内容，在跟命题语义相关的指称研究中也一般只谈言语语境、上下文的指称问题。例如，J. Searle 基本上把指称同说话人的交际意图等同起来，把指称当作说话人意图同受话人了解这一意图之间的一种活的关系。P. Strawson 赋予指称的定位特征纯粹是言语使用及语句成素的一种性能。G. Lakoff 的指称观纳入了背景知识、上下文关系等内容，专门区分出说话人指称，几乎肯定它是一个纯交际—语用范畴。当然，指称的这种语用倾向客观上是可以理解的，因为语义上的东西毕竟是一种概括，语义的所指是开放的；而所指个体的特点总是具体、特殊的，需要在语用要素中实现。因而不少语用化的指称研究都直接把分析的焦点放在分析同单个个体事物相对应的名词及其逻辑量词上面。但这归根结底只不过是个理论取向和理论视点的侧重问题,若要真正从理论上弄清命题语义指称的来龙去脉,从深层次上把握它,就不能不分析一些表面不太起眼的东西,例如被很多人忽略了的、隐含在语法性句子的命题语义中的指称功能。指称学说的初衷就是要为解释和运用语言提供某种逻辑上的依据,而且指称毕竟是从"指出言语事物的语言表达式的语义"开始的,自上世纪 20 年代以来,语义命题研究向逻辑和哲学分析的靠近更突出了这一宗旨。自然语言的语义逻辑理论,如蒙塔古语义学,真值语义学,理论—模型语义学等都一度主张"语义指称理论"的观点,把命题等语言表达式的意义归结为"指称和真值性"(A. Klinge 1993)。И. Шатуновский(1996)将语义命题指称方面的内容看成是语言本质性的东西。或许我们至少应该把命题语义两类不同的指称结合起来研究,使我们对命题语义有一个客观、全面的认识,使命题语义的指称成为一个完整的理论体系。

认知语义学的指称意义涉及语言符号、人脑及世界三者之间的关系,其中人脑或说话人的映现作用十分突出,而逻辑语义学指称观的基础是哲学意义符号论的唯实主义。前者可说是注重言语情景的语句指称,而后者则是注重名词的实指性。这两种观点实际上可以归结为指称理论的共同出发点,即根本上都是要确定语言表达式同非语言对象之间的种种对应关系。我们在此要讨论的命题语义的指称原则上并没有超越这一范围。当然从具体的研究内容,诸如分析的对象物、角度、层次、标准、格局及宗旨等方面讲,本节指称研究同认知和逻辑的指称研究显然应该有很大不同。而且下面将谈及的对命题语义指称的理论依据本身的认识可能并不是包括这二者在内的其他指称观所能全部接受的。在 В. Гак(1973),Н. Арутюнова(1976,1998)等看来,语句是情景—事况的符号,一个命题句只谈得上真和伪,他们不承认句子命题跟词一样具有指物意义(弗雷格承认这一点),句子是非指称的表达式,命题语义相应就不具备指称功能。而另一方面,Е. Падучева(1985),华劭(1995)等对句子指称问题的研究实际上很大程度是对情态范畴和交际结构的研究,而且主要是对指称进行逻辑、语用方面的分析,并以此对判断进行分类。命题句子的指称分析在他们看来实际上是对句子情态性、主体变项的逻辑量词、述体的语义及语句交际组织的分析。真正意义上的纯命题语义的指称并没得到专门分析。Н. Арутюнова(1998)甚至认为,将指称问题引入命题句子的分析和描写是没有必要的,指称研究方法不适合于句子本质的要求。这是我们不敢苟同的。在我们看来,正如可以对名词、形容词、动词等进行指物的解释(денотативное объяснение)(A. Wierzbicka〔1980〕,И. Шатуновский〔1996〕的事物等对形容词、动词的指物解释作了尝试)一样,我们可以借用这一点把词的指物性移植到句子中,通过命题句子的指物对命题语义进行描写,把对命题句的指称分析当作对命题语义进行描写的特殊手段。"发端于弗雷格的传统逻辑对事物体词与命题的指称的解释是统一的,如体词一样,命题也有自己的指称物。而且语言学对事物体词与命题的指称的统一化解释更为自然:言语语句与现实关系的确定不仅取决于事物体词的指称关系,而且还取决于同事实、事件、情景相对应的命题意义的指称关系。"(Е. Падучева 1984)由命题(语言句)表达的指物意义转化为言语语句的指称有一种定势(референциальное предназначение),Е. Падучева(1985)称之为指物地位(денотативный статус)。国内俄语界郝斌(2002)指出并专门分析过"非分解语义结构"意义上的句子的指称问题。由于命题结构中各成素具备了指物或指称功能,这就说明命题语义本身指称功能的存在。因而要进一步论证命题语义指称的问题,我们必须证明命题结构中题元要素与述体词的指称性的存在。由于主体与客体题元的事物——实体性较直观,相关名项的外延原则上属于存在,与客观现实的对应关系较明显,因而其指物或指称性质不会有什么问题,而且确立这些名项同现实中所指事物的对应关系是指称研究的重要内容。这里主要是命题中述体词的指称问题。只要我们证明了述体的指物性,我们便可以从根本上证明整个命题语义的指称的理论前提。

一般认为,充当述体的动词、形容词、名词等更多与情态范畴有关,是表示人所认定或赋予主体的特征、性质,表达命题认知意义的部分。用传统逻辑的话来讲,就是述体词的内容属于思维,独立于客观存在。这些述体成分通过概念意义表示单一的行为特征、功能特征、关系特征、性质、属性等,它们不是替代事物的符号,而是替代概念的符号,这些词只是通过主体才与世界相对应,因而本身没有指称功能。即便是充当述体的名词性成分,也不与任何人、物相对应,只有表义功能,没有指物功能。但与此同时我们还发现,述体虽然不像表物名词那样拥有第一性的指称功能,即不具备"实物性"——客观现实中的确没有这样的对应体,但它却具备"实在性",即典型化的表象,是一种抽象的思维性质实体,是人对现实认知的结果。(Н. Арутюнова 1998:3)因而述体同样具有自己的外延,即具有一类反映在述体意义中的特征的事物实在性,只是命题中"未能把指物转变为定指"(华劭 1995)。我们可以把事物性指称叫做"实体指称",述体表示的指称叫做"性质指称"。从语言逻辑的视角看,实体指称与述体性质指称是不同层次的指称,它们所指称的对象因而也是处在不同的层次上。实体对象是在客观层次上,而性质或状态是在思维层次上。换句话说,实体指称是思维对客观事物的直视,而性质指称是思维对有关现实的思维内容的反省,并由此实现述语特征的物象化。客观现实是个多面体,事物体词与特征词反映的都是现实的某一方面,述体的语义可以借助指出"现实片断"(фрагмент действительности)而获得真假值的解释,而且"述体词的意义基础肯定是物的形象的抽象模型"(Л. Васильев1990:71)。我们还可以借用柏拉图的"唯实论"来支持述体的指称功能。"唯实论不但承认殊相的存在,而且承认共相的存在,类、性质、状态在现实世界里都有其独立的实在性。从唯实论出发,世界并不是独立、静态的物的总和,而是动态的事件的总和,语词的指称也并不是客观世界中的个体实在性,而是思维实体、集合概念、类概念,甚至动词、形容词也是有所指的。"(转引自于鑫 2000)。美国语言学家 D. Davidson(1980:131)也表达过类似的观点:"述体对对象物(即描写的情景——引注)而言为真时,则它同对象物间的关系也叫指称。"按照这种理解,参与构成命题语义的行为、性质、关系、功能甚至物质特征,不管它表示潜在的还是现实的情景,都有自己特殊的对应结构方式,哪怕这些特征是看不见、摸不着的。事实上,不自觉地执行

"唯实论"观点的俄罗斯语言学家并不少见:Т.Булыгина,С.Крылов指出,"语词指称的对象可以是事物,也可以是行为、过程、情景、状态、性能"(В.Ярцева 1990:128),Г.Золотова(1998:427)专门肯定了用于时、体意义上的动词述体具有指称用法。У.Вейнрейх(1970:165)通过分析动词есть(吃),指出了述语动词的"不确定指称",Н.Арутюнова(1998:4)虽然否认述体的指称功能,但也客观地指出,许多名词是双功能的,同时具有指称与非指称用法。如普通名词врач(医生),плотник(木工)等处于述体位时,获得类似述体词的行为意义;而动词用于主位时,则常常起到指称已给事物的作用。另外,В.Гак(1977:254),Е.Падучева(1986)等都曾对这种唯实论的"广义指称理解"表示过认同。不仅如此,一些逻辑学家甚至把述体的指物性或者外延确定为"作为主目置于该述体前面便产生真值语句的那些事物的集合"(В.Ярцева 1990:128),这在分类述体(классифицирующие предикаты)命题构造中体现得较为明显(如Пихта——хвойное дерево〔冷杉是针叶树〕)。

以上我们主要是在语言系统中说明命题语义指称的理论根据和其存在的合理性,表明了命题语义在指称上虽不是事物本体的符号,但它作为特殊指谓性符号的功能体现为同事件、事况(即可以被认知—思维把握的一种客观实在性)的关系,后者在句子和语义构造的理解中有其独特的价值。

2 命题语义指称的层级构造

如前所述,命题语义是各种语句变体的语义常项,这一常项进入言语中可以用来表达各种具体的意思。相应地在指称方面,命题语义同样可以在两个层级上表现出指称的功能:抽象的语言系统内的指物功能与言语系列中的指射功能,即包含了语言与言语两方面的内容。命题语义指称二分法是由命题构造必然要进入言语交际层面所决定的,我们从语言的使用角度解释和描写语言现象时,"所处理的不是句子,而是句子与语句的混合体(гибрид)。"(Е.Падучева 1984)虽然言语交际中人们使用的不是句子,而是语句,但句子仍是语言学研究的主要对象。这两个层次的指称总体上同命题语义的对立,类似于传统的逻辑语义学中词的指物意义同其外延的对立①。此外,句子任何相关变体都可能具有自己独立的意义,但不是任何语句变体都能有自己独立的指射,因而句子两层面的指称可以从各自角度协同阐释语句的指称构造。这种层级构造客观地反映了命题语义指称的特殊性。前一层次的命题指称不和具体语境的现实相对应,没有真伪之分。这里"没有真伪之分"就是指命题语义脱离开人,没有作出是与否的断言(неутверждаемое суждение)。但实际上如上所说,命题语义本身潜在地包含了同述体情态性的结合,因而这只是分析的层次性问题。这好比不同层次的永真句 Вода$_1$——необходимое условие жизни($水_1$是生活的必需品)与写实句 Вода$_2$ на веранде($水_2$在凉台上),前一个句子的命题语义没有具体言语条件,却同样具备与后一类语句一样的真值性。

而从言语行为中的命题语义指射层面上看(注意:这里主要是为了同前一层次的指称做一比较,而不是专门谈言语句的实际指射),对指称的理解很大程度上是对语句诸要素各种指称关系的理解,一是要依赖语境,二是需要从说话人的立场出发。鉴于该层面指称涉及的主要是语用方面的问题,加之篇幅有限,对此从略。不过我们还是想指出,指称的所有机制都属于语言,说话人借以实现指称和让受话人明白意思的手段都进入句子的语义。正是在这一意义上谈命题句子语义的指称问题,在言语行为中说话人只是使固定在句子中的那些指称机制发挥指射功能。指物意义的命题句子一旦进入言语交际使用过程,成为动态的表述单位之后,就与语言外的真实世界发生种种具体联系,从而转化为命题语义的指射关系,亦即言语片断中由中立地位得到具体落实的指物关系就表达了指称关系。命题语义可以直接投射到指称层次,表达一类情景(外延),但不能直接表示个体化的情景。命题表达特定环境中的所指对象的功能,只能由第一层次的命题指物转化而来。因此从句子命题语义上看,类型化情

---

① 但由于命题语义是一个组合构造,其指物地位较稳定,不像词的指物意义那样直接受其概念内容、义值特征(значимые черты)多少的影响。

景对具体言语片断同其具体参与因素的相关性无所谓,而命题语句的指射恰恰在乎这一点。这样,命题—指物着眼点在于"词"的内涵,可以是一个模糊的连续系统,而命题—指射着眼点却首先在于"词义"外延,只能是明晰、离散性的(И. Шатуновский 1996:13—15),命题—指物对称名方式有直接的依赖,而由之转化来的命题—指射却没有这种依赖性。我们还可以从一个侧面,通过命题语义分别同指物和指射之间的特殊对应关系来认识一下命题—指物同命题—指射之间的关系:a)命题指物相同,但指射不同(В. Ярцева 1990:439),试比较:Книга полезна для детей(书籍对于孩子们是有益的)/⟨Автор уверен, что⟩ книга полезна будет для детей(⟨作者相信,⟩本书对于孩子们将会是有益的);b)命题字面意义不同,但指物和指射关系却都相同,例如:Петр—отец Ивана(彼得是伊万的父亲);Иван—сын Петра(伊万是彼得的儿子)(这是句子转换的一个十分重要的前提条件——笔者)。c)命题表达式可能有指物性能,但没有实际所指对象,例如可能世界(мнимый мир)中事物的行为、状态等。用逻辑的术语来讲,命题语义的外延相当于类指,即"个体变项",而命题语义第二层级表达的是符号、现实情景同说话人主体间的三位关系,所指称的现实情景实际上相当于一个有明确赋值的"个体常项"。这样,可以把命题语句指射理解为在上一层级命题语义的外延中选择个别情景—事件,即把未言语化的体词变项转化为语句中的个体常项,由概括题元的指物转化为论元的指射,不过命题的指物与指射转化前后,述体项的"性质实指"特征却基本保留不变。由此我们不难看出两层次命题指称的对立统一,二者各有自己的功用,它们的协同作用是交际中的重要环节之一。

3 命题语义指称与名词性短语的指称

命题,包括从属命题的指称(指物)功能(指称地位)可区分为3类4种:a)对于事实的预设指称类型;b)对于事件的中立指称类型;c)对于事件的肯定指称类型,其中包括个别肯定与一般肯定两种。命题的这些潜在指称种类主要通过谓词的时、体意义、说话人与受话人对于命题内容的知悉关系等因素表示,它们与名词性短语的指称类型有着整齐的对应关系。

　　事实预设命题是句子中的从属命题,这类从属命题的内容是事实谓词的预设,如句子 *Его возвращение* маму удивило(他的归来使妈妈感到惊讶);Петя огорчен тем,что *она уехала*（别佳因她离去而难过)中的从属命题 его возвращение(他的归来)和 он уехал(他离去了)分别是 удивило(使惊讶),огорчен(难过)的事实预设。它们不是句子的报道内容所在,只是说话人在进行报道时假定已知的事实:a.Его возвращение маму удивляет.≠b.Он вернулся,и это маму удивляет.(他归来了,这使妈妈感到惊讶。)b 句中的"他归来"的事实不再是预设,而是陈说。显然,预设指称命题在功能性质上与包含存在预设的定指名词性短语相对应:*Кеплер* умер в нищете.(开普勒死于贫困。)

　　事件中立命题通常也是句子中的从属命题,它们与事实预设命题的区别在于,其内容不是说话人在进行报道时设定的事实前提,试比较:a.Мать рада *его поступлению в институт*.(母亲因他考取大学而高兴。)/b.Все это зависит от *его поступления в институт*.(这一切都取决于他能否考取大学。)a,b 两句的报道对象虽都不是从属命题 его поступление в институт(他考取大学)本身,但句 a 意味着该从属命题内容属实,而句 b 却并不意味着从属命题属实与否。中立指称命题的功能特点与非事实所指名词性短语是对应的:Ваня мечтает познакомиться с *какой-нибудь феминисткой*.(万尼亚希望和一个女权主义姑娘结识。)

　　一般事件肯定命题的指称属性分别与泛指和类指名词性短语相对应。试比较:Он всегда сидит в библиотеке(他总坐在图书馆里)/всякий студент имеет студенческий билет(任何一个学生都有学生证);Он говорит по-русски(他会说俄语)/Змея ползает(蛇爬行)。个别事件肯定命题在指称特点上分别与一般存在所指名词性短语以及各种类型的实指名词性短语对应。和一般存在所指名词性短语对应的个别事件肯定命题如:У нас на севере летом иногда идет град.(我们北方夏天常常下冰雹。)/В приморском крае водятся *тигры*.(滨海边区有老虎栖息。)与有定名词性短语对应的个别事件命题如:Вправду пошел дождь([果然如你所说,]

确实下起雨来了)/Книгу я купил([你说的]那本书我买了);和弱不定名词短语对应的个别事件命题如:Пошел дождь.[Вам лучше не выходить.]([你大概不知道,]外边下雨了,[最好不要出去。])/Он хочет тебе кое-что сказать.(他想要跟你说几句话。)

　　意见谓词считать,думать,полагать等的从属命题内容受到谓词内涵语境的制约,所指只限于意见谓词主体的精神世界领域(Он считает, что вы правы[他认为你对]),它们的指称特点则与受量词辖域制约的有限实指代词对应:Всякий человек доволен,если он одержал победу(任何一个人,在他取得胜利时,都会感到心满意足)。句中第三人称代词он的所指只限于名词性短语всякий человек的辖域范围。(Е. Падучева 1985:101, 98,152;Е. Падучева 1974:197—199)

　　名词性短语的指称地位同包含这些名词性短语的命题的指称地位是联系在一起的(Е. Падучева 1985:247)。句子指称同名词指称之间有密切的协调性(И. Шатуновский 1996:102),对句子指称的广义理解是,任何语句中的名词性短语均同现实有某种相关性,包括像 Кит—млекопитающий(鲸是哺乳动物);Все люди смертны(人都会死)这样的句子(Ш. Балли 1955:92)。弄清语句名项的实际所指,从而进一步了解语句与现实的对应关系,成为掌握语句意思的一个组成部分。因而"句子及其成素被指派的这种或那种指称使用是语言指称理论研究的对象物"。(Е. Падучева 1984)面向世界起认同作用的名词指称范围的明晰十分重要,其意义本身的形成甚至有赖于该指称域。如果说语义述体的意义决定并调整具体名词的使用,则表认同作用的名词恰恰是它们的使用(即指称)确定并且形成它们的意义。

　　命题构造中主体不单要提供对述体理解的信息,更为主要的是它面向世界,是实现命题指称的核心,保障着言语对象的认同。即便是抽象名词主体,也须要二阶逻辑化或者本体化为思维中的性质实体,而且"其指称地位与具体名词的指称地位相同"(Е. Падучева 1982:101;1985:294)。总体而言,表达命题语义主体定指的主要方法有:带指示语的名词短语、专有名词、人称代词。而光杆名词、数—名词组表示的是定指还是不定指取决于言语使用条件。不定量数—名词组表达的一般是不定指。所谓光杆名词在此是指不带表示泛指、类指、有定、无定等逻辑量项的名词。这种名词虽然不带表外延意义的全称量词，同样可以用于类指：В идеале, по-моему, театр должен быть понятен всем.（在我看来，理想化的戏剧应为所有人理解。）按 Ю.Фоменко(1984)的理解，这里的 должен (应该)帮助成就了光杆名词 театр (戏剧)的类指意义，相当于全称量词。上下文区分光杆名词主体类指与定指的情况如：Мужчина（类指）в нашем обществе по-прежнему играет главенствующую роль.（男人在我们的社会中仍发挥主导作用。)/Мужчина（定指）был высок ростом и хорош собой.（这个男子个头高而且帅。）一些原本说明述体的频率量词极可能改变光杆名词主体的这种指称关系。例如，句子 Медсестра часто знает дело лучше, чем врач (护士常比医生更了解病人)中的光杆名词 медсестра (护士)，受述体特征频率 часто (经常)的影响，表示的是 многие медсестры (许多护士)，相当于"有一些护士"，而不是把她们当成一个整体的类。光杆名词主体指称类型同谓词特征频率之间的相关性在下列句子中也有反映：Подростки иногда любят читать детективы (少年们有时爱看侦探片); Источник звука всегда является колеблющимся телом (声源物总是颤动的物体); Болтун всегда находка для шпиона (多嘴的人是间谍最喜欢的)。И.Богуславский (1985)，Ю.Фоменко(1984)，Е.Падучева(1996)在谈逻辑量词的作用域问题时涉及过类似问题。试比较，带逻辑量词的非光杆名词就不再受频率算子的作用域影响：Некоторые люди обычно делают тут ошибку.（有些人往往在这里犯错误。）/* Многие люди делают тут ошибку.（很多人在这里犯错误。）

不定量的数词—名词词组主体 многие студенты (许多学生)可以表示实指，而 много студентов (很多学生)却只能表示非实指。这里 многие 是存量词，可表示有限（也可能是无限）集合中相当大的一部分：Многие студенты пришли на концерт.（许多学生来听音乐会。）而 много 与任何集合的概念无关，是不定数词（不是存在量词），只表示数量不定，试比较：На спортплощадке были многие ребята.（操场上有许多孩子。)/На спортплощадке было *много ребят*.（操场上孩子很多。）

命题语义构造中的客体同样有把指物转化为各种指射的问题。可能实指的客体主要表示位移的事物：продвинуть *стул*（移动椅子）；渐成事物：строить *мост*（修桥）；消失的事物：порвать *письмо*（撕毁信）；瞬时结果行为对象：поймать *рыбу*（抓鱼）；状态渐变事物：лечить *ребенка*（给孩子医病）；реставрировать *церковь*（修复教堂）；"对事"：попасть в *карантин*（来到检疫所）等。

一些"述谓配价"（предикатная валентность）型客体不再有离散的特性，参与表示性质、特征，没有实体指称功能：работать *слесарем*（当钳工），Пень служит мне *столом*（木桩当我的桌子用）；воображать себя *Наполеоном*（把自己想成拿破仑）；принимать его *как добряка*（把他当做善良人）；выдать себя *за жениха*（冒充未婚夫）；оказаться мне *учёным*（我觉得某人像学者）；За это *страдальцем* кончил он（作为一个受难者死去）。因而在命题语义指称研究中，区分名词性短语的体词性用法与谓词性用法具有十分重要的理论意义。

另外，行为客体部分数量意义二格与四格用法的对立也反映了客体的指称特征。如 Я сварил *борща*（我煮了一些甜菜汤）与 Он выпил *воды*（他喝了点儿水）中的 N_2（борща（汤），воды（水））实际上没有明确的指称，行为在此所涉及的与其说是客体事物本身，不如说是数量。但сварить борщ（煮菜汤）与 выпить воду（喝水）中的 N_4 客体却有定指。我们常常提到的 ждать *поезда*（等车）/ждать *поезд*（等某次车）；искать *места*（随便找个地方）/искать *место*（找自己的地方）中 N_2—N_4 客体的对立，体现的则是非现实所指与定指的对立。

主体常规情况下表示定指，这是由它是"通往现实的窗口"决定的，而客体往往可以表示不定指，非实指甚至无所指，那些充当动词"述谓配价"的客体，如 взять *отпуск*（告假）；дарить *улыбку*（给一个微笑）；поднять *ссоры*（挑起争吵）；вести *ремонт*（修理）；принимать *походку*（用某一走路姿式）等等，即当归于此。另外，由于主体是思维操作的起始点，因而即使命题中缺少实体指称主体，也总须把抽象名词本体化或者二阶逻辑化为

"性质实体",做物象化理解。而抽象名词客体可能也同样需要解读为具体事物客体,表示不定指:разогнать *демонстрацию*（赶走游行者）;сказать *остроты*（说俏皮话）;доставить *хлопоты*（带来麻烦事）等,但这种指称化操作对于客体不是必需的。

但主体、客体指称在有一点上是共同的:在特定语句中,事物性的主、客体均可能做非实指的抽象化操作。具体客体的非实指化如:видеть *их*（看见他们）⊃ видеть их *возню*（*игру*）（看他们嬉戏〔玩耍〕）,слышать *Шаляпина*（听萨利亚宾）⊃ слышать *пение* Шаляпина（听萨利亚宾唱歌）,наблюдать *солнце*（观赏太阳）⊃ наблюдать *восход* солнца（观赏日出）等。主体的这种指称变化情形如:*Нож*/*Сын* рассердил мать.（刀〔儿子〕让母亲生气。）

第 十 章

句子的交际结构意义

第一节 句子的实际切分

1 实际切分的概念

一个意义相对完整的语言表达式，可以在三个不同的层面上加以分析：作为判断，在逻辑层面上可以切分为主词/述词；作为句子，在语法层面上可以切分为主语/谓语；作为语句，在交际层面上可以切分为主位/述位。这三个层面的原型关系是相互重合的关系：交际主位与逻辑主词重合，语法上用主语表示；交际述位与逻辑述词相重合，语法上用谓语表示：Этот ребенок послушный（这个小孩儿听话）；Сергей спит（谢尔盖在睡觉）；Она поехала за границу（她出国了）。但重合并不是必然的。主词/述词、主语/谓语在逻辑内容和语法形式方面的刻板特征常常无法满足变化多端的交际需求。逻辑述词以反映主词事物的属性、状态、行为为内容，通常用形容词、动词谓语表示；逻辑主词以指称客观事物为内容，通常用名词、代词主语表示（个别情况如 Меня тошнит〔我恶心了〕）。但是在交际层面上，述位却不局限于用谓词表示，只展示事物的属性、状态、行为特征；主位也不局限于用体词表示，只指称客观事物。例如，在证同语句中，充当述位的可能是有定的具体事物体词，表示受话人已知的事物（Сергей）与被描写事物（пришедший）之间的同一关系：Пришел Сергей.（谢尔盖来了。）= Пришедший есть Сергей.（来的人是谢尔盖。）在以状语为述位的语句中，充当主位的是以人称形式动词为中心的命题语句，其指称的对象不是客观事物，而是客观事件：Работали мы в Заполярье.（我们在北极圈工作。）= Наша работа имела место в Заполярье.（我们的工作是以北极圈为地点的。)此外,逻辑述词要以意义完整、独立、自足为条件;语法谓语的界限虽有宽、窄之分,其极限也不能小于词的语法形式,否则句子的述谓性特征便失去了表达的依托。但是,充当交际述位的语义单位则根据需要,既可以大于词、等于词,也可以小于词。在后一种情况下,述位与主位的界线不是在词与词之间穿过,而是在词汇语义的义素之间穿过:Он не приехал(, а пришел).(他不是乘车来的〔,而是步行来的〕。)

基于上述原因,为了弥补语法手段与逻辑范畴的局限性,语言自身不得不建构一套更加富有弹性的机制。这套机制就是语句的交际结构——实际切分。语句的实际切分结构,是根据不同交际情景的需要,将同一命题内容的相关部分,按照重要的程度排列起来的不同结构。这种结构由对立的述位与主位组成,是句子语义的一个特殊方面,不涉及命题内容本身,只涉及命题成素的排列方式。

句子在实际使用的时候,受到语境(情景或上下文)的交际任务影响,具体体现为包含特定实际信息(актуальная информация)的交际结构形式。

句子的交际结构切分叫做句子的实际切分(актуальное членение предложения)。作为交际结构单位的语句,实际切分为主位和述位两个部分。主位(тема)是句子传达实际信息的出发点,一般由上文设定,是将句子与上文衔接起来的部分。通常是已给(данное)的信息部分。述位(рема)表达实际信息,是对主位的叙述,句子的交际中心,一般是新给(новое)的信息部分,例如,下列句子"//"号之前的部分是主位,后面的部分则是述位:(Охотники разожгли костер.)Огонь//быстро разгорелся(〔猎人们点燃了篝火。〕火很快就熊熊燃烧起来);(Я включил радио и услышал знакомую арию.)Пел//артист Большого театра Пирогов(〔我打开收音机,听见有人在唱一首熟悉的咏叹调,〕唱歌的人是大剧院的演员皮拉果夫);(—Что случилось в магазине?)—В магазине//потерялся мальчик(〔商店里出什么事了?〕——商店里有个小孩儿丢了)。

述位是句子交际结构不可或缺的部分,主位则常常不是必需的。句子可以没有主位,但是不可没有述位。所谓不完全句,省略的部分都是句子的主位:Кто был первым космонавтом? —(Первым космонавтом был)//Юрий Гагарин.(谁是第一个宇航员？——〔第一个宇航员是〕尤里·加加林。)

俄语中存在一类零主位的、交际上不可切分的句子(коммуникативно нерасчлененное предложение),用于报道作为整体来看待的状态或事件,全句都是述位,没有叙述的出发点。这类句子有的是单部句:Тишина(寂静);Вечереет(傍晚);Пахнет сыростью(有一股潮湿的气味)。有的是双部句:Шел дождь(在下雨);Незаметно подкралась ночь(夜幕不知不觉地悄悄降临)。双部不可切分句的谓语动词都是不及物动词,表示存在:быть(有), существовать(存在),呈现:начаться(开始), появиться(出现), прийти(来);特定事物固有的存在方式和呈现方式:идет дождь(下雨), дует ветер(刮风);ударяет гром(打雷), летит птица(鸟在飞), светит солнце(阳光灿烂), ползают муравьи(蚂蚁在爬)等意义。

同一形式结构的句子,由于语境的交际任务不同,可能体现为实际信息彼此不同的交际结构形式,试比较:(Я собирался на концерт.)За полчаса до концерта//позвонил Павел.(〔我正准备去听音乐会。〕在音乐会开始前半小时,接到巴维尔打来的一个电话。)——(Вчера мы обо всем договорились с Павлом и условились встретиться после концерта. Но)за полчаса до концерта Павел//позвонил.(〔昨天我和巴维尔把一切都商量妥当了,约定好音乐会后见面。可是〕在音乐会开始前半个小时,巴维尔却打来一个电话。)

2 语句实际切分的表达手段

1)词序

俄语是形态丰富的语言,与汉语不同,语法关系的主要表达手段不是词序,而是词的形态。摆脱语法功能束缚的俄语词序,因而较之汉语拥有广阔得多的表达交际结构的自由空间。在很多情况下,调整语句的交际结构时,无须变更句子的语法结构,只调换相关词序就足以达到目的。就这个意义而言,词序是俄语语句实际切分的主要表达手段。句子的几乎所有成分都可以移到句尾充当述位,这在汉语里往往是无法办到的事情。

在语体和修辞中立的情况下:a)可切分句的实际切分顺序遵循从已知到新知的思维逻辑顺序,主位在前,述位在后:Солнце//село(太阳落山了);Рассказал о случившемся//старый боцман(把这起事件讲述出来的是一个老水手长);К костру подошел//незнакомый(走到篝火跟前来的是一个陌生人);b)全句充当述位的双部不可切分句,谓语部在前,主语部在后:Горит настольная лампа(点着台灯);Незаметно подкралась ночь(夜幕不知不觉地悄悄降临);Закончилась война(战争结束了)。

单部不可切分句主要成分和次要成分的顺序与词组中的主导词和从属词的通常顺序相同:Засыпало дорогу(道路被淹没了);Нестерпимо хотелось пить(非常渴)。语句的这种实际切分词序叫做客观词序(объективный порядок слов),通常用调型—1,语调中心自然地落在句尾的词重音上。客观词序是区分主位/述位、鉴别零主位不可切分句的主要手段。

在可切分句的词组中,主导词与从属词的通常顺序常常因服从句子主位在前、述位在后的客观词序而发生改变,例如:Машину//отремонтировали(汽车修好了)(试与支配联系词组的通常词序Отремонтировали машину〔修好汽车〕比较);Всадник приближался//быстро(骑马的人靠近得很快)(试比较 Всадник быстро приближался〔骑马的人飞快地靠近着〕)。

刘丹青、徐烈炯(1998:95)以(1)(2)两组句子为例指出,汉语句子的自然焦点在句尾,句子自然重音的所在:

(1)a.他三十年来一直住在芜湖。

b.他在芜湖一直住了30年。

(2)a.经济在缓慢地增长。

b.经济增长得缓慢。

看来刘、徐二位"自然焦点"的所指即布拉格学派实际切分理论中客观词序情况下的句尾述位。对于词序相对自由的斯拉夫语而言,"客观词序"、"自然焦点"的说法无疑是恰当的,因为几乎任何承担述位功能的成分都至少可以有两种词序位置选择:句尾;其他位置(包括常规语法位,如全句限定语〔детерминант〕在句首):Цветут цветы//в саду¹(园里鲜花盛开)—В саду²//цветут цветы(园子里鲜花盛开);Бегло//он говорит(他说得很快)—Он говорит//бегло¹(他说得很快);Пришел//Иван¹(伊万来了)—Иван²/пришел(伊万来了)。但对于汉语则远非如此。例(1)(2)b句中的"30年"、"缓慢"因为用来充当焦点(述位)而可以从动词前移到句尾的情况并不像斯拉夫语那样具有普遍性,如"伊万"即使充当焦点,也无法将其置于"来了"之后:*来了//伊万。"鲜花盛开//在园子里"也是一个别扭得很的句子。即便是像"三十年来"、"缓慢地"这类状语性成分,在汉语中也不统统都可以因为充当了焦点(述位)而移到句尾作补语。可以说"他天天都骂我",但不能说"*他骂我天天";只说"他头也不回地跑着",但不说"*他跑得头也不回"。"伊万"、"天天"、"头也不回"等成分在句中充当焦点(述位)的主要手段是逻辑重音,词序手段在这里已不灵验。因而,对于斯拉夫语,其中包括俄语,在实际切分问题上,有客观词序/主观词序的对立,而对于汉语则没有这种区分。没有客观词序的问题,当然也就没有自然焦点的问题。客观词序、自然焦点是相对于主观词序、非自然焦点而言的,汉语句中用重音表达的非句尾焦点(他天天都骂我)不是主观词序,因为它没有客观词序与之对立,因而也就无所谓"非自然焦点"。将自然焦点理论从斯拉夫语句搬到汉语语句中来未必恰当,这忽略了一个重要的事实:汉语的一个重要特点是,表达实际切分的手段主要的不是词序,而是重音。

2)语调

口语体、政论语体中,在有表情修辞标记的情况下:a)可切分句的实际切分顺序与思维的逻辑顺序相反,述位在前,主位在后:(Оставьте меня:)устал²//я(〔不要纠缠我,〕我累了)(试与客观词序 я//устал 比较);(Звуки доносились слабые, неясные.)Должно быть, Анна Сергеевна² играла(〔传来的声音很微弱、模糊。〕大概是安娜·谢尔盖耶夫娜弹的)(试比较:

Должно быть, игра́ла//Анна Серге́евна¹(弹琴的大概是安娜·谢尔盖耶夫娜);b)双部不可切分句的主语部在前,谓语部在后:Ручьи́ бежа́ли²(一条条小溪在匆匆地流淌)(试比较:Бежа́ли ручьи́¹);(Всё изменилось кругом, изменилось на глазах и не заметно.)Точно колдовство́ свершилось²([周围一切都改变了,眼看着改变却又没有察觉到,]仿佛施了魔法)(试比较:Точно свершилось колдовство́¹);单部不可切分句的词序与词组中的通常词序相反:(Чего мы ждём?)Идти́ пора²([我们还等什么?]该走了)(试比较:Пора́ идти¹);(Что говорить?)Де́лать надо²([有什么可说的呀?]要行动)(比较:Надо де́лать¹)。句子的这种实际切分词序叫做主观词序(субъективный порядок слов),通常用调型—2,语调中心从句尾前移。词序本身在这里并没有表达实际切分和零主位不可切分句的功能,主位/述位、不可切分句/可切分句是通过语调来区分的,试比较:(Где отец? 父亲在哪儿?)—Уе́хал²走了(述位)//отец 父亲!(主位)//(Кто уехал? 谁走了?)—Уехал 走了(主位)/оте́ц¹ 父亲(述位);(Что произошло? 发生什么了?)—Грачи́² прилетели! 白嘴鸦飞回来了!(不可切分句)—(Что сделали грачи? 白嘴鸦怎么了?)Грачи//прилете́ли¹ 白嘴鸦飞回来了(可切分句)。

调型—3 常常是表达非代词疑问句述位的惟一手段,试比较:Пиани́ст³//исполнял Бетховена?(是钢琴师弹的贝多芬的作品吗?)—Пианист//исполня́л³ Бетховена?(钢琴师是弹贝多芬的作品了吗?)—Пианист исполнял//Бетхо́вена³?(钢琴师弹的是贝多芬的作品吗?)

3)词汇语义

语言体系中有些词汇语义单位,自身在交际层面上就具备特定的功能属性,它们常常参与表达语句的实际切分:制约着语句主位的选择;充当主位、述位的标记;直接用做主位、述位。

有一些互为转换关系(конверсия)的对应词偶,它们的外延相同,反映同一客观情景,但是内涵不同,情景参与者的配价角色相反。转换词偶制约着主位的选择,为语句的交际组织提供了先决条件。例如,купить(买)/продать(卖)都表示"一笔钱自 a 方转移到 b 方,某物从 b 方转移到 a 方";但是前者以 a 为施事,b 为受体,后者以 b 为施事,a 为受体。在需要从 a 出发传达实际信息时,要首选 купить:Сергей купил у Веры сотовый телефон(谢尔盖买了薇拉一部手机);当注意的焦点从 a 转向 b 时,则首选 продать:Вера продала Сергею сотовый телефон(薇拉卖给谢尔盖一部手机)。

用来充当语句主位或述位标记的主要是语气词和副词。做主位标记的词数量不多,如-то, же, вот 等:(Эта речка верст за пять от Льгова превращается в широкий пруд.)На этом-*то* пруде//держалось много уток([这条小河在离利戈夫五俄里左右的地方,变成一汪宽阔的水泊。]水泊里栖息着许多野鸭子);(Она любила его спокойный, ласковый тон в деревне.)В городе *же*//он постоянно казался беспокоен и настороже([她喜欢他在乡下时的平静、亲切的腔调。]而在城里,他总是躁动不安,戒备着什么)。标记述位的词为数很多,如:ведь, именно, только, всё, даже, также, просто, как раз, особенно 等:(Природа производит, но не творит.)Творит//*только* человек([自然界只产生而不创造,]从事创造的只有人);(Он первый приходил и последний уходил из нее,)а иногда приходил заниматься//даже по вечерам([他总是第一个来,最后一个离去,]有时甚至每天晚上都来工作)。否定语气词 не 用在非谓语前时,是后面述位的标记,试比较:Он послал письмо//не в Москву.(他不是往莫斯科寄的信。)—В Москву послал письмо//не он.(往莫斯科寄信的不是他。)—В Москву он послал//не письмо.(他往莫斯科寄的不是信)。谓语和 не 连用时,可能是述位:(Его ждали, но)он//не пришел([人们在等他,但是]他没有来),可能不是:Он не пришел//и на следующий день.(他第二天也没有来。)

人称代词、指示代词常常是主位的辅助标记:*Нам*//не до шуток(我们顾不得开玩笑);Подозрительным кажется//*такое* молчание(这样的沉

默令人生疑)。疑问代词在感叹句、代词疑问句中标志或充当述位: *Какое* чудное было//это утро(这一天的早晨是多么奇妙啊);Тебя *кто* обидел?(有人欺负你了吗?)具有存在、呈现等意义的谓语动词常常表明双部句在交际上是不可切分的:Дождь идёт$\overset{2}{\text{идет}}$(在下雨);Прекрасный день$\overset{2}{\text{день}}$ стоял(是一个艳阳天)。

俄语里的有些实词,受其词汇语义的制约,在句中主要用来充当主位,或者述位。例如,意见谓词(предикаты мнения)(считать 以为,думать 想,полагать 认为等)对其引导的从属命题而言,在绝大多数情况下用来充当主位,陈述的出发点;从属命题用来充当述位,句子的交际中心:Он думает(主位)//,что вы уехали$\overset{1}{\text{уехали}}$(述位)(他以为你走了。)相反,知悉谓词(предикаты знания)(знать 知道,помнить 记得,понять 明白,забыть 忘记)对其引导的从属命题而言,在绝大多数情况下用来充当述位,表达实际信息;从属命题用来充当主位,传达实际信息的出发点:Он знает$\overset{2}{\text{знает}}$(述位)//,что вы уехали(主位)(他知道你走了)。在知悉谓词引导的主从复合句中,从句和主句的顺序可以调换:Что вы уехали,он знает(你走了,他知道);但在意见谓词引导的主从复合句中,从句和主句的顺序不能调换:*Что вы уехали,он думает(*你走了,他认为)。这可以作为旁证,表明知悉谓词倾向于充当述位、意见谓词倾向于充当主位的交际功能属性。

包含评价意义因素的语词在句中倾向于充当述位,例如:a)极言数量之多、少的语词:Денег//—куры не клюют(钱多得鸡都啄不完);настоящих критиков у нас//кот наплакал(真正的批评家我们这里少得可怜);b)性质名词:Ты//подлец(你真卑鄙);Вот,например,у нас голова//—совершенный осел(Тургенев)(比如,我们的头儿就是十足的蠢驴);c)表示相对距离的副词(далеко 远,близко 近,недалеко 不远),意义上有程度差别(очень близко 很近,слишком далеко 太远),经常用于述位,试比较:Иван сидит//недалеко(伊万坐得不远)—$\overset{?}{\text{Недалеко}}$//сидит Иван.表示绝对距离的副词(поблизости 附近,вдалеке 在远处,невдалеке 不远处),意义上没有程度差别(*очень поблизости* 很附近,*сравнительно невдалеке*在比较不远处),经常用于主位,试比较:Невдалеке//сидит Иван(不远处坐着伊万)—? Иван сидит//невдалеке.

常常出现在语篇起始中的语词 как-то раз(有这么一回),один раз(有一次),однажды(有一天)等则只用于充当主位,而不是述位,试比较:Как-то раз(主位)//заехал я к моему другу пообедать(述位).(有这么一回,我去朋友家吃饭。)—*Я заехал к моему другу пообедать//как-то раз.(И.Богуславский 1998:10)

4)句法结构

借助词序手段,在无须变更语法结构的情况下,语句就可以进行各种实际切分,这是俄语的一种类型学特征,但并不能因此认为,俄语语句不可以像其他语言(如汉语)那样,通过变换句法结构来达到实际切分的目的。采用语法手段来建造交际结构,这是一种跨语际的普遍的表达实际切分的方法,俄语当然也不例外。在语句实际切分时不变动语法结构与变动语法结构的区别只在于,前者常常导致主位/主语、述位/谓语的分离:Пришел(主位,谓语)//Сергей(述位,主语)(来的人是谢尔盖);而后者则保持主位/主语、述位/谓语的一致:Тот, кто пришел(主位,主语),//оказался Сергеем(述位,谓语)(来的人是谢尔盖)。

被动结构(конструкция пассива)/主动结构(конструкция актива)是选择受事/施事充当主语的对立句法手段。通过被动结构/主动结构确定的语法主语,在多数情况下与交际主位是重合的。在需要选择施事为出发点来传达实际信息时,要使用主动结构:Государство охраняет памятники культуры(国家保护文物);当着眼点从施事转向受事时,则同时有两种并列的方式可供采用:a)变主动结构为被动结构:Памятники культуры охраняются (государством)(文物受到[国家的]保护);b)在不变动句法结构的情况下,调换词序:Памятники культуры охраняют(охраняет государство)(文物受到[国家的]保护);不难看出,采用句法手段 a)与采用词序手段 b)达到的是同样的交际效果:使памятники культуры 成为主位。

俄语中有一些专门用来凸显主位的个别句法结构,例如:a) что

касается...то или что до...то(至于……就):Что касается отъезда,то он будет отложен(至于动身的事,那就要延期了);Что до Кати,то она за два года вполне поняла своего мужа(至于卡佳,她这两年就已经把丈夫了解清楚了);b)关系代词 кто,что,где 等…так это(某人(物,地方等)……就是):Вот где я не мог бы работать,так это в термичке(我干不了活儿的地方恰恰就是热处理车间);c)...и тот(连……也):Соловьи—и те угомонились(连夜莺都停止歌唱了)(Ю.Апресян 1988:15);d)有些谓词要求其特定句法题元只用于充当主位,或者述位,例如 понимать что под чем(将……定义为……)中的间接补语(под чем)只用来做主位,直接补语(что)只用来做述位,试比较:Под фонемой(主位)//мы понимаем пучок дифференциальных признаков(述位).(我们将音位定义为一组区别特征。)—*Пучок дифференциальных признаков(主位)//мы понимаем под фонемой(述位)。(И.Богуславский 1998:13)

3　语句的交际结构形式

句子根据是否受语境因素的制约,在交际结构上体现为语境独立形式和语境从属形式。可以切分为主位和述位的句子有语境独立和从属两种形式;不可切分句只有语境独立形式。句子修辞中立的语境独立形式和从属形式在实际切分上的共同特点是,主位在前,述位在后,语调(或末尾语段的语调)中心落在句尾的词重音上。

句子的语境独立形式(контекстуально независимый вариант предложения)在交际结构上不受语境因素的制约,或者制约的程度极小。可切分句的语境独立形式回答全句代词疑问句的问题:(В чем дело?〔Что случилось?〕—)Юноша//остановил станок.(〈怎么回事?〔出什么事了?〕——〉有个小伙子把机床停了)。也可以回答针对主位名词提出的用局部代词疑问句表达的问题:(Что случилось с Иваном? —)Ивана//охватила ярость.(〔伊万出什么事了?——〕伊万大怒起来。)它们的实际切分与形式切分、逻辑切分常常一致,如主谓句中的主位与主语一致,述位与谓语一致:Дрова//разгораются.(木柴燃烧起来。)在主语和主词意义分离的情况下,主位与表示主词的语词一致:Слушателей//восхищает музыка.(听众赞叹美妙的音乐。)充当主位的语词在表达方式上没有限制,词项不由上文设定,可以从说话人的不同关切角度自由选择,不必须包含已给的信息,语义上可以是无定的,例如:(Что случилось? —)Собака//укусила мальчика 或 Мальчика//укусила собака.([出什么事了? ——]狗咬孩子了或孩子被狗咬了。)述位必须包含新给信息。不可切分句只回答全句代词疑问句的问题:(Что произошло? —)Ударил гром.([发生什么事了? ——]打雷了。)传达的都是新给的信息。

在可切分句语境独立形式的句首做主位的首先是语句的主语,其次是全句限定语、"全句限定语+主语"的组合或受谓语动词支配的间接格名词。在其后充当述位的除了主要是谓语外,还可能是"谓语+主语"的组合或单部句的主要成分。上述各种语法成分表示的主位和述位,可以构成可切分句的以下几种语境独立形式:

a)主语//谓语,如:Молодость//проходит.青春是要消逝的。

b)全句限定语+主语//谓语,如:К вечеру дождь//утих.傍晚时雨停了。

c)全句限定语//谓语+主语,如:Вчера//состоялось собрание.昨天开会了。(述位的意义和交际结构同不可切分句。)

d)受谓语动词支配的间接格名词//谓语+主语,如:Оперу//отличает оригинальность.歌剧特点新奇。

e)全句限定语//单部句的主要成分,如:Кругом//стало тихо 周围静了下来;В долине//густой туман.山谷里是浓雾。

句子的语境从属形式(контекстуально зависимый вариант предложения)在交际结构上受到语境因素的制约,只有可切分句有语境从属形式。这类语句形式回答局部代词疑问句的问题:(Кто бегает? —)Бегают дети([谁在跑? ——]孩子们在跑),局部非代词疑问句的问题(В школу ли пошел Павел? —Да.)Павел пошел//в школу([巴维尔是去学校了吗? ——是的,]巴维尔是去学校了),以及相当于 Происходит ли данное действие? Появился ли данный предмет или лицо?(该行为在进

行吗？该物或该人出现了吗？)之类的全句非代词疑问句问题:(Значит ли это, что я не изменился? Нет.)Перемены//произошли([这是否意味着我没有变化呢？不是,]变化是发生了的)(试与不可切分句 Произошли перемены[发生了变化]比较)。它们的实际切分多与形式切分、逻辑切分不一致,谓语通常做主位或构成主位的一部分；充当述位的可以是主语: Картину принесет(或 Принесет картину)//лаборант(把画儿拿来的人将是实验员),全句限定语: Спектакль начинается(或 начинается спектакль) в семь часов(戏在七点钟开演),以及从主语、谓语或单部句主要成分的词组中选取出来置于句尾的从属成分: Меня томила скука(或 Скука меня томила)//страшная(折磨着我的寂寞是可怕的)；Любил я природу(或 Любил природу я)//нежно(我对大自然的爱是温存的)；Пить//хотелось(水是想喝的)。充当主位的词项由上文设定,包含已给的信息,在语词表达手段上受到限制,可能是:a)人称代词,如: Вы просите песен? Их//нет у меня(你让我唱歌儿？可我没有歌儿唱)；b)物主代词或指示代词与名词的组合,如: Иногда бывают ораторы, которые не способны своими выступлениями возбудить внимание слушателей. На их скучные речи//аудитория по-разному реагирует(有些讲演人常常无法使自己的演说吸引听众的注意力,对于他们的枯燥讲话,听众的反应是各种各式的)；Пески живут по своим определенным законам. Эти законы//надо знать(沙土地有其特定的规律,这些规律应该了解)；c)表示上文提及事物、行为、情景的有定名词、动词等: На четвероугольном столе дымился огромный самовар. На самоваре//стоял серебрянный чайник(方桌面上有一座大茶炊在冒烟,茶炊上放着一把银制茶壶)；На современных хлебозаводах ручной труд сведен до минимума. Работают//машины-автоматы(在现代化的面包厂里,手工劳动减少到最低限度,干活儿的都是自动的机器)；d)表示上文提及事物部件的词: В дальнем конце сада стояла старая мельница. Колёса//давно уже не вертелись(花园的远端有一座老磨坊,水轮早都不转了)；e)先行词的上位词: Вдалеке мы увидели волка. Зверь//прислушивался к чему-то(我们发现远处有一只狼在倾听着什么)；f)与上

文逻辑相关的语词：Я позвонил．Дверь открыл//сам хозяин（我按了一下门铃，主人亲自把门打开）。

　　句子的交际结构在语体、修辞上区分为修辞中立变体和修辞标记变体。句子的修辞中立变体多用在科学语体和公文语体中，没有表现力色彩，实际切分遵循客观词序，语调中心落在句尾的词重音上。修辞标记变体常见于口语体、政论语体和文学语体中，修辞上有表现力，实际切分遵循主观词序，语调前移。有些句子的修辞标记变体只将述位的一部分移到主位前，另一部分仍然留在句尾，全句在这种情况下分做两个语段，语调中心分别落在句首和句尾的词重音上，例如：Горели под белым платком такие страшно знакомые глаза．（闪烁在白头巾下的是一双非常熟悉的眼睛。）（试比较：Под белым платком//горели такие страшно знакомые глаза．〔白头巾下闪烁着一双非常熟悉的眼睛〕。）

　　句子的语境独立形式和从属形式都有对应的修辞中立和修辞标记两种变体，可图示如下：

修辞变体 / 语境形式		修辞中立变体	修辞标记变体
语境独立形式	可切分句	Псков/упо́рный^1．（普斯科夫很固执。）	Упо́рный/Псков^2．（普斯科夫很固执。）
	不可切分句 双部句	Злилась вьюга^1．（暴风雪在肆虐。）	Вьюга злилась^2．（暴风雪在肆虐。）
	不可切分句 单部句	Нет забо́т^1．（没有操心事。）	Забо́т нет^2．（没有操心事。）
语境从属形式		Выстрелил/охо́тник^1．（开枪的是猎人。）	Охо́тник/выстрелил^2．（开枪的是猎人。）

　　有一种句子的修辞标记变体，在保留实际切分客观词序的情况下，通过倒转词组内部词序并相应地将语调中心移到语段开头的方式构成，例如：Я//офице́ром^2 был（我当过军官）（试比较：Я//был офице́ром^1）；Коля//к окну́^{2} подхо́дит（科里亚朝窗户跟前走去）（试比较：Коля//подхо́дит к окну́^{1}）；А он//стака́н^2 протя́гивает（他把杯子递过来）（比较：А он//протя́гивает стака́н^1）。

4 已给/新给与主位/述位

已给/新给是语句主位/述位包含的不同性质的信息成分,它们与主位/述位的相互关系是错综复杂的。

已给(данное)表示在主位或述位中重现的、再次提及的信息成分,这种成分是受话人从语篇的上文或该交际情景中事先获悉的,与上文或语境有直接的联系。新给(новое)表示的信息成分是述位或主位新引入的,受话人未曾从上文或该交际情景中获知的,与上文、语境没有直接的联系。

一般来说,主位作为传达实际信息的出发点,常常表示已给的信息,句子的语境从属形式尤其如此。但是,主位与已给、述位与新给并不总是一致的。

语句的主位,除了已给的信息成分外,还可能包括新给的成分,如:(Мы любим ходить на бульвар. Весной здесь цветут каштаны.) Бульвар над морем//самое зеленое место в городе.(〔我们喜欢去街心公园,春天这里栗花盛开。〕俯瞰大海的街心公园是市内绿阴最多的地方。)或者只表示新给:(В Англии поставил палатку или развел костер—плати,) Лыжные трассы//тоже платные.(〔在英国竖帐篷、生篝火要交款,〕使用滑雪道也是要收费的。)文学作品的语篇、段落用可切分句开头时,常常将语句主位的新给当做已给来表达,直接将其纳入情节之中,收到"经济"的效果,例如:Братуна//вели на расстрел.(布拉敦被牵去枪杀。)这类语句实际上是引入新给的语篇起始句和对引入的事物加以报道的描述句的缩合:Жил-был конь по имени Братун. Его вели на расстрел.(从前有一匹马叫布拉敦,它被牵去枪杀。)

语句的述位也可能含部分已给信息,如:(Это был первый весенний одуванчик.) Я//опустил глаза и посмотрел сквозь одуванчик.(〔这是第一支报春的蒲公英花,〕我垂下目光,透过蒲公英看了一看。)词序倒装的一致关系词组做述位时,语句的新给由后置的形容词表示,词组中的主导名词包含的则是由语境提示的已给信息,如:Елена//—*девушка* умная(叶琳娜是一个聪明的姑娘);Туризм//—дело полезное(旅游是有益的事情)。述位全部表示已给的语句如:(Как купил—ни разу не раскрыл.) А сегодня//раскрыл.(〔买了后一次都没打开,〕今天打开了。)

有一些语句全句都属已给,如回答无代词疑问句问题的语句,只须对受话人已知事件的整体或局部是否事实给予确认,句子的新给仅限于肯定或否定的情态意义:(Обычно собаки сильно скулят в таких случаях.) Арктур//не скулил.(〔通常狗在这种情况下都要大声吠叫,〕但是阿尔克图尔没有叫)。证同句的主位和述位表示的也常常是上文提及的事物,新的信息只是二者的同一关系:(Состоялся матч чехов с канадцами.) Выиграли//чехи.(试比较:Выигравшие—чехи.)(〔举行了一场捷克队与加拿大队的比赛,〕取胜者是捷克队。)

已知/未知不同于已给/新给,是针对受话人的惯常生活经验、知识储备而言的一组对立范畴,与特定上下文或语境没有直接的联系。已知(известное)表示说话人认为受话人在该交际活动前就已经拥有的背景知识;反之,未知(неизвестное)则表示说话人认为受话人在该交际活动前没拥有的背景知识。说话人与受话人的共同背景知识是保证交际正常进行的前提条件,类似通常所谓的广义预设。如果说,已给/新给涉及的只是特定具体交际条件下的即时信息的话,那么,已知/未知涉及的则是交际双方的常时背景信息。已给的信息可能是未知的,新给的信息也可能是已知的,典型的例证就是某些证同句:Утренняя звезда—это Венера.(启明星就是金星)。句中的主位 Утренняя звезда 对于受话人而言虽是重复上文的已给成分,但却是未知的信息,否则说话人的证同行为就是多余的;述位 Венера 对于受话人虽属新给,但却是已知的信息,否则语句就达不到交际的目的。(Н. Арутюнова 1976:289)

第二节　实际切分与动词用体

未完成体动词与完成体动词有两种不同性质的对立关系:用于具体过程意义、无限次数意义时,与完成体动词构成等值对立关系

(эквиполентная оппозиция);用于概括事实意义时,与后者构成否定对立关系(привативная оппозиция)。表缺对立关系中的未完成体动词是无标记成分,常出现在任何体的特征都无须涉及的弱位上。语句的交际主位常常就是这样的位置。未完成体动词充当主位时,多只限于表示没有特征评价的行为,其功能是回指或简单的称名,类似第三人称回指代词。与主位相反,述位是用体的强位,动词在强位上多须明确标示行为的体性特征:或者用完成体表示受界限限制的、具体一次的整体行为,或者用未完成体表示具体行为过程、无限次数行为等。

1 充当主位的动词用体

充当主位的动词常用未完成体,表达概括事实意义,是体范畴对立中的无标记成分。用于这种意义的未完成体动词常见于下列典型上下文中:

1)表达具体一次行为的动词不定式形式与можно(可以)、мочь(可以)、нужно(需要)、надо(应该)等情态语词搭配时,通常用完成体,但是如果在句中充当主位,表已给行为时,则用未完成体。在这种情况下,语句有"你应该实施的那个行为可以开始了"或"不得已而为之"的情态意义。

(1) Все, чур, можете // *идти*. (И. Шевцов)完了,好啦,可以走了。

(2) Ну, дед, этот вопрос большой, его сразу не решишь. —А надо // *решать*! Надо скорее решать. (А. Андреев)老大爷呀,这是一个大问题,不是马上解决得了的。——但是应该解决!应该尽快地解决。

句中的上下文表明,идти、решать 对于受话人不是新给,而是已给的信息。他们事前已经在准备实施或下不了决心实施这些行为。说话时需要知道的不是干什么,而是"到了该干的时候了"(例(1))或"不得不干了"(例(2))。句子的表义重心落在 можете、надо 上,依附的从属不定式因而有时甚至可以略去(例(2))而不影响达到交际的目的。

未完成体动词第二人称命令式构成的祈使句可以用来通告交际对方立即开始实施事前已知的行为,已知行为在这里指受话人借助人文或语境已经明确应该由他来进行的行为:

(3) Ну, а теперь все списали? Тогда вешай, Валерий. 现在都抄完了吗？那么挂上吧,瓦列里。

这种祈使句类似例(1),表达的也是"你应该实施的那个行为可以开始了"。这一句义可切分为已给(你应该实施的那个行为)和新给(可以开始了)两个部分。已给部分是句义的背景部分,主位,语用预设;新给部分才是实际信息部分,句子的前景,述位,陈说。与例(1)不同的只是,主位和述位不是由两个语词分别表达,而是合并在同一语词中。

2)未完成体不定式动词用在具有"不需要,不应该"情态意义的语句中充当主位,情态语词做述位,试比较(4)(5)两个例句(Ю. Апресян 1988：22)：

(4) Очень нужно//советоваться. 需要商量得很呢！

(5) Очень нужно посоветоваться. 很需要商量商量。

句(4)以 очень нужно 为述位,通过讽刺否定表达"不需要"的情态意义。очень нужно 是新给的信息,全句的语调中心。советоваться 充当主位,是上文已给的信息,句中功能只限于回指的简单称名,因而用未完成体。与此相反,句(5)的 посоветоваться 承载新给信息,是语句的交际中心,用体的强位,在这里表示具体一次的整体行为,因而用完成体。与 не надо, не должен, не следует 等连用的动词不定式多用未完成体就是处于弱位的缘故。

否定语气词 не 与未完成体动词第二人称命令式构成的否定祈使句,也常常用来表达"不需要,不应该"的情态意义(Не приходи〔不要来〕)。句中动词的未完成体形式与例(3)的 объяснять 交际功能相同,表达的是已给信息,充当主位,含语用预设;语句在交际上的实际信息、述位、陈说是祈使句以蕴涵形式表达的情态意义,言语行为意图:"不需要,不应该"(Не приходи. = Приходить//не надо)。

3)在叙述话语(текст повествования)的链式结构句组中,后续句的回指(анафор)动词,一方面由于充当主位,只是陈述的对象,不是表意的重心(语义重心落在行为地点、时间、目的、客体、主体等词语上),另一方面,行为达到结果的意义在起始句里已经通过被替代的述位动词

(антецедент)表达,在后续句中转化为语用预设,因而常常可以用未完成体动词:

(6) У него четыре жены. Все они, по его словам, ушли от него. *Уходили они//странно.* (В. Панова)他有四个妻子,用他的话说四个人全都离开了他。她们走得很奇怪。

уходили 在这里回指起始句的 ушли,在后续句里属于主位,是述位 странно 的陈述对象。整个接续句包含两个命题:а) Они ушли; b) Уходили они странно。Н. Арутюнова 指出,句子交际结构的变化一般不导致语法结构的变化,这是俄语的一个特点。俄语人称动词谓语不仅可以独立地表示判断,而且与其对应的命题可以在状语成分充当述位的句子里以事件名称(наименование события)的方式充当主位: Мы работали. Работали мы//в Заполярье. (我们在工作,我们在北极圈工作。)逻辑上正确的叙述照理应是: Мы работали. Наша работа имела место в Заполярье. (我们在工作,我们工作的地点在北极圈。)(Н. Арутюнова 1976:66)因而命题 b)可改写为 Их уход был странен. (她们的离去是很奇怪的。)命题 a)是命题 b)的语用前提。说话人明白"她们离去了"(行为达到结果)对于受话人是已给信息,这使他可以依据"经济"原则,在句中略去表达结果存在意义的,语义因而较为复杂的完成体过去时,代之以参与表达概括事实意义的,语义因而较为单纯的未完成体过去时。уходили 在句中不表示行为过程,与起始句中被回指的对应完成体动词 ушли 的客观所指是相同的。它的作用很像链式结构句组中后续句的回指名词或代词:

(7) Белые ворвались в село, где в тифу лежала Таня. *Больную девушку бросили в тюрьму.* 白军冲进了村里,丹娘正在那里害伤寒,卧病的姑娘被投入了监狱。

(8) Потом вышла Тамара. *Она*, должно быть, подкрасила губы и попудрилась. (П. Нилин)然后塔玛拉出来了,她大概涂了口红和脂粉。

在静态的词汇聚合体系里,девушка, она 与 Таня, Тамара 的关系类似类概念语词与种概念语词之间的表缺对立关系。种概念语词是对立中的标记成分,义素含量大于类概念语词,其词义等于所属类概念语词的语义加上该语词的区别义素。类概念语词为对立中的无标记成分,分布范围远远大于标记成分,囊括后者的全部分布区域。这就是 девушка, она 能够取代 Таня, Тамара 的原因。(Л. Новиков 1982:137—146)例(6)的 уходили 所以能够回指 ушли,也正是由于俄语动词未完成体用于概括事实意义时,与完成体动词构成表缺对立的关系,并且在对立关系中充当无标记成分的缘故。请看类似的例句:

(9) Многих из них уже осудили. Судили // как руководителей, так и исполнителей. (Из газет) 他们有许多人受到了审判,遭受审判的不仅有领导,也有执行者。

(10) Отворачиваясь от парней, он сказал девушке:—Это для меня дороже жизни.—*Говорил* он // вполне искренне. (В. Закруткин) 他从小伙子那边转过身来,对姑娘说:"这对我比生命更宝贵。"他说得十分恳切。

(11) В этой портерной я написал первое любовное письмо к Вере. *Писал* // карандашом. (А. Чехов) 在这家啤酒馆里我给薇拉写了第一封情书,是用铅笔写的。

在起始句中,表达后续句主位动词行为结果意义的有时不是对应的完成体动词,而是词义相关的其他完成体动词(例(7)),或显示行为结果的相关名词(例(8)(9)(10)):

(12) Позвонили из обкома. *Вызывал* // Бликин. (Г. Николаева) 州委打来的电话,布里金叫你去。

(13) Алеша открыл рот, чтобы рассказать, что плывет он по делу на ту сторону залива—посмотреть яблони. Яблони они с отцом *сажали* // прошлой осенью. (С. Романовский) 阿辽沙张开嘴巴,想要说他去河湾对岸是有事情的,要看一下苹果树。那些苹果树是去年秋天他跟父亲一起栽的。

(14) Да вы и сами найдете: новая железная крыша. Перед самой войной // *крыли*. (В. Катаев) 您自己就找得到,新的铁房盖。战争逼近的时候铺的。

(15) Мне вспомнилось одно письмо из Кабардино-Балкарии. *Писали* //

ребята из отряда 7-го класса.(Из газет)我想起了一封寄自卡巴尔达·巴尔卡尔的信,是七年级少先队员们写的。

例(13)(14)(15)的 яблони, крыша 和 письмо 的存在表明,сажали, крыли, писали 虽然是未完成体动词,但是称谓的却是客观上达到了结果的行为。

有时,在后续句中,说明未完成体回指动词的是用疑问词或关联词表达的,置于主位之前的述位成分,这种情况常见于对话统一体的反应话语(реплика - реакция)中(例(17)(18)):

(16) Осенью выкопали картошку, ссыпали в бурты, получили денежки. Весной сгноили. За что же//деньги *получали*? (А. Ткаченко)秋天把土豆挖出来,倒进地沟里储藏起来,领了钱。到了春天,把土豆全部烂掉了,凭什么拿钱呢?

(17)Мог бы я быть кем угодно, да зря время провел. —А зачем же вы его зря *проводили*? (В. Панова)我本来是想干什么就能学会什么的,可是光阴虚度了。——可你为什么把光阴虚度了呢?

(18)Нам сказали, что мы в большом городе жить будем. Какой же это город? —Не знаю, что вам *говорили*. Но жить вам придется здесь.(А. Андреев)跟我们说的是要住在城市里,这算什么城市呀?——我不知道是怎么跟你们说的,可你们只能住在这里。

在对话统一体的反应话语中,充当主位的回指动词常常使用不定式形式(例(19)(20)),刺激话语(реплика - стимул)里与反应语词呼应的可能是非对应完成体动词的人称形式((21)(22)):

(19) Ну-ка расскажи мне про себя! —А чего *рассказывать*-то? —Что ты любишь? Что не любишь? Какие видела фильмы? (А. Лиханов)喂,给我讲讲你自己吧!——讲什么呢?——你喜欢什么?不喜欢什么?看过些什么电影?

(20) Что-то не пойму. —А что не *понимать*? Ты в каждом врага видишь, почему все тебя другом считать должны? (В. Тендряков)我有点不明白。——有什么不明白的,你把每个人都当作敌人,为什么大家应该

把你当朋友呢?

(21) Вы что ж не женитесь, Николай Остапович? *Дали* бы нам пример.—Да где уж! Пример вы с Андреем должны *показывать*. Вы передовики.(Б. Горбатов)尼古拉·奥斯塔波维奇,你为什么总不结婚呀?给我们做个榜样呀! ——哪儿的话! 榜样应该由你和安德烈来做,你们是先进工作者。

(22) Так я *захвачу* с собой один утюжок. Ты мне напомни.—Хорошо. Можешь их *задирать* хоть все.(Б. Катаев)那么我就带一个熨斗,你提醒我一下。——好的,哪怕全都拿去也可以。

在非谓语成分充当述位的祈使句中,占据主位的命令式表达已知信息,包含"行为达到结果"的语用预设,遵循经济原则,也常用未完成体:

(23) Алексей вынул деньги, протянул ему, сказал:—Видишь, какая она худющая! Кожа да кости! Вот ты ей и купи! Да не сластей—что с них проку,—а варушку *покупай*. (А. Лиханов)阿列克谢掏出钱来递给他说:"瞧她瘦成什么样子了! 皮包骨! 用这钱给她买些吃的吧! 不要买糖果,糖果有什么用,要买奶渣饼。"

(24) Из-за руды у меня теперь не открывается ящик. Ну-ка, Пронякин, у тебя силы много... Нет, нижний не пытайся. *Тащи* любой повыше.(Г. Владимов)这些矿石标本搞得我的抽屉现在都打不开了。喂,普罗尼亚金,你有力气……不,底下的用不着拽,拽上边的哪个都行。

句中的 покупай, тащи 与"催促"、"同意"、"一切就绪了,可以开始了"等典型情境中的未完成体命令式的使用机制不同。后者在句中充当述位,用于祈使交谈对方立即开始进行已知的行为(приступ к действию в момент речи)(张家骅 1996:240—249),包含"交谈对方事前已经做好完成该行为的准备"的语用预设。(И. Шаронов 1994:59—63)

值得注意的是,在包含"行为达到结果"的语用预设的表述中,充当主位的未完成体动词不仅常常使用过去时、不定式和命令式形式,而且也可以使用现在时形式:

(25) Нет. Я поеду. Прости меня, пожалуйста! Так надо, честное

слово! —Я ведь знаю, зачем ты *едешь*. Шальная голова! (А. Андреев) 不,我要走,请原谅！必须这样做,说实话！——我知道你为什么要走。不可思议的人!

(26) Ты уйдешь. Ничего не поделаешь, уйдешь, конечно. Ну что ж, я не в обиде. Не по своей воле и не по прихоти *уходишь*, судьба такая. (Ч. Айтматов) 你要走了,什么办法都没有。你当然该走。好吧,我不见怪。你不是心甘情愿或耍脾气要走的,命中注定呀。

因为上文的 поеду, уйдешь 已经表达了行为达到结果的意义,因而在不是表义重心的主位位置上,以事件名称身份出现的人称动词可以略去完成体将来时形式,使用表达中立意义的未完成体现在时形式。尽管 едешь, уходишь 在这里称谓的也是将来时刻发生的行为,但是它们显然与拟定行为现在时(настоящее намеченного действия)不完全是一回事。这里使用未完成体现在时的主要制约因素是实际切分。

包含"行为结果"的语用预设,以主语为述位、未完成体概括事实意义动词谓语为主位的刺激话语,在特定的上下文、语境中,常常用来构成间接言语行为(косвенный речевой акт)(Е. Падучева 1985:44—47)。例如用疑问句间接表达祈使的例(27)(28)、对行为结果的优劣进行评价的例(29)(30)等:

(27) Кто *передавал* (на билет)? 〔Возьмите билет.〕谁传的钱?〈请拿票。〉

(28) Кто *открывал* дверь? 〔Дай ключ.〕是谁开的门?〔把钥匙给我。〕

(29) Кто *проверял* эту статью? 〔В ней замечено много ошибок.〕这篇文章是谁检查的?〔里边有许多错没发现。〕

(30) Девушка сняла с плеча кожаную сумку и, осмотрев повязку, строго спросила: —Кто *перевязывал*? 〔Разве так надо?〕(М. Тихомиров) 姑娘从肩上取下皮挎包,查看了一下绷带,严厉地问道:"是谁包扎的?〔怎么可以这样呢?〕"

2 充当述位的动词用体

1)在会话统一体中,如果刺激话语的述位是可以带语气词 это 的主语,主位是完成体过去时谓语动词时,肯定句的反应话语要在主位位置上用表达结果存在意义的完成体动词过去时。否定回答时,如果答句不是部分否定句,而是全部否定句的话,那么句中的述位位置上的谓语动词要用概括事实意义的未完成体动词过去时形式:

(1) Это ты пролил на скатерть? $\begin{cases} \text{Да, я} (//пролил). \\ \text{Нет, я}//не \text{ проливал.} \end{cases}$ 这是你把汤洒在桌布上的吗?$\begin{cases} 是的,我(洒的)。\\ 不是,我没洒。\end{cases}$

问句中包含语用预设 Кто-то пролил на скатерть(有人把汤洒在桌布上了)。说话意图不是对行为结果论其优劣,而是责备其不当。受这种因素制约,用部分否定句回应这类刺激话语时,谓语动词仍然要用完成体形式:Нет, не я пролил(不,不是我洒的),刺激话语的预设仍然保留。以全部否定句回应时,谓语动词只用未完成体形式,表示说话人否定该主体与行为有任何干系。句中需要否定的不是行为结果,而是行为本身,刺激话语的预设没有保留。部分否定句与全部否定句两种回答的言语行为意图显著不同。前者是在承认问句预设的前提下,用否定的局部证实句(частноверификативное высказывание)正面回答局部情态问句(частичный модальный вопрос),答句的述位"не я"正确地指向问句的述位"это ты?"后者却没有遵循交际的正常规则,答非所问,抛开问句述位,转而指向问句的预设,用整体证实句(общеверификативное высказывание)对问句的预设加以否定。类似的例句如:

(2) Это его отец убил Кирова! —Неправда! Мой отец никого *не убивал*. (А.Рыбаков)是他父亲杀死基洛夫的!——不!我父亲没杀过任何人。

(3) Сейчас же признавайтесь, это кто чашку разбил? —Ей-богу, бабушка, он, а не мы. Мы не *разбивали*. (А.Голубева)马上承认,是谁把

杯子打碎的?——天呀,奶奶,是他,不是我们,我们没打。

(4)Вам это товарищ Рудин рассказал? —Нет,Семен Петрович ничего не *говорил*.(Б.Горбатов)这是卢金告诉你的吗?——不,谢苗·彼得洛维奇什么都没说。

(5)Но все-таки откуда пушки? Это кто их здесь поставил? —Никто их здесь *не ставил*. Они давно здесь стоят.(В.Аксенов)但是炮究竟是从哪儿来的呢?是谁把它们放在这儿的呢?——谁也没把炮架设在这儿。它们老早就架在这儿了。

2)当问句的述位是完成体所表示的谓语,用来提问对方是否进行了预料的行为时,肯定回答与否定回答的述位通常都用表达结果存在意义的完成体动词过去时形式:

(6)Как диссертация? назначили оппонентов? —Да *назначили*.(В.Аксенов)论文怎么样?评议人都指定了吗?——都指定了。

(7)Здравствуйте. Говорит Ленин. Получили ли вы от меня телеграмму? —Нет.Владимир Ильич, *не получил*.—Потребуйте почту и посмотрите.—Сейчас сделаю и позвоню вам.(С.Аксенов)您好!跟您通话的是列宁。收到我的电报了吗?——没有,弗拉基米尔·依里奇,没有收到。——把邮件要来,查阅一下。——我马上办,然后给您打电话。

预料行为通常指说话人认为应该发生的行为,这类行为要用完成体动词表达。被作为预料行为来解释的通常是疑问句、否定句里完成体过去时表达的行为,完成体过去时在句中充当述位。具有这种预料行为意义的句子包含着"行为应该发生"的语用预设。(В.Гуревич 1986:79—82) Получили ли вы телеграмму(您收到电报了吗)与Не получил(没有收到)在具体上下文中表达的全部意义分别是:Вы должны были получить телеграмму. Их получили?(您应该收到电报,电报收到了吗?);Я должен был получить,но не получил.(我应该收到,但没收到。)"行为应该发生"的语用预设与本节上面谈及的"行为达到结果"的语用预设不同,具有规约的性质,附着在完成体动词的特定语法形式上,与完成体动词的时间确定性(локализованность во времени)义素有密切的关系。未完成体动词过去时充当述位的问句和答句不包含这种意义的语用预设。

在称谓预料行为时,完成体动词过去时在否定句里表示的常常不是已经开始的行为没有达到结果,而是行为根本没有发生。否定的不是行为的终端界限,而是包括起点和终端在内的行为整体。对于表达延续行为的渐变结果动词和突变结果动词来说,强调这一表意特点尤其重要。试比较下列例句:

(8) Ты почему вчера задачу не *решил*? Ты же мне обещал. — Я хотел вчера сделать, только я заснул. (И. Ликстанов) 你为什么昨天晚上没解题？你可是答应我啦。——我昨天想解来的,不过后来睡着了。

(9) Колмогоров арифмометр в класс притащил, а сам пустяковой задачи *не решил*, звено опозорил. (Он же) 科尔莫戈洛夫把计算器带到教室里来了,可自己连一道简简单单的小题都没有解出来,让小队丢了脸。

(10) — Дядя Жора, — слегка приостановился кореспондент, — вы нас ведете и не спросите, кто мы.

Вопрос был неожиданный. Дядя Жора на минуту смутился. В самом деле, почему он не *узнал*, кто это люди? (А. Ткаченко)

"若拉大叔,"记者略微停了一下脚步:"你领着我们走,但是却不问我们是谁。"

问题很突然,若拉大叔怔了怔。确实呀,他为什么没问这几个人是谁呢？

(11) Он пытался, но не *узнал*. Так что извини. (他尽了力,但是没有打听出来。所以你要原谅。)

渐变结果动词、突变结果动词称谓的客观行为是延续的,它们的完成体形式在否定句中既可以表示已经开始的行为最后没有达到结果,又可以表示预料行为甚至没有开始,上下文常常是排除歧义的手段。(А. Спагис 1969:286) не решил, не узнал 在例(8)(10)中表示预料的行为甚至没有开始,在例(9)(11)中则表示已经开始的行为没有达到结果。再请看下面一段对话:

(12) Ну, как там у вас, Витя? — Все в порядке, Димка. Родители на

даче. Здоровы. —А ты как? Защитил? —Нет, не защитил. —Неужели зарубили, скоты? —Да нет. Отложена защита. (В. Аксенов)喂，维佳，你们怎么样？——一切正常，吉姆卡。爸爸、妈妈住在别墅，身体都健康。——你怎么样？答辩通过了吗？——没有，没通过呢。——怎么？砸了？这帮畜牲！——啊，不是。答辩延期了。

Не защитил 在这里既可以理解为"没有通过答辩"，又可理解为"没有答辩"。Витя 的意图是说"他没有答辩呢"，但是 Димка 却误解为"答辩没有通过"。歧义产生的原因是，句中否定的是预料行为，要用完成体动词表示，因而与否定行为结果的句子在形式上重合。例（13）的не защитил 也表达预料行为根本没有发生：

（13）Саша протянул капитану зачетную книжку, показал графу 《военное дело》 с отметкой 《хорошо》.

—Вам было присвоено звание?

—Нет, я *не защитил* диплома, меня арестовали. (А. Рыбаков) 萨沙把记分册递给大尉，用手指了一下打着四分的"军事"栏目。

——授给你职衔了吗？

——没有，我没有答辩毕业论文，被逮捕了。

当刺激话语中"行为应该产生"的预设信息为受话人一无所知时，交际并不因此受阻。否定答句里的谓语动词在这种情况下要用未完成体：

（14）Вы получили деньги? —Никаких я денег *не получал*. (А. Чехов)你收到钱了吗？——我什么钱都没有收到。

反应话语在这里一方面否定了刺激话语的命题，另一方面，由于动词谓语改用未完成体形式，因而也否定了刺激话语的语用预设。而例（7）（12）等的反应话语却保留了刺激话语的语用预设，否定的只是其中的命题部分。

3 非自主行为动词的用体

我们认为，除了说话人认为应该发生的行为之外，预料行为还包括说话人不希望发生，但预料到事实上可能发生的非自主行为

(неконтролируемое действие)。这类行为同样要用完成体动词表达。动词完成体的语法形式在这类句子中包含"非自主行为可能发生"的预设。行为可能发生,但是不希望发生,句子的"担心"情态色彩由此而来。包含"非自主行为可能发生"预设的典型结构是"не + 完成体命令式":

(1) Осторожно, не разбей. Там бутылка водки. (М. Булгаков)

未完成体命令式在否定句中不含有"非自主行为可能发生"的预设,因而不具有"担心"的情态色彩。Е. Падучева 从另外一个角度解释这种语义现象。她认为,在句子 Не падай(不要卧倒)中,未完成体动词命令式包含"行为自主性"的预设;не упади 不包含这种预设。(В. Ярцева 1990:398)

完成体动词的不定式和假定式形式在否定结构中也常常带有"非自主行为可能发生"的预设,因而具有"担心的情态色彩"。试比较下列结构中不同体动词的意义:

1) нельзя + $\begin{cases}完成体动词不定式\\未完成体动词不定式\end{cases}$

(2) Нам вот говорят: отдайте немедленно все! Кому? На каких условиях? Приватизировать можно только один раз, и *ошибиться* здесь *нельзя*. (Из газет) 都这样对我们说:快点儿把所有的东西都交出来吧!交给谁?什么条件?私有化只能进行一次,这里不能有一丝差错。

(3) Укрываться нельзя. Жара. (А. Рыбаков) 不能盖被子,热。

2) не мочь + $\begin{cases}完成体动词不定式\\未完成体动词不定式\end{cases}$

(4) Но как же тогда мама? Мама этого не перенесет, такого удара он ей *нанести не может*, придется тянуть лямку. (А. Рыбаков) 那样的话妈妈怎么办?妈妈是承受不了这个打击的,他不能给她这样的打击,只能拖延。

(5) Вы солдаты, и мы *не можем* заставлять вас изменить присяге. (В. Чванов) 你们是战士,我们不能强迫你们违背誓言。

3) не должен + $\begin{cases}完成体动词不定式\\未完成体动词不定式\end{cases}$

第十章 句子的交际结构意义 365

(6) Нет, они *не должны узнать* об этом. Не должны! Они правда убьют ее. (Н. Блаев) 不，他们不应该知道这件事情，不应该知道！他们真的会打死她的。

(7) Школа *не должна перенимать и приводить* в жизнь любой опыт, независимо от конкретных условий. (В. Сухомлинский) 学校不应该无视具体条件地仿效、推行任何经验。

4) ... чтобы не + {完成体动词不定式 / 未完成体动词不定式}

(8) Езжай быстрее на станцию, чтобы *не опоздать*. (Ч. Айтматов) 快点儿去车站，别误了车。

(9) Я надела купальник, чтобы там *не переодеваться*. (А. Рыбаков) 我穿上了游泳衣，以免到了那儿再换衣服。

5) стараться не + {完成体动词不定式 / 未完成体动词不定式}

(10) Тихонько, стараясь *не разбудить* соседей, я меняла белье, подкладывала клеенку. (А. Лиханов) 我悄悄地换床单，铺尿布，尽量不惊醒邻床的人。

(11) Устало передвигая ноги, мы старались *не отставать* от него. (А. Андреев) 我们疲惫地移动着脚步，尽量不落在他的后面。

6) 使令动词 + не + {完成体动词不定式 / 未完成体动词不定式}

(12) Один из казаков посоветовал Запрометному *не утонуть* в своем озере. (Из газет) 有一个哥萨克人告诫扎普罗美特内依可别淹死在自家的湖里。

(13) Прошу тебя, Надя, *не вмешиваться* в наши отношения с ней. (А. Андреев) 娜佳，请你不要干涉我跟她的关系。

7) не + {完成体动词假定式 / 未完成体动词假定式}

(14) Как бы из-за дождя не задержался самолет. (Н. Наволочкин) 可不要因为下雨误了飞机。

(15)За сколько? —По пять рублей за штуку.—*Не продавал бы*.(А. Саломатов)多少钱？——五卢布一个。——最好不卖。

8)...чтобы не + {完成体动词过去时 / 未完成体动词过去时

(16) Только осторожно, чтобы никто книгу у вас *не увидел*. (А. Голубева)只是要小心，不能让任何人在你这里看到这本书。

(17)Я ведь чего хочу? Чтоб ты на меня *не обижался*. (Г.Владимов)你知道我希望什么吗？我希望你不要生我的气。

例(2)(4)(6)(8)(10)(12)(14)(16)中标出的完成体动词在具体上下文里都具有"担心"的情态色彩，而例(3)(5)(7)(9)(11)(13)(15)(17)中标出的未完成体动词，在同样的结构中表达的却是"不必,不该"发生的行为。

4 实际切分与体的具体语法意义

句子的交际结构不仅制约着动词体的使用，而且对于体的具体语法意义表达也有所影响，例如：

(1)Пришел поезд. 来火车了。

(2)Поезд//пришел. 火车(已经)来了。

例(1)从实际切分的角度来看，是不可切分句，陈述过去发生的事件：Пришел поезд. Мы сели и поехали. (来火车了，我们上了车，走了。)在句中 пришел 用于一般过去时意义，表达与说话时刻没有联系的动态行为，观察点与行为同步。在例(2)里, пришел 是述位，用于结果存在意义，表达的不是动态行为本身，而是过去行为结果造成的状态，这个状态存在于说话时刻：Поезд уже есть. Пора садиться. (火车已经在这儿了,该上车了。)(Н.Поспелов 1971:179)再如：

(3)Вы//говорите по-русски? 您会讲俄语吗？

(4)Вы говорите//по-русски? 您说的是俄语吗？

例(3)的 говорите 是述位，表义重心，在句中用于性质说明意义。说话人的交际意图是了解对方有无讲俄语的技能。例(4)的 говорите 属于主位,已知信息,по-русски 是述位,表意的重心。говорите 在这里用于具体过程意义。交际对方正在说话,这是语用预设,说话人感兴趣的是对方在操哪种语言说话。

第三节 实际切分与事实情态

1 从属命题句事实情态成分的交际功能

语句除客观命题内容外,还常常可能包括"命题内容符合事实"的主观情态成分,这种意义成分就是本节拟讨论的事实情态(фактивная модальность)。受制于不同的语用因素,事实情态在具体交际过程中,可能扮演诸如事实预设、其他蕴涵意义、真诚条件、陈说等不同的语义角色,因而在实际切分中占据不同的位置。

事实情态在事实谓词(фактивный предикат)的语义结构中体现为从属命题真实性的预设,这种预设叫做事实预设(фактивная пресуппозиция),或真实预设(пресуппозиция истинности)。事实谓词是命题态度谓词(предикат пропозиционального отношения 或 предикат пропозициональной установки,表达对客观从属命题内容主观态度的谓词)的一部分,包括知悉状态、知悉结果的谓词(предикат знания)знать(知道),известно(知道),помнить(记得);догадаться(猜到),вспомнить(想起),забыть(忘记),表情谓词(эмотив)жалеть(可惜),рад(高兴),благодарен(感谢),удивиться(惊讶),хорошо(好),странно(奇怪),通告谓词 сообщить(通告),известить(告知),информировать(报道)等。非事实谓词,如意见谓词(предикат мнения)считать(认为),думать(想),полагать(认为),言语谓词 сказать(说),заявить(申明)等,不含有从属命题真实性的事实预设。试比较:

(1)Дуня знала, что профессор уехал в научную экспедицию.〈*Но на самом деле он был дома.〉冬尼娅知道教授外出科学考察去了。〈*但事实上他在家里。〉

(2) Дуня думала, что профессор уехал в научную экспедицию.⟨Но на самом деле он был дома.⟩冬尼娅以为教授外出科学考察去了。⟨但事实上他在家里。⟩

例(1)的从属命题内容是客观事实,因而后面不能加上纠正的语句 Но на самом деле он был дома.例(2)的从属命题内容只是意见谓词施事的主观看法,因而后面可以加上纠正的语句。

事实预设同存在预设、选择预设一样,不因语句被否定而改变真实的性质,这是预设一方面区别于陈说,另一方面区别于其他蕴涵意义成分的重要特征:

(3) Он жалел теперь, что огорчил Нину.(А. Куприн)他现在后悔惹得尼娜伤心。

(4) Он не жалел теперь, что огорчил Нину.他现在并不后悔惹得尼娜伤心。

(5) Она заставила Ивана Ильича выпить несколько чашек кофе.(А. Толстой)她让伊万·伊里衣奇喝了好几杯咖啡。

(6) Она не заставила Ивана Ильича выпить кофе.她未能让伊万·伊里衣奇把咖啡喝掉。

例(3)(4)的命题态度主体不管"懊悔"与否,"他使得 Нина 伤心"都同样是事实,(4)被否定的只是陈说 жалел,因而(3)(4)蕴涵的"说话人认为命题态度主体惹得尼娜伤心是事实"的意义是事实预设,жалел 属于事实谓词。(5)的从属命题内容与(3)一样也是事实:伊万·伊里衣奇喝了好几杯咖啡。但是(6)与(4)却不同,被否定的不仅是陈说 заставил,而且包括从属命题:Иван Ильич не выпил кофе.(伊万·伊里衣奇没有把咖啡喝掉)。所以(5)的蕴涵意义"伊万·伊里衣奇喝了好几杯咖啡"不是事实预设,заставил 也不是事实谓词。

动词 начать(开始)蕴涵的事实情态一方面与(5)(6)中的 заставить (使)相同,从属命题内容在肯定句中是事实:Иван Антонович начал развязывать узелок.(伊万·安东诺维奇开始解包袱。)⊃ Он развязывает узелок(他在解包袱),在否定句里不是事实:Иван Антонович не начал развязывать узелок.(伊万·安东诺维奇没有开始解包袱。)⊃ Он не развязывает узелок(他没在解包袱);另一方面与заставить不同,否定其从属命题则否定谓词本身:Иван Антонович не развязывает узелок.(伊万·安东诺维奇没在解包袱。)⊃ Он не начал(他没开始),但是 Иван Ильич не выпил кофе(伊万·伊里衣奇没喝掉咖啡)并不意味着 Она не заставила(她没让),因而,начать 和 заставить 是两种不同类型的蕴涵动词。

在否定句中,很多未完成体意见动词的过去时形式用于概括事实意义时,都蕴涵事实情态:Он не думал (не рассчитывал, не надеялся, не ожидал, не предполагал), что она нам поможет(他本没认为〔没指望,没期望,没料到,没设想〕她会帮助我们)意味着 она нам помогла(她帮助了我们),但是在肯定句里,它们的情态意义往往恰好相反:Он думал, что она нам поможет(他本以为她会帮助我们)蕴涵 она нам не помогла(她没有帮助我们),因而,这类事实情态意义不具有预设的性质。(А. Зализняк 1988:119)

包含事实预设的语句(事实谓词句)的主体有两个:言语行为主体和命题态度主体。事实预设属于言语行为主体,是蕴涵在语句中的说话人的背景知识。至于命题态度主体,说话人可能与之共享这一背景知识〔例(7)〕,也可能不与共享〔例(8)〕:(И. Шатуновский 1987:129)

(7) Вы же возмущались тем, что русский царь подавил украинцев. (М. Тихомиров)您是曾经因俄国沙皇镇压了乌克兰人而感到气愤的呀。

(8) Ведь она не знает, что встречу отложили.她不知道会晤推迟了呀。

例(9)里,未完成体动词 догадываться 表示持某种假说、估计(располагать некоторой гипотезой),其从属命题的真实性只是命题态度主体 Маргарита 的主观臆测而已(如:Я не знаю, о чем вы будете переписываться, хотя догадываюсь (М. Соколов)(我不知道你们要通信的内容是什么,尽管估计得到几分),但对于说话人却是客观事实。例(10)里,完成体动词 догадаться 的从属命题内容,则不论对于说话人还是命题态度主体,都是客观事实:

(9) Маргарита чувствовала близость воды и догадывалась, что цель

близка.(М.Булгаков)玛格丽特感觉到附近有水,估计到目的地不远了。

(10) Они догадались, что наш попутчик был иностранцем. (В. Красных)他们猜到我们的同行者是外国人了。

例(11)的言语行为主体是言语时刻的说话人,命题态度主体是言语时刻之前的说话人。事实预设只属于前者(И.Шатуновский 1995:158):

(11)Я не знал, что ты по бабе соскучился. 我不知道你想老婆了呀。

在下文的(17)(18)两个例句中,言语行为主体和命题态度主体相互重合。

如果从属命题内容在命题态度主体心目中是真的,但是对于说话人而言是假的,那么,这种蕴涵意义尽管可能不因语句被否定而改变真值意义,具有预设的性质,但是已超出了事实预设的类别范围,试比较:

(12)Он воображает(认为),что установил мировой рекорд. 他认为创造了世界记录。

(13)Он не воображает(认为),что установил мировой рекорд. 他不认为创造了世界记录。

和代词疑问句形式相同的从属命题(косвенный вопрос)可能蕴涵着肯定的判断,具有"真实"的意义。但是这种事实情态只属于命题态度主体,不属于说话人,因而不能认为是事实预设(Е. Падучева 1998:19—26):

(14) Начальник станции знает, когда отправляется последний поезд. (Спросите, пожалуйста, у него.)站长知道最后一班火车什么时候开。(请问他吧。)

既然句后可以加上 Спросите,пожалуйста,у него,可见,言语行为主体对于间接问题蕴涵的肯定判断内容并不了解。Ю. Апресян 把(14)当作事实谓词句看待,他显然认为,事实预设属于命题态度主体。(Ю. Апресян 1995b:411—412)

当从属命题充当主位,语调重音落在事实谓词上时,从属命题内容成为说话人和受话人的共同背景知识,真实预设在这种情况下,又同时是语用预设:

(15)Он не знал, что там есть столовая.他不知道那里(竟然)有一座餐厅。

(16)Он не знает, что там есть столовая.他(并)不知道那里有一座餐厅呀。

例(15)的预设是:说话人知道那里有一座餐厅,(16)的则是:说话人和受话人都知道那里有餐厅。

从属命题句的客观命题内容和主观事实情态,在语义交际结构中的功能,由于言语行为意图不同而有所区别,试比较:

(17)(Я извещаю вас, что) вы избраны в члены комитета.我通告你们,你们已当选委员会委员了。

(18)(Я уверяю вас, что) вы избраны в члены комитета.我担保你已当选委员会委员了。

两个语句的从属命题包含相同的语义成分:a)Вы избраны в члены комитета(你已当选委员会委员)(命题内容); b)То, что вы избраны в члены комитета, истинно(你已当选委员会委员是事实)(事实情态)。但是,例(17)的交际意图仅限于将命题的客观内容通告受话人,交际结构中心是a);例(18)的交际意图是解除受话人对于命题内容真实性的疑惑,交际结构中心是b)。如果我们将实际切分的着眼点不仅仅局限在语句的形式结构层面上,而且进一步扩展到语句的语义结构层面上的话,那么可以认为,例(17)的语义主位是b),语义述位是a);例(18)则相反,语义主位是a),语义述位是b)。

事实情态只有在充当语义主位时才是事实预设[(17)],例(18)的预设是命题内容,事实情态不是语句的预设,而是陈说。

事实谓词句有两种形式结构层面上的实际切分类型:a)主位—事实谓词/述位—从属命题;b)主位—从属命题/述位—事实谓词。例(15)属于a)类,(16)则属于b)类。但是,在语义结构层面上,(15)和(16)的从属命题都以事实情态(说话人知道命题内容与现实相符)为语义主位。

我们知道,用否定的方法来检验预设时,必须把否定语气词 не 置于逻辑谓词,即语句形式层面的述位之前。(E. Падучева 1974:148—159)因此,只有以从属命题做形式层面主位的事实谓词句,即 a)类句,如例(19),才可以通过在事实谓词前加否定语气词 не 的方式构成对应的语法否定句,如(20),用以检验语句中的事实预设:

(19) Я вспо́мнил, что сегодня выходной.(我想起来今天是休息日了。)

(20) Я не вспо́мнил, что сегодня выходной.(我没想起来今天是休息日。)

用从属命题做形式层面述位的事实谓词句,如例(21),不能在事实谓词前加 не 构成否定句,用以检验句中的事实预设(И. Шатуновский 1995:158):

(21) Я вспомнил, что сегодня выходно́й.哦,今天是休息日呀。

(22)? Я не вспомнил, что сегодня выходно́й.

例(22)不与(21)构成否定与肯定对应关系的原因同(24)与(23):

(23) Мешок весит//50кѓ.袋子的重量是50千克。

(24) Мешок не весит 50кѓ.袋子没有(不到)50千克。

Ю. Апресян 把(24)看做(23)的对应否定句,认为类似的否定句结构(Бутылка не вмещает 5 литров(瓶子装不下5千克);Пальто не стоит 50 рублей)(大衣不值50卢布)语义特殊,句子的整体意义不等于组成词意义的逻辑整合,即句(24)的意义不是"袋子的重量不是50千克"(不到50千克或多于50千克),失去了其中"多于50千克"的意义成分。(Ю. Апресян 1995:81—82)这个观点不妥当的原因是,句(24)没有把 не 直接置于(23)的述位 50 кг 之前,因此不是(23)的对应语法否定句,而是(25) Мешок//весит 50 кг(袋子有50千克)的否定句形式。例(23)的对应否定句应该是:Мешок весит не 50 кг。可见,类似(24)的俄语否定句结构语义并没有特殊的地方。(И. Богуславский 1985:27—29)

有的事实谓词只用来充当述位,不能用做主位,句中的事实预设和语用预设重合：

(26) Она сожалеет, что ваш доклад не приняли. 她很惋惜你的报告没有被采纳。

例(27)和(28)的事实谓词 понял 虽然既可以做主位，又可以做述位，但是只有充当述位时(27)，语句才包含事实预设：

(27) Он понял, что тебе это не понравилось. 这件事不合你的心意，他懂了。

(28) Он понял, что тебе это не понравилось. 他以为这件事不合你的心意。

句(28)的后面可以补充上 но он ошибается(但是他想错了)或 и не ошибся(他没有想错)，因而不包含事实预设。(А. Зализняк 1987:51)

有些非事实谓词，如(29)中的意见谓词 подозревать，在充当形式层面的述位时，也常常获得"说话人认为从属命题内容符合事实"的预设，试比较：

(29) Иван подозревает, что его обманули. 伊万对自己遭到欺骗已有所察觉。

(30) Иван подозревает, что его обманули. 伊万怀疑自己遭受了欺骗。

例(30)的从属命题内容非真非假，但是(29)的从属命题内容，不论在肯定句和否定句(Иван не подозревает, что его обманули)中都是事实。(И. Богуславский 1985:27—29)例(31)的 сказал 虽然是言语谓词，但是因为充当形式述位，也包含事实预设 То, что конференция переносится, это истинно(学术大会变更时间是真的)。(Т. Булыгина, А. Шмелев 1988: 58—59)

(31) А ему сказал кто-нибудь, что конференция переносится? 有没有人告诉他学术大会时间变了？

在从属命题做主位的语句中，事实预设往往都和语用预设重合，是说话人和受话人的共同背景知识〔(16)(19)(20)(26)(27)(29)〕。但是这并不等于说,包含在从属命题主位里的语用预设,都必然同时是命题态度谓词的事实预设。在例(32)中,充当主位的从属命题没有真值意义,不是事实预设。例(33)的从属命题内容是假的,不是真的,也不是事实预设。但是它们都属于交谈双方的共有信息部分:

(32)Я уверен, что там есть столовая. 我相信那儿有一座食堂。

(33)Иван делает вид, что у него мировая скорбь. 伊万做出十分不幸的样子。

Е. Падучева 关于语用预设先后做过不同的界定。在较早的著作中她认为,语用预设不仅应该是已给(данное)信息,而且应该是真的,即已知(известное)的信息;(Е. Падучева 1977:101—103)但是后来修正了先前的定义,删除了语用预设必须是真实的这个条件。(Е. Падучева 1985:57)按照 Падучева 的修正意见,从属命题作主位时包含的语用预设可以不和语句的事实预设重合。例(32)(33)的主位从属命题虽然不是命题态度谓词的事实预设,但是仍然包含语用预设。已给和已知是两个不同的概念,不应该混为一谈。

2 陈述语句事实情态成分的交际功能

从属命题句剥离命题态度谓词后,成为以现实为描写对象的陈述语句,但是,很多这样的语句仍然保留着命题内容和事实情态两种语义成分。受不同言语行为意图的制约,这两种成分在语义交际结构层面的主次地位也会发生变化。试比较:

(1)(Что произошло? —)Человека нашли замерзшего.(Л. Савельев)(发生什么事了？——)发现了一个冻僵了的人。

(2)Ты и впрямь в большие люди выйдешь!（А. Андреев）你也确实会成为大人物的。

例(1)旨在通报受话人一个新的事件,客观命题内容因而被置于交际结构的中心位置,是语句的意义述位,陈说部分。事实情态只是这一"通报"言语行为(репрезентатив)的真诚条件(условие искренности,说话人确信命题内容真实),语句的意义主位,交际预设。(H. Арутюнова 1973:88)这类语句的语调通常使用 ИК-1。例(2)的言语行为意图不是"通告",而是"证实",意义大致相当于:То, что ты в большие люди выйдешь, это верно.(你将成为大人物是确实的。)命题本身(ты в большие люди выйдешь〔你会成为大人物〕)为言语行为参加者双方所共知,是表述的语用预设,语义主位。事实情态(это верно〔这确实〕)才是表述的中心,语句的陈说,语义述位。这类语句的语调通常用 ИК-2 表示。

Ch. Bally 按照质疑对象的不同,将问句划分两类四种(Ш. Балли 1955:47—48):1)命题问句,即代词问句,用于获知(a)整个未知事件:Что случилось?(出什么事了?)或(b)事件的未知局部:Кто вышел?(谁来了?)2)情态问句,即非代词问句,用于(a)在整个事件已知的情况下,对其是否确实提出疑问:Ваня пришел?(万尼亚来了吗?)或(b)对已知事件局部的真实性提出疑问:В школу ли пошел Павел?(巴维尔去的是学校吗?)P. Adamec 在 Bally 的问句分类基础上,把陈述句相应地划分为:1)信息句,用来回答命题问题,通告受话人,(a)发生了什么未知事件,或(b)事件的未知部分是什么;2)证实句,用来回答情态问题,肯定已知事件的(a)整体或(b)局部是否确实。(П. Адамец 1966:26—30)信息句的述位是(a)全部命题,如不可切分的存在句:Цветет черемуха(稠李盛开)和隐现句:Вырос новый современный город(一座新的现代化的城市出现了),或者是(b)部分命题:Мое внимание привлекла//афиша.用全部命题充当述位的信息句并非没有主位,语句的事实情态(真诚条件,交际预设)就是它们的语义主位。部分命题充当述位(афиша)的信息句,主位除了包括命题的其余部分外,也包括语句的事实情态(Что-то привлекло мое внимание〔有个东西引起了我的注意〕)。证实句的主位是(a)全部命题:〔А ты как? Защитил? —, я〕 не защитил.(В. Аксенов)(〔怎么样? 通过答辩了? ——〕没通过),或(b)部分命题:〔Пианист исполнял прелюдию Скрябина? —〕Да, исполнял//*пианист* (О. Крылова).(〔是钢琴师演奏的斯克里亚宾的序曲吗? ——〕是的,是钢琴师演奏的。)述位是(a)事实情态:То, что я защитил,//не верно(我通过答辩不是事实),或(b)事实情态与部分命题:То, что исполнял прелюдию Скрябина/пианист//, верно. (钢琴师演奏了斯克里亚宾的序曲是确实的。)

显然,例(1)属信息句,例(2)则是证实句。

K. Lambrecht 将焦点分成三种类型:a)述语焦点(3);b)论元焦点(4); c)全句焦点(5):(K. Lambrecht 1994:222—223)

(3)〔What happened to your car? 你的汽车怎么了?〕My car//It broke down. 我的汽车坏了。

(4)〔I heard your motorcycle broke down. 听说你的摩托车坏了。〕My car broke down. 我的汽车坏了。

(5)〔What happened? 怎么了?〕My car broke down. 我的汽车坏了。

其中的论元焦点,我们认为有值得商榷的地方。Lambrecht 把"焦点"定义为"一个语用结构的命题中所含预设以外的信息"(屈承熹 1999),与本文使用的"述位"概念基本一致,我们在行文中将使用"述位"代替"焦点"。句(4)中的 car 我们认为不是述位,而是主位。

例(4)的背景问句属于(a)种情态问句,其语义交际结构是:主位(预设)—Your motorcycle broke down. 你的摩托车坏了(命题)//述位(陈说)—Didn't it? 是真的吗?(事实情态)。对这种问句的合乎逻辑的应答照理要使用对应的(a)种证实句,针对问句的语义述位,肯定或否定命题内容与事实相符。但是句(4)答非所问,抛开问句语义述位,把注意目光转向语义主位。这是问句预设失真,语义异常,交际不能沿着正常轨道进行的缘故。例(4)因而确是一个以纠正预设错误为言语行为意图的语句,被纠正的是背景问句中的命题预设 Your motorcycle broke down. 句(4)的背景问题除了(a)种情态问句之外,还可能是(b)种命题问句(6)或(b)种情态问句(7):

(6)〔Your what broke down? 你的什么东西坏了?〕My car broke down. 我的汽车坏了。

(7)〔Is it your motorcycle that broke down? 是你的摩托车坏了吗?〕My car broke down. 我的汽车坏了。

句(6)背景问句的交际结构是:主位——broke down(坏了)//述位—— your what(你的什么东西);相应答句的交际结构因而是:主位——broke down(坏了)//述位——my car,句(7)背景问句的交际结构是:主位——broke down(坏了)//述位——your motorcycle(你的摩托车) + Isn't it? (是真的吗?)答句的交际结构因而是:主位——broke down(坏了)//述位 my car(我的汽车) + It is(是真的)。在与背景问句的关系上,(4)与(6)(7)明显不同,(6)(7)与背景问句的关系分别是:命题问句/信息答句,情态问句/证实答句;而(4)与背景问句的关系则是:情态问句/纠正预设句,答句的 car 虽然同样用重音强调,但不是为了提供新的信息或者对已知信息的事实情态给予肯定或否定,而是为了纠正问句预设中的错误部分。被纠正的 motorcycle 在问句中是主位,取而代之的 car 在答句之中依然还是主位。

В. Белошапкова 也把非扩展主谓语句的述位部分划分成述语述位(8)、论元述位(9)和全句述位(10)3类:(В. Белошапкова 1989:602—604)

(8)〔Что слышно об Иване Ивановиче? 有关伊万·伊万诺维奇的事你听说什么了吗?〕Иван Иванович приехал. 伊万·伊万诺维奇来了。

(9)〔Кто приехал? 谁来了?〕Приехал Иван Иванович. 伊万·伊万诺维奇来了。

(10)〔Что нового? 有什么新闻?〕Приехал Иван Иванович. 伊万·伊万诺维奇来了。

句(9)是证同句(идентифицирующее высказывание)的一种类型(Н. Арутюнова 1976:291—295),意义相当于 Тот, кто приехал, это Иван Иванович 或 Приехавший есть Иван Иванович(来的人是伊万·伊万诺维奇)。句子的实际信息是受话人企图了解的已知事件(Кто-то приехал 有人来了)的未知局部,因而 Иван Иванович 在句中才是地地道道的论元述位。例(9)与例(4)的俄语译文 Моя машина сломалась(我的汽车坏了)就交际结构而言,修辞上都是中立的,但是它们的主语、谓语的位置恰好相反。前者可以调换主位与述位的顺序,构成词序倒装的修辞变体;后者的主位不能置于述位之后构成修辞变体。(9)的修辞变体形式(11)主、谓语

序虽然与(4)的俄译文和(11)相同,但是语调结构不同:

(11)Иван Иванович приехал.伊万·伊万诺维奇来了。

(12)Иван Иванович приехал.是伊万·伊万诺维奇(不是别人)来了。

例(11)的调型是 ИК—2(降调),语调中心落在述位 Иван Иванович 上;(12)的主位 Иван Иванович 带次重音,语调上扬(ИК—3),述位 приехал 的语尾重音依然保留。

例(13)的语句指向虽然也是情态问句的命题预设,但是与(4)有所区别,不是在接受命题预设整体的前提下,纠正其中的论元部分,而是推翻命题预设本身:

(13)〔Получили вы телеграмму? —〕Какую телеграмму? Мы никакой телеграммы не получали.(您收到电报了吗? ——)什么电报? 我什么电报都没收到。

背景问句的意思大体上是:a)Была телеграмма(有一份电报);b)Она вам известна(您知道这份电报);c)Ее вы должны были получить(您应该收到这份电报);d)То, что вы получили ее(您收到了这份电报的事);e)это истинно? (这是真的吗)其中 d)是命题预设,语义主位,包括的语义成分有 a)存在预设,b)语用预设,c)用完成体动词过去时形式表达的预料行为预设;e)是事实情态,全句的陈说部分,语义述位。答句将这些预设全部推翻,因而命题真实与否无从谈起。не получали 用未完成体否定的不是事实情态述位,而是预料行为预设:Мы не должны были получать(никакой телеграммы).(我们不应该收到〔什么电报〕)。试与例(14)中否定事实情态述位的完成体动词 получили 对比:

(14)(Здравствуйте. Говорит Ленин. Получили вы от меня телеграмму? —)Нет, Владимир Ильич, не получил.(С. Аксенов)(您好,是列宁在通话。您收到我的电话了吗?)没有,弗拉基米尔·伊里奇,没收到。

其中的背景问句和答句包含的意思分别是:Вы должны были получить телеграмму. Ее получили?(您应该收到电报,收到了吗?)Я должен был получить, но не получил(我应该收到,但没收到)。

例(15)中,Зюганов 断然否认的也是背景语句中的存在预设(Никакого закрытого пленума не было〔没召开过任何秘密会议〕)和动词完成体过去时形式表达的预设(试比较:приняли〔通过〕= принимали〔讨论〕+ приняли〔通过〕/не приняли〔未通过〕= принимали〔讨论〕+ не приняли〔未通过〕),与例(13)не получали(未收到)不同的是,не принимали(未讨论)否定的不是预料行为预设,而是行为过程预设:

(15)Лидер фракции КПРФ в Государственной Думе Геннадий Зюганов категорически опроверг информацию о том, что якобы, закрытый пленум ЦК партии принял сегодня утром решение о троекратном отклонении любой кандидатуры на пост премьер-министра... "Никакого закрытого пленума не было и такого решения мы не принимали,"—заявил он сегодня журналистам.(Из газеты)国家杜马中的俄联邦共产党团首领根纳季·久加诺夫断然否认关于中央委员会秘密全会今天早晨通过了三读否决任何总理人选决议的消息……他今天向记者申明:"没有召开过任何秘密全会,我们也没有讨论过任何决议。"

Н.Арутюнова 将(16)(17)作为 L. Karttunen 划分的使役动词(si-verbes)的俄语例证(Н. Арутюнова 1976:291—295),说明这类动词的肯定形式蕴涵事实情态,否定形式对客观命题的真值意义持中立态度,既不肯定,也不否定:

(16)Петр заставил меня остаться дома. ⊃ Я остался дома.彼得让我留在了家里。⊃ 我留在了家里。

(17)Петр не заставлял меня оставаться дома. ⊃? 彼得没有让我留在家里。⊃?

句中的 заставил/заставлял 属于突变结果动词(张家骅 1996:43—44),完成体 заставил 包含 a)主体有目的活动(заставлял〔让〕)和 b)达到目的(удалось заставить〔让成功〕)两项意义成分,a)是预设,b)是陈说。не заставлял(没让)否定预设,не заставил(没让成功)否定的是陈说(не удалось заставить)。因而 заставил 的对应否定形式是 не заставил,不是 не заставлял。(16)的对应否定句 Петр не заставил меня остаться дома(彼得没有能够让我留在家里)蕴涵 Я не остался дома(我没有留在家里),所以 заставить 不是使役动词,而是 Karttunen 划分的蕴涵动词(импликативный глагол)。这类动词的肯定形式蕴涵事实情态(从属命题内容是事实),动词被否定时,从属命题的事实情态也被否定(从属命题内容不是事实)。至于未完成体动词 заставлять,则无论在肯定句或否定句中,都对从属命题内容的真值意义持中立的态度,不蕴涵肯定或否定的事实情态。

第四节 俄语的主位与汉语的话题

从布拉格学派提出实际切分理论至今,各国学者在不断地丰富、发展和完善这一理论,如俄语中的主位(тема)、英语中的话题(topic)等概念从根本上讲均是以该理论为基础的。受英语影响,从 60 年代起汉语学界的一些学者也将注意力转向了汉语话题的研究。在研究过程中学者们遇到了很多根本性的问题,如话题与主语的关系、话题与焦点的关系、话题到底是个句法成分还是个语用成分等等。本节的目的在于通过对比俄汉语学者对俄语的主位和汉语的话题的相关认识,一方面分析对汉语话题不能有统一认识的原因,另一方面提出汉语话题相对于俄语主位存在着的一些特点,这将有助于学习汉语或俄语的人更好地掌握所学的语言,具有理论语言学和应用语言学的价值。

1 俄语主位与汉语话题的结构层次归属

对比语言学的一般理论要求我们在进行对比之前首先要确定所比内容是否在同一层面上,不处于同一层面上的东西是无法比较的,比如,语言研究可以分成语音、词汇、语法等几个层面,要将英语语音层面上的元音与汉语语法层面上的代词作系统的对比,那是不可能的。所以,我们首先谈一谈俄语主位与汉语话题的层次归属问题。

1) 俄语中的主位及其结构层次归属

原苏联的语言学家在接受布拉格学派代表马泰修斯(Vilem Mathesius)提出的实际切分理论后,注意到了主述位的句子结构的层次归属问题。对此 К. Крушельницкая(1956:65)的观点是,"实际切分是一个句法范畴,是句法学研究的课题"。另一位实际切分的研究者 И. Ковтунова(1976:6)严格区分了形式切分和实际切分,指出主语、谓语与主位、述位之间可能存在以下几种关系:a)重合,即主语(主语部分)充当主位,谓语(谓语部分)充当述位;b)不重合,即主语(主语部分)充当述位,谓语(谓语部分)充当主位;c)主谓语一起做主位,而其他句子成分做述位,或者恰好相反。她没有明确说明主述位的层次问题。但在《80 年语法》中很明显已经把实际切分纳入了句法研究的范围。

那么,主位、述位到底是属于语句结构的哪个层次？它是否真如 К. Крушельницкая 所说是个句法范畴呢？从语言学发展和语言研究所关涉的层面来看,实际切分理论的提出事实上是打破了以往只局限于语法和语义层面的研究局面。它从语言的功能角度出发,研究句子成分在句中扮演的功能角色,它所涉及的更多的是和语言的使用者相关的范畴,例如指称、预设、情景、上下文等等。这样,功能语言学派(早年,功能语言学派主要是用以称呼布拉格学派)最终是将在交际中运用的语言,作为一个三个层次的信号系统来分析,而其他的语言学理论或语言学科是把语言作为一个两个层次的系统来分析。而这第三个层次其实正是语用层次。我们知道,语用学研究的是语言的使用者与语言符号之间的关系,而实际切分是在特定的语境中依据交际任务的需要对句子进行切分。我们姑且不去讨论这种切分是说话人的切分,还是受话人的切分,我们想要强调的是这种切分是由人来完成的,既然有人参与了此切分过程,那也就是说人与语言符号之间存在一定的关系。所以我们认为实际切分并非如 К. Крушельницкая 所说是一个句法层次的问题,实际切分理论从被提出之始就向人们展示了语言符号与语言符号使用人之间的关系,即它是一个语用层次的问题。

2) 汉语中的话题及其结构层次归属

从 20 世纪 60 年代汉语界开始研究话题以来,学者们在话题的层次归属这一问题上始终没有达成共识。归纳起来,主要存在着以下三种不同的观点：

a) 话题主语等同说

这是早期的汉语结构语法所持的观点，以赵元任、朱德熙为代表。赵元任(1979:45)首先提出"主语和谓语的关系可以是动作者和动作的关系。但在汉语里，这种句子(即使把被动的动作也算进去，把'是'也算进去)的比例是不大的，也许比50%大不了多少。因此在汉语里，把主语、谓语当作话题和说明来看待，比较合适"。这可以称为最早的汉语主语话题等同论，这也是汉语语法学提到话题之始。

b) 三个平面说

胡裕树、范晓(1996:9)提倡从三个平面进行语法研究。他们认为"主题是语用分析中的重要概念，它跟主语、施事属于不同平面。主题、主语、施事是可以独立并存的概念。主语是属于句法关系的概念，它是与谓语相对而言的，是一种句法成分；施事属于语义关系的概念，它是动作行为的发出者，在与及物动词相联系时，是与受事相对而言的，是一种语义成分；主题是交谈功用上的概念，是交谈双方共同的话题，是句子叙述的起点，常代表旧的已知信息，它是与评论(对主题的说明，即传递新信息的部分)相对而言的，是一种语用成分"。

c) 句法说

持这一观点的主要是刘丹青和徐烈炯。两位学者(1998:43)以语言类型学为起点明确提出，"作为一种话题优先的语言，汉语的话题在句法上有与主语、宾语同样重要的地位。从层次分析的角度看，话题在句子层次结构中占有一个特定的位置，正如主语、宾语各占一个位置。这就是说，话题不与主语合一个位置，也不与宾语合一个位置。话题与主语、宾语一样是句子的基本成分。话题可以省略，主语、宾语也可以省略。汉语句子结构中有一个话题位置，但这一位置不一定在每个句子中都被一个成分占用。当这个位置被某个成分占用时，该句子就是话题结构。"同时，他们又进一步指出，"我们对话题的这种看法，丝毫不妨碍我们对话题的话语功能的强调，我们甚至可以同时说，话题就是一个主要用来起话语功能的句法成分。"(1998:206)从这段话可以看出，在他们看来，话题这一术语实际上有两种含义。一种含义是作为句法成分的"话题",主要适合于话题优先的语言和主语、话题并重的语言;另一种含义是作为有特定话语功能的话语成分的"话题",适合于各种人类语言。而其他学者有关"话题"的论述,通常只把话题看做话语成分。

以上我们介绍了目前对汉语话题的三种颇具代表性的观点。在我们看来,这些观点虽然看上去有分歧,但也不乏共同之处,那就是学者们都把话题和主语联系了起来。他们或是强调话题和主语是一回事(话题、主语等同说),或是把话题和主语划分到不同层面(三个平面说),或是说明话题与主语处于平等对立的位置上(句法说)。而主语的定义又是汉语界长期以来争论不休的问题。因为汉语与俄语不同,俄语中的主语,可以通过其外部的形式标记来定义,如我们可以说,俄语的主语绝大多数是由句中的名词第一格形式来充当的,这就使我们能够很容易地指出句中的哪个语词是主语。但汉语不像俄语那样依赖形式上的标记,形式制约力不像俄语那么强,我们很难从形式上去给汉语话题下一个准确的定义。所以一直以来汉语研究者总是试图从意义角度给主语下一个合适的定义,但却始终没有达成共识。原因正如沈家煊(1999:232)分析的那样,"在主语的问题上至今仍有意见分歧的根源在于我们对语法范畴的根本看法不正确。过去总是认为'主语''宾语'这样的语法范畴都是绝对的、离散的,可以用一些必要的和充分的条件来定义,因此就一个句法成分而言,它要么是主语,要么不是主语……人建立的范畴大多是典型范畴,一个范畴的内部成员地位是不平衡的,有的是典型成员,有的是非典型成员。语法范畴也不例外。主语、宾语这种句法成分范畴是典型范畴,动词、名词这样的词类范畴也是典型范畴。"沈家煊这里所讲的"典型范畴"与徐烈炯、刘丹青使用的"原型意义"在实质上是一样的。一个句法成分的原型意义既可能来自语义角色,也可能来自语用角色,换句话说,语法化存在着很大的选择性,可能是将语义内容语法化,也可能是将语用内容语法化。那么,我们认为,在汉语主语的问题上,有的学者在定义主语时为主语选择了语用原型意义——话题,如赵元任,有的学者选择了语义原型——施事,如徐烈炯、刘丹青。但前者在为主语选择原型意义之后走向了极端——在主语与话题之间画上了等号。我们认为这种观点不可取，理由有二：(a)如果真的把主语／谓语当作话题／说明来看待，那其他句子成分，如宾语、定语、状语、补语又应如何处理呢？(b)这样做的结果是，从理论上讲，等于取消了汉语的句法，汉语成了只有语义和语用两个层次的语言，从而导致汉语语法体系残缺；从教学方面看，这样做使得教者和学者均无"法"可依，特别是在对外汉语教学中，用话题／说明结构教外国人学汉语更是缺乏可操作性，是不现实的。

另一方面，当我们按照"施事为典型主语"的原则去分析句子成分的时候，就会发现与俄语的表层句法不同（俄语句子中的每一个词或短语都对应一个句法成分），汉语的句子中有些词或短语既不是典型的施事主语，又不是非典型的其他主语，无法归入任何句法成分；这些词常位于句首，与句中动词谓语没有语义上的一致关系，但却起着重要的组织话语的作用，不是一个可有可无的成分。这应该算作汉语在句法上的一个特点，但这个特点却始终没有在汉语的句法体系中得以体现。而徐烈炯和刘丹青提出的"话题是句法成分"的观点较为彻底地把 Li & Thompson（1976：457—489）提出的"汉语是话题优先型语言"贯彻到了汉语的句法体系中，使汉语句法层面的特点充分展现了出来。如果这样看问题，那么无论把话题划归句法层次还是划归语用层次都是有道理的，两者并不矛盾。不过，我们认为最好还是把话题定位在语用层面。因为，在实际研究汉语话题时，我们还是多以语用上的话题为研究对象，而语用话题的一个特点便是它在句法层次上有典型代表，这也正是汉语话题不同于俄语主位的一个方面。

2. 俄语主位与汉语话题的特点

1) 俄语主位与汉语话题的相同点

同属于语用层面的俄语主位与汉语话题之间存在很多共性，如俄语主位与汉语的话题在大多数情况下都是已给信息，是有定的，是预设的所在。很多学者对以上关系已作过详细阐述，我们就不再多说，这里重点谈一下俄语主位、汉语话题与焦点的关系。

焦点是说话者所强调的重点,是说话人最想让听话人注意的部分,是句子语义的重心所在。它是句子中某语法单位的一种功能属性。焦点一般分为两种:自然焦点和对比焦点。自然焦点也叫常规焦点,用来引入新信息,是句子的自然重音所在。对比焦点是说话人出于对比目的着意强调的重点,做对比焦点的成分往往带有对比重音。对比项可能是上文提及的或语境中实际存在的,也可能是听话人和说话人双方心目中认可的。关于自然焦点和对比焦点举例如下:

(1)这种无家可归的情况//又持续了两个星期。(自然焦点)

(2)Маша //хочет выйти замуж за *богатого коммерсанта*.(自然焦点)玛莎想嫁给一个有钱的商人。

(3)不是别人将你赶到这个位置上来的,是你自己要到这儿来的。(对比焦点)

(4)Это я тебе помогал.(对比焦点)是我帮了你。

从以上关于焦点的定义和举例中可以看出,焦点可能是说明或述位的一部分或者与说明或述位完全重合,如(1)(2)句的说明或述位是斜线后面的部分,但焦点却是标出的部分;(3)(4)中的焦点与说明或述位重合。可见,焦点是新信息中的重点信息,是重中之重,它比述位更集中地突显说话人所要表达的重点。既然焦点是述位或说明的一部分,那么焦点就不可能是话题,焦点与话题在功能上是对立的。但徐烈炯、刘丹青(1998:98)认为,在汉语中,除了自然焦点和对比焦点之外,还有一种话题焦点。他们以"突出"和"对比"两种功能为参数对焦点进行分类,具体如下:

自然焦点:+ 突出 - 对比　　(5)他三十年来一直住在芜湖。
对比焦点:+ 突出 + 对比　　(6)老王上午借了老李一笔钱。
话题焦点:- 突出 + 对比　　(7)平时啊,人倒不多,星期天啊,人很挤。

两位学者认为:"有些人已经注意到话题有对比的作用,甚至用焦点来描述它,但可惜都没有将这类焦点与上述两类焦点区分开来,通常是把话题焦点混同于对比焦点……话题焦点是只有对比,没有突出的焦点,它只能以句外的某个话语成分或认知成分为背景,在本句中得到突出,而不能以本句中其他成分为背景。即使是话题焦点也不比句子的其他成分突出,句子可以另有突出的部分。"

我们不妨再来看一下俄语界对这类句子是如何分析的。俄语中也有很多例(7)那样的句子,如:

(8) *В английском языке* падежи сохранились только в системе местоимения. *Во французском языке* наблюдается такая же картина. 在英语中格只在代词系统中保留,在法语中可以看到同样的现象。

(9) *В обществе мужчин* ему было скучно, не по себе, с ними он был неразговорчив, холоден, но *когда находился среди женщин*, он чувствовал себя свободно и знал, о чём говорить с ними и как держать себя и даже молчать с ними ему было легче. (А.П.Чехов) 在男人圈中他很寂寞,不自在,和他们在一起他话不多,冷漠,但当他处于女士圈中时,他很自在,知道该和她们说什么,如何表现自己,和她们在一起即使一声不吱他也觉得很轻松。

在俄语中类似(8)(9)这样句子中的标出部分被分析为对比主位,В английском языке 与 Во французском языке 形成对比,В обществе мужчин 与 когда находился среди женщин 形成对比,后面是对对比主位的具体内容的揭示,构成对比述位。俄语中没有用焦点来分析这一问题。我们认为这种分析是有道理的,这里的对比并非如徐烈炯和刘丹青所说是"话题有对比的作用",对比主要来自对比结构,所以话题焦点这一提法不可取,理由如下:

a) 由焦点定义可知,焦点的主要功能是"强调、突出",即使是对比焦点,其目的也是强调"是 A,不是 B",并非像话题焦点那样把 A 和 B 进行对比;

b) 徐烈炯、刘丹青(1998:99)认为话题焦点与对比焦点的区别在于"对比焦点,包括做主语的对比焦点,一般都可以在语境或背景知识的支撑下省去句子的其余部分,而话题焦点无论怎样对比也不能省去它后面的部分,因为话题焦点句的句内表达重点就在话题后的某个成分上"。很显然,按照这种说法,一个句子就有了两个焦点:一个是话题焦点,一个是后面的"句内表达重点"。而一个句子中是不应该出现两个焦点的,否则就无所谓重点不重点了。综上所述,我们认为在汉语中,最好能像俄语那样,用"对比话题"来称谓上面所说的话题焦点。话题、说明和焦点都属于功能概念,之所以提出焦点的概念是为了突出说明更为重要的信息。

2) 俄语主位与汉语话题的不同点

虽然俄语主位与汉语话题在语用、语义上有很多共同之处,但二者在语法上的体现是有差异的。

首先,汉语话题是一个被语法化了的句子成分,而俄语中的主位总体上没有被语法化,在表层句法结构上没有明显的体现。在俄语中,做主位的语词可能或是句中的主语,或是宾语,或是状语等,不能像汉语的话题那样是全职话题,即只做话题,除此之外,什么都不做。但例外的情况也绝非没有,如俄语中 Что касается кого-чего, то(至于……则)这样的结构,我们可以把它看成话题结构的一种句法表现,但这种句子在俄语中数量太少了,所以俄语的主位只能是语用层面上的概念。

其次,汉语话题语法化在形式上的一个明显标志就是前置。汉语的话题通常都是在句首,俄语的主位通常情况下也是前置的,即遵循主位在前、述位在后的客观词序。但由于俄语的句法成分之间的关系可以用形态来标记,所以词序要比汉语句子相对灵活,这使得俄语中主位在后,述位在前的主观词序要比汉语中常见得多。举例如下:

(10)他歌唱得怎么样?

(11)他歌唱得好。

(12)—Как он поет? 他歌唱得怎么样?

(13)—Он поет хорошо. 他歌唱得好。

(14)—Хорошо(好) он(他) поет(唱).

汉语对(10)的回答只有(11)这样一种词序,我们不能说"*得好他歌唱",话题只能在前面;而俄语却有(13)和(14)两种词序,(13)中主位在前,句(14)主位则在后。可见,由于汉俄两种语言在词序上的差异,汉语话题在句中的位置要较俄语主位在句中的位置固定些,灵活性小些。

第三,在汉语中最经常做话题的是名词(包括方位名词)、代词、数量短语、动词短语,但谓语动词、形容词、副词做话题的情况却很少;而在俄语中,主位一般不会受到词类的限制,每类实词都可以做主位(当然,作为叙述对象,主位最恰当、最经常的表达方式是名词和动词不定式),也不会受到句子成分类别的限制,每种成分都可以做主位。对照下面的句子:

(15)北京的秋天最长,也最好。(名词做话题)

(16)外边有一片水。(方位名词做话题)

(17)她又被人救活了。(代词做话题)

(18)一斤(苹果)呀,才两三个。(数量词做话题)

(19)他的新快板一念出来,东头的年轻人不到一天就传遍了,可是想传到西头就不十分容易。(动词短语做话题)

(20)Баба поехала в город.(名词做主位)老婆去城里了。

(21)Жаловаться—грех.(动词不定式做主位)抱怨是种罪过。

(22)На подоконниках сидели сытые голуби.(全句限定语做主位)窗台上落着吃饱了的鸽子。

(23)Она купила хорошую книгу.(代名词做主位)她买了一本好书。

(24)〈На собрании все молчат.〉Молчит и председатель.(变位动词做主位)

(25)〈Подняться по верхней тропе нетрудно и безопасно.〉Опасно—это подъём и спуск со стороны моря.(性质副词做主位)

(26)〈Язык—система.〉Системна и его звуковая сторона.(形容词短尾做主位)

对比例句,我们会发现类似(24)(25)(26)这样的句子多可以在保持与俄语句子词序一致的前提下对译成汉语,如:

(27)会上大家都沉默,沉默的还有主席。

(28)沿上面的小路登上去不难也不危险,危险的是从靠海的一边登上去,再下来。

(29)语言是一个系统。呈现系统性的还有它的语音。

但在汉语句子中,原来俄语的动词、副词及形容词都被相应地名词化了,成为"的"字短语。这体现出汉语话题的一个特点——体词性。汉语话题排斥谓词,而俄语的主位却不排斥谓词。不过,像例(27)这样的句子还是有些别扭,通常我们说"会上大家都沉默,主席也沉默"。

第四,汉语的话题在绝大多数情况下都相当于俄语的主位,但俄语的主位并不一定都相当于汉语的话题。我们知道俄语主、述位划分的一个依据是根据提问确定句中的主位和述位,比如,在下面这个对话中,(30)б的主位应该是 пришел。

(30) a. Кто пришел? 谁来了?

б. Пришел(来了) папа(爸爸).

但在汉语中这一划分依据却不能得到贯彻。看例句:

(31) a. 谁来了?

б. 爸爸来了。

(31)б中虽然"有人来了"是已给信息,是预设,但我们却不能说"来了"是话题,因为上面我们讲过,汉语的话题不能由句子的谓语动词充当。有人认为该句中"爸爸"是话题,理由是"爸爸"是句中主语,而且居于句首。我们觉得这种说法也不妥,因为"爸爸"是新给信息,是焦点所在,而且我们知道如果"爸爸"是话题,那么根据汉语话题后均可加话题标记这一点,"爸爸吧,来了"这个句子应该可以被接受,可实际上这个句子用在这里是不合适的,所以"爸爸"不能成为句中的话题。那么,该句的话题是什么呢? 我们认为该句没有话题,只有主语。判断某一成分是否为话题时,结构位置固然重要,但是否起话语功能这一点似乎更重要。从这一点看,无论是"爸爸",还是"来了"都不具有话题的话语功能,所以都不是话题。这一现象告诉我们,在汉语中,主语虽然是典型的话题,但也并非所有的主语都是话题,这样的句子有很多,如:

(32)(就在这时候,休息室的门突然开了,我那爱尔兰裔的母亲大步走进来,一把揪住了我的衣领……我知道,)是母亲的热情、活力、失望和她的爱使得她闯进了休息室。

(33)(请问,哪位是护士长?)那个戴眼镜的中年人是护士长。

(34)(都选他做模范,)人人都把他夸。

句(32)的主语是句中的焦点,不能做话题;(33)的答句是指别句,主语"那个戴眼镜的中年人"是新给信息、焦点的所在,同样也不能做话题;(34)的主语是一种较为特殊的周遍性主语,这种主语往往是对比焦点的所在,所以也不能做话题。但俄语里的这种句子的主语却是可以做主位的,如:

(35) *Каждый человек*// должен знать свой язык. 每个人都应该懂母语。

这一差异的主要原因便是汉语在句法层次上不像俄语那样依赖形式标记,主要的语法手段就是词序。由于汉语句中语词的线性排列在句法层次上受到限制,所以很多汉语句子不能像俄语句子那样有自己的交际变体,很难按照交际意图去调整词序。

第五,俄语的主位可能是复合主位,这与汉语中徐烈炯等提出的主话题、次话题、次次话题不是一回事。在俄语中,一般的主位由个别词或短语表示,而句子的其余部分表示述位,即主简述繁是句子的正常结构情况,但俄语中也存在相反的情况——主繁述简,即一个句子中只有一两个词是强调的信息重点,这时的主位叫复合主位。复合主位大致有下面几种情形:

a) 复合主位是一个主谓结构;

(36) *Встает она затемно.* 她总是天还没亮就起床。

b) 整个谓语部做复合主位;

(37) *Детей провожала в школу няня.* 送孩子去上学的是保姆。

c) 几个分属于不同句部的词,即相互间没有联系的词一起做复合主位。

(38) *Природу я любил.* 大自然,我曾经热爱过。

通过例句和相应的译文我们可以看出,俄语允许意义上无关联的词一起做复合主位,如 Природу(大自然)和 я(我)同时在主位中出现,而汉语的话题则必须是语义上相关联的词,如"送孩子去上学的"才可以合起来做话题,Природу я(大自然我)这样毫无联系的词是不可以同时进入话题的。这似乎可以看做汉语话题不同于俄语主位的一个特点。

以上我们总结了汉语话题与俄语主位的几点不同,通过论述我们得出这样的结论:汉语的话题更经常出现在句子的前面(特别是句首),基本上由体词充当,做话题的语词在意义上不能是毫无关联的;而俄语的主位则既可以出现在句首,也可以出现在句末,不排斥谓词做主位,当主位是复合主位时,充当主位的可以是几个意义上没有联系的词。所以俄语的主位与汉语的话题不可能是一一对应的关系。

本节主要以汉语的话题与俄语的主位为对象,对比分析了两者的结构层次归属问题,指出俄语的主位是语用层次上的概念,而汉语的话题则不仅是语用层次上的概念,还是句法层次上的概念,因此两者之间既存在着共性,又各有各的特点。有关汉语话题与俄语主位的内容还有很多值得对比的地方,如词汇表达手段、语调、句法结构等等。但由于篇幅有限,不再赘述。

第三编 语句的语用意义研究

第十一章

命题态度

第一节 关于语句意义的二元对立范畴

纵观语言学的发展历程,语句内容层面的二元对立观由来已久。比如,态式(модус)与陈述(диктум)、内涵动词(интенсиональный глагол)与内涵客体(интенсиональный объект)、意向动词(иллокутивный глагол)与言说行为(локуция)、情态成分(модальный компонент)与命题(пропозиция,简称P),等等。[①] 本节探讨态式与陈述、情态与报道内容、命题态度(пропозициональное отношение)与命题、意向行为(иллокуция)与命题四组二元对立范畴,揭示语句意义,尤其是各组对立中前者的特征。

1 态式与陈述

追本溯源,态式与陈述二元对立的学说最早可见于经院哲学的逻辑理论中。(Н. Арутюнова 1988b:3)不过,将其引入语言学,产生巨大影响的学者却是法国人Ch. Bally。20世纪70年代中期以后,随着语言学家将关注焦点由对语句意义中的客观部分(P)转向主观部分(如情态等),态式又重新成为人们研究的热点。其中,"自然语言逻辑分析"课题组的负责人Н. Арутюнова(1976,1988,1998)的研究成果具有代表性。

Ch. Bally(1955:43—87)指出,句子是报道思想的最简单形式。作为句子组成部分的态式与陈述之间的区别,由思想的逻辑形式结构要素之间的不同决定。根据他的观点,思想就是对表象作出反应,断定它的存在,对它作出评价或者希望其存在。这样,思想的逻辑形式由"表象"和思

[①] 参阅 Н. Арутюнова 1976:62。

想主体对其实施的"心理操作"(психическая операция)构成。而表象则通过感觉、记忆或想像获得。于是,通过语言句子表示的思想就成为对表象的主观反映。不难发现,表象具有潜在性、客观性① 的特点,而且独立于具体"思想"主体。与此相应,句子也由两个部分组成。与表象对应的部分是陈述;另一部分表示情态(модальность),与思想主体对表象的主观操作对应。其中,情态由 думать(认为),радоваться(高兴),желать(希望)一类情态动词及其情态主体表示,两者共同构成补充陈述的态式。可见,在 Ch. Bally 看来,态式与情态两个范畴是同一的。

  至于态式与陈述的关系,可概括如下。一方面,没有"相信"行为本身,就不可能有相信的对象,没有"思想"的主体,也不可能有"思想"的对象——表象,每一个"思想"主体都会思考某一对象。另一方面,从功能角度看,只有态式才能使处于潜在状态的陈述成为现实言语单位。再者,他认为,态式(情态主体和情态动词)补充、补足陈述。于是,Ch. Bally 得出结论,两者比较,态式是句子的"主要部分","没有它,句子便不可能存在"。

  简单地说,从逻辑上看,思想由表象和思想主体对它的主观操作构成;从语言表示思想来审视,语句由态式(情态)与陈述结合而成,前者包括情态主体和情态动词;从态式与陈述的关系来看,前者比后者重要。换种说法,态式与陈述的对立就是语句主观意义与客观意义的对立。

  Н. Арутюнова(1988:109—132,1998:411—440,2000:22—41)把态式理解为命题(陈述)的永远搭档,它包括两个互相区别的部分:命题态度和狭义态式。分离出命题态度,首先依据其确定命题态度主体与命题的关系。而狭义态式则把重点转移到说话人认定的语句内容与现实的关系上。像 возможно, что(可能是);может быть, не может быть, чтобы...(可能/不可能会)一类表示态式的词通常不包括在命题态度谓词(предикаты пропозиционального отношения)范畴之中。广义态式分为以下四类:1)感

---

① 表象存在于人们的观念系统中。它经过人们的感知和意识过滤而产生,属于人的主观世界。但对某一语言群体的具体成员而言,它又具有强制性。准确地说,此处的客观性应理解为"强制性"。但为了与态式对立,我们采用通行的说法:"客观性"。

知态式(модусы чувственного восприятия),如 видеть(看见),слышать(听到),чувствовать(感觉),слышно(听到),видно(看见)等。2)心智态式(ментальные модусы)。这类态式可进一步分为六个亚类:a)意见,如 думать,считать,полагать(认为,以为),представляться(觉得)等;b)怀疑与假定(сомнение и допущение),如 сомнительно(怀疑),возможно(可能),может быть(或许)等;c)真值评价,如 правда(真),ложь(假),верно(正确),неверно(不正确),невозможно,невероятно,не может быть(不可能)等;d)知晓,如 знать(知道),быть известным(知悉);e)未知、隐匿和漠然,如 не знать(不知道),неизвестно(不知悉),тайна,секрет(秘密),все равно(反正一样),несущественно(无所谓),еще вопрос(尚有疑问),трудно сказать(很难说),еще не решено(尚未决定)等;f)一般价值评价,如 хорошо(好),плохо(坏),скверно(糟糕);3)情感态式(модусы эмоционального состояния и отношения),如 грустно(忧郁的是),жаль(遗憾的是),радостно(令人高兴的是);4)意志态式(волитивные модусы)。它包括两个亚类:a)希望与意愿,如 хотеть(想),требовать(要求),приказано(命令),велено(吩咐);b)必要,如 необходимо(必要),нужно(需要)等。

与 Ch. Bally 不同,H. Арутюнова 将态式与命题(而非陈述)对立,反映出俄罗斯语义学,尤其是"自然语言逻辑分析"课题组在句子语义认识上的进步。同时,她强调,"态式是命题的永远搭档",这对于区分态式、命题态度、言语行为意向、主观情态、评价十分重要(详见下文)。此外,她在分析态式范畴时强调狭义态式与命题态度之间的对立,可是,对态式的分类却采取广义态式,从而把两者混淆在一起,造成其态式理论的瑕疵。

Н. Рябцева(1993:51—52)研究心智态式(ментальный модус)。根据她的观点,心智态式是科学篇章的必有要素,集中关注认知的主体性。态式的主要用途是体现主体对陈述的态度,赋予陈述必要的认知确定性。这里有几点值得注意。第一,态式关注认知的主体性;第二,其功能在于体现主体对陈述的态度;第三,从认知角度确定陈述(命题)。她把态式区分为内涵态式、意向态式、操作态式和交际态式四种类型。1)内涵态式(интенсиональный модус)只用于评定命题态度主体的内涵状态,赋予这种状态认知上的确定性。它们区分为知晓与意见、未知与推测。如：Любой человек в России *знает*, как читать Пушкина (А. Демидова)(在俄国,任何人都知道应该怎样读普希金的作品);Он ничего не помнит. Я спрашивала про гипс, он *думает*, это та самая шина, которую доктор из "скорой" положила (Из журнала)(他啥都记不住。我问石膏绷带,而他以为这是急救大夫装上的夹板);Он *не знает*, что в это время что-то происходит (Из газеты)(他不知道这时正在发生什么事情)。2)意向态式(интенциональный модус)是对自己认知意向、要求、目的的自我评定,可分为被迫型和有意识的主动型。如:Я вынужден (должен)(我被迫〔应该〕);Я склонен считать, что человеческий разум состоит из множества более мелких "разумов"(М. Минский)(我倾向于认为,人总的理性由大量更细微的具体"理性"构成)。3)操作态式即心智行为的现实化,可以称做"心智施为性"(ментальная перформативность)。如:Я *предлагаю* следующее определение этого явления(我建议对这个现象作如下定义);Я *назову* такую точку зрения точкой зрения энтузиаста компьютеризации(我把这种观点叫做电脑化狂热追求者的观点)。需要指出,这类态式的主体只能是说话人,态式的动词载体表示行为,说话人实施行为的结果产生命题。4)交际态式(коммуникативный модус)表示广义言说,用于交际范围,表示篇章中语句间的关系。如:Как я уже говорила(正如我已经说过的那样);Я *посвятил* этому вопросу отдельный раздел(我给这个问题单独安排了一个章节)。

比较 Н. Рябцева 和 Н. Арутюнова 对心智态式的分类,我们发现两者的区别是:后者把行为态式、交际态式从心智态式中排除。的确,行为本身不是态度;就我们的研究对象而言,语句之外的态式已经超出研究的范围。于是,在语句内部,心智态式就剩下意见、怀疑与假设、知晓和未知四类。根据语言学界的普遍观点,意见与知晓(包括未知)构成认知态式。因此,语句的心智态式应该包括认知、意见(含怀疑与假设)两大类。例如:

(1) *Знаю*, что ты меня не обманешь. 我知道你不会欺骗我。

(2) Он *не знал*, что такое любовь. 他不知道什么是爱。

(3)Я *полагаю*（*считаю*,*думаю*），что собрание отменили.我认为(以为,推测)会议延期了。

(4)То, что волки жадны, *сомнинительно*.狼贪婪成性是令人怀疑的。

(5)*Вполне возможно*,что брат уехал.完全可能的是弟弟已经走了。

上述各例中的斜体部分分别表达知晓(例(1)(2))、意见(例(3)(4)(5))态式。

在态式家族中,除心智态式外,还有其他一系列态式。其中,典型的是感知态式（модус чувственного/сенсорного восприятия）、情感态式（эмотивный модус）和意志态式（волитивный модус）。

感知态式指主体对世界片段(事物、现象、事件)和观念系统(事实)的感知,它分为视觉感知、听觉感知等,例如:

(6)Разница еще в том, что гораздо больше я *видел слез* после войны, чем *слышал песен*, и нет тут моей вины,а есть наша общая беда и боль...(М.Ганина)差别还在于,战后我看见的泪水比听到的歌曲多得多。对此,我没有错,我们有的是共同的不幸和痛苦……

(7)Ребята, чуть потише, я *дядю не слышу*. Так, снимаем "Спокойной ночи, малыши".(Из журнала)同学们,稍稍静一静,我听不见叔叔说话。嗯,让我们拍摄《孩子们,晚安》。

(8)Зато теперь в моде другая цитата из Достоевского. Про красоту, которая спасет мир.—Когда в последнее время *слышу*, *как треплют эту фразу*, через меня просто электрический ток проходит!（Из журнала）不过,现在流行的是引自陀思妥耶夫斯基的另一句话:和平拯救美。——最近,每当我听到人们说这句话时,周身简直就像过电一样难受!

例(6)中的 видел слез 是视觉感知,其余斜体部分都是听觉感知。关于感知态式,详见 Н.Арутюнова(1998:413—428)。

情感态式用各种语法性质不同的语词表示,如谓词 грустно(忧郁)、приятно(高兴)、счастливо(幸福)等;短尾形容词、短尾形动词 рад(高兴)、огорчен(悲伤)等;动词 жалеть(怜惜)、сожалеть(遗憾)、бояться(害怕)、

опасаться(担心)等。它们表示主体的情感态度。

意志态式具有意志和需要意义,支配非现实意义的从句。例如:

(9) Желательно, чтобы ты принял участие в обсуждении. 希望你来参加讨论。

(10) Надо, чтобы ты ушел. 需要你离开。

2 情态与句子内容

Ch. Bally(1955:44)指出,情态是语句的灵魂,它和思想一样,主要形成于说话主体能动操作之中。因此,研究语句的语义,离不开情态。然而,现今学者们对这个范畴的认识仍旧各执一词。Л. Бирюлин 和 Е. Корди(1990:67)说,在语言研究实践中,"情态"这一术语的使用范围已经不确定了。现代语言学对情态的解释极其广泛,甚至很难找到对情态理解相同的两位作者。我们将通过介绍 Н. Шведова(1980)、М. Ляпон(1990)和 Л. Бирюлин, Е. Корди(1990)为代表的三种情态观,揭示情态范畴的特点及其与句子其余内容之间的关系。

Н. Шведова 的情态思想主要体现在《80 年语法》(1980: т. Ⅱ 214—236)中。她认为情态是一个多义术语,至少可以包括下列四种现象:

1)客观情态意义,指报道内容与客观现实之间的关系。它是每一个句子都具有的意义,通过句法式表示。

2)主观情态意义,指说话人对报道内容的态度。这种意义并不是每个句子都具有的。其所含内容极广,有时很难严格确定;表达手段也丰富多样,有语调、专门句法结构、词序、语词叠用、实词与语气词的组合、实词与感叹词的组合、插入词和插入词的组合等,而且这些手段还可以组配起来使用。

3)可能、愿望、应该、必须或强迫一类意义。它们由相应意义的动词、短尾形容词和述谓词表示。如 можно(可能), нельзя(不能), надо(应该), нужно(需要), необходимо(必须), должен(应该), обязан(有义务做), может(可以), хочет(想), желает(希望), следует(应该), надлежит(应该、必须)等。含有这类词的句子与表示相近客观情态意义的句子形式互相

对应。例如:

(1) Ты не *должен* ходить туда. 你不应该上那儿去。

(2) Тебе не *следует* ходить туда. 你不能上那儿去。

(3) Не *ходи* туда. 你别上那儿去。

另一方面,在大多数情况下,上述语词包含着对某事的个人主观态度,因而接近主观情态意义。例如:Я хочу, обязан, намерен(我想,应该,打算)或 Ему нужно, необходимо сделать что-л.(他需要,必须做什么)。

4) 在某些著述中,肯定、否定和疑问意义也被当作情态意义,从而使情态意义的范围进一步扩大。概括而言,Н. Шведова 在《80 年语法》中采用客观情态意义与主观情态意义对立的观点。

至于主观情态意义,其内容繁多、庞杂,但最基本的类型是评价描写意义(оценочно-характеризующие значения)和纯评价意义(собственно оценочные значения)。评价描写既表示说话人对报道内容的态度,又包括基于事实、事件及其性质、特征、时间延伸特点所作的描写,或者基于它们与其他事实、事件之间的相互关系所作的描述。严格地说,这类意义是主观意义与客观意义的复合体。例如:

(4) Вот так дождь! 这可真是雨啊!

(5) Вот это дождь так дождь! 这样的雨才真叫雨啊!

所引两例既表示说话人对下雨的主观评价,又描写雨下得很大。纯评价意义则完全属于主观情态,它包括同意或不同意、接受或拒绝(按程度又分为坚定果断类或轻微和缓类,常常兼表情感态度)、肯定或否定评价、意志、惊讶、困惑或不理解。值得指出的是,Н. Шведова(1980 т. Ⅱ: 217)认为纯评价意义还包括:"说话人突出、强调报道中某一部分的意图,刻意加强某一部分信息,集中关注报道内容中的某一点。"

В. Ляпон(1990:303)告诉我们,"情态是一个功能语义范畴。它既表示语句内容与现实的各种关系,又表示说话人对报道内容的各种主观品评(субъективная квалификация)。"至于情态涵盖的范围,В. Ляпон 认为应该包括以下四个方面:语句在交际目的上的对立,体现为陈述、提问和祈使;语句在肯定/否定特征上的对立;语句在现实/非现实方面体现出来的程度差异,如现实、推测、非现实;说话人对语句中表示出来的有关现实思想是否可靠所持的不同确信度;主、谓语之间的联系因使用词汇手段 хочет(想),может(能够),должен(应该),нужно(需要)等而产生的各种变异情况。

В.Ляпон 与 Н.Шведова 一样,持客观情态与主观情态二元对立的观点。客观情态具有以下特点:1)它表示报道内容与现实世界的对应关系;2)其主要表达手段是句法式(含句法现实式和句法非现实式)。例如:

(6) a. Люди счастливы. 人们现在很幸福。

b. Люди были счастливы. 人们过去很幸福。

c. Люди будут счастливы. 人们将来会很幸福。

在所引例句中,客观情态由句法现实式(陈述式)表示,意味着 a,b 和 c 句报道的内容"人们幸福"是现实的;三个例句在时间上是确定的,分别与现在、过去和将来三个时间区域对应。又如:

(7) a. Люди были бы счастливы. 但愿人们幸福。

b. Пусть бы люди были счастливы. 人们原本就该幸福。

c. Пусть люди будут счастливы. 让人们幸福吧。

在(7)中,客观情态由句法非现实式表示,意味着 a,b 和 c 句报道的内容"人们幸福"是非现实的;同时,这类客观情态意义与(6)的情况不同,它们的时间不确定。3)客观情态是任何语句都必有的特征,是形成述谓单位——句子的范畴之一。

主观情态(说话人对报道内容的态度)是语句的非必有特征,它具有下列特点:1)主观情态的语义基础是广义评价,不仅包括对报道内容的逻辑(理性)品评,而且包括各种情感(非理性)反应;2)其表达手段多种多样,如专门词汇—语法手段、情态语气词、感叹词、词序等;3)尽管主观情态不是每个句子所必有的因素,但在语句的情态层级关系(модальная иерархия)中制约客观情态,构成语句"最高级别的裁决"(品评)。换种说法,当语句中客观情态与主观情态不一致时,前者要适应后者;4)主观情态评价的对象不仅可以是整个命题,而且可以是报道内容中的任何信息片段。

将情态划分为客观情态与主观情态是情态研究的传统作法,然而,Л. Бирюлин 和 Е. Корди(1990:67—68)却根据说话人的着眼点,把情态分为下面六类:

a)现实性/非现实性,即说话人从现实/非现实(假设等)角度对语句内容所作的评价。这类情态借助动词的式和时形式,以及某些连接词、语气词和句子结构中的其他因素表示。

b)可能、必然或希望,即说话人从可能、必然或希望角度对语句情景所作的评价。它们用情态动词和其他情态词表示。

c)确信度,即说话人从确信程度角度对报道内容所作的评价。其表达手段是情态副词、插入语以及带说明从句的主从复合句。用后一种手段表达情态意义时,主句包含情态评价,从句内容是评价的对象。

d)说话人的言语意向或语句的交际功能。据此,语句可分为陈述、疑问、祈使和愿望四种类型。相应情态的表达手段各种各样,有形态手段(动词的式),有句法手段(句子的结构),还有超音质特征(语调)。

e)肯定/否定。它们表示语句中反映出来的事物、特征、事件之间客观联系的存在与否。肯定一般没有标记,而否定则以语法、构词和词汇手段为标记。

f)情感评价与性质评价,即说话人对语句内容所作的情感、性质方面的评价。这类情态用词汇(хорошо〔好〕,плохо〔坏〕,стыд〔羞愧〕,срам〔可耻〕,ужас〔可怕,恐怖〕等)、超音质特征、感叹词、插入语(к счастью〔幸运的是〕,к несчастью〔不幸的是〕)表示。此外,这类情态还可以用主从复合句表示,评价包含在主句中。

3　命题态度与命题

命题态度作为术语,由罗素(B. Russell)首先提出,它指"think(认为),hope(希望),wish(希望,但愿),fear(担忧),want(要求),believe(相信),guess(猜测)和 consider(考虑)一类动词表示的心智活动"。[1] 这些动词具

---

[1] 尼·布宁,余纪元 2001:824。

有以下特点：

1)它们是"命题动词"(命题态度动词)，而且是内涵性的；

2)它们表达了"对一个命题的态度"；

3)认知动词,如 know(知道),see(看见),smell(闻到)或 feel(觉得)一类认知动词不是命题动词。(转引自尼·布宁,余纪元 2001:824—825)

不过,随着研究的深入,现在学者们都认为认知动词属于命题态度动词。

Н. Арутюнова(1988:4)指出,命题态度范畴的外延有超出各种主观态式范畴的趋势。她后来(1990:401)在研究命题时告诉我们,语句中"表示句子意义与现实关系(情态)、说话人对报道内容确信度的评价、语句交际任务和说话人对报道内容的情感态度等主观变元就是命题态度。例如：

(1) Я утверждаю (сомневаюсь, полагаю, знаю, думаю, отрицаю), что в городе беспорядки. 我肯定(怀疑,认为,知道,推测,否定),城里有骚乱发生。

(2) Я спрашиваю, не начались ли в городе беспорядки. 我问城里是不是发生了骚乱。

将语句切分为命题态度与命题,前者一般由谓词表示,后者是前者的客体题元,这是上述两位学者的共同作法。Н. Арутюнова(1988:3)明确指出,命题态度谓词"表示命题态度主体对命题的态度"。关于命题态度与命题的关系,她(1990:401)认为前者是"主观语义变元",随着说话人主观态度的变化而发生改变,后者是"客观语义常体",是句子或语句的"稳定语义核心",因为它是句子情态和交际聚合体中所有成员以及句子派生构造(句子名物化形式)中的共有语义常体。

俄罗斯语言学界很少有学者正面界定命题态度。或许,原因在于这项工作十分困难。С. Крылов(1987:71)阐释命题态度谓词(предикаты пропозициональной установки)时,附带对命题态度下过定义："命题态度谓词表示人对以某种观念形式(命题)反映于意识中的客观现实(情景)的主观态度。这种主观态度叫做命题态度。"正如上文所述,态式、主观情态和评价都可以算作主观态度。这样过分扩展命题态度的外延,不仅对研究不利，而且容易造成概念上的混乱。

4 意向与言说

在研究句子语义方面，除态式与陈述、情态与报道内容、命题态度与命题三组二元对立范畴外，言语行为理论还区分言语行为目的（иллокутивные цели）或意向功能（иллокутивные функции）（以下简称意向）与言说两个对立范畴。言语行为理论由 J. Austin 提出，经过 J. Searle 等人的修正、发展，至今已成为一套完整的学说。我们的目的是通过言语行为理论中有关意向与言说对立的思想，进一步揭示语句语义的本质。

J. Searle 认为言语行为的核心是意向行为，因此言语行为又可称为意向行为。他（1986b：171）明确指出，分析意向行为从区分语句的语式（иллокутивная сила）与其命题内容开始。这一点可用符号 F(p) 表示。此处，F 表示语势，而 P 则表示命题内容①。他（1986a：155）认为"各种不同的意向行为常常具有某种相同的内容"。并用下面一组语句说明。

(1) Джон выйдет из комнаты? 约翰要到房间外面去吗？

(2) Джон выйдет из комнаты. 约翰要到房间外面去。

(3) Джон, выйди из комнаты. 约翰，你到房间外面去。

(4) Вышел бы Джон из комнаты. 要是约翰到房间外面去，就好了。

(5) Если Джон выйдет из комнаты, я тоже выйду. 如果约翰到房间外面去，我也出去。

在特定语境中，当我们说出上述每一个语句时，都在实施特定的意向行为。(1) 通常是提问；(2) 是关于将来事件的断定；(3) 是请求或命令；(4) 表示愿望；而 (5) 则是假设。通过分析，J. Searle（1986a：156）进一步说明，尽管意向行为各不相同，但上述五个语句却依然具有共同的命题："以我看，在上述每一个意向行为中，对某个 Джон 的指涉和对同一个行为与 Джон 这个人之间述谓关系的断定，就是每个句子的共同内容。显然，可

---

① 我们把命题看做语义范畴（句子的语义结构）。所以，除直接引用他人的观点外，一般只提命题，不说"命题内容"。也就是说，此处的"命题内容" = 命题，下同。

以说从句 Джон выйдет из комнаты(约翰走出房间)表示的内容就是所有五个句子的共同内容,比如:Я утверждаю, что Джон выйдет из комнаты(我肯定约翰要走出房间);Я спрашиваю, выйдет ли Джон из комнаты(我问约翰是否会走出房间)等。由于没有更合适的词,我建议把这种共同内容叫做判断或命题。"这样,语句就由意向行为部分和命题部分构成。从 J. Searle 的上述例句可以发现,(1)(2)中的意向由语调体现,(3)(4)和(5)分别由命令式、愿望式和假定式表示;而言说则体现为命题。

如果 J. Searle 的意向行为理论是他补充和修正 J. Austin 相应理论的结果,那么间接言语行为理论则是他自己(1986c:195)提出来的。后一理论的核心在于,说话人说出某一语句的字面意思与其真正用意(意向)"在许多方面不同"。例如:Можете ли вы передать мне соль?(您能把盐递给我吗?)的字面意思是提问,而说话人的真正用意则是请求(祈使)。正是由于这类真正用意(意向)是说话人通过语句字面意思间接表示出来的,所以体现这种真正用意的言语行为叫做间接言语行为。

就我们的主题而言,体现说话人间接言语行为的语句在语义上也可以分为两部分:说话人的真正用意(意向)和言说。如:Ружье заряжено!(子弹已上膛!)的字面意思(言说)是"子弹已上膛",但意向之一是通报——让受话人知道,子弹已上膛;意向之二却是威胁——你要是做坏事,我就毙了你。

从 J. Searle 的意向行为理论和间接言语行为理论不难发现,言语行为理论中意向与言说的对立实际上是说话人的言说目的与命题之间的对立;命题成为其达到目的的手段。

5 对语句意义中四组二元对立范畴的思考

1)语句语义框架内的主、客观二元对立

从上文可以看出,不同学者对态式、情态、命题态度和言语行为意向都有各自不同的理解。比如,Ch. Bally 把态式理解为思想主体对表象的能动操作,态式由情态主体和情态动词共同表示;Н. Арутюнова 则扩展了态式的范围,它既包括属于思想主体能动操作的部分,也包括其他部分,后者,如 слышно(听到),видно(看见),сомнительно(怀疑),правда(真的),неизвестно(不知悉),хорошо,радостно(令人高兴的是)等。又如,Н. Шведова 与 В. Ляпон,Л. Бирюлин 和 Е. Корди 的情态观也各不相同。就情态而言,学者们认识上的差别主要体现在主观评价上。Н. Шведова 的观点最为典型。她把客观情态(用句法式表示的句子内容与现实的关系)之外的所有主观意义都划入主观情态。这种作法划起来容易,但不利于研究主观情态各亚类之间的区别,而且客观情态也未必客观(参见下文)。至于命题态度和言语行为意向的分类,同样是见仁见智。

句子中存在着世界(事态)的对应物——命题,形象地说,可以称之为"世界形象"(образ мира),同时,还存在着"人的形象"(образ человека)。М. Дмитровская(1988:6—17)说,人们的思想和认知活动不仅仅反映现实。周围世界是被强行拉入人的圈子里的,因为现象和事物要受到评价,它们或者被接受或者遭到拒绝;人在生活的同时,形成自己的观点和信仰。J. Searle(1976:175)在研究评价谓词时,有一段话十分精彩:很久以前,哲学家就开始区分事实与价值。价值以各种不同方式产生于人,它们不是存在于外部世界,至少不存在于石头、河流、树木和未经人意识加工过的原始事实(事态——引者)构成的世界中。思考语言时,不能不涉及人——人的心智和情感、伦理和审美、对世界的感知和认知等过程。人的精神经验体现于语言之中。我们认为人的精神经验正是语句语义中的主观部分。它体现为两个方面。一方面,是逻辑思维结构;另一方面,是人的生活和心理。关于两者与语句之间的联系,Н. Арутюнова(1988:5)也有过论述:语言与思维结构之间的联系体现于命题形成之中,语言与人的生活和心理的联系则体现于命题态度的形成过程之中。在句子层面上,意义的主观部分(主观意义)就与客观部分(客观意义)——命题对立,并且共同构成现实语句的语义统一体。

一般认为,命题是句子情态和交际聚合体及其派生结构中所有成员的共有意义,它具有客观性、稳定性等特点。(参阅 Н. Арутюнова1990:401)这里,我们仅仅谈谈对命题客观性的理解。从现有文献来看,命题是客观意义具有两个依据:a)是对客观事态的反映,换句话说,是句子语义中的世界形象,可以通过现实情况检验,具有真假值;b)命题是人的观念系统的组成部分,是语言群体所有个体的共同财富,个体无权独占,也无权改变,只能接受,因此对它们来说是所谓"客观"存在的。其实,命题在本质上是主观的,是人们主观意识的产物。本书考虑到上述第一个依据,同时为了与主观意义区分,仍然把它叫做客观意义或命题。

2)语句主观意义的分类尝试

这是一个范围很广,难度很大的课题。在本章中,我们只能提出一个分类草案,以期抛砖引玉。对语句主观意义的分类,我们依据下列几条原则:a)主体(包括说话人)对整个命题及其组成部分的主观操作是否具有能动性;b)主观操作是表示主体的状态、关系还是行为;c)这种操作属于主体自己的主观好恶还是依据句子内容与现实的关系;d)操作的对象是整个命题还是命题的组成部分。根据这四条基本原则,我们将语句的主观意义大体分为三类,它们分别是命题态度、言语行为意向和评价。现分别举例说明。

命题态度是命题态度主体对整个命题的能动性操作,它表示前者的感知、心智状态、意志和情感态度等。具体地说,其特点如下:a)主体(包括说话人)对整个命题的主观操作具有能动性;b)这种操作体现为对命题态度主体整个状态的断定、推测等;c)当体现命题意向的谓词与客观命题搭配时,操作的依据是句子内容与现实的关系,当上述谓词与主观命题搭配时,操作的依据是命题意向主体的主观好恶;d)操作的对象是整个命题。例如:

(1) Открываю я как-то дверь и *вижу*: сидит на пороге маленькая собачонка. 我开门时看见,门槛上坐着一只小狗。

(2) Я *думаю*, что маэстро Пендерецкий *знает*, что Владимир Васильев один из самых великих балетных артистов этого века, очень хороший режиссер и хореограф. 我想,别杰列茨基大师知道弗拉基米尔·瓦西里耶夫是本世纪最伟大的芭蕾舞演员之一,是一位好导演和舞蹈家。

(3) Если у него есть силы, он может и подработать и подзанять. Он *знает*, куда для этого надо идти, кто ему в этом деле поможет. (Из

журнала)要是他有力气,他就能挣到钱,也能借到钱。他知道应该何去何从,也知道在这件事上谁能帮得了他。

(4) Я радуюсь, что он пришёл. 我对他的到来感到高兴。

以上4例中表示命题态度的动词分别是 вижу(感知), думаю 与 знает (心智), радуюсь(情感);命题态度主体分别是 я(我), он(他);命题态度主体积极操作的整个命题分别是(1)——сидит ... собачонка, (2)——что маэстро ... и хореограф, (3)——куда ... поможет 和 (4)——что он пришел。需要指出,上述3例中的命题态度尽管是命题态度主体的感知、认知和情感状态,但是这种状态是由说话人积极地、能动地断定或认定的。也就是说,能动性体现为说话人对命题态度主体所处状态的积极认定。

言语行为意向是说话人对整个命题的能动性操作。这类主观意义的特点有:a)操作主体只能是说话人;b)操作是以言说行为为基础的;c)作为操作对象的命题内容就是说话人想要达到的目的;d)这类操作依据说话人交际的主观需要和好恶。例如:

(5) Милый друг, я вас прошу, вы не умствуйте, не сомневайтесь, женитесь, женитесь, женитесь. (Л. Толстой) 亲爱的朋友,我请你不要自作聪明,不要怀疑,赶紧娶她吧。

(6) Назначаю вас моим представителем на переговорах. 我任命你做我的谈判代表。

(5)(6)分别表达言语行为 прошу(请求), назначаю(任命)。它们的主体都是说话人。后者的操作对象是命题 вы не умствуйте, не сомневайтесь... женитесь 和 вы—мой представитель на переговорах(您是我谈判的代表)。此外,须强调两点:上述言语行为必须以言说为基础,否则就谈不上言语行为;命题内容是说话人实施行为的目的。

评价意义是说话人对整个命题或命题组成部分的品评。Н. Арутюнова (1988:75—76) 把评价意义分为以下七类:感觉评价,如 вкусный/невкусный(好吃的/不好吃的), душистый/зловонный(香的/臭的)等;心理评价包括理性评价和情感评价,前者如 увлекательный(吸引人的），скучный（乏味的）等，后者有 радостный/печальный（高兴的/忧伤的）等；美学评价，如 красивый/уродливый（美丽的/丑陋的）；伦理评价，如 добрый/злой（善的/恶的）；功利评价，如 полезный/вредный（有利的/有害的）；规范评价，如 корректный/некорректный（正确的/不正确的）；目的评价，如 целесообразный/нецелесообразный（合目的的/不合目的的）。此外，还有一类表示说话人对句子内容（命题及其组成部分）与现实关系的评价，包括真、可能和假三种。这种真实评价可以进一步分出两个小类，即传统意义上的客观情态意义和主观情态意义。前者一般由句法式表示。如：Земля *существует*（地球存在）；Зоя Владимировна *оборвала* молчание）（卓娅·弗拉基米洛芙娜打破了沉默）；У него *нет* денег（他没有钱）等。后者的表达手段多种多样，一般由插入语、语气词，甚至复合句中的主句等表示。如 *Очевидно*, свойство истинного шедевра——делать и нас равноправными творцами вслед за его подлинным создателем（К. Паустовский）（显然，真正杰出的作品的特点是使我们继它的原创者之后也成为同等的创作者）；*Мне кажется*，что они не должны касаться существа дела（В. Каверин）（我觉得，他们不应该涉及事情的本质）等。其实，上述两类真实评价意义之间的区别不完全在形式上，而在于说话人的评价标准。如果他以客观真实情况为品评标准，那么其评价应该划归客观情态；要是他以主观意见为判断标准，评价则应该视为主观情态。于是，就出现某些表示真实评价语句可以作不同解读的情况，比如上文关于主观情态的第一个语句——Очевидно...（显然……）。上述各类评价意义可以归结为好（хорошо）与坏（плохо）对立的一般评价意义。评价的内容既可能是具有主观能动性的（Я *хочу* спать〔我想睡觉了〕），又可能是不具有主观能动性的（Мне *хочется* спать〔我瞌睡〕）；评价的对象既可以是命题的组成部分（Он читает *хорошую* книгу〔他在读一本好书〕），又可以是整个命题（*Хорошо*, что он читает〔他在读书，这很好〕）；评价可以包括状态、关系、行为等各种类型；最后，评价的依据既可能是主观好恶（情感评价），也可能是句子内容与现实的关系（真值评价），还可能是人的实用目的（功利评价）等。可见，评价内容十分丰富，是一个颇具价值的研究领域。

上述三类意义统一于语句主观意义范畴之内,共同构成语句语义的主体(含说话人)形象(образ субъекта)。目前,对它们的认识和理解目前仅仅是粗线条的。与上述主体形象对立的是世界形象——命题。两者在说话人的主观操作下形成语句语义的有机整体。

在以上论述的基础上,我们将命题态度定义为:该范畴表示命题态度主体对命题的主观态度。此处,需要强调三点。第一,命题态度在本质上是主体的主观态度;第二,其操作对象只能是命题及其名物化形式;第三,命题态度是人内在主观世界的外现,与人区别于其他动物的典型特征相联系。

第二节 命题态度谓词的分类

命题态度谓词是表示命题态度主体对命题广义主观态度的谓词。对具体类型的命题态度谓词,甚至表示命题态度的特定谓词的深入研究是俄罗斯语言学的特点。为了叙述方便,我们对有命题态度谓词的句子的组成要素作下述区分。命题由主体(субъект)和谓词(предикат)构成,含命题态度的语句由命题态度主体(субъект пропозиционального отношения,简称 СПО)、命题态度谓词(предикаты пропозиционального отношения,简称 ППО)和命题构成;有说话人(говорящий,简称 Г)因素的语句,则增加说话人和说话人对命题态度的主观操作两个要素。于是,在所有要素都用显性手段表示,并且互不重合的情况下,语句具有三个层次。第一层次是命题;第二个层次是命题态度主体、命题态度谓词、命题;第三个层次则是说话人、命题态度主体、命题态度谓词、命题。三个层次从右到左逐渐实现语句的现实化;只有在第三个层次上,语句才最后得以形成。从重要性来看,说话人缔造并控制整个语句;命题态度主体通过命题态度谓词控制命题;只有命题,才完全受控制,处于被动地位。如:Прежде всего, считают здесь, что в милиции должны работать люди, находившиеся в поле зрения не месяцы даже, а годы. (Из газеты)(首先,当地的人认为在警察署工作的应该是那些甚至不是成月,而是成年受到关注的人们。)

第一层次是 в милиции должны работать люди...а годы;第二个层次是 считают здесь, что в милиции должны работать люди...;第三个层次包括整个语句,主要借助 прежде всего 和 даже 突现说话人——说话时刻的 я(我),换种说法,正是作为说话人的"我"建构该语句,并且控制上述第一、第二两个层次。需要指出,在上述语句中,主体分为三重——люди, местные люди 和说话时刻的 я,可分别叫做主体、命题态度主体和说话人。我们的研究对象是第二、三两个层次,尤其是第二个层次上的命题态度谓词。

命题态度谓词的外延至今仍然不是很清楚。不过,С. Крылов(1987:71—73)指出,"理性态度、理性活动谓词"和"情感谓词"属于命题态度谓词是已经得到公认的。前者如 думать, считать, полагать(认为,以为), верить(相信);后者有желать(希望,惟愿),хотеть(想,希望),любить(爱,喜欢)。这两类谓词构成"典型"命题态度谓词。

除上述典型命题态度谓词外,还有两类过渡性谓词。它们有时是命题态度谓词,有时却不是。这两类谓词是 a)感知谓词,如 ощущать(感觉), воспринимать(知觉), слышать(听到), видеть(看见), осязать(触觉到), обонять(嗅到), чуять(感到);b)交际谓词(言语活动谓词),如 говорить(说), шептать(低语,耳语), спрашивать(询问), поздравлять(祝贺), благодарить(感谢)。根据他的理解,这两类过渡性谓词具有以下特点。a)两类谓词像"心智"谓词一样,都可支配命题,因此是命题态度谓词。b)感知谓词一方面可以支配连接词 как 引导的从属句;另一方面其直接补语位可以由表事物的名词占据。不过,可以推测,占据直接补语位的这类名词是"улица(街道), фонарь(灯笼), аптека(药店)一类称名句名物化的结果"。c)交际谓词的特点有两个:它们表示有目的的自主行为;一般来讲,它们描写的是复杂情景,因为命题态度主体是一个或若干个命题态度——交际意向的载体,并且努力达到某种结果——言语行为中的取效方面。

С. Крылов 还指出,可以从不同角度对命题态度谓词分类。从形态—

句法角度分成命题态度动词——верить（相信），命题态度形容词——склонный（倾向于），намерен（有意），виден（看得见），слышен（听得见），命题态度述谓词——приятно（令人高兴的是），интересно（有趣的是），插入语——к сожалению（令人遗憾的是），к счастью（幸运的是）等。

В.Гак(1987:39—40)说，命题态度谓词的语义反映出人们言语—思维行为的诸阶段和方面。因此，要推演这些谓词的意义，必须确定这一过程的各阶段。根据其思想，言语—思维行为从反映对象和情景的感知阶段开始。因此，第一类命题态度谓词是感知谓词（предикаты восприятия），比如Я вижу（我看见），слышу（我听到），чувствую（我感觉到）等。以经历形式反映所感知的对象会产生情感，而且情感通常根据感知者对标准的认识得到表示，所以，第二类命题态度谓词是(广义)情感谓词(предикаты чувства)，比如Я рад，сожалею，возмущаюсь，что（我为某事感到高兴，遗憾，愤慨）。由于反映而得到的信息以思想、知识为基础，因而第三类命题态度动词是认知情态动词（глаголы эпистемической модальности），比如Я знаю，сомневаюсь，уверен，что（我知道，怀疑，相信某事）。思想通过语言形式体现，因此第四类命题态度动词就是言说动词（глаголы говорения），比如Я говорю，что（我说某事）。最后，言语行为的语用目的是促使受话人做事或禁止他做事，于是，第五类命题态度谓词应该是意志动词（волитивные глаголы），比如Я хочу，надеюсь，что（我想，希望）。

以上五类是基本命题态度谓词。它们在各种不同因素的作用下，其语义可能繁化。

В.Гак根据人的言语—思维一般过程的各有序阶段对命题态度谓词的分类，十分重要。他为我们获得相应分类的根据提供了有益的借鉴，同时可以避免分类时的随意性。

任何科学意义上的分类都离不开对分类依据的探讨。就命题态度谓词而言，其分类依据如下。第一，遵循人类认知过程的有序阶段。人的认知一般始于前认知，即感知阶段，它是认知等心智操作的基础。继感知阶段之后，是认知阶段。在这一阶段上，人们对感知获得的信息通过假定、推测、比较等心智操作,去粗取精,提取有关事物本质属性的知识。人的心智状态相应地经历从意见到知悉两个不同阶段。第二,经历感知、认知阶段以后,人们便"有话可说,有话要说",因此,进入言说(交际)阶段。第三,情感、意志是人的两个标志性特征。分析反映人主观世界的命题态度谓词,不可能离开情感、意志。第四,命题态度属于人的主观世界,因此命题态度主体必须是人。第五,这类谓词的客体一定得是命题或命题的名物化形式。

根据上述五种依据,尤其是前两种,我们将命题态度谓词分为感知、意见、知悉、相信、言说、情感、意志等基本类型。其中,意见、知悉和相信可以合并为一类,叫做认知命题态度谓词(эпистемические ППО)。于是,我们的命题态度谓词系统由感知、认知、情感、意志和言说五大类构成。有关知悉谓词的研究请参见本书"句子的命题意义"部分第五章第三节。下面,将重点研究感知和意见两类命题态度谓词。

第三节 感知命题态度谓词

1 关于感知谓词

слышать,видеть,чувствовать 和 ощущать 一类俄语动词通常有两种用法。

一是指向世界现实状态中的事物、过程和事件,此时人感知到的是直接构成其感知领域的个体性(具体)对象。用于这种意义时,它们不是命题态度谓词,而是建构命题的一般谓词。例如:

(1) Каждый день от нее *доброе слово слышу*. (В. Тендряков) 每天,我都能听到她那充满善意的言词。

(2) Два года не *видели родной прессы* и вдруг—фантастика!—в американской глуши попался "Огонек". (Из журнала) 两年来,我们一直没有看到过祖国的报刊。可突然,在美国如此偏远的地方碰上了《星火》。真是如梦如幻,不敢相信。

例(1)(2)中的 слышу, видели 分别指向事物——доброе слово(充满善意的言词)和 родной прессы(祖国的报刊)。在这种情况下,所用动词分别是构成命题 доброе слово слышу(我听到充满善意的言词)和〈мы〉не видели родной прессы([我们]没有看见过祖国的报刊)的谓词。

二是它们与证同、分类、阐释等心智操作(ментальные операции)密切联系。这类动词以各种方式,在不同程度上发展认知意义,动词从而能够支配命题,获得行使命题态度谓词的功能。例如:

(3) У него болела голова, он ничего не слышал, что говорили в классе. (А. Лиханов)他头痛,因此教室里在说什么,他一点儿也没有听见。

(4) Посадские люди видели, как пытаются Нагие спрятать концы в воду. (Из журнала)镇上的居民看见,纳戈伊家族如何销赃灭迹。

例(3)(4)中的 слышали 和 видели 分别支配命题 что говорили в классе(教室里在说什么), как пытаются Нагие спрятать концы в воду(纳戈伊家族如何销赃灭迹),因此是命题态度谓词。可见,感知动词具有双重功能,既可以作谓词,构成命题,又可以作命题态度谓词,支配整个命题。

2 感知谓词的语义特点

要行使命题态度谓词功能,感知动词必须获得认知意义。动词 видеть, слышать 从感知意义发展出认知意义,两者并存于动词之中,这可用语言实例证明。例如:

(1) Летим над Бразилией. И вдруг вижу тоненькую ленточку. Через секунду сообразил——это шоссе. (М. Мезенцев)我们在巴西上空飞行。突然,我看见一条细细的飘带。转瞬间,便明白了,这是公路。

(2) Я слышу ее голос, требующий, чтобы я бежал еще быстрей. (В. Распутин)我能听见她要我跑得再快些的声音。

上述两例中的 вижу, слышу 是典型的感知谓词,它们指向现实的事物与现象 тоненькую ленточку(细细的飘带)和 голос(声音)。此处的感知对象拥有具体性、现实性,可以感觉到对象的颜色、形状或者音高、音强等。此外,上述感知动词还可以用于内部感觉。此时,对象的具体性、现实性特点很难凭视觉、听觉器官感知。例如:

(3) a. Больной *слышал боль и тяжесть в печени*. (С. Аксаков)病人感觉到肝部疼痛,发沉。

　　　　b. Она *слышала в себе движение новой жизни*. (Л. Толстой)她听到(感觉到)了新生命在自己的体内运动。

(4)Что это у вас водка какая подлая? Сколько я ее, прости Господи, нонич выкачал, а *ничуточки даже никакого куражу в теле не слышу*. (Г. Успенский)你们给的是什么破酒?对不起,我喝了那么多,却丝毫没有感觉出醉意。

例(3)中的 слышал 和 слышала 都表示主体(a—больной, b—она)的生理感觉。(4)中的 слышу 则更多地表示心理感觉。按照常理,酒喝多了会醉,这属于生理方面;然而,虽然主体喝了很多酒,但仍然觉得不醉,这主要指心理上的感觉。如果我们把 слышал боль 和 ничуточки даже никакого куражу в теле не слышу 分别叫做生理、心理感知,那么下面一类感知则是心智感知。例如:

(5) *Слышишь по лицам*, в какой земле происходит дело. (Н. Гоголь)你从人们的脸上就能知道哪儿出事了。

(6)Он якут, он по-русски не *слышит*. (В. Даль)他是雅库特人,听不懂俄语。

(7)Он не говорит по-коряцки, а *слышит*. (В. Даль)他不会讲科里亚茨语,但明白这种语言。

(8)Он *слышал свои мысли*, именно слышал. (Н. Мамин Сибиряк)他听得见自己的思想,是听见的。

上引 4 例中的 слышишь по лицам, по-русски не слышит, слышит, слышал свои мысли 应该分别理解为 узнаешь, знаешь по лицам, по-русски не понимает/понимает 和 понимал. 不难看出,主要用于认知意义。

从物理感知,经过内部感知(生理、心理感知),到心智感知,展现出感知动词由无认知意义到有认知意义的发展过程。需要指出的是,虽然认知意义闯入感知动词之中,但它不会取代感知意义,而是与后者共处于这类动词之中,从而形成"混合命题态度"谓词(Н. Арутюнова 1989：7—30)。在这类命题态度谓词中,视觉感知动词 видеть 最为典型。与视觉感知相伴随的认知意义(心智操作)有分类、证同等。

分类就是主体在感知对象的同时,把特定对象归入一定的类。这种认知意义有以下特点。

a) видеть 的分类操作与感知过程构成一个统一的行为;当感知不充分时,就无法分辨,难以分类。例如：Вдруг я увидел на яблоне какого-то мальчишку.（突然,我看见苹果树上有一个陌生的男孩儿。）увидел(看见了)这一行为由两个方面构成：一方面是视觉感知——借助视觉器官看见;另一方面是分类,主体 я 把感知对象划入 мальчишка(小男孩)一类。此外,感知对象用指称关系不确定的表达式 какого-то мальчишку(某个小男孩)表示,说明感知主体的认知程度不足。可见,上述对象的表达方式不仅与句子的意义有关,而且与其真值密切联系。试比较：

(9) Я увидел на яблоне мальчика. 我看见苹果树上有一个男孩。

(10) Я увидел на яблоне Олега. 我看见奥列格在苹果树上。

从感知对象用 какого-то мальчишу, мальчика 和 Олега 表示,可以看出其指称关系由不定到有定的发展过程,而且当感知对象用专有名词 Олега 表示时,行为 увидел 中的认知意义已经变为证同了。

b) 对所感知的事物进行分类是通过将感知对象与主体意识中的观念形象(концептуальный образ)加以比较实现的。从分类本身来看,它涉及视觉观察和分类行为;从其实现途径来看,它将感知对象引入主体包罗万象的知识和广泛的联想系统。比如 видеть стадо(看见一群牲畜),主体不仅要看见畜群,而且要运用自己有关畜群的百科知识,联想牛群、羊群等,最后实现对畜群的认知。

认同与分类一样,是视觉认知的必需因素。两者都以感知为基础,同时实施心智操作。所谓证同,指通过感知将对象与自己的已有观念视为同一。例如：

(11) Я видел *твою дочь*. 我看见了你的女儿。

(12) Я вижу *кусочек горного хрусталя*. 我看见一小块天然水晶。

主体 я 通过视觉感知把对象 твою дочь 和 кусочек горного хрусталя 与自己原有的相应观念等同起来。与 твою дочь 对应的观念涉及个体,包括性别、身高、年龄、容貌、性格等;同 кусочек горного хрусталя 对应的观念则涉及 горный хрусталь 的类别特征。认同与分类在例(12)中没有区别。

综上所述,感知谓词具有认知意义。这种意义的存在是其成为命题态度谓词的前提;同时,它们与感知意义并存,构成了感知命题态度谓词的区别特征。

3 感知的对象

由于认知意义的产生、发展,感知的对象可能发生变化。其中,视觉感知的对象最为典型。归纳起来,有以下六种情况。

a)对象失去与动词 видеть 共现的特点。人"看见"的已经不是由视觉感知得到的物理对象,而是性质、品质一类非物理对象。例如:

(1) Когда я *вижу* там *пожилых женщин*, то жалею их и не понимаю, почему они не дома, с детьми, внуками? (Из журнала)当我在那里看见上了年纪的妇女时,我可怜她们,但不理解,她们为什么不和孩子、孙子一起呆在家里?

(2) Неожиданно Хрущев заявил: "А что плохого в рабочем самоуправлении Югославии? Я не *вижу* здесь никакой *крамолы*. (Из газеты)赫鲁晓夫突然申明:"南斯拉夫实行工作自治有什么不好?在这里,我没有看见任何离经叛道的情况。"

(3) В такого рода призывах *вижу полную идеологическую и педагогическую бездарность*, *непонимание существа дела*. (Ю. Азаров)在这种煽动性号召中,我看见的是彻头彻尾的意识形态和教育方面的无能,那些人根本就不理解事情的本质。

如果说(1)中的上了年纪的妇女(пожилые женщины)属于视觉感知

对象,那么离经叛道(крамола)、意识形态和教育上的平庸无能(идеологическую и педагогическую бездарность)、对事情本质的不理解(непонимание существа дела),已经完全不属于视觉感知对象范畴,而应该划归一般感知范畴。

b)若看见的对象是一个事件、过程或判断后得出的结论,它们用句子或用潜在的句子表示。例如:

(4) Вижу, как дети играют. 我看见孩子们在玩。

(5) Не вижу в тебе друга. 我没有把你当朋友。

须要说明的是例(5)。此句可用同义结构表示:Не считаю тебя другом(我不把你当朋友)。可见,(5)与(4)一样,包含一个潜在的从句 ты—друг。有人(华劭 2003)把它叫做信源句。

c)当 видеть 用过去时形式,从句表示泛时意义时,所感知的对象已不是知觉直接涉及的具体的、单一的对象,它已经超出直接感知(看见)的视野。如:Я видел, как лес вырубают.(我见过人们是怎样砍伐森林的。)此处的 лес 具有类指意义,不是指特定的一片森林。

d)视觉感知与它所涉及的现象不是同时发生的。如:Теперь я вижу, в чем была моя ошибка.(现在,我看出我错在哪里了。)вижу 表明感知的时间是现在,而 была 则是 ошибка 发生于过去的标志。可见,实施感知与对象存在的时间不同。

e)当对象用(句子)命题表示时,可有动词时、体形式的变化。特别是有否定词时,更表明 видеть 不是用于纯感知意义,因为否定的、没有发生的事情是看不见的。例如:

(6) Вижу, что надеяться мне тут не на что. 我感觉到,我在此处无所指望。

(7) Я вижу, что он сегодня уже не закончит свою работу. 我看出,他今天已经完不成自己的工作了。

f)虽然说通过视觉感知获得的信息是可信的,但下述例子仍然要求对方说出根据。可见,这里的 видеть 已由感知性的"看见"变为"认知"性的"意见",因此对方可提出此要求。如:Вижу, что ты мне не поможешь.—*Почему это ты так думаешь*?（我看，你帮不了我。——你为什么会这样认为呢？）第二话轮中的 думаешь 正好表明第一话轮中的 вижу 表示的是意见而不是感知；почему 表示原因或根据，而对感知性的"看见"是无须说明原因或提出根据的。

可见，由于 видеть 产生了认知意义，其对象的范围扩大了，既包括具体的事物，又包括抽象概念，如 бездарность（无能，平庸），непонимание（不明白，不理解）；既包括过程、事件，又包括事实命题。过程、事件、事实一般都用句子形式表示出来，但它们却具有不同的性质（参见下文）。同时，上述情况并非只限于视觉感知动词。例如：

(8) Я *слышал*, когда ко мне подходили и отходили, *слышал голоса женщин*, разговаривавших между собой и отвечавших кому-то на вопросы обо мне.(В. Распутин) 我听到有人来来往往。我听见了女人的声音。她们相互交谈，回答着有关我的问题。

(9) Ярко, жирно светило солнце. Однако Михаил *не слышал в себе радости* от этой яркости, жирной щедрости красок.(М. Ганина) 阳光灿烂。然而，米哈伊尔并未感受到这种明媚而多彩的阳光带来的愉悦。

(10) А, может это не грубость, а требовательность? Я *слышал, что вы пили, прогуляли*?(Из газеты) 哦，这也许不是粗鲁，而是严格要求？我听说，你们喝过酒，还（离开训练基地）散了步？

(11) Лека отвернулся и стал смотреть в окно. Он *слышал, как в класс входили ребята*, потом прозвенел звонок, и пришла Мария Андреевна, зябко кутаясь в свою шаль. Он все глядел за окно.(А. Лиханов) 列卡转过身，开始望着窗外。他听到同学们走进教室。后来，打铃了，玛丽娅·安德列耶芙娜来了，她严严实实地围着披肩。可他仍然望着窗外。

例(8)(9)(10)(11)的听觉对象分别是事物 голоса，抽象概念 радость，事实（что）вы пили, прогуляли 和过程（как）в класс входили ребята。事物和事件属于世界，而抽象概念则属于人的观念系统。两者都受感知动词支配，存在于有感知谓词的语句之中。

4 как 与 что 引导的从句特点

综上所述，视觉感知动词 видеть 与其他感知动词一样，既包含感知意义，又存在认知意义。从语言使用的角度看，它支配说明从句时，经常使用的联系手段是 как 和 что。两种联系手段的不同，表示出 видеть 的许多重要特点。一般来讲，как 引导的从句属于事件、过程方面，что 引导的从句属于事实方面。但实际运用情况往往要复杂得多。

как 引导从句的特点可简述如下。

1)表示感知动词与从句谓词之间的联系，在从句中行使副词功能。例如：

(1) Я видел, как она реагировала на твои слова. 我看见了她对你的话作出了怎样的反应。

感知动词后的从句在大多数情况下可以紧缩为完全名物化形式或干脆用事件名词表示：例(1)也可改写为 Я видел ее реакцию на твои слова。

2)部分失去代词功能，起着连接词的作用。例如：

(2) Он видел, как ты на меня смотрел. 他看见了你在看我。

(3) Мальчик видел, как они возвращались. 小男孩看见他们回来了。

对于主体 он(他)，мальчик(男孩)和说话人来说，两句中的 как 都不表示任何疑问意义，可用连接词 что 取代。

3)不能把 как 当作引导"事实"命题意义的连接词。在 как 之后应该避免使用与事件类本体语义不相容的句法否定 (Б. Рассел 1957: 155)，比如，不能说 *Я видел, как не остановился поезд。简单说，как 是事件和过程的标志，而 что 却是事实的标志。一般情况下，两者不宜混淆。

4)由 как 引导的从句不仅可以表示过程意义，而且可以表示没有时间延续的事件意义。试比较：

(4) a. Я видел, как они шли домой. 我看见他们在往家里走。

b. Я видел, как они пришли домой. 我看见他们回到家里了。

(5) Я видел, как косят траву. 我见过人们是怎样割草的。

例(4)a 中的斜体部分显示的可能是现实片段的形象，表示过程；(5)

表示没有时间延续的事件。(3)中的 видел 发生了抽象,как 引导的从句已经与割草的具体情景(事态)无关,表示的是已经获得的知识。

这样,感知意义与认知意义变得近似起来,这反映在语言运用上。首先,видеть 与 знать 在对话中常常交替使用,例如:Ты *знаешь*, *кто пришел*? —Да. Я *видел*.(你知道谁来了?——是的,我看见了。)其次,两类动词支配的从句都可以用间接问题表示:Я видел/знаю, *кто пришел*.(我看见(知道)谁来了。)从句可以用间接疑问句的原因,是它们表示已知信息,因此可以从略。最后,感知动词与知悉动词的否定情况相同,都不影响从句的真值。例如:

(6) Я *не видел*, как они возвращались. 我没有看见他们往回走。

(7) Он *не знает*, что ты приехал. 他不知道你来了。

例(6)(7)都以从句具有真值为预设。如果没有这种预设,从句就应该包含真与假的析取关系或以非陈述式形式出现。例如:

(8) Я не видел, *ушел он или нет*. 我没有看见他走没有。

(9) Я не видел, *чтобы он уходил*. 我没有看见他走。

根据 Н. Арутюнова (1998:425) 的理解,(8) 表示不知道,(9) 表示怀疑。

如果说 слышать, видеть, ощущать, чувствовать 一类感知动词通过 как 引导的从句与世界中的事态、过程发生联系,那么它们则通过 что 引导的从句(命题)与人(命题态度主体、说话人)的心智状态相联系。что 引导的从句都可以看做认知对象。对于这一问题,А. Вежбицкая (1986:360) 从否定角度论证过:"由 видеть, что... 开始的句子通常不能回答问题 Что вы видите?"原因在于该问题是针对视觉感知的对象,而"видеть, что Р"一类语句则是表示认知命题态度及其对象,видеть 已由视觉感知动词完全变成认知命题态度动词。例如:Я видел, *что соседи вернулись* (我看见邻居们回家了)可理解为:邻居回来了是可信的,因为这是我亲眼看见的;或者:我有根据认为邻居们在家,因为我看见他们回家了。这类语句具有以下特点。

a) 从句多用完成体动词表示具体时段外的行为,从而使事件意义变为事实意义。试比较：Я видел, как он садился в поезд. (我看见他在上火车。)/Я видел, что он сел в поезд. (我看见他上了火车。)后一语句中的命题是事实。

b) 命题丧失与事态的对应性，从而表示真实可信的知识。动词 видеть 经常表示对可信观察的总结，其结论远远不是仅仅根据不同时间得到的视觉印象作出的。例如：

(10) Мать видела, что дети что-то от нее утаивают. 母亲发现孩子们对她隐瞒着什么。

(11) Я всю жизнь считала, что все мое существование состоит в том, чтобы жить и думать о жизни. Но теперь я вижу, что смысл жизни в ней самой. (Н. Берберова) 我一辈子都认为，我的全部存在就在于生活和思考生活。但是，现在我发现，生活的意义就在于生活本身。

需要指出的是，当说话人关注的报道内容不言自明、真实可信时，只能用 что 把 видеть 与命题连结起来。

c) видеть 还可以用来表示其他认知意义，此时，它接近意见命题态度。例如：

(12) Я вижу, что ты чем-то недоволен. 我认为你对有些事情不满。

(13) Я не вижу, чтобы ты усердно трудился. 我并不认为你干活儿卖了力。

(12) 表推测，(13) 表怀疑。

d) 认知意义使 видеть 等动词的语义疏离受观察的外部世界，与主体的内部世界相联系。当它表示"内部视觉"(внутреннее зрение)时，видеть 与 понимать (明白)、сознавать (意识到) 一类动词同义。例如：

(14) Я вижу, что не прав. 我明白自己不对。

(15) Сознавать всегда хорошо. На этот раз я увидел, что не принадлежу к числу людей, разъедаемых сомнениями. 意识到总是好的。这一次，我意识到我不属于那种被怀疑所折磨的人。

(14) 中的 вижу 与 понимаю 同义，(15) 中的 увидел 与 сознал 意义相同。

e)视觉感知谓词向意见命题态度谓词的转化,明显地体现在 видеть в ком/чем кого/что 结构中。例如:

(16) Лишившись родителя в ребячестве, *видел я в брате другого отца*; выросши, *вижу в нем лучшего своего друга*. (А. Грибоедов)我幼年丧父之后,便把哥哥当作自己的第二个父亲;成人以后,我把他视为自己最要好的朋友。

(17) Сердившись на людей, что они делают дурно, а они не *видят в этом ничего дурного*. (Л. Толстой)他生那些行为恶劣的人的气,而他们却不认为这有什么不好。

(16)(17)中的斜体部分是紧缩命题,动词 видеть 既支配命题的主体,又支配谓词。两者之间在句法上无直接联系。它们通过充当语句谓词的命题态度动词连结起来,如(17)中的 они не видят в этом ничего дурного = Они не видят, что это дурно。

第四节 意见命题态度谓词

意见命题态度谓词(предикаты пропозиционального отношения мнения),是认知态度谓词的一个主要类别。一方面知悉与意见两类认知态度谓词的对立,是大家公认的。另一方面,在意见命题态度谓词范围内也有着两种不同的类型。它们之间的区别在重要性上并不亚于意见与知悉两类谓词的差别。这两类相互区别的"意见",就是 М. Дмитровская 提出的推测意见(мнение - предположение)和评价意见(мнение - оценка)。(А. Зализняк 1991:187)两类"意见"的对立,体现在俄语意见命题态度基本动词 думать 和 считать 的使用上。因此,在本节中,我们主要以 думать, считать 为研究对象,从意见命题态度谓词句的一般特点、客观命题与主观命题的对立等角度研究命题态度谓词。

需要指出,意见命题态度谓词远远不只是 думать, считать,限于篇幅,我们只研究这两个动词。

1 意见命题态度谓词句的一般特点

命题态度谓词表示命题态度主体对命题的心智操作，命题则是这种操作的对象和内容。意见谓词与知晓谓词的区别，首先体现在命题态度谓词句的结构上。

1) 语句的结构要素

意见命题态度谓词指向人的心智世界，因此与其他命题态度谓词一样，它也以人、命题分别为自己的主体、客体。但是由于意见命题态度具有个体性，谓词所支配的命题体现个人的认知结果，后者可能引起争议，甚至被推翻，因而意见命题态度谓词句的另一个结构因素是表示根据、理由的成分，用它针对潜在的不同观点，论证自己的意见，进而博得别人的认同。例如：

(1) *Судя по тому, что ветер усилился*, думаю, что он разгонит тучи. 根据风势增强来判断，我想，它会驱散乌云的。

(2) *Вот почему* я считаю, что в современной экологии есть как бы два слоя проблем. (И. Шилов) 我正是因此而认为现代生态学有两个层面的问题。

斜体部分就是我们所说的根据、理由要素。试比较：Почему вы так думаете? (您为什么这样认为?) / ? Почему вы это знаете? (? 您为什么知道这件事?)

命题态度主体、命题态度谓词和从属命题是意见命题态度谓词句必有的三个结构要素，而意见根据则在必要时(比如，说话人试图强调意见的可信程度)才会出现，所以不是必不可少的。

用动词 считать 建构的语句还有一种表示意见命题态度的典型结构：считать кого／что кем／каким. 例如：

(3) Так *вы считаете себя другом Алексея*? Так вы придете к нам? (Ф. Абрамов) 您认不认为自己是阿列克赛的朋友？到不到我们这儿来？

(4) Что считаете своими недостатками? 您认为什么是自己的缺点？

与一般命题态度谓词句的结构相比，这种结构的特点是，命题不以说明从句形式出现,原本应该出现的复合句由紧缩简单句替代;命题中的系词隐蔽起来,不用显性手段表示。不过,这并不妨碍语句由命题态度主体、命题态度谓词和命题三个要素构成。其中,命题体现为:例(3)себя(вы)—друг Алексея,例(4)что—свои недостатки。

2)语句的交际焦点

与知悉命题态度谓词句不同,意见命题态度谓词句没有关于命题一定为真的预设。"意见动词没有说话人对 P(命题)与现实关系的任何假设。"(И. Шатуновский 1996:257)在有动词 думать, считать 的句子中,问题不在于主体头脑中有无命题内容,而在于他头脑中有的究竟是什么。(И. Шатуновский 1988:263)Н. Арутюнова(1989:14)在详细研究命题态度谓词 полагать (认为,以为)后,得出结论:句法上的从属句包含着报道的主要内容。意见命题态度主体头脑中有命题内容是不言而喻的,交际的焦点只在命题身上,命题态度谓词一般不带重音。如:Но ошибаются те, кто думает, что деньги может заработать дурак(那些认为连傻瓜都能挣钱的人想错了)。

正是由于交际焦点在命题上,后者就应该明示出来,不能省略,否则会使语句丧失信息性。也是由于这个原因,意见命题态度谓词的客体在多数情况下,只能是具有命题形式的表达式,不像知悉命题态度谓词 знать 那样,允许从属命题代词化,将从属命题简化、省略。试比较:*Я считаю его приезд.(*我知道他来了。)/Я знаю его приезд.(我知道他来)。

但是,在意见命题态度谓词疑问句中,却可能以 что, как 代替从属命题。例如:

(5)Что ты думаешь по этому вопросу? 对这个问题你有什么看法?

(6)Как ты думаешь, пойдет дождь? 你怎么看,天会下雨吗?

这里的 что, как 针对的都是未来答话中的整个从属命题,而不是从属命题的组成部分:Я думаю, что вопрос очень сложный/дождь не пойдет.(我推测问题很复杂/天不会下雨)。

在反应话语中,可取代命题的语词有 так(这样),не так(不这样),иначе(用不同方式),по-другому(换种方式),如:Я думаю, что никогда не *следует спешить.* — А я *так* не думаю（не считаю）.（我以为无论何时也不应该着忙。——我不这么看〔认为〕。）

由对话统一体中的第一话轮可知,其中的命题(斜体部分)在第二话轮中已经成为已给信息,因而可以通过 так 实现代词化。这一方面说明,在作为刺激话语的意见命题态度谓词句中,命题确实包含着语句的基本信息,是整个语句的述位所在;另一方面,意见命题态度谓词的从属命题之所以能够在反应话语中用 так 取代,是因为从属命题在这里判断的不是事物,而是性质。因此,语言把意见从属命题作为人的心智特征加以表达就是意见从属命题只能通过 так 实现代词化的理由。так 代表已给命题并在陈述句中用作主位,这和疑问句中的 как,что 将意见谓词的新给命题代词化,并用作述位完全相反。

知悉命题态度谓词可支配间接问题;但是,意见命题态度谓词不能支配这种问题,试比较:

(7)Иван знает, куда пошла его жена. 伊万知道他妻子去哪儿了。

(8)*Я думаю/считаю, где зарыт клад.*我估计/认为宝藏埋在那里。

自从 Z. Vendler 提出事实动词(如 знать)可以与间接问题搭配,而非事实动词(如 думать, считать)不能支配间接问题的思想以来,学者们一直把事实预设作为判定认知命题态度谓词支配间接问题的标准。知悉命题态度谓词句蕴涵从属命题内容为其事实预设,因而可以支配间接问题。而意见命题态度谓词只确认命题态度主体头脑中有某一命题思想,但该命题内容或者与现实无关,或者未说明已经成为事实,当然也就不是事实预设。因此,意见谓词不可能支配间接问题。认知命题态度谓词是否处在语句的交际焦点上,是判断或解释它们是否要求间接问题的第二条标准。俄语动词 думать, считать 永远不会处在交际焦点上,处于关注中心的不是主体意识本身(意见谓词),而是意识的内容(从属命题)。(С. Кодзасов 1987;И. Шатуновский 1987;Т. Булыгина, А. Шмелев 1988:61)Е. Падучева 也做过类似研究。她认为,要解释意见命题态度谓词为什么不支配间接问题,除考虑语义因素外,还应考虑交际因素。从交际角度看,要求间接问题的知悉命题态度谓词所在的语句可以分为两种情况。第一种情况是，主重音在起主导作用的命题态度谓词上，从句位于有主重音的主句之后，不被强调。第二种情况是，主要句重音在命题上，但命题态度谓词仍然保留次要句重音。不难看出，知悉命题态度谓词总是带句重音，或者主要句重音，或者次要句重音；换言之，支配间接问题的知悉命题态度谓词总是处在交际焦点上。而意见命题态度谓词 считать 等不仅没有主要句重音，而且不可能有次要句重音，否则就与这类命题态度谓词句的交际结构相矛盾。例如：

(9) Я считаю, что погода испо́ртится. 我认为天气要变坏。

(10) Я считаю, что вы лжёте. 我认为您撒谎。

综上所述，要求间接问题应该具备两个条件：第一，语义条件——命题态度谓词支配的命题需要具备事实性预设，即 Р есть в действительности；第二，交际条件——命题态度谓词应该处在语句的交际焦点上，即带句重音（或者带主要句重音，或者带次要句重音）。而意见命题谓词不具备上述两个条件，因此不能支配间接问题。

学界对"не + 意见命题态度谓词"的解释是：Я не думаю, что будет дождь. = Я думаю, что дождя не будет.（我不认为要下雨 = 我认为不会下雨。）这就是所谓的否定移位（смещение отрицания），А. Зализняк (1991) 和 Е. Падучева (1987：86—91) 则称做"否定的提升"（подъем отрицания）。例如：

(11) Теперь Цветаева *не думает*, что и сама смерть Маяковского могла бы служить призывом.（В. Швейцер）现在，茨维塔耶娃并不认为马雅可夫斯基的死本身能够成为对生者的呼唤。

(12) *Но мы не думали, что дочь уедет так надолго*. 但是我们没有认为女儿会去这么长时间。

根据对否定移位的这种理解，似乎可以得出结论：意见命题态度谓词不能否定；一旦与否定词组合，就应该理解为对它们所支配的命题的否定。这样，(11) = Теперь Цветаева думает, что и сама смерть... не могла бы служить призывом（现在，茨维塔耶娃推测……的死本身不能够成为对生者的呼唤）；(12) = Но мы думали, что дочь не уедет так надолго（但是，我们认为女儿不会去这么长时间)。从交际结构的角度来看,否定的对象通常只是语句的述位,而不是主位。意见命题态度谓词在语句中充当主位,因而不应被否定。

由于交际焦点不在意见命题态度谓词上,"命题态度主体+命题态度谓词"不能移到从属命题之后充当述位。比如:Я считаю(думаю), что собрание отменили(我认为,会议延期了)不能倒装成*То, что собрание отменили, я полагаю/считаю/думаю(*会议延期了,我认为/推测)或者*То, что собрание отменено, считается/думается(*会议延期了是被认定/估计的)。

2 三类意见命题态度

М. Дмитровская 根据意见命题态度谓词(主要指其主体与说话人重合时)支配的命题不同,把相应命题态度区分为推测意见(мнение-предположение)和评价意见(мнение-оценка)。前者支配可实证性命题(верифицируемая пропозиция),如:Я считаю/думаю, что Иван уехал в Киев(我认为/推测,伊万去了基辅);后者支配不可实证性命题(неверифицируемая пропозиция),如:Я считаю, что это хороший фильм.(我认为这是部好电影)。她认为推测性意见与知悉(знание)是对立的。后者的命题是经过验证的,具有真值,而前者表示说话人认为命题内容是一种未经验证的、可能性的,不具有真值。比如:Я думаю, что Иван уехал.—Вы ошибаетесь.(我认为,伊万走了/您错了)。而评价性意见与知悉则在某些方面是相近的。Я считаю, что это хороший фильм(我认为这是部好电影)接近于 Я знаю, что это хороший фильм(我知道这是部好电影)。М. Дмитровская(1988:9—14)认为前句中有近似的真值意义(аналог истины),甚至认为可把这种评价意见叫做主观的知识,因为它对说话人来说具有主观真值的地位。

А. Зализняк(1991:187)认为,意见范围内的"推测意见"与"评价意见"之间的对立与知悉和意见两类认知态度的对立同等重要。她指出,两类意见之间的对立体现在两个基本动词使用上的相互区别。这两个动词

在俄语中就是 думать 和 считать。думать（Я думаю, что это хороший фильм）不表示我自己对影片的评价,只是表示对可实证性命题真实性的推测,动词 считать 的用法则相反。动词 знать 不可能表示推测意见,而 считать 则多表示评价意见。于是,可分出三种情况:对可实证性命题的知悉、有关可实证性命题的意见和关于不可实证性命题的意见。三者一般分别与 знать、думать 和 считать 对应。这样,对上述意见的探讨就变成对这三个动词的探讨。

И.Шатуновский（1993：127；1996：259）反对 М.Дмитровская 和 А.Зализняк 把命题分为可实证性命题和不可实证性命题,建议把它们分别叫做"客观命题"（объективная пропозиция）和"主观命题"（субъективная пропозиция）,将支配这两类命题的意见叫做"客观意见"（объективное мнение）和"主观意见"（субъективное мнение）。

L.Wittgenstein（1992：31）曾经主张在大多数使用了"意义"一词的情况下——尽管不是全部——我们可以这样解释:一个词的意义是它在语言中的用法。根据这种观点,可以把从属命题当作参数来研究意见命题态度动词的意义。就意见命题态度而言,说话人确定命题态度主体的认知取向十分重要。所谓认知取向,指认知指向现实还是人的主观世界。据此,我们把命题态度分为推测命题态度、评价命题态度和构建性命题态度。

1) 推测命题态度

推测命题态度指命题态度与现实有直接或间接的联系。这种联系体现为命题态度主体的意见是以对现实情况的推测为基础的。这是研究得最多的一种命题态度。这类命题态度是主体对从属命题的主观态度（意见）;命题是反映现实的某种观念形式,而命题态度主体对既成命题的操作方法是推测;意见有对有错,并且可以通过现实检验;在语句中,这种检验一般通过说话人来实施。

推测命题态度与知悉命题态度在真实性评价参数上相互区别。推测命题态度表示可能性评价:Я думаю, что он уже приехал.（我想他已经来了。）⊃ То, что он приехал, вероятно.（他来了是可能的）。而知悉命题态度表示真实评价:Я знаю,что он уже приехал.(我知道他来了。)⊃То,что он приехал,истинно.(他来了是真的)。正是由于上述原因,推测命题态度谓词句常常可以和表示确信、不确信、可能失误等情态意义的语词连用:Я думаю,что он уже приехал,но могу и ошибаться/хотя и не уверен/я полностью в этом уверен.(我想他已经来了/但可能想得不对/尽管不确信/我对此十分确信。)而知悉命题态度谓词句不能与表示这些情态意义的语词连用:*Я знаю,что он уже приехал/но я могу ошибаться/но я в этом не уверен.(*我知道他已经来了/但可能知道得不对/但我对此不确信。)

须要强调的是,在俄语中,думать 表示推测意见命题态度(试比较 М.Дмитровская 的"推测"意见和 И.Шатуновский 的"客观"意见)时,从属命题虽可由不同连接词 что,будто 引出,但它们都体现出说话人的意见,即说话人与命题态度主体在认识上不一致。例如:Он думает, *что/будто* все им восхищаются.(他以为大家都会称赞他(事实上未必)/他以为,说不准大家都会赞赏他呢。)

2)评价命题态度

与 думать 表示的推测命题态度不同,评价命题态度不是对可实证性命题与现实关系的推测,而是对不可实证性命题内容表示主观评价。评价命题态度分为纯评价(собственная оценка)和推测评价(оценка-предположение)两类。前者以命题态度主体对评价对象的直接认知为基础,后者则是对评价对象的间接推测。两者都不是命题态度主体对对象本身是否存在的真值断定。例如:

(1)Не знаю,как тебе,а мне этот фильм понравился. Я *считаю*, что это интересный фильм.不知道你怎么看,我喜欢这部电影。我认为这是一部有趣的影片。

(2)Я не смотрел этот фильм,но *думаю*, что он интересный.我没看这部电影,但我想它是有趣的。

例(1)(2)中的 считаю 与 думаю 分别表示纯评价命题态度和推测评价命题态度。前者以命题意向主体 я 直接认知 этот фильм 和它已经存在为前提;后者的 я 则没有看过这部影片。两者虽都是对这部影片是否有趣作出的评价,但评价谓词不能彼此替换:* ... мне этот фильм понравился, я думаю, что это интересный фильм;* Я не смотрел этот фильм, но считаю, что он интересный.

两类命题态度具有不同特点,让我们先分析纯评价。纯评价命题态度的俄语表达式是 я считаю, я нахожу; по-моему, мне кажется。从语用上看,用后两个表达式表示纯评价时,命题态度主体对自己评价的把握程度要低一些。不同类型的、表示评价的命题在不同程度上需要评价的理由。一般来讲,味觉评价、心理评价、情感评价和审美评价不需要理由支撑,因为这些评价直接来源于不受意志控制的感觉(Н. Арутюнова 1982:14)。它们具有主观真值地位,可以受到质疑,但不能推翻。

而伦理道德评价一般却需要理由支撑:Он хороший человек. — Почему ты так считаешь? (他是个好人。——你为什么这样认为?)

推测评价因主体与评价对象没有直接接触,仅仅是对对象性质的推测,所以需要评价的根据、理由。如:Я эту книгу не читал, но думаю, что она не плохая. Я вообще люблю этого писателя. (我没有读过这本书,但我想它是不错的。我喜欢这个作家。)在俄语中,除表示纯评价的считать以外,其他所有意见命题态度动词都可以表示推测评价,如 полагать, думать, сомневаться 等。(М. Дмитровская 1988:15)推测评价在命题意向主体与评价对象直接接触以后,可以得到验证。如:Как я предполагал, книга оказалась интересной. (正如我所料想,这本书果然有趣。)

综上所述,纯评价命题意向要求的命题具有事实性特点,用于命题态度主体与评价对象有直接接触(直接认知评价对象)的情况下,此时从属命题具有主观真值,并且可以把这种真值叫做主观真值意义;与此相反,推测评价命题态度表示可能性评价,这种评价须要证明。

3) 构建性命题态度

与推测、评价两类命题态度不同,构建性命题态度是命题态度主体的一种行为,该行为实施的结果就形成命题所表示的内容。这里,行为属性不是我们考察的重点。А.Зализняк(1991:189)指出,用动词 считать 支配某一命题时,他脱离现实世界中的事态,创造另外一个世界,在这个世界中,命题内容为真。И.Шатуновский(1993:127)进一步指出,当命题态度谓词是 считать 时,主体头脑构建的主观世界不是对主体之外的任何客观事态的反映。就这类命题而言,与其对应的认知情景发生了简化:组成要素 есть в действительности 被淘汰出局了。不难发现,构建性命题态度的特点是:第一,它既是一种特殊系词,又是一种主观心智行为;第二,其实质体现在构建一个现实中不存在的观念上;第三,这类命题态度谓词的客体题元(命题)没有真值可言,因为命题内容并不来自现实,因此谈不到验证。例如:

(3) Всю жизнь Сергей *считал* его своим отцом. 谢尔盖一辈子都把他当作自己的父亲。

(4) Я *считаю* для себя большой честью разговаривать с вами(большой удачей, что я встретил вас здесь). 我认为同您交谈是自己的莫大荣幸(在此与您相见是我具大的成功)。

在(3)中,Сергей 承认他是自己的父亲,他就是自己的父亲,Он—свой отец(他是自己的父亲)是命题态度主体 Сергей 主观构建的结果。(4)与(3)相同,把"和对方谈话看成荣耀",纯属个人主观构建的看法,既无法验证,也不需要验证。

4)对三类意见命题态度的说明

推测、评价和构建三类命题态度的共同特点是,在命题态度主体的头脑中有命题内容。其区别特点在于,推测命题意向的对象有现实事态可供检验;评价、构建两类命题态度没有相应事态与其对应;构建命题态度的独特之处在于其主观构建性。

上述三类命题态度在语句中体现为意见命题态度谓词。就俄语而言,主要由 думать 和 считать 表示。其中,считать 既表示纯评价命题态度,又表示构建性命题态度;думать 分别表示推测与推测评价。

不同的意见命题态度与不同的对象组合,因此,我们转入对命题的讨论。

3 客观命题与主观命题

上文已经提到,意见命题态度谓词支配的命题是其所在语句的交际焦点。因此,研究意见命题态度谓词及其所在语句时,不能不研究这些谓词支配的命题。不同的命题要求不同的命题态度谓词在语义上与其保持协调一致。在这一部分,我们将借鉴 М. Дмитровская, А. Зализняк 和 И. Шатуновский 的研究成果,探讨命题的性质。

1) 可实证性命题与不可实证性命题

Е. Иоанесян(1993:89)把命题划分为三类:以与对象直接接触为基础形成的命题;以与对象间接接触为基础构成的命题;在没有任何接触条件下产生的命题。然而,在我们看来,М. Дмитровская 等人的二元对立划分更为合理。她(1987:44—46,1988:6—17)研究知悉和意见命题态度时,把它们支配的命题分为可实证性命题(верифицируемые пропозиции)和不可实证性命题(неверифицируемые пропозиции)。前者是"与世界中现在、过去或将来的事态相对应的命题;从原则上讲,它们在说话人说出相应语句时可以得到证实。"后者是"反映人对世界的观点的命题。"换言之,实证性命题的真值,可以根据相应事态证明、检验,从而得到确定;然而,不可实证性命题,由于它没有现实事态对应,所以无从验证。不同类型的命题要求不同的命题态度与其组配。例如:

(1) Она думает /считает/ полагает, что *он уехал в Киев*. 她推测(认为),他去基辅了。

(2) Мы думаем /считаем/ полагаем, что *существует кентавр на Земле*. 我们估计/认为,地球上有半人半马存在。

在(1)中,что 后面的命题的真值可以通过相应事态判定:如果他去了,命题成真(此时,命题态度谓词可用 знает);如果他可能去了基辅,命题就具有或然性真值(вероятностная истина)。在(2)中,кентавр 不可能存在于现实之中,因此只能用意见命题态度谓词,不能用知悉态度谓词。即便是意见命题态度谓词 думать 和 считать 所支配的命题也不完全相同。

把命题区分为可实证性命题和不可实证性命题,尤其是分出后者,有利于全面认识命题,甚至认清语言的本质。简单地说,语言中存在客观部分(对世界/现实的反映)和主观部分(人的主观创造)。这两部分在说话人的能动操作下,相互交织、融合,构成一个有机整体——语句。

2) 客观命题与主观命题

我们内在的"思想"世界可分为两部分:一部分是人们对客观现实的反映,另一部分则是人的头脑主观构建的结果。И.Шатуновский(1996:259)认为,存在于命题态度主体头脑中的各种思想"阶段"之间的不同,与считать 和 думать 所建构的意见句在适用范围上的差异相联系。但是,他不同意 М.Дмитровская 和 А.Зализняк 把上述两类意见命题态度谓词的客体题元分别叫做可实证性命题和不可实证性命题,而是叫做"客观命题"(объективные пропозиции)和"主观命题"(субъективные пропозиции),理由如下。第一,实证性(верифицируемость)/非实证性(неверифицируемость)是这些命题的分类特征,但不是本质特征。第二,其本质特征在于:a)对头脑中存有的某一可实证性命题来说,它们是对某一现实片段的反映,也就是说,命题态度主体不仅头脑中有命题内容,而且可以使它与现实发生关联;b)不可实证性命题却是这类主体头脑创造的那个主观世界的一部分,并非对外部世界的任何客观事态的反映。根据他的理解,这就是主观命题。第三,与客观命题对应的情景比与主观命题对应的情景复杂,因为在后者之中没有系词 есть в действительности。于是,他得出结论:主观命题不可能是认知命题态度的客体。例如:

(3) Я думаю, что *Иван уехал в Ленинград*. 我估计伊万去列宁格勒了。

(4) Я считаю, что *это хороший фильм*. 我认为这是部好影片。

例(3)中斜体部分是客观命题,(4)中斜体部分却是主观命题。实际上,这里指的是有主观内容或客观内容的命题。因为命题本身属于人的认知领域,不宜作此类划分。他的这种提法应该有条件地接受。

И.Шатуновский 自己总结客观命题与主观命题的划分时,强调对这种划分的理解不应该绝对化。"反映的客观"方面与"创造的主观"方面相互交织在命题态度主体的各个思想阶段之中。判断某一具体命题的主、客观性质,一是取决于上述两个方面何者占优势、占主导地位,二是取决于在多大程度上意识到它的主观方面,三是取决于说话人突出、强调该命题的主观方面还是客观方面的态度——希望、目的等。更加有意思的是他(1996:20)的下述思想:"在命题的主、客观性质模棱两可、难以认定的情况下,判断命题是主观的还是客观的,取决于说话人(считать 的使用者)。считать 这个词仅仅表明说话人的立场、观点,丝毫不报道命题态度主体的立场(现在时第一人称形式例外。此时,说话人与主体重合)。"例如:

(5) Ее считали красавицей. 人们把她当作美人。

(6) Я прошу не принимать никаких решений,—поспешно сказал Киров,—*Моя охрана достаточна и надежна*.—Это ты так считаешь,—возразил Сталин,—а у политбюро на этот счет может быть другое суждение. (А. Рыбаков) "请别作出任何决议",基洛夫急急忙忙地说,"我的警卫队实力足够,而且可靠。""这是你自己的看法",斯大林反驳道,"而政治局对此的判断却与你不同。"

例(5)中的 она—красавица(她是美人),(6)—моя охрана достаточна и надежна(我的警卫队实力足够,而且可靠),是主观命题还是客观命题,只能由说话人自己评价、认定。此处,十分重要的是例中 считали 和 считаешь 表示的是,而且仅仅是说话人的观点、立场。这为我们研究没有词汇手段明示说话人因素的情况提供了启示和根据:在与例(5)(6)类似的情况下,我们认为,说话人因素体现在两个方面。第一,认定命题态度主体(она, я)头脑中有命题内容,即:P есть у СПО в уме. 它是所有意见命题态度谓词句都有,而且必须有的特征。第二,Сталин 对 Киров 的观点进行评价,经此构建主观命题——Охрана не достаточна и не надежна (警卫队力量不够,不可靠)。

另外,客观命题与主观命题的对立不仅有共时方面,而且有历时方面。随着时间的流逝,主、客观命题可能发生相互转化。如果命题为某一语言集体所有成员共享,其主观性的起源就会被遗忘,再也不会被意识到。于是,说话人开始把它当作反映于命题态度主体头脑中的直接客观事实。如：从 Мы считаем, что социализм—это самый передовой общественный строй(我们认为社会主义是最先进的社会制度)开始，经过 Самым передовым общественным строем(справедливо) считается социализм (最先进的社会制度被公正地认为是社会主义)，到 Самым передовым общественным строем является социализм(最先进的社会制度是社会主义)。

简单地说，有关客观命题与主观命题思想的提出，至少具有以下几点值得注意。第一，存在于人的观念系统(用 И. Шатуновский 的话说是"思想"世界)中的命题思想并不仅仅是人对现实的反映，因此，语句意思的组成模块——命题也不可能仅仅反映与现实的关系(试比较持这种观点的语言哲学中的真值理论、传统句法学中的情态思想)。第二，与现实发生关联的只有客观命题；而主观命题却是命题态度主体头脑创造而成的，与现实世界没有反映/被反映关系，它们是人的主观世界的组成部分或称做片段。第三，从语言学角度来看，区分客观命题和主观命题，是为了将其与语句中的人的因素(说话人、命题态度主体)联系起来，通过不同命题与不同命题态度谓词组配及其组配特点，寻找理解和使用相关语句和命题态度谓词的特点。总之，可实证性命题/不可实证性命题思想的提出，是对语言哲学反映论思想的继承和发展；客观命题/主观命题思想的发展，又有利于语言学对意见命题态度谓词句的理解和研究。

第五节 对命题态度的思考

命题态度是语句中主观意义的组成部分，与命题对立。它是命题态度主体的认知(感知、知悉、意见)、情感和意志状态。大致说来，可以从以下几个方面认识命题态度。

从语义上看，知悉、意见是最单纯(И. Шатуновский1996)、最典型(Н. Арутюнова 1988)的命题态度，相应谓词也是最单纯、最典型的。混合型命题态度主要有三种：感知、情感和意志。它们一般由感知谓词、情感谓词和意志谓词体现。感知谓词包含感觉意义(сенсорное значение)和认知意义(когнитивное значение),情感谓词和意志谓词分别具有情感意义和认知意义、意志(意愿)意义和认知意义。从它们的意义组成上看,三类谓词都有认知意义的成分。除共性外,它们之间还存在着差异。感知谓词反映出人从感觉向认知发展这一过渡阶段的特点;而情感、意志谓词则体现出人的标志性特征——认知、情感和意志。从人的认知、心智发展阶段来看,后两类命题态度谓词处于典型认知(知悉、意见)阶段之后。因此,它们高于同为混合型命题态度的感知。这样,从感知,经过认知,到情感、意志过程,正是人的内在世界发展的有序过程。另外,就认知命题态度(谓词)内部来看,首先存在着知悉与意见的对立;其次,在意见内部还存在着推测和评价的不同。认识上述异同关系,不仅有助于认清人的内在主观世界,而且有助于准确理解相应的语言现象。关于情感、意志类命题态度,本章从略。

从命题态度所指涉的对象、命题态度谓词所支配的客体来看,它们都支配命题。命题大多由从句表示。但是,从句表示的客体未必都是命题,它们也可能是事件的表示者。同时,从句的名物化结果依然保持命题的性质。无论言语生成还是言语解读,关注并弄清这两类情况,都是必需的。

最后,我们强调指出,解读命题态度以及命题态度谓词句,说话人是关键。不论语句中有无词汇手段表示说话人,命题态度主体与其心智、情感、意志状态(命题)之间的关系都必须由说话人断定或构建。一句话,说话人与话语同在。

第十二章

意向情态意义

第一节 俄语语用学

1 语言语用学

"语用学"(pragmatics，俄文为 прагматика)这一术语源于希腊语"pragma"，意为"行为"、"动作"，是 1938 年由美国哲学家、逻辑学家 C. Morris 在其《符号理论基础》(*Foundations of the Theory of Signs*)中首先提出的。但在此后的 40 余年里，语用学的相关研究仅局限于哲学范畴内。20 世纪 50 年代中至 60 年代末，语用学研究取得了重大进展。英国哲学家 J. Austin 创立了言语行为理论(theory of speech act，俄文为 теория речевых актов)，反对语句无真假值就等于无意义的实证观点，向逻辑实证主义发起了挑战。美国语言哲学家 J. Searle 继承、修正、发展了 J. Austin 提出的言语行为理论，使之进一步系统化、完善化。美国语言哲学家 H. Grice 提出了具有重要意义和广泛影响的会话含义理论(conversational implicature)以及合作原则(cooperative principle)及其包含的 4 条准则：量准则、质准则、关系准则、方式准则。J. Austin, J. Searle 的言语行为理论，H. Grice 的会话含义理论为语用学成为一门独立的学科奠定了基础。直到 20 世纪 70 年代，语用学作为一门独立的学科而诞生，它为语言研究开辟了一个全新的领域，为解决一些传统句法学和语义学难以解释的问题找到了突破口。

语用学更多地是讨论语言的使用问题，把语言看做人类行为的一部分，所探讨的不是意义和真值的关系问题，而是意义和使用关系或意义和说话人说出话语意图的关系问题。J. Searle 认为，把语言哲学中许多问题都加以改造而铸进人类行为的讨论这个更广大的背景中去,这是非常重要的。以 J. Austin, J. Searle 为代表的言语行为理论研究者把语言研究从以句子本身的结构为重点转向语句表达的意义、意图和交际参与者的相互作用方面,从而突出了人和社会的作用。言语行为理论抓住了语言的动态特征,无论对纯语言理论研究,还是对应用语言学(прикладная лингвистика)、社会语言学(социолингвистика)、心理语言学(психолингвистика)等学科的研究都产生了重大影响。它使以语法为中心的研究转向以言语使用为中心;从以单个句子为中心转向以语篇为中心的方向发展;从以语言本身为中心转向以语言使用者以及语言环境等为中心;从以语言知识为中心转向以交际能力为中心。言语行为理论集语言、社会、心理等因素于一身,以言语行为为核心,研究说话人在具体语境中所说话语的语势,从而避免了语言研究过于抽象化的偏差。

西方语用学的研究方法种类繁多,微观上要涉及语言的各个层面,如英美学派所研究的说话人意义和说话人所指、指示语、言语行为、蕴涵、预设、受话人意义(关联理论)、会话分析等内容;宏观上要明确语用学的研究方向,即欧洲大陆学派主张的凡是与语言的理解和使用有关的都是语用学的研究对象。

几乎在西方语用学理论出现的同时,俄罗斯许多学者也开始超越传统的结构主义语言学理论,向语用领域渗透,把研究的注意力转向语言中"人的因素"(человеческий фактор),即语言的研究对象已不单单是孤立的语言单位及其相互关系,还包括语言中所有与人的因素有关的问题,如交际者、社会地位、话语目的、交际策略、语境、统觉基础[①](апперцепционная база)等一切被现代语言学所称的语用信息。现代语用学多用来指"语言语用学"(лингвистическая прагматика),也有人称之为"交际语用语言学"(коммуникативно-прагматическая лингвистика)(Е. Савельева 1991:13)或"意向语言学"(иллокутивная лингвистика),它是一门与社会、文化、心理

[①] 在心理学上,统觉是指由当前事物引起的心理活动同已有知识经验相联系、融合,从而更清晰地认识事物的现象。(辞海 1999 年普及版:3335)

等因素息息相关的学科。按照 Р. Будагов(1976:3)的说法,语言是一种时刻都伴随人的最重要的社会现象。在人的劳动和休息、思维和感受、欢乐和痛苦过程中,语言无处不在。

　　语言语用学的兴起还与现代逻辑学的发展密切相关。俄罗斯学者写道:我们正目睹逻辑学这门古老的知识领域发生的明显变化和取得的显著进步。这门阐述推理的规则和定律,以便揭示或论证真值的科学,千百年来始终具有抽象的纯理论性质,而与直接的实践活动相脱离,现在它开始面向实际了。逻辑学现在不仅研究理想化了的科学推理公式,而且力求考虑认识过程中实际存在的复杂情况。这些因素要求人们在逻辑学与作为符号组成部分、直接关注"人的因素"的语用学之间建立起最为密切的联系。可以毫不夸张地说,信息交流是由控制论提出的逻辑问题的中心。(Б. Бирюков, Д. Горский 1976:225)逻辑学家们把研究重心转向信息交流行为,或者说言语行为的研究。他们研究言语行为的结构、实现言语行为的条件、言语行为的目的与使命,以及言语行为的各种类型等。逻辑学的这一流派透过言语行为棱镜研究逻辑学中的意义、真值等问题,这种逻辑学又称逻辑语用学。它是在意义理论和所指理论的框架中发展起来的,致力于阐释语言形式的语义。因而,从语言学的观点看,逻辑语用学的主要特点还是遵循语义学的方向——即从形式到内容。(张家骅 2000:193)

　　尽管语言语用学和逻辑语用学的许多观点和问题类似,两者之间还是有着本质的区别。逻辑学中许多热门问题并非对于语言学都是重要的。如揭示句子真值条件是逻辑学的焦点问题,但对从语言学角度分析语料并不十分重要,因为语言学首先研究的不是句子对于现实的真值关系,而是语言表达手段,即思想的语言外壳。现代逻辑语用学对语言形式功能所作的诸多缜密、细致的观察,就揭示思维规律、人在言语行为中的心理规律而言具有重要意义,但对于纯语言分析不是必须的。尽管如此,语言学家依然借鉴逻辑语用学的许多观点和方法,因为在许多情况下,不考虑思维规律和人的信息交流活动规律,以及语言以外的事实,就不可能彻底弄清使用语言形式的特点。

第十二章 意向情态意义 441

　　语用学的发展从一个特殊角度推动了语言学从研究抽象的形式结构转向具体的言语行为,并把注意力放在那些涉及人、背景知识和行为环境等的语用因素上。

　　可以说,俄罗斯学者对语言的研究体现这样一种趋势:把研究重心从排除情态意义的命题内容(пропозициональное содержание)转向命题意向(пропозициональная установка)和命题态式(пропозициональный модус),从话语的客观内容转向说话人的情态操作,并进一步从话语与现实的关系转向话语与说话人的关系。C. Morris 关于语用学研究"符号与符号解释者的关系——首先是符号与说话人的关系"(Е. Падучева 1996:221)的经典论点,为"说话人"在语言学中奠定了合法地位。

　　语用学这一概念在语言学中有着不同的释义,有人认为语用学研究言语行为类型、言语行为产品及具体语境中使用命题的可能性;也有人认为,语用学研究言语活动(речевая деятельность);还有人认为,语用学研究语言非标准使用的原则,它表明在人的言语活动中,语言使用的目的和结果。语用学研究语言单位意义与言语情境(речевая ситуация)的关系。前者指词、词组、句子、语段、篇章等;后者指说话人、受话人、交际目的、背景知识、上下文等。语言单位意义原则上都可以语用化,因为语言中与人、言语情景密切相关的不仅仅是某些具有明显表现力色彩的成分,还经常是大多数的词义和语法单位意义。(Е. Падучева 1996:222)

　　Е. Падучева 对俄语语用学的研究对象概括得很精辟,她认为,语用学的研究对象就是各种语用意义,即说话人各种不同的命题态式——话语初始的前提、意图、意见、情感等。在此基础上,她进而又指出,语言语用学指语义学的某些方面,即那些立足于言语相互影响的语言成分。换言之,语用学研究那些在语义中对判断说话人意图起主要作用的成分。(Е. Падучева 1996:221—223)总之,语用学研究一切与说话人意义有关的因素。说话人意义指说话人如何通过特定的话语表达特定的意图,研究重点是影响这种意图表达和理解的语言、语境和语用因素。研究内容涵盖如何确定像命令、请求、建议、劝告等言语行为的语势;如何为实施某种言语行为而使用相关交际策略;如何分析说话人的各种信息及表达信息时的各种回应；如何使用礼貌策略及其运用的条件。

语用学的主要内容之一是言语行为理论，其研究对象为意向功能（иллокутивная функция），即语势或语句的意向类型（иллокутивный тип высказывания）。（Е. Падучева 1996：226；Н. Арутюнова 1990：421）Т. Булыгина，А. Шмелев（1997：243）将意向功能称之为"意向情态意义"（иллокутивная модальность）。Б. Городецкий（1986：5）根据言语行为理论的研究对象，赋予该理论更加具体的名称，他称之为"意向语义"（иллокутивная семантика）。语势的核心概念就是说话人的交际目的（意图、意向）。

言语行为理论是关于语势或意向行为的理论，它研究意向功能。任何言语行为的顺利实施都要依靠"成功条件"（условия успешности），如同一般陈述句需要具备"真值条件"（условия истинности）一样。G. Lakoff（1975：261）说，言语行为成功条件是带有说话人和受话人题元的相应动词语义分解的成分。一般说来，意向功能的语义成分包含两部分内容——陈述和意向。以"提醒"言语行为为例，语句"我很冷"的陈述部分为"我说：我很冷"，表达两个意向：1）我想让你知道，我很冷的事实；2）我想请你把窗户关上。事实上，意向功能是非常复杂的语义结构，有时用施为动词表示，有时没有相应的施为动词。无论何种情况，说话人的意向功能都可分解成前提、意图、思想、意愿等，就是说，意向功能总是外显的。（Е. Падучева 1996：228）

2 俄语言语行为研究

20世纪70年代，受J. Austin，J. Searle，H. Grice，P. Strawson等西方学者的影响，许多俄罗斯学者率先将言语行为理论介绍到俄罗斯，并从各自的角度对言语行为理论作了程度不同的客观评价。其中颇具影响的代表人物和著述有：Н. Арутюнова《句子及其意义》(《Предложение и его смысл》)(1976)；В. Звегинцев《句子及其与语言和言语的关系》(《Предложение и его отношение к языку и речи》)(1976)；Ю. Степанов《语用学探究》(《В поисках прагматики》)(1981)；Т. Булыгина《关于语用学的界限和内容》

(《О границах и содержании прагматики》)(1981);В. Демьянков《阐释语句的语用学基础》(《Прагматические основы интерпретации высказывания》)(1981);М. Бергельсон,А. Кибрик《语用"优先原则"及其在语言语法中的反映》(《Прагматический "принцип приоритета" и его отражение в грамматике языка》)(1981);Е. Падучева《言语行为组成中句子的现实化》,载《语言信息的形式概念》(《Актуализация предложения в составе речевого акта》//《Формальное представление лингвистической информации》)(1982);Н. Безменова,В. Герасимов《言语行为理论的若干问题》,载《语言语用学中的语言活动》(《Некоторые проблемы теории речевых актов》//《Языковая деятельность в аспекте лингвистической прагматики》)(1984);В. Демьянков《关于语言语用属性的形式化问题》,载《语言语用学中的语言活动》(《О формализации прагматических свойств языка》//《Языковая деятельность в аспекте лингвистической прагматики》)(1984);В. Демьянков《当代国外语言学文献背景下的言语行为理论》(《Теория речевых актов в контексте современной зарубежной лингвистической литературы》)(1986)等。

到了80年代中期,Н. Арутюнова,Е. Падучева,И. Кобозева,В. Демьянков,Б. Городецкий等人主编的《国外语言学新动态》(《Новое в зарубежной лингвистике》,简称НЗЛ)第16辑《语言语用学》(《Лингвистическая прагматика》)(1985),第17辑《言语行为理论》(《Теория речевых актов》)(1986),以西方语用学为专题,全文翻译了J. Austin, J. Searle,H. Grice, P. Strawson, Z. Vendler, J. Lakoff, R. Conrad, St. Levinson等西方学者的论著。其中Н. Арутюнова,Е. Падучева为译丛(1985)合写了绪言《语用学的起源、论题与范畴》(《Истоки, проблемы и категории прагматики》),И. Кобозева为译丛(1986)撰文《言语行为理论是言语活动论的一种变异》(《Теория речевых актов как один из вариантов теории речевой деятельности》),详细评述了语用学研究的理论意义、应用价值以及它同语言学其他领域的关系。自此,西方言语行为理论全面展示在俄罗斯学者面前。与此同时,Е. Падучева的专著《语句及其与现实

的对应关系》(《Высказывание и его соотнесенность с действительностью》)(1985)的问世,反映了当时俄罗斯言语行为理论的研究水平及学术动态。

20世纪90年代,俄罗斯科学院语言研究所《语言的逻辑分析》课题组系列丛书的出版,使言语行为的研究更加全面、深入。较有代表性的丛书是:《动作:语言与逻辑模式》(《Действие: лингвистические и логические модели》)(1991)、《动作模式》(《Модели действия》)(1992)、《心智动作》(《Ментальные действия》)(1993)、《言语动作语言》(《Язык речевых действий》)(1994)等。

需要注意的是,与西方相比,俄罗斯言语行为理论的研究在对象、内容、方法和角度上都有自己的特点。甚至有这样的观点:不能认为言语行为理论完全起源于西方,只是后来才与俄语语料联系起来。与言语行为理论相近的思想早已出现在俄语语言学文献中,遗憾的是,长久以来它们未能得到发展。(Н. Ранних 1994:27)在俄语传统语言学研究中,言语行为思想似乎应追溯到更早的时期。20世纪30年代出现的М. Бахтин 的言语体裁理论(теория речевых жанров)、20世纪60年代中期形成的言语活动论(теория речевой деятельности)、传统情态意义,以及修辞学的研究都与言语行为理论有着千丝万缕的联系。Н. Мечковская(1996:17)还把调节受话人行为的调节功能(регулятивная функция)与言语行为理论联系起来分析。说话人的意图、目的与调节功能有关。研究说话人以何种方式对受话人施加影响,受话人又是如何领悟说话人交际意图的做法在20世纪60年代形成了语言研究的独特方向,它与心理学、交际理论、语用学密切相关。

对西方言语行为理论的使命,Н. Арутюнова(1994:3)作过精辟的总结。她说,言语行为理论看来已近乎完备。它为语言学提供了许多东西,诸如体现言行关系的施为概念以及与之有关的言说行为、语势、取效行为等概念。虽然理论业已成型,其元语言已经凝固,然而,语言材料远没有穷尽,该理论应继续发展,其拓展的可能途径之一,便是在分析人类的言语活动时,更为彻底地采用动作模式和心智行为模式。国际语用学会秘书长 Verschueren 在第五届国际语用学大会上强调指出:语言研究方法已从理论研究转向实证研究,实证研究改变了我们对语言的看法。搞语用学研究,就要忘掉过去的观点而尊重语言事实,应努力去研究语料,让语料说话。

言语行为理论的研究自 J. Austin 算起,已经走过了40余年的历史之路,总的教训是偏重理论研究,忽视具体语言材料的调查。而对言语行为理论的另一不足之处,来自人类学和社会学者的批评是,言语行为理论局限于人际交往的只言片语方面,这些零星的言语在不同程度上孤立于社会文化环境、社会活动之外。如果把这些言语变成话语,我们必须涉足其他方面,即制约言语行为的社会文化等方面。言语行为理论尽管论及了社会因素,但对其和言语行为的关系并未进行深入阐述。(贾玉新 1991:50)

与作为语言哲学家的 J. Austin, J. Searle, H. Grice 不同,俄罗斯学者多以语言学家的观点和立场研究言语行为理论。如果前者是站在哲学家的角度,出于哲学目的而研究语言,那么,后者则都是语言学家,他们是出于语言的思考而研究语言哲学问题。以 Н. Арутюнова, Е. Падучева, Ю. Апресян 等为代表的一批优秀的俄罗斯语言学家不是把西方言语行为理论生搬硬套到俄语学中,而是自觉地将其与俄语语料密切地结合起来。在句子层面,把研究重点从作为语义核心的命题结构转向作为语用核心的命题意向。因此,意向功能或语句的主观意义及其表达手段成为俄语语用学的主要研究对象。

3 言语行为结构

概括说来,言语行为结构包含以下基本内容:1)说话人;2)受话人(言语对象);3)语句初始信息(说话人的预设);4)传递信息的目的;5)言语行为的内部组成及其发展;6)上下文及交际情景。(В. Гак 1998:557)言语行为结构的这些成分反映在一系列范畴中,一部分范畴以说话人为对象,另一部分以受话人为对象。其他范畴反映两者之间的相互关系。

人的言语有以自我为中心的特点,因为说话人通过自己的意识,从自己的角度来反映事物与言语行为诸成分间的关系。当然,说话人的立场在客观上仍取决于其参与的交流行为这一因素。

1)说话人范畴包括以下内容:a)言语定位性,它以"我—此地—此时"为坐标来判别事物。定位性可以区分为三类:人称定位性、空间定位性和时间定位性;b)情态性,从说话人角度反映言语内容与现实关系的述谓情态性,以及表达说话人对语句内容了解程度、意志与情感的态式情态性;c)评价,以某种方式指明话语内容与说话人心目中的规范是否一致;d)感情色彩;e)理由,它是由外在刺激,还是内在需要引起的;f)目的,它分有意的或无意的,战术的或战略的;g)策略,它是直接言明,还是有意隐蔽真实目的;h)言语行为完成对谁有利,对说话人、受话人、还是对第三方有利;i)说话人的类型,他在社会地位上是有威望的,还是没有威望的。

2)受话人范畴对构成语句起重要的作用。E.Benveniste(1974:316)指出,总的说来,言语行为特点是,强调在言语中形成的对于交际对方的态度。以受话人为对象的语义范畴包括:a)信息性,表述的基本目的是将信息告知交谈对方;b)生动性,它以受话人为依据,表述的目的在于引起对方兴趣,对其施加影响,留下印象;c)透明度,即言语对受话人的清晰程度;d)受话人类型,他在社会地位上是有威望的,还是没有威望的;是单一的,还是群体的;是确定的,还是不确定的;e)行为内容,指受话人完成何种言语行为,体力的、社会的、心智的,还是承受某种感情等方面的。

语句反映交际参加者之间的特殊人际关系,它制约着与社会有关的信息交流特点,并通过礼貌形式、语言手段的功能语体类型表现出来。俄语中为数众多的情态词都是以受话人为对象,其基本功能在于引起对方可能的反应,如 ведь(要知道)等。人们特别注意各种反映言语行为参加者立场及表明其对话题和语言本身了解程度的语言成分,如 что-то(有个什么东西)、вроде(仿佛)、какой-то(某个,某种),反映言语行为参加者规范观念的语言成分,如 даже(甚至)、еще(还要)、уже(已经)等,以及反映交流双方推断论证的成分。

3)话语的背景材料。指交际双方对外部世界、言语行为所处的情景,以及对所操语言等共同知识构成的预设(一般预设、具体预设和语言预设)。

4)传递信息的目的。它与交流对象紧密相关,与说话人表达的交际目的(陈述、疑问、祈使)和言语行为类型等语句的语义特点相适应。

5)言语行为的发展及其内部结构。它们决定:a)使用表达言语动作开始、继续和终止的语词,如呼语、言语助词、某些感叹词和言语固定短语,如:Эй!(喂!),Послушайте(你听着),Скажите,пожалуйста(请说)等;b)使用表达话语内部切分的语词,如 во-первых(第一),далее(其次),в общем(总之)等。

6)上下文及交际情景。

交际情景(语境)的区别应注意几类特征:a)根据交际场合,可以划分为社会的、公务的、日常生活的、法律的、宗教的;b)根据交际双方的角色关系,交际情景差异表现在社会地位方面:上级/下级、教师/学生、主人/仆人、警察/犯人等;亲属角色方面:夫/妻关系、父母/子女关系、兄弟/姐妹关系等;即时的人际关系方面:旅伴关系、交谈者关系、顾客/店员关系等;c)言语行为参加者的威望建立在不同基础上,依此有威望差别基于道义方面(因道德规范、法律标准、生活习俗而产生的威望)、职务方面、实用方面(具有生活经验,丰富知识而产生的威望)的区分;d)根据交际场合性质,交际情景可以分为正式的或非正式的。

研究言语行为诸范畴及其表达方式有助于揭示使用语言单位的本质规律,明确它们的同义关系,深化对它们的语义分析。形式语法分析仅指出句中的语法主体——主语。语义句法区分出语义(现实)主体。语用学方法注意到言语行为参加者与话题之间相互关系的全部细节。使用这种方法时,语义主体至少被区分为三类:行为执行者、说话人和信息发出人。在句子 Я прочитал эту книгу(我读完了这本书)中,三类主体在语言形式上是重合的,但是在其他句子中,它们可能彼此分离。这种分离现象可以解释一系列言语标记语词的许多使用规律和意义色彩。如当情态词在主句或单句中时,表明说话人的立场;而当它处于从属句时,反映的则是行为执行者的立场。后者又可能和信息发出人相重合,试比较:Петр, должно быть, придет(彼得可能要来);Петр, должно быть, сказал, что он придет(彼得可能说了他要来)(должно быть 表示说话人的疑虑);Петр сказал, что он, должно быть, придет(彼得说,他可能来)(должно быть 反映彼得本人的不肯定态度)。

第二节 施为动词与施为句

1 概述

20世纪30年代盛行的逻辑实证主义认为,凡不能证明真假的陈述都是伪陈述,是毫无意义的命题。这方面的哲学家讨论意义和真值的关系,确定语句为真的条件。他们认为,语言的目的是传达可能为真或假的东西。J. Searle (НЗЛ 1986:224)说,他们把语言的各种成分(语词、语句、命题)看做能离开说话人和受话人意图或行为而进行表达的有真值的东西。重要的是语言的这些成分,而不是说话人的意图和行为。受这一观点影响,当时人们普遍认为,语言的功能是表达思想或叙述事实,语言是表达思想的手段,只具有描述功能。J. Lyons指出,当时的观点认为,惟一对哲学有价值的语言功能是用来作出真值陈述的功能。但J. Austin发现,有许多语句并无真假可言,并不是对事物的真值描述,人们说出这些语句是在实施某种行为。语言的主要功能就是完成各种言语行为,描述事实或者陈述思想只不过是其中的一种言语行为。语言交流中最基本的意义单位不是语词或语句,而是言语行为。从逻辑角度看,只有判断句才有真值问题,施为句或言语行为没有真假之分,只有"成功"与"不成功"的区别。

言语行为理论发端于J. Austin所发现的施为句(перформативное высказывание)。在《论言有所为》一书中,他指出,某些语法形式上的陈述句显然不是真或假的陈述,说这些话的作用在于实施某一行为。(НЗЛ 1986:24)如:Я извиняюсь(我道歉);Я предлагаю тебе пойти(我建议你去);Обещаю тебе(我答应你);Желаю вам счастья(我祝你幸福);Я приказываю вам быстро подняться(我命令您立刻站起来)等。与通常意义上的陈述句不同,这一类语句的特点在于,它们不只是有所述,而且有所为。说这些话的同时,说话人在实施相应的言语行为,话语中使用的动词就是这一行为的名称。说话人只要说"我道歉"就完成了道歉行为;"我命令"就意味着下了一道命令。这就是语句的施为用法或称施为性[①](перформативность)。

J. Austin 首先提出了施为句概念,并进行了深入细致的研究。然而对施为现象的描述还要更早些。德国学者 E. Koschmider 和法国语言学家 E. Benveniste 在自己的著作中都有所涉及。前者有关施为性的观点很有前瞻性,但是未能像 J. Austin、E. Benveniste 那样广为流传。E. Koschmider (1962:163)认为,说出的语句与完成某种行为相符,即说出的语句就等于行为本身,这就是施为性。语句 Я пишу(我写)是陈述"写"这一行为,不是"写"这个行为本身,而语句 Я прошу(我请求)则是"请求"行为本身,不是对"请求"行为的描述。说出某种请求的人就是在实施请求这一行为,说话的时刻就是行为实现的时刻,不再有其他意义。

研究施为现象的意义在于发现那些以施为特征为必要条件的语言规则,这与施为动词和施为句密切相关。

2 施为动词

施为动词(перформативные глаголы, перформативы)指在施为句中作谓语的特殊一类言语意向动词(иллокутивные глаголы)。施为动词的语义特征在于准确无误地表达说话人的交际意图,是说话人具体语势的表现形式,也是语句施为化的标志。语句的施为性就是依靠作谓语的施为动词来实现的。在典型情况下,施为动词只在用陈述式、主动态、现在时、第一人称时,施为句才能成立。如:Умоляю тебя подумать о детях(我恳求你想一想孩子);Советую тебе полежать в постели(我劝你卧床休息)等,这是施为句的语法形式特征。但是,有这些语法特征的句子并非都是施为句:Я работаю, как лошадь(我像马一样地干活);Я бегаю(我在跑步);Я хлопочу(我在忙碌)等只是一般的陈述句,其使命是描述行为事实。

[①] 施为性指语句的施为功能,是某些述体独有的特征。(Е. Падучева 1996:226)

Ю. Апресян(1986:209—210)从词义和语法角度对俄语言语意向动词进行了系统的研究,纳入视野的语词共113个,并将其分为15类:1)专门报道和陈述;2)承认;3)承诺;4)请求;5)建议和劝告;6)警告和预告;7)要求和命令;8)禁止和准许;9)同意和反对;10)赞扬;11)谴责;12)原谅;13)言语礼仪;14)移交、废除、取消、拒绝的社会化行为;15)命名和任命。

言语意向动词表达一定的交际意图,但并不等同于施为动词。换言之,许多言语意向动词没有施为功能,并不能在施为句中通过其陈述式、主动态、现在时、第一人称形式表达施为意义。如 командовать(发口令), принуждать(逼迫)只用来陈述,没有施为用法。(Ц. Саранцацрал 1993:50) восхвалять(赞美), нахваливать(大加称赞), превозносить(颂扬), расхваливать(盛赞), славословить(吹嘘), хвалиться(夸耀), хвастаться(吹牛);пенять(埋怨), упрекать(责备), критиковать(批评), бранить(责骂), ругать(辱骂), оскорблять(侮辱)等动词也没有施为用法。(Ю. Апресян 1986:209—210)

能在施为句中作谓语的言语意向动词是施为动词;而那些只表达某种言语意图,没有施为用法的动词虽属言语意向动词,但不属施为动词。言语意向动词包括施为动词,但不仅限于施为动词。

М. Гловинская(1993:171—192)将下列言语意向动词纳入施为动词中:表示警告的 остерегать(警告), предостерегать(警告), предупреждать(警告), предсказывать(预告);表示请求的 апеллировать(呼吁), взывать(恳求), заклинать(恳求), испрашивать(请准), молить(央求), просить(请求), умолять(恳求);表示劝告、建议的 предлагать(建议), рекомендовать(推荐), советовать(劝告);表示禁止的 воспрещать(禁止), запрещать(禁止);表示准许的 позволять(准许), разрешать(准许), санкционировать(核准);表示要求、命令的 настаивать(坚持), обязывать(要求做), приказывать(命令), требовать(要求)。

Е. Кондзеля(1991:46)对500多个有祈使意义的意向动词进行了分析,发现能用在施为句中的仅有下述带星号的动词:агитировать(鼓动,宣传),*апеллировать(呼吁), аргументировать(提出论据), бунтовать(鼓动),

вдохновлять(鼓舞),*велеть(吩咐),взмаливаться(哀求),*взывать(号召),возбранять(禁止),возмущать(使愤怒),волновать(使激动),воодушевлять(鼓励),воспрещать(禁止),*вызывать(号召),выклянчивать(乞求),вымаливать(哀求),выпрашивать(央求),грозить(威胁),дозволять(允许),доказывать(证明),*допускать(准许),завещать(遗言嘱咐),*заклинать(恳求),запрашивать(征询),*запрещать(禁止),*звать(号召),инспирировать(教唆),*испрашивать(请准),канючить(哀求),клянчить(央求),командовать(发口令),*молить(央求),мотивировать(提出论证),наказывать(惩罚),налагать(课以,处以),*настаивать(坚持),натравливать(唆使),натравлять(唆使),науськивать(指使),наущать(教唆),*обязывать(责成),отговаривать(劝阻),отзывать(召回),отпрашиваться(请假),*остерегать(警告),побуждать(祈使),*повелевать(吩咐),подбивать(怂恿),подговаривать(唆使),поддразнивать(撩拨),подзадоривать(煽动),подзуживать(挑唆),поднимать(激起),подстрекать(教唆),подталкивать(促进),подучивать(教唆),подхлестывать(催促),*позволять(准许),поручать(委托),постановлять(决定),*предвещать(预告),предвозвещать(预告),предлагать(建议),*предостерегать(警告),*предписывать(命令),*предсказывать(预告),*предупреждать(警告),*приглашать(邀请),*призывать(号召),*приказывать(命令),прикрикивать(呵斥),приманивать(引诱),провоцировать(挑拨),пропагантировать(宣传),*просить(请求),*разрешать(准许),разубеждать(使改变信念),распоряжаться(命令),*рекомендовать(推荐),*санкционировать(核准),соблазнять(诱使),советовать(劝告),совращать(引诱),*требовать(要求),убеждать(劝服),увещать(训诫),увещевать(训诫),уговаривать(劝说),угрожать(威胁),уламывать(说服),*умолять(恳求),упрашивать(请求),урезонивать(劝服),успокаивать(安慰),утешать(安慰),ходатайствовать(申请),цыкать(呵斥),шантажировать(敲诈)。

上述事实表明,言语意向动词有无施为用法受若干条件的限制。从语义角度看，首先，在施为动词的语义结构中，不能有评价义素（主要是负面评价义素）。如果动词的语义结构中有"唆使"、"怂恿"、"煽动"、"挑动"、"威胁"、"恐吓"、"逼迫"、"撒谎"、"敲诈"、"呵斥"、"侮辱"、"引起愤怒"等负面特征，它们就没有施为功能。这些特征构成"破坏因子"（подрывной фактор），导致言语行为自毁（иллокутивное самоубийство）。(З. Вендлер 1985:238)显然，作为实施言语行为的说话人，他或者不会从负面角度评价自己的行为，或者把自己真实的负面评价隐藏起来，否则就达不到让受话人行动的目的。因此通常不构成以下语句：*Я принуждаю тебя (*我逼迫你)；*Я лгу тебе (*我向你撒谎)；*Я оскорбляю тебя (*我侮辱你)；*Я пророчу вам неудачу (*我预言您不会成功)等。说话人表达负面交际意图时，不能选用相应的施为动词手段，因为公开展示负面交际意图意味着向受话人传递令其不愉快，甚至是无法接受的信息，这违背G. Leech 提出的礼貌与合作原则，必然会使言语交际陷入失败。正如J. Austin 所言，我们隐约感觉到存在某种妨碍我们最终认同这个规则的障碍，尽管这种障碍的本质尚未完全弄懂。(Дж. Остин 1986:43)

　　Z. Vendler (1985:249)研究某些言语意向动词没有施为用法的原因时，尝试解决 J. Austin 提出的问题。他认为，只有在语义发生变化时，这些动词才获得施为形式，但由于许多动词的语义结构中含有破坏因子，使得转义无法实现。有负面评价特征的言语意向动词可用在陈述句中，如：Алеша *принуждал* Сережу прочитать эту книгу. (阿廖沙逼迫谢辽沙读完这本书)。陈述句只是陈述事实并不表明语用特性。说话人不对命题内容做任何评价。

　　其次，有正面评价义素的言语意向动词 воодушевлять (鼓舞)，одобрять (称赞)，славить (赞美)，вдохновлять (鼓舞)，хвастаться (吹牛)等，也没有施为用法，因为违背礼貌原则。要求表述谦虚的交际原则使有自吹自擂意义的言语意向动词没有施为功能。(М. Никитин 1997:752)因此，同样不能构成以下语句：*Я вдохновляю вас (*我鼓舞你)；*Я воодушевляю вас (*我鼓舞你)；*Я восхваляю вас (*我赞美你)；*Я нахваливаю вас (*我大加称赞你)；*Я расхваливаю вас (*我盛赞你)；*Я сулю тебе золотые горы (*我答应送你一座金山)等。这些动词的破坏因子源于说话人对自身行为的过高评价,引起受话人的反感,导致交际失败。

再次,某些言语意向动词由于语义宽泛、概括,无法表达说话人言语行为的具体目的和意图,因而失去施为功能。言语意向动词 побуждать (祈使)就属这种情况。不说*Я побуждаю тебя(*我祈使你)。表达说话人具体交际意图时,要用有相应具体祈使意义的 приказывать, советовать, предлагать, просить, разрешать 等一类施为动词代替。

最后,俄语中大多数意向动词都是言语动词,其共同的语义成分是 говорить(说话)。说话人以"说"的方式向受话人表示某种行为。说话方式决定这些动词有无施为功能。бормотать(嘟囔), бурчать(嘟哝), ворчать (唠叨), мямлить(咕哝), орать(喊叫), шептать(耳语); обрывать(粗暴地打断), осаживать(制止), одергивать(制止说话), срезать(生硬地打断); выяснять(查明), запрашивать(询问), интересоваться(有兴趣地说), осведомляться(探询), справляться(探听), спрашивать(打听)等动词的语义中心不在"说话"本身上,而在"如何说话"上,因此没有施为的用法。

绝大多数施为动词与客体不定式连用: *Советую* вам *подумать* о своем поступке(我劝您想想自己的行为); *Заклинаю держать* в тайне мое имя(我恳求你对我的名字保密),也可与祈使式连用: *Прошу* вас, *поезжайте* домой и *позаботьтесь* о его теле (М. Булгаков)(请您回家一趟,关心一下他的身体); Я вас *прошу*, лично *займитесь*, пожалуйста, этим вопросом и *сообщите* мне завтра(我请求您亲自过问一下这个问题,明天告诉我结果); *Примите* меры, доктор, *умоляю* (大夫,求你采取点儿办法吧); *Молю: Скажите* только одно, он жив? (求你告诉我,他还活着吗?); *Заклинаю* вас, *возьмите* непременно меня(恳求你一定带上我)。

言语意向动词表示多次重复意义时,没有施为用法。即便是施为动词 просить,在表示多次重复行为时,也没有施为用法。Со вчерашнего дня *прошу* его ввернуть лампочку(从昨天起我就请求他把灯泡拧上)只是一个陈述句。

俄语中还有一类表示情感和心智意义的非言语意向动词,这些动词可用作施为句的谓语,如 восхищаться(赞赏),поражаться(感到惊讶),удивляться(惊奇),надеяться(希望),ожидать(期望),подозревать(怀疑),сомневаться(怀疑),сознавать(意识),чувствовать(感觉),сожалеть(惋惜),бояться(害怕),полагать(认为),истолковывать(解释),ограничивать(限制),обобщать(概括,综合),систематизировать(系统化),сопоставлять(对比),уточнять(确切),иметь в виду(指的是),предпочитать(倾向于),подразумевать(意味着)等。例如:

(1)Я *удивляюсь* вашим словам.我很吃惊您说的话。

(2)Я *предпочитаю* поехать по железной дороге,хотя и дольше,чем на самолете,но можно увидеть больше.我宁愿坐火车去:虽然比飞机慢,但可以看见许多东西。

说话人通常使用这种施为句抒发情感,表达观点。

3 施为句

1)施为句的概念

有些以未完成体动词现在时第一人称做谓语的语句,它们的功能与其陈述式的形式相矛盾,不是用来描写谓语动词表达的行为,而是用来实施谓语动词表达的行为,这样的语句即为施为句。试比较下列几组例句的差别:

(1)a.Прошу садиться.请坐。

　　b.Он пишет письмо.他在写信。

(2)a.Я клянусь выполнить задачу вовремя.我发誓按时完成任务。

　　b.Он клянется выполнить задачу вовремя.他发誓按时完成任务。

(3)a.Советую вам показаться врачу.我劝你去看医生。

　　b.Советую ему показаться врачу.我劝他去看医生。

例(1)(2)(3)中的 a 句都是通过言语手段实施谓语动词所表达的行为,因而属于施为句;b 句则不然,(1)b 句是对谓语动词表达的非言语行为的描写,(2)b 句是对他人言语行为的描写,(3)b 句则是说话人对自己言语行为的描写。说话人对用非言语方式实施的体力、心智行为进行描写的语句显然不属于施为句。即便语句中的谓语动词是施为动词,但仅用于描写他人的、甚或是说话人自己的言语行为时,也不能称之为施为句。

说话人的语势有的可以通过申明自己意图的言语手段达到:Благодарю(谢谢);Извиняюсь(抱歉),有的则不能通过这一手段达到:*Угрожаю вам(*我威胁你);*Убеждаю вас(*我使你相信)。即使通常被认为的同义动词,有的可以用来构成施为句,用以达到说话人的目的,有的则不能。语句 Я вас прощаю(我原谅你)以言行事,但 Я вас извиняю 不是施为句,起不到以言行事的作用。(Ю. Апресян 1995b:202)

施为句与描写句的不同还表现在,前者没有真值意义,后者有真值意义。可能有真值意义的只是语句,不可能是言语行为。试比较:

(4)Я читаю Остина. 我在读奥斯汀的著作。

(5)Обещаю не опоздать. 我许诺不迟到。

对(4)可以说:Он сказал, что читает Остина, но на самом деле, читал Серля.(他说在读奥斯汀的著作,但实际读的是塞尔的著作。)但对(5)不能说:*Он обещает не опоздать, но на самом деле не обещал того.(*他许诺不迟到,但实际没有许诺。)

描写句与思维相联系,其功能是认识世界,因而有真实的和非真实的性质,符合事实的为真,违背事实的为假;而施为句则与行为相联系,其功能是改造世界,因而和其他非言语的体力行为一样,有成功的和不成功的,有效的和无效的,恰当的和不恰当的性质。描写句只有符合真值条件才有真值,如:Король Франции лыс(法国国王是秃头)违背了语句预设必须为真的真值条件,因而是一个既不真,又不假的荒唐判断;施为句只有符合成功条件才是成功的和恰当的,如在门关着的时候说 Прошу вас закрыть дверь(请你关上门)就会让受话人感到莫名其妙。

描写句表达意向行为,但不是施为句。它们在冠之以对应的施为动词 утверждаю(肯定),сообщаю(通报)等后,就由描写句变成了施为句,试比较:Он пишет письмо.(他在写信。)/Я сообщаю вам, что он пишет письмо.(我通报你他在写信。)

狭义施为句通常包含充当言语行为类型显性标志的施为动词。广义施为句可以是没有施为动词标志的祈使句、疑问句、陈述句等,试比较: Прошу прощения.(请原谅。)/Прости.(请原谅。)从这一意义上说,陈述句 Он пишет письмо(他在写信)亦属广义施为句。然而通常所谓的施为句指的是狭义施为句。从语言学角度着眼,只有狭义施为句才值得予以关注,因为它们貌似陈述句,但又有一系列区别于陈述句的特征。如施为句谓语动词时体意义的特征,就是一个区别于其他陈述句的值得关注的问题。

施为句的概念丰富了对俄语动词时体意义的认识。在引入施为概念之前,人们把俄语未完成体动词的具体语法意义概括为:a)具体过程意义;b)恒常持续意义;c)无限次数意义;d)概括事实意义;e)结果取消意义;f)历史现在时意义;g)拟定行为意义。但施为句中的未完成体现在时谓语动词不用于上述任何一种具体语法意义。在施为句中,施为动词虽然用未完成体,但具有与完成体动词类似的结果意义,不表示具体行为过程。因而,在具有等同关系的施为句中,若干未完成体施为动词的组合(Прошу у вас прощения и обещаю больше так не поступать)(请你原谅,我答应你再也不这么做了)不像一般陈述句中的未完成体动词组合(Он сидит и молчит)(他坐着沉默)那样,表达行为的同时关系;而是像一般陈述句中的完成体动词组合(Он встал и пошел)(他站起来,就走了)那样,表达行为的次递关系。

施为句的构成受到言语意向动词本身的语义和语句的语义、语法、语用等各种因素的制约。原型施为句与非施为句之间没有是与非的截然界线,二者之间存在一系列过渡的现象。

2)类施为句

在一定条件下,某些施为动词的未完成体现在时第三人称形式可用来构成类施为句(квазиперформативное высказывание),用以由中介人代替言语行为主体向受话人转致谢意、表达祝愿、发布命令等,例如:

(1)*Петя* благодарит вас за книгу.别佳感谢你送给他的书。

(2) *Мама* желает вам счастливого пути. 妈妈祝你旅途平安。
(3) *Генерал* приказывает вам остаться. 将军命令您留下来。

类施为句与原型施为句的一个本质区别在于,前者是在言语行为主体与受话人不直接接触的情况下使用的。由于二者不能直接接触,言语行为在空间和时间上被分割为两个部分。第一部分是言语行为主体首先委托中介人代为实施相关的言语行为: Скажи, что я желаю ему счастливого пути.(请告诉他,我祝愿他旅途平安)。第二部分是中介人随后代替言语主体实施这一言语行为。如此一来,同一个言语行为的参与者不是主体与受话者两个人,而是主体——中介人——受话者三个人,言语行为不是在同时、同地发生,而是在异时、异地发生。尽管如此,类施为句依然保留着原型施为句的大部分特征,如针对第二人称表示的受话人;施为动词用未完成体现在时形式;集言行于一身,是实施言语行为,而不是描述相应的言语行为等。惟一不同之处是,语句中的施为动词改用第三人称形式。

哪些施为动词具有类施为用法？这与受话人的特点相关。我们知道,任何言语意向动词都显性或隐性地指向受话人,但在言语意向动词的语义结构中,受话人的地位是不同的。根据受话人的特点,俄语施为动词可区分为没有类施为用法和有类施为用法两种类型。

第一种类型动词的受话人交际任务简单,仅限于扮演接受信息的单一角色。这样的受话人叫做普遍意义受话人(тривиальный адресат)。这类施为动词的交际结构焦点是:a)命题内容,如命题内容的真(утверждаю〔肯定〕)、伪(отрицаю〔否认〕)、重要性(подчеркиваю〔强调〕)等;b)主体内心状态каюсь(忏悔), возражаю(反对), протестую(抗议)等。在使用这类谓词的施为句的表层结构中,通常不允许出现受话人题元,尽管这些施为动词的深层语义结构中包含受事语义配价,但不能说*Я утверждаю вам (*我向你肯定);*Я отрицаю вам(*我向你否认说);*Я протестую вам (*我向你抗议说)等。

第二种类型动词在表层句法结构中的一个受体句法题元与深层语义结构中的两个语义配价对应,其一表示受话人,其二是另一情景的参与者,如例(3)中的 вам. 这种兼语式的受话人叫做非普遍意义受话人(нетривиальный адресат)。该类施为动词的交际结构焦点是:a)确立说话人与受话人之间的某种关系:обещаю(许诺),прошу(请求),приказываю(命令),запрещаю(禁止);b)延续在言语行为之前已确立的关系,доношу(呈报),докладываю(报告),благодарю(感谢);c)对受话人的感情施加影响,уверяю(使相信),умоляю(恳求),заклинаю(恳求)等。(Г. Кустова, Е. Падучева 1994b:31)某些类施为动词还要求受话人的反应,如对说话人发出邀请或者提出建议表示同意,或者拒绝;对劝告表示感谢,或者单纯接受或不接受感谢等。无论何种情况,受话人都具体、明确。

与第一种类型动词句不同的是,前者在表层句法结构中不可能,也无须出现受话人题元,言语行为对象可能没有特定的个体,只是众多听众;而第二种类型动词句的表层受话人题元一般情况下是必须的,试比较:

(4) Петя *приглашает тебя* на свадьбу. 别佳请你去参加他的婚礼。

(5) Подчеркивает он, что это не я сделал. 他强调,这件事不是我干的。

例(4)的 приглашает(邀请)属于第二类施为动词,只有这类施为动词可以构成类施为句;例(5)的 подчеркивает(强调)属于第一类施为动词,不能构成类施为句。

除受话人因素外,施为动词有无类施为用法还取决于言语主体的身份。因为某些言语行为的实施不能由他人代替,只能由具有相应社会地位,或拥有相应权利的说话者本人来实施,如 санкционировать(核准),объявлять(宣布),осуждать на пять лет(宣判五年有期徒刑),денонсировать(声明废止),капитулировать(宣布投降),отпускать грехи(宽恕罪过),назначать(委任),освобождать(免除),посвящать в рыцари(封为骑士)等施为动词,都不能构成类施为句,试比较:

(6) a. Я *назначаю* вас директором завода. 我任命你为厂长。

b. Он назначает вас директором завода. 他任命你为厂长。

(7) a. Я *осуждаю* вас на пять лет. 我宣判你5年有期徒刑。

b. Он осуждает вас на пять лет. 他宣判你5年有期徒刑。

例(6)(7)中的 a 句是原型施为句,但 b 句并不构成类施为句,只是一般的陈述句。

除说话人和受话人因素外,施为动词有无类施为用法还要看其语义结构中是否有取效的成分。一般情况下,能对受话人的理智、情感产生影响的施为动词,如 заклинать(恳求)、умолять(恳求)、проклинать(责骂)等,通常没有类施为用法,因为这类行为的实施不能由第三方代替。像"问候"、"告别"、"同情"、"许诺"(尤其是程度较强的许诺——发誓、宣誓)等言语行为只能由说话者本人来实施。语句 Петя с вами прощается(别佳与你告别);Он клянется(他发誓)是对客观事实的描述,而不是代为实施谓语动词所表达的言语行为。

在类施为句中,施为动词原则上要用未完成体现在时,不能用完成体过去时取代,试比较:

(8) Иванов напоминает /*(напомнил) вам, что завтра собрание.伊万诺夫提醒您明天开会。

(9) Петя благодарит /*(поблагодарил) вас за книгу.别佳感谢你送的书。

(10) Петя желает /*(пожелал) вам счастливого пути.别佳祝你旅途平安。

完成体过去时通常没有类施为用法的原因是,在受话人不在场、不知情的情况下,虽然言语行为主体已将事情委托给中介人,但言语行为不能认为全部完成。不同施为动词的完成体过去时没有类施为用法的原因各不相同。对有报道意义的施为动词而言,报道的结果是受话人知道命题内容,如果受话人不知道命题内容,则不能算行为完成,如例(8)。对表达言语礼节、旨在对受话人施加影响的言语行为而言,如果受话人不在场,言语行为无法完成,如例(9)(10)。

但是,上述情况不是绝对的。有时,在受话人不知道言语主体的话语内容的情况下,使用完成体过去时表明,中介人认为言语行为已经形成,它的结果已经存在,尽管受话人还不知道这一点。试比较:

(11) Командир приказывает вам остаться. ≈ Командир приказал...

长官命令你留下来。

（12）Мама *запрещает* тебе есть мороженое. ≈ Мама *запретила*... 妈妈禁止你吃冰激凌。

（13）Директор просит вас срочно оформить документ. ≈ Директор попросил... 经理请你尽快办理证件。

（14）Он посвящает это стихотворение вам. ≈ Он посвятил... 他把这首诗献给您。

这种用法有两个基本特征：a)施为动词通常表达命令、要求、请求、禁止、准许等语势；b)言语行为主体的社会地位和年龄处于优势。(Г. Кустова, Е. Падучева 1994b：30—35)

3）特殊类型的施为句

不应把施为句仅局限于施为动词用陈述式、未完成体、现在时、第一人称、主动态的形式。施为句中的主体是指物意义上的第一人称，而不是语法形式上的第一人称。说话人出于不同的动机和原因，可以不用语法第一人称形式表达相应的语势。除原型施为句外，施为动词未完成体现在时其他人称形式、施为动词第一人称的其他时、体、式、态形式，以及某些固定的礼貌套语、复合句、静词性语句等都可用来构成特殊类型的施为句，起着与原型施为句同样的功能。主要有以下几种情况。

a)施为动词用未完成体现在时其他人称形式。

复数第一人称：Пассажиров *просим пройти* на посадку в самолет(请旅客们登机)；复数第二人称：Настоящим вы *утверждаетесь* в правах наследства(据此您依法取得继承权)；复数第三人称(主动态、被动态)：Внимание, внимание! Прибыл самолет из Москвы 342-ым рейсом. Вас *просят* получить багаж(请注意, 请注意! 从莫斯科飞来的342航班已经到达本站, 请您领取行李)；Тебя *прощают* （宽恕你）；Пассажиры *приглашаются в салон* （请旅客们登机）；*Отпускаются* тебе грехи твои（宽恕你的过失）。此时, 交际焦点已不在人称形式上, 而在行为本身上。单数第三人称：Местком *ходатайствует* о предоставлении Борисову жилплощади.(地方委员会请求给巴利索夫提供住房。)这里, 第三人称形

式意义已经"淡化",местком 实际指作为委员会主席的说话人,他是实施言语行为的主体。

b) 施为动词用完成体将来时。完成体将来时 попрошу(请求),позволю(准许),разрешу(准许),упомяну(提到,提及),осмелюсь(斗胆),пожелаю(祝愿)也有施为用法,例如:

(1) *Попрошу* на меня не кричать.—вдруг рявкнул Стриж и треснул пьесой по столу.(М.Булгаков)请不要训斥我,斯特利施把剧本摔在桌子上。

(2) *Упомяну* лишь о том, что Чайковский был в Гамбурге в 1879 году. 我要提及的是,柴可夫斯基1879年到过汉堡。

(3) *Позволю* вам *поцеловать* меня вот здесь. 我让你吻我这儿。

(4) *Пожелаю* вам счастливой дороги. 祝你旅途平安。

(5) *Осмелюсь* предложить, красавица, Вам руку. 美人儿,我冒昧地向您求婚。

(6) *Покаюсь*(*признáюсь*,*сознáюсь*),что это сделал я. 我悔悟(承认,招认)这件事是我干的。

c) 施为动词 просить(请求),советовать(劝告),рекомендовать(推荐)等用假定式。试比较:Я *прошу*(*просил бы*,*попросил бы*,*попрошу*)вас не забывать о посторонних.(我请你不要忘记别人。)这些施为句的区别不在动词时、体、式的语义方面,而是在语用方面。假定式形式通常为较客气的请求方式,而完成体将来时则较强硬,其表达的请求语势已接近"要求"。"要求"是说话人自己营造权威的命令,这一言语行为的本质特征在于:说话人相信自己有权令受话人做他所要求的事情。(Ю.Апресян 1969:22)。又如:

(7) Я *просил бы*(*попросил бы*)вас включить свет. 我请你打开灯。

(8) *Попрошу* вас дать мне точные сведения.(М.Булгаков)我要求你告诉我准确的信息。

d) 情态词 хочу(我想),должен(应该),вынужден(不得不),следует(应该)等与施为动词的组合。

(9) Должен вам сообщить, что поезд уже ушел. 我应该告诉你, 火车已经开走了。

(10) Я хочу попросить вас выступить на этом собрании. 我想请你在这次会议上发言。

(11) Следует заметить, что вопрос не такой простой. 应该指出的是, 问题不那么简单。

(12) Я вынужден заявить протест. 我不得不提出抗议。

这种施为句的深层语义结构与其表层句法结构不相吻合。在深层语义结构中, 施为动词居主导地位: *Рад сообщить*, что вы включены в список участников конференции (很高兴地通知您, 您被列入与会代表的名单中了) ≈ *Сообщаю* с радостью...; *Счастлив известить* вас, что она вернулась (很高兴地告诉你, 她回来了) ≈ *Извещаю* вас с счастьем...

e) 某些固定的礼貌套语与施为动词的组合。

(13) *Позвольте* (*разрешите*) вас предупредить, что завтра будет защита диссертации. 我提醒你明天举行学位论文答辩会。

(14) *Имею честь* вас поздравить с приездом до нас, в нашу тихую местность. 很荣幸地欢迎你到我们这儿偏远地区来。

f) 复合句也有施为用法。

(15) Благодарю за подарок и *обещаю* использовать его по назначению. 谢谢你的礼物, 我答应会把它派上用场的。

(16) Если вас это не устраивает, *прошу сказать* прямо. 如果您认为这样不合适, 请直言。

(17) Поскольку разговор долгий, *прошу* вас *сесть*. 因为谈话时间较长, 请您先坐下。

(18) Мне нездоровится, так что *прошу пойти* одной. 我不舒服, 请你一个人去吧。

(19) Я *настаиваю* на открытом обсуждении вопроса, *чтобы* пресечь кривотолки. 我坚持公开讨论这一问题, 以便消除谣言。

(20) Хотя ты этого не заслуживаешь, *обещаю* выполнить твою

просьбу.尽管你不配这一点,我还是答应帮你的忙。

g)除动词性施为句之外,施为动词的派生名词 просьба(请求),приказ(命令),распоряжение(命令),команда(发口令),требование(要求),совет(劝告),предложение(建议),воспрещение(禁止)等可独立用作语句的谓词,构成静词性施为句(именное перформативное высказывание)。这种施为句的典型特征是:指明说话人的题元成分不能省略;表明受话人的题元成分可以省略,但从语境中应能推断出来;语句应为句法现在时;施为名词可以带扩展成分(приказ 例外),表示说话人的意愿程度,真诚态度等,如 большая(大的), великая(大的), важная(重要的), небольшая(不大的), маленькая(小的), настойчивая(坚决的), дружеская(友善的), серьезная(重要的),искренняя(真诚的),крайняя(迫切的)просьба(请求);хороший(良好的),добрый(善意的),полезный(有益的),дружеский(友善的),искренний(真诚的)совет(劝告);хорошее(良好的)предложение(建议)等;可与若干动词连用:обращаться с просьбой(请求),иметь просьбу(请求),давать совет(劝告),давать предложение(建议)等,例如:

(21) *У меня* только одна *просьба*: *помоги* мне найти врача.我只有一个请求,帮我找个大夫。

(22) *Мой вам добрый совет*. Как добрый товарищ. *Бросьте* это все, *выкиньте* из головы и *вернитесь* в семью, в коллектив, в работу! Так надо.作为好同事,我对您有一个友善的忠告。放弃这一切吧,不要再想这件事,回到家庭中,回到集体中来! 回到工作中来! 你必须这样做。

(23) Пойми, что ты делаешься похож не на ученого, а на какого-то жулика. *Даю добрый совет*—*выброси* его. (М. Булгаков)你要明白,你变得不像一位学者,倒像一个无赖。我对你有一个友善的忠告,别这样做。

有趣的是,并非由施为动词构成的名词形式都可用在静词性施为句中。动词 умоляю(恳求)表达强烈的请求意义,而其名词 мольба(恳求)却无施为用法,只能用 просьба(请求)来代替:*Умоляю* тебя об этом. Это *последняя, самая большая моя просьба* к тебе, не *отходи* от нее. (Достоевский)(我恳求你这一点。这是我对你最后的一个重要请求,不要离开她。）同样，动词 рекомендую（推荐）能用于施为句，其名词 рекомендация 却不能。同是表达"命令"的名词 приказ, приказание, 前者可用于静词性施为句，后者却不行：Вот *тебе мой приказ*/*（*мое приказание*）: *построй* ты мне новый собор против дворца на площади, чтобы к завтрашнему вечеру готово было.（Л. Толстой）（这就是我对你的命令：你在皇宫广场对面给我修一座教堂，要明天晚上就建好。）

另一有趣的现象是，有的施为动词不构成施为句，而其名词却反而可以，распоряжаться（命令）—распоряжение（命令）就属于这种情况：Вот *мое распоряжение. Попробуйте* его шомполами. Поняли? Когда говорить захочет, *приведите* его ко мне на квартиру.（Пантелеев）（这就是我的命令。让他尝尝通条的厉害。明白吗？当他想开口说话时，把他带到我的房间来。）

第三节　有关言语意向的概念

从说话人表达的言语意向（речевая интенция）看，语势、交际意图、言语行为目的、交际目的、情态意义、言语设想这些概念似乎是同义的。它们之间的关系怎样？内涵又有何异同？

1）语势

J. Austin 提出的语势（иллокутивная сила）概念是言语行为理论的精髓，也是意向语言学关注的热点。语势（意向功能）体现语句的总合一体特征，涵盖说话人与受话人的关系、语用语境与交际语境的关系、语用意义与字面意义之间相互作用的关系。语用语境指说话人实施言语行为时的具体语境。语用意义又称话语用意，指在具体语境中体现出来的话语的真正用意；字面意义指话语独立于语境的命题意义。语势表达说话人的交际意图，针对受话人并促使后者在语用语境中做出相应的反应，在语句中反映不同的交际态式。

语势并非必须用显性的语言手段来表达。语句 Я уйду не позже

восьми часов(我不晚于八点钟离开)中没有施为动词,在一定的语境中也可以理解为承诺、提醒、威胁、预言等言语行为。无论何种情况,它们都具有同一个命题内容,但表达不同的语势。我们认为,语势、意向功能、语句的意向类型应为同一个概念,即语势＝意向功能＝语句的意向类型。(孙淑芳 2001b:33)

2) 交际意图

关于交际意图(коммуникативное намерение)这一概念,俄罗斯许多学者都有所定义。И.Зимняя(1985:17)的定义是:交际意图决定了作为交际参加者的说话人作用,表达说话人的具体目的,即说话人是发问、陈述,还是祈使;是责备,还是称赞;是劝告,还是要求等。换言之,交际意图是交际参加者与言语行为的调节器。М.Вятютнев(1984:66)的定义是:交际意图是解答"人为什么这么说"这一问题的钥匙。М.Никитин(1997:728)认为,交际意图指借助语句来表达说话人目的的一种意图。

说话人交际意图似乎可以有两方面的解释,说出 Прошу вас передать мне книгу(请您把书递给我)这一语句时,说话人有一个交际外目的(экстракоммуникативная цель)或称非言语目的:希望书能在自己之手;另一个是交际内目的(интеркоммуникативная цель)或初始言语目的,即说话人请求受话人完成行为。О.Почепцов(1989:170)认为,人是活动者,语言是工具,而意图将活动者和工具统一到言语活动中。意图是联系人和语言的纽带。因此,意图、语言和人的关系可以体现为这样一种公式:人＋意图＋语言＝言语活动。

总之,交际意图用来完成说话人的特定使命,实现语句有矢量、有指向、有趋势的力。

3) 言语行为目的

关于言语行为目的(иллокутивная цель),J. Searle 是这样定义的:我将把一种类型(指一类言语行为——笔者注)的话语目的称之为这种话语的言语行为目的。(НЗЛ 1986:217)命令、请求、劝告言语行为目的是要受话人做某事;许诺、威胁、发誓言语行为目的是说话人本人要做某事;陈述言语行为目的在于重新陈述事件过程。我们认为,言语行为目的和语势概念既彼此相关,又相互区别。前者包含了后者的部分内容,但并不等同于后者。(孙淑芳 2001b:43)如"命令"和"请求"言语行为目的一致,即说话人敦促受话人做或不做某事,可是两者的语势显然不同。同样,"许诺"、"威胁"、"发誓"言语行为目的一致,都是说话人打算做某事,但它们分别表示不同的语势。J. Searle 将言语行为目的作为区分言语行为类型的最重要特征。

4)交际目的

传统语言学根据交际目的(коммуникативная цель)将句子分为三种基本形式:陈述句、祈使句和疑问句。陈述句用于陈述或描写事件或事实;祈使句用于祈使对方做或不做某事;疑问句用于提出问题。传统语言学中的交际目的与言语行为理论中的语势概念显然不是一回事。传统分类中的陈述句、疑问句、祈使句并不能完全表达语句的每个具体交际目的,如:Рисуйте хорошо!(好好画!)并不表达简单祈使意义。在一定具体语境中,它可以实现命令、请求、劝告、提醒、警告等语势。借助言语行为理论的语势概念可以分析各种交际意图,这是传统语法无法做到的事情。根据意向功能对语句进行分类包含两方面内容:一指语法分类(根据交际目的);另一方面是与此平行的语用分类。语用分类除比语法分类更为详细之外,它并不严格局限于语法类型,而是根据语境在具体上下文中的实际功能进行的。(Г. Щербань 1994:7)

据此,我们认为,语势概念较之句子的交际目的概念具体、明确,前者是语句的纯语用分类,后者则是句子的语法兼语用分类。

5)情态意义

言语行为理论与情态范畴密切相关,这是语句意向成分(иллокутивный компонент)和情态成分(модальный компонент)相互作用的结果。А. Реформатский(1996:255)曾经指出,情态意义表达肯定、否定、命令、祝愿、准许等言语意向。这样,语势的语义类型与句子的情态意义交叠起来,但两者毕竟不是一回事。分析语句语用结构和语义结构的密切关系时,许多研究者都注意到情态内容对语句语用结构的影响。И. Сусов认为,情态成分既与说话人对所述事实的可靠性、可能性、必然性或者希望的程度相关,还与一个可能的或不可能的客观世界有联系。他把语句结构中的意向、指称、预设看做情态成分。(Г. Щербань 1994:8)

分析语句的意向意义不可能不涉及情态。迄今为止,对情态的定义、内容和分类一直众说纷纭。情态意义的复杂性、多样性使有些学者甚至认为,现代语言学对情态的解释极为宽泛,很难找到两个作者对情态意义有相同的理解。(А. Бондарко 1990:67)

在《关于语句意思的组成模块》一文中,华劭(1998a:5)将情态区分为三类:1)客观情态(M_1);2)主观情态(M_2);3)交际(意向)情态或态式(M_3)。它们都是由说话人确定的,只能在言语中、语句中才能实现。M_1反映句子与现实的关系,表明说话人认为句中反映的事件是否在现实中发生,包括事件潜在发生的可能性、必然性。M_1的核心意义是表示事件的现实性与非现实性(后者包含条件、假定、愿望、祈使一类意义)。M_2表示说话人对话语的态度和评价,其内容之驳杂、手段之多样,都不是M_1所能比拟的。M_3也是一种主观的、说话者个人对句子内容的评价,是主观情态评价。我们认为,M_1,M_2,M_3中M的内涵是不同的,M_1和M_2中的M应指модальность,译为情态;而M_3中的M应指модус,译为"态式"或"模态"。Н. Арутюнова(1988:106)把态式理解为命题的永远搭档,态式包含两个有区别的部分:命题意向与所谓态式。

我们赞同情态意义有M_1,M_2,M_3之分,而M_3又有M_3a(命题态式)与M_3b(命题意向)两类。这使人们对情态意义的功能、内涵、任务有了比较清楚的认识。同时,也为我们揭示语势与情态意义的相互关系提供了理论依据。M_3中的另一主要内容,命题意向M_3b就是言语行为理论中的语势,也有人称之为意向情态。M_1,M_2,M_3三者的关系是,M_3是语句的灵魂,M_3和M_1及部分M_2在一起表明说话人对句子内容与现实的关系,而且作出"最高(或最后)鉴定";另外,M_3对语句内容(P)进行操作,而且使M_1,M_2都服从自己,使其成为实现说话人意向并达到某种目的

的手段。(华劭 1998a:7)

语势与广义的情态意义有某种内在联系,这是一个不争的事实,因为情态意义可以表示语句的肯定、否定、疑问、可能、必然、命令、祝愿、准许等交际目的。语势与情态意义虽然交织在一起,但二者不是一回事。显然,后者的内涵更为复杂,角度和层次也更为多样。

6) 言语设想

言语设想(речевой замысел)或称言语意志(речевая воля)是由言语体裁理论的倡导者 М.Бахтин 提出的,它既是决定某一话语是否实施,又是确定选择某种体裁形式的重要因素。М.Бахтин(1986:270)明确指出:"在每一个话语中——从日常生活中的独词、对白到庞大的、复杂的科学文献或文学作品,我们都能把握、领会、感觉到说话人的言语意志。我们设想,说话人要说什么,正是利用这种言语意志来权衡、判断话语是否实施。"言语设想这一概念包含受话人反应的成分。判断说话人通过所述(如说出某个祈使句)究竟要表达何种交际意图时,受话人不但要明确处在该语境中的说话人让其完成何种行为,还要清楚完成行为的方式,是请求、哀求、命令、要求,还是劝说、劝服。所形成的结果在诸多方面与受话人的反应密切相关。同样,判断说话人交际意图时,受话人还应进一步明确,传递给他的信息是作为陈述、预言、认可还是回答。

言语设想同样表达说话人的交际意图,但与语势还是有所区别。首先,它们隶属不同的理论体系,对此,М.Федосюк(1997:106)概括得较充分:"М.Бахтин 提出的言语设想与 J.Austin 提出的语势相对应。前者是言语体裁理论的概念,后者属语用学中的言语行为理论概念。"其次,它们的内涵相殊。对言语行为理论而言,它注重的是语句能够完成交际任务,尤其是同一个语句在不同的社会环境中实施的各种言语行为;言语体裁理论则注重突出作为体裁模式的话语。(Н.Ранних 1994:30)由此不难看出,语势表达说话人语句层面的交际意图;而言语设想则表达说话人话语(篇章)层面的交际意图,它要兼顾受话人的反应。

第四节 有关言语行为的概念

从说话人实施言语行为角度看,言语行为、言语动作、言语活动、言语体裁、言语策略这些概念既相近,又彼此有别。

1)言语行为

J. Austin 把一个完整的言语行为分为三个层次:言说行为(локутивный акт, локуция)、意向行为(иллокутивный акт, иллокуция)、取效行为(перлокутивный акт, перлокуция)。(НЗЛ 1986:88)言说行为、意向行为、取效行为是同一个语句共时体现的三重行为。人们说任何一句话,都含有"说"和"做"的成分,即除了有所述,都通过语势而有所为,所说的话语还会对受话人的思想、行为、产生某种效果。

言说行为指发出一连串的音,一系列音的组合,这些音的组合构成词和词的语法形式。同时,由音组合的语词又具有一定的意思和确定的所指关系。换言之,言说行为指说出有一定语音结构、符合语法关系、有一定意义和所指对象的句子。以 Мой муж вам поможет(我丈夫会帮助您的)为例,这一语句是用语音说出来的,这些语音组成词,表达称名意义,包含组词成句的语法形式(主体一格、客体三格、谓词完成体将来时、代形容词与名词的一致关系等),表达一定的命题结构(муж〔主体〕, поможет〔述体〕, вам〔受事〕)与命题内容,并具备相应的语调。J. Austin 把这些内容统称为言说行为,是说一句话必须完成的行为。

意向行为指以某种方式运用言说表达说话人某种言语意图的一种行为,它用以实现语势。从本质上讲,意向行为与语势是一回事。从语词与说话人言语动作角度看是意向行为;从该行为在语境中所体现的功能来看是语势。话语在不同行为层次上有不同的功能,语势是话语在意向行为这个层次上的功能。(顾曰国 1989:32)区分言说行为与意向行为是分析话语的需要。实际上,在交际过程中这两者是紧密相连、相互依存的,不说话不能表达一定的意图,要表达一定的意图,必须选择某种话语。J.

Searle 说,研究语句的意义在原则上和研究言语行为没有区别。确切地说,它们是同一种研究。每一个语句借助其命题意义可用来实施一种或若干种特定的言语行为,每一种言语行为原则上可以在一个或若干个语句中得到表述——假如有合适的言语情景。因此,语句的意义研究和言语行为的研究不是两种不相关研究,而是一种从不同角度进行的研究。

在言说行为内部,可以将构成命题的过程单独区分出来,称之为命题行为(пропозициональный акт),即指称某一客体并以谓词赋予某种特征的过程。意向行为和命题行为的区别是,同一命题可以在不同的意向行为中实现:Пожалуйста, напишите ему письмо(请给他写封信);Вы напишете ему письмо(您一定会给他写封信);Напишете ли вы ему письмо?(您会给他写封信吗?)上述语句表达"写信"的同一命题,但是却分属不同的意向行为,可能是请求、命令、提问。命题行为和意向行为赋予语句一定的逻辑结构,前者表达言语行为的命题内容,后者构成其语势。

除表示实施某一言语行为这一意义外,言语行为这一术语还表示言语行为的类型。言语行为类型指具有某些共同特征,体现人类某种具体交际活动的一类言语行为,如请求、央求、恳求、哀求、祈求、强求、纠缠;命令、指令、指示、指南、训令、口令、遗嘱、方针、决议、决定等。

取效行为指说出的话语会对受话人的思想、行为、意志、感情等产生某种作用和影响,引发某种效果。关于取效行为,我们将在本章第六节详细讨论。

2) 言语动作

言语动作(речевое действие)这一概念常见于言语活动论和自然语言的逻辑分析中。Л. Васильев, В. Морковкин 等俄罗斯学者,以及 K. Bach, R. Harnish 等西方学者对"言语动作"的语义结构赋予了更为复杂、丰富的内容,涉及言语动作的外延、内涵、交际、情感、评价、取效、社会等人类活动的各个层面。И. Кобозева(2000:127—130)将上述学者对"言语动作"的释义图示如下:

第十二章 意向情态意义 471

a) Л. Васильев 的言语动作语义场结构：

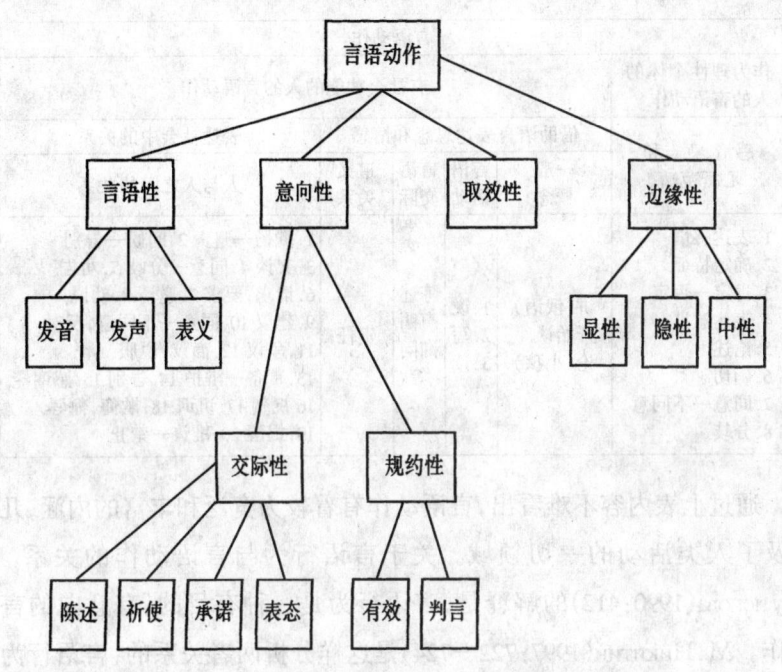

```
                          言语动作
         ┌───────────┬─────────┬──────────┐
       言语性        意向性      取效性      边缘性
      ┌──┼──┐                           ┌──┼──┐
     发音 发声 表义                       显性 隐性 中性
              ┌──────┬──────┐
            交际性            规约性
         ┌──┬──┬──┐       ┌──┬──┐
        陈述 祈使 承诺 表态   有效 判言
```

b) K. Bach, R. Harnish[①] 的言语动作语义场结构：

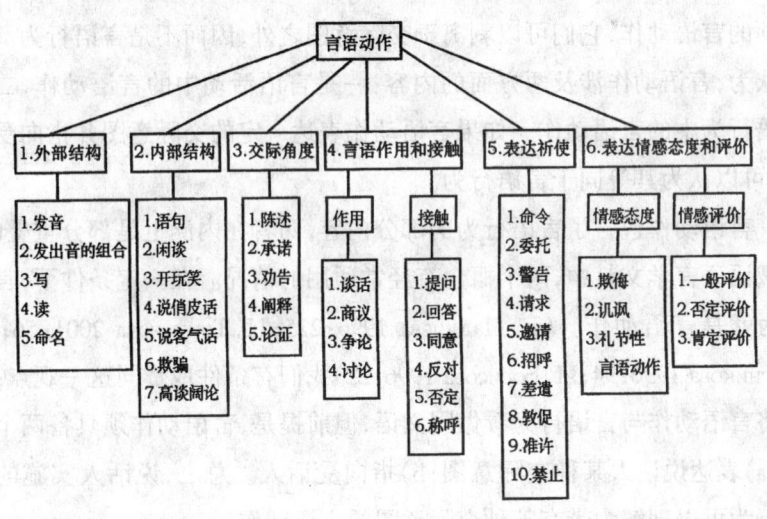

```
                        言语动作
  ┌────────┬────────┬────────┬────────┬────────┬────────────┐
1.外部结构 2.内部结构 3.交际角度 4.言语作用和接触 5.表达祈使 6.表达情感态度和评价
1.发音    1.语句    1.陈述    作用  接触    1.命令      情感态度  情感评价
2.发出音  2.闲谈    2.承诺    1.谈话 1.提问  2.委托      1.欺侮    1.一般评价
  的组合  3.开玩笑   3.劝告    2.商议 2.回答  3.警告      2.讥讽    2.否定评价
3.写      4.说俏皮话 4.阐释    3.争论 3.同意  4.请求      3.礼节性  3.肯定评价
4.读      5.说客气话 5.论证    4.讨论 4.反对  5.邀请      言语动作
5.命名    6.欺骗              5.否定  6.招呼
          7.高谈阔论           6.称呼  7.差遣
                                      8.敦促
                                      9.准许
                                      10.禁止
```

---

① K. Bach, R. Harnish 的言语动作语义场结构非常详细、全面，限于篇幅，只介绍三个层面，不再细分，详见 И. Кобозева(2000:129)。

c) В. Морковкин 的言语动作语义场结构：

言语动作				
作为理性个体的人的言语动作	有社会功能的人的言语动作			
感情、意志和心智范畴	借助语言表达思想和情感			表达社会中的关系
^	一般概念	言语活动	言语交际	道义关系	人与人之间的关系
1.表达感情 2.确定特征 3.肯定—否定 4.表达意见 5.论述 6.确切 7.同意—不同意 8.分歧	讲（俄语）开始谈论（小孩）	1.说 2.写 3.读	陈述声明询问等	责任	1.赞扬—谴责 2.问候—告别 3.交谈 4.同意—分歧 5.劝告 6.请求，要求 7.邀请 8.劝说 9.建议 10.同意—不同意，反对 11.争议 12.商议，说服 13.责备—辩护 14.告别 15.感谢 16 祝贺 17.讥讽 18.欺侮，侮辱 19.提醒 20.准许—禁止

通过上表内容不难看出，言语动作有着较为宽泛和丰富的内涵，几乎涉及了人类活动的一切领域。关于言语行为与言语动作的关系，Н. Арутюнова(1990:412)的解释是，言语行为是一种有目的、有意向的言语动作。М. Никитин(1997:722—724)是这样分析两者关系的：言语行为是言语活动中言语动作的一部分。像发音、听、说、写、读是实施言语行为所必须的言语动作，它们可以剥离于交际意图之外，因而不是言语行为。可以认为，言语动作涉及两方面的内容：一是言语活动中的言语动作，二是言语行为中的言语动作。如果言语动作表达一定的交际意图并指向受话人，可以认为其等同于言语行为。

言语动作包含了言语行为的部分内容，两者在内涵上是部分重叠的。在俄语语言学文献中，两个概念有经常通用的情况。在一定条件下，言语行为就是言语动作。（Е. Падучева 1996:225；И. Труфанова 2001:56；Я. Рытникова 1996:94；И. Борисова 1996:22）我们有条件地赞同这一观点，可以将言语动作与言语行为看做同义语，但前提是，言语动作须具备两个特征：a)表达说话人某种交际意图；b)指向受话人。总之，说话人实施的言语行为可以理解为带有某种交际意图的言语动作。

3) 言语活动

言语活动(речевая деятельность)概念最早见于 Л. Щерба 的著作中，

用来和"言语组织"(речевая организация)、"语言体系"(языковая система)、"语言材料"(языковой материал)一起表示语言的三个方面。外语教学法中把言语活动区分为说、写、听、读四种类型的观点即源于此。F. Saussure 在其语言学著作中将言语活动理解为多方面的、性质复杂的语言现象,它同时跨越物理、生理和心理几个领域,既属于个人领域,又属于社会领域。(索绪尔 1985:32—37)他将言语活动分为语言和言语两个方面,前者是社会的,对其研究纯粹是心理的;后者是个人的,对其研究是心理—物理的。俄罗斯言语活动论的主要代表 А. Леонтьев(1990:412)对言语活动内涵的理解并不仅限于此。他指出,言语活动是与人的劳动活动、认知活动和游戏活动等相并列的一种活动。这种活动在心理组成方面,也和其他活动一样,一方面具有对象化的动机,指向目的;另一方面,由确定目标、制定计划、计划的实施、检查几个紧密相连的阶段组成。Л. Выготский 首先就言语活动提出上述阶段及各阶段所包括的操作。

言语活动可以是独立的,因为它有自己的动机(мотив)或动机系统(система мотивов)。动机规定活动的目的,它自身又来源于需要,并受后者的制约。正是动机和需要驱使人们去进行这种或那种活动。引起动机的因素不仅是需要,还有利益、爱好、情感、理想、方针等。在这些因素中,需要是最主要的,这个从需要到动机的心理系统,构成了言语活动的目的。言语活动可以进一步分解为言语动作,而言语动作又可以分解为言语操作(речевая операция)。活动、动作和操作三者之间并不存在不可逾越的鸿沟,它们在一定条件下可以相互转化。动作和操作这两个概念较难区分,动作与目的相对应,操作与条件相对应。(А. Леонтьев 1987:97)言语操作是言语活动中的概念,与言语行为理论没有直接的关系,言语操作是实现言语活动的条件,它随具体条件的不同而变化。

И. Кобозева(1986:7)认为,广义的言语行为理论指解释言语活动的一整套思想,它是言语活动论的同义语。言语活动论从活动的角度研究言语活动乃至整个心理语言学。原苏联普通心理学中的"活动"是一个基本范畴,为了区别于西方心理语言学的各种流派,故将自己的心理语言学称做言语活动论。А. Леонтьев(1990:412)强调道:言语活动论和心理语言学这两个概念同义。

由此,我们认为,言语活动论出自俄罗斯本土,属心理语言学范畴。它与 J. Austin 的言语行为理论不同,后者源于西方语言哲学,是当今语用学的组成部分。

4)言语体裁

严格地说,言语体裁(речевой жанр)不属于我们研究的范围,它是言语体裁理论研究的对象。我们提出这一概念,只是想将其与言语行为作一比较。对言语体裁主要有三种理解:a)根据亚里士多德对体裁的传统定义,体裁内涵或窄(只用于文学和艺术作品)或宽;b)对话语体裁单位的各个层面进行描写,包括话语的类型和固定模式、与言语礼节(речевой этикет)的关系、交际句法、交际的认知层面、对话统一体等;c)根据 М. Бахтин(1979:267)的定义,典型情景中的人的话语都具有固定的体裁形式,表示固定的篇章结构类型、题材性、艺术性、修辞性。现阶段,言语体裁是语言语用学、修辞学、篇章语言学(лингвистика текста)、社会语言学中最重要的理论概念。应该注意的是,每个学科对言语体裁的内涵都有自己的解释。

俄语语言学文献指出,J. Austin 的言语行为理论与 М. Бахтин 的言语体裁理论有诸多相似之处。М. Федосюк(1997:105)写道,隶属于逻辑学的言语行为理论对现代语言学有很大的影响。在解决性质相似的问题时,一些学者用言语体裁概念,而另一些学者则用言语行为概念。

言语体裁与言语行为究竟是什么关系?语言学家们尝试对二者加以区分。人们普遍认为,言语体裁的内容要比言语行为内容宽泛得多。在量的方面,言语体裁是一个较大的语言单位。两者的主要区别在于,言语行为理论属行为范畴,而言语体裁理论属篇章范畴,它把语句作为行为结果来研究。言语行为的对象是单句组成的最基本语句;言语体裁的对象则是若干语句组成的连贯话语,是言语产品。К. Долинин(1999:8)说,适合言语体裁这一概念的不是由单个语句构成的言语行为,而是篇章(主要是独白或对话领域的篇章),它们本身具有题材性或逻辑语用的完整性。概括地说,言语体裁指具有言语行为特征的篇章。

尽管语言学家试图从不同的角度,用不同的标准来解释和区分言语体裁和言语行为概念,但在实际研究中,两者的界限仍不够清楚,表示言语行为类型时,两者有通用的情况。试比较:社会礼节言语行为,抱怨言语行为(М.Гловинская 的概念)/社会礼节言语体裁,抱怨言语体裁(Т. Шмелева 的概念)。(И.Труфанова 2001:58)

区分言语行为和言语体裁概念时,我们赞同 Т.Шмелева,К.Долинин 等学者的观点,认为它们既相互联系,又彼此区分。区别之处在于,它们依托两种不同的理论,前者归属言语行为理论,后者归属言语体裁理论。有联系的是,两者都涉及交际策略与言语策略问题。言语行为研究单句层面的交际策略,言语体裁则研究篇章层面的交际策略。

尽管言语行为理论与言语体裁理论有异曲同工之妙,但二者的本质差别是对 высказывание 这一概念不同的理解。前者指说话人说出一个语句,同时实施一个行为;后者则指说话人为保障受话人做出可能的反应而说出的一段话语,它可能由若干个语句组成。我们将前者的 высказывание 译成"语句",后者的译成"话语",以示区别。(孙淑芳 2001b:61)言语体裁理论从一开始就是语文学理论,其内涵与外延明显地超过目前的言语行为理论;言语行为理论只限于单句层面的日常语言分析。

5) 言语策略

言语策略(речевая тактика)概念由 Е.Верещагин 提出,表示言语行为类型时与言语行为、言语体裁概念相近。俄语语言学文献中经常有这样的表述:威胁言语策略/威胁言语行为/威胁言语体裁。И.Труфанова (2001:58)说,若言语策略等同于言语行为,那么就无法判定,该言语策略与言语行为有何区别。从名称上看,"命令"、"建议"、"请求"、"道歉"等言语策略相当于相应的言语行为,二者在这一意义上并无差别。Н. Формановская(1998:219)认为,言语策略就是在某个交际阶段选择某种言语行为。事实上,言语策略类型之所以没有使用另外一套名称,而与言语行为拥有共同的名称,这说明言语策略本来就是言语行为,只不过不像言语行为那样孤立地来研究,而是把言语策略作为实现言语战略①的一个手段。在 И.Труфанова(2001:60)看来,至少在言语行为的类型上,言语策略与言语行为概念是同义的。尽管如此,我们认为,二者在内涵上还是有一定的差别。言语策略是言语动作(言语行为)的总合,而且以种和类的关系相互联系。(Я.Рытникова 1996:94)显然,言语策略的内涵比言语行为的内涵更宽泛。从语用学角度看,言语策略和言语战略是为说话人成功完成交际任务服务的。其中言语战略构成一个交际过程的基本任务、主要意向,它集任务、意向、策划、方案于一身,是目标。言语策略则是为了实现某一个或若干个言语战略而需要实施的言语行为手段。策略可以直接言明,或有意隐蔽真实目的。分析言语行为类型时不宜使用这一概念。言语行为、言语策略、言语战略反映了说话人不同层面的不同需求。言语策略有两个内容:既相当于言语行为类型,同时又是实现言语战略的手段。

第五节 交际策略

交际策略(коммуникативная стратегия)② 是一种语言使用的策略。有关它的内容众说纷纭。一部分人从心理语言学角度定义,认为交际策略是潜藏在具体言语行为中的心理现象;另一部分人从交际角度界定,认为交际策略是弥补第二语言习得知识差异的一种手段。关于这两种观点,以下定义较具典型性和代表性:

1) 交际策略是指说话人表达意义遇到某种困难时所采用的系统化的技巧。(Corder 1977)

2) 交际策略是指某人完成特定交际目的中遇到困难无法解决时采用的潜意识计划。(Fearch and Kasper 1983)

3) 交际策略是指当会话者在没有表达意义所需的(语言)结构时试图

---

① 言语战略(речевая стратегия)指进行交际的战略,是交际理论的术语。(А.Баранов, Д.Добродольский 1996:549)

② коммуникативная стратегия 按字面意思应译为"交际战略"。考虑到我国语言界普遍遵循的习惯,沿用"交际策略"这一表达。

就意义达成的协议。(Tarone 1980)

4)交际策略作为语言使用者交际能力的一部分,是一种心理语言计划,具有潜在意识性,学习者可用来代替无法完成的某个表达计划。(Ellis 1985)

5)交际策略指使用尚未完全掌握的第二语言进行交际时解决难题的技巧。(Stern 1983)

6)交际策略是交际者为了解决第二语言交际中的困难而有目的和有意识地采取的策略。(Bialystok 1990)

7)交际策略指学习者在交际某一刻因找不到准确的语言形式而有意识地运用语言或非语言手段交流某个观点。(Brown 1987)(王立非 2000:124)

无论从何种角度定义,目前对交际策略概念普遍接受和引证的观点是,交际策略指有效实现交际意图的计划,该计划在考虑主客观因素和条件时,确定篇章的内外部结构,说话人据此选择和使用各种语言表达手段。(О. Иванова 1991:52—53)

交际策略的基本特点是:a)具有心理特征;b)服务于交际意图;c)与交际情景和交际人密切相关;d)对构成篇章的词汇组成、句法组成、结构组成和语义内容具有决定作用。

运用交际策略概念对语言进行分析是研究语言交际行之有效的方法。策略可以从诸多方面解释交际双方在话语中的相互作用。策略的本质特征是灵活性、可变性,是交际双方在语言的相互作用下直接反映出来的。交际策略是说话人实施一个言语行为(单个语句)或若干个言语行为(篇章)时应考虑的参数,它决定说话人采取何种手段实施言语行为。

在言语行为(单句)层面实现交际策略,祈使言语行为较具典型性。在交际策略支配下,说话人使用不同的祈使表达手段,力图达到某种祈使效果,以期对方实际完成或不完成某一行为。当交际双方表现为 $R_x > R_y$[①] 关系时,受话人受道义约束、利益趋动必须或愿意完成行为时,说话

---

① R = role 角色,X = 说话人,Y = 受话人。

人的交际策略相对简单,必要时,只须明指或暗示对方有责任、有义务、有好处去完成特定行为,例如:

(1) Тебе надо сходить к врачу. 你应该去看医生。(去有好处)

(2) Покажите ваш паспорт. 请出示您的护照。(有义务)

如果受话人的社会地位、道义处境、利害关系使其在是否完成行为上有所选择,甚至产生犹豫、抗拒心理,说话人就应该有针对性地采取复杂的策略,或晓之以理、动之以情,或陈述利害、指明义务或解除其困惑,鼓舞其意志,使话语能有效地作用于受话人的理智、感情和意志,使受话人做出符合预期效果的决断,并付诸或放弃行动,以收到"取效结果"(перлокутивный эффект)。另外,若受话人是不确定的群体,无法考虑每个受话人的具体情况,选择祈使手段以简洁、明确、生动为主,较难考虑交际策略,例如:

(3) Держать сухо! 保持干燥!

(4) Не кантовать! 请勿倒置!

(5) Волков бояться, в лес не ходить. 不入虎穴,焉得虎子。

(6) Способ хранения: Хранить продукт в сухом и темном месте. Беречь от солнечных лучей. 保存方法:将本品置于干燥、阴暗处,避免光线的照射。

(7) Применение: Растворите продукт в горячей воде или используйте для приготовления блинов или хлеба. 用法:将本品溶解于热水中,或用来烙饼,烤面包。

在祈使言语行为中,单、复数第二人称祈使式、施为句、祈使感叹词和语气词、不定式句、间接言语行为句等都可以用来为实现交际策略服务。但是,实现交际策略的手段远远超出上述范围,如还常使用语调、各类插入语、语句的先后顺序,甚至若干用于说服、打动、感召对方的连贯话语。

在篇章层面实现交际策略,"强迫"言语行为较具典型性。我们以"强迫"言语行为为例,来分析交际者是如何贯彻和执行交际策略的。强迫不是简单的言语行为,而是囊括五种言语行为类型(陈述、祈使、宣告、表态、承诺)的更为复杂的非规约性言语行为。强迫言语行为的复杂性决定其表达手段不是单个的语句,而是交际行为的统一体——对话。在对话层面研究言语行为与 М. Бахтин 的言语体裁理论不谋而合。М. Бахтин 对语言本质进行长期的思考,其目的是以语言为对象阐述他最核心的"对话主义"哲学思想。作为一种交际方式,对话是复杂的言语综合体,是两个或多个带有各自目的,以及经常有不同利益的个体相互作用的结果。言语过程(речевой ход)涵盖交际者从进入谈话后,说话人到受话人角色转换这一过程的全部言语行为。在言语的相互作用下形成第一个话轮,在最后一个话轮中达成共识,从而组成言语活动序列单位:言语行为—言语过程—言语相互作用—言语共识(речевая трансакция)。(О. Иванова 1991:31)

言语行为构成"强迫"对话的最小组成单位,其最小对话单位或最小对话应具备的条件是:始于说话人确定具体交际意图的言语行为,结束于这个意图的实现或取消的言语行为。换言之,所谓实现强迫言语行为的最小对话单位,指的是说话人通过具体交际策略,在达到目的过程中所实施的一系列言语行为,以及受话人所发出的回应性言语行为。所有话语都围绕一个统一的话题,最小对话单位中至少存在一对话轮。

我们知道,正常的对话不是一个话题有组织地向前运行的过程,对话过程中,有许多相互打断的、意料之外的行为。对话在扩展、触及各类话题时,都要服从于解决说话人在交际中提出的,与其交际意图有关的任务。对话正是在试图解决这一基本任务过程中得以进行。所有对话片段都是话语相互联系的整体。进入交际中的说话人要达到一定的交际目的,目的确定后,说话人试图控制受话人的精神和情感过程,使其最终同意完成行为。说话人在加工受话人相关信息时,所使用的方式就是交际策略,以此来解释对话层面各个言语行为之间的内在联系。

强迫语境(ситуация принуждения)由以下成分组成:a)强迫者(принуждающий),指有使役权利的说话人; b)被强迫者(принуждаемый),指要挣脱使役的受话人; c)交际双方地位; d)行为的方式和目的。在强迫语境中,交际双方都可能采用交际策略。强迫者,即说话人,是倡议方,其特征是忽视使役客体的意愿,在整个对话过程中表达其意志,并且意图始终不变。意图决定说话人的话语意义,说话人根据自己的交际角色构建策略并选择运用相应的言语行为。被强迫者,即受话人,出于自我保护需要,往往与施加给他的影响相对立。在具体语境中通过社会地位、年龄、性别等语用因素形成的策略来实现自我保护。在交际角色不变的情况下,受话人的策略不断变化:可能是积极或消极的抵触,也可能是显性或隐性的表达,甚至是进攻行为,这已经是非语言因素。社会地位指交际双方的社会等级关系。交际双方地位不平等时,受话人没有选择完成或不完成行为的自主权;地位平等时,受话人有选择是否完成行为的自主权。行为的方式和目的指说话人以何种方式达到交际目的。

说话人采取的交际策略有以下步骤:a)确定目的,该目的只有通过对方合作,以及双方合作的方式才能实现;b)有某种初始计划,该计划通过一系列行为来完成;c)遇到心理素质较强的对方抵抗时,要承受初始计划的失败;d)适当调整初始计划,组织下一个言语行为,继续使用各种策略。(О.Иванова 1991:53)

在强迫语境中,说话人主要使用三种策略模式:a)强硬策略(жесткая стратегия),即直接影响;b)论据策略(аргументативная стратегия),即论据对话(аргументативный диалог)。如果说话人遵守基本的交际原则,在达到目的过程中,就要尝试用论据言语行为来减轻受话人表现出的意志绝对性。说话人使用的论据通常是受话人知道的预设信息;c)迂回策略(обходная стратегия),受话人拒绝完成行为时,说话人借助奉承、恭维、甚至是恐吓等手段表达强迫语势。

1)强硬策略

强硬策略(直接影响)包括一系列体现社会影响的行为类型。说话人把全部权利集中在自己手中,压制对方的主动性,优选显示自己影响的命令、指令和各种带有惩罚意义的言语行为:Андрей вскинул возмущенно глаза на учителя математики.— А что я сделал? — Тот, не меняя тона, так же сказал:Завтра *приведешь* родителей и весь разговор. "Зачем"и"почему" эти вопросы задаю здесь я, понял? (Из радиопередачи)(安德烈气愤地看着数学老师。——我干什么了?——那位老师没有变换语调,同样说道:

明天把你的父母找来,谈话到此结束。"为什么","因为什么"的问题由我来提,懂吗?)

上述对话中,最后一个言语行为表明教师实施了强硬话语策略,该言语行为的实施导致交际中断。无论据的强硬策略正体现了话语的专横特点。

2)论据策略

应该说,不同的交际者实施言语行为所使用的策略不尽相同。在现实交际中,受话人经常用自己的言语行为修正说话人的交际策略。请看一段母子间的对话:Тебе нужно было бы подстричься.(建议言语行为)Иначе ты в школе замечание получишь.(警告言语行为)—Как, за такие вопросы еще никто не получал замечание.(不同意言语行为 + 不同意论据)—Но ведь Сергей из параллельного класса вчера получил.(用论据——有先例)—А я терпеть не могу коротких волос. Мне нравятся именно такие.(不同意 + 用喜欢与否的标准来评价)—Что значит "нравиться"? Разве плохая оценка в свидетельстве тебе больше нравится? Или если тебя не возьмут на экскурсию?(用论据——提醒对方不执行行为的可能后果)—Нет, конечно.(儿子不希望有该后果)—Ну вот. Так что завтра пойдешь подстричься.—Ладно.(同意完成行为)(你需要理发。否则你在学校会挨批评的。——怎么可能,任何人也没有因为这种问题受到过批评。——要知道,平行班的谢尔盖昨天挨批评了。——我无法忍受短发,我喜欢的正是这种发型。——什么叫"喜欢"? 难道你喜欢记分册里打低分? 或者不带你去参观?——不,当然不。——那么,明天去理发吧。——好吧。)

该对话中,说话人(母亲)通过建议、警告、论据等具体策略来实现交际目的。受话人(儿子)的策略是通过拒绝前者提出的论据来实现抵制。该对话始于确定交际目的,最后以同意言语行为终结。在这一情景下的交际双方地位往往不平等:说话人地位高于受话人,如母亲以家长的身份强迫儿子服从。

论据策略的主要特征是,说话人寻找能直接影响对方的准确参数并据此构建自己的话轮。强迫者的论据可作以下分类:a)说话人试图以说服方式使受话人完成行为。同时他指明原因,即他是该情景中的"主人",有权坚持并要求受话人完成行为,如上段对话中母亲的话轮;b)说话人指出,受话人所要完成的行为对本人是必须的;c)说话人试图对受话人施加影响时,强调后者不完成行为会对前者本人不利:Если вы откажете мне в работе, *мне будет очень—очень плохо*: я хочу работать у вас. Разрешите, не отказывайте мне(如果您拒绝给我工作,我的处境会非常非常的不利:我想在您这里工作,请不要拒绝我);Маша, напиши за меня сочинение. Ты же знаешь, что мама мне голову свернет, если я опять двойку получу(玛莎,替我写篇作文吧。你是知道的,如果我再得二分,妈妈会拧下我的头);d)说话人要求受话人完成行为的有利论据在于:告诉对方,完成该行为或出现的结果对后者本人有利。前者经常用许诺、恭维等方式影响后者:Я *приеду к тебе* и мы *повенчаемся*. — Она качает головой. — Я возьму отпуск, приеду и мы назовем друг друга супругами перед всем миром.(我来你这儿,我们结婚。——她摇头。——我请假到你那里去,然后我们在全世界的人面前互称夫妻。)

3)迂回策略

说话人用恭维、奉承的方式促使对方自己决定完成说话人要求的行为:Кто делал, спросят. *Слава о тебе пойдет*(人们会问,谁做的。你就出名了)。这时,说话人带着"礼貌面具",采取迂回策略,通过含蓄的言语行为实现强迫语势,而体现直接强迫的交际策略常常被掩饰。像恐吓、威胁等也都属于迂回策略,用来间接表达强迫语势:Верни все, что ты украл у своего друга. Вадима в консерватории знают. Слышишь, я *расскажу* об этом. *Я всем расскажу*.(把你偷朋友的东西都还回去,音乐学院的人都认识瓦吉姆,你听见了吗?我会把这件事讲出来。讲给所有人听。)

在强迫语境中,受话人也有使用交际策略的权利。由于受话人具有摆脱使役主体意愿的特点,因此他所选择的交际策略通常是各种方式的拒绝言语行为。在强迫对话中,拒绝言语行为是受话人交际角色的基本组成部分。

1) 有论据的拒绝

受道德规范、法律条文、行为准则等因素约束,受话人不能完成某行为,他会选择 не разрешено(不准许), не имею права(我无权), мне нельзя(我不能), неуместно(不妥当), не принято в обществе(社会不准许)等语词;或者由于主观原因,受话人不能、不会完成该行为,他用 не смею(不敢), не умею(不会), не способен(不能), не могу(不能)等表达手段;还可能是受话人不信任说话人,对完成行为不感兴趣: Не сумею я.—Вы старый, опытный разведчик—справитесь...—Не смогу я, говорить не умею. —Ну, дорогой, вы неправильно понимаете политработу, разве она только в том, чтобы говорить? —Нет, не сумею,—твердил Иван.—Нет, нет, не смогу я. (В. Карпов)(我不行。——你是一位经验丰富的老侦察员,你能胜任。——我不行,我不善言词。——亲爱的,你没有正确理解政治工作,难道它的意义只在于善言词?——不,我不行,伊万强调道。——不,不,我不行。)

2) 无论据的拒绝

无论据的拒绝指受话人采取转移话题、沉默等交际策略。无论用何种拒绝方式,强迫对话中,受话人最终都要向说话人妥协或与其达成共识,同意完成行为。受话人交际策略是对说话人运用策略的修正与补充。说话人根据情景的变化调整自己的交际策略,以争取最终实现强迫语势。但若受话人使用进攻性策略,导致终止谈话或使说话人失去主动权,则表明说话人交际策略失败,从而无法实现交际目的。

以上分析表明,实施具体言语行为时,交际策略是说话人应该考虑的一个重要因素。分析各类交际策略是语用学中尚待进一步深入研究的问题。

第六节 取效行为与取效结果

语言学界对言说行为、意向行为概念没有太多的异议,对取效行为概念则争议颇多。М.Гловинская(1992:123)说,言语行为理论中最属取效行为概念模糊不清。无论西方、俄罗斯,还是我国,对取效行为的概念皆无统一定论,主要存在下述三种观点。

以 Е.Падучева(1985:23), Н.Арутюнова(1990:413)等为代表的第一种观点认为,取效行为不是纯粹的言语行为。取效行为由于一些语用方面的因素,不属于语言学研究的对象。(G.Leech 1983a:203)取效行为理论是演说术所涉及的内容。

以德国学者 G.Helbig,俄罗斯学者 С.Кодзасов 等为代表的第二种观点认为,取效行为在性质上与言说行为和意向行为不同,前者在言语行为三层次中居特殊地位。G.Helbig 提出了取效行为是否具有独立性的问题。С.Кодзасов(1992:131—132)甚至总结、归纳了取效行为句(перлокутивное высказывание)的语法结构以及语调特点,并把取效行为定义为话语一经说出即刻产生效果的一种行为,如:С этого момента вы муж и жена(从现在起你们就是夫妻);Объявляю вас мужем и женой(我宣布你们结为夫妻);Назначаю пенальти(我判罚点球)。Z.Vendler 列举了一些取效行为动词,如 convince(劝服),deter(阻止)等。俄语中同样存在大量取效行为动词。持第二种观点的学者认为,应该把取效行为作为一种有独特语言标志(词汇、语法、语调等)的独立言语行为类型来研究。

以 Motsch 为代表的第三种观点认为,取效行为集取效意向(перлокутивное намерение)与取效结果于一身,是一种包含许多动作的超级结构。从本质上讲,作为取效行为这一结构的基本组成部分就是各种具体语境中的意向行为。这样,取效行为不仅是不同于言说行为和意向行为的独立行为,而且使后二者服从自己,并为实现最终的取效目的服务。Motsch 强调指出:实施取效行为有三个必备要素:1)言说行为;2)意向行为;3)说话人与受话人之间的社会关系,在相应情况下的行为准则,即决定社会性相互影响的一切因素。(З.Кочкарова 1987:16)

综上所述,对取效行为的三种不同理解导致人们认为:1)分析取效行为是在话语之外分析语句的意义。因此,它不是语言学研究的对象;2)可以把取效行为看做一个独立的话语句,并在话语句范围内考虑这一意义,属语言学研究范围;3)取效行为是一种包含许多动作的超级结构,而每个动作又可以看做是言说行为和意向行为的具体表现。因此,取效行为是建立在言说行为和意向行为基础上的,并使二者服从自己,为自己服务的一种复杂行为。

　　导致言语行为理论研究者对取效行为产生不同理解的原因应回溯到J. Austin 的取效行为概念上。如前所述,J. Austin 认为,取效行为指话语对受话人的思想、行为、意志、感情等产生的某种作用和影响,也就是所谓的收取效结果。讲话要注意效果,说话人期望以言取效,这一点无疑是正确的。然而,在我们看来,J. Austin 把行为混同于效果是不妥的。取效行为是说者所为,取效结果则发生在受话人一方。根据效果来定义行为,实质上是用受话人的反应来确定说话人的所为。这违背 J. Austin 本人提出三重言语行为的初衷,因为他主张言说行为、意向行为和取效行为皆为说话人一人而为,三者在言语行为中是同步实现的。事实上,多数研究者把J. Austin 取效行为这一概念理解为取效结果。取效行为指语句对受话人施加的作用和影响。此时,指的不是受话人对语句意义本身的理解,而是受话人的状态和行为所发生的变化,是对语句意义本身理解的结果。(Т. Булыгина, А. Шмелев 1997:247)某个肯定、要求、提问、威胁等言语行为既会改变受话人的知识储备(如果他相信所述事实的真实性,接受所传递的信息),还可以令其气愤、担忧、害怕;或让其相信,迫使他完成或不完成某个行为,引发的上述效果不一定进入说话人的意图中。这就是通常意义上的取效行为。不同的意向行为将导致不同的取效结果,如报道或陈述某事,意在让对方相信。Е. Падучева 持类似观点,她认为任何一个言语行为都可分出三个层面。换言之,说话人说出一个语句时,至少完成三个行为:1)言说行为,指说出语句本身;2)命题行为,含指称行为;3)意向行为,它表达肯定、许诺、请求、发布命令、实施劝告、提出问题等语势,即实现说话人的交际意图。此外,语句还用来对受话人施加影响,如让其困惑、悲伤、恐惧等,收取效结果。但说话人意图的这一层面不是纯粹的言语行为。区分的标准是,任何一个意向行为都可伴有某个施为动词,而取效结果则没有这一特点。(Е. Падучева 1985:25)基于上述理解,"我的丈夫会帮助您的"谈不上有某种确切的取效行为,产生的取效结果则指受话人听到"许诺"后的一系列心理感受,可能是因相信而高兴,也可能是因怀疑而失望。

对说话人的意图能否在受话人身上引起效果,应该从两方面看。一方面,看说话人的表达是否正确、得体,表述是否恰当;另一方面,受话人能否正确理解说话人的意图,取决于受话人的素养、悟性、处境和其他语用因素。由于建立在统觉基础上的领会能力不同,必然会导致受话人产生不同的反应。从说话人和受话人应该具备的共同统觉基础看,Л. Якубинский(1996:42)曾指出,我们的统觉内容同谈话对方的统觉内容的共同部分越大,我们在与他谈话时就越容易理解和领悟他的话;而谈话双方的统觉内容差别越大,他们之间互相理解也就越困难。

交际双方的共同统觉基础就是双方拥有共同的前提信息和生活经验,它们可能是双方长久的生活经历,也可能是当前的、短暂的共同感知或经验。如果说话人和受话人基于各自的统觉对话语内容产生不同的理解,就会导致说话人的意图在受话人身上得出不同于预期效果的反应。因此,通常情况下,取效结果往往不确定,很难由说话人把握和控制。这就是一部分语言学家认为"取效"无法在语言层面上研究的原因。在这种情况下,人们不得不回避"取效行为"。然而,西方和俄罗斯的部分学者对"以言取效"则持不同观点。

Helbig认为,与其说取效行为,毋宁说是某种意向行为的取效结果。(З. Кочкарова 1987:14)В. Богданов认为,可以通过各种意向行为达到取效结果。(З. Кочкарова 1987:17)Н. Арутюнова(1990:413)用"取效结果"来取代"取效行为"概念。Е. Падучева(1996:226)同样没有使用取效行为概念,取而代之的是"取效方面"(перлокутивный аспект)。М. Гловинская(1993:214)的观点更加表明了说话人的意向行为引发了受话人的相应反应。她认为,不同的意向行为会对受话人的理智、情感、意志、生理反射等产生不同的效果,作用于受话人理智的意向行为有:陈述、告密、确认、承认、提醒、讲解等;作用于情感的有:表白、哀求等;作用于意志的有:劝说、阻止等;作用于生理反射的有:命令、口令等。关于以言取效,Davis作了这样的论述:只有当取效动机与取效结果出现时,才能说S(说话人)实施了取效行为,从而使 H(受话人)受到影响,达到与其交际的目的。

综上所述,我们认为,取效行为与取效结果是两个虽然有联系,但却彼此区别的概念。J. Austin 提出取效行为概念无疑是正确的,遗憾的是,他未能给取效行为下一个明确的定义,造成一些混乱。后果之一是导致一部分人把取效行为看做在话语之外研究语句的意义,它不像言说行为和意向行为那样构成交际行为的组成部分。按我们的分析,J. Austin 设想的"以言取效"多数情况下指作用于受话人身上的取效结果,而并非说话人实施动作意义上的取效行为。实施言语行为时,对尚未取得的结果无法进行语言分析,但对取效行为本身却可以进行语言分析。后果之二是很难硬性地、毫不含糊地把意向行为和取效结果分开。因为意向就其外显的动机而言,并不等同于为了实现取效结果所采取的体现意向的行为。换言之,意向行为与取效结果之间并不存在完全等同的一对一的关系。

从以言取效的角度观察语句,不言而喻,说话人实施某种意向行为时,一定希望说出的话语能达到某种目的。同时,希望该话语在受话人身上获取实际效果。要做到这一点,必须以受话人理解自己的意图为前提。前面我们反复强调过,说话人无法控制实际效果,只能为达到预期效果而施加某种影响或作用,在这一意义上,我们把这种影响看做可由说话人控制的取效行为。В. Звегинцев(2001:212)明确地将这种行为称之为"施加影响的行为"(речевоздействующий акт)。意向行为和施加影响的取效行为,以及实际取效结果密切相关,但又不完全等同。具体说来,它们之间存在以下对应关系:

1)意向行为与取效结果之间的对应关系不明确。说话人虽有一定意图,但他没有明确地表现出要达到什么效果,或者不特别强调。受话人须借助语境等条件来判断说话人的意图。由于没有体现说话人意图的明显标志,对这类意向行为在受话人身上产生的效果容易有多种理解。

2)意向行为与取效结果之间有明显的对应关系。这时,说话人意图以及期望在受话人身上取得的效果都较明确,如:开玩笑→引起乐趣;恐吓→使害怕;恭维讨好→赢得好感等。与第一种情况不同,理解说话人的意图不成问题,但为了使受话人能作出说话人期望的反应,达到实际取效结果,往往还需要采取相应策略,即在话语中加进一些语言或非语言的手段。以祈使言语行为为例,说话人对受话人晓之以理、动之以情,通过劝说、论证、打动、感动等办法使后者有信心、有兴趣完成行为。

无论意向行为与取效结果之间有无明显对应关系,由于交际双方统觉吻合程度上的差异造成对话语理解程度上的出入,由于受话人的感情、意志因素,以及环境条件的限制,受话人的反应与说话人的预期效果可能有距离。要使预期的可能效果转化为必然的实际效果,说话人必须采取某种有针对性的交际策略,促使受话人真正晓意动情,愿意行动,以期出现实际效果。

3)意向行为的实施就意味着实际取效结果的出现。在这种施为句中,只要说话人具有相应的地位、职务、身份,他说出的话语就可以达到实际效果。如对某人任命就意味着使其获得职务,命名则是获得名称,宣布撤职就意味着使其离开岗位。与前两种情况不同,这里谈不到施加影响的取效行为。

如果认为语句内涵有不同层次,并把行为与功能等同看待,那么,J. Austin的言语行为三层次是指对同一交际行为从三个不同角度观察的结果,或者说它们是同一个交际行为的三个组成部分。从话语内容角度看,它是言说行为,有意义,有所指;从说话人意向角度看,它是意向行为,表示语势;从以言取效角度看,它是说话人对受话人施加的影响。显然,说话人不是按先后顺序递次完成上述三重功能的,它们是三位一体的,即话语一经说出,说话人同时实施言说、意向、取效行为。说话人在实施言语行为(交际行为)时,通过言说行为实现命题;通过意向行为表示语势;通过言说行为和意向行为相互作用使受话人理解了命题和语势,从而产生作用,使后者做出说话人所希望的反应,达到取效结果,图示如下:

$$说话人 \xrightarrow[(实施交际行为)]{} \begin{cases} X \to P \\ \updownarrow \to Z \to 受话人 \cdots\cdots \to E \\ Y \to F \end{cases} [1]$$

---

[1] X=言说行为,Y=意向行为,Z=取效行为,E=取效结果,F=语势,P=命题。

实际取效结果 E 与言说行为 X、意向行为 Y 不处于同一平面上。E 指受话人受语句作用后所作出的反应,这种反应效果可能与说话人的意图不完全吻合,它不受规则制约。同一语句可能对受话人产生不同的作用,导致不同的实际效果 E。所以,E 不等于 Z,前者并不参与说话人的交际行为。

言说行为是语法学、语义学研究的对象,它将抽象的句子及其意义模式化,是一种在交际中从所使用的句子内容中抽象出来的。取效行为的目的侧重受话人的反应,对它的研究取决于语境等许多因素,很难找出概括的、规律性的东西。因此,意向行为成为言语行为理论的核心对象。J. Austin 刻意强调意向行为,继他之后的言语行为理论也都侧重意向行为。意向行为甚至成了言语行为的代名词。(S. Levinson 1983:236;H. Арутюнова 1990:413)言语行为理论的创新之处主要表现在意向行为方面。

将取效行为与取效结果两个概念分开,有助于澄清 J. Austin 言语行为理论中一些模糊概念。按我们的理解,同一交际行为中的取效行为指说话人对受话人施加的影响,而产生的效果则发生在受话人一方,取效行为不等于取效结果。在大多数言语行为中,意向行为和取效结果之间只是对应关系,而不是等同关系。如果说话人力图使意向行为在受话人身上产生应有的反应,取得预期的效果,就必须采用一切施加影响、以言取效的手段。

传统语言学研究的弊端表现在只注重研究主观确立的目的,而忽视客观可能产生的效果,然而目的并不等同于效果。И. Шатуновский (1996:192)客观地比较了目的与效果之间的关系:结果、后果、效果等于客观世界中的事态或事件,是可控命题的必备要素。也就是说,效果在未达到之前是目的,目的等于尚未取得的效果,效果又等于已达到的目的。М. Никитин(1997:728)也认为目的与效果并非总能一一对应。取效结果事实上就是言语行为的目的,它在很大程度上左右着达到此目的的语言手段——取效行为。

言语行为理论往往重视说话人要表达的言语意图,强调语势(J.

Austin 正是这样做的),而经常忽略受话人的因素。М. Бахтин 的言语体裁理论则恰恰弥补了上述不足,因为该理论考虑受话人对话语的反应。将经典言语行为理论与言语体裁理论结合起来研究,以增强话语层面的解释力是今后的研究趋势。语句的语义研究和言语行为研究是针对同一对象的两个角度:语义学家关心的是各个句子成分的意义,以及如何确定整个句子的意义,而言语行为研究者考虑的则是说话人说出一系列表达式时实施什么样的言语行为。

第十三章

言语行为类型

第一节 言语行为类型

言语行为结构告诉人们怎样说话,言语行为类型则表明人们为了达到什么目的说话。J. Austin 首先尝试对言语行为进行分类,他认为语句所具有的语势应归属不同的言语行为。但是如何区分言语行为类型是一个非常棘手的问题,J. Austin 没有提出较好的解决办法,他只是把英语中的言语意向动词收集起来并加以归类,共分出五类:1)判言(verdictives,вердиктивы);2)指令(exercitives,экзерситивы);3)承诺(commissives,комиссивы);4)表态(behabitives,бехабитивы);5)阐述(expositives,экспозитивы)。(НЗЛ 1986:119)

J. Austin 假定言语意向动词和言语行为有着一对一的关系,对各种言语意向动词分类本身也就是对各种言语行为的分类,任何两个非同义动词必定标志着不同的言语行为。然而,要证明这种假设的正确性不是一件容易的事,要否定它则十分容易。announce(宣布)是一个言语意向动词,但不代表一种言语行为,可以宣布命令、宣布许诺、宣布通知等,而宣布行为并不等于相应的命令、许诺、通知言语行为,只表明实施某一种言语行为的方式。

针对 J. Austin 的分类,J. Searle 提出了五点批评:1)所列举的动词并非都是言语意向动词;2)没有一个或者一组清楚的、贯彻始终的原则;3)把言语行为的分类混同于言语意向动词的分类;4)每一类言语行为的内部庞杂、混乱,有过多的异质成分;5)有些动词并不符合他的范畴定义。(НЗЛ 1986:178—180)

J. Searle 认为,如果把言语行为作为分析单位,就会发现有五种使用

语言的一般方式,并认为言语行为至少在 12 个重要方面是彼此不同的:
1)言语行为目的不同;2)话语与客观世界的适应方向不同,即话语的命题内容与客观世界情景的时间先后不同;3)表现的心理状态不同;4)言语行为目的强弱程度不同;5)说话人和受话人社会地位不同;6)说话人和受话人利益不同;7)与话语其他部分的联系不同;8)命题内容不同;9)言语行为与非言语行为的方式不同;10)言语行为的超语言机制不同;11)施为动词的使用不同;12)言语行为的方式不同。(НЗЛ 1986:172—176)

J. Searle 根据言语行为目的、话语与客观世界的适应方向、表现的心理状态等主要标准,通过对言语行为的分类得出结论:语言的用途不是无限的。如果把言语行为目的作为基本依据,据此对语言用途进行分类,那么,人类借助语言可做的事情大体有五种类型:告诉别人事情如何(陈述);试图要别人做某事(祈使);答应去做某事(承诺);对某事表明态度(表态);通过话语造成某种事实(宣告)。J. Searle 的分类是否无懈可击呢? 远非如此。Г. Почепцов 批评道:J. Searle 分类的最大弱点就是过分追求材料的压缩,导致将话语的各种不同内容压缩到他的五种分类中,并强行将语句归到这类或那类中。(С. Савельева 1991:33)

俄罗斯学者也尝试区分不同的言语行为类型。言语行为类型是判断语句在交际过程中真正意义的主要手段之一,因而成为说话人交际意图的载体。通过对语句进行阐释,可以在诸多可能的语势中选择一个说话人说出这种或那种语句后所要表达的真正意图。从这一意义上说,我们认为言语行为类型又指语句的意向功能,或者语句的语用类型。应该说,截至目前,尚无统一明确的言语行为类型清单,对区分的标准和数量都存在分歧。

导致出现不同分类的根本原因是,一方面,在现实的交际语境中,说话人经常借助同一语句同时实施诸多言语行为,如说出 Объявляю собрание открытым(我宣布会议开始)这一语句时,作为会议主席的说话人同时实施若干个言语行为:1)宣告言语行为,即从说出该语句开始,会议进入工作程序;2)陈述言语行为,说话人告之与会者现状,陈述会议开始这一事实;3)祈使言语行为,说话人间接祈使与会者肃静下来,遵守场内秩序,准备开会;4)承诺言语行为,说出该语句后,说话人对"宣布开会"这一行为负责;5)表态言语行为,说话人对"宣布开会"这一行为表达自己的情感和态度,他相信开会是符合程序的,是合理的。另一方面,处在不同的语境中,并辅以相应的语调,对同一语句可以作不同的理解,"好好画!"表达的语势可能是鼓励——画好有奖励;也可能是警告、威胁——画不好要受到惩罚;或者是劝告——画好有好处等。

以上分析表明,大量混合型意向行为的存在是确立泾渭分明的分类标准的障碍。因此,区分任何不同的类型、亚类型、种别、亚种别时,都应以客体抽象化的程度为依据,同一客体的类型归属不同,意味着客体抽象化的程度也有一定差别。若建立较为理想的言语行为类型,必须考虑将那些混合型言语行为同时纳入到不同的意向类型中去。

Г.Почепцов(1975:86)分出七种言语行为:陈述、许诺、威胁、施为、命令、请求、疑问。

В.Богданов(1983)分出 11 种言语行为:宣告、陈述、禁止、疑问、祈使、判断、许诺、准许、承诺、阐述、满足要求。

两位学者根据抽象化程度区分言语行为类型,但遗憾的是,有些类型不处在同一抽象程度层面上。如 Г.Почепцов 分出的命令和请求属二级抽象范畴,它们应算作祈使言语行为的亚类。

Е.Падучева(1985:25)分出四种言语行为:肯定、许诺、祈使、疑问。见下表:①

为了清楚起见,不妨将 J. Searle 与 Е.Падучева 的分类依据作一比较。J.Searle 提出的实施言语行为的成功条件是:1)真诚条件(sincerity condition, условие искренности);2)准备条件(preparatory condition, подготовительное условие);3)本质条件(essential condition, существенное условие);4)命题内容条件(propositional content condition, условие пропозиционального содержания)。(НЗЛ 1986:160—167)

---

① 在下表成功条件一栏中,没有括号的表明 Е.Падучева 与 J.Searle 持共同观点;有括号的表明 Е.Падучева 与 J.Searle 的不同之处。

言语行为	成功条件		
	准备条件和本质条件	真诚条件	目的
肯定行为（陈述、描述、断然肯定）	1. Г 有理由认为 P 是真的。 2. Г 不清楚，C 已知道 P（且无须再提醒）。	说话人认定有 P。	1. 该言语行为被看做对现实事态的陈述。 2.（把所肯定的内容引入 Г 和 C 的共同视野。）
许诺行为	1. Г 能做 Д。 2.（Г 认为 Д 对 C 有利。） 3.（Г 和 C 都认为，Д 显然不会自行发生。）	Г 希望 C 做 Д。	该言语行为被看做 Г 对做 Д 的许诺。
祈使行为（请求、命令等）	1. Г 认为 C 能做 Д。 2. 无论 Г 或 C 都不认为，在事件正常进程中，C 会自然做 Д。 3. 现在没有实现做 Д 后应该出现的结果状态。	Г 希望 C 做 Д。	该言语行为被看做 Г 试图使 C 做 Д。
疑问行为	1. Г 不知道答案。 2. Г、C 都不明确，C 会自己报道需要的信息而无需提问。 3.（Г 认为 C 知道答案。）	Г 希望得到信息。	该言语行为被看做 Г 试图从 C 处得到信息。

注：Г— 说话人，C— 受话人，P— 命题，Д— 行为。

真诚条件(善意条件)把言语行为和说话人的意图联系起来，而通过意图与其意向状态联系起来：请求与说话人的愿望和需要，陈述与认知状态，表态与某种情感相联系。言语行为与意向状态协调一致是社会所确认的。准备条件指说话人和受话人的身份、地位、能力足以保障相应的言语行为实施。本质条件是指交际双方，特别是说话人，应处于可完成相应言语行为的情景中。命题内容条件指说话人说出的语句包含言说行为内容。每实施一种言语行为，皆须要具备这四种条件，根据这些条件的差异可区分出不同类型的言语行为。

对比 Е.Падучева 与 J.Searle 的成功条件不难发现，前者将后者的准备条件与本质条件合二为一，省略了命题内容条件，增加了目的条件，进一步明确了言语行为类型的区分标准。Е.Падучева 对言语行为的分类与传统语言学根据交际目的对句子进行的分类有相似之处。抛开许诺行为不谈，肯定、祈使、疑问言语行为与陈述句、祈使句、疑问句是对应的，这使人们对说话人的交际意图一目了然。

Т.Булыгина，А.Шмелев(1997：257)从受话人角度出发，来区分言语

行为类型的观点独树一帜。他们认为,事实上,根据所期待的受话人反应,有三种言语行为类型:疑问、祈使、陈述。如果语句的目的要求受话人回答,是疑问言语行为;若希望的反应是非对话过程中的某个行为,属祈使言语行为;最后,如果不期望受话人的反应,只要求对方接受所告之的信息,则为陈述言语行为。

现代交际理论区分了许诺、劝告、请求等不同的言语行为类型。事实上,根据交际目的对句子进行分类时,注重的不是交际功能,而是句子的形态句法特征。从这一意义上说,传统疑问句中经常使用疑问代词或语气词,或使用特殊的疑问语调;祈使句中通常使用动词命令式、动词不定式或假定式,或带专门语调,有时使用专门的祈使语气词。这种对句子的分类是在句法领域,而不是在言语交际理论中进行的。重要的是不应将句子的句法分类混同于语句的交际目的分类,后者在语用层面进行。不同言语行为是每一类语句内部所分出的不同类型,它们表达说话人的交际意图。如疑问句内部分为纯疑问句和修辞性疑问句。两种疑问句的目的都要求受话人回答:单纯提问时,说话者本人不知道正确答案,而是想通过受话人知道答案;而修辞性疑问句则是说话者本人知道正确答案,说出语句的目的是想验证受话人是否知道答案。试比较:

(1) Вы плаваете? —Да. "你会游泳吗?" "是的。"

(2) Какие же причины обусловливают это явление? 究竟什么原因制约这一现象?

例(2)的下文要谈的一定是制约这一现象的原因。事实上,这种所谓的疑问句一般执行元文本报道功能(метатекстовые сообщения),其目的是告之读者下文将谈到的内容。

肯定、许诺、祈使、疑问等言语行为都是由说话人实施的,表达说话人相应的交际意图。此外,俄语中还有一类表达说话人命题态度,由 Хочу(我想),Думаю,(我认为),Опасаюсь(我担心)构成的特殊意向语句类型。在 A. Wierzbicka 看来,愿望、意见、担忧等言语行为是说话人表达出来的,而不是实施的。它们有"表达"的意向功能。对"表达"言语行为而言,其真诚条件不是说话人认为有某个命题内容,而是说话人在感受这一命题

内容。(Е.Падучева 2001:27)

对言语行为亚类型讨论较多的是祈使言语行为的亚类型。区分的类型也是众说纷纭。

《俄语语法》(1954:300)分出请求、劝告、规劝、断然命令、要求等五种,并认为表达何种祈使意义①(побудительное значение)主要取决于作者的直觉及解释,试比较:—Закрой дверь,—попросил(приказал)он.("关上门!"他请求[命令]道)。其中的直接引语既可以理解为请求,又可以理解为命令。

А.Пешковский(1956:184)分出八种:简单祈使、请求、哀求、准许、规劝、威胁、命令、戏谑和讽刺。他没有提出明确的分类原则,只是强调在区分上述祈使意义时,上下文、语气词、词的修辞色彩起重要作用,有时,语调也会赋予祈使句以不同的意味。

А.Немешайлова(1961:87)分出 15 种:请求、劝诫、同意行动、准许、简单祈使、劝告、命令、口令、要求、建议、规劝、断然禁止、提醒、威胁、哀求。

М.Косилова(1962:54)分出 14 种:命令、号召、请求、要求、恳求、哀求、准许、禁止、同意、劝告、建议、警告、说服、规劝。

И.Андреева(1971:47)根据交际双方相互关系将祈使分为三类:1)缓和祈使,包括请求、恳求、说服、哀求;2)断然祈使,包括要求、禁止、指令、口令、命令;3)中性祈使,包括劝告、邀请、准许、祝愿、提醒、同意。

归纳起来,至少可列举三十多种祈使意义,其中绝大多数与使役动词本身的语义相吻合。(В.Храковский,А.Володин 1986:133)因此,存在这样一种观点:研究从断然命令、请求,到具有感情特点的哀求等不同祈使意义时,不可能将它们一一列举出来,因为没有专门的形式表达手段。В.Храковский,А.Володин(1986:133)对传统的分类方法持批评态度。他们认为,祈使意义清单是人们直觉分类的总结。结果分出的祈使意义或者是最重要的,或者是数量最多的。由于缺乏明确的分类标准,无法以分

---

① 祈使意义和祈使言语行为是同一个概念的不同名称。传统语言学将说话人祈使受话人做或不做某事的意愿称之为祈使意义;而言语行为理论则把这种意愿解释为实施的祈使言语行为。(孙淑芳 2001:72)

出的祈使意义为依据。

《80年语法》(1980 т.Ⅱ:114)把祈使意义与情态意义结合起来研究的做法,不能不说是一大进步。区分的类型及标准是:1)纯祈使意义,具体体现为要求、请求、劝告、哀求;2)兼表祈使与愿望意义;3)兼表祈使与应该意义;4)兼表祈使与准许意义。确定上述祈使意义的标准首先是上下文、一定的言语情景;其次是主体的语义,以及与之相关的加用呼语的可能性;再次是能否加用这些或那些语气词;最后,语调始终具有区分意义的作用。这表明祈使的研究重心由分析固定的语法意义转向描述受情态意义、词汇语义、上下文制约的言语情境中产生的各种变化意义。而且把祈使句与其他非专门表达祈使意义的手段,如疑问句、不定式句、愿望句等进行对比,以揭示不同语境中形成的各种祈使意义。

В. Храковский, А. Володин(1986:137—138)提出的分类标准较具说服力,更合乎逻辑分类的要求:

| 分类特征及表达的祈使意义 ||| 诠释 |
行为的启动 импульс каузации	利益关系 заинтересованность	等级关系 субординация	
A_1	$Б_1$	B_1	命令
A_1	$Б_1$	B_2	请求
A_1	$Б_2$	B_1	指导性祈使
A_1	$Б_2$	B_2	建议
A_2	$Б_2$	B_1	准许
A_2	$Б_2$	B_2	劝告
A_2		B_1	—
A_2		B_2	—

表中的 A 表示交际双方中谁是祈使行为的肇始人,即首先感到需要这种行为的人:A_1 是说话人,A_2 是受话人;Б 表示行为完成与交际双方的利益关系,即完成祈使行为对哪一方有利:$Б_1$ 表示对说话人有利,$Б_2$ 表示对受话人有利;B 表示交际双方社会地位的等级关系:B_1 指说话人地位高于受话人,B_2 指说话人地位低于受话人。每一种祈使意义的语义诠释都应该以说话人与受话人在上述三个分类特征上的对应关系为基础。举例来说,根据A,所有祈使意义都可分为:1)意动性祈使(фактитивная каузация),即祈使行为的肇始人为说话人,包括命令、请求、指导性祈使、建议;2)回应性祈使(пермиссивная каузация),即祈使行为的肇始人为受话人,有准许、劝告。Можно задать вопрос? —Задавайте(可以提个问题吗?——请提吧)。

尽管这种分类有许多长处,但也有值得商榷之处。首先,А,Б,В 的标准是否具有普遍性?它是否适合全部或绝大多数祈使亚类型?他们自己也承认:除了所分的六类外,根据其他标准还可分出批准和愿望言语行为。(В. Храковский, А. Володин 1986:138)另外,他们对祈使的诠释也不甚准确。表中认为"劝告"言语行为的肇始人是受话人(A_2)似乎勉强。在语言实践中,说话人也可能是首先感到须要实施劝告行为的人,如:Я вижу, что ты устал. Отдохни. Работы еще много. (我看出你累了,休息休息吧。工作还不少呢。)只不过"劝告"不像其他祈使亚类型那样强调说话人与受话人的对立。

М. Бергельсон(1988:22)完全从言语行为理论角度,将祈使言语行为分为:1)纯祈使,即施为动词为零位;2)显性祈使,指明祈使的具体类型,一般都有各种施为动词(просить, приказывать, умолять, велеть...)的参与;3)间接祈使,其言语行为的目的是隐蔽的,经典例子是:Не могли бы вы передать мне соль? (您能否递盐给我?)

Е. Савельва(1991:64—65)的分类角度新颖。她根据祈使意图的名称(номинация побудительных интенций)分出十类词汇—语义组(лексико-семантическая группа)。各类型之间又有交叠的现象。这十类是:请求、建议、劝告、要求、命令、提醒/警告、强迫/迫使、安慰、祈使/教唆、说服/说服使放弃。每一类词汇—语义组又分成若干亚类。

分析言语行为类型具有重要的实践意义。从语义角度看,这种分析可以指明,由于言语行为类型不同而产生的同一语言手段意义上的各种变异。语句 Вы напишете ему письмо 在一定的语境中,并伴随相应的语调,可以表达:1)肯定——你一定会写信给他;2)提醒、警告——你应该给他写信,不然……3)劝告——你最好给他写信。

从称名形式上看,这种分析表明,在实施某种类型的言语行为时,说话人必须选择相应的语词表达手段。

命令、请求、劝告、警告、感谢等言语行为有不同的词汇和语法表达手段。言语行为类型不同,其表达手段的数量也不一样。一般情况下,以一种基本方法为常体和一系列数量不等的变体组成一个系统。有些言语行为(命令、请求、劝告等)的表达手段多达十几种,有些言语行为(准许、禁止)等表达手段非常有限。这种现象的形成更多地是由超语言因素决定的。

语言实践证明,人们一方面力图使用有限的语言材料表达自己无限的思想;另一方面,又努力使自己的表达能力丰富多彩,不致使语言死板、僵硬。正如 A. Евгеньева(1966:11)所言:语言的每个领域(词汇、词法、句法)所拥有的同义的(功能和意义上等价和近似的)形式为说话人提供了广泛的选择余地,使其有可能用各种不同的变体表达同一个思想。不同表达手段的存在为人们表达交际意图提供了选择的余地,说话人可根据实际语境的需要找出最佳的表达方式。

第二节 祈使言语行为的亚类

根据行为的肇始人是谁,行为完成对谁有利,双方的社会等级关系等标准,我们将祈使言语行为区分为以下亚类:请求、命令、劝告、指导性祈使、回应性祈使。

1 请求言语行为

请求是最普遍的一种祈使言语行为。请求言语行为的肇始人为说话人;完成行为对说话人有利;双方社会等级关系是 Rx≤Ry,即说话人地位不高于或等于受话人。正是由于社会地位不高,又要求对方做对自己有利的事情,说话人意欲实施请求行为时,就不能不顾及受话人的反应,后者可能是情态认同的反应(одномодальная реакция)或者情态不同的反应(разномодальная реакция)。(А. Дорошенко 1985:23)说话人要配合受话人的反应,因为后者可能会满足前者的意愿完成行为,也可能会拒绝前者的意愿,不完成行为。

从 М.Гловинская(1993:181)对"请求"概括的公式中,可对其深层的语义内涵窥见一斑。X 请求 Y 做 P≅1)X 希望能实现 P;2)X 认为 Y 能做 P;2′)X 不认为 Y 有义务做 P;2″)X 不相信,如果 X 不说,Y 会做 P;3)X 说,他希望 Y 做 P;4)X 这样说,因为他希望 Y 做 P。

从"请求"内涵的解释中不难看出,受话人没有责任和义务必须完成说话人请求的行为。换言之,受话人有自由选择是否完成行为的权利。因此,他在情态上可能作出各种不同的反应。由于说话人的地位不高于受话人,其请求可能会受到抵制,故而,实施请求行为时,往往需要采取一定的交际策略,如言语礼节、言语行为准则(норма речевого поведения)、礼貌原则等。Н.Формановская(1994:36)认为,言语礼节、言语行为准则、礼貌原则是请求最显著的语用特征。相对而言,其他祈使言语行为,如命令、要求、劝告、建议、警告、禁止等一般不涉及上述问题。落实到语言手段时,应选择能够对受话人的理智、情感、心理、道义感等产生影响、打动受话人的手段,使其愿意完成行为。根据 Л.Бердник(1982:58)的说法,说话人应尽力使受话人相信前者请求的合理性,以及后者应该完成行为的必然性。

说话人提出的请求有意愿强烈程度上的差异。因此,请求又可细分为:哀求、祈求、恳求、力求、苦求等。有些学者把哀求、力求、恳求、苦求、祈求等看做独立的祈使类型,我们认为不妥,不如把它们归入请求的亚类更为贴切。恳求、力求、哀求、祈求都是请求意义的变体,并以说话人意愿所表现的程度差异而区别于请求,经常用在说话人认为请求会被拒绝(有时是说话人假想拒绝)的情境中。(Л.Бирюлин 1992:27)

论及请求亚类之间的意义差别时,Н.Формановская(1994:37)的角度和观点都有独到之处。她认为,请求与哀求、力求、恳求、祈求等类型若有所区别,主要在于,后几类对受话人施加影响的策略以及手段不是礼貌机制,而是劝说、论理、引起慈善、怜悯之心等。М.Федосюк(1997:109)说,请求与哀求以对受话人施加影响的不同方式彼此区别。请求单纯表达说话人希望受话人完成某行为的愿望,而哀求则作用于受话人的情感,感召其完成行为。

请求言语行为应该包括以下几种表达手段：1)完成体第二人称祈使式；2)施为句；3)间接言语行为，主要用愿望式语句和带否定词的疑问式语句。例如：

(1) *Зайди* ко мне после обеда. 请午饭后来我这儿一趟。

(2) *Попрошу* зайти ко мне после обеда. 我要你午饭后来我这儿一趟。

(3) *Зашла бы* ты ко мне после обеда. 你最好午饭后来我这儿一趟。

(4) *Не зайдешь ли* ко мне после обеда? 你不能午饭后来我这儿一趟吗？

(5) Ты *не могла (бы) зайти* ко мне после обеда? 你不能午饭后来我这儿一趟吗？

上述例句表明，表达请求的间接性及礼貌程度(1)—(5)呈递增趋势。这些表达手段的使用与交际双方的关系，以及交际场合密切相关。一般情况下，完成体第二人称祈使式可以用在正式场合或非正式场合，表达较为礼貌的请求：Передайте тетрадь（请递一下笔记本）；Покажите фотографии（给我看看照片）。有时为了加强礼貌的程度，语句中还可加入 будь(-те) добр(-а,-ы)（劳驾），будь(-те) любезен(-зна,-зны)（劳驾），сделайте одолжение, пожалуйста（劳驾）等语词，例如：

(6) *Будьте добры*, товарищ Конарев, *оставьте* нас одних. 劳驾，科那列夫同志，让我们单独呆一会儿。

(7) Кларочка, *принесите*, *пожалуйста*, археологическую карту, — попросил Зыбин очень ласково. (Домбровский) "克拉萝奇卡，请把考古地图拿来"，济宾非常温和地请求说。

施为句经常用在正式场合，使请求接近要求、指示，有时甚至是命令，例如：

(8) Вот поэтому я *прошу* вас заняться этим делом, то есть принять все меры к охране. — *Приказание будет исполнено*. (М. Булгаков) 因此，我请你办好这件事，就是采取一切保护措施。——一定完成命令。

提出申请时，用施为句 Прошу предоставить мне очередной отпуск（我

请求给我提供固定假期),而不用祈使式表达手段:Предоставьте мне, пожалуйста, очередной отпуск.(请给我提供固定假期。)

陈述句 Просьба не шуметь(请不要喧哗!)执行的祈使功能可视为公文文本的标志。公文语体中不用第二人称祈使式:Не шумите, пожалуйста.(请不要喧哗。)

但施为名词 просьба(请求)例外,经常用在非正式场合:У меня к вам большая просьба: помогите достать два билета на балет.(请帮忙弄两张芭蕾舞票。)

口语中表达请求意义时,通常使用带否定语气词 не 的间接言语行为及带情态词 мочь 的语句,例如:

(9) Не могли бы вы ответить на вопросы преподавателя? 您不能回答老师的问题吗?

(10) Людмила Ивановна, у меня к вам большая просьба. Мы уезжаем на две недели. Вы не могли бы взять на это время нашего кота? 柳得米拉·伊万诺夫娜,我对您有一个请求。我们要出门两周,您能否把我们的猫拿去照顾一段时间?

(11) Не можете ли вы перестать? 您不能停下来吗?

2 命令言语行为

命令是重要的一类祈使言语行为。命令言语行为的肇始人为说话人;完成行为对说话人有利,这里的有利与其说对说话人本人,不如说对他的角色、地位有利:发布命令时,说话人在履行自己的职责(Н. Формановская 1994:37);双方社会等级关系是 Rx > Ry,即说话人地位高于受话人。支配的权利操纵在说话人手中,说话人的"居高临下"使其有"发号施令权"。因此,这是一种"自上而下"或"断然祈使"行为。与受话人相比,说话人的优势在于:居较高的社会地位,并与前者构成上下级关系,如领导/下属、主/仆、军官/士兵的等级关系。

命令的深层语义内涵是:X 命令 Y 做 P≅1)X 地位高于 Y;2)X 和 Y 都知道,X 有权促使 Y 做 P,而 Y 有义务做 P;3)X 说让 Y 做 P;4)X 这样

说是让 Y 明白,他有义务做 P。(М. Гловинская 1993:191)

由此不难看出,命令通常很正式,不用在对话中,也无需受话人的回答。命令的交际任务不是争取受话人的同意,而是让他明白,完成行为是他责无旁贷的责任和义务。因此,受话人的反应只能是情态认同的反应,即他必须完成说话人的意愿。不同于"请求"行为中的受话人,他没有选择是否完成行为的自由权,说话人也无需采取交际策略对受话人施加影响。

正是因为没有商量余地,在命令言语行为中,不使用带 не 的疑问式语句,以及带 бы 的愿望式语句等间接言语行为手段。除非说话人假想受话人可能不完成行为,他会施加威胁。

实施命令言语行为时,因所处的场合、采取的方式不同,命令又可分为:要求、口令、指令、指示、吩咐等。完全有理由将口令看做命令的亚类,因为二者所有的语义参数完全吻合。(Ц. Саранцацрал 1993:115) 与命令语义有关的言语行为类型包括领导的指示、部队口令、哨兵的口令。(А. Дорошенко 1985:20)

在命令的亚类中,要求是较为特殊的一种。很难把要求和命令分开,但有时也很难把要求与请求分开,有的学者认为要求是请求的亚类。Л. Бердник(1982:57)则认为,要求介乎于命令和请求之间,但又与二者不同。请求的口气总是比要求的口气缓和、柔和一些;要求的口气近于命令,但又区别于后者。说话人提出要求时,不指望受话人绝对的服从。

很多学者对"要求"都下了定义。А. Дорошенко(1985:20—21)认为,要求可定义为自恃有权发出的命令(приказы с фиктивным авторитетом),即说话人的权威没有法律保障,因为他不具备能够发号施令的社会地位。但是,说话人试图营造这样一种氛围,假设他有权以命令的方式表达意愿。А. Wierzbicka(1985:4)明白无误地表述道:要求是说话人自己营造权威的命令。

上述论证说明,在要求言语行为和命令言语行为中,说话人的"身份"不同,前者不像后者那样名符其实。因此,受话人的反应可能是情态不同的反应,即受话人不一定完全服从说话人的意愿。如果他认为说话人提出的要求不合理,会持消极态度,从而不完成行为。提出要求的说话人,如遭到或料想会遭到受话人的拒绝时,寻求的交际策略不是礼貌地争取受话人的合作,而是自恃有权、有理由向对方提出要求,从而对对方的意志施加影响:Чего вы просите? —Я не просить пришла. Я своего законного *требую*, вот что.(你要什么？——我不是来请求,而是要求得到自己合法的东西。这就是我的目的。)

如果说话人要求受话人完成行为,他会以公开或隐蔽的方式,有时甚至会威胁后者不惜以终断两人的朋友关系、同事关系、亲属关系等或以其他措施作为代价。这时,说话人已经做好受话人不合作而导致交际失败的思想准备。

命令言语行为常用的表达手段有:1)第二人称祈使式(动词性的或无动词的);2)不定式句;3)施为句;4)祈使感叹词 марш(走,去),стоп(站住),прочь(滚开),вон(滚开),долой(走开,滚开),валяй(做吧);5)祈使语气词 ну(喂),ну-ка(喂),а ну-ка(喂),а-ну(喂);6)间接言语行为,主要用陈述式将来时或过去时。例如:

(1)*Готовь* мне обед.给我做午饭吧。

(2)*Приготовь* мне обед.给我做午饭吧。

(3)*Приготовить* мне обед.给我做午饭。

(4)*Приказываю* тебе приготовить обед.我命令你做午饭。

(5)*А ну, приготовь* мне обед.好啦,给我做午饭吧。

(6)*Приготовишь* мне обед.你一定要给我做午饭。

命令可以用在正式场合或非正式场合。正式场合常用的手段是施为句、不定式句。Т. Булыгина, А. Шмелев(1997:259)通过大量研究发现,公文事物语体中的祈使意义不用祈使句,而用陈述句来表达。该语体中常用施为句 Приказываю сделать то-то и то-то(我命令做某事)来替代第二人称祈使式 Сделайте то-то и то-то(请做某事吧)的表达手段,приказываю 是表达书面命令的典型标志,日常口语中一般不用。如果有人说 Я приказываю тебе поставить чайник(我命令你放好茶壶),往好处理解,受话人可能认为说话人在开玩笑,往坏处理解这种语句易引起对方的不满,最

好用 Поставь чайник(请你放好茶壶)。祈使感叹词、祈使语气词、带 чтобы(чтоб)的句法祈使式一般只用在非正式场合：Вон отсюда(滚开)；Прочь отсюда(滚开)；Сегодня чтоб все было найдено(今天一定要把所有的东西都找到)；В девять часов чтоб ты был дома(9点钟你一定要到家)。在非正式场合,尤其是父母对子女的命令中,常用陈述式将来时,例如：

（7）*Подметешь* пол и *заготовишь* кроликам травы на завтра. 你扫扫地,然后给兔子准备好明天吃的草。

（8）Мать обращается к дочери. Маша! Убери со стола, вымой посуду, а потом *пойдешь* гулять. 母亲对女儿说,"玛莎,你收拾好桌子,把碗洗了,然后出去玩吧。"

第二人称祈使式可用在正式场合或非正式场合：*Пропустите* к телефону, —*приказал* врач санитарам.(М.Булгаков)(让他去接电话,——医生对卫生员命令道。)

无动词祈使式常用在军队口令中：За мной(跟我来)；Огонь(开火)；Смирно(立正)；Перерыв(休息)；Подъем(起床)；Вольно(稍息)；Налево(向左转)；Направо(向右转)等。用在服务行业：Мне два билета(我买两张票)；Два кило огурцов(给我称两千克黄瓜)；Улица Московская д.25(请到莫斯科大街25号),以及外科手术方面：Ножницы!（剪刀!）

3 劝告言语行为

劝告是较复杂的一种祈使言语行为。它不像其他祈使类型那样特别强调行为的肇始人。首先感到需要这种行为的人可以是说话人,也可以是受话人,试比较：

（1）*Продай* свою библиотеку, и ты избавишься от долгов,—посоветовал он."你把自己的藏书卖了,就会摆脱债务",他劝道。

（2）Что мне делать? Идти к нему или не идти? —*Иди*. 我该怎么办？去他那儿,还是不去？——去吧。

显然,例(1)的行为肇始人为说话人,而例(2)的则为受话人。因此,劝告可以分为意动性的和回应性的。(А.Дорошенко1985:26；Р.

Буралова 1988:145;Л.Бирюлин 1992:28;Ц.Саранцацрал 1993:188)在劝告言语行为中,行为完成对受话人有利;双方社会等级关系是 Rx≤Ry,即说话人社会地位不高于或等于受话人。

劝告的深层语义是:X 劝告 Y 做 P≅1)X 设定 Y 想知道 X 的意见:他做 P 是否正确;2)X 告诉 Y,他认为 Y 做 P 是正确的;3)X 这样说,因为他希望对 Y 好。(М.Гловинская 1993:184)从上述释义中不难看出,尽管说话人地位不高于受话人,若要实施劝告言语行为,也应具备某种资格,诸如丰富的阅历、渊博的知识,并在某种程度上对行为的后果承担道义上的责任等。这样,受话人才会相信说话人是以受话人利益为出发点的。说话人告诉受话人,处在一定的言语情景中应该如何行动。如:Мать ласково посоветовала:—*Надел бы что-нибудь—холодно.*(М.Горький)(母亲温存地劝道:穿上点儿什么吧,外边很冷。)

劝告时,由于说话人祈使意愿的程度不是很强,它不像命令言语行为那样语气坚决,也不像请求言语行为那样与自身利益关联,因此一般表现为中性祈使。正是因为没有坚决性,受话人可能在情态上作出不同的反应。说话人常常要陈述动机、阐明理由、对受话人的感情和意志施加影响,使其愿意完成经过说话人缜密考虑并对后者有利的行为。一言以蔽之,劝告的全部目的在于让受话人知道,他应该为了自身的利益而行动。

说话人劝告受话人完成或不完成行为时,根据其劝告的程度,又可具体分为:建议、推荐、规劝、劝说、训导、劝诫、提醒、警告。有人甚至把威胁也归入此类。

有些学者主张把上述各种祈使言语行为亚类型均作为独立祈使类型,我们认为不妥,还是把它们归入劝告的亚类更为贴切,因为它们一般都具有共性特征:1)行为完成与否对受话人有利;2)完成行为者是受话人;3)受话人有服从或拒绝完成行为的自由选择权;4)说话人社会地位不高于受话人等。中性祈使的基本内容是可能完成或不完成行为,其意义以劝告、警告、建议等方式表现出来。(Р.Буралова 1988:145)И.Шаронов(1991:145)同样认为警告和提醒应该看做劝告的亚类。

在劝告的亚类中,建议是对具体动作的祈使。建议有时和请求交叠,但请求是向对方寻求合作、帮助;而建议则是说话人想帮助对方。Н.Формановская(1984:157)说,确实很难区分请求、劝告或建议言语行为。解决的办法是靠词汇和上下文语境来明确。同时,请求往往对说话人有利,劝告则对受话人有利。М.Гловинская(1993:185)研究言语意向动词时,将劝告和建议放在一起分析。她指出,建议与劝告意义相近:X 建议 Y≅1)X 告诉 Y,他认为 Y 能做 P 对 Y 是有利的;2)X 这样说,因为他想帮助 Y 做出正确抉择。

以上分析表明,我们将建议归为劝告的亚类是有足够根据的。二者的区别仅表现在说话人对行为的态度上。劝告时,说话人能意识到自己的资格,坚信祈使受话人完成行为的合理性,准备为行为后果负责;而建议时,说话人没有足够的把握相信祈使受话人完成行为的合理性,也不准备为行为后果负责。其基本目的是他只对后者是否完成行为提供新信息,供其参考。接受抑或拒绝这个新信息,由受话人决定,例如:

(3) *Потерпи* еще день,—может быть, справишься,—предложил Кувалда. (М. Горький)"再忍耐一天吧,可能你会胜任的,"库瓦尔达建议道。

(4) А ты *побегай*, погрейся,—*предложил* Венька. (В. Тендряков)"你跑一跑,暖和暖和,"文卡建议说。

(5) Она неожиданно предлагает: *Заходи* вечером ко мне. 她突然建议说:"晚上来我这儿吧。"

推荐与劝告意义接近,是正式场合的劝告。

警告是劝告的亚类,与劝告的区别是,前者的命题语义结构中引入了负面因素。劝告是说话人祈使受话人完成某行为,如果祈使受话人不要完成某行为,那么劝告就变成了劝阻,其意义与警告、甚至威胁相近:*Не ходи* туда! —посоветовала (предупредила, угрожала) она. ("不要去那儿!"她劝告〔警告、威胁〕道。)

警告言语行为的主要目的在于,说话人认为受话人正处在某种危险中,警告其避免危险。根据危险的来源,А. Дорошенко(1985:27)将警告分为:1)对人外部身体构成危险进行的警告;2)对违反社会准则构成社会危险的警告;3)说话人基于自己的知识和经验,对假想的危险进行警告。如果受话人对说话人的警告置若罔闻或者不加重视,说话人会进一步警告,甚至威胁。二者的共同特征是,受话人的行为会引发不良后果,但威胁与警告不同,威胁的危险来源是说话者本人。例如:

(6)Ты мне засни еще на уроке! 你还敢再给我上课睡觉试试!

(7)Ты еще у меня влюбись! 你还敢再谈恋爱!

(8)Ты мне прозевай поезд! 你敢再错过火车!

劝告言语行为的表达手段有:1)动词第二人称祈使式;2)施为句;3)间接言语行为,指愿望式、疑问式及带模态词的陈述式语句;4)不定式句。例如:

(9)Отдыхайте, вы устали. 休息一会儿吧,你累了。

(10)Я советую вам отдыхать. 我劝你休息一会儿。

(11)Вы отдохнули бы. 你最好休息一会儿。

(12)Может быть, вы отдохнете немного? 你也许该休息一会儿吧。

(13)Вам следует немного отдохнуть. 你应该休息一小会儿。

(14)Отдохнуть бы вам. 你休息一会儿吧。

劝告可以用在正式场合或非正式场合。在正式场合,更适合使用施为句、带模态词的间接言语行为句以及不定式句,例如:

(15)Рекомендую написать заявление.(В. Белов)我建议你写份申请书。

(16)Вы должны заявить план руководству. 你应该向领导申明计划。

(17)Мой совет таков. Или не трогать ее вовсе, или же жениться на ней.(А. Чехов)我的劝告是:或者别招惹她,或者娶她为妻。

在非正式场合,经常使用动词第二人称祈使式和带 бы 的愿望式语句,例如:

(18)У ребенка прекрасный слух. Отдайте его в музыкальную школу. 小孩听力很好。把他送到音乐学校去吧。

(19)Лучше бы ты утром поехал. 你最好早上走。

(20)Ты бы поменяла прическу. 你最好换个发型。

劝告的对象如果是不确定的、泛指的,这种劝告具有概括意义,经常用在格言及谚语中:*Не спеши языком, торопись делом*.(别急于说,要先做)。

4 指导性祈使言语行为

指导性祈使言语行为用于有指导内容的文件、说明书、告示、须知、条例、指南、标牌中。指导性祈使言语行为的肇始人为说话人;完成行为对受话人有利;双方社会等级关系是 $Rx > Ry$,即说话人地位高于受话人。这里,说话人的权威建立在他所掌握的某个领域的知识上,而受话人不具备这些知识。一经掌握这些知识,就会对其非常有利。(А. Дорошенко 1985:21)

遵守使用及操作规则是成功实施指导性祈使言语行为的重要条件。受话人也会从中直接受益;而违反使用及操作规则会导致物品、器械受损或破坏,受话人也会间接蒙受损失。因此,受话人对此种意愿一般是情态上作出认同反应。

指导性祈使句通常用于书面文件中,如商品包装、产品说明、使用操作规则等,因此,交际双方是不确定的。在这种言语行为中,一般不出现说话人题元和群体受话人题元,例如:

(1) *Поднимать здесь*! 从此处抬起!

(2) *Пейте в охлажденном виде*! 喝冷饮!

指导性祈使言语行为常用两种表达手段:第二人称祈使式,如例(2),和不定式句,如例(1)。

5 回应性祈使言语行为

回应性祈使言语行为通常指交际双方的行为在话轮中进行。这时,言语行为由两部分组成:询问和对询问的回答。前者指作为行为完成者的受话人,向处在权威地位的说话人征询可否进行行为的信息,而后者指说话人对受话人寻求征询结果的一种反应:同意或反对。因此,回应性祈使指准许和禁止类言语行为。

回应性祈使言语行为的肇始人为受话人；完成行为对受话人有利：交际双方的等级关系是 Rx > Ry。这里，说话人的权威具体指：1) X 社会地位高于 Y；2) X 年长于 Y；3) X 与 Y 地位平等或者 X 比 Y 年轻时，这时的 X 或者拥有某种特权，或者在责任、道义上占优势。准许言语行为的内涵一般没有争议。其深层语义可以诠释为：X 准许 Y 做 P≅1) X 和 Y 知道，如果 X 不准许，Y 不能做 P；2) X 知道 Y 想做 P；3) X 告诉 Y 可以做 P；4) X 这样说是因为准许 Y 做 P，既然 Y 想做 P。(М. Гловинская 1993：183)一言以蔽之，准许的语义核心是不经说话人同意，受话人无权着手完成行为。甚至在正式场合，某些活动的进行必须伴随着说话人的许可，他赋予受话人某种权利和可能；或者同意后者完成或不完成行为的要求。

关于禁止言语行为的归属，目前尚存在一些争议。有人认为，禁止是一种独立的祈使言语行为，它与命令、请求、劝告、准许等处在同一层面上；也有人认为，禁止是命令的亚类，禁止即命令不完成行为。(И. Шаронов 1991：154—155)可以把禁止看做让受话人放弃的否定命令。(А. Дорошенко 1985：21；Н. Формановская 1994：37)还有人根本不曾涉及禁止言语行为。В. Храковский, А. Володин (1986)以及《80 年语法》的作者们就是这样做的。

把禁止归在回应性祈使类，理由是禁止和准许有许多共同特征：1) 说话人社会地位高于受话人；2) 行为完成与否对受话人有利；3) 行为在一个或若干个话轮中进行。二者的区别只在于：准许表达说话人肯定受话人将来行为的意愿，而禁止表达前者否定后者的意愿。不言而喻，禁止的目的是预先防止不希望发生的行为。

禁止的深层语义表现为：X 禁止 Y 做 P≅1) X 认为，Y 想或者 Y 可能想做 P；2) X 认为，如果 X 不让 Y 做 P，Y 不会做 P；3) X 告诉 Y 不应该做 P；4) X 这样说是因为他不愿让 Y 做 P，尽管 Y 非常想做 P。(М. Гловинская 1993：188)

Л. Бирюлин (1992：21—22)认为，受话人希望在某一领域进行活动，却不具备完成行为的可能性和客观条件所引起的冲突，构成了禁止言语行为的准备条件。受话人往往向说话人寻求解决冲突的办法，希望说话人帮助其解决矛盾。

根据上述分析,回应性祈使言语行为有以下几种情况:

1)完整的回应性祈使言语行为在一个或若干个话轮中进行。受话人的征询以请求性祈使的方式出现。常用 Разрешите(请允许),Позвольте(请允许),Вы не разрешаете? (你不让吗?),Вы бы разрешили? (请允许)Могу ли я? (我可以吗?),Я не могу? (我不可以吗?)等手段。说话人的准许或禁止都是对请求性祈使的回应,区别不过是情态认同或者不认同的反应而已,例如:

(1) *Разрешите сесть? —Пожалуйста*. 我可以坐吗? ——请坐吧。

(2) *Могу ли я взять у вас сахару? —Возьмите*, пожалуйста. 我可以跟你要一点儿糖吗? ——拿吧。

2)回应性祈使言语行为也可以不在话轮中出现,而在广告、路标、指示牌和其他文件中出现。此时,准许、禁止行为的肇始人可能不直接出自受话人,但说话人估计到受话人有完成某行为的意图或打算。在这种情况下,准许和禁止的对象是不确定的受话人,这使其更接近指导性祈使,例如:

(3) *Курить*(*ходить по траве*) *воспрещается*. 严禁吸烟(在草坪上行走)。

(4) *Не разговаривать*! 不要交头接耳!

(5) *Не рвать* цветы! 不要揪花儿!

(6) *Не плевать*! 不要吐痰!

(7) *Не шуметь*! 不要喧哗!

(8) *Не входить без стука*! 敲门进屋!

(9) *Не плавать здесь*! *Опасно*! 此处不准游泳,很危险。

3)作为准许或禁止祈使言语行为,常见的表达方式是:重复问句中的动词,例如:

(10) *Можно читать? —Читайте*. (*Не читайте*.) 可以读书吗? ——读吧(不要读)。

(11) *Мама, можно я умоюсь в тазу? —Умывайся*,—сказала мать из

кухни. (С. Антонов)"妈妈,我可以在脸盆里洗脸吗?""洗吧,"——妈妈在厨房里说。

除语法表达手段外,表达准许意义还有专门的语词手段:пожалуйста(好吧), да(是的), хорошо(好吧), ладно(可以), давай(-те)(请吧), конечно(当然), так и быть(应该这样), что поделаешь(没办法), а как же(当然), разрешаю(准许), можешь(可以)等,例如:

(12) Ясно, товарищ капитан. Разрешите идти? —Да. (В. Белов)"明白了,大尉同志。可以走了吗?""走吧。"

(13) Сделать тебе бутерброд? —*Пожалуйста*. "给你做个三明治吗?""做吧。"

(14) Можно здесь курить? —*Разрешаю курить*, только откройте форточку. "可以在这儿吸烟吗?""可以抽烟,但要打开小窗户。"

表达禁止意义时,可用 не + 未完成体构成的禁阻式,以及 не смей 手段,还可用施为句,例如:

(15) Не *пускай* никого. 不要让任何人进来。

(16) Вот и хорошо, что не говорил и *не говори*. 你没有说,这太好了。你不要说了。

(17) Уходите сейчас же! И *не смейте* ко мне являться в кабинет без вызова. 赶快走开!没有我的指示,不许进我的办公室。

(18) Я *запрещаю вам говорить* ей что-либо о сестре! Слышите? 我禁止你对她议论姐姐的任何事情。听见了吗?

(19) *Запрещаю тебе плавать* в реке. 禁止你在河里游泳。

第三节 间接言语行为

间接言语行为(косвенный речевой акт)是相对于直接言语行为(прямой речевой акт)而言的。语句意义最简单的情况是说话人讲出一个语句,借此表达与字面意义完全一致的用意。通常情况下,疑问句表达询问;祈使句表达命令、请求、建议、劝告等言语行为;陈述句① 表达陈述、承诺、宣誓、宣布等言语行为。语句的字面意义与话语用意一致的情况就是直接言语行为。然而,在语言使用中,人们并不总是用语词或在句法上直接了当地表明话语意图,而常常转弯抹角地以某种间接方式表达。语言的这种间接现象早已引起语言学家的重视,人们从不同角度对这一现象进行了阐释。

首先,语言的间接现象可以通过语言形式和功能之间的不一致来解释。众所周知,句子有三种基本的交际类型:陈述句、祈使句和疑问句。它们与语言的三种基本交际功能逐一对应:陈述句用于陈述或描写事实;祈使句用于祈使受话人做或不做某事;疑问句用于提出问题。然而,在语言实践中,三种基本句子形式与三种基本交际功能之间并没有绝对的一对一关系。换言之,句子并不总是执行一种交际功能;反过来看,某一种交际功能也远非只通过一种句子形式来表示,语句的交际目的原则上不受制于表达这一目的的句法类型。疑问句可以表达祈使意义:Вы не могли бы передать мне соль(您能否递盐给我);Который час? = Скажите, пожалуйста, который час(请问几点了)或陈述意义:Слыхал, что Анна вышла замуж? (听说安娜嫁人了?)祈使句可以表达提问意义:Назови самую высокую горную вершину нашей страны(请说出我国最高的山脉)或陈述意义:Знай, что я тебя презираю(要知道,我鄙视你)。陈述句也可表达祈使意义:Тебе следует заниматься спортом(你应该锻炼身体)。

其次,语言的间接现象可以通过间接言语行为理论来解释,即通过语句的字面意义和话语用意之间的不一致来解释。"从语句角度看,间接言语行为指语句的形式结构与说话人的交际意图之间不相吻合的情况。"(Т. Булыгина, А. Шмелев 1992:10)人们字面上所说的话和他们真正想表达的意图不总是一致,这意味着除了语句的字面意义外,还有一种"言外之意"或曰"弦外之音"。关于字面意义的提法是否恰当,语言学家观点不一,尚无统一说法。J. Searle 认为,字面意义就是言说行为形成的意义,指

---

① 陈述句包含施为句这一类型。

话语独立于语境的命题意义。我们不妨认为,所谓字面意义指词汇、语法、语调典型表达的某种语势,不包括比喻、隐喻等引申意义;而话语用意则指在具体语境中体现的话语真正意义。间接言语行为理论要解决的问题是:说话人如何通过字面的直接意义来间接表达语势。

在间接言语行为中,J. Searle 区分了主要言语意向和次要言语意向。前者是说话人的真正意图,它不通过语句的字面意义表达;后者是通过语句字面意义表达的,与语句的句法形式之间通常一致。主要言语意向通过次要言语意向间接地表示。此时,依靠交际双方所共有的语言和非语言知识,以及受话人的推理能力,说话人向受话人传递了比语句的字面意义更多的信息。间接言语行为有规约性的和非规约性的。规约性间接言语行为指这样一类意向行为,它一贯用以实施间接言语行为,以致言语行为参加者已经觉察不出字面意义。因此,可以认为这类间接言语行为已经形成一种惯常使用的标准格式。但是,这种格式或规约与其说是语言层面的,不如说是交际层面的。(Т. Булыгина 1981:333)

在规约性间接言语行为中,主要言语意向和次要言语意向之间有体系性联系,它们的间接语势在某种程度上已经固定在语言形式之上,带有程式化特点,并为人们普遍接受。规约性间接言语行为表示某种间接语势,这是语言运用传统造成的。规约性间接言语行为有一定的熟语性特征,尽管它本身并不能算作熟语。人们使用间接言语行为的原因是多方面的,但主要原因之一是对受话人表示礼貌,例如:

(1)Could you be a little more quiet? 你能否安静些?

(2)I'd rather you didn't do it any more. 我希望你不要再做这种事了。

(3)I would appreciate if you could turn off the light. 如果你能关掉灯,我会非常感谢。

上述例句中的字面意义里并没有祈使用意,也就是说,它们在字面上只是一些询问和陈述,但是,话语用意却是间接表达祈使意义。疑问句间接实施祈使言语行为已经形成一种惯用的模式,这种现象在俄语中同样大量地存在着,例如:

(4)Нет ли у вас русско-китайского словаря? 您没有俄汉词典吗?

(5) Нет ли у вас спичек? 您没有火柴吗?
(6) Вы не знаете, который час? 您不知道几点钟吗?
(7) Вы не могли бы открыть окно? 您不能把窗户打开吗?

非规约性间接言语行为指语句字面意义和话语用意不相一致的更为复杂和不确定的情况。非规约性间接言语行为的主要言语意向和次要言语意向之间没有体系性联系，以某一言语意向间接表示另一言语意向不是约定俗成的习惯用法，不具有程式化特点和熟语性特征，要依赖交际双方共知的语言信息和所处的言语情景来判断。

俄语中有大量非规约性间接表达祈使意义的手段。只有在掌握某些语言外信息(历史文化背景、百科知识、合作原则等)并借助语调的情况下，交际双方才能彼此理解，从而达到交际目的。像秘书对来访者说 Директор у себя(经理在办公室)的言外之意为 Заходите(请进)；母亲对女儿说 Темно в квартире(房间很黑)，意为 Включи свет(开灯)；语句 Дети готовятся к урокам(孩子们在准备功课)意为 Выключи телевизор(关上电视)，Говори тише(请小声说话)，Не шумите(不要喧闹)等，这种现象不胜枚举。用非规约性言语行为手段来达到交际目的，必然要求交际双方具备共同的统觉基础。交际双方只有在统觉基础上才能彼此理解，从而达到交际目的。由于非规约性间接言语行为因人、因地而异，并且数量无限，无法对其进行系统描述。因此，语言学研究的间接言语行为一般都是规约性的，它具体指疑问式、愿望式和陈述式语句实施非特定言语行为的情况。

1 疑问式间接言语行为

疑问式语句主要用来实施请求、劝告、建议、禁止、邀请等祈使言语行为，这种疑问式又称为"疑问祈使式"。不言而喻，某些疑问式语句和祈使式形成功能同义现象，前者有时可以取代后者。(В. Храковский, А. Володин 1986:207)疑问式语句与祈使式的主要差异表现在，除丰富语言表达手段这一因素外，疑问祈使式会改变祈使程度，它或者加强祈使语气，使其更加决断、强硬；或者缓和祈使语气，使其婉转、客气。如实施禁止言语行为时,疑问祈使式比第二人称祈使式的口气更加果断、强硬,有时甚至使禁止接近威胁:Замолчишь ты наконец?(你到底能不能静下来?)Ты перестанешь кричать или нет?(你能停止喊叫,还是不能?)Тетке надоели мои хождения.—Ты дашь сегодня покой дверям?(姨妈厌倦了我的造访。——你今天能让门安静下来吗?)又如,实施请求言语行为时,疑问祈使式比第二人称祈使式口气更加礼貌、客气,因为请求对方为自己的利益提供方便时,说话人往往采用更间接的表达方式:Не мог бы ты мне помочь?(你不能帮我吗?)

是否任何疑问式语句都可以实施祈使言语行为?构筑这类语句需要哪些条件?除了词汇、上下文语境、特定的语调等条件外,有的语言学家着重强调疑问句实施请求、劝告、建议等言语行为时,必须有否定词的参与。(Т. Булыгина, А. Шмелев 1992:110)换言之,否定词是俄语疑问祈使式特定的形式标志,这使其有别于英语的疑问式语句,后者的表达中一般不用否定词:Could you give me a match?(你能给我火柴吗?)Have you got a match?(你有火柴吗?)

我们来比较一组俄语带和不带否定词的疑问式,看它们在语义上有何差异。

(1)a. У вас *нет* спичек? 您没有火柴吗?

b. У вас есть спички? 您有火柴吗?

a句表示说话人客气的请求,希望对方提供火柴;b句则是单纯的提问,旨在询问对方是否需要火柴。这种提问的蕴涵是:有一位好客的女主人,关注客人的舒适情况,语境为:Курите, курите, у вас спички есть?(抽烟吧,抽吧,您有火柴吗?)

(2)a. Вы *не* могли бы прийти к нам в субботу? 周六你们不能来我们这儿作客吗?

b. Вы могли бы прийти к нам в субботу? 你们能周六来我们这儿作客吗?

a句表示客气的邀请;b句则是单纯的提问,表示说话人征询受到邀请的受话人周六是否方便,以便选择大家都认可的时间。

(3)a. Ты *не* мог бы одолжить мне двести рублей? 你不能借给我 200 卢布吗?

b. Ты мог бы одолжить мне двести рублей? 你能借给我 200 卢布吗?

a 句表达请求意义,b 句则是单纯的提问。此时,说话人可能并不需要 200 卢布,询问的目的是以备万一急用。

(4)a. Вы *не* могли бы сыграть ноктюрн? 您不能演奏小夜曲吗?

b. Вы могли бы сыграть ноктюрн? 您能演奏小夜曲吗?

a 句依然表达请求意义,b 句则是提问。(Т. Булыгина, А. Шмелев 1982a:317,1992:128)

我们再举一个 Е. Земская(1988:39)的例子。这是两姐妹之间的对话:Я вчера купила масло, рыбу, кефир. *Будешь готовить рыбу?* —Мне некогда, мне заниматься надо. —Как хочешь. Не готовь. А рыба неплохая. Морской окунь без головы. —Я же тебе говорю: у меня все время уходит зря. —А я тебя и не прошу готовить. Я только спросила:《*Будешь готовить рыбу?*》Ты различаешь вопрос и просьбу? (我昨天买了奶油、鱼和酸奶。你做鱼吗? ——我没空儿,我要学习。——随便,不用你做。鱼很不错,是去头的鲈鱼。——我跟你说过了:我的时间都白白浪费了。——我也没求你做。我只是问:"你做鱼吗?"你能分开提问和请求吗?)

在上述对话中,不带否定词的疑问句 Будешь готовить рыбу? 表达的仅是提问,没有其他意义。如果姐姐说:Не приготовишь ли ты рыбу? (你不能做鱼吗?)则典型地用来表达请求意义,而不是单纯的提问。

以上对比表明,疑问式语句实施请求等祈使言语行为时,否定词的参与是必需的,此时,不考虑受话人拒绝抑或同意完成请求行为。现代俄语中,某些带否定词的疑问式语句作为一种语言间接现象已经完全规约化,它们已没有疑问功能,专门用来实施请求言语行为。主要有以下几种模式:1)Нет ли у вас N_2? (您没有……吗?)2)не + предикат + (ли)? (您不能……吗?)3)Вас не затруднит (ли)? (能否麻烦您……?)4)не + модальные слова + (ли)? (您不能……吗?)5)не + модальные слова +

бы？（您不能……吗？）6) Что же (чего же) + не...？（为什么不……？）7) А почему (отчего) + бы + не...？（为什么不……？）

模式 "Нет ли у вас N₂?" 表面看来是说话人对受话人是否具有某种物品的提问,而言语行为的真正目的是请求,例如:

(5) У вас *нет минеральной воды*? —Вот лимонад. 您没有矿泉水吗？——给你柠檬水。

(6) У вас *не найдется* (*нет*) *зажигалки*? —Пожалуйста. 你没有打火机吗？——给你。

这种模式已固定用来表达请求,没有提问功能。因此,填写表格时,不用 Нет ли у вас детей?（您没有子女吗？）；Нет ли у вас правительственных наград?（您没受到过政府奖励吗？）；Нет ли у вас родственников?（您没有亲属吗？）而用不带否定词的相应疑问句 У вас есть дети?（您有子女吗？）；У вас есть правительственные награды?（您受到过政府奖励吗？）；У вас есть родственники?（您有亲属吗？）来提问。

模式 "не + предикат + (ли)?" 是最常见的疑问祈使式。述谓中心用完成体动词将来时或动词不定式表示,意义同第二人称祈使式,表达有礼貌的请求(常用动词人称形式)或建议(常用动词不定式形式),例如:

(7) Молока *не продашь ли, хозяюшка*?（В. Тендряков）小主人,你不卖给我点儿牛奶吗？

(8) *Не навестите* ли вы меня завтра? 您明天不来看我吗？

有时,该模式与前附加强语气词 а 连用: А не напишешь ли ты письмо дедушке?（你不给爷爷写封信吗？）

模式 "Вас не затруднит (ли)？" "Вам не трудно？" "Вы не затрудняетесь？" 表达十分礼貌的请求。说话人使用这种带"困难"语义因素的疑问式语句,主要考虑到受话人能否完成行为的反应。在请求言语行为中,双方社会等级关系是 Rx ≤ Ry,即说话人地位不高于受话人。说话人要配合受话人的反应,因为后者可能会满足前者的意愿完成行为,也可能会拒绝前者的意愿不完成行为。由于 Rx ≤ Ry 的原因,其请求可能会受到抵制。故而,实施请求言语行为时,说话人往往需要采取一定的交际策略,如言语礼节、言语行为准则、礼貌原则等。"它们是请求行为最显著的语用特征。相对而言,命令、劝告、建议、警告、禁止等祈使言语行为一般不涉及上述问题。"(Н. Формановская 1986:76)从某种程度上说,加入"困难"语义因素也是交际策略的一种表现形式,说话人设身处地为受话人考虑,认为自己的请求给对方增添了麻烦,表达前者对后者的尊重,例如:

(9) *Вам не трудно* купить мне фотоаппарат？能否麻烦您给我买一台照相机?

(10) *Вас не затруднит* вызвать врача на дом по телефону？能否麻烦您打电话请医生到家里来?

若无"难处"可言,该模式表达说话人不友善的讥讽：*Вам не трудно немного помолчать?* (能否麻烦您沉默一会儿?)

模式"Что же (чего же, что это) + не…?"通常与完成体将来时连用,表达具有愿望意味的间接祈使意义,用未完成体则没有愿望意义。М. Шелякин(1990:12)认为,表达礼貌意义时,该类语句不适合用未完成体动词,例如:

(11) *Что же* вы нас не *пригласите* напиться чаю？您怎么不请我们喝茶呢?

(12) *Что это* вы никогда *не зайдете* ко мне？您怎么从不来我这儿呢?

模式"А почему (отчего) + (бы) + не…?"表达婉转劝告意义,бы可以省略,通常与完成体不定式连用,例如:

(13) Послушай, дорогой мой, *а отчего бы* вам *не попробовать* выступать на эстраде？听着,我亲爱的,你为什么不试一试在舞台上演出呢?

(14) *А почему бы* вам сначала не поговорить с начальником отдела？您为什么不先和处长谈谈呢?

如上所述,否定词是俄语疑问式语句表达祈使语势(一般是请求)的规约化标志。没有否定词的疑问句只有在某些特殊的语用条件下才有祈使功能(但一定不是请求)。条件之一是说话人认为,受话人早就应该完成相应的行为: Да бросите ли вы в конце концов вашу музыку？(К. Федин)(您最终能放弃您的音乐吗？)Пойдешь ли ты наконец за хлебом？(你到底去不去买面包呢？)Доешь ты когда-нибудь свой суп？(你什么时候能喝完汤？)类似的语句中经常出现表示"敦促"之意的语词 наконец(最终),в конце концов(最后),когда-нибудь(到底什么时候)等。(Т. Булыгина,А. Шмелев 1997:288)条件之二是,没有否定词的疑问式语句,若在句首加上插入语 может быть(может)(或许),可以表达缓和的请求或劝告意义。究竟是何种意义,要靠语调,而不是结构来区分,表明说话人对受话人能否行动没有足够的把握: *Может быть*, вы зайдете ко мне завтра？(或许,你明天到我这儿来一趟？)

2 愿望式间接言语行为

由动词过去时+бы构成的愿望式(оптативное наклонение)语句可用于间接实施祈使言语行为。众所周知,愿望语义与祈使语义非常相近,较难区分。Т. Распопова(1985:47)形象地将愿望意义称之为"过渡带"。那么在何种前提下,愿望式语句不表达愿望意义而表达祈使意义呢？这种用法有无形式上的标志？如果从语义角度解释,祈使式 Расскажи(讲吧), Поезжай(去吧)表示动作,而愿望式语句 Ты бы рассказал(你讲一讲吧)则意味着 Лучше бы ты рассказал(你最好讲一讲),强调变换动作的方式。这种方式指愿望式语句能使事态向良好、有利的方面发展,同时赋予语句评价意义: Катерина, как могла, начала утешать:—А ты , Иван, *сходил бы* к соседскому председателю. Может, тот даст покосить в лесу-то. (В. Белов)(卡捷琳娜尽自己所能开始安慰道:伊万,你最好去一趟邻村的主席那儿,也许他会让你在林子里割草的。)

在该例中,说话人使用 сходил бы,意在强调"最好做某事"的意味。说话人认为,受话人如果完成行为,会改变现状,使事态向有利于受话人的方面发展。从这个意义上说,愿望式语句表达的祈使意义有时是祈使式无法取代的。说话人多用其实施请求、劝告、建议等言语行为,例如:

第十三章 言语行为类型 521

(1)—*Вы бы спустились* в каюту—*предложил* Ивану Ивановичу командир катера.(Котляева)"您最好下到船舱里去",船长向伊万·伊万诺维奇建议道。

(2)А *ты сменился бы* с Иваном Библоновым,—*посоветовал* Телегин.(Линьков)"你最好和伊万·比布洛诺夫换一下岗",捷列金劝道。

愿望式语句和祈使式中动词体的使用特点相同,多用完成体:Вы бы спустились в каюту = Спуститесь в каюту;А ты сменился бы с Иваном Библоновым = Сменись с Иваном Библоновым.但是在愿望式语句中,未完成体动词的语义则不同于祈使式中的未完成体。未完成体祈使式有敦促受话人立刻做某事之意,而未完成体愿望式则常常表达对业已存在行为的态度和愿望,试比较:

(3)Ну, ладно, *идите* домой. *Идите* скорее, вас дети ждут. *Идите*, слышите? 好啦,回家去吧!快点回家吧,孩子们等着您呢。快点吧,听见了吗?

(4)Шли секунды, тянулось молчание.—*Решайте*, бабы—угрюмо напомнил Сергей.(В.Тендряков)时间一秒一秒地过去,一片沉寂。——快点决定吧,婆娘们,谢尔盖愁眉苦脸地提醒道。

(5)*Говорили бы* вы *тише*. 你们最好小点声讲话。

(6)*Ты бы потише врубал*—попросил Серый. "你最好轻点砍",谢雷请求说。

愿望式语句一般不实施命令、口令、指示、吩咐等言语行为。如果实施命令言语行为,往往具有讽刺意味:А вот ты *помолчал бы*—вдруг сурово приказал директор.(Домбровский)("你最好住嘴",经理突然严厉地命令道。)

愿望式语句与 не 连用,实施劝阻言语行为时,同祈使式一样,用未完成体,如:Алеша, *не ходил бы* туда! Там опасно(阿廖沙,不要到那儿去,那儿很危险);Юра, *не говорил бы* неправду(尤拉,最好不要讲假话)。

需要注意的是,愿望式语句实施祈使言语行为时,通常应有完成行为的受话人参与,表明受话人的 вы(ты) 是祈使意义的形式标志。不出现具体受话人题元的语句单纯表达愿望意义: Было бы побольше времени(时间多点就好了); В вагоне были бы свежие газеты(车厢里要有新报纸就好了)。

说话人缘何选择愿望式语句实施祈使言语行为? 在我们看来,主要受以下因素影响:1)担心直接使用第二人称祈使式会遭到受话人的拒绝;2)不想直接了当地对受话人施加影响;3)不想强调自己的社会地位高于受话人。愿望式语句可以缩短交际双方在社会等级关系上的差距;4)愿望式语句传递的信息不像祈使式那样,要求受话人瞬间的、明确的反应。表明说话人对事态或受话人将要完成的行为并不十分在意;5)愿望式语句传递的信息包含说话人的评价。说话人以此对受话人施加影响;6)不愿使自己的交际意图表露得过于明显。若有上述考虑,说话人在实施请求、劝告、建议、禁止等祈使言语行为时,一般选择愿望式语句。

从语势角度看,愿望式语句实施的言语行为往往是非单一的,对其可做多种理解,可能是请求、劝告,也可能是建议或其他言语行为,形成语句的同形异义(омонимия)现象,有人将这一现象解释为语句的"模糊意向意义"。(Н. Ранних 1994:134)产生语句同形异义现象的主要原因是说话人未使用显性施为手段,或者语句未用在标准规范的语境中。为了避免对语句的某种语势做多种理解,我们认为,首先,应该借助前述的统觉基础,在统觉基础上交际双方相互理解、相互沟通、达到交际目的。其次,应该借助上下文语境,即各种信息的综合;再次,通过施为动词弄清说话人的交际意图或者他希望产生的取效结果。施为动词不但可以明确语势,还可以使一种语势区别于另一种语势,例如:

(7) *Дали бы мне яблоко*—попросил мальчик. "给我一个苹果吧",小男孩请求说。

(8) *Вы устали. Отдохнули бы*—посоветовал он. "您累了,休息休息吧",他劝说道。

3 陈述式间接言语行为

陈述式语句分为带情态词(модальные слова)和不带情态词的两种情况。情态词(模态词)должен(应该),вынужден(不得不),обязан(应该),придется(приходится)(不得不),надо(需要),нужно(需要),необходимо(必须),нельзя(不应该),полагается(应该),следует(应该),пора(到……时候了),хватит(够了),мочь(能够),можно(可以)等表达应该、必需、可能、不可能等各种主观、客观、绝对、相对的情态意义。单是 должен,надо,необходимо,мочь 等情态词就有 должен₁ - должен₁₀,надо₁ - надо₄,необходимо₁ - необходимо₃,мочь₁(мочь₁ₐ,мочь₁ᵦ) - мочь₃ 等多种情态意义。(И. Шатуновский 1996:191—247)

从语用角度研究祈使意义的一个观点是把陈述式中表示"道义模态"(деонтическая модальность)和"实用模态"(утилитарная модальность)的上述情态词看做间接祈使言语行为。(Е. Корди 1985:192;Т. Булыгина,А. Шмелев,1992:130;С. Цейтлин 1990:156;И. Шатуновский 1996:230—241 等)具体说来,道义模态又称义务模态,是模态的下位概念,包括"应该"、"可能"等模态词。俄语中 должен,обязан,можно,мочь 等模态词是道义模态的标志;实用模态词的使用则表示完成或不完成行为对受话人的利害关系。俄语中 надо,нужно,необходимо 等模态词构成实用模态的标志。有道义模态和实用模态标志的语句广泛用于祈使受话人做或不做命题表达的事情。表示道义模态的例子:Ты *должен* нам помочь(你应该帮助我们);Ты *обязан* подчиниться(你应该服从);Вам *следует* ей позвонить(您应该给她打电话);Вы *можете* идти(您可以走了);Спички трогать *нельзя*(火柴不能动)等。表示实用模态的例子:Вам *необходимо*(*надо*,*нужно*) немного отдохнуть(您必须[需要]稍微休息一下);Тебе *надо* много заниматься(你需要多学习)。道义模态词 должен 在一定的语境中,可以获得实用模态意义:Ты (Тебе) должен (надо, нужно) обратиться к начальнику отдела(你应该[需要]找处长)。带情态词的陈述式语句通常实施劝告、建议、请求、准许、禁止等祈使言语行为。

带情态词的陈述式语句实施祈使言语行为时,应具备两个条件:1)语句用现在时(命题 P 表达将来行为);2)受话人完成命题 P 表达的行为,换言之,语句中一般应出现受话人题元。如果未出现,应能根据语境推导出来。不出现受话人题元的语句多用于指导性祈使行为:При проезде в метро *следует* соблюдать порядок.(乘坐地铁时,应遵守秩序。)С. Цейтлин (1990:155)认为,在具体言语行为中,完成行为者是第二人称受话人时,有模态词的语句获得祈使的解释,说话人以此祈使受话人完成行为。

上述分析表明,模态词结构丰富了祈使意义的表达手段,它使带模态词的陈述式语句表达劝告、建议、请求、准许、禁止等各种祈使意义。这类表达手段与第二人称祈使式相近:Вы *должны ехать*, слышите?(你们应该去,听见了吗?)= Поезжайте(你们去吧);Можете идти(您可以走了)= Идите(您走吧)。

不同模态词受自身语义的限制,表达祈使意义时都有各自不同的特点。一般情况下,有道义模态意义的 мочь 现在时第二人称形式间接表达准许言语行为。(Т. Булыгина, А. Шмелев 1992:150;И. Шатуновский 1996:223)мочь 的这种用法很大程度上已经规约化,即便句中不出现受话人题元也表达准许之意,如:Можете идти(您可以走了);можно 也属于这种情况:Можно войти? —Можно.(可以进来吗? ——可以。)

мочь 的过去时不表达祈使意义,即便受话人完成行为。语句 Вы могли зайти домой(你本来可以回趟家);Вы могли предотвратить катастрофу(你本来可以预见灾难);Ты мог позвонить домой(你曾有可能给家打个电话)等通常理解成有客观情态意义,只表示对方有可能做某事。除客观情态意义外,мочь 的过去时还表示主观的对命题 P 发生可能性的评价。如:Вы могли зайти домой ≈ Вы имели возможность зайти домой(客观情态意义)或 Может быть, вы зашли домой(主观情态意义)。(И. Шатуновский 1996:209)无论何种情况,均无祈使意义。мочь 只有用于第二人称现在时才有祈使意义,例如:

(1) Значит, мне идти, да? —*Можете остаться*, вы мне не

мешаете. 就是说，我该走了，是吗？——你可以留下来，你不妨碍我。

（2）Свидетель Тетерин, вы свободны. *Можете пройти* в зал и *присутствовать* на заседании. (В. Тендряков) 证人捷杰林，你的事情完了。可以去大厅参加会议了。

мочь 与否定词 не 连用时，如果 не 在模态词之后，表达准许不做不定式表达的行为；如果模态词前出现否定词，表达禁止意义，试比较：

（3）Рудольф никакого внимания не обратил на эту попытку возмущения и продолжал: Нет, вы *не можете* дома *посидеть*, а поедете со мною. (М. Булгаков) 鲁多利夫丝毫没有注意到恼怒的苗头，继续说道："不，您不能呆在家里，您必须和我走。"

（4）Ну что же, сиди и сочиняй второй роман, раз ты взялся за это дело, а на вечеринки *можешь и не* ходить. (М. Булгаков) 好吧，坐着写你的第二部长篇小说吧，既然你已经开始做这件事了。晚会你可以不去了。

мочь 的过去时 + бы 一般表达劝告或建议言语行为。如果劝告针对的是过去发生的事情，则表达说话人不赞同受话人过去的行为，带有责备意味；表示建议时，口气婉转、客气，试比较：

（5）Вы стоите здесь уже минут пятнадцать. *Могли бы высказать* свое мнение. (Беляева) 您已经站在这儿 15 分钟了，你是可以谈谈自己看法的呀。（劝告行为）

（6）*Ты мог бы переночевать* у меня в кабинете, там два дивана. (Крымов) 你可以在我的办公室过夜，那儿有两个沙发。（建议行为）

有道义模态词 должен（应该）的陈述式语句表达祈使意义时，命题通常包含道德准则、法律条文、应遵守的条例、领导指令、受话人义务等内容，它不容许受话人对命题进行选择。(И. Шатуновский 1996: 230) 如：Согласно существующему положению（закону）вы *должны* в трехдневный срок по прибытию подать в органы внутренних дел заявление（根据现行规定〔法律〕，您应该在抵达 3 日内向内务部门递交申请）；Ты хоть и дурак, а *должен* понимать, что про девицу говорить такие подлые слова не позволено(М. Горький)（你即便是傻瓜，也应该明白，对姑娘说这样的下流话是不准许的）。должен 还可用专门表达道义模态意义的 обязан 代替：Эй, гражданин, помогите задержать преступника! Вы *обязаны* (*должны*) это сделать.(М. Булгаков)（哎！公民，请帮忙截住罪犯，您有责任〔应该〕这样做。）

надо(需要)，нужно(需要)，необходимо(必须)是表达实用模态的专门手段。带实用模态词的语句表示完成行为对受话人有利，因此它们通常用于劝告言语行为：Мольер, вам *надо* оставить сцену. Поверьте. (М. Булгаков)（莫利耶尔，您应该放弃舞台，请相信我）。该类模态词与语气词 бы 连用，口气婉转、缓和：Вам *бы нужно* жениться, Сергей Леонтьевич. Жениться на какой-нибудь симпатичной, нежной женщине или девице. (М. Булгаков)（您该结婚了，谢尔盖·列昂季耶维奇，娶一位可爱的、温柔的女人或姑娘吧。）

俄语中还有一些模态词表达祈使意义。пора(到……时候了)表示行为必须进行，因为这个时刻已经到来：*Пора* вставать, уже семь часов(该起床了，已经7点了)；следует(应该)表示基于对方自身责任感或道义要求的命令：Вам *следует* подчиняться государственному законодательству(你们应该遵守国家法律)；Вам *следует* смотреть за детьми(您应该照顾好孩子)；вынужден(不得不)，приходится(不得不)，придется(不得不)有不管对方是否愿意，必须做某事之意：Вам *придется* сказать несколько слов(你应当讲几句话)；Вы *вынуждены* ставить ему четверки, он сын нашего шефа(您不得不给他打4分，他是我们领导的儿子)；хватит(够了)用于严厉禁止受话人完成不定式所表达的行为：*Хватит*! *Хватит* тебе причитать.(够了，你不要再哭诉了。)

不带情态词的陈述式语句，谓语动词用完成体将来时、未完成体现在时(将来时)或完成体过去时复数形式时，也可用于间接实施祈使言语行为。一般为意动性祈使，即祈使言语行为的肇始人为说话人。说话人意在促使受话人在话语时刻或话语之后完成行为，多用在非正式交际场合，有坚决、果断或亲昵、随便色彩。使用这种表达手段时，交际双方的社会

等级关系为 Rx > Ry,即说话人地位高于受话人,交际双方构成上级/下级关系,多用来实施命令言语行为,例如:

(7) Новосельцев старшему сыну: Вот тебе сорок копеек, *купишь* два пакета молока. И не забудь.诺沃谢里采夫对儿子说:"给你40戈比,买两袋牛奶,可别忘了。"

(8) *Ты пойдешь* сегодня в школу с Наташей.你今天和娜塔莎一起去上学。

陈述式语句实施命令言语行为时,通常省略第二人称代词主语,如例(7);若不省略,应置于动词谓语之前,如例(8),句子其他成分的位置相对自由,动词多用完成体将来时。陈述式语句表达的祈使意义与第二人称祈使式基本相同,有时甚至可以在同一语句中共现,例如:

(9) *Снимай* бурку, *возьмешь* в обозе шинель.(М. Булгаков)请脱下斗篷,拿上军大衣随车队上路。

(10) Степан, ты *не уходи, поможешь* мне раздеться, —принялась командовать Парасковья Петровна.(В. Тендряков)"斯捷潘,你不要走,帮我脱下大衣",帕拉斯科维娅·彼得罗芙娜开始命令道。

陈述式未完成体现在时、将来时也用来实施祈使言语行为,但不如完成体多见,例如:

(11) Через час хмурый Божеумов отыскал Женьку: *Едешь* со мной. (В. Тендряков)一小时后,愁眉苦脸的博热乌莫夫找到了热尼卡说:"和我一起走吧。"

(12) Вы ежедневно *будете давать* мне отчет в вашей работе.(М. Булгаков)你每天都要向我汇报你的工作。

陈述式完成体过去时实施祈使言语行为时,其动词词汇语义受到限制,多用带前缀 по- 的运动动词,像 пойти(开始走),поехать(开始乘车走),побежать(开始跑),以及有类似意义的 двинуть(-ся)(推),тронуть(-ся)(动),поднять(-ся)(立),взять(-ся)(拿),толкнуть(推),还有 начать(开始),кончить(结束)等,句中通常省略代词主语 вы,例如:

(13) *Полезли* работать, сказала Люба.(С. Антонов)开始干活吧,柳

芭说。

(14) Пошевеливайтесь, ребята! А ну, *подняли*. 孩子们, 动一动, 好啦, 开始抬吧!

需要注意的是, 在不同的言语情景中, Пошли! Поехали! Двинулись! Тронулись! Толкнули! Начали! Кончили! 等还表达交际双方的共同行为, 这已属于广义祈使[①]范畴, 应区分开来: *Пошли*, там у меня еще одна бутылочка припрятана. (В. Тендряков) (咱们走吧, 我那儿还藏有一瓶酒呢。)

---

① 广义祈使范畴是相对于狭义祈使范畴而言的。从完成行为者角度看, 可能有三种情况:1)受话人完成行为;2)说话人与受话人共同完成行为;3)不参加言语行为的第三方完成行为。它们与传统语法中第一、二、三人称命令式相对应;狭义祈使范畴仅限于单、复数第二人称命令式形式, 表达说话人促使受话人行动的意愿。(А. Исаченко 1957:8)

第十四章

评价意义

第一节 从语言学角度看评价意义

评价意义作为现代俄语中评价范畴(категория оценки)的一个重要内容,同其他语言意义有着本质的区别。因为评价是人的一种主观行为,是人把握客体对人的意义、价值的一种观念性活动,所以在自然语言中研究评价往往立足于语用平面,并结合由评价主体、客体及评价标准所构成的评价语境。但评价意义本身的内涵是什么？它有哪些特性？哪些语言意义可以看做评价意义？随着近几年人们对评价问题的关注,这些问题也须要得到澄清。

本节尝试通过对词汇层面评价意义的分析来回答以上问题,以期加深对评价这一重要语义范畴的理解并促进对该领域的进一步研究。

1 评价理论的哲学和逻辑学渊源

哲学、逻辑学等各学科对评价问题的关注比语言学要早得多,这些学科的研究给了语言学很大启示,许多重要观点被语言学家吸收过来,成为其理论根据。

西方哲学经历了由本体论到认识论再到语言哲学的转向。语言哲学的完全形成是在20世纪中期。(В. Ярцева 1998:269)它以对日常言语(обыденная речь)的逻辑分析和对现实判断(практическое рассуждение)——亦即道德言语(моральная речь)——的逻辑分析为主要研究内容。前者目的是阐明在日常交际情况下语言使用的特有逻辑规律,它直接导致了言语行为理论的产生；而后者一直是伦理学关注的重要内容。

伦理学家主要是通过"概念分析"来研究现实判断。众多的伦理学家，尤其是分析哲学流派的伦理学家，主张通过分析概念及包含这些概念的现实判断来确立价值观念，以解决道德规范问题。道义概念（责任、义务、应该、正确、规范等）和价值概念（好、坏、值得的、不值得的等）构成了伦理学两个主要的概念系统。19世纪末20世纪初，价值论（аксиология）产生。起初它把道义、价值这两个概念系统都作为自己的研究对象，但后来又排除了前者，专门研究价值概念系统和评价理论。

D. Hume 最早发现了事实命题和道义命题（包括价值命题——笔者）的区别，Ch. Stevenson 则进一步揭示了两类命题的本质。他认为，现实中有两种广义的"分歧"：信念的分歧——对某一事实相信或不相信；态度的分歧——包括意图、愿望、需要、欲望等等的对立。前者是科学争论的中心与目的，涉及怎样描述和解释事物的问题，对立双方不可能同真；后者是人的主观心理倾向，涉及赞成与否及怎样通过人的努力形成或阻止某事，对立双方不可能都满意。（斯蒂文森 1991:6—24）价值判断所造成的分歧应属后一种，这一点至关重要。逻辑实证主义者 R. Carnap, B. Russell, A. Ayer 等人认为，价值判断表达情感，它们不能像事实判断一样被纳入认识论研究领域。价值陈述不是一种关于事实的判断，是既不真又不假的形而上学命题，关于"价值"的问题完全是在知识的范围以外，因此评价的实践意义在于，评价可以有根据，但不能被证实。正是这一点使评价谓词同指向现实世界的描述谓词区别开来。（Н. Арутюнова 1988:58）

评价逻辑的研究是在20世纪30—40年代开始的，最初其研究和道义逻辑有关。人们在道义逻辑中提出了若干与评价逻辑相关联的问题，从而展开了对评价这一领域的专门研究。研究评价逻辑较著名的学者有芬兰的 G. Wright，俄罗斯的 А. Ивин 等。这里需要着重指出评价逻辑对评价性质的看法。在评价逻辑中，评价的性质是指赋予评价对象的价值值。价值的属性多种多样，如使用价值、欣赏价值、道德价值、效用价值、食用价值等等。评价的价值在不同的领域有不同的表达语词。在伦理道德领域为善、恶、好、坏；在经济领域为方案、举措的可取、不可取、有效、无效；在功效操作领域为善于、不善于、有效率、无效率；在评价器械方面有能用、不能用;在心理感受方面有快乐、痛苦、漠然等等。这些不同的评价语词,可最后概括为在各个领域通用的最高的评价范畴词"好"、"坏"或"善"、"恶"。它们也是评价逻辑的最基本的概念。(李志才 1998:365)

以上我们所阐述的哲学、逻辑学对评价的理解给予语言学以非常重要的影响。哲学家告诉我们,评价来自于人的内心世界,评价意义同对客观现实世界的描述意义有着本质的区别;逻辑学对评价价值值的分析为语言学家划分具体评价意义的类别提供了参考。

2 评价意义和描述意义

价值理论中存在着情感主义和自然主义的对立。(斯蒂文森 1991:21—22)情感主义认为,评价只是主体对客体所表达的一种情感态度,在评价活动中起决定作用的是情感性(评价性),而客体的特性(描述性)是次要的;自然主义认为,评价并非是主体的态度,评价性是客体的固有属性,评价是对客体的客观性(描述性)特征的理性推导。

结合以上两种观点,语言学认为,评价性语言中可能包含了对评价客体双重特征的陈述:描述性特征(дескриптивные признаки)和评价性特征(оценочные признаки)。如说出:Комната большая/маленькая(房间大/小)时,既描述了房间的规格这一客观特征,又能表达说话人的主观感觉,即对комната(房间)的评价性态度:认为大的(或小的)房间好(或不好)。

语词中的评价成分与描述成分处在矛盾的关系中。或者是描述意义完全排挤了评价意义,占据了主要地位,或者表达描述意义的同时又表达评价意义,有时评价意义完全排挤了描述意义。一种意义的增强往往导致另一种意义的减弱。这种特点在许多词类中都有所体现。评价意义与描述意义的对立关系在形容词中表现得最为鲜明。(Е. Вольф 1985:29)我们首先以形容词为例:

1) городская улица(城市里的街道),красный флаг(红旗),соленые овощи(腌制的蔬菜),железная лопата(铁锹),вчерашняя беседа(昨天的谈话),золотые часы(金表);

2) хороший работник(好的工作人员),дурное поведение(不良行为),

великолепное зрелище(壮观的景象), отличное настроение(非常好的心情), замечательный фильм(优秀的电影);

3)глухая местность(偏僻的地方), острый суп(辣汤), качественный товар(优质商品), теплый прием(热情的接待), полезное предложение(有益的建议), удачный пример(成功的例子), мертвое лицо(毫无生气的脸); тупой ученик(愚钝的学生)。

与这三组搭配对应,人们把形容词分为三类:1)描述性形容词(дескриптивные прилагательные);2)一般评价形容词(общеоценочные прилагательные);3)具体评价形容词(частнооценочные прилагательные)。(Н. Арутюнова 1988:28—32)

描述性形容词表示客体的诸如属性、颜色、味道、质地、材料、时间等固有特征。由于描述性形容词的语义结构中,描述性义素所占的比例不仅远远超过了评价性义素,甚至可以将其完全排斥掉,所以这类词的描述功能是首要的。

一般评价形容词是一些以 хороший /плохой(好/坏)为基本意义的词(包括它们的近义词,如 прекрасный, превосходный, великолепный, отличный, замечательный/ скверный, нехороший, дурной, поганый, худший 等)。它们表示综合的、概括的和抽象性的评价。它们只表达主观意见,并不提供充足的客体特征信息,其语义有较强的语境依赖性。如 хороший 一词在 хорошая новость(好消息)中可能指"使人高兴的",而在 хороший человек(好人)中则可能指"诚实的、正派的、有良心的、有道德的"等各种特征。这类形容词的语义中评价性义素占绝对优势,描述性义素受到了彻底的排挤。在具体评价形容词的语义结构中,评价性义素和描述性义素并存,二者既此消彼长,又互相交织,很难划清界限。具体评价词的语义可以和评价逻辑中评价的价值值联系起来。Н. Арутюнова (1988:75—76)参照评价逻辑对评价的分类(如 G. Wright 的分类),把具体评价意义分为以下几个范畴:

1)感觉—品味评价: приятный / неприятный(舒适的/不舒适的), душистый / зловонный(好闻的/发臭的);

2)心理评价:a)理性评价,如 интересный(有趣的), увлекательный(吸引人的), скучный(乏味的), банальный(平庸的); b)情感评价,如 радостный/печальный(喜悦的/悲伤的), веселый/невеселый(愉快的/不愉快的), желанный / нежеланный(期望的/不期望的), нежелательный(不理想的,不合乎愿望的);

3)(综合了感觉—品位评价和心理评价的)美学评价: красивый/некрасивый(好看的/不好看的), прекрасный/безобразный(非常漂亮的/难看的), уродливый(丑陋的);

4)伦理评价: моральный/аморальный(道德高尚的/不高尚的), нравственный/безнравственный(有道德的/不道德的), добрый/злой(善的/恶的);

5)功利评价: полезный/вредный(有益的/有害的), благоприятный/неблагоприятный(有利的,适于……的/不利的,不适于……的);

6)规范评价: правильный/неправильный(对的/不对的), корректный/некорректный(正确的/不正确的), анормальный(异常的), нормальный/ненормальный(规范的/不规范的);

7)目的评价: эффективный/неэффективный(有效的/无效的), целесообразный/нецелесообразный(合理的,适宜的/不合理的,不适宜的), удачный/неудачный(成功的/不成功的)。

以上七种评价又可归入三大类:感觉评价(1,2)、精神评价(3,4)、实用评价(5,6,7)。所有这些评价又都可以概括成价值论中最一般的评价 хорошо/плохо(好/坏)。

表达具体评价的词对语境的依赖性较弱,其搭配有一定的限制。而且,具体评价本身也可以成为一般评价的依据。如: качественный товар(优质的商品), умный мальчик(聪明的小男孩)都可以评价为 хороший. 这说明一般评价往往基于某些具体评价,而具体评价又基于客体的描述性特征,从而形成一种因果序列:描述性特征→具体评价→一般评价。在该序列中,评价性义素呈递增趋势,描述性义素呈递减趋势。由此可见,一般评价词和具体评价词构成了评价序列的主流。评价形容词占不占据谓词位置都能表示评价意义。

不仅形容词,在其他词类,如名词、动词、副词、语气词和感叹词中,评价与描述的这两种意义关系也能得到体现。我们看下面3组名词:

1) лицо(脸), завод(工厂), покой(安静), стол(桌子), дрова(柴), сосед(邻居), поэт(诗人), свет(灯), лошадь(马);

2) a) домик(小房子), денечек(一天儿), книжечка(小书), словечко(词,话), носище(大鼻子), ручище(大手), хвастунишка(吹牛大王); b) очи(眼,目), кляча(驽马), рожа(嘴脸), чело(额), отчизна(祖国), стяг(旗帜); c) осел(驴), ворона(乌鸦), петух(公鸡), свинья(猪), холостяк(单身汉), ветер(风), гусь(鹅), мачеха(继母);

3) a) хулиганство(流氓行径), зло(恶), красота(美), совесть(良心), добро(善), благодарность(感激); b) мерзавец(坏蛋,恶棍), негодяй(坏蛋,恶棍), сволочь(混蛋,败类), мерзость(肮脏,下流), молодец(好样的)。

第一组名词的语义主要是描述性意义,第二组名词既有描述性义素,又有评价性义素,不同的是,a)和b)类词中的评价性义素进入该词汇单位的释义中,而c)类词中评价性义素则不进入其释义,因为这类名词的评价意义体现为其联想意义。当这类名词处于谓词位置时,容易发生转义而主要表示评价,如: Он просто осел!(他真是个倔强的人!)此处的осел为осел₂(倔强的人),是осел₁(驴)这一原义的转义,它是由осел₁(驴)的联想意义"倔强"而来。同样,句子 A он настоящий холостяк 表示评价意义时不是说"他是真正的单身汉",而是说:"他才无忧无虑呢。"另外,评价性意义也可以出现在非谓词性用法中,如: Лес неожиданно кончается. Домика лесника нет(林子一下子到头了,看林人的小房子还是没有); A она его увольняет за хулиганство (她因为耍流氓而开除他)。这里 домик (小房子)的评价意义由该词的修辞色彩体现,而 хулиганство(流氓行径)的评价意义由词的概念意义来体现。在句子 Сосед-немец уехал в командировку(隔壁的德国人出差了); Пень служит Ленину столом (树墩作为列宁的桌子)中,名词 сосед(邻居)和 стол(桌子)只有描述性意义而无评价性意义。描述性意义与评价性意义一起和名词的指物意义相对立。

在第三组名词的语义结构中仅剩下评价性义素,其中 a)类词所包含的是理性的评价义素,而 b)类词已基本丧失具体的词汇意义,表达纯粹的情感评价。

下面看动词的情况:

1) идти, есть, говорить, двигаться, сесть, плакать;

2) тащиться, уплетать, болтать, плестись, воссесть, рыдать;

第一组动词只包含纯粹的描述性义素,而第二组动词的语义结构中则包括描述性与评价性两种义素,我们可以比较起来看:

идти(走)—тащиться (идти *медленно, с трудом*)([慢腾腾地、吃力地]走)

есть(吃)—уплетать(есть *с аппетитом*) ([狼吞虎咽地]吃)

говорить (说)—болтать (говорить *много, быстро, о чем-н. незначительном*)([闲扯,乱]说)

двигаться(走动)—плестись (*особенно устало, медленно* двигаться)([无精打采地]走动)

сесть(坐下)—воссесть(*важно, торжественно* сесть)([庄严地]坐下)

плакать(哭)—рыдать(*громко, судорожно* плакать)([嚎啕大]哭)

各组中的第二个动词释义斜体部分在语义对比的语境中可以成为评价意义。再看一组动词:слыть(被公认为),ценить(重视),одобрять(赞许),порицать(指责); считать(认为), полагать(认为); огорчиться(伤心), радоваться(高兴), печалиться(忧伤)。其中的 ценить(珍视),одобрять(赞许)等直接表达了理性的评价意义;而 считать(认为),полагать(认为)等意见谓词则比较特殊,它们表示的评价或取决于补语,如: В деревне его считают добрым человеком(村里人都认为他是一个善良的人); Видно, ты все еще в долгу перед ним себя считаешь(看得出,你还是觉得欠他的)(Саянов),或取决于从属命题,如 Полагаю, что он прав(我认为他是对的)(С. Ожегов)。当其句法题元中无价值评价语词时,意见谓词则只表示意见,如:Я полагаю, что он не придет(我看他不会来了)。情感类谓词如 огорчиться(伤心), радоваться(高兴), печалиться(忧伤)等,语义结构中只包含评价性义素。

性质副词同性质形容词有着构词上的联系,所以其语义中评价意义和描述意义的对立关系近似于形容词。如:быстро(快), весело(愉快地), безобразно(不成体统地), грустно(忧郁地), красиво(漂亮地), мелодично(悦耳地), медленно(缓慢地)等。它们或是能构成比较级,如:быстрее(较快), веселее(较愉快), красивее(较漂亮), чище(较干净);或是能构成表特征轻微或强烈显现的副词,如:грустновато(有点忧郁地), бедновато(有点苍白地), трудненько(有点困难地), ранехонько(一大早), ранешенько(一大早);或是能充当谓语副词或态式词(модусное слово)例如:

(1) На душе снежно и холодно. 心灰意冷。

(2) И всем нам было хорошо, покойно и любовно. 我们大家也都很好,和睦友爱。

(3) Вполне возможно, что он прав. 完全有可能他对。

而程度副词本身就常常作为表达说话人评价态度的手段:очень(很), страшно(极其), удивительно(惊人地), много(很多), исключительно(特别地), слишком(过分地)等等。

语气词的语义特殊,一般无描述功能,所以它们通常与语句中的其他语词构成评价语境,这种评价语境或表示纯评价意义(собственно-оценочное значение): Побирается за счет музыки. Тоже служитель искусства!(靠音乐谋生,还算是个艺术家!) То ли дело рыбалка!(钓鱼可就不同了!)或在评价中带有对情景描述的评价—描述意义(оценочно-характеризующее значение): Дождь так и хлещет(雨一个劲儿瓢泼般地下着); У них что ни на есть лучший товар(他们的货再好不过了)。感叹词无评价—描述功能,它们只表达情感评价(эмоциональная оценка),如:Ох уж эти мне родственники!(我的这些亲戚呀!) Характер у нее ой—ой—ой!(她性格就别提了!) Тьфу, надоел!(呸,讨厌!)

从各类评价构成的层级来看,纯粹的情感评价总是处在其他评价(具体评价和一般评价)之上(情感主义伦理学认为,情感是评价的基础),形成评价的最高级别,而对客体的描述则构成整个评价活动的基石。

3 语词的联想意义、修辞色彩及其他几种评价意义因素

在语言学中,除了与价值论相联系的具体评价意义和一般评价意义(хорошо/плохо)外,评价意义还包括在说话人主观选择下语句中语言单位所包含的各种主观意义因素。其中最主要的就是词的联想意义(коннотация)和修辞色彩(стилистическая окраска)。此外,通过语境对比所表现出来的主观意义(有时伴随着情感内容)因素也是一种评价意义。

首先看联想意义。Ю. Апресян 指出,语词的联想意义是固定在特定语词中的对所表示的现实对象的评价,是语词用于称名时的一种附加的、补充的意味。如 петух 一词,它的"公鸡"这一义项的概念性义素包括:a) самец курицы(雄性),b) домашняя птица(家禽),c) с красным гребнем на голове и шпорами на ногах(有红冠和足距)等,而 d) рано засыпает и рано просыпается(早睡早起),e) задиристость и драчливость(好斗)等则是"公鸡"这一义项的联想意义。

词的联想意义具有如下特征:

1) 同词的概念意义相比,描述的是事物的非本质的特征,具有联想性(ассоциативность)。

2) 是词汇单位语义结构的边缘部分,事物的非本质属性,离内涵意义核心更远,一般不包含在词汇单位的释义中。(张家骅 2000:5)我们在上节提到的 осел 这个词,对于"驴(动物)"这一义项来说,只有在"倔强,执拗,愚蠢"等这些联想意义形成该词语的转义之后才能作为固定义项进入释义中。如 Ожегов 词典对 осел 一词的解释为:a) 大耳、长脸、身材不高的马科动物,b)(转义,俗,骂)指愚蠢、倔强的人。

它们与语词(如 чаяние〔期望〕,зубрила〔背书匠〕,лучезарный〔光辉灿烂的〕,вздвинуть〔搬起〕等)的表情色彩(包括褒贬色彩、积极评价或消极评价意义)、某些词释义结构中的评价性义素(如我们在本节2中举的

一些例子：есть/уплетать（есть *с аппетитом*），сесть/воссесть（*важно*，*торжественно сесть*）等）形成对比，后两者在语词的释义中是注明的。

3）由于经常在特定的语词中出现，所以就在语言中固定下来，形成人们的共识。人们经常用它们来表示对事物和现实的评价：Разве дуэли возможны？——А почему не возможны？Мужчины все петухи，вот бы и дрались（Ф.Достоевский）（难道会决斗？——为什么不会？男人们像公鸡一样，动不动就打起来）。

4）联想意义经常成为语词的转义、派生词、熟语的语义核心，如联想意义 задиристость 就是 петух 的转义"好斗的人"、派生词 петушиться（发怒）的语义核心；而 рано засыпает и рано просыпается 是熟语 до первых петухов（大清早），с петухами вставать и ложиться（早睡早起）的语义核心。

其次，词的修辞色彩也是一种评价意义，主要存在于下列几类词中：

1）有主观评价后缀的词，如：домик（小房子），денечек（一天儿），книжечка（小书），словечко（词、话），носище（大鼻子），ручища（大手），хвастунишка（吹牛大王）；又如 беленький（白生生的），малюсенький（小小的），большущий（大大的）等。这些词的词干部分反映了词的客观意义，后缀则表达了各种情感评价意义。

2）修辞同义词：очи（眼，目），кляча（驽，目），рожа（嘴脸），чело（额），отчизна（祖国），стяг（旗帜）。这类词都是修辞上有标记的词，有对应的概念意义相同的中性等价词 глаза（眼睛），лошадь（马），лицо（脸），лоб（额头），родина（祖国），знамя（旗）；又如 дрыхнуть（睡大觉），незабвенный（永志不忘的），其中性等价词分别为 спать（睡觉），незабываемый（忘不了的）等。这种评价意义主要是一种褒贬意义（经常伴有语体色彩）。带有褒义、贬义色彩的词和中立词在修辞上形成鲜明对比：

褒义词	中性词	贬义词
лик（面容）	лицо（脸）	морда，рожа（嘴脸）
	писатель（作家）	писака（下流作家）
грядущий（未来的）	будущий（将来的）	

| беречь(珍视) | дрожать(爱惜) | |
| скончаться(逝世) | умереть(死亡) | издохнуть(咽气) |

其三,我们前文所举的 мерзавец(坏蛋)、негодяй(恶棍)、сволочь(败类)、мерзость(下流)、молодец(好样的)等一类词表达了一种笼统的情感评价意义。这些词虽属名词,但基本已丧失了原来的具体词汇意义,纯粹用于表达感情,已接近于感叹词。例如:

(1)Какой мерзавец! 真是个坏蛋!

(2)Боже мой! Какой не слыханный негодяй! (А.Толстой)天啊,真是个少见的恶棍!

其四,在一定的对比语境中,有些词语如 уплетать、воссесть、очи、кляча、рожа 等的评价性义素被激活,此时是词的评价意义而不是描述意义成为语句要表达的焦点信息,例如:

(3)У актеров не руки, а руцы, не пальцы, а персты, до такой степени движения их образно торжественны. Они не ходят, а шествуют, не сидят, а восседают, не лежат, а возлежат.(К.Станиславский)演员的手不是一般人的手,手指也不是一般人的手指,他们的举手投足是那样的生动庄严。他们不是简单地走,而是在走台步,一坐一卧,气宇不凡。

有的语言学家把以上这4种主观意义因素都看做是词汇意义的语用方面,并称之为语用意义或情感意义(Л.Новиков 1982:99—104)。

词义的主观方面不只包括以上几个方面,但只有以上几个方面才是固定在语言单位中的,它们也是语言学所研究的主要任务。而另外一些主观意义由于仅仅是语言使用者的个人用法,或者只是一定的语境中词义的随机体现,所以不是语言学研究的内容,而只能作为一种艺术风格或文艺创作的研究对象,如俄国作家 Михаилов《Русская земля》(《俄罗斯大地》)中的句子:Крытая галерея обегает все каюты. Сзади косо висит лодка. Машина дышит, лопасти мерно бьют по воде, и все судно слегка дрожит. (带棚顶的走廊通向所有船舱。船后面斜挂着一艘小艇,马达喘着气,螺旋桨叶片均匀地打着水,整个船都在微微颤抖着。)

4 理性评价和情感评价

根据是否表达情感,语言学家和伦理学家把语言中的评价划分为理性评价(рациональная или интеллектуальная оценка)和情感评价(эмоциональная или чувственная оценка)。理性评价用逻辑概念或语言意义的概念性内容来表示,如 оценивать(评价),одобрять(赞许),хороший(好的),плохой(坏的),полезный(有益的)等。情感评价比较复杂。一方面,它既可以同样用语言意义的概念性内容来表示;另一方面,它又在语言意义的概念性内容之上附加各种情感色彩。在以下评价中,情感性内容逐渐增强,而语言意义的概念性内容呈逐渐被情感性内容排挤的趋势:1)主要表达概念性评价内容,如 хороший(好的),плохой(坏的),хулиган(流氓),одобрять(赞许),порицать(指责);2)情感性内容伴随着概念性的评价内容,如 негодяй(恶棍),мерзавец(坏蛋),приспешник(跟班,走狗),сборище(一大群人),скряга(吝啬鬼),пустозвон(好闲扯的人),дубина(笨蛋);3)情感性内容几乎完全排挤了概念性内容,如:Какая сволочь!(真混帐!)Какая мерзость!(真卑鄙!)(Л.Васильев 1996:56—57)

理性评价和情感评价的区分是人为的,这种区分只是语言学研究的"必要的抽象",实际上很难把二者截然分开。① 如 Он настоящий герой(他是个真正的英雄);Он поступил как отъявленный негодяй(他的所作所为简直就像个十足的恶棍)。但这并不意味着语言中没有区分二者的手段。情感评价主要通过语调、词序、特殊的语法构造和某些词类来表达(如语气词,感叹词等):Какое вкусное яблоко!(多好吃的苹果啊!)Тоже мужчина — не может перенести такую пустяковину...(还男子汉呢,这么点小事都受不了……)Ах это Белгина! Пристаёт...(哎呀,这个别尔金娜,真能纠缠……)Ах! Поразительно!(啊,太令人吃惊了!)Хорошо!(好!)Негодяй!(恶棍!)而理性评价主要通过评价谓词(оценочные предикаты,其中包括价值谓词 аксиологические предикаты):нравиться/не

---

① 有些学者认为,自然语言中不可能有纯粹的情感评价。(Е.Вольф 1985:4)

нравиться(喜欢/不喜欢)，ценить(珍视)，одобрять(赞许)，радоваться(高兴)，огорчаться(悲伤)，возмущаться(震惊)，прекрасный(美丽的)，отличный(优秀的)，дрянной(糟糕的)，скверный(下流的，龌龊的)等表示出来：По-моему, это яблоко вкусное(我觉得这个苹果很好吃)；Он мне симпатичен(他很讨我喜欢)；Я считаю, что это хорошо(我认为这很好)；По всеобщему мнению, он поступил плохо(大家都认为他做得不好)。评价中情感性的加强借助于表达情绪的词汇(аффективные слова)和语言的表现力(экспрессивность)：Он хороший мастер(他是个出色的行家)；Он великолепный мастер(他是个杰出的行家)；Какой он великолепный мастер(他是一个多么出色的行家啊)！而理性的加强则靠引入意见谓词：В нем чувствуется хороший мастер(人们觉得他是一个不错的行家)；Я считаю его хорошим мастером(我认为他是个不错的行家)。

从言语行为的角度看，情感评价的言后效果(перлокутивный эффект)是受话人的情感状况发生变化并作出相应的反应，如 Негодяй！— закричал я. Вася обиделся("坏蛋"，我喊道。瓦夏被惹恼了)。而理性评价则旨在使对方同意自己的观点，如：Мне кажется, ты ведешь себя отвратительно, —сказал я. —Ты напрасно так думаешь, —возразил он("我觉得，你做得非常不好"，我说道。"你想得不对"，他反驳道)；有时也可能对此作出情感上的反应，如 Клевета！—возмутился он("简直是污蔑！"他勃然大怒)。

5 关于表情性、评价性、情感性和表现力

人们在提及评价意义时经常把表情性(эмотивность)、评价性(оценочность)、情感性(эмоциональность)和表现力(экспрессивность)这几个术语混用。实际上，它们有着很大的区别。

在评价理论中，它们都是评价意义的特性，但本质上却分属不同的范畴。其中，表情性和评价性是同一个意思，归属功能范畴；情感性属心理语言学范畴；表现力则属修辞学范畴。

表情性即评价性(Е. Вольф 1985：37—38)，它同其他几个术语没有直

接的联系,表明评价主体对评价客体的一种态度。除了情感评价外,表情性还包括以级次标尺和标准为参照的理性评价。它以说话人为出发点,执行语言的表情功能(эмотивная функция)或曰评价功能。而情感抒发功能(эмоциональная функция)则指语言单位表达人的各种情感(高兴、喜悦、悲伤、痛苦等)的功能。与情感抒发功能对应的情感性和评价性是两个密切联系、互相影响的概念。在交际行为中,评价常常伴随着情感的发生,而表达情感的词也往往表达了说话人的某种评价态度。[①]

修辞学没有明确区分表现力和情感性之间的界限。比如,实践修辞学把语词的修辞色彩分为功能修辞色彩(функционально-стилистическая окраска)和感情—表现力色彩(экспрессивно-эмоциональная окраска)。一般把感情—表现力色彩的种种细微差别划分为两大类:一类带有积极评价意味,另一类带有消极(否定)评价意味。(М. Кожина 1982:136)这两种评价色彩也即通常所说的褒贬色彩。后者又可细分出:崇高、表爱、戏谑、不赞、轻蔑、责备、讽刺、詈骂等各种意味。

实际上,尽管人们常常把表现力和情感性联系在一起(像замурзанный[肮脏不整的],расфуфыриться[打扮得花哨]一类词),但它们之间还是有明显差别的。表现力是语言生动性和形象性的体现,存在于有修辞标记的语言单位中,修辞中性的词不包含表现力。正因如此,表现力经常伴随某种情感性。但有些语词却仅仅有表现力而无情感性,也不表示评价(从语义层面上讲),如表示强化特征的词:долбануть(猛力打一下),жахнуть(猛击),шпарить(加劲地做某事),наяривать(起劲地做);表示"大量"意义的词:каскад рекордов(连破记录),океан звуков(声音的海洋),лавина слов(口若悬河)等。(Г. Аглетдинова 1996:82)但是,在具体的语境中,由于词的表现力特征被强调,从而激活了整个语句的评价意

[①] Г. Аглетдинова(1996:79—80)认为,根据理性评价和情感评价的区分原则,在评价词汇中有一类不带有情感评价因素的纯理性评价词(интеллектуально-оценочная лексика),如:хороший(好的),плохой(坏的),хулиган(流氓),негодяй(坏蛋)等;而在表达感情评价的词(эмоциональная лексика)中也有一部分词不带有评价意义因素,如一些用作呼语的голубушка(亲爱的),душенька(我的心肝儿),светик(亲爱的)等,我们认为这种观点值得商榷。

义:На аккордеоне, знаешь, как шпарит, будь здоров!（你知道,他手风琴弹得有多好,棒极了!）Вот жарит на бане!（澡堂里那个热呀!）

以上我们通过对词汇语义内容的分析讨论了评价意义的内涵及特点。评价意义是一种主观意义,它同语言中的描述性意义相对立,表达说话人的主观态度或意见。在语言单位中,评价意义和描述意义处于一种此消彼长的关系中。而一般评价与具体评价、理性评价与情感评价在语言单位中的分布有相似的特点。评价意义内部又可分为价值评价和非价值评价意义。价值评价的核心意义为好/坏,非价值评价意义包括词语的联想意义、修辞色彩以及通过语境对比等所表现出来的种种主观意义因素。前者在形容词、副词中体现得较为典型,后者主要通过语气词、感叹词、词汇—语法形式或对比语境等手段来表达。最后我们还区分了表情性、评价性、情感性和表现力这几个概念之间的差别。

第二节 评价谓词与评价语句

俄语学界对评价现象的关注是随着语义学、语用学研究的深入而逐步展开的,因此该范畴还是一个较新的领域,各家的观点也不尽一致,但成果颇丰。

评价范畴在语言学中有着特殊的地位。评价意义是一种特殊的意义,对评价谓词和评价语句的分析也有别于其他类型的谓词和语句(如描述谓词和描述句)。语言学家们对评价的理解是广义的,而本节所研究的是狭义的,或曰严格意义上的评价,即把评价意义限制在价值论(аксиология)范围内,包括"好/坏"(хорошо/плохо)这种概括性评价意义以及可以归结为这种概括意义的其他各种具体评价意义,这种界定方式脱胎于伦理学、逻辑学。本文的主要工作是概括俄国学者对评价范畴的研究成果,包括评价谓词的基本构成,以及评价语句的句法—语义特点,必要时予以适当的评说。

1 评价性语词、评价谓词、评价态式词

评价性语词是一个上位概念,除评价谓词外,还包括评价态式词以及具有评价意义的非谓词性评价语词(句法上做定语和状语的形容词和副词),后者如 Он хороший/плохой учитель(他是个好老师/他是个坏老师);Она хорошо/плохо поет(她歌唱得好/她歌唱得不好)。这三者都是评价语句的核心语义成分,其中评价谓词是评价意义最直接的代表,是核心中的核心。分析它们对于揭示评价语句的句法、语义、语用特点以及语句内各意义成分的相互关系有着重要的意义。下面我们只对评价谓词和评价态式词作一概括说明,然而在讨论评价语句时,这三种类型的评价语词都在我们讨论的范围之内。

1)评价谓词

典型的评价谓词是用形容词来表示的。根据 Е. Вольф(1985),Н. Арутюнова(1988),Л. Васильев(1996)等人的观点,首先可区分出一般评价谓词(общеоценочные предикаты)和具体评价谓词(частнооценочные предикаты)。二者表现在词汇上即一般评价形容词和具体评价形容词。关于后两者,我们在前面已作了介绍,这里不妨再重复一下。

一般评价谓词即 хороший(好),плохой(坏)。这里还可以包括它们的一些近义词,如:прекрасный, славный, наилучший, потрясающий, скверный, дрянной, ужасный, отвратительный, никудышный, никакой 等。

对具体评价谓词的划分可参照评价逻辑对价值的理解。Н. Арутюнова(1988:75—77)区分出三大类七小类的具体评价意义,相应地便有以下具体评价谓词:a)感觉评价谓词,包括①感觉—品味评价,如 приятный(舒适的), душистый(好闻的);②心理评价,含理性评价,如 интересный(有趣的), скучный(乏味的);情感评价,如 радостный(高兴的), печальный(悲伤的);b)精神评价谓词,包括①美学评价,如 красивый(好看的), безобразный(丑陋的);②伦理评价,如 моральный(道德高尚的), порочный(行为不端的);c)实用评价谓词,包括①功利评价,

如 полезный(有益的), вредный(有害的);②规范评价,如 правильный(正确的), нормальный(规范的);③目的评价,如 эффективный(有效的), негодный(有用的), целесообразный(合理的,适宜的)。

所有这些具体评价谓词的内涵意义都可以归结到一般评价谓词 хороший/плохой(好/坏)的意义之下。

Н. Арутюнова 认为,在俄语的谓词体系中,评价谓词是描述谓词(характеризующие предикаты)中一个特殊类别。(В. Ярцева 1998:392)在 Т. Булыгина(1982:84—85)的分类体系中,根据时间相关性这一标准,首先把谓词分为表性质、特征的谓词(恒常性、泛时间性),以及表现象的谓词(与具体时间相关)两大类。评价谓词既可以属于前一类,如:Вы от природы человек холодный, с душой, неспособный к волнениям(Гончаров)(您天生就是个铁石心肠,不好激动的人);Земля прекрасна(大地是美好的);也可以属于后一类,如:Он был довольно холоден с ней и в разговоре (他就是在和她谈话时也相当冷淡);Опять она с утра не веселая(她又一早起来就不高兴了);Он был хороший рассказчик(他是一个很会讲故事的人)。评价形容词在形态上可有长、短尾形式,但对于一般评价谓词来说,不同的词法形式会改变谓词的意义,如:Старик этот плохой(这个老头是个坏人);Старик плох(老头病得很重);Комната хорошая, светлая, сухая(房间很好,明亮,干爽);Армянские девушки хороши собой(亚美尼亚姑娘很漂亮)。此外,评价谓词同评价语句的其他成分之间也有特殊的语义制约关系。含有评价意义成分的动词也是评价谓词。如:оценивать(评价), хвалить(夸奖), славить(颂扬), осуждать(指责), расценивать(评价), славить(颂扬)等。情感态度评价谓词 нравиться(喜欢)和 любить(爱)在句法和语义上有很大差别。(Е. Вольф 1985:14; Л. Васильев 1996:62; Н. Арутюнова 1988:84)还有一类词被称为价值谓词(аксиологические предикаты),包括意见谓词 считать, полагать, находить;感觉谓词 казаться, чувствовать(себя)以及这类谓词的紧缩形式 по-моему(依我看), по его мнению(根据他的意见)等。(Е. Вольф 1985:97; Л. Васильев 1996:60—61)只有在意见谓词的从属题元或命题中含有评价意义时整个语句才表示评价意义。这类评价谓词的一个特殊功能就是能明示评价主体。

有一种观点认为,可能和必然情态(或模态),也是一种评价,据此划出一类谓词叫情态—评价谓词(модально - оценочные предикаты),如:надо(应该), необходимо/необходимый(必须/必须的), нужно/нужный(需要/需要的), должно/должный(应该/应该的), следует(应该), надлежит(应当), обязан(应该), придется(不得不)等。(А. Бондарко 1990:67—68; Л. Васильев 1996:58)由于可能、必然情态与价值情态在意义上有着质的差别,所以,我们不主张把它们列为评价谓词。因此,在后者的清单中仅保留属于价值评价(аксиологическая оценка)的评价谓词。

2)评价态式词

"态式"这一概念在语言学界是由 Ch. Bally 详加阐释的,它和另一概念"陈述"相对立。后者是所有语句中体现出来的事实性内容,而前者则是说话主体对陈述所进行的能动的思想操作。(В. Ярцева 1998:303) Н. Арутюнова 把 модус 理解为包括了命题态度的"广义态式",并把它解释为命题(陈述)的"永远搭档"。(Н. Арутюнова 1988:106)态式词也是一种谓词(命题态度谓词),但为了特定的研究目的(通过句子名物化方法来分析事实构成意义与谓词的关系,进而揭示两种不同性质的句义——事实/事件的特点),她又从句法位置的角度对二者予以区分,如:

(1)Видно, что он не придет. 看得出,他不会来了。

(2)То, что он недоволен, видно. 他不满意这件事,看得出来。

(3)Он, очевидно, недоволен. 他,很明显,不满意。

这里3个例句中感觉情态词 видно(看得出)和 очевидно(很明显)分别占据(1)态式词位置、(2)谓词位置、(3)插入语位置。(Н. Арутюнова 1988:119)这样,在下面的句子中,评价词 хорошо 分别占有态式词(4)和谓词(5)的位置,相应地前者是对事件进行评价,而后者的评价对象是事实。

(4) Хорошо, что идет снег. 好的是,下雪了。

(5) То, что идет снег, это хорошо. 下雪了,这很好。

H. Арутюнова 根据态式词的意义,把态式词划分为:a)感知态势词; b)心智态势词;c)意识态势词。(参见本书第 396 页)

从以上分类可见,一般价值评价属于心智态式的一个次范畴,并有别于其他态式。E. Вольф 对评价态式的理解更宽泛。首先,她认为,当状态词后接动词不定式形式时已不表示主体的状态,而是一种评价态式,其陈述是由不定式表达的事件。(E. Вольф 1982:337)试比较:

状态:Мне было страшно больно. 我非常痛苦。

评价态式:Мне страшно было больно видеть, что учитель не останавливает и не поправляет меня. (Толстой)我非常痛苦地看到,老师既不制止我,也不纠正我。

其次,她认为像 Я рад, что...(我很高兴……);Я одобряю, что... (我赞成……);Жаль, что...(很遗憾……)这类结构中的评价谓词 рад (高兴),жаль(遗憾),одобрять(称赞)和意见谓词 считать(认为),полагать(认为),казаться(觉得)等,既是评价谓词,也是评价态式词(E. Вольф 1985:80),因为这些谓词都可以表达价值评价,尽管严格地讲它们分属主体意识领域的不同层面——心智层面(意见、价值评价)和情感层面。

2 评价语句的句法—语义特征

这里我们主要讨论评价语句的句法—语义结构、评价主体、评价客体、评价语句的句法特征及评价标准几个方面。

1)评价语句的两种句法—语义结构

无论从语义角度,还是从句法角度,评价语句的结构都可分为两大类型:从言评价(de dicto)和从物评价(de re)。(E. Вольф 1985:14,这里借用了模态逻辑的术语。)

从言评价指向整个命题,此时语句采用"态式——陈述"结构 (модус—диктум),如 Хорошо, что Р (Р,很好—这里 Р 是命题)Хорошо, что он учитель(很好,他是老师);Плохо, что Саша провалился на экзамене(很不好,萨沙考试考砸了);К сожалению / сожалею, что он не пришел(很遗憾,他没来);Увы, это так(唉,原来如此)。

从物评价指向事物的某些特征,评价语词处于命题的内部,即:X—хороший(X 是好的——X 是广义的事物)。这种评价的句法形式有很多种,如:Наш учитель—хороший(我们老师很好);Он хороший учитель(他是个好老师);Все добрые люди несчастны(所有好人都不幸);Твоя работа никуда не годится(你的工作毫无用处);Мне не нравится твоя сегодняшняя прическа(我不喜欢你今天的发型);Она хорошо поет(她歌唱得很好)。

两种评价在言语中可以共现,如:Хорошо, что сегодня хорошая погода(很好,今天是个好天);Плохо, что погода хорошая, не хочется сидеть за столом(糟糕,天这么好,在桌边坐不住了)。

除评价谓词外,评价情景还包括评价主体(субъект оценки)、评价客体(объект оценки)、评价依据(мотивы оценки)以及评价标准(норма оценки)(Л.Сергеевна 1996:67;Н. Арутюнова 1988:234)这几种成素。它们在语句中的显现程度因交际需要或说话人的主观意图而有所不同。

下面我们就讨论评价语句(包括 de re 和 de dicto 两种结构)的句法—语义特点。在讨论过程中将看到评价主体、评价对象、评价依据对于评价语义解释的重要性以及相关语用因素是如何参与到评价中来的。

2)两种评价结构主体的表现

无论是从言评价还是从物评价,都必然有一个评价主体,它们可以借助价值谓词或它们的紧缩形式表示出来。如:Мы считаем ее(она считается, она кажется мне) хорошим специалистом(我们认为〔她被认为是,我觉得她〕是个好专家);Он добрый, славный такой, талантливый, но...мне не нравится(А. Чехов)(他人好,非常可爱,聪明,但我不喜欢他);Сейчас, когда все было возможно, она чувствовала себя потерянной(现在,当一切都成为可能时,她又觉得怅然若失了);По-моему, он хороший студент(我认为他是一个好学生)。

有些语句的评价主体没有语词明示,但评价语词依然表明其隐性地存在其中。如:Он хороший студент(他是个好学生);Хозяйка хорошо готовит(女主人厨艺很好);Хорошо гулять по лесу(在林子里散步很好)。在这些语句中都可以加入各种表评价主体的语词,如:Я полагаю, что...(我认为……);По-моему...(依我看……);Им кажется, что...(他们觉得……)等。评价主体和命题语义主体的这种分离性表明评价谓词属于二阶谓词(предикаты второго порядка),表示更高级别的情态判断。这种观点尤其在研究以价值关系为基础的优先逻辑中得到确认。(Н. Арутюнова 1988:189;李志才 1998:422)

在下面这个例子中,前一个语句中的命题主体(某些人)和言语主体(说话人)的分离性表现得十分突出:Тургенев хороший писатель, я не отрицаю, но не признаю за ним способности творить чудеса, как о нем кричат...Не вижу всего этого...(А.Чехов)(屠格涅夫是个好作家,我不反对,但我不认为他有别人所大肆宣扬的创造奇迹的才能,我没有发现这些东西……)

3)评价客体与评价语词之间的语义制约关系

不是所有的事物都具有可评价的特征。缺乏可评价特征的事物,像一些自然存在的事物,如数、几何图形、原子、沙砾、词类等,就无法对其进行评价:? хорошая стена(?好墙),? хорошая песчинка(?好沙砾),? хорошее наречие(?好副词)。(参见本书第14页)而另一些事物则因其具有可评价的特征就很自然地能够予以评价,如具有某种功能的人造事物 хороший нож(好刀子);根据行为而被称名的人 хороший певец(好歌手);以及伦理学和美学评价的对象 хороший товарищ(好同志),красивое платье(漂亮的连衣裙)等。但对事件性客体(событийные объекты)却难以进行评价:*хорошее событие(*好的事件),*плохое появление(*不好的出现);除非评价语词本身能指明评价的特征:важное/удивительное событие(重要的/惊人的事件),своевременное появление(及时的出现)。(Е.Вольф 1985:17—18)本身包含了评价义素的语词不能同一般评价词搭配,如用 гадость(坏蛋),свинья(猪)指人时就不能说*плохая гадость(*不好的坏蛋),*плохая свинья(*不好的猪)。但当它们失去评价意义时却可以说:Ну и хорошая же ты свинья!(你真是头好猪!)此时 хороший 变成强化词

(интенсификатор),相当于 ужасный(非常……的)。

J. Katz 曾提出通过用评价性标记(±Eval)描述名词的语义结构来检验句子的语义是否正确。该标记表示事物可被评价的方面,即评价的着眼点或依据。如果某事物有此方面,它和 хороший(好的)连用就是正确的,如 нож(刀)、часы(表)、мать(母亲)、учитель(老师)这几个词,前两者语义结构中的义素"使用"(相应于切割物体的功能方面)和后两者的义素"责任"(相应于各自的社会角色)是可评价的,所以 Нож хороший(刀好);Мать хорошая(母亲好)就是正确的,而 *Молекула хорошая(*分子好)就是不正确的。Е. Вольф 进一步认为,事物可评价的方面是复杂的。比如,хорошие дрова(好柴)不仅可以指柴"好烧",还可以指"好砍",而 хороший учитель(好老师)更可以指向好教师应有的一系列品质。(Е. Вольф 1985:63)

一般评价意义既可以执行谓词功能,描述各种类型的事物,也可以执行情态算子(модальный оператор)的功能,以命题为其辖域,形成 модус—диктум 结构。如:Хорошо, что сейчас зима(很好,现在是冬天);Скверно, что у тебя поднимается температура(不好,你体温升高了);Плохо, что начинается буря(不好,起风暴了)。但是,在态式词位置上既不能出现具体评价词,如 полезно(有益), вредно(有害)等;也不能出现具有情感色彩的述谓词,如 отлично(很出色), прекрасно(非常好), чудно(奇迹), замечательно(非常好)等:*Красиво, что сейчас зима(*很美,现在是冬天);*Безнравственно, что ты так поступил. 后一句在俄语里应说成:Плохо, что ты так поступил(你这样做很不好);Так поступать стыдно/безнравственно/недоступно(这样做很可耻/不道德/不允许)。(Н. Арутюнова 1988:77,129)

4)评价谓词的句法特征

评价谓词具有信息不足性,因此话语里经常要对其进行扩展,最简单的扩展方法就是采用描写手段。话语中的评价内容与描写内容类似预指关系(катафора)。(Н. Арутюнова 1988:92)如:Ночь Алексей Иванович провел плохо: болело сердце, были частые перебои, приходилось мочить в холодной воде платок и класть на грудь(Сергеев - Ценский)(夜里阿列克谢·伊万诺维奇过得很不好：心痛病犯了，总是心率不齐，他不得不把毛巾浸上冷水放在胸口上); Хорошая попалась мне девка! Смирная, веселая, угодливая и умница, не мне чета(М.Шолохов)(我可遇到了好姑娘！温顺、快活、会讨好人、还聪明，我配不上她)。这种预指关系又可以分为两种类型:a)解释关系,如:Нету, что ли, в Шанхае хорошего чаю? Все дело в слове хороший. Мы называем "хороший" нежные, душистые, цветочные чаи(И.Гончаров)(难道上海没有好茶吗？一切问题在于"好"这个词。我们把柔和、醇厚的花茶称为好茶); b)因果关系,如:Мастаков: Знаешь—я разорву этот рассказ, а? Он—плохой. Елена: Почему плох? Мастаков: Да вот скажут—фантазия, выдумка... не правда, скажут(马斯达克夫："听我说，我要把这篇小说撕了，写得不好。"叶琳娜："为什么不好？"马斯达克夫："大家会说，这是胡思乱想，臆造……不是真的，大家都会这么说")。这两种关系在第五格句法结构形式下获得中和,如 Чай хорош тем, что крепкий(茶好是因为它浓)。这种预指关系反映了"评价—评价依据"这一实质性语义关系。

该特点同样也体现在一般评价谓词和具体评价谓词的组合规律中,如在句子 Это кресло хорошее, удобное(这把椅子很好,很舒服)中,удобное(舒服)起加确或给评价提出依据的作用。当两个评价词调换位置时,хорошее(好的)则起强化评价的作用:Это кресло удобное, хорошее(这把椅子很舒服,很好)。两个评价词可以有 хороший удобный диван 的词序,但不可以有*удобный хороший диван 的词序。(Е.Вольф 1985:33)

5)评价的标准

人们通常要用标准来衡量事物。心理学和语言学的研究结果表明,在现实生活中,引起人们兴趣的通常是一些偏离标准的现象(отклонение от нормы),(Т.Николаева 1985:90; Н.Арутюнова 2000)而不是事物的常规状态。在这种现象后面潜藏着"标尺两极规律"(закон концов шкалы)。反映在人类的语言上,"标尺两极规律"制约着语言的词汇组成、词法手段、句法手段、词义的派生方式。(张家骅 2001)

一般来说,衡量事物的标准位于标尺的中间,特征向标尺的两极有程度上的递增或递减。如：холодный（冷的）—прохладный（凉爽的）—нормальный（正常的）—теплый（温暖的）—жаркий（热的）；истощенный（极瘦的）—тощий（瘦削的）—худой（瘦的）—сухопарый（偏瘦的）—нормальный（正常的）—упитанный（保养得好的）—полный（胖的）—толстый（肥胖的）—тучный（极胖的）。价值概念系统中的标准却很特殊,它不是位于标尺的中间,而是位于积极的一端,即价值系统中的标准是好的事物,而不好的事物是对标准的偏离。这是心理学上的"波里安娜假说"现象。（Н. Арутюнова 1988：235；张家骅 2001：6）这样,"хороший—плохой"的关系就可以描述为："标准的—非标准的"的关系。以一般评价语词为例,当我们说 Это хорошее вино（这酒好）时,我们不是说酒的质量高于标准,而是说它符合标准；同样,句子 Это плохое вино（这酒不好）也不是说酒的质量低于标准,而是说它不符合一般要求。这一事实决定了某些评价语句语义上的特殊性。

我们知道,像 Туфли маленькие（鞋是小的）—Туфли малы（鞋太小了）；Чемодан тяжелый（箱子是重的）—Чемодан тяжел（箱子太重了）这样的句子,短尾形容词谓语的语义结构中蕴涵着"过于"这一义素,而无论是长尾还是短尾形式都不蕴涵"不足"的义素,要表达这一意思须用语词明示：Для нынешней моды это платье *недостаточно* короткое（对于今天的时尚来说,这条裙子还不够短）；Река в этом месте *недостаточно* глубока для трехпалубных пароходов（这地方的河流还没深到让三层甲板的船顺利通过的程度）。但评价形容词的情况有些特殊。一方面,负面评价的语义结构中因为蕴涵着"过于"这一义素,所以对于 плох（不好）来说可以不用 слишком 一词而意思不变：

(1) Эта квартира плоха（＝слишком плоха）для приема таких важных гостей. 这套房子太差了,不能用来接待如此尊贵的客人。

相反,слишком 对于正面评价却不是可有可无的：

(2) Эта квартира для такой семьи слишком хороша. 对于这样的家庭来说,这套房子太好了。

(3) Эта квартира для такой семьи хороша. 对于这样的家庭来说，这套房子很合适。

(4) Туфли мне оказались хороши (= впору). 这双鞋对我来说正合适。

句(2)可能有的隐含意思是"他们买/租不起"或"用作储藏室太可惜了"等等，而句(3)(4)不会有这样的意思。这是因为，无论是"好"的长尾形式(хороший)还是短尾形式(хорош)，都表示事物符合理想中的标准(价值评价的标准处在标尺的正面一端)。也正因为如此，хорош 既可以同 слишком 连用，也可以同 не достаточно 连用。而 плох 的含义是不符合标准，其语义结构包含了"过于"这一义素，所以 слишком плох (太坏)是正常组合，而*недостаточно плох (*坏/差得还不够)是异常的组合，此时义素"不足"与 плох 语义中的"过于"相矛盾。

另一方面，"偏离价值标准"要以一定的心理预设为前提，这种预设限制了评价语句的使用范围。如要使用 недостаточно плох (坏/差得还不够)，就应该有一个理想化的"希望更坏(差)"的预设，这种语句总是用于"讽刺"或"恶意"：如民间故事中，客人们在"青蛙公主"同王子的婚礼上可能会说：Для такой невесты и Иванушка-дурачок был бы недостаточно плох. (对于这样一个新娘来说，傻瓜伊万还算不得太差。)这种预设意义更多地体现在带有 слишком хорош (太好了)的功利评价语句中，不过已没有"讽刺"或"恶意"。例如：

(5) Эти чашки слишком хороши, чтобы из них каждый день чай пить. 这些杯子太好了，让人舍不得天天用它们来喝茶。

(6) Эта бумага слишком хороша, чтобы ее расходовать на черновики. 这纸太好了，让人舍不得用来打草稿。

例(5)(6)指在特定情况下或就特定目的而言，事物正面特征超出了标准要求，但事物本身可能是好的，也可能是不好的。(Н. Арутюнова 1988：242)这与使用长尾的情况相反：слишком хороший (过于好的)，слишком плохой (过于差的)都表示该事物是不好的。类似的还有：чересчур добросовестный (过于勤恳的)，чересчур недобросовестный (太不勤恳的)等。(Е. Вольф 1985：20)

俄汉术语对照表

агенс	施事
адресант	说话人
адресат	受话人
аксиологическая оценка	价值评价
аксиологический предикат	价值谓词
аксиология	价值论
актант	题元
актуальная информация	实际信息
актуальное членение	实际切分
актуально-длительное значение	具体持续意义
анафора	回指
антецедент	先行词
аорист	一般过去时
апперцепционная база	统觉基础
аргумент	论元
аргументативная стратегия	论据策略
архиактант	超题元
архисема	超义素
архифонема	超音位
аспектуальность	体性功能语义场,体的功能语义范畴
ассерция	陈说
атрибутивная именная группа	限定性所指名词性短语
атрибутивный глагол	属性动词
бехабитив	表态
бытовое понятие	生活概念
валентность	配价
вердиктив	判言
верифицируемая пропозиция	可实证性命题
вероятная истина	或然真值
видовая пара объекта	体词偶
внешний объект	外部客体

внутренний объект	内部客体
внутренняя форма	内部形式
волитативный модус	意志态式
временная локализованность	时间定位性
временная перспектива	时间前景
вторичная имперфективация	未完成体化
вторичный дейксис	间接指示
высказывание	语句
глагол занятия	从事动词
глагол поведения	行为动词
говорящий	说话人
грамматическая категория	语法范畴
данное	已给
дейксис	指示
денотат	指物意义
денотативное значение	指物意义
денотативный класс	所指类别
денотативный статус	指物地位
деонтическая модальность	道义模态
дескриптивная семантика	描写语义学
дескриптивный признак	描述性特征
дескрипция	摹状词
детерминант	全句限定语
диатеза	组配
диктум	陈述
дистрибутивная именная группа	分布性名词性短语
жесткая стратегия	强硬策略
зависимый таксис	依附序
задний план	背景
закон концов шкалы	标尺两极规律
знание	知晓
значимость	义值, 所指
идентификация	认同
идентифицирующая референция	认同性指称
идентифицирующее высказывание	认同句
идиома	熟语
известное	已知
иллокутивная лингвистика	意向语言学
иллокутивная модальность	意向情态意义

иллокутивная семантика	意向语义
иллокутивная сила	语势
иллокутивная функция	意向功能
иллокутивная цель	言语行为目的
иллокутивное самоубийство	意向自毁
иллокутивный акт	意向行为
иллокутивный глагол	意向动词
иллокутивный компонент	意向成分
иллокутивный модус	意向态式
иллокутивный тип	意向类型
иллокуция	意向行为
именная группа	名词性短语
импликативный глагол	蕴涵动词
импликатура	蕴涵,推涵
импликация	蕴涵
инструмент	工具
интегральный признак	整体特征
интеллектуальная оценка	理性评价
интенсиональное значение	内涵意义
интенсиональный глагол	内涵动词
интенсификатор	强化词
интенсификация	强化
интеркоммуникативная цель	交际内目的
интерпретация	阐释
интерпретирующее отношение	解释关系
интродуктивная референция	引进性指称
интродуктивная функция	引进功能
истина	真
катафора	预指
категория оценки	评价范畴
каузальное отношение	因果关系
каузативность	使役性
каузация	祈使
каузируемый субъект	受役主体
каузирующий субъект	使役主体
квазиперформатив	类施为动词
квазиперформативное высказывание	类施为句
классифицирующий предикат	分类述体
когнитивная лингвистика	认知语言学

когнитивное значение	认知意义
комиссив	承诺
коммуникативная стратегия	交际策略
коммуникативная цель	交际目的
коммуникативно-прагматическая лингвистика	交际语用语言学
коммуникативное намерение	交际意向
коммуникативный модус	交际态式
компрегенция	逻辑外延
конатив	力求动词
конверсия	转换关系
коннотация	联想意义
контекст	语境
контекстуально зависимый вариант предложения	句子的语境从属形式
контекстуально независимый вариант предложения	句子的语境独立形式
континуальное значение	持续意义
контрагент	逆主体
контролируемое действие	自主行为
концептуальный анализ	概念分析
кореферентность	同指
косвенный речевой акт	间接言语行为
лексема	词汇语义单位，义项
лексикографический тип	词汇释义类型
лексико-семантическая группа	词汇—语义组
лексическая функция	词汇函数
лингвистика текста	篇章语言学
лингвистическая прагматика	语言语用学
локализованность во времени	时间确定性
локутивный акт	言说行为
локуция	言说行为
ментальный модус	心智态式
метатекстовое сообщение	元文本报道功能
модальная иерархия	情态层级关系
модальная рамка	情态域
модальное слово	情态词
модальность	情态意义
модальный компонент	情态成分

модальный оператор	情态算子
модус	态式
моральная речь	道德言语
мотив	动机
мотивировка	意图
наивное понятие	朴素概念
неверифицируемая пропозиция	不可实证性命题
неизвестное	新知
неконкретная именная группа	非具体名词性短语
неконтролируемое действие	非自主行为
нереферентная именная группа	非实指性名词性短语
нетривиальное значение	非普遍意义
нетривиальный адресат	非普遍意义受话人
новое	新给
номинализация	名物化
норма оценки	评价标准
норма речевого поведения	言语行为准则
обобщенно-фактическое значение	概括事实意义
образ мира	世界形象
обходная стратегия	迂回策略
общеверификативное высказывание	整体证实句
общеоценочный предикат	一般评价谓词
общеэкзистенциальная именная группа	一般存在名词性短语
общий актант	概括题元
объект	客体
объект оценки	评价客体
объективная модальность	客观情态意义
обыденная речь	日常言语
одномодальная реакция	情态认同的反应
означаемое	所指
омонимия	同形异义
оппозиция	对立
определенная именная группа	有定名词性短语
оптативное наклонение	愿望式
оценка	评价
оценочно-характеризующее значение	评价—描述意义
оценочное значение	评价意义
оценочное слово	评价词
оценочность	评价性

оценочный модус	评价态式
пациенс	受事
передний план	前景
перлокутивное высказывание	取效行为句
перлокутивное намерение	取效意向
перлокутивный акт	取效行为
перлокутивный аспект	取效方面
перлокутивный глагол	取效行为动词
перлокутивный эффект	取效结果
перлокуция	取效行为
пермиссивная каузация	回应性祈使
перспектива	视角
перфект	结果存在变体
перформатив	施为动词
перформативное высказывание	施为句
перформативность	施为性
перформативный глагол	施为动词
побудительная интенция	祈使意图
побудительное значение	祈使意义
побудительное наклонение	祈使式
подготовительное условие	准备条件
подрывной фактор	破坏因子
полная номинализация	完全名物化
понятийная отнесенность	概念意义
прагматика	语用学
прагматическая пресуппозиция	语用预设
практическое рассуждение	现实判断
предельная видовая пара	界限体词偶
предикат	谓词,述体
предикат второго порядка	二阶谓词
предикат знания	知悉谓词
предикат мнения	意见谓词
предикат пропозиционального отношения	命题态度谓词
предикат пропозициональной установки	命题态度(意向)谓词
предикативная валентность	述谓配价
предикатное употребление	谓词性用法
предметная отнесенность	指物性
предметное значение	事物意义
пресуппозиция	预设

пресуппозиция истинности	真实预设
привативная оппозиция	否定对立
прикладная лингвистика	应用语言学
противопоставительное отрицание	对比否定
пропозициональная установка	命题意向
пропозициональное отношение	命题态度
пропозициональное содержание	命题内容
пропозициональный акт	命题行为
пропозициональный модус	命题态式
прототип	原型
прямой речевой акт	直接言语行为
психолингвистика	心理语言学
разномодальная реакция	情态不同的反应
рамка наблюдения	观察域
рациональная оценка	理性评价
регулятивная функция	调解功能
рема	述位
реплика	话轮
реплика-реакция	反映话语
реплика-стимул	刺激话语
референт	指涉对象
референтная именная группа	实指名词性短语
референция	指称
речевая воля	言语意志
речевая деятельность	言语活动
речевая интенция	言语意向
речевая операция	言语操作
речевая организация	言语组织
речевая ситуация	言语情景
речевая стратегия	言语战略
речевая тактика	言语策略
речевая трансакция	言语共识
речевое действие	言语动作
речевоздействующий акт	施加影响的行为
речевой акт	言语行为
речевой жанр	言语体裁
речевой замысел	言语设想
речевой ход	言语过程
речевой этикет	言语礼节

родовая именная группа	类指名词性短语
ролевой актант	角色题元
сема	义素
семантика	语义学
семантическая валентность	语义配价
семантический актант	语义题元
семантический атом	语义原子
семантический компонент	语义成分
семантический примитив	语义单子,语义元素单位
семантическое ядро	语义核心
сенсорное значение	感觉意义
сигнификат	概念意义
сигнификация	概念意义化
синтаксическая валентность	句法配价
сирконстант	状态元
система мотивов	动机系统
ситуант	情景要素
ситуация	情景
слабоопределенная именная группа	弱不定名词性短语
смысловое значение	思想意义
смысловой оттенок	意味
собственно неопределенная именная группа	纯不定名词性短语
собственно-оценочное значение	纯评价意义
событие	事件
событийный объект	事件性客体
совместимость	兼容共现性
социолингвистика	社会语言学
средство	手段
стилистическая окраска	修辞色彩
субстантивное употребление	体词性用法
субъект	主体
субъект оценки	评价主体
субъективная модальность	主观情态意义
существенное условие	本质条件
таксис	序范畴
текст повествования	叙述话语
тема	主位
темпоральность	时范畴
теория речевой деятельности	言语活动论

теория речевых актов	言语行为理论
теория речевых жанров	言语体裁理论
топик	话题
тривиальная видовая пара	普遍性体词偶
тривиальное значение	普遍意义
тривиальный адресат	普遍意义受话人
узуальность	惯常性
универсальная именная группа	泛指名词性短语
условие искренности	真诚条件
условие истинности	真值条件
условие пропозиционального содержания	命题内容条件
условие успешности	成功条件
утилитарная модальность	实用模态
фазовость	阶段性
факт	事实
фактивная модальность	事实情态
фактивная пресуппозиция	事实预设
фактивный предикат	事实谓词
фактитивная каузация	意动性祈使
фактообразующее значение	事实构成意义
фон	背景
форма актанта	题元形式
формальный объект	形式客体
фразеологизация	熟语化
фразеологизм	熟语
фразеологическая единица	熟语
фразеологическое сочетание	熟语性组合
фразеология	熟语, 熟语学
функционально-стилистическая окраска	功能修辞色彩
характеризующий предикат	描述谓词
частичный модальный вопрос	局部情态问句
частноверификативное высказывание	局部证实句
частнооценочный предикат	具体评价谓词
чувственная оценка	情感评价
шкала	标尺
эквиполентная оппозиция	等值对立
экзерситив	指令
экспозитив	阐述
экспрессивно-эмоциональная окраска	感情表现力色彩

экспрессивность	表现力
экспериенцер	感事
экстенсиональное значение	外延意义
экстракоммуникативная цель	交际外目的
эмотивная функция	表情功能，评价功能
эмотивность	表情性，评价性
эмотивный модус	情感态式
эмоциональная функция	情感抒发功能
эмоциональность	情感性
энантиосемичная семантика	对峙语义
языковая система	语言体系
языковое понятие	语言概念

参 考 文 献

Абрамов Б.А.　1969　О понятии семантической избирательности слов.М.
Аверинцев С.С.　1989　Философский энциклопедический словарь.М.
Авилова Н.С.　1976　Вид глагола и семантика глагольного слова.М.
Аглетдинова Г.Ф.　1996　О соотношении оценочности, образности, экспрессивности и эмоциональности в семантике слова//Исследования по семантике. Семантические категории в русском языке (сборник научных статей).Уфа.
Адамец П.　1966　Порядок слов в современном русском языке.Praha.
Алиева М.П.　1989　Типы объектных отношений и средства их выражения в современном русском языке.М.
Алисова Т.Б.　1971　Очерки синтаксиса современного итальянского языка.М.
Андреева И.С.　1971　Повелительное наклонение и контекст при выражении побуждения в современном русском языке.Дис.канд.филол.наук.Л.
Апресян Ю.Д.　1969　Толкование лексических значений как проблема теоретической семантики//Известия АН СССР.Серия литературы и языка, т.28, №1.
Апресян Ю.Д.　1974　Лексическая семантика.М.
Апресян Ю.Д.　1979　Англо-русский синонимический словарь.М.
Апресян Ю.Д. и др.　1985　Лингвистическое обеспечение системы французско-русского автоматического перевода ЭТАП 1// Ученые записки Тартуского государственного университета.
Апресян Ю.Д.　1986　Перформативы в грамматике и словаре//Известия АН СССР.Серия литературы и языка, т.45, №3.
Апресян Ю.Д.　1988　Типы коммуникативной информации для толкового словаря//Язык:система и функционирование.М.
Апресян Ю.Д.　1994　О языке толкований и семантических примитивах//Известия РАН.Серия литературы и языка, т.53, №4.
Апресян Ю.Д.　1995a　Избранные труды.т.Ⅰ.М.
Апресян Ю.Д.　1995b　Избранные труды.т.Ⅱ.М.
Апресян Ю.Д.　1995c　Проблема фактивности:знать и его синонимы//Вопросы языкознания, №2.
Апресян Ю.Д.　1997　Новый объяснительный словарь синонимов русского языка. Выпуск 1, М.

Апресян Ю. Д., Цинман Л. Л. 1998 Перифразирование на компьютере//Семиотика и информатика. Выпуск 36, М.

Апресян Ю. Д. 1999 Отечественная теоретическая семантика в конце XX столетия//Известия РАН. Серия литературы и языка, т. 58, №4.

Апресян Ю. Д. 2000 Новый объяснительный словарь синонимов русского языка. Выпуск 2, М.

Арват Н. Н. 1976 Компонентный анализ семантической структуры простого предложения. Черновцы.

Арутюнова Н. Д. 1972 Синтаксис//Общее языкознание. Внутренняя структура языка. М.

Арутюнова Н. Д. 1973 Понятие пресуппозиции в лингвистике//Известия АН СССР. Серия литературы и языка, т. 32, №1.

Арутюнова Н. Д. 1974 Семантическое согласование слов и интерпретация предложения. М.

Арутюнова Н. Д. 1976 Предложение и его смысл. М.

Арутюнова Н. Д. 1979 Семантическая структура предложения и функция субъекта//Известия АН СССР. Серия литературы и языка, т. 38, №4.

Арутюнова Н. Д. 1980a К проблеме функциональных типов лексического значения//Аспекты семантических исследований. М.

Арутюнова Н. Д. 1980b Сокровенная связка: к проблеме предикативного отношения//Известия АН СССР. Серия литературы и языка, т. 39, №4.

Арутюнова Н. Д. 1981a Фактор речи//Известия АН СССР. Серия литературы и языка, т. 40, №4.

Арутюнова Н. Д. 1981b Семантическая структура и функция субъекта//Вопросы языкознания, №4.

Арутюнова Н. Д. 1982/1984 Аксиология в механизмах жизни и языка//Проблемы структурной лингвистики. М.

Арутюнова Н. Д., Ширяев Е. Н. 1983 Русское предложение. Бытийный тип. М.

Арутюнова Н. Д. 1987 Аномалия и язык//Вопросы языкознания, №3.

Арутюнова Н. Д. 1988 Типы языковых значений: оценка, событие, факт. М.

Арутюнова Н. Д. 1989 "Полагать" и "видеть" (к проблеме смешанных пропозициональных установок)//Логический анализ языка. Проблемы интенсиональных и прагматических контекстов. М.

Арутюнова Н. Д. 1990 Пропозиция. Речевой акт//Лингвистический энциклопедический словарь. М.

Арутюнова Н. Д. 1994 Вступительная статья//Логический анализ языка. Язык речевых действий. М.

Арутюнова Н. Д. 1998 Язык и мир человека. М.

Арутюнова Н.Д. 2000 Знать себя и знать другого (по текстам Достоевского)//Слово в тексте и в словаре. М.

Бабицкий К.И. 1965 О синтаксической синонимии предложения в естественных языках. М.

Балли Ш. 1955/2001 Общая лингвистика и вопросы французского языка. М.

Баранов А.Н., Добродольский Д.О. 1996 Анго-русский словарь по лингвистике и семиотике. М.

Бахтин М.М. 1979 Эстетика словесного творчества. М.

Бахтин М.М. 1986 Проблема речевых жанров. М.

Безменова Н.А., Герасимов В.И. 1984 Некоторые проблемы теории речевых актов//Языковая деятельность в аспекте лингвистической прагматики. М.

Белошапкова В.А. и др. 1984 К вопросу о семантическом субъекте//Вопросы языкознания, №5.

Белошапкова В.А. 1989 Современный русский язык. М.

Бенвенист Э. 1974 Общая лингвистика. М.

Бергельсон М.Б., Кибрик А.Е. 1981 Прагматический "принцип приоритета" и его отражение в грамматике языка//Известия АН СССР. Серия литературы и языка, т. 40, №4.

Бергельсон М.Б. 1988 Проблемы императива в контексте теории речевых актов//Императив в разноструктурных языках (тезисы докладов конференции). Л.

Бердник Л.Ф. 1982 Коммуникативные типы русских предложений. Учебное пособие к спецкурсу. Пермь.

Бирюков Б.В., Горский Д.П. 1976 Определение как логико-семиотическая и операционально-праксеологическая процедура//Теория определения. М.

Бирюлин Л.А., Корди Е.Е. 1990 Основные типы модальных значений, выделяемых в лингвистической литературе//Теория функциональной грамматики. Темпоральность. Модальность. Л.

Бирюлин Л.А. 1992 Теоретические аспекты семантико-прагматического описания императивных высказываний в русском языке. Автореф. дис. доктор. филол. наук. Санкт-Петербург.

Богданов В.В. 1977 Семантико-синтаксическая организация предложения. Л.

Богданов В.В. 1990 Речевое общение: прагматические и семантические аспекты. Л.

Богданова Л.И. 1990 Валентный анализ русского глагола. М.

Богданова Л.И. 1998 Зависимость формы актантов от семантических свойств русских глаголов. Диалог. М.

Богуславский И.М. 1985 Исследования по синтаксической семантике: сфера действия логических слов. М.

Богуславский И.М. 1998 Сфера действия начинательности и актуальное членение: втягивание ремы//Семиотика и информатика. Выпуск 36, М.

Бондарко А. В. 1983 Принципы функциональной грамматики и аспектологии. М.

Бондарко А. В. 1984 Функциональная грамматика. Л.

Бондарко А. В. 1990 Модальность//Теория функциональной грамматики. Темпоральность. Модальность. М.

Борисова И. Н. 1996 Дискурсивные стратегии в разговорном диалоге//Русская разговорная речь как явление городской культуры. Екатеринбург.

Будагов Р. А. 1976 Человек и его язык. 2-е изд. М.

Булыгина Т. В. 1980 Грамматические и семантические категории и их связи// Аспекты семантических исследований. М.

Булыгина Т. В. 1981 О границах и содержании прагматики//Известия АН СССР. Серия литературы и языка, т. 40, №4.

Булыгина Т. В., Шмелев А. Д. 1982а Диалогические функции некоторых типов вопросительных предложений//Известия АН СССР. Серия литературы и языка, т. 41, №4.

Булыгина Т. В. 1982b К построению типологии предикатов в русском языке. М.

Булыгина Т. В., Шмелев А. Д. 1988 Вопрос о косвенных вопросах// Логический анализ языка. Знание и мнение. М.

Булыгина Т. В., Шмелев А. Д. 1992 Модальность //Человеческий фактор в языке. Коммуникация. Модальность. Дейксис. М.

Булыгина Т. В., Шмелев А. Д. 1997 Языковая концептуализация мира (на материале русской грамматики). М.

Буралова Р. А. 1988 Оптативные и побудительные высказывания с независимым инфинитивом в современном русском языке. Дис. канд. филол. наук. Л.

Васильев Л. М. 1981 Семантика русского глагола. М.

Васильев Л. М. 1990 Современная лингвистическая семантика. М.

Васильев Л. М. 1996 Семантическая категория оценки и оценочные предикаты//Исследования по семантике. Семантические категории в русском языке (сборник научных статей). Уфа.

Вежбицкая А. 1985 Речевые акты//Новое в зарубежной лингвистике. Выпуск 16, М.

Вежбицкая А. 1986 Восприятие. Семантика абстрактного словаря//Новое в зарубежной лингвистике. Выпуск 17, М.

Вежбицкая А. 1996 Язык. Культура. Познание. М.

Вежбицкая А. 1999 Семантические универсалии и описание языков. М.

Вежбицкая А. 2001 Понимание культуры через посредство ключевых слов. М.

Вейнрейх У. 1970 О семантической структуре языка//Новое в лингвистике. Выпуск 5, М.

Вендлер З. 1985 Иллокутивное самоубийство//Новое в зарубежной лингвистике. Выпуск 16, М.

Вендлер З. 1987 Факты в языке//Философия. Логика. Язык. М.

Виноградов В.В. 1947 Русский язык: грамматическое учение о слове. М.

Виноградов В.В. 1977 Лексикология и лексикография. М.

Виноградов В.В. 1980 О задачах стилистики. М.

Витгенштейн Л. 1958 Логико-философский трактат. М.

Вольф Е.М. 1982 Состояния и признаки. Оценки состояний//Семантические типы предикатов. М.

Вольф Е.М. 1985 Функциональная семантика оценки. М.

Всеволодова М.В. 1976 Номинативно-аккузативные структуры и их конверсивы в русском языке//Филологические науки, №6.

Вятютнев М.Н. 1984 Теория учебника русского языка как иностранного. М.

Гак В.Г. 1971 Семантическая структура слова как компонент семантической структуры высказывания. М.

Гак В.Г. 1973 Высказывание и ситуация//Проблемы структурной лингвистики. М.

Гак В.Г. 1977 К типологии лингвистических номинаций//Языковая номинация. М.

Гак В.Г. 1987 О логическом исчислении семантических типов пропозициональных глаголов//Логический анализ естественного языка. Пропозициональные предикаты в логическом и лингвистическом аспекте (тезисы докладов). М.

Гак В.Г. 1988 Теоретическая грамматика французского языка. Синтаксис. М.

Гак В.Г. 1998 Языковые преобразования. М.

Гловинская М.Я. 1982 Семантические типы видовых противопоставлений русского глагола. М.

Гловинская М.Я. 1992 Русские речевые акты и вид глагола//Логический анализ языка. Модели действия. М.

Гловинская М.Я. 1993 Семантика глаголов речи с точки зрения теории речевых актов//Русский язык в его функционировании. Коммуникативно-прагматический аспект. М.

Гордон Е.Я., Чудинов А.П. 1989 Каузативные глаголы. М.

Городецкий Б.Ю. 1986 От редактора//Новое в зарубежной лингвистике. Выпуск 17, М.

Гуревич В.В. 1986 Актуальное членение и употребление глагольного вида// Русский язык за рубежом, №5.

Дементьев В.В. 1997 Изучение речевых жанров: обзор работ в современной русистике//Вопросы языкознания, №1.

Демьянков В.З. 1980 Предикаты и концепция семантической интерпретации//

Известия АН СССР.Серия литературы и языка, т.40, №4.

Демьянков В. З. 1981 Прагматические основы интерпретации высказывания// Известия АН СССР. Серия литературы и языка, т.40 , №4.

Демьянков В. З. 1984 О формализации прагматических свойств языка// Языковая деятельность в аспекте лингвистической прагматики(сборник обзоров). М.

Демьянков В. З. 1986 Теория речевых актов в контексте современной зарубежной лингвистической литературы (обзор направлений)//Новое в зарубежной лингвистике.Выпуск 17,М.

Дмитровская М.А. 1987 Употребление глаголов мнения и знания с различными типами пропозиций//Логический анализ естественного языка. Пропозициональные предикаты в логическом и лингвистическом аспекте(тезисы докладов). М.

Дмитровская М. А. 1988 Знание и мнение: образ мира, образ человека// Логический анализ языка.Знание и мнение.М.

Долинин К.А. 1999 Речевые жанры как средство организации социального взаимодействия//Жанры речи(сборник научных статей).Саратов.

Дорошенко А. В. 1985 Побудительные речевые акты и их интерпретация в тексте.Дис.канд.филол.наук.М.

Евгеньева А. П. 1966 Очерки по синонимике современного русского литературного языка.М.

Евгеньева А.П. 1981 Словарь русского языка.(МАС I)М.

Евгеньева А.П. 1982 Словарь русского языка.(МАС II)М.

Евгеньева А.П. 1983 Словарь русского языка.(МАС III)М.

Евгеньева А.П. 1984 Словарь русского языка.(МАС IV)М.

Елисеева А. Г. 1982 Семантические типы предикатов в английском языке// Семантические типы предикатов.М.

Жолковский А.К. и др. 1960 О принципиальном использовании смысла при машинном переводе//Питания прикладной лингвистики.Черновцы.

Жолковский А. К. 1964 О правилах семантического анализа//Машинный перевод и прикладная лингвистика.Выпуск 8, М.

Жолковский А.К., Мельчук И.А. 1965 О возможном методе и инструментах семантического синтеза//Научно-техническая информация, №6.

Жолковский А. К., Мельчук И. А. 1967 О семантическом синтезе// Проблемы кибернетики.Выпуск 19, М.

Жолковский А.К., Мельчук И. А. 1969 К построению действующей модели языка «Смысл⇔текст»//Машинный перевод и прикладная лингвистика. Выпуск 11, М.

Жуков В.П. 1980 Школьный фразеологический словарь русского языка.М.

Зализняк А.А. 1972 Учебный словарь русского языка.М.

Зализняк А.А. 1982 Семантические явления в высказываниях от 1-ого лица.

Таллин.

Зализняк А. А. 1983 Семантика глагола 《бояться》 в русском языке//Известия АН СССР. Серия литературы и языка, т. 42, №1.

Зализняк А. А. 1987 К проблеме фактивности глаголов пропозициональной установки//Логический анализ естественного языка: пропозициональные предикаты в логическом и лингвистическом аспекте (тезисы докладов). М.

Зализняк А. А. 1988 О понятии импликативного типа (для глаголов с пропозициональным актантом)//Логический анализ языка. Знание и мнение. М.

Зализняк А. А. 1991 Считать и думать: два вида мнения//Логический анализ языка. Культурные концепты. М.

Зализняк А. А. 1992 Исследования по семантике предикатов внутреннего состояния. München.

Звегинцев В. А. 1976/2001 Предложение и его отношение к языку и речи. М.

Земская Е. А. 1988 Городская устная речь и задачи ее изучения//Разновидности городской устной речи. М.

Зимняя И. А. 1985 Психологические аспекты обучения говорению на иностранном языке. М.

Золотова Г. А. 1973 Очерк функционального синтаксиса русского языка. М.

Золотова Г. А. 1982 Коммуникативные аспекты русского синтаксиса. М.

Золотова Г. А. 1998 Синтаксический словарь. М.

Золотова Г. А., Онипенко Н. К. 1998 Коммуникативная грамматика русского языка. М.

Иванова О. В. 1991 Речевой акт принуждения. Дис. канд. филол. наук. М.

Иванова С. А., Казенин К. И. 1993 О коммуникативных ограничениях на взаимодействие значений лексем//Вопросы языкознания, №5.

Иоанесян Е. Р. 1993 Классификация ментальных предикатов по типу вводимых ими суждений//Логический анализ языка. Ментальные действия. М.

Иорданская Л. Н. 1972 Лексикографическое описание русских выражений, обозначающих физические симптомы чувств. М.

Исаченко А. В. 1957 К вопросу об императиве в русском языке//Русский язык в школе, №6.

Караулов Ю. Н. 1997 Русский язык. Энциклопедия. М.

Карттунен Л. Н. 1985 Логика английских конструкций с сентенциальным дополнением//Новое в зарубежной лингвистике. Выпуск 16, М.

Кибрик А. Е. 1980 Предикатно-аргументные отношения в семантических эргативных языках//Известия АН СССР. Серия литературы и языка, т. 39, №4.

Князев Ю. П. 1989 Акциональность и статальность: их соотношение в русских конструкциях с причастиями на -н, -т. München.

Кобозева И. М. 1986 Теория речевых актов как один из вариантов теории речевой деятельности//Новое в зарубежной лингвистике. Выпуск 17, М.

Кобозева И. М., Лауфер Н. И. 1991 Семантика модальных предикатов долженствования//Логический анализ языка.Культурные концепты.М.

Кобозева И. М, Лауфер Н. И. 1994 Интерпретирующие речевые акты// Логический анализ языка.Язык речевых действий.М.

Кобозева И.М. 2000 Лингвистическая семантика.М.

Ковтунова И.И. 1976 Современный русский язык.Порядок слов и актуальное членение предложения.М.

Кодзасов С.В. 1987 Коммуникативная и интонационная структура предложений с пропозициональными предикатами мышления//Логический анализ естественного языка.Пропозициональные предикаты в логическом и лингвистическом аспекте (тезисы докладов).М.

Кодзасов С. В. 1988 Интонация предложений с пропозициональными предикатами мышления//Логический анализ языка.Знание и мнение.М.

Кодзасов С. В. 1992 Виды перформативности и их показатели//Логический анализ языка.Модели действия.М.

Кондзеля Е. С. 1991 Функционально-семантическое поле побудительности и реализация его конституентов в русской речи.Дис.канд. филол.наук.Киев.

Конрад Р. 1985 Вопросительные предложения как косвенные речевые акты// Новое в зарубежой лингвистике.Выпуск 16, М.

Корди Е. Е. 1985 Побудительные значения конструкций с каузативными и модальными глаголами //Типология конструкций с предикативными актантами.Л.

Косилова М. Ф. 1962 К вопросу о побудительных предложениях//Вестник Московского университета.Серия 7.Филология, журналистика, №4.

Котелова Н. З. 1974 Искусственный семантический язык (теоретические предпосылки)//Вопросы языкознания, №5.

Кочкарова З.К. 1987 Средства выражения и диалогическая организация речевых актов убеждения-доказательства истинности и убеждения-побуждения к действию. Дис. канд.филол.наук.Пятигорск.

Кошмидер Э. 1962 Очерк науки о видах польского глагола//Вопросы глагольного вида.М.

Красильщик И. С., Рахилина Е. В. 1992 Предметные имена в системе 《Лексикограф》//Научно-техническая информация.Серия 2, №9.

Крушельницкая К. Г. 1956 К вопросу о смысловом членении предложения// Вопросы языкознания, №5.

Крылов С. А. 1987 О содержании термина "предикаты пропозициональной установки"//Логический анализ естественного языка: пропозициональные предикаты в логическом и лингвистическом аспекте(тезисы докладов).М.

Куайн У. О. 1982 Референция и модальность//Новое в зарубежной лингвистике. Выпуск 13, М.

Кузнецов А. М. 1986 От компонентного анализа к компонентному синтезу. М.

Кулькова Р. А. 1986 Функционирование сослагательного наклонения в современном русском языке. Дис. канд. филол. наук. М.

Курилович Е. А. 1962 Деривация лексическая и деривация синтаксическая. М.

Кустова Г. И., Падучева Е. В., Рахилина Е. В. 1993 Словарь как лексическая база данных об экспертной системе 《Лексикограф》//Научно-техническая информация. Серия 2, №11.

Кустова Г. И., Падучева Е. В. 1994а Словарь как лексическая база данных// Вопросы языкознания, №3.

Кустова Г. И., Падучева Е. В. 1994b Перформативные глаголы в неперформативных употреблениях//Логический анализ языка. Язык речевых действий. М.

Леоньтев А. А. 1990 Речевая деятельность//Лингвистический энциклопедический словарь. М.

Леонтьев А. Н. 1987 Общее понятие о деятельности//Хрестоматия по психологии. М.

Ломтев Т. П. 1976 Общее и русское языкознание. М.

Лухт Л. И. 1982 Предикаты состояния//Семантические типы предикатов. М.

Ляпон М. В. 1990 Модальность//Лингвистический энциклопедический словарь. М.

Маслов Ю. С. 1964 Заметки о видовой дефективности//Славянская филология. Л.

Маслов Ю. С. 1984 Очерки по аспектологии. Л.

Матвеева Т. В. 1994 Непринужденный диалог как текст//Человек. Текст. Культура. Екатеринбург.

Мельчук И. А. 1974а Опыт теории лингвистических моделей 《Смысл⇔текст》. М.

Мельчук И. А. 1974b Об одной лингвистической модели 《Смысл⇔текст》// Известия АН СССР. Серия литературы и языка, №5.

Мельчук И. А., Жолковский А. К. 1984 Толково-комбинаторный словарь современного русского языка. Вена.

Мельчук И. А. 1995 Русский язык в модели 《Смысл⇔текст》. Вена.

Мельчук И. А. 1999 Опыт теории лингвистических моделей 《Смысл⇔текст》. М.

Мечковская Н. Б. 1996 Социальная лингвистика. Изд. 2-ое. М.

Молотков А. И. 1968 Фразеологический словарь русского языка. М.

Муравенко Е. В. 1998 О случаях нетривиального соответствия семантических и синтаксических валентностей глагола//Семиотика и информатика. Выпуск 36, М.

Немешайлова А. В.　1961　Повелительное наклонение в современном русском языке. Автореф. дис. канд. филол. наук. Пенза.

Никитин М. В.　1974　Лексическое значение в слове и словосочетании. Владимир.

Никитин М. В.　1997　Курс лингвистической семантики. Санкт-Петербург.

Николаева Т. М.　1985　Функции частиц в высказывании. М.

Новиков Л. М.　1982　Семантика русского языка. М.

Ожегов С. И., Шведова Н. Ю.　1997　Толковый словарь русского языка. М.

Остин Дж. Л.　1986　Слово как действие//Новое в зарубежной лингвистике. Выпуск 17, М.

Падучева Е. В.　1974　О семантике синтаксиса: материалы к трансформационной грамматике русского языка. М.

Падучева Е. В.　1977　Понятие презумпции в лингвистической семантике//Семиотика и информатика. Выпуск 8, М.

Падучева Е. В., Успенский Б. А.　1979　Подлежащее или сказуемое//Вопросы языкознания, №4.

Падучева Е. В.　1980　Значение и синтаксические функции слова "это"//Проблемы структурной лингвистики. М.

Падучева Е. В.　1982　Актуализация предложения в составе речевого акта//Формальное представление лингвистической информации. М.

Падучева Е. В.　1984　Референциальные аспекты семантики предложения//Известия АН СССР. Серия литературы и языка, №4.

Падучева Е. В.　1985/2001　Высказывание и его соотнесенность с действительностью. М.

Падучева Е. В.　1986　О референции языковых выражений с непредметным значением//Научно-техническая информация. Серия 2, №1.

Падучева Е. В.　1990　Пресуппозиция//Лингвистический энциклопедический словарь. М.

Падучева Е. В., Розина Р. И.　1993　Семантический класс глаголов полного охвата: толкование и лексико-синтаксические свойства//Вопросы языкознания, №6.

Падучева Е. В.　1993　О семантическом инварианте лексической деривации//Вопросы языкознания, №6.

Падучева Е. В.　1994　Вид и время перформативного глагола//Логический анализ языка. Язык речевых действий. М.

Падучева Е. В.　1996　Семантические исследования. Семантика времени и вида в русском языке. Семантика нарратива. М.

Падучева Е. В.　1998　К семантике пропозициональных предикатов: знание, фактивность и косвенный вопрос//Известия РАН. Серия литературы и языка, т. 57, №2.

Падучева Е. В.　1999　О роли метонимии в концептуальных структурах//

Теоретические проблемы. М.

Певнева Т. И. 1997 Особенности языковой интерпретации желания (сопоставительный анализ предложений типа я хочу спать—мне хочется спать)// Вестник Московского университета. Серия 9. Филология, №2.

Петрикеева А. П. 1986 Модальная перспектива в побудительных предложениях//Русский язык в школе, №6.

Пешковский А. М. 1956 Русский синтаксис в научном освещении. Изд. 7-ое. М.

Плунгян В. А., Рахилина Е. В. 1998 Парадоксы валентностей//Семиотика и информатика. Выпуск 36, М.

Поспелов Н. С. 1971 О выражении категории определенности/неопределенности временными значениями русского глагола в форме прошедшего совершенного//Памяти академика В. В. Виноградова. М.

Почепцов Г. Г. 1975 Прагматический аспект изучения предложения (к построению теории прагматического синтаксиса)//Иностранные языки в школе, №6.

Почепцов О. Г. 1989 Речевой акт и организация дискурса//Вестник Харьковского университета. Харьков.

Ранних Н. А. 1994 Речевой акт пожелания и способы его выражения в русском языке. Дис. канд. филол. наук. М.

Распопова Т. И. 1985 Оптативные и побудительные предложения (к проблеме дифференциации)//Синтаксис русского предложения. Воронеж.

Рассел. Б. 1957 Человеческое познание. М.

Рахилина Е. В. 1994 О лексических базах данных//Вопросы языкознания, №4.

Рахилина Е. В. 1998 Когнитивная семантика: история, персоналии, идеи, результаты//Семиотика и информатика. Выпуск 36, М.

Рахилина Е. В. 2000 Когнитивный анализ предметных имен: семантика и сочетаемость. М.

Реформатский А. А. 1996 Введение в языковедение. М.

Розина Р. И. 1994 Когнитивные отношения в таксономии. Категоризация мира в языке и в тексте//Вопросы языкознания, №6.

Романов А. А. 1981 Семантическая структура высказываний просьб//Семантика и прагматика синтаксических единств. Калинин.

Рытникова Я. Т. 1996 Гармония и дисгармония в открытой семейной беседе// Русская разговорная речь как явление городской культуры. Екатеринбург.

Рябцева Н. К. 1993 Ментальный модус: от лексики к грамматике//Логический анализ языка. Ментальные действия. М.

Рябцева Н. К. 1994 Коммуникативный модус и метаречь//Логический анализ языка. Язык речевых действий. М.

Савельева Е. П.   1991   Номинация речевых интенций в русском языке и их семантико-прагматическое истолкование. Дис. канд. филол. наук. М.

Саранцацрал Ц.   1993   Речевые акты побуждения, их типы и способы выражения в русском языке. Дис. доктор. филол. наук. М.

Селиверстова О. Н.   1982   Второй вариант классификационной сетки в описании некоторых предикатных типов в русском языке//Семантические типы предикатов. М.

Сергеева Л. А.   1996   Категория оценки и аспекты ее описания//Исследования по семантике. Семантические категории в русском языке(сборник научных статей). Уфа.

Серль Дж. Р.   1986a   Что такое речевой акт?//Новое в зарубежной лингвистике. Выпуск 17, М.

Серль Дж. Р.   1986b   Классификация иллокутивных актов//Новое в зарубежной лингвистике. Выпуск 17, М.

Серль Дж. Р.   1986c   Косвенные речевые акты//Новое в зарубежной лингвистике. Выпуск 17, М.

Сильницкий Г. Г   1973   Семантические типы ситуаций и семантические классы глаголов. М.

Сиротинина О. Б.   1980   Лекции по синтаксису русского языка. М.

Спагис А. А.   1969   Парные и непарные глаголы в русском языке. М.

Степанов Ю. С.   1964   О предпосылках лингвистической теории значения//Вопросы языкознания, №5.

Степанов Ю. С.   1977   Номинация, семантика, семиология//Языковая номинация(общие вопросы). М.

Степанов Ю. С.   1980   К универсальной классификации предикатов//Известия АН СССР. Серия литературы и языка, т.40, №4.

Степанов Ю. С.   1981a   Имена. Предикаты. Предложения. М.

Степанов Ю. С.   1981b   В поисках прагматики(проблема субъекта)//Известия АН СССР. Серия литературы и языка, т.40, №4.

Сэпир Э.   1985   Градуирование (семантическое исследование)//Новое в зарубежной лингвистике. Выпуск 16, М.

Телия В. Н.   1980   Семантика связанных значений слов и их сочетаемости//Аспекты семантических исследований. М.

Теньер Л.   1988   Основы структурного синтаксиса. М.

Тодорова Е. В   1982   Семантика предикатов типа 《 быть + прилагательное 》 в современном болгарском языке//Семантические типы предикатов. М.

Труфанова И. В.   2001   О разграничении понятий: речевой акт, речевой жанр, речевая стратегия, речевая тактика//Филологические науки, №3.

Урысон Е. В.   2001   Союз если и семантические примитивы//Вопросы языкознания, №4.

Уфимцева А. А.   1980   Семантика слова//Аспекты семантических исследований.

М.

Уфимцева А. А. 1986 Лексическое значение//Принцип семиологического описания лексики. М.

Ушаков Д. Н. 1935/1939 Толковый словарь русского языка. М.

Федосюк М. Ю. 1997 Нерешенные вопросы теории речевых жанров//Вопросы языкознания, №5.

Филипенко М. В. 1998 О лексических единицах с плавающей и фиксированной сферой действия (к вопросу об актантах и неактантах предиката)//Семиотика и информатика. Выпуск 36, М.

Фоменко Ю. В. 1984 Семантические классы многоместных глаголов в современном русском языке. Ташкент.

Фомина М. И. 1983 Современный русский язык. Лексикология. М.

Формановская Н. И. 1984 Способы выражения просьбы в русском языке (прагматический подход)//Русский язык за рубежом, №6.

Формановская Н. И. 1986 О коммуникативно-семантических полях//Русский язык за рубежом, №3.

Формановская Н. И. 1994 Прагматика побуждения и логика языка//Русский язык за рубежом, №5.

Формановская Н. И. 1998 Коммуникативно-прагматические аспекты единиц общения. М.

Фреге Г. 1997 Смысл и денотат//Семиотика и информатика. Выпуск 35, М.

Хоанг Фэ. 1985 Семантика высказывания//Новое в зарубежной лингвистике. Выпуск 16, М.

Храковский В. С., Володин А. П. 1986 Семантика и типология императива. Русский императив. М.

Храковский В. С. 1998 Понятие сирконстанта и его статус //Семиотика и информатика. Выпуск 36, М.

Цейтлин С. Н. 1976 Синтаксические модели со значением психического состояния и их синонимия. М.

Цейтлин С. Н. 1990 Необходимость//Теория функциональной грамматики. Темпоральность. Модальность. Л.

Чжан Цзяхуа 1986 Об одной трудности употребления видов русских глаголов// Русский язык за рубежом, №5.

Шанский Н. М. 1972 Лексикология современного русского языка. М.

Шаронов И. А. 1991 Категория наклонения в коммуникативно-прагматическом аспекте. Дис. канд. филол. наук. М.

Шаронов И. А. 1994 Проблема толкования вида в императиве//Русский глагольный вид в прикладных исследованиях. М.

Шатуновский И. Б. 1987 Эпистемические глаголы: коммуникативная перспектива, презумпции, прагматика//Логический анализ естественного языка. Пропозициональные предикаты в логическом и лингвистическом аспекте (тезисы докладов). М.

Шатуновский И. Б. 1988 Эпистемические предикаты в русском языке (семантика, коммуникативная перспектива, прагматика)//Логический анализ языка. Прагматика и интенсиональности. М.

Шатуновский И. Б. 1993 Думать и считать: еще раз о видах мнения//Логический анализ языка. Ментальные действия. М.

Шатуновский И.Б. 1995 Коммуникативные типы высказываний, описывающих действительность//Логический анализ языка. Истина и истинность в культуре и языке. М.

Шатуновский И.Б. 1996 Семантика предложения и нереферентные слова. М.

Шелякин М. А. 1983 Категория вида и способы действия русского глагола (теоретические основы). Таллин.

Шелякин М.А. 1990 Модально-аспектуальные связи//Теория функциональной грамматики. Темпоральность. Модальность. Л.

Шкарбан Л. И. 1982 О семантических видах предикатов в тагальском языке. М.

Шмелев А. Д. 1989 Ментальные предикаты в аспекте аспектологии//Логический анализ языка. Проблемы интенсиональных и прагматических контекстов. М.

Шмелев Д.Н. 1977 Современный русский язык. Лексика. М.

Шмелева Т. В. 1990 Речевой жанр. Возможности описания и использования в преподавании языка//Русистика. Berlin, №2.

Щерба Л. В. 1974 Языковая система и речевая деятельность. Л.

Щербань Г. Е. 1994 Частица ну как актуализатор субъективно-модальных и иллокутивных значений в диалоге. Дис. канд. филол. наук. Санкт-Петербург.

Якобсон Р. 1985 О лингвистических аспектах перевода//Избранные работы. М.

Якубинский Л.П. 1996 Избранные труды. Язык и его функционирование. М.

Ярцева В.Н. 1990 Лингвистический энциклопедический словарь. М.

Ярцева В.Н. 1998 Большой энциклопедический словарь. Языкознание. М.

Яцкевич Л. Г. 1987 Вопросы русского формообразования. Минск.

Грамматика русскго языка. АН СССР. т.2. Синтаксис. ч.1, М., 1954.

Логический анализ языка. Действие: лингвистические и логические модели. М., 1991.

Логический анализ языка. Модели действия. М., 1992.

Логический анализ языка. Ментальные действия. М., 1993.

Логический анализ языка. Язык речевых действий. М., 1994.

Новое в зарубежной лингвистике (НЗЛ). Лингвистическая прагматика. Выпуск 16, М., 1985.

Новое в зарубежной лингвистике (НЗЛ). Теория речевых актов. Выпуск 17, М., 1986.

Русская грамматика. АН СССР. т. 2. М., 1980.

Bhat D. S. 1979 The Referents of Noun Phrases. Pune: Deccan college.

Chafe W. L. 1970 Meaning and the Structure of Language. Chicago-London.

Charles N. Li, Sandra A. Thompson 1976 Subject and Topic: a New Typology of Language. In Charles. Li(ed). New York: Academic Press.

Chomsky N. 1965 Aspects of the Theory of Syntax. Cambridge (Mass).

Chomsky N. 1968 Language and Mind. MIT Cambridge (Mass).

Chomsky N. 1972 Studies of Semantics in Generative Grammar. Mouton, the Hague.

Chomsky N. 1992 A Minimalist Program for Linguistic Theory. MIT, Cambridge (Mass).

Comrie B. 1976 Aspect Cambridge. MIT Cambridge (Mass).

Cook W. A. 1989 Case Grammar Theory. Washington.

Davidson D. 1980 Reality Without Reference//Reference, Truth and Reality. E d. M. Platts: Rutledge and Kegan Paul.

Dowty D. 1991 Thematic Proto-roles and Argument Selection. Language. №3. New York.

Fillmore C. J. 1968 The Case for Case//Universals in Linguistic Theory. New York.

Fillmore Ch. 1969 Types of Lexical Information //Studies in Syntax and Semanties. Do Rdrecht.

Fillmore C. J. 1971 Some Problems for Case Grammar. Washington.

Fowler H. 1951 The Concise Oxford Dictionary. Oxford University Press.

Frege G. 1952 On Sense and Referense//Translations from the Philosophical Writings of Gottlob Frege. Oxford.

Grice H. 1975 Logic and Conversation. Syntax and Semantics. Vol. 3, New York.

Grimshaw J. 1990 Argument Structure. MIT, Cambridge (Mass).

Gruber J. S. 1965 Studies in Lexical Relations. Cambridge (Mass).

Helbig G. 1969 Worterbuczur Valenz und Ristribution Deutscher Verben. Leipzig.

Helbig G. 1982 Valenz-Satzdlieder-Semantishe Kasus-Satzmodelle. Leipzig.

Helbig G., Buscha J. 1984 Deutsche Grammatik. Leipzig.

Jackendoff R. 1990 Semantic Structure. MIT, Cambridge (Mass).

Klinge A. 1993 The English Modal Auxiliaries: from Lexical Semantics to Utterance Interpretation. Journal of Linguistics.

Korponay B. 1977 Adjectival Constructions in English. Debrecen.

Lakoff G. 1975 Pragmatics in Natural Logics. In: Formal Semantics of Natural Language/Ed. E. L. Keenan. Los Angeles.

Lakoff G. 1976 Towards Generative Semantics. Syntax and Semantics. Vol. 7.

Lambercht K. 1994 Information Structure and Sentence Form. New York and Cambridge. Vol. 7

 Leech G. N. 1975 A Communicative Grammar of English. London.

 Leech G. N. 1983a Principles of Pragmatics. L. N. Y.

 Leech G. N. 1983b Semantics——the Study of Meaning. Cambridge University Press.

 Levinson S. C. 1983 Pragmatics. Cambridge University Press.

 Longacer R. E. 1976 An Anatomy of Speech Notions. Lisse.

 Lyons J. 1977 Sematics. MIT, Cambridge (Mass).

 McCawley J. 1968 Concerning the Base Component of a Transformational Grammar//Foundations of Language. Vol. 4, No3.

 Millex J. E. 1970 Stative Verbs in Russian. Foundations of Language. Vol. 6 No4.

 Sasse H. J. 1987 The Thetic/Categorical Distinction Revisited. Linguistics, 25.

 Searle J. R. 1976 Speech Acts: An Essay in the Philosophy of Language. Cambridge (Mass).

 Strawson P. F. 1952 Introduction to Logical Theory. London: Methuen.

 Vendler Z. 1967 Linguistics in Philosophy. New York.

 Wierzbicka A. 1969 Dociekania Semantyczne. Wroclaw-Warszawa etc.

 Wierzbicka A. 1980 Lingua Mentalis. Sydney etc: Acad Press.

 Wierzbicka A. 1991 Cross-Cultural Pragmatics: The Semantics of Human Interaction. Berlin. New York.

 Wierzbicka A. 1992 Semantics, Culture and Cognition. New York.

 Wierzbicka A. 1999 A Semantics Basis for Linguistic Typology//Типология и теория языка. От описания к объяснению. М.

 Williams E. 1981 Argument Structure and Morphology//The Linguistic Review №1, Chicago.

 布宁·尼、余纪元 2001 《西方哲学英汉对照辞典》，人民出版社。

 程琪龙 1997 《Jackendoff的"致使结构"评介》，《国外语言学》第3期。

 邓守信 1983 《汉语及物性关系的语义研究》(侯方等译)，黑龙江大学科研处。

 范 晓 1996 《三个平面的语法现象》，北京语言文化大学出版社。

 顾曰国 1989 《奥斯汀的言语行为理论：诠释与批判》，《外语教学与研究》第1期。

 郝 斌 2002 《俄语简单句的语义研究》，黑龙江人民出版社。

 华 劭 1979 《现代俄语语法新编》(句法)，商务印书馆。

 华 劭 1995 《指称与逻辑、名词的指称与语用》，《外语学刊》第2,3期。

 华 劭 1996 《从语用学角度看回答》，《外语与外语教学》第4期。

 华 劭 1998a 《关于语句意思的组成模块》，《外语学刊》第4期。

 华 劭 1998b 《我对语言研究的管见与琐为》，《外语研究》第1期。

 华 劭 2003 《语言经纬》，商务印书馆。

 黄伯荣等 1983 《现代汉语》(上册)，甘肃人民出版社。

 贾玉新 1991 《文化相关论与言语行为理论》，《外语学刊》第5期。

科　恩　1983　《伦理学词典》(王荫庭等译),甘肃人民出版社。
科仁娜　1982　《俄语功能修辞学》(白春仁等译),外语教学与研究出版社。
李红儒　2001　《从逻辑哲学角度看句义理论的发展》,《外语学刊》第1期。
李红儒　2002　《从语句的交际结构看说话人形象》,《外语学刊》第4期。
李临定　1990　《现代汉语动词》,中国社会科学出版社。
李　勤　1998　《俄语不确定/确定范畴:语言手段及其言语功能》,上海外语教育出版社。
李锡胤　1997　《动词谓语与题元的关系及其他》,《俄语教学与研究论丛》第13辑。
李志才　1998　《方法论全书》(Ⅱ),载《应用逻辑学方法》,南京大学出版社。
利　奇　1987　《语义学》,上海外语教育出版社。
林杏光、王玲玲　1994　《现代汉语动词大词典》,北京语言学院出版社。
刘丹青、徐烈炯　1998　《话题的结构与功能》,上海教育出版社。
刘涌泉、乔　毅　1991　《应用语言学》,上海教育出版社。
吕冀平、戴昭铭、张家骅　1987　《惯用语的划界和释义问题》,《中国语文》第6期(二百期纪念刊)。
吕叔湘　1981　《现代汉语八百词》,商务印书馆。
罗　素　1999　《数理哲学导论》,商务印书馆。
马庆株　1992　《汉语动词和动词性结构》,北京语言学院出版社。
孟　琮　1987　《动词用法词典》,上海辞书出版社。
彭玉海　1999a　《俄语动词语义结构层级性分布分析方略》,《外语学刊》第3期。
彭玉海　1999b　《俄语动词转换机制》,《外语研究》第3期。
彭玉海　1999c　《动词必用价、可选价与任选价说略》,《四川外语学院学报》第4期。
彭玉海　2000a　《俄语动词词汇信息库》,《中国俄语教学》第1期。
彭玉海　2000b　《论客体题元》,《中国俄语教学》第3期。
彭玉海　2001a　《论语义主体和语用主体》,《外语学刊》第1期。
彭玉海　2001b　《俄语动词(句)语义的整合研究》,黑龙江人民出版社。
彭玉海　2001c　《俄语感情动词的整合研究》,《当代语言学》第3期。
屈承熹　1999　《从汉语的焦点与话题看英语中的Y – Movement及其倒装句》,《外语学刊》第4期。
沈家煊　1999　《不对称和标记理论》,江西教育出版社。
斯蒂文森　1991　《伦理学与语言》(姚新中、秦志华等译),中国社会科学出版社。
孙淑芳　1999　《祈使言语行为的分类及其语义诠释》,《中国俄语教学》第1期。
孙淑芳　1999　《塞尔言语行为理论综述》,《解放军外国语学院学报》第1期。
孙淑芳　1999　《俄语否定祈使式的词汇语义特点探析》,《外语研究》第2期。
孙淑芳　1999　《俄语言语行为理论研究动态》,《外语学刊》第2期。

孙淑芳　1999　《第二人称祈使式与言语行为》,《中国俄语教学》第3期。
孙淑芳　2000　《漫谈影响祈使表达手段的因素》,《外语学刊》第2期。
孙淑芳　2000　《模态词与间接祈使言语行为》,《中国俄语教学》第4期。
孙淑芳　2001　《隐含祈使的间接言语行为句》,《外语学刊》第3期。
孙淑芳　2001　《俄语祈使言语行为研究》,黑龙江人民出版社。
孙淑芳　2002　《俄语言语行为研究》,载《俄语语言文学研究》,外语教学与研究出版社。
孙淑芳　2002　《言语行为理论中若干术语的阐释》,《外语学刊》第3期。
孙淑芳　2002　《俄语语用学研究概观》,《外语研究》第6期。
孙淑芳　2003　《俄语强迫言语行为中交际策略管窥》《外语学刊》第1期。
孙淑芳　2003　《俄语强迫言语行为研究初探》,《中国俄语教学》第1期。
索绪尔　1985　《普通语言学教程》(高名凯译),商务印书馆。
涂纪亮　1987　《分析哲学及其在美国的发展》,中国社会科学出版社。
王今铮等　1984　《简明语言学词典》,内蒙古人民出版社。
王　静、王洪君　1996　《动词的配价与被字句》,载《现代汉语配价语法研究》,北京大学出版社。
王立非　2000　《国外第二语言习得交际策略研究述评》,《外语教学与研究》第2期。
王士元　1964　《现代汉语中的一些句法规则》,中华书局。
维特根斯坦·L　1992　《哲学研究》,生活·读书·新知三联书店。
武占坤　1983　《词汇》,上海教育出版社。
徐烈炯、沈　阳　1998　《题元理论与汉语配价问题》,《当代语言学》第3期。
杨　清　1985　《简明心理学辞典》,吉林人民出版社。
易绵竹　1999　《位语法理论与应用》,黑龙江人民出版社。
于　鑫　2000　《俄语全称量词的逻辑语义分析》,《中国俄语教学》第4期。
袁毓林　1994　《一价名词的认知研究》,《中国语文》第4期。
张家骅　1991　《词汇意义还是语法意义?》,《外语研究》第1期。
张家骅　1996　《现代俄语体学》,高等教育出版社。
张家骅　1997　《词汇信息库——语言规则的微机鉴定系统》,《外语学刊》第4期。
张家骅　2000　《俄汉动词语义类别对比述要》,《外语学刊》第2期。
张家骅　2000　《词汇语义因素的交际功能转换》,《外语学刊》第4期。
张家骅　2000　《语法·语义·语用——现代俄语研究》,黑龙江人民出版社。
张家骅　2001　《俄汉语动词完成体语法意义的对比研究》,《俄语学报》(台北)第4期。
张家骅　2001　《"标尺两极"规律与词汇语义偏移》,《中国俄语教学》第4期。
张家骅　2001　《莫斯科语义学派》,《外语研究》第4期。
张家骅　2001　《指物意义与概念意义》,《外语研究》第5期。
张家骅　2002　《莫斯科语义学派的"预设"观》,《外语学刊》第2期。

张家骅　2002　《词汇函数的理论和应用》,《外语学刊》第 4 期。
张家骅　2002　《Апресян/Вежбицка 的语义元语言（一）》,《中国俄语教学》第 4 期。
张家骅　2003　《Апресян/Вежбицка 的语义元语言（二）》,《中国俄语教学》第 1 期。
张家骅　2003　《莫斯科语义学派的配价观》,《外语学刊》第 4 期。
张永言　1982　《词汇学简论》,华中工学院出版社。
赵元任　1979　《汉语口语语法》(吕叔湘译),商务印书馆。
周辅成　1987　《西方著名伦理学家评传》,上海人民出版社。
周祖全　1994　《逻辑》,人民出版社。
邹韶华　1986　《名词在特定环境中的语义偏移现象》,《中国语文》第 4 期。
朱德熙　1982　《语法讲义》,商务印书馆。
朱德熙　1985　《汉语句法中的歧义现象》,载《现代汉语语法研究》,商务印书馆。
《辞海》　上海辞书出版社,1999 年。
《俄汉成语辞典》　黑龙江大学出版社,1959 年。
《俄汉成语词典》　湖北人民出版社,1981 年。
《俄汉详解大词典》　黑龙江人民出版社,1998 年。
《现代汉语词典》　商务印书馆,2002 年。